Microsoft Excel 2003

Formeln und Funktionen

Das bhv Taschenbuch

Bernd Held

Microsoft Excel 2003
Formeln und Funktionen
Das bhv Taschenbuch

Die Informationen im vorliegenden Buch werden ohne Rücksicht auf einen eventuellen Patentschutz veröffentlicht.

Warennamen werden ohne Gewährleistung der freien Verwendbarkeit benutzt.

Bei der Zusammenstellung von Texten und Abbildungen sowie Material auf dem beiliegenden Datenträger wurde mit größter Sorgfalt vorgegangen. Trotzdem können Fehler nicht vollständig ausgeschlossen werden. Verlag, Herausgeber und Autoren können für fehlerhafte Angaben und deren Folgen weder eine juristische Verantwortung noch irgendeine Haftung übernehmen.

Für Verbesserungsvorschläge und Hinweise auf Fehler sind Verleger und Herausgeber dankbar.

Dieses Buch wurde der Umwelt zuliebe auf chlorfrei gebleichtem Papier gedruckt.

bhv, Redline GmbH, Heidelberg
www.bhv-buch.de

1. Auflage

09 08 07
10 9 8 7

IISBN 978-3-8266-8127-1

Printed in Germany

Inhaltsverzeichnis

Vorwort

Excel ist das Standardprodukt für Tabellenkalkulation, also zum Berechnen von Daten jeder Art. Das Herzstück von Excel bilden zweifelsohne die Tabellenfunktionen und Formeln, denen wir uns daher in diesem Buch ausführlich widmen. Fast 300 Praxisbeispiele und zahlreiche Tipps und Tricks machen dieses Buch zu einem unverzichtbaren Begleiter bei Ihrer täglichen Arbeit mit Excel. Dem Buch liegt die zum Zeitpunkt der Drucklegung aktuelle Excel-Version 2003 zugrunde. Es lässt sich aber ebenso für alle anderen Excel-Versionen einsetzen.

Aufbau des Buches

In Kapitel 1 lernen Sie die grundlegenden Dinge über die Eingabe von Formeln und das richtige Anwenden von Bezügen kennen. Des Weiteren erfahren Sie, wie Sie Formeln, Funktionen und Verknüpfungen auf Excel-Tabellen aufspüren und überwachen können. Weitere Themen in diesem Kapitel sind der Zellenschutz sowie das Anwenden von Namen.

In Kapitel 2 werden typische Beispiele für den Einsatz von Formeln beschrieben. Auf fast einhundert Seiten finden Sie dort ein breites Sammelsurium an Aufgaben und Übungen.

In Kapitel 3 erfahren Sie etwas über den generellen Umgang mit Tabellenfunktionen.

In Kapitel 4 lernen Sie Tabellenfunktionen aus der Kategorie Logik kennen. Die darin enthaltenen Funktionen werden oft im Zusammenspiel mit anderen Tabellenfunktionen eingesetzt.

In Kapitel 5 lernen Sie die Textfunktionen von Excel kennen. Die Textfunktionen sind dann hilfreich, wenn Sie Texte in Tabellen bearbeiten oder anpassen möchten. Oft müssen vor allem Daten, die aus Fremdsystemen kommen, in Excel umgewandelt und in eine besser auswertbare Form gebracht werden.

In Kapitel 6 lernen Sie die Datums- und Zeitfunktionen von Excel kennen. Da Excel alle Datumsangaben und Zeitangaben intern in Zahlenwerte umwandelt, gibt es von dieser Seite aus mit dem Rechnen keine Probleme.

In Kapitel 7 werden die Funktionen aus den Kategorien Mathematik und Trigonometrie beschrieben und anhand von Beispielen aus der Praxis erklärt. Die prominenteste Funktion aus dieser Kategorie ist die Tabellenfunktion SUMME.

In Kapitel 8 werden einige der Statistikfunktionen von Excel vorgestellt. Hier werten wir unter anderem Maschinenauslastungen und Stückzahlen aus.

In Kapitel 9 lernen Sie die Tabellenfunktionen der Finanzmathematik kennen. Darunter gibt es Funktionen, über die Sie bspw. die Abschreibung von Wirtschaftsgütern oder die Zins- und Tilgungsbelastung von Krediten errechnen können.

In Kapitel 10 lernen Sie die so genannten Datenbankfunktionen kennen. Um größere Datenmengen unter Berücksichtigung verschiedener Kriterien auswerten zu können, stehen Ihnen dabei einige sehr hilfreiche Funktionen zur Verfügung.

In Kapitel 11 erfahren Sie mehr über die Matrixfunktionen von Excel. Zu den Matrixfunktionen zählen unter anderem Tabellenfunktionen, mit Hilfe derer Sie Daten in Bereichen suchen können.

In Kapitel 12 werden die Informationsfunktionen von Excel vorgestellt. Zu den Informationsfunktionen zählen unter anderem Tabellenfunktionen, mit denen Sie Zellenformatierungen und -bezüge, Eingaben und mehr überprüfen können.

In Kapitel 13 lernen Sie, wie Sie die bedingte Formatierung in Verbindung mit Formeln noch weiter ausreizen können. Die bedingte Formatierung gibt es in Excel seit der Version Excel 97. Damit lassen sich je nach Zellenwert bzw. Formel unterschiedliche Formate wie Zellenhintergrundfarbe, Rahmungen sowie Schriftfarben und Schriftschnitte den Zellen zuweisen. Dabei funktioniert die bedingte Formatierung ganz automatisch. Einmal eingestellt, befolgt sie strikt das, was Sie vorher festgelegt haben. Die Formatierung wird völlig automatisch vorgenommen und auch wieder entfernt, wenn die Eingabe nicht mehr der eingestellten Definition entspricht.

In Kapitel 14 geht es darum, die erlernten Formeln und Tabellenfunktionen zu üben. Dazu werden Aufgaben gestellt. Ihre Aufgabe besteht darin, zu erkennen, welche Tabellenfunktion für die jeweilige Aufgabenstellung verwendet werden kann.

Da mehr und mehr Firmen auch international agieren, finden Sie im Anhang schließlich eine Liste mit einer Gegenüberstellung der deutschen Excel-Tabellenfunktionen und ihrer englischen Bezeichnungen. Dabei werden die Funktionen nach den Kategorien präsentiert, wie sie auch in Excel selbst vergeben sind. Dabei sind auch Tabellenfunktionen des Add-Ins Analyse-Funktionen bereits berücksichtigt.

Inhalt der Buch-CD

Die beiliegende CD enthält die Beispieldateien aus dem Buch sowie nützliche Tools, die Sie bei Ihrer täglichen Arbeit am PC unterstützen:

Adobe Reader	Kostenloser Reader, mit dem PDF-Dateien angesehen werden können.
Eurokalkulator	Mit dem Eurorechner, der für Microsoft Excel 2000 programmiert wurde, können DM und österreichische Schillinge in Euro sowie Euro in DM und Schillinge umgerechnet werden.
PDFCreator	Tool, mit dem sich auf einfache Weise PDF-Dateien aus jeder beliebigen Anwendung erstellen lassen.
PostPaket	Freeware-Tool, mit dem man die bei der Post erhältlichen Paketscheine bedrucken kann.

Tabelle 1: Inhalt der Buch-CD

Weitere Informationen entnehmen Sie bitte der readme-Datei auf der Buch-CD.

Bei Fragen und allgemeinem Feedback zu meinem Buch erreichen Sie mich über meine Excel-Homepage *http://held-Office.de* oder über meine E-Mail-Adresse *Held-office@t-online.de*. Dort finden Sie auch Informationen über meine Schulungsangebote im Bereich Excel und VBA.

Besuchen Sie auch ruhig einmal das Excel-Diskussionsforum *news:microsoft.public.de.excel* von Microsoft oder die diversen Excel-Foren, die Sie von meiner Homepage aus direkt ansteuern können. Hier können Sie auf jeden Fall eine ganze Menge lernen.

Ich wünsche Ihnen während des Lesens des Buches und beim späteren Anwenden der Lösungen viel Spaß!

Bernd Held

MVP für Microsoft Excel

KAPITEL

Arbeiten mit Formeln und Bezügen

In diesem Kapitel erhalten Sie einen Einblick in die generelle Arbeitsweise im Umgang mit Formeln und Bezügen.

1

Arbeiten mit Formeln und Bezügen

Excel steckt voller Funktionen und Formeln, die Ihnen Ihre tägliche Arbeit erleichtern können. Jede Formel in Excel beginnt mit einem Gleichheitszeichen (=), dahinter die zu berechnenden Operationen, samt Operanden, die von Operatoren getrennt werden. Excel führt die Rechenoperationen in Übereinstimmung mit der Reihenfolge der Operatoren, von links nach rechts, beginnend mit dem Gleichheitszeichen (=) aus. Sie können die Reihenfolge der Rechenschritte jedoch beeinflussen, indem Sie diese mit Klammern festlegen.

Alle hier vorgestellten Funktionen sind in der Arbeitsmappe *Kap01.xls* auf der mitgelieferten CD-ROM verfügbar.

Excel verwendet als Operatoren genau die Zeichen, die Sie vom Taschenrechner her kennen und bestimmt schon Tausende Male eingegeben haben. Excel verhält sich in dieser Hinsicht wie Ihr Taschenrechner.

Operator	Kurzbeschreibung
+	Addition
-	Subtraktion
/	Division
*	Multiplikation
^	Potenzierung
%	Prozent

Tabelle 1.1: Die arithmetischen Operatoren in Excel

Da Sie aber in Excel nicht nur rechnen möchten, sondern ebenso Zahlen oder Texte miteinander vergleichen möchten, gibt es hierfür die Vergleichsoperatoren.

Operator	Bedeutung
=	Gleich
>	Größer als
<	Kleiner als
>=	Größer oder gleich
<=	Kleiner oder gleich
<>	ungleich

Tabelle 1.2: Die Vergleichsoperatoren in Excel

Die Eingabe von Formeln können Sie entweder direkt in einer Zelle oder auch über die Bearbeitungsleiste vornehmen und mit der Taste ↵ bestätigen. In der Zelle, die eine Formel enthält, wird standardmäßig das Ergebnis aus dieser Formel angezeigt. Wenn Sie die Zelle mit der Maus selektieren, wird die Formel jedoch in der Bearbeitungsleiste angezeigt.

Rechenformeln einsetzen

Rechenformeln werden in einer Excel-Tabelle eingesetzt, indem Sie als erstes Zeichen ein Gleichheitszeichen eingeben. Sehen Sie in der Abbildung 1.1 einige typische Rechenformeln.

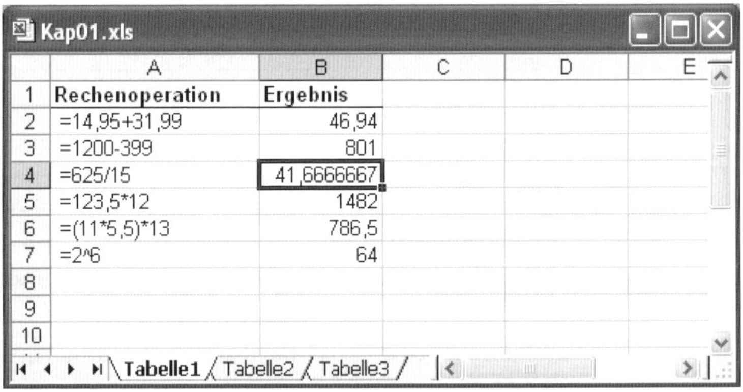

Abbildung 1.1: Rechenformeln mit konstanten Zahlen

Jede Zelle wird durch eindeutige Spalten-Zeilen-Koordinaten beschrieben. Denken Sie einmal an das Spiel Schiffe versenken. Auch da wird eine Position durch den Schnittpunkt von Spalte und Zeile angegeben.

Im vorherigen Bild wurden Formeln verwendet, die sich auf Konstantenwerte bezogen haben. Eine Formel sollte sich möglichst auf andere Zellen beziehen, d.h. mit Zellbezügen rechnen. Denn, wenn eine Zelle einen variablen Wert enthält, so ändert sich über den Zellbezug automatisch auch das Formelergebnis. Der Unterschied zwischen Formeln mit Konstanten bzw. mit Zellbezügen wird im nächsten Beispiel klar.

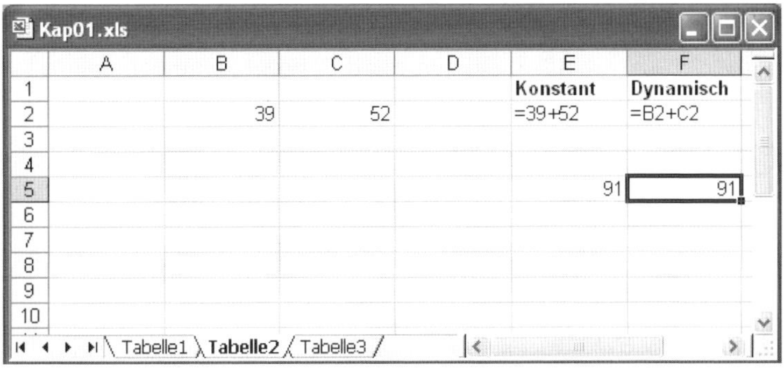

Abbildung 1.2: Der Unterschied zwischen konstanter und dynamischer Formel

Beide Formeln aus Abbildung 1.2 kommen zum selben Ergebnis. Was passiert aber, wenn Sie beispielsweise den Wert in Zelle **C2** ändern?

Das Ergebnis in Zelle **F5** wird automatisch angepasst, da dort der Zellenbezug **=B2+C2** steht. Das Ergebnis der konstanten Formel wird allerdings nicht angepasst, da die konstante Formel nichts von der Änderung der Zelle **C2** mitbekommt.

Da jede Eingabe in eine Zelle, die mit einem Gleichheitszeichen beginnt, sofort als Formel bzw. auch als Funktion oder Verknüpfung in Excel interpretiert wird, kann der eigentliche Formeltext in einer Zelle nicht eingegeben werden. Möchten Sie den Formeltext einer Zelle beispielsweise in die Nebenzelle schreiben, dann gehen Sie wie folgt vor:

1. Kopieren Sie zunächst die Formel, indem Sie die Formel in der Bearbeitungsleiste von Excel auswählen und über die Tastenkombination Strg + C kopieren.
2. Setzen Sie danach den Zellenzeiger in die Zielzelle.
3. Drücken Sie einmal die Taste Leer.
4. Betätigen Sie die Tastenkombination Strg + V, um den Formeltext einzufügen.

Das Bezugssystem von Excel

Standardmäßig ist Excel mit dem A1-Bezugssystem ausgestattet, d.h., die erste Zelle kann über die Koordinaten A1 die letzte Zelle mit der Koordinate IV65536 angesprochen werden. Die Spaltenbeschriftung wird dabei mit Buchstaben nach dem Alphabet von links nach rechts durchnummeriert.

Neben diesem Standardsystem gibt es auch noch das so genannte Z1S1-Bezugssystem. Bei diesem System werden die Spaltenbeschriftungen wie auch die Zeilennummerierung mit Nummern versehen. Dabei kann die erste Zelle über Z1S1 (Zeile 1, Spalte 1) und die letzte Zelle über Z65536S256 adressiert werden. Um dieses Bezugssystem einzustellen, verfahren Sie wie folgt:

1. Wählen Sie aus dem Menü *Extras* den Befehl *Optionen*.
2. Wechseln Sie auf die Registerkarte *Allgemein*.
3. Gruppenfeld *Einstellungen* aktivieren Sie das Kontrollkästchen *Z1S1-Bezugsart*.
4. Bestätigen Sie Ihre Einstellung mit *OK*.

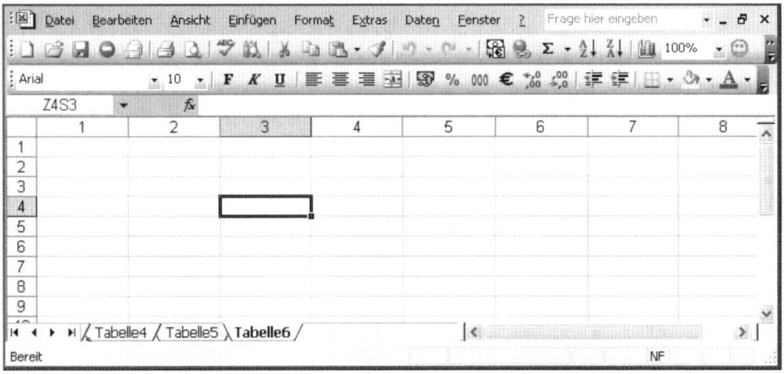

Abbildung 1.3: Die Spaltenüberschriften werden von 1 bis 256 durchnummeriert

Beide Bezugssysteme können in Excel verwendet werden, ja es kann sogar bei Bedarf hin- und hergeschaltet werden. In der Praxis hat sich das A1-Bezugssystem wegen seiner etwas leichteren Bedienbarkeit durchgesetzt. Allerdings sollten Sie sich für ein einheitliches Bezugssystem entscheiden, da es bei Mischformen zu Problemen kommen kann.

HINWEIS

Alle Aufgaben in diesem Buch werden über das A1-Bezugssystem dargestellt!

Die unterschiedlichen Zellenbezüge

In Excel unterscheidet man zwischen absoluten und relativen Zellenbezügen. Der Unterschied zwischen beiden Bezügen wird anhand des folgenden Beispieles klar:

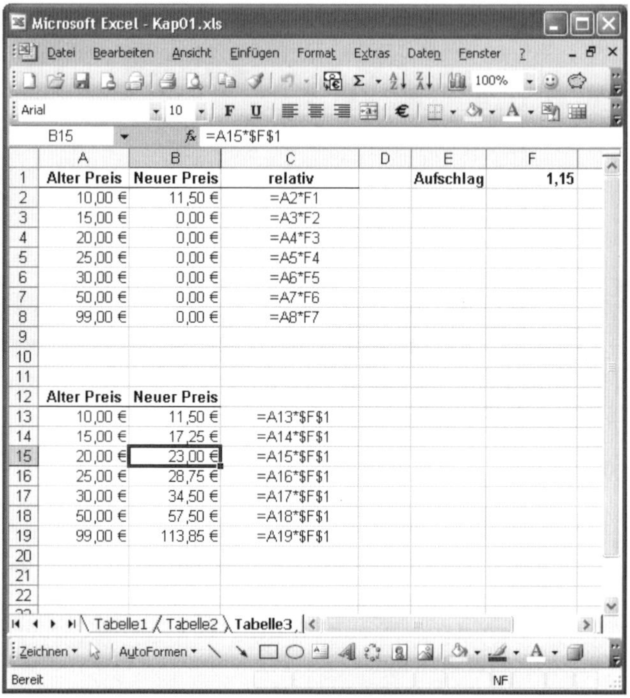

	A	B	C	D	E	F
1	Alter Preis	Neuer Preis	relativ		Aufschlag	1,15
2	10,00 €	11,50 €	=A2*F1			
3	15,00 €	0,00 €	=A3*F2			
4	20,00 €	0,00 €	=A4*F3			
5	25,00 €	0,00 €	=A5*F4			
6	30,00 €	0,00 €	=A6*F5			
7	50,00 €	0,00 €	=A7*F6			
8	99,00 €	0,00 €	=A8*F7			
9						
10						
11						
12	Alter Preis	Neuer Preis				
13	10,00 €	11,50 €	=A13*$F$1			
14	15,00 €	17,25 €	=A14*$F$1			
15	20,00 €	23,00 €	=A15*$F$1			
16	25,00 €	28,75 €	=A16*$F$1			
17	30,00 €	34,50 €	=A17*$F$1			
18	50,00 €	57,50 €	=A18*$F$1			
19	99,00 €	113,85 €	=A19*$F$1			

Abbildung 1.4: Relative und absolute Bezüge

Im obigen Beispiel soll eine Preiserhöhung um 15% vorgenommen werden. Dazu wurde in Zelle **B2** die Formel **=A2*F1** (Alter Preis * Aufschlagsfaktor) eingeben und über das Ausfüllkästchen bis in Zelle **C8** herunterkopiert. Die Preiserhöhung wurde aber nur in Zelle **B2** durchgeführt. Warum das? Da der Aufschlagsfaktor nur in Zelle **F1** steht und beim Kopieren der Formel dieser Aufschlagsfaktor verloren geht, kann Excel die Preiserhöhung nicht mehr durchführen.

Die richtige Lösung dieser Aufgabenstellung sehen Sie im zweiten Block. Hier verbleibt zwar der Bezug zu den alten Preisen relativ, jedoch wird die Zelle **F1** mit dem Aufschlagsfaktor absolut gesetzt. Den absoluten Bezug erkennen Sie an den Dollarzeichen.

Generell gilt folgende Syntax:

A1 Spalte A ist relativ, Zeile 1 ist relativ

$A1 Spalte A ist absolut, Zeile 1 ist relativ

A$1 Spalte A ist relativ, Zeile 1 ist absolut

$A$1 Spalte A ist absolut, Zeile 1 ist absolut

Bezüge können Sie entweder manuell erstellen, indem Sie ein Gleichheitszeichen eingeben, dann z.B. **F1** eingeben und mit ↵ bestätigen. Eleganter geht das jedoch mit der Maus. Klicken Sie dazu in der Bearbeitungsleiste auf das Symbol Gleichheitszeichen und klikken Sie anschließend auf Zelle **F1**. Excel hat jetzt einen relativen Bezug erstellt. Wenn Sie daraus einen absoluten Bezug machen möchten, klicken Sie direkt in die Formel auf der Bearbeitungsleiste und drücken Sie die Taste F4. Drücken Sie mehrmals hintereinander diese Taste, so werden Sie feststellen, dass sich der Bezug dynamisch verändert und schließlich sogar ganz verschwindet.

HINWEIS

Neben den relativen und absoluten Bezügen gibt es auch noch so genannte 3D-Bezüge. Bei den 3D-Bezügen wird eine Zelle in einem anderen Tabellenblatt angesprochen. Die Syntax für 3D-Bezüge lautet dabei: **=Tabelle3!A10**

Formeleingabe über Symbole

Müssen Sie täglich sehr viele Formeln eingeben, dann können Sie zur Arbeitserleichterung sich auch eine eigene Symbolleiste anlegen und dort die wichtigsten Operatoren hinterlegen. Um eine solche Symbolleiste anzulegen, befolgen Sie die nächsten Arbeitsschritte:

1. Klicken Sie mit der rechten Maustaste auf eine beliebige bereits eingeblendete Symbolleiste und wählen Sie aus dem Kontextmenü den Befehl *Anpassen*.

2. Wechseln Sie auf die Registerkarte *Symbolleisten*.
3. Klicken Sie auf die Schaltfläche *Neu*.
4. Im Dialog *Neue Symbolleiste* vergeben Sie einen Namen für Ihre neue Symbolleiste, beispielsweise *Formeln*.
5. Bestätigen Sie diese Aktion mit *OK*. Es wird nun eine neue, noch leere Symbolleiste angelegt, die nun noch mit den gewünschten Symbolen gefüllt werden muss.
6. Wechseln Sie bei noch geöffnetem Dialog *Anpassen* auf die Registerkarte *Befehle*.

Abbildung 1.5: Neue Symbole einfügen

7. Im Listenfeld *Kategorien* wählen Sie die Kategorie *Einfügen* aus.
8. Im Listenfeld *Befehle* blättern Sie nach unten, bis die Operatoren angezeigt werden.

9. Klicken Sie mit der linken Maustaste auf eines der Symbole, halten Sie die Maustaste gedrückt und ziehen Sie das Symbol direkt in Ihre neue Symbolleiste.
10. Wiederholen Sie diesen Vorgang, bis Sie alle Symbole, die Sie benötigen, in Ihrer Symbolleiste eingefügt haben.
11. Beenden Sie den Dialog *Anpassen* mit einem Klick auf die Schaltfläche *Schließen*.

Abbildung 1.6: Die neue Symbolleiste Formeln

Mit Hilfe dieser neuen Symbolleiste brauchen Sie die Operatoren, Klammern sowie diverse andere Zeichen nicht mehr über die Tastatur eingeben, sondern Sie können diese Zeichen nun mit einem einzigen Klick auf das gewünschte Symbol einfügen.

HINWEIS

Bei der Eingabe von Zahlen empfiehlt es sich, diese Eingaben über den Ziffernblock (rechts) Ihrer Tastatur vorzunehmen. Diese Eingaben können in der Regel schneller und sicherer durchgeführt werden.

Formeln auskundschaften

Da eine Formel standardmäßig in Excel nur dann in der Bearbeitungsleiste angezeigt wird, wenn Sie die entsprechende Zelle markiert haben, ist es gar nicht mal ganz so einfach, sich in mit Formeln befüllten Tabellen, zurechtzufinden. Excel gibt Ihnen jedoch einige Hilfen zur Hand, um auch diese Aufgabe schnell zu lösen.

Formelansicht aktivieren

Möchten Sie auf einen Blick feststellen, welche Formeln in einer Tabelle enthalten sind, dann können Sie die Formelansicht umschalten. Dazu gehen Sie wie folgt vor:

1. Wählen Sie aus dem Menü *Extras* den Befehl *Optionen*.
2. Wechseln Sie auf die Registerkarte *Ansicht*.
3. Aktivieren Sie das Kontrollkästchen *Formeln*.
4. Bestätigen Sie diese Einstellung mit *OK*.

Schneller können Sie jedoch in die Formelansicht schalten, indem Sie einfach die Tastenkombination Strg + # drücken. Ein nochmaliges Drücken dieser Tastenkombination stellt die Normalansicht in Excel wieder her.

Formelzellen markieren

Eine elegante Methode, um beispielsweise alle Zellen in einer Tabelle zu markieren, die Formeln enthalten, können Sie über die folgende Vorgehensweise durchführen.

1. Drücken Sie die Taste F5, um den Dialog *Gehe zu* aufzurufen.
2. Im Dialog *Gehe zu* klicken Sie auf die Schaltfläche *Inhalte...*
3. Aktivieren Sie die Option *Formeln*.
4. Bestätigen Sie mit *OK*.

Abbildung 1.7: Formelzellen markieren

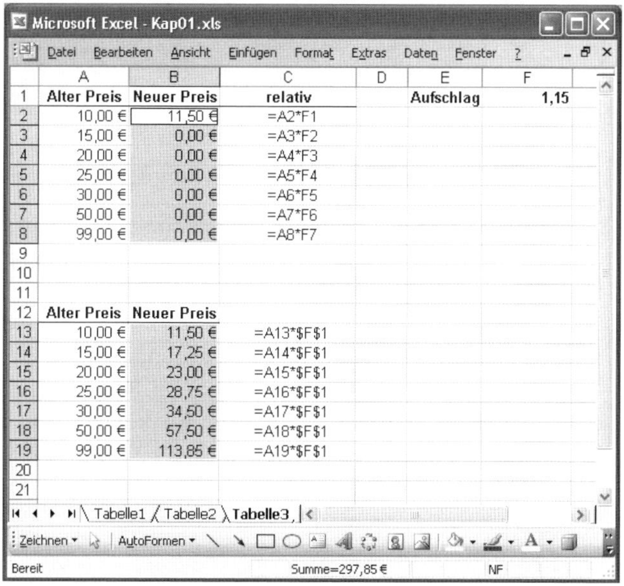

Abbildung 1.8: Alle Formelzellen wurden in der Tabelle markiert

Wenn Sie jetzt mehrmals die Taste [⇆] drücken, springt die Markierung von einer Formelzelle zur anderen. Die Formel wird dabei jeweils in der Bearbeitungsleiste von Excel angezeigt. Über die Tastenkombination [⇧] + [⇆] springen Sie in Ihrer Tabelle rückwärts von Formelzelle zu Formelzelle.

> KNOW-HOW
>
> Möchten Sie alle Formelzellen einer Tabelle deutlich kennzeichnen, dann markieren Sie alle Formelzellen, wie gerade beschrieben, und wählen danach auf der Symbolleiste *Format* eine gewünschte Hintergrundfarbe aus der Farbpalette *Füllfarbe*.

Jede einzelne Zelle auf einer Excel-Tabelle, ob sie nun eine Formel enthält oder nicht, kann schnell aktiviert werden. Dazu gibt es mehrere Möglichkeiten:

- ✓ Das Einstellen der Zelle mit Hilfe der horizontalen und vertikalen Bildlaufleiste (langsamste Methode).
- ✓ Die Zellenaktivierung über den Dialog *Gehe zu* oder
- ✓ Das direkte Anspringen von Zellen über das Namensfeld.

Beim Aktivieren einer Zelle über den Dialog *Gehe zu* verfahren Sie wie folgt:

1. Drücken Sie die Taste [F5], um den Dialog *Gehe zu* aufzurufen.
2. Geben Sie im Feld *Verweis* die gewünschte Zellenadresse ein, die Sie markieren möchten (siehe Abbildung 1.9).
3. Bestätigen Sie mit *OK*.

Der Zellenzeiger springt nun automatisch an die Zelle **A100**. Übrigens können im Dialog *Gehe zu* im Feld *Verweis* auch ganze Zellenbereiche eingegeben werden. So können Sie dort beispielsweise auch einen ganzen Zellenblock **A1:D100** elegant und schnell markieren.

Abbildung 1.9: Schneller Zellen aktivieren

Selbst nicht zusammenhängende Bereiche können über den Dialog *Gehe zu* mühelos markiert werden. Um die Bereiche **A1:A10**, **C1:C10** und **E1:F10** zu markieren, füllen Sie den Dialog wie in Abbildung 1.10 aus.

Abbildung 1.10: Nicht zusammenhängende Zellblöcke markieren

Im Listenfeld *Gehe zu* werden die Markierungen, die Sie bereits durchgeführt haben, dokumentiert. Mit einem Doppelklick auf einen der Einträge kann die Markierung jederzeit wieder vorgenommen werden.

Formelzusammenhänge feststellen

Bezieht sich eine Formel in einer Tabelle gleich auf mehrere Zellen, dann bietet Excel eine integrierte Funktion, bei der alle an der Formel beteiligten Zellen automatisch markiert werden.

Setzen Sie zu diesem Zweck den Zellenzeiger in die Zelle, die die Formel enthält, und drücken Sie die Taste [F2].

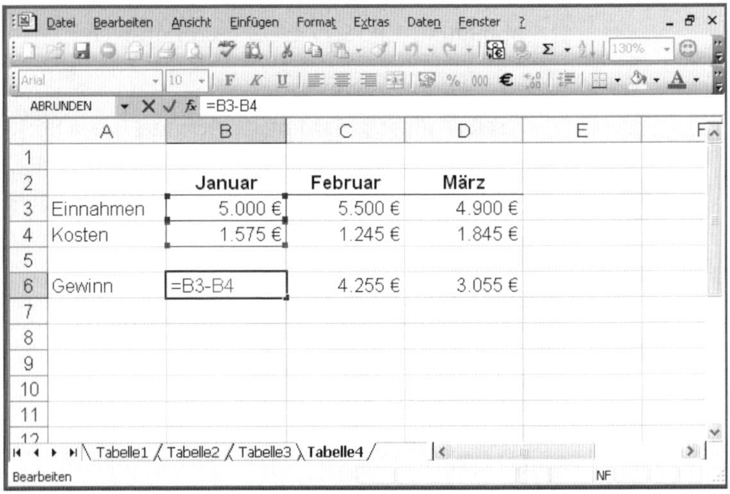

Abbildung 1.11: Die beteiligten Zellen werden gekennzeichnet

Jede an der Formel beteiligte Zelle (hier sind es die Zellen **B4** und **B3**) wird mit unterschiedlichen Farben umrandet. Ein Klick auf die Taste [Esc] oder [↵] entfernt die Markierung wieder.

Eine erweiterte Funktion, um sich mit Formeln in Tabellen zurechtzufinden, bietet der integrierte Detektiv. Dieser Detektiv blendet Pfeile in Ihrer Tabelle zu den an einer Formel beteiligten Zellen ein. Um diese Funktion zu nützen, wählen Sie aus dem Menü *Extras* den Befehl *Formelüberwachung/Spur zum Vorgänger* (Excel 2002, Excel2003) bzw. *Detektiv/Spur zum Vorgänger* (Excel 97-Excel 2000).

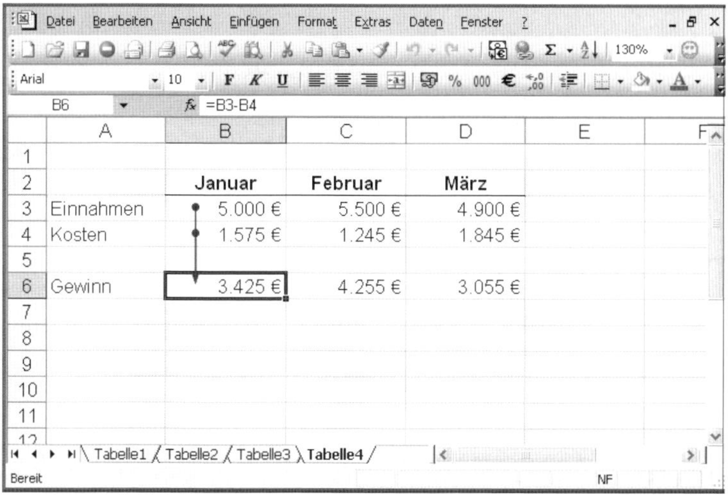

Abbildung 1.12: Die Pfeile werden zur besseren Orientierung in der Tabelle eingeblendet

Der Gebrauch des Detektivs wird dann noch viel interessanter, wenn Formeln über mehrere Tabellen eingesetzt werden. So wird beispielsweise in der folgenden Aufgabe die Zelle **B6** noch mit der Zelle **F1** der **Tabelle3** verknüpft.

Mit einem Klick direkt auf den gestrichelten Pfeil wird ein Dialog eingeblendet, über den Sie die verknüpfte Tabelle schnell aktivieren können.

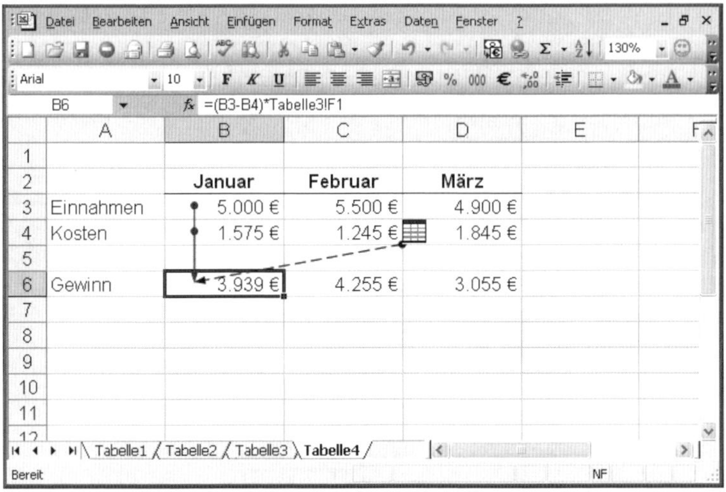

Abbildung 1.13: Auch Verknüpfungen zu anderen Tabellen können über den Detektiv angezeigt werden

HINWEIS

Um alle Spurpfeile im Arbeitsblatt zu entfernen, wählen Sie aus dem Menü *Extras* den Befehl *Formelüberwachung/Alle Spuren entfernen* (Excel 2002-Excel 2003) bzw. den Befehl *Detektiv/Alle Spuren entfernen* (Excel 97-Excel 2000).

Formeln überwachen

Seit der Excel-Version 2002 haben Sie die Möglichkeit, Formeln in Tabellen über ein Überwachungsfenster zu betrachten. Um diese Funktion nützen zu können, gehen Sie wie folgt vor:

1. Markieren Sie zunächst alle Formelzellen, die Sie überwachen möchten.
2. Wählen Sie aus dem Menü *Extras* den Befehl *Formelüberwachung/Überwachungsfenster anzeigen.*
3. Im Fenster *Überwachung* klicken Sie die Schaltfläche *Überwachung* hinzufügen.

4. Bestätigen Sie im Dialog *Überwachung hinzufügen* die Auswahl der Zellen mit einem Klick auf die Schaltfläche *Hinzufügen*.

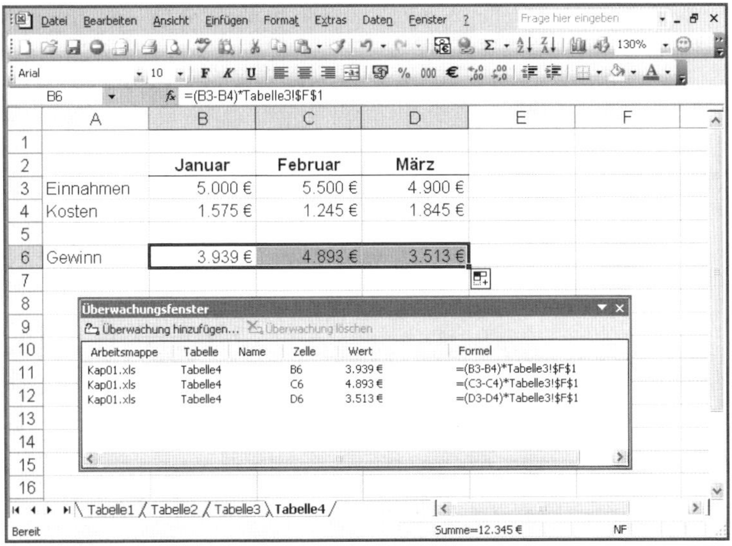

Abbildung 1.14: Die Formelüberwachung nützen

5. Verschieben Sie die Symbolleiste *Überwachungsfenster* an den oberen, unteren, linken oder rechten Rand des Fensters.

Sollten sich Änderungen in der Tabelle auf mehrere andere Formelzellen auswirken, so kann man über das Überwachungsfenster diese Änderungen sehr schön nachverfolgen.

HINWEIS

Mit einem Klick auf die jeweilige Überschrift im Überwachungsfenster können Sie die darunter liegenden Einträge automatisch sortieren lassen.

Formeln kopieren und einfügen

Haben Sie eine Formel erfasst und möchten Sie diese in andere Zellen kopieren, dann haben Sie dafür mehrere Möglichkeiten.

Kopieren über das Ausfüllkästchen

Eine Formel können Sie über das Ausfüllkästchen der Zelle, die die Formel enthält (rechts unten), durchführen.

Bei der folgenden Aufgabe soll jeweils die Mehrwertsteuer von Leistungen ausgewiesen werden.

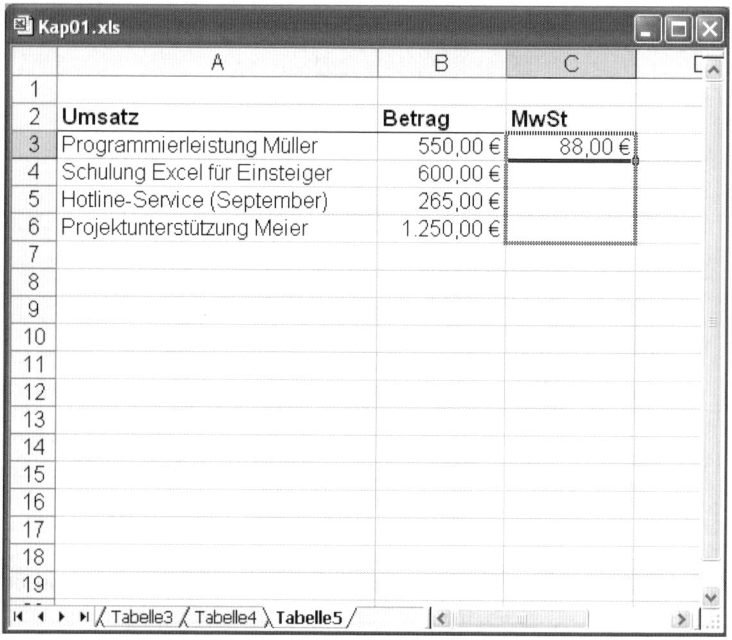

Abbildung 1.15: Die Mehrwertsteuer ausweisen

Die Formel in Zelle **C3** lautet:

=B3*0,16

Über einen Doppelklick auf das Ausfüllkästchen der Zelle **C3** wird die Formel bis in die Zelle **C6** automatisch nach unten kopiert. Excel orientiert sich dabei an der Nebenspalte B. Da in Zelle **B6** die Liste endet, wird die Formel dadurch bis nach Zelle **C6** ausgefüllt. Alternativ dazu können Sie selbstverständlich auch das Ausfüllkästchen aus Zelle **C3** anpacken und mit gedrückter linker Maustaste bis in Zelle **C6** nach unten ziehen. Wenn Sie sich das Ergebnis in den Zellen **C4** bis **C6** ansehen, dann stellen Sie fest, dass der Bezug auf die Spalte B sich anpasst.

KNOW-HOW

Übrigens können Sie mit Hilfe des Ausfüllkästchens auch Daten aus Zellen löschen. Im Beispiel aus Abbildung 1.15 setzen Sie dazu einmal den Zellenzeiger auf die Zelle **C9** und ziehen das Ausfüllkästchen nach oben bis in Zelle **C3**.

Kopieren über die Zwischenablage

Eine andere, auch gängige Methode ist, eine Formel über die Zwischenablage zu kopieren und in die Zielzellen einzufügen. Dabei verfahren Sie wie folgt:

1. Markieren Sie nun den Zellenbereich **C3:C6**.
2. Schreiben Sie die Formel **B3*0,16**.
3. Drücken Sie die Tastenkombination [Strg] + [↵].

Die Formel wird nun in alle Zellen der Markierung geschrieben. Dabei werden die Zellenbezüge automatisch angepasst.

KNOW-HOW

Wenn Sie eine Formel ohne Veränderung der Zellenbezüge in die darunter liegende Zelle kopieren möchten, dann setzen Sie den Mauszeiger in diese Zelle und drücken die Tastenkombination [Strg] + [,].

Kopieren über AutoAusfüllen

Eine weitere Funktion zum Kopieren von Formeln ist über das automatische Ausfüllen aus dem Menü *Bearbeiten*. Dazu gehen Sie wie folgt vor:

1. Markieren Sie die Formel sowie die daneben liegenden Zellen, die diese Formel noch nicht enthalten.
2. Wählen Sie aus dem Menü *Bearbeiten* den Befehl *Ausfüllen* und geben Sie die Richtung der Befüllung an.

Kopieren, ohne die Formatierung mit zu übertragen

Soll eine Formel in einer Tabelle ohne die Zellenformatierung kopiert und an einer anderen Stelle wieder eingefügt werden, dann verfahren Sie wie folgt:

1. Markieren Sie die Zelle, die die Formel enthält.
2. Drücken Sie auf der Symbolleiste *Standard* das Symbol *Kopieren* an.
3. Setzen Sie den Zellenzeiger auf die Zelle, die die kopierte Formel erhalten soll.
4. Wählen Sie aus dem Menü *Bearbeiten* den Befehl *Inhalte einfügen*.
5. Im Dialog *Inhalte einfügen* aktivieren Sie die Option *Formeln*.
6. Bestätigen Sie mit *OK*.

Formeln schützen

Haben Sie sich sehr viel Mühe mit einer Excel-Tabelle gegeben und möchten Sie sie schützen, sodass diese nicht mehr gelöscht werden kann, dann gehen Sie wie folgt vor:

1. Markieren Sie zunächst alle Zellen, die Sie editierbar halten möchten.

2. Wählen Sie aus dem Menü *Format* den Befehl *Zellen*.
3. Wechseln Sie auf die Registerkarte *Schutz*.
4. Deaktivieren Sie das Kontrollkästchen *Gesperrt*.
5. Drücken Sie nun die Taste F5, um den Dialog *Gehe zu* aufzurufen.
6. Klicken Sie die Schaltfläche *Inhalte*.
7. Aktivieren Sie die Option *Formeln*.
8. Bestätigen Sie mit *OK*. Sie haben jetzt alle Formelzellen der Tabelle markiert.
9. Wählen Sie wiederum aus dem Menü *Format* den Befehl *Zellen* und aktivieren Sie auf der Registerkarte *Schutz* das Kontrollkästchen *Gesperrt*.
10. Bestätigen Sie diese Aktion mit *OK*.
11. Wählen Sie zum Abschluss aus dem Menü *Extras* den Befehl *Schutz / Blatt schützen*.
12. Geben Sie im Feld *Kennwort zum Aufheben des Blattschutzes* bei Bedarf ein Kennwort ein.
13. Bestätigen Sie mit *OK*.

Wenn Sie nun versuchen, eine Zelle, die eine Formel enthält, zu löschen bzw. die Formel zu ändern, dann gibt Excel eine Fehlermeldung auf dem Bildschirm aus.

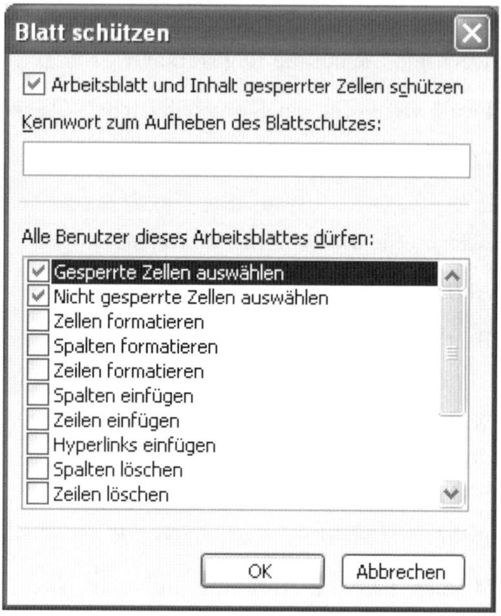

Abbildung 1.16: Tabelle vor Veränderungen schützen

Formeln verstecken

Möchten Sie die Anzeige der Formeln in Ihren Tabellen unterbinden, dann müssen Sie die Tabelle schützen. Davor müssen Sie jedoch die entsprechenden Zellen markieren, den Menübefehl *Format/Zellen* wählen, auf die Registerkarte *Schutz* wechseln und dort das Kontrollkästchen *Ausgeblendet* aktivieren. Danach muss der Tabellenschutz über den Befehl *Extras/Schutz/Blatt schützen* eingestellt werden.

Danach werden die so geschützten Formeln in der Tabelle nicht mehr angezeigt. Um die Formeln anzuzeigen bzw. zu ändern, müssen Sie den Blattschutz wieder über den Menübefehl *Extras/Schutz/Blattschutz aufheben* wegnehmen.

Sollen Formeln in den Zellen überhaupt nicht angezeigt werden, dann greifen Sie auf eine benutzerdefinierte Formatierung zurück. Wählen Sie dazu aus dem Menü *Format* den Befehl *Zellen*, wechseln auf die Registerkarte *Zahlen*, wählen Sie die Kategorie *Benutzerdefiniert*, geben Sie im Feld *Typ* das benutzerdefinierte Format ;;; (drei Semikolons) ein und bestätigen Sie mit *OK*.

Die Berechnung abschalten

In großen Arbeitsmappen, die sehr viele Formeln enthalten, ist es möglich, die automatische Berechnungsfunktion in Excel temporär abzuschalten, um die Arbeitsgeschwindigkeit zu erhöhen.

Um die automatische Berechungsfunktion von Excel abzuschalten, verfahren Sie wie folgt:

1. Wählen Sie aus dem Menü *Extras* den Befehl *Optionen*.
2. Wechseln Sie auf die Registerkarte *Berechnung*.

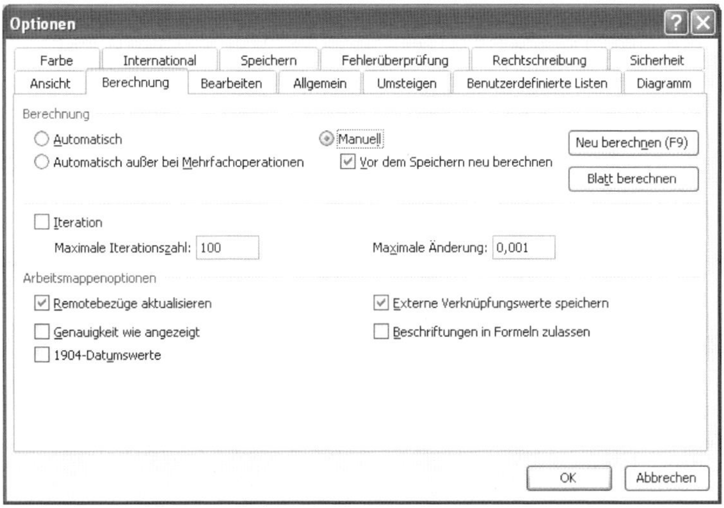

Abbildung 1.17: Auf manuelle Berechnung umschalten

3. Aktivieren Sie die Option *Manuell.*
4. Bestätigen Sie diese Einstellung mit *OK.*

Vergessen Sie aber nicht, die Berechnung am Ende wieder einzuschalten, da Excel diese Einstellung, auch nach einem Neustart von Excel, nicht automatisch einstellt.

Formeln in Festwerte umwandeln

Da Formeln sich ändern, sobald Zellen, auf die sie sich beziehen, geändert werden, bieten Formeln somit die allergrößte Dynamik. Nicht immer soll dieser Automatismus jedoch greifen. Stellen Sie sich vor, Sie haben eine Kalkulation in Excel vorgenommen, die sich auf keinen Fall mehr ändern darf oder Sie möchten eine Tabelle an einen Kunden versenden, sicherheitshalber aber alle verwendeten Formeln in Festwerte umwandeln, dann verfahren Sie wie folgt:

1. Markieren Sie den kompletten verwendeten Bereich in Ihrer Tabelle. Dazu setzen Sie den Mauszeiger in Zelle **A1** und drücken die Tastenkombination Strg + ⇧ + Ende.
2. Kopieren Sie den markierten Bereich über den Menübefehl *Bearbeiten/Kopieren.*
3. Wählen Sie aus dem Menü *Bearbeiten* den Befehl *Inhalte einfügen* (siehe Abbildung 1.18).
4. Aktivieren Sie die Option *Werte.*
5. Bestätigen Sie diese Aktion mit *OK.*

Danach sind alle Formeln in der Tabelle durch Festwerte ersetzt worden.

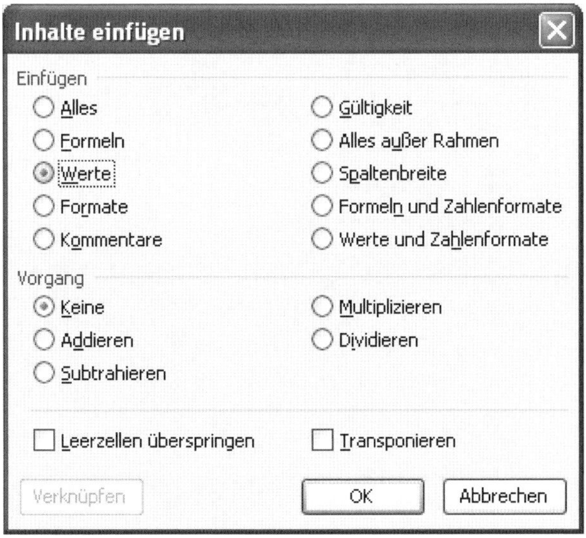

Abbildung 1.18: Formeln in Festwerte umwandeln

Eine etwas elegantere und schnellere Methode, um diese Aufgabe zu lösen, geht wie folgt vor sich:

1. Markieren Sie den Bereich, in dem Sie die Formeln in Festwerte umsetzen möchten.
2. Klicken Sie mit der rechten Maustaste auf den rechten Rand der Markierung und ziehen Sie den markierten Bereich eine Spalte weiter nach rechts. Halten Sie dabei die rechte Maustaste gedrückt.
3. Schieben Sie den markierten Bereich wieder an den Ausgangsort zurück und lassen Sie die rechte Maustaste wieder los. Dadurch wird automatisch ein Kontextmenü angeboten.

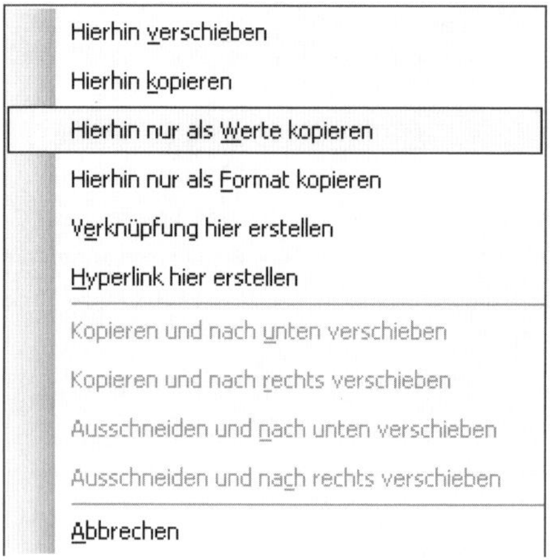

Abbildung 1.19: Formeln in Festwerte umsetzen

4. Wählen Sie aus dem Kontextmenü den Befehl *Hierhin nur als Werte kopieren.*

KNOW-HOW

Eine einzelne Formel können Sie in einer Zelle schneller umwandeln, wenn Sie den Zellenzeiger auf die Zelle setzen, dann die Taste [F2] und direkt im Anschluss die Taste [F9] drücken. Bestätigen Sie diese Aktion mit der Taste [↵].

Teilberechnung der Formeln

Um komplizierte Formeln leichter lesbar zu machen, können Sie Teilergebnisse in der Formel ausrechnen lassen und das Ergebnis in die Formel einfügen. Dazu gehen Sie wie folgt vor:

1. Doppelklicken Sie dazu auf eine Zelle mit einer längeren Formel.
2. Markieren Sie den Teilbereich, der ausgerechnet werden soll.

3. Drücken Sie [F9] und sofort berechnet Excel ein Teilergebnis der Formel.
4. Wenn Sie die Zahl in die Formel übernehmen wollen, drücken Sie [↵].
5. Wollen Sie die Berechnung verwerfen, reicht ein Druck auf [Esc].

Wenn jedoch erst einmal ein Teilergebnis den Bezug in der Formel ersetzt hat, dann ist der Bezug endgültig weg.

Das bedeutet unter anderem, dass eine Änderung in der Zelle, auf die sich das Teilergebnis bisher bezogen hat, keine Auswirkungen mehr auf die Formel hat.

Arbeiten mit Namen

In Excel kann man für Bezüge, Formeln oder Konstanten auch Namen definieren und benützen. Dabei wird anstatt des Zellenbezuges ein sprechender Namen eingesetzt. Das Arbeiten mit Namen in Tabellen erleichtert die Lesbarkeit der Tabellen immens. So klingt beispielsweise die Formel **=Netto*MwSt** doch besser als **=A1*B1**.

Generelles zur Namensvergabe

Bei der Definition von Namen muss eine bestimmte Syntax eingehalten werden. So muss das erste Zeichen eines Namens ein Buchstabe sein. Für alle folgenden Zeichen des Namens können Buchstaben, Ziffern, Unterstriche und sogar Punkte verwendet werden. Allerdings werden keine Namen akzeptiert, bei denen eine Verwechslung mit Zellenbezügen möglich ist. So werden Namen wie **U2** und **B52** beispielsweise von Excel verworfen. Die Groß- und Kleinschreibung spielt bei der Namensvergabe keine Rolle und kann in beliebiger Mischung verwendet werden. So ist der Name **KostenJanuar** gleichbedeutend mit dem Namen **kostenjanuar**. Die maximale Länge eines Namens darf nicht über **255** Zeichen betragen. Sie sollten die Namen immer so kurz wie möglich, aber dabei noch so sprechend wie möglich definieren.

Generell müssen Namen in einer Arbeitsmappe eindeutig sein, d.h. wenn Sie einen Namen vergeben und später denselben Namen auf einer anderen Tabelle wiederum definieren möchten, dann wird der zuerst definierte Namen somit überschrieben. Selbstverständlich ist ein Namen, der auf einer bestimmten Tabelle vorgenommen wurde, auch in der gesamten Arbeitsmappe verwendbar und abrufbar.

Namen vergeben

Die Benennung von einzelnen Zellen und Bereichen kann mit unterschiedlichen Methoden durchgeführt werden. Im folgenden Beispiel werden aus Nettopreisen Bruttopreise gemacht. Sehen Sie sich dazu einmal die Abbildung 1.20 an.

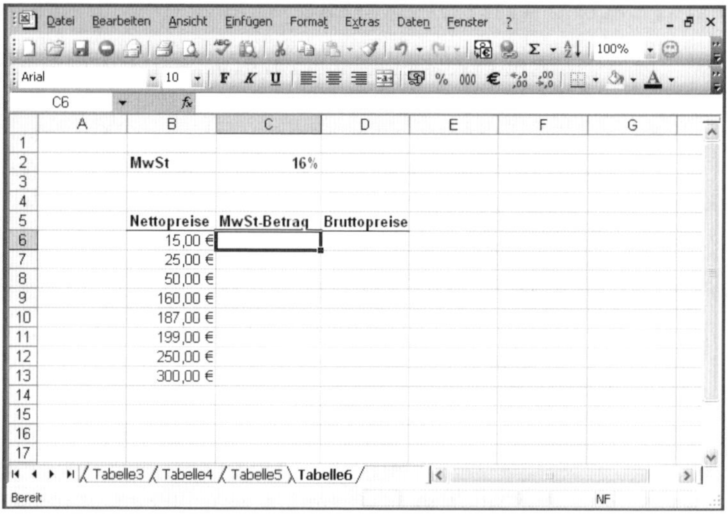

Abbildung 1.20: Die Vorbereitung für die Errechnung der Bruttopreise

Geben Sie der Zelle **C2** nun den Namen **MwSt**. Dazu verfahren Sie wie folgt:

1. Setzen Sie den Mauszeiger in die Zelle **C2**.

2. Schreiben Sie den Namen **MwSt** direkt in das Namensfeld (rechts oben, unterhalb der Bearbeitungsleiste)
3. Bestätigen Sie Ihre Eingabe mit ↵
4. Markieren Sie jetzt den Zellenbereich **C6:C13**
5. Erfassen Sie die Formel **=B6*MwSt**
6. Schließen Sie die Formel über die Tastenkombination Strg + ↵ ab.
7. Schreiben Sie in die Zelle **D6** die Formel **=B6+C6**
8. Führen Sie einen Doppelklick auf das Ausfüllkästchen der Zelle **D6** durch, um die Formel nach unten zu kopieren.

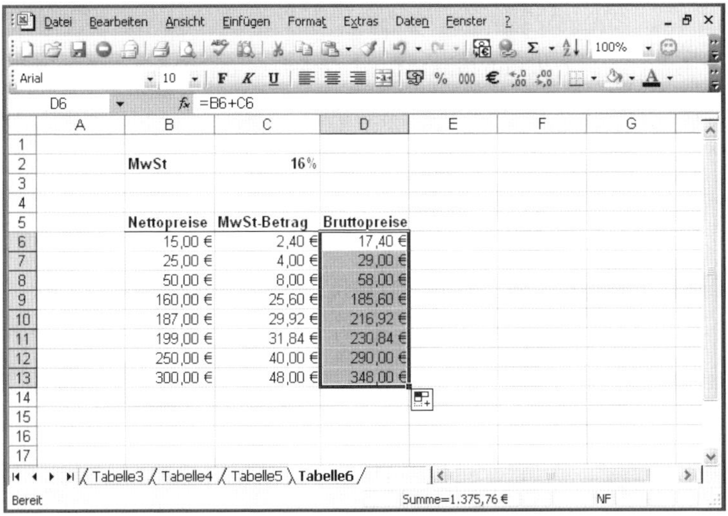

Abbildung 1.21: Die Bruttopreise wurden errechnet

Bei dieser Lösung wurde der MwSt-Betrag in einer separaten Spalte ausgewiesen. Möchten Sie die Bruttopreise direkt, also ohne Hilfsspalte ausrechnen, dann sehen Sie sich dazu einmal die Abbildung 1.22 an.

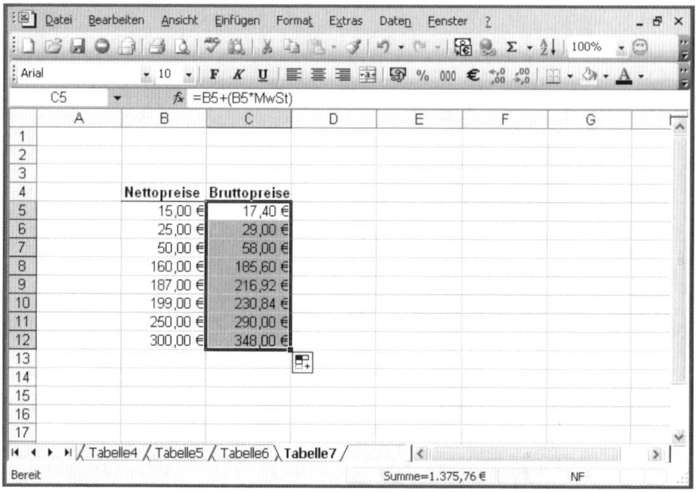

Abbildung 1.22: Direktes Ausrechnen des Bruttobetrages

Bei beiden Lösungen wurde der Name **MwSt** der Zelle **C2** auf der **Tabelle6** zugewiesen. Diesen Namen können Sie in der gesamten Arbeitsmappe einsetzen.

Namen vergeben ohne Zellenbezug

Als Alternative können Sie auch Namen vergeben, ohne dass diese Namen einen Zellenbezug haben. In der folgenden Aufgabe wird beispielsweise ein versteckter Zuschlag von 2% auf eine Preisliste hinterlegt.

Um einen solchen versteckten Zuschlag in Excel anzulegen, verfahren Sie wie folgt:

1. Rufen Sie den Dialog *Namen definieren* auf, indem Sie die Tastenkombination Strg + F3 drücken (siehe Abbildung 1.23).
2. Im Dialog *Namen definieren* geben Sie im Feld *Namen in der Arbeitsmappe* den Namen **VA** ein.
3. Im Feld *Bezieht sich auf* geben Sie den Faktor **1,02** ein.
4. Klicken Sie auf *OK*, um den Namen anzulegen.

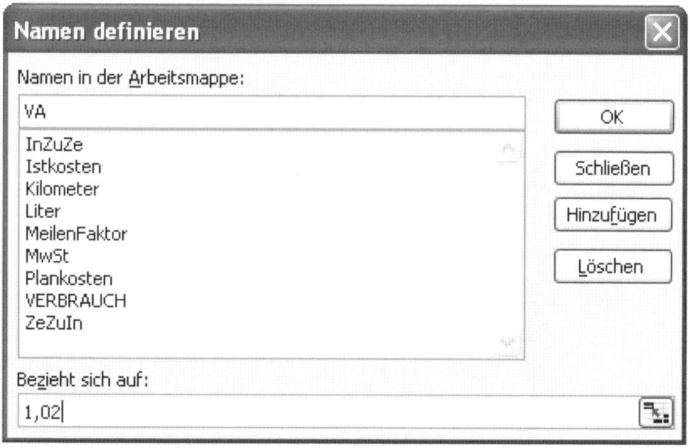

Abbildung 1.23: Einen versteckten Zuschlag definieren

Integrieren Sie nun diesen versteckten Zuschlag auf Ihre Preisliste. Gehen Sie dabei von der folgenden Ausgangssituation aus.

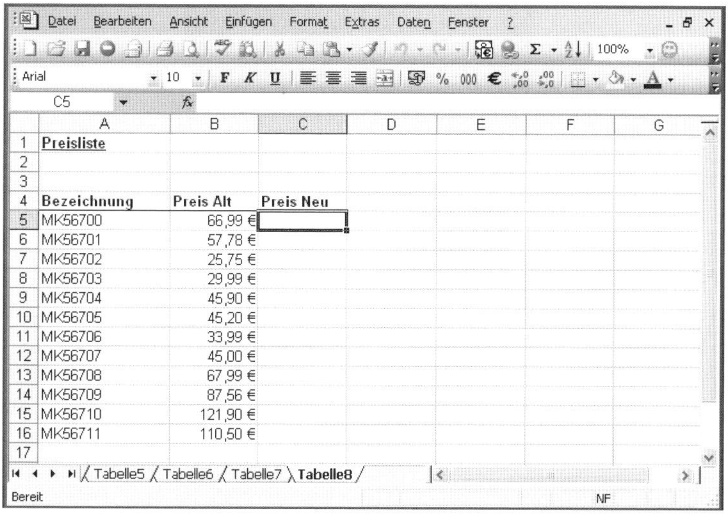

	A	B	C
1	**Preisliste**		
2			
3			
4	**Bezeichnung**	**Preis Alt**	**Preis Neu**
5	MK56700	66,99 €	
6	MK56701	57,78 €	
7	MK56702	25,75 €	
8	MK56703	29,99 €	
9	MK56704	45,90 €	
10	MK56705	45,20 €	
11	MK56706	33,99 €	
12	MK56707	45,00 €	
13	MK56708	67,99 €	
14	MK56709	87,56 €	
15	MK56710	121,90 €	
16	MK56711	110,50 €	
17			

Abbildung 1.24: Preise kalkulieren über einen versteckten Namen

Um nun einen Preiszuschlag in der Liste vorzunehmen, verfahren Sie wie folgt:

1. Markieren Sie den Zellenbereich **C5:C16**
2. Erfassen Sie die Formel **=B5*VA**
3. Schließen Sie die Formel über die Tastenkombination [Strg] + [↵] ab.

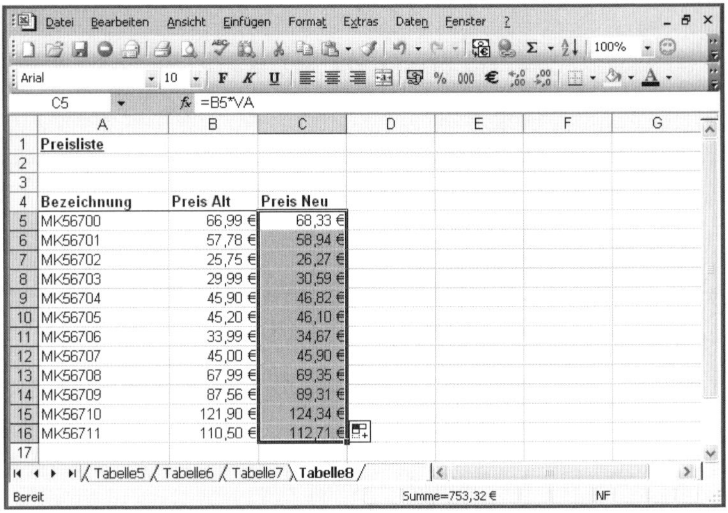

Abbildung 1.25: Die Preise wurden in Spalte C neu kalkuliert

Bereiche benennen

Selbstverständlich ist es in Excel auch möglich, ganze Bereiche zu benennen. Bei der folgenden Aufgabe soll aus den Maßen Länge und Breite die Fläche von Holzbrettern berechnet werden. Sehen Sie sich dazu einmal die folgende Ausgangstabelle an.

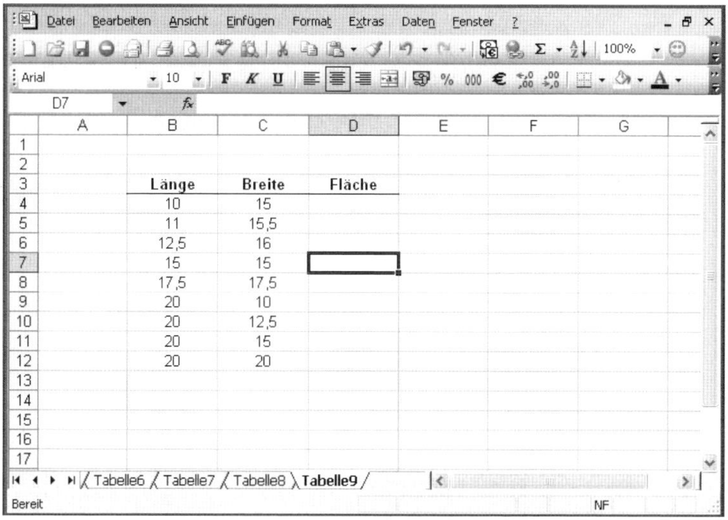

Abbildung 1.26: Mit der Formel **Länge*Breite** die Fläche errechnen

Standardmäßig würden Sie in Zelle **D4** nun die Formel **=B4*C4** erfassen, um die Fläche auszurechnen. Eine alternative Möglichkeit ist es, wenn Sie die kompletten Spalten benennen und in die Formel einbauen. Dazu verfahren Sie wie folgt:

1. Klicken Sie auf die Spaltenüberschrift **B**, um die komplette Spalte **B** zu markieren.
2. Schreiben Sie direkt in das Namensfeld den Namen **Länge**.
3. Bestätigen Sie diese Eingabe mit [↵].
4. Markieren Sie im Anschluss die Spalte **C**, schreiben ins Namensfeld den Namen **Breite** und bestätigen Sie mit [↵].
5. Markieren Sie den Zellenbereich **D4:D12**.
6. Erfassen Sie die Formel **=Länge*Breite**
7. Bestätigen Sie die Eingabe über die Tastenkombination [Strg] + [↵].

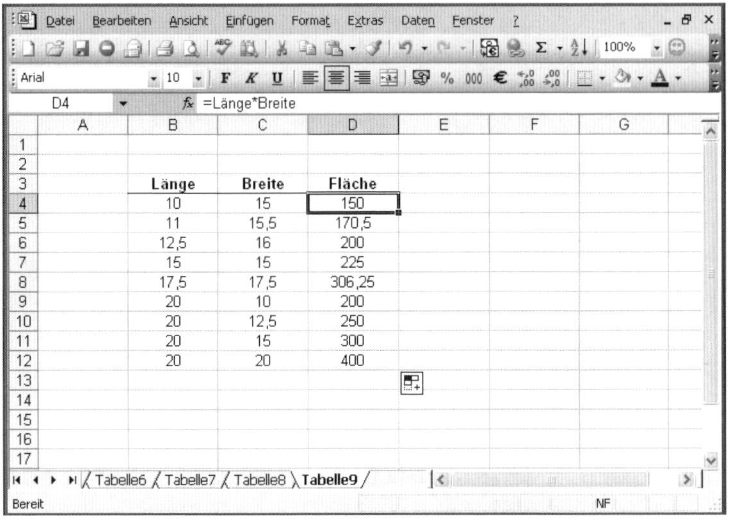

Abbildung 1.27: Mit sprechenden Formeln arbeiten

KAPITEL 2

Typische Beispiele für den Einsatz von Formeln

In diesem Kapitel lernen Sie anhand ausgewählter Praxisbeispiele den generellen Umgang mit Formeln kennen.

Typische Beispiele für den Einsatz von Formeln

Um den Umgang mit Formeln zu üben, präsentieren wir Ihnen in diesem Kapitel einige typische Beispiele aus der täglichen Praxis. Auf diese Weise wird Ihnen die Arbeit mit Formeln sehr schnell ganz leicht von der Hand gehen.

CD

Alle hier vorgestellten Funktionen sind in der Arbeitsmappe *Kap02.xls* auf der mitgelieferten CD-ROM verfügbar.

Rechnen mit unterschiedlichen Mehrwertsteuersätzen

Zum jetzigen Zeitpunkt gibt es in Deutschland zwei Mehrwertsteuersätze, einen mit 16% sowie einen mit 7%. In einer Tabelle sollen beide Mehrwertsteuerbeträge ausgewiesen werden. Sehen Sie sich dazu einmal die Ausgangssituation in Abbildung 2.1 an.

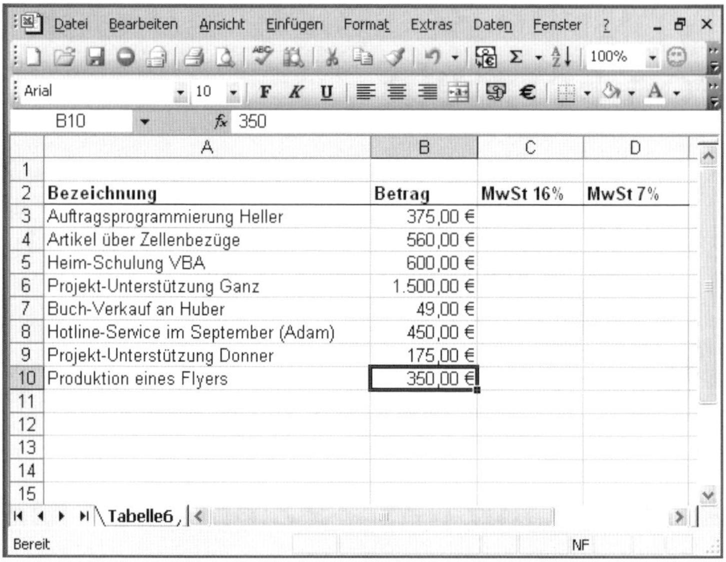

	A	B	C	D
1				
2	**Bezeichnung**	**Betrag**	**MwSt 16%**	**MwSt 7%**
3	Auftragsprogrammierung Heller	375,00 €		
4	Artikel über Zellenbezüge	560,00 €		
5	Heim-Schulung VBA	600,00 €		
6	Projekt-Unterstützung Ganz	1.500,00 €		
7	Buch-Verkauf an Huber	49,00 €		
8	Hotline-Service im September (Adam)	450,00 €		
9	Projekt-Unterstützung Donner	175,00 €		
10	Produktion eines Flyers	350,00 €		

Abbildung 2.1: Die Mehrwertsteuerbeträge sollen ausgewiesen werden

Zur Lösung dieser Aufgabenstellung haben Sie mehrere Möglichkeiten.

Variante 1:

- Schreiben Sie in Zelle **C3** die Formel: **=B3*0,16**
- Kopieren Sie diese Formel auch in die Zellen **C5**, **C6, C8, C9** und **C10**.
- In Zelle **D4** schreiben Sie die Formel: **=B4*0,07**
- Kopieren Sie diese Formel auch in die Zelle **D7**.

Variante 2:

- Schreiben Sie in Zelle **C3** die Formel: **=B3*16%**
- Kopieren Sie diese Formel auch in die Zellen **C5, C6, C8, C9** und **C10**.

- In Zelle **D4** schreiben Sie die Formel: **=D4*7%**
- Kopieren Sie diese Formel auch in die Zelle **C7**.

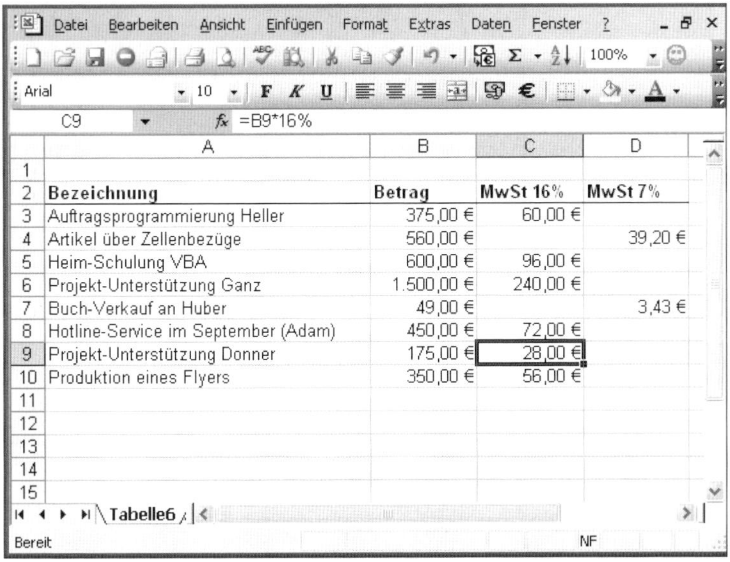

	A	B	C	D
1				
2	**Bezeichnung**	**Betrag**	**MwSt 16%**	**MwSt 7%**
3	Auftragsprogrammierung Heller	375,00 €	60,00 €	
4	Artikel über Zellenbezüge	560,00 €		39,20 €
5	Heim-Schulung VBA	600,00 €	96,00 €	
6	Projekt-Unterstützung Ganz	1.500,00 €	240,00 €	
7	Buch-Verkauf an Huber	49,00 €		3,43 €
8	Hotline-Service im September (Adam)	450,00 €	72,00 €	
9	Projekt-Unterstützung Donner	175,00 €	28,00 €	
10	Produktion eines Flyers	350,00 €	56,00 €	
11				
12				
13				
14				
15				

Abbildung 2.2: Die unterschiedlichen Mehrwertsteuersätze werden ausgewiesen

Bei den ersten beiden Varianten haben Sie die Mehrwertsteuerbeträge errechnet. Dabei wird der Mehrwertsteuersatz in den Zellen mehrfach verwendet. Was aber passiert, wenn der Mehrwertsteuersatz geändert werden muss? Bei diesen beiden Varianten müssen Sie dann Zelle für Zelle ändern, was sehr mühsam ist. Daher ist die folgende **Variante 3** zu bevorzugen. Legen Sie dazu einmal eine neue Tabelle nach folgendem Vorbild an.

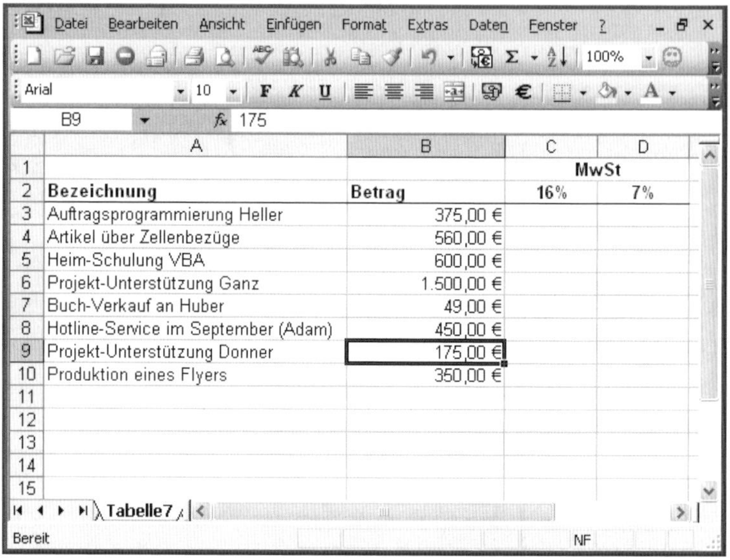

	A	B	C	D
1			MwSt	
2	**Bezeichnung**	**Betrag**	16%	7%
3	Auftragsprogrammierung Heller	375,00 €		
4	Artikel über Zellenbezüge	560,00 €		
5	Heim-Schulung VBA	600,00 €		
6	Projekt-Unterstützung Ganz	1.500,00 €		
7	Buch-Verkauf an Huber	49,00 €		
8	Hotline-Service im September (Adam)	450,00 €		
9	Projekt-Unterstützung Donner	175,00 €		
10	Produktion eines Flyers	350,00 €		

Abbildung 2.3: Die dynamische MwSt-Tabelle

Variante 3:

- Erfassen Sie in der Zelle **C3** die Formel: **=B3*$C$2**
- Kopieren Sie diese Formel auch in die Zellen **C5, C6, C8, C9** und **C10**.
- Schreiben Sie in Zelle **D4** die Formel **=B4*$D$2**
- Übertragen Sie diese Formel auch in Zelle **D7**.
- Drücken Sie die Tastenkombination Strg + #, um die Formeln noch einmal in der Formelansicht zu kontrollieren.

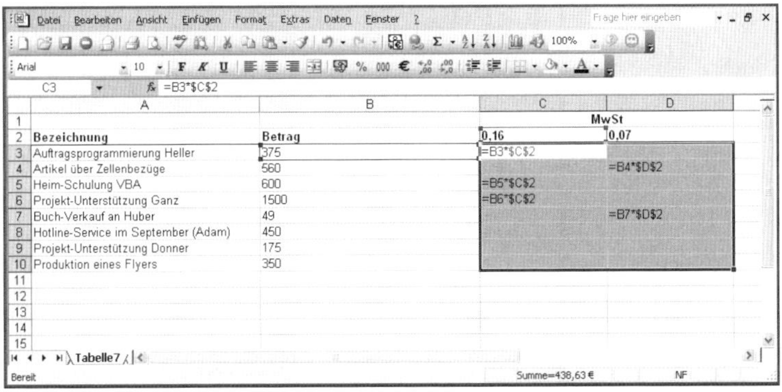

Abbildung 2.4: Die verwendeten Formeln im Überblick

Brutto und Netto

Bei der folgenden Aufgabe soll zu einem Nettobetrag der Bruttobetrag errechnet werden, indem auf den Nettobetrag die Mehrwertstuer von derzeit 16% aufaddiert wird. Des Weiteren soll ausgehend vom Bruttobetrag durch Abzug der Mehrwertsteuer der Nettobetrag errechnet werden. Beide Varianten werden in Abbildung 2.5 dargestellt.

Um den Bruttowert in Zelle **C2** zu errechnen, erfassen Sie folgende Formel:

=B2+B2*A2

Um den Nettowert in Zelle **B4** auszurechnen, geben Sie folgende Formel ein:

=C2/(1+A2)

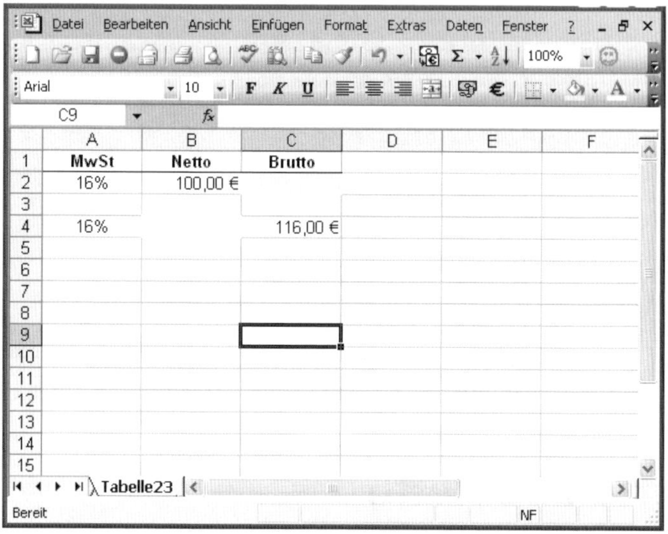

Abbildung 2.5: Der Netto- bzw. der Bruttowert muss errechnet werden

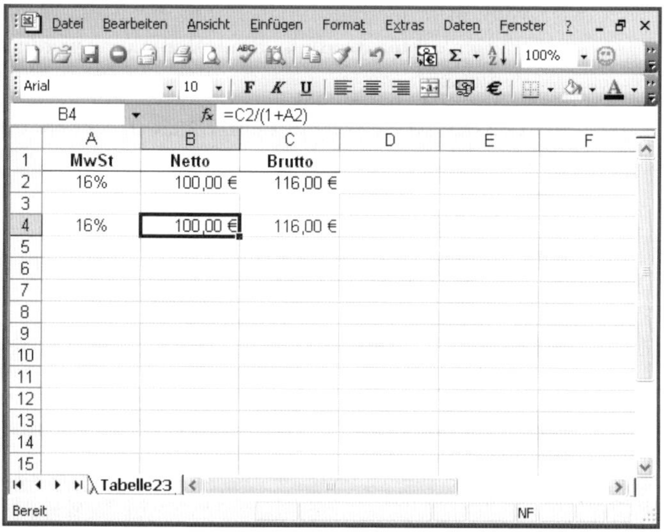

Abbildung 2.6: Das Ergebnis mit nochmaliger Kontrolle

In beiden Fällen stimmen die ausgerechneten Netto- und Bruttobeträge miteinander überein.

Stückzahlen ausrechnen

Bei der folgenden Aufgabe soll die Arbeitsleistung verschiedener Mitarbeiter errechnet werden. Dabei sehen Sie sich einmal die Ausgangssituation aus Abbildung 2.7 an.

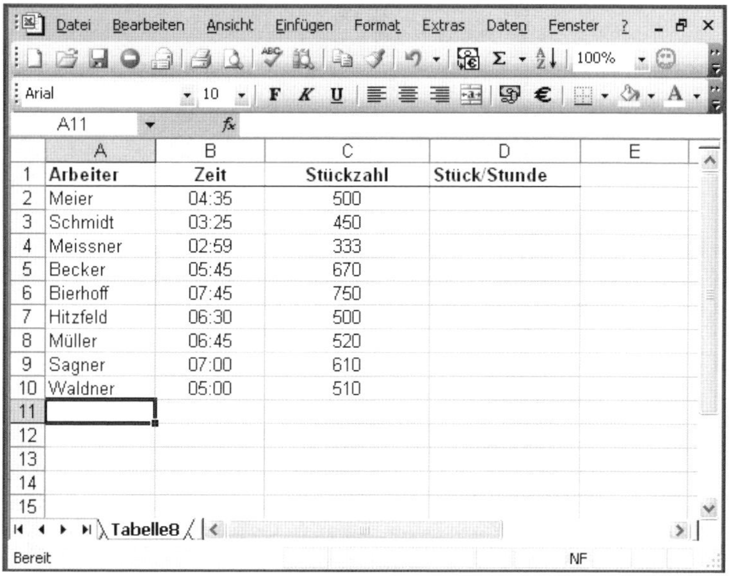

Arbeiter	Zeit	Stückzahl	Stück/Stunde
Meier	04:35	500	
Schmidt	03:25	450	
Meissner	02:59	333	
Becker	05:45	670	
Bierhoff	07:45	750	
Hitzfeld	06:30	500	
Müller	06:45	520	
Sagner	07:00	610	
Waldner	05:00	510	

Abbildung 2.7: Die Zeiten und Stückzahlen werden in einer Tabelle erfasst

Da die verschiedenen Mitarbeiter unterschiedlich lang gearbeitet haben, muss jetzt errechnet werden, wie viele Stück pro Stunde jeder einzelne Mitarbeiter hergestellt hat.

Um diese Aufgabe zu lösen, gehen Sie wie folgt vor:

1. Markieren Sie den Zellenbereich **D2:D10**.
2. Erfassen Sie die Formel **=C2/(B2*24)**
3. Drücken Sie die Tastenkombination Strg + ↵.

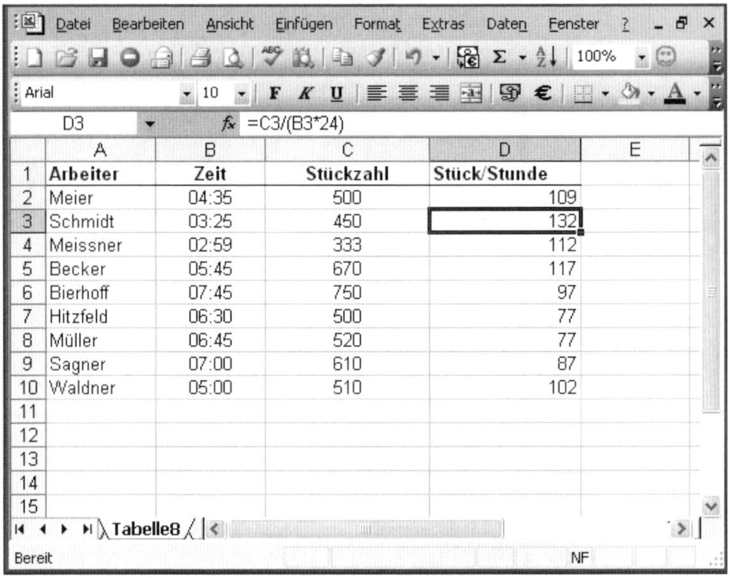

	A	B	C	D
1	**Arbeiter**	**Zeit**	**Stückzahl**	**Stück/Stunde**
2	Meier	04:35	500	109
3	Schmidt	03:25	450	132
4	Meissner	02:59	333	112
5	Becker	05:45	670	117
6	Bierhoff	07:45	750	97
7	Hitzfeld	06:30	500	77
8	Müller	06:45	520	77
9	Sagner	07:00	610	87
10	Waldner	05:00	510	102

Abbildung 2.8: Der Arbeiter Schmidt ist am produktivsten

Das Alter berechnen

In der nächsten Aufgabe soll das Alter von verschiedenen Personen in Tagen errechnet werden. Sehen Sie sich dazu einmal die Abbildung 2.9 an.

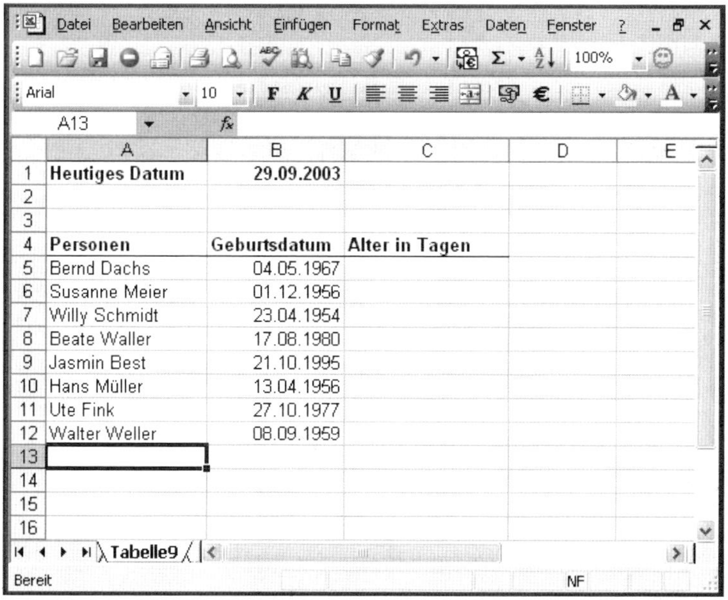

	A	B	C	D	E
1	**Heutiges Datum**	**29.09.2003**			
2					
3					
4	**Personen**	**Geburtsdatum**	**Alter in Tagen**		
5	Bernd Dachs	04.05.1967			
6	Susanne Meier	01.12.1956			
7	Willy Schmidt	23.04.1954			
8	Beate Waller	17.08.1980			
9	Jasmin Best	21.10.1995			
10	Hans Müller	13.04.1956			
11	Ute Fink	27.10.1977			
12	Walter Weller	08.09.1959			
13					
14					
15					
16					

Abbildung 2.9: Eine Geburtstagsliste

Das Datum aus Zelle **B1** können Sie am schnellsten erfassen, wenn Sie die Tastenkombination [Strg] + [.] drücken.

Um das Alter der einzelnen Personen zu ermitteln, befolgen Sie die nächsten Arbeitsschritte:

1. Markieren Sie den Zellenbereich **C5:C12**.
2. Erfassen Sie die Formel **=$B$1-B5**
3. Drücken Sie die Tastenkombination [Strg] + [↵], um die Formel im markierten Bereich einzufügen.
4. Wählen Sie aus dem Menü *Format* den Befehl *Zellen*.
5. Wechseln Sie auf die Registerkarte *Zahlen*.
6. Wählen Sie aus dem Listenfeld *Kategorie* den Befehl *Standard*.

7. Bestätigen Sie mit *OK*.

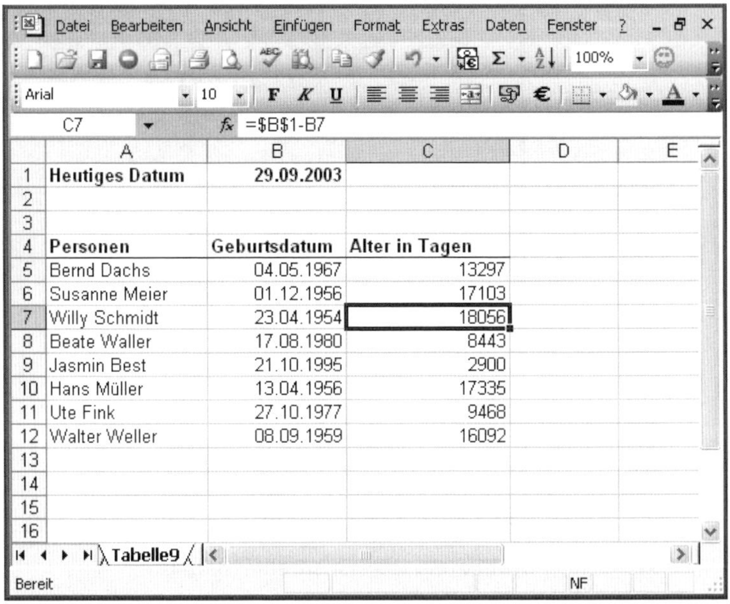

	A	B	C
1	**Heutiges Datum**	**29.09.2003**	
2			
3			
4	**Personen**	**Geburtsdatum**	**Alter in Tagen**
5	Bernd Dachs	04.05.1967	13297
6	Susanne Meier	01.12.1956	17103
7	Willy Schmidt	23.04.1954	18056
8	Beate Waller	17.08.1980	8443
9	Jasmin Best	21.10.1995	2900
10	Hans Müller	13.04.1956	17335
11	Ute Fink	27.10.1977	9468
12	Walter Weller	08.09.1959	16092

Abbildung 2.10: Willy Schmidt ist am ältesten

HINWEIS

Im weiteren Verlaufe des Buches lernen Sie, wie Sie diese Aufgabe mit Hilfe von Tabellenfunktionen lösen können.

Zahlungsfälligkeit errechnen

In der folgenden Aufgabe liegt eine Rechnungsliste vor. Ihre Aufgabe besteht darin, die Rechnungsfälligkeit der einzelnen Rechnungen zu errechnen. Sehen Sie sich als Vorbereitung auf diese Aufgabe die Abbildung 2.11 an.

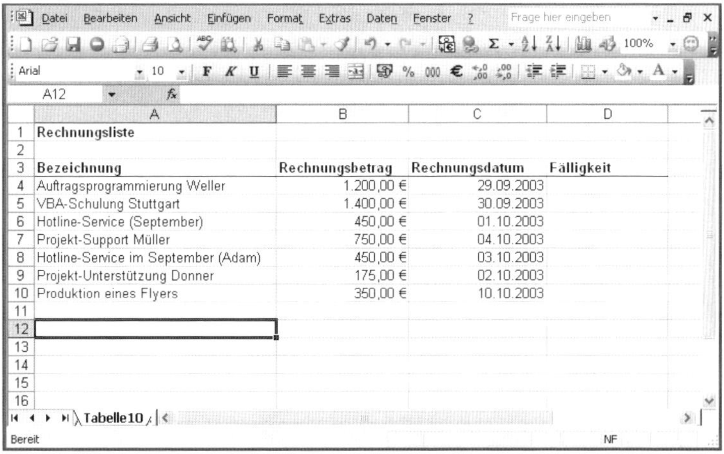

Abbildung 2.11: Die Rechnungsliste

Für die Rechnungsliste aus Abbildung 2.11 gehen Sie von der Prämisse aus, dass die Rechnungen einheitlich jeweils 14 Tage nach Rechnungsdatum spätestens zu bezahlen sind.

Um die Fälligkeit der Rechnungen auszuweisen, befolgen Sie die nächsten Arbeitsschritte:

1. Markieren Sie den Bereich **D4:D10**.
2. Erfassen Sie die Formel **=C4+14**
3. Drücken Sie die Tastenkombination [Strg] + [↵].

D4 =C4+14

	A	B	C	D
1	**Rechnungsliste**			
2				
3	**Bezeichnung**	**Rechnungsbetrag**	**Rechnungsdatum**	**Fälligkeit**
4	Auftragsprogrammierung Weller	1.200,00 €	29.09.2003	13.10.2003
5	VBA-Schulung Stuttgart	1.400,00 €	30.09.2003	14.10.2003
6	Hotline-Service (September)	450,00 €	01.10.2003	15.10.2003
7	Projekt-Support Müller	750,00 €	04.10.2003	18.10.2003
8	Hotline-Service im September (Adam)	450,00 €	03.10.2003	17.10.2003
9	Projekt-Unterstützung Donner	175,00 €	02.10.2003	16.10.2003
10	Produktion eines Flyers	350,00 €	10.10.2003	24.10.2003

Abbildung 2.12: Das Ergebnis – alle Rechnungen haben ein Fälligkeitsdatum

Wie Sie diese Aufgabe mit unterschiedlichen Zahlungsbedingungen lösen und dabei noch Arbeitstage und Wochenenden berücksichtigen können, erfahren Sie im weiteren Verlauf dieses Buches.

Eine Preisreduktion durchführen

Bei der nächsten Aufgabenstellung soll eine Preisliste um 30 Prozent reduziert werden. Dabei sollen die alten Preise aber noch erhalten bleiben. Gehen Sie bei dieser Aufgabe von der Ausgangssituation aus Abbildung 2.13 aus.

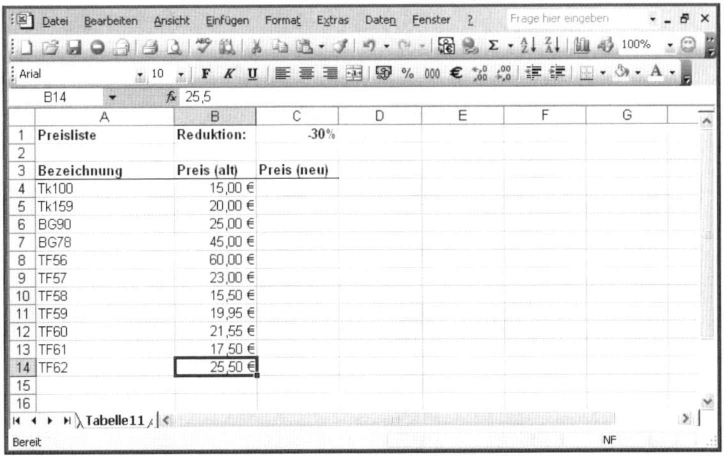

Abbildung 2.13: Die Preisliste soll überarbeitet werden

Um nun auf alle Artikel eine Preisreduktion von 30% vorzunehmen, verfahren Sie wie folgt:

1. In Zelle **C1** schreiben Sie **-30%**.
2. Markieren Sie den Zellenbereich **C4:C14**.
3. Geben Sie die Formel **=B4+(B4*$C$1)** ein.
4. Bestätigen Sie die Eingabe über die Tastenkombination [Strg] + [↵].

Möchten Sie einen Preisaufschlag beispielsweise von 10% vornehmen, dann geben Sie in Zelle **C1** den Prozentsatz 10% ein.

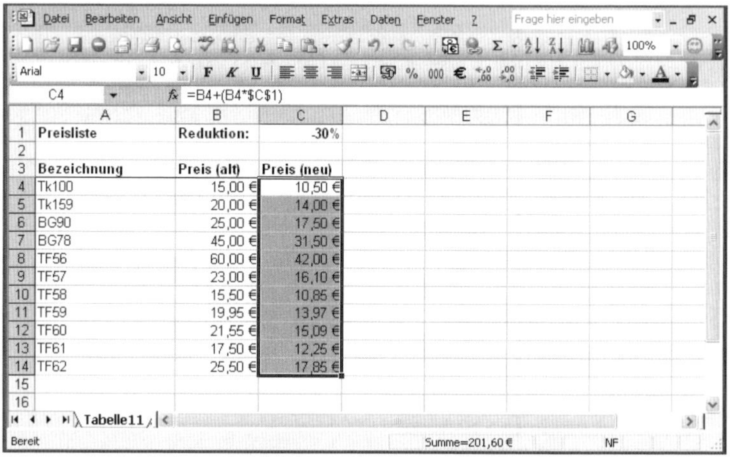

	A	B	C
1	Preisliste	Reduktion:	-30%
2			
3	Bezeichnung	Preis (alt)	Preis (neu)
4	Tk100	15,00 €	10,50 €
5	Tk159	20,00 €	14,00 €
6	BG90	25,00 €	17,50 €
7	BG78	45,00 €	31,50 €
8	TF56	60,00 €	42,00 €
9	TF57	23,00 €	16,10 €
10	TF58	15,50 €	10,85 €
11	TF59	19,95 €	13,97 €
12	TF60	21,55 €	15,09 €
13	TF61	17,50 €	12,25 €
14	TF62	25,50 €	17,85 €

Abbildung 2.14: Die Artikel wurden um 30% reduziert

Wenn die Daten aus der Spalte B direkt überschrieben werden können, dann gibt es eine noch schnellere Methode, diese Aufgabe durchzuführen. Es soll auch hier eine Reduzierung der Preise um 30% erreicht werden.

1. Geben Sie in Zelle **E1** den Wert **0,70** ein.
2. Kopieren Sie diese Zelle.
3. Markieren Sie den Datenbereich **B4:B14**.
4. Wählen Sie aus dem Menü *Bearbeiten* den Befehl *Inhalte einfügen*.

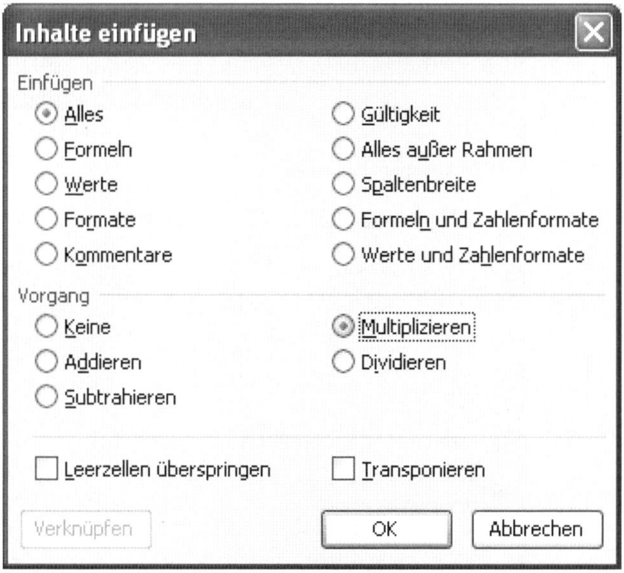

Abbildung 2.15: Preisreduktion direkt durchführen

5. Aktivieren Sie die Option *Multiplizieren.*
6. Bestätigen Sie mit *OK.*
7. Löschen Sie den Inhalt der Hilfszelle **E1**.

Währungen umrechnen

Das folgende Beispiel kann dann eingesetzt werden, wenn Sie Währungen umrechnen müssen. In Abbildung 2.16 ist eine Tabelle noch mit DM-Beträgen abgebildet. Ihre Aufgabe besteht nun darin, diese Tabelle in Euro umzurechnen.

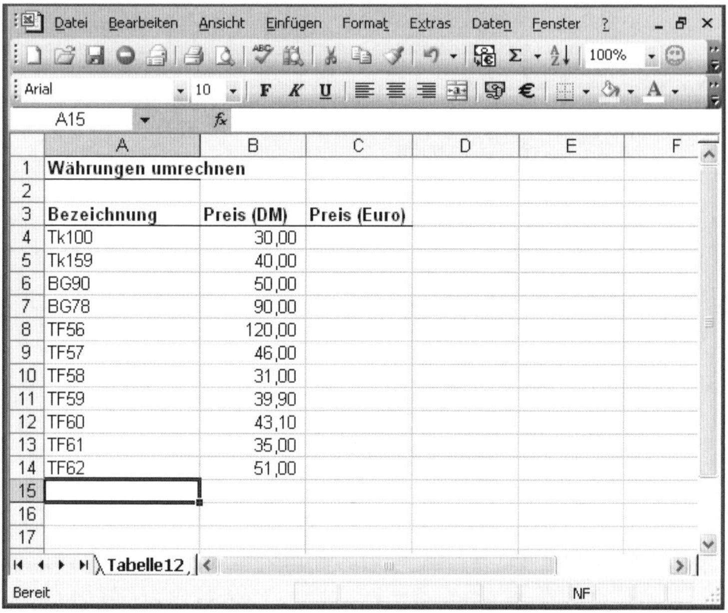

	A	B	C
1	**Währungen umrechnen**		
2			
3	**Bezeichnung**	**Preis (DM)**	**Preis (Euro)**
4	Tk100	30,00	
5	Tk159	40,00	
6	BG90	50,00	
7	BG78	90,00	
8	TF56	120,00	
9	TF57	46,00	
10	TF58	31,00	
11	TF59	39,90	
12	TF60	43,10	
13	TF61	35,00	
14	TF62	51,00	

Abbildung 2.16: Eine alte Preisliste soll umgerechnet werden

Um diese Preisliste in Euro umzurechnen, verfahren Sie wie folgt:

1. Markieren Sie den Zellenbereich **C4:C14**.
2. Erfassen Sie die Formel **=B4/1,95583**
3. Schließen Sie die Formel über die Tastenkombination [Strg] + [↵] ab.
4. Wählen Sie aus dem Menü *Format* den Befehl *Zellen*.
5. Wechseln Sie auf die Registerkarte *Zahlen*.

Abbildung 2.17: Die Beträge werden noch auf 2 Stellen hinter dem Komma formatiert

6. Im Listenfeld *Kategorie* wählen Sie die Kategorie *Währung*.
7. Übernehmen Sie die Einstellungen, wie sie in Abbildung 2.17 gezeigt werden.
8. Bestätigen Sie die Formatierung mit *OK*.

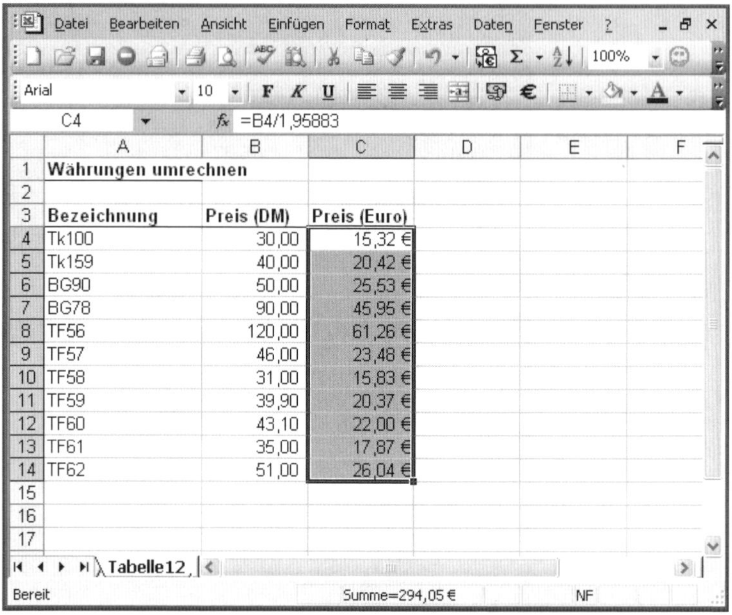

Abbildung 2.18: Die Umrechnung wurde durchgeführt

Können die alten Daten direkt überschrieben werden, dann empfiehlt sich folgende Vorgehensweise:

1. Schreiben Sie in eine Hilfszelle den Umrechnungsfaktor **1,95583**
2. Kopieren Sie diese Zelle.
3. Markieren Sie den Zellenbereich **B4:B14**.
4. Wählen Sie aus dem Menü *Bearbeiten* den Befehl *Inhalte einfügen*.

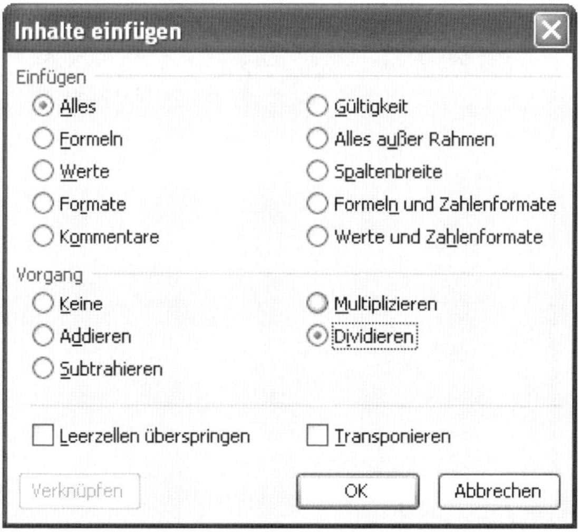

Abbildung 2.19: Direktes Überschreiben der DM-Beträge über die Division mit dem Umrechnungsfaktor

5. Im Dialog *Inhalte einfügen* aktivieren Sie die Option *Dividieren.*
6. Bestätigen Sie mit *OK.*
7. Löschen Sie den Umrechnungsfaktor aus Zelle **A1**.

HINWEIS

Soll der umgekehrte Vorgang, also Euro-Beträge in DM-Beträge, durchgeführt werden, dann multiplizieren Sie die DM-Beträge mit dem Umrechnungsfaktor von **1,95583**.

Zeiten umrechnen

In der folgenden Abbildung 2.20 sind einige Zeiten abgebildet. Die Aufgabe besteht nun darin, die Zeiten in Minuten umzurechnen.

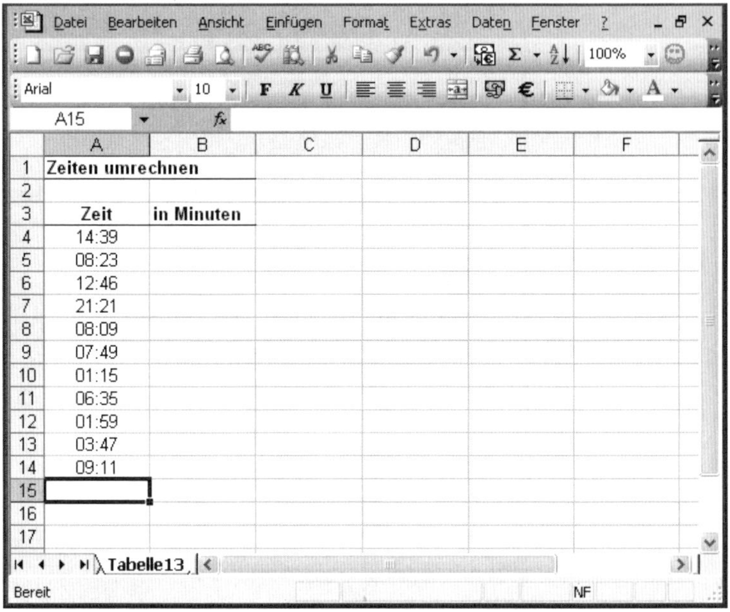

Abbildung 2.20: Die Zeiten sollen in Minuten umgerechnet werden

Um diese Aufgabenstellung zu lösen, gehen Sie wie folgt vor:

1. Markieren Sie den Bereich **B4:B14**.
2. Erfassen Sie die Formel **=A4*24*60**
3. Schließen Sie diese Formel über die Tastenkombination Strg + ↵ ab.
4. Wählen Sie aus dem Menü *Format* den Befehl *Zellen*.
5. Wechseln Sie auf die Registerkarte *Zahlen*.
6. Stellen Sie im Listenfeld *Kategorie* den Eintrag *Standard* ein.
7. Bestätigen Sie diese Einstellung mit *OK*.

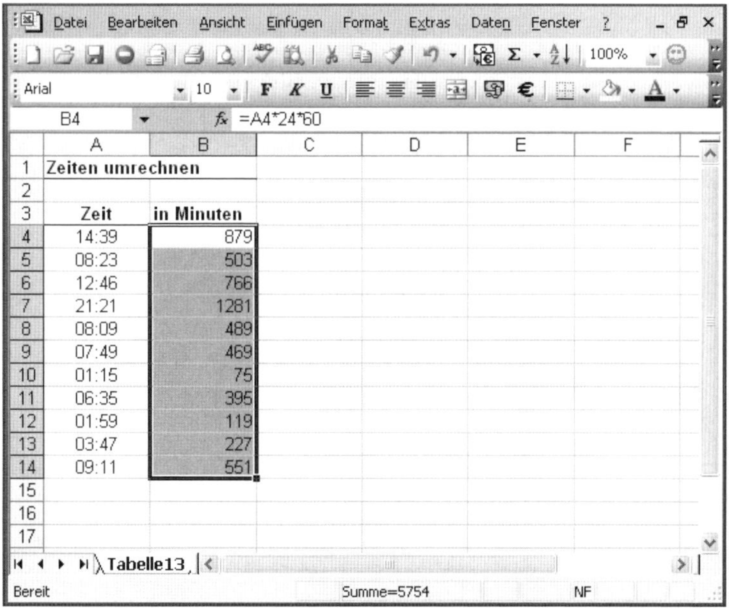

Abbildung 2.21: Die Zeiten wurden in Minuten umgerechnet

Die Umrechnung der Zeiten (Stunden und Minuten) in Minuten erfolgte über die Formel **=A4*24*60**

Dabei bedeutet der Wert **24**, dass von **24** Stunden = 1 Tag ausgegangen wird. Der Wert **60** bedeutet, dass **60** Minuten genau **1** Stunde ausmacht. Die an die Umrechnung folgende Formatierung muss durchgeführt werden, da Sie sonst nur den Wert **0:00** in den Zellen sehen.

> Alle Zeitangaben werden in Excel in Bruchteilen von Tagen intern behandelt und über die Zellenformatierung in das gewünschte Format gebracht. So gelten folgende Aussagen:
>
> - ✔ 1 Tag = 1
> - ✔ 1 Stunde = 1/24
> - ✔ 1 Min = 1/1440
> - ✔ 1 Sekunde = 1/86400

Beim umgekehrten Fall liegen in einer Tabelle Zeiten in Minutenangabe (siehe Abbildung 2.22) vor.

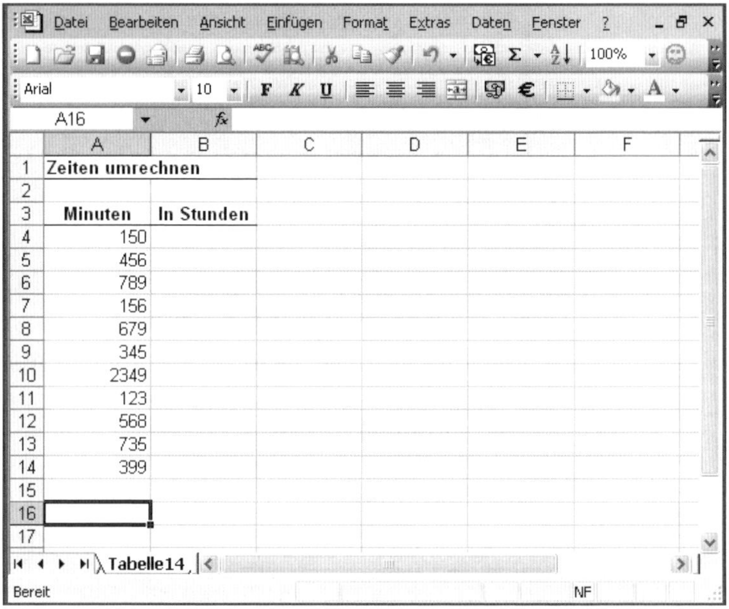

Abbildung 2.22: Die Minutenangaben sollen in Stunden/Minuten umgerechnet werden

Um diese Aufgabe zu lösen, verfahren Sie wie folgt:

1. Markieren Sie den Zellenbereich **B4:B14**.
2. Schreiben Sie die Formel **=A4/24/60**
3. Schließen Sie die Formel über die Tastenkombination [Strg] + [↵] ab.

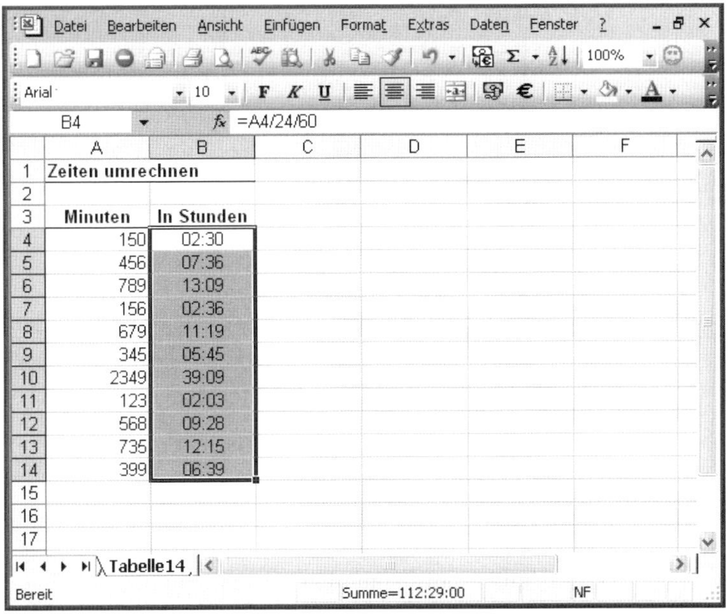

Abbildung 2.23: Die Umrechnung wurde erfolgreich durchgeführt

Zeitwerte kombinieren

Bei der folgenden Aufgabe werden Zeitwerte aus einer Tabelle miteinander kombiniert. Sehen Sie sich zu diesem Zweck einmal die Abbildung 2.24 an.

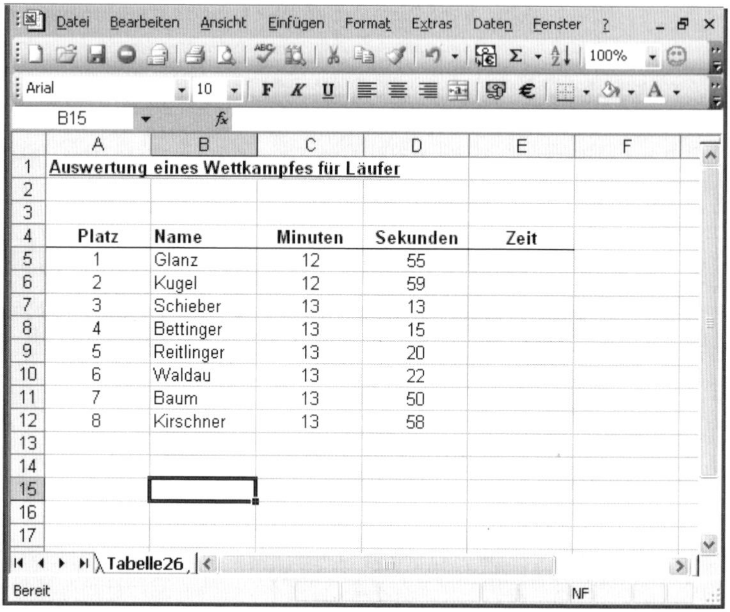

	A	B	C	D	E	F
1	Auswertung eines Wettkampfes für Läufer					
2						
3						
4	Platz	Name	Minuten	Sekunden	Zeit	
5	1	Glanz	12	55		
6	2	Kugel	12	59		
7	3	Schieber	13	13		
8	4	Bettinger	13	15		
9	5	Reitlinger	13	20		
10	6	Waldau	13	22		
11	7	Baum	13	50		
12	8	Kirschner	13	58		

Abbildung 2.24: Die Minuten und Sekunden sollen zusammengefasst werden

Die Spalten C und D wurden mit dem Format Zahl ohne Nachkommastellen formatiert. Die Aufgabe besteht nun darin, die Minuten und Sekunden zusammen in Spalte E auszugeben. Dazu gehen Sie folgendermaßen vor:

1. Markieren Sie den Zellenbereich **E5:E12**
2. Erfassen Sie die Formel **=C5/1440+D5/86400**
3. Schließen Sie die Formel über die Tastenkombination [Strg] + [↵] ab.
4. Wählen Sie aus dem Menü *Format* den Befehl *Zellen*.
5. Wechseln Sie auf die Registerkarte *Zahlen*.

Abbildung 2.25: Eine benutzerdefinierte Formatierung zuweisen

6. Im Listenfeld *Kategorie* stellen Sie den Eintrag *Benutzerdefiniert* ein.
7. Im Feld *Typ* geben Sie das benutzerdefinierte Format **hh:mm:ss** ein.
8. Bestätigen Sie mit *OK*.

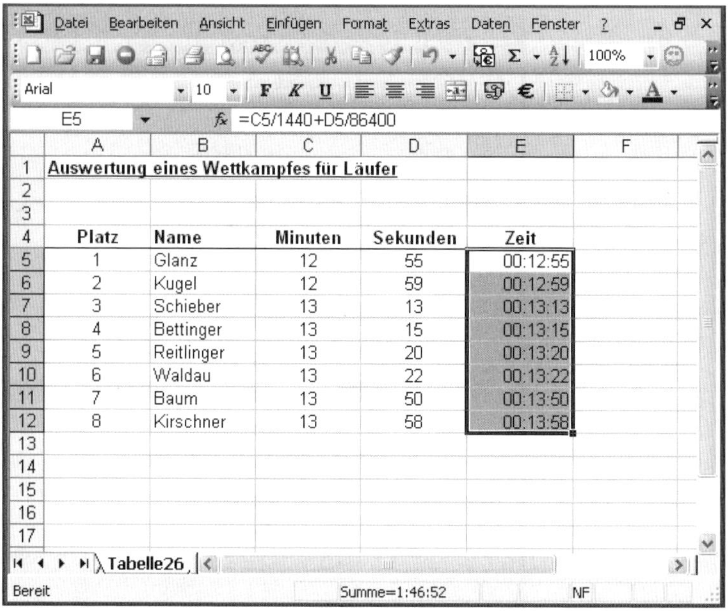

	A	B	C	D	E
1	Auswertung eines Wettkampfes für Läufer				
2					
3					
4	Platz	Name	Minuten	Sekunden	Zeit
5	1	Glanz	12	55	00:12:55
6	2	Kugel	12	59	00:12:59
7	3	Schieber	13	13	00:13:13
8	4	Bettinger	13	15	00:13:15
9	5	Reitlinger	13	20	00:13:20
10	6	Waldau	13	22	00:13:22
11	7	Baum	13	50	00:13:50
12	8	Kirschner	13	58	00:13:58

Abbildung 2.26: Die Minuten und Sekunden wurden zusammengefasst

Kilometer/Stunde ausrechnen

Wenn Sie des Öfteren in den Wald gehen, um ein wenig zu joggen, dann werden Sie vielleicht auch auf die Uhr sehen und sich nach dem Training die Zeiten sowie die zurückgelegten Kilometer notieren. Sehen Sie sich dazu einmal die Abbildung 2.27 an.

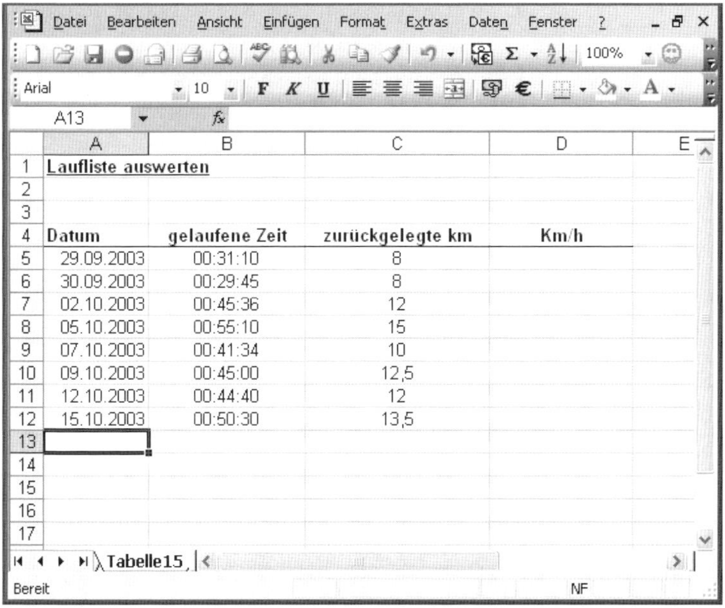

	A	B	C	D
1	Laufliste auswerten			
2				
3				
4	Datum	gelaufene Zeit	zurückgelegte km	Km/h
5	29.09.2003	00:31:10	8	
6	30.09.2003	00:29:45	8	
7	02.10.2003	00:45:36	12	
8	05.10.2003	00:55:10	15	
9	07.10.2003	00:41:34	10	
10	09.10.2003	00:45:00	12,5	
11	12.10.2003	00:44:40	12	
12	15.10.2003	00:50:30	13,5	

Abbildung 2.27: Die »Läufer-Liste«

HINWEIS

In Spalte B wird die gelaufene Zeit mit dem Format **hh:mm:ss** im Dialog *Zellen formatieren* eingestellt.

Da an den einzelnen Tagen unterschiedlich lang gelaufen wurde, muss nun ermittelt werden, wie hoch die Durchschnittsgeschwindigkeit an den einzelnen Tagen war. Um diese Aufgabe durchzuführen, befolgen Sie die nächsten Arbeitsschritte:

1. Markieren Sie den Zellenbereich **D5:D12**.
2. Erfassen Sie die Formel **=C5/(B5*24)**
3. Schließen Sie die Formel über die Tastenkombination Strg + ↵ ab.
4. Wählen Sie aus dem Menü *Format* den Befehl *Zellen*.

5. Wechseln Sie auf die Registerkarte *Zahlen*.

Abbildung 2.28: Eine benutzerdefinierte Formatierung einstellen

6. Stellen Sie im Listenfeld *Kategorie* den Eintrag *Benutzerdefiniertl* ein.
7. Geben Sie im Feld *Typ* das benutzerdefinierte Format **0,00 "km/h"** an.
8. Bestätigen Sie diese Einstellung mit *OK*.

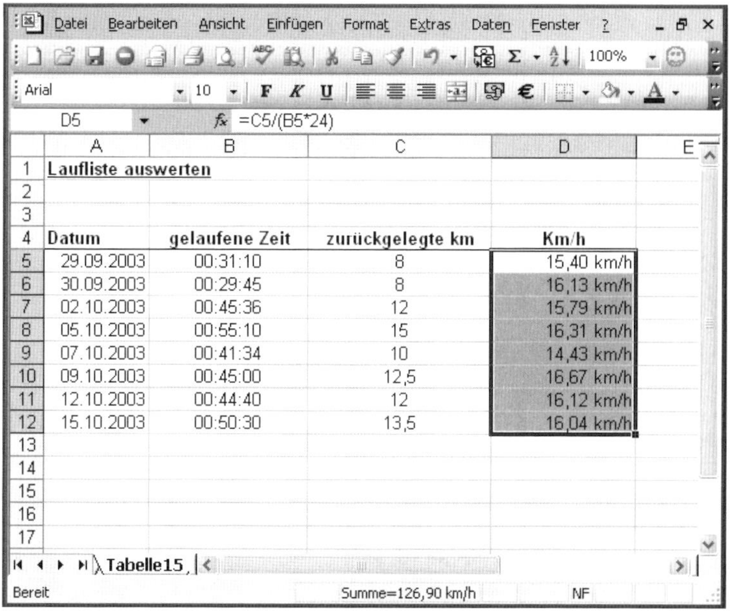

Abbildung 2.29: Die Durchschnittsgeschwindigkeit wird in Km/h angegeben

Normal- und Idealgewicht

Um das Normal- bzw. das Idealgewicht einer Person zu bestimmen, gibt es mehrere verschiedene Möglichkeiten.

Die Standard-Methode

Bei der am meisten eingesetzten Methode wird die Körpergröße als benötigtes Kriterium benötigt. Als Ausgangssituation sehen Sie sich einmal die Abbildung 2.30 an.

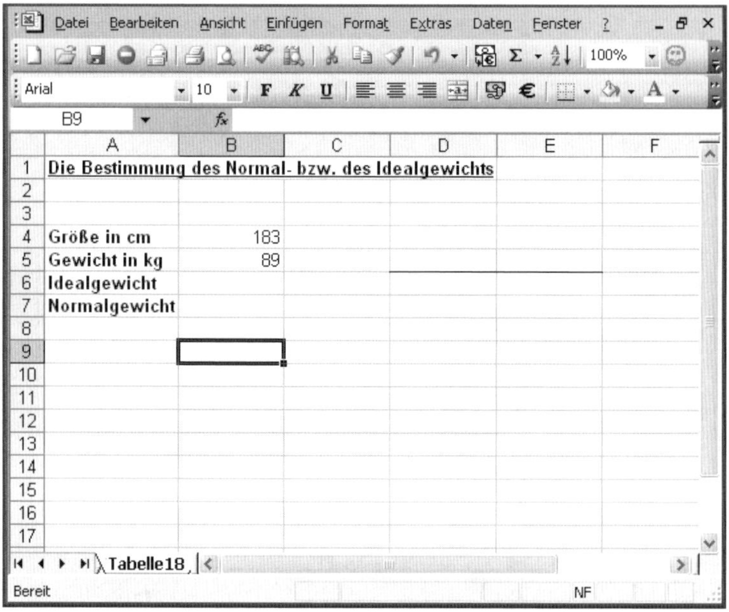

Abbildung 2.30: Die Bestimmung des Idealgewichts

Um nun das Ideal- bzw. das Normalgewicht zu bestimmen, verfahren Sie wie folgt:

1. Schreiben Sie in Zelle **B6** die Formel **=(B4-100)*0,9**
2. In Zelle **B7** tragen Sie die Formel **=B4-100** ein.
3. In Zelle **D6** ermitteln Sie die absolute Abweichung vom Idealgewicht über die Formel **=B5-B6**
4. In Zelle **E6** ermitteln Sie die prozentuale Abweichung vom Idealgewicht über die Formel **=1-B5/B6**
5. In Zelle **D7** ermitteln Sie die absolute Abweichung vom Idealgewicht über die Formel **=B5-B7**

6. In Zelle **E7** ermitteln Sie die prozentuale Abweichung vom Idealgewicht über die Formel **=1-B5/B7**

7. Formatieren Sie die beiden Zellen **E6** und **E7** über den Dialog *Zellen formatieren* über die Kategorie *Prozent*.

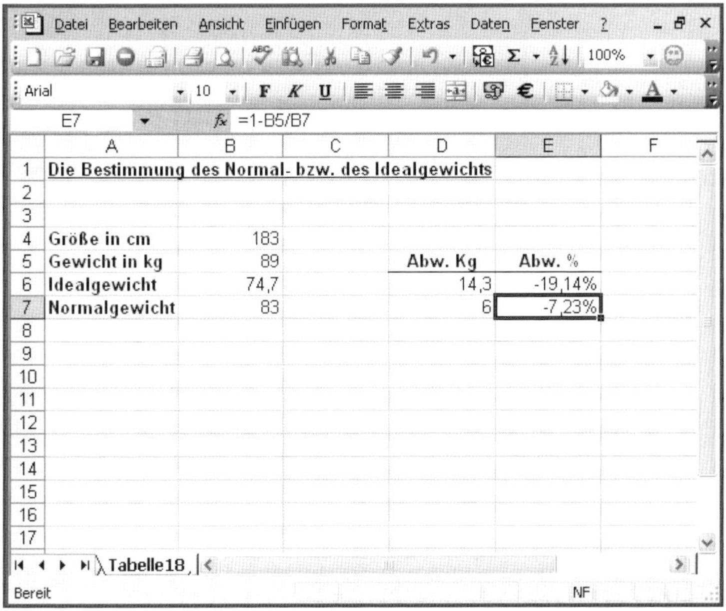

Abbildung 2.31: Schwarz auf Weiß – die Testperson ist übergewichtig

Die BMI-Methode

Bei der zweiten Methode BMI (Body-Mass-Index) zur Gewichts-Standortbestimmung wird ebenfalls von der Körpergröße einer Person ausgegangen. Die dazu benötigte Formel sowie die Auswertung dieses Indexes sehen Sie in Abbildung 2.32.

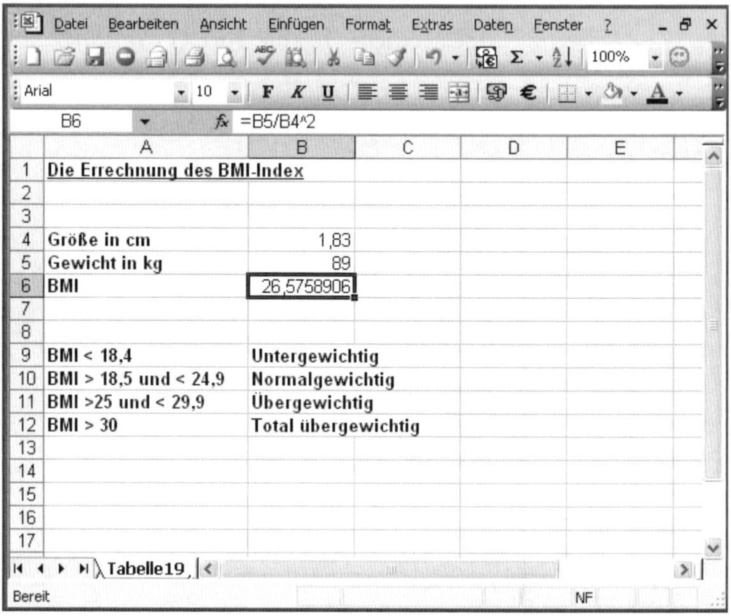

Abbildung 2.32: Auch hier wird das Ergebnis bestätigt: Die Testperson ist übergewichtig

Benzinverbrauch ausrechnen

Bei der nächsten Aufgabe soll der durchschnittliche Benzinverbrauch auf 100 km ausgerechnet werden. Dazu liegt Ihnen folgende Tabelle aus Abbildung 2.33 vor:

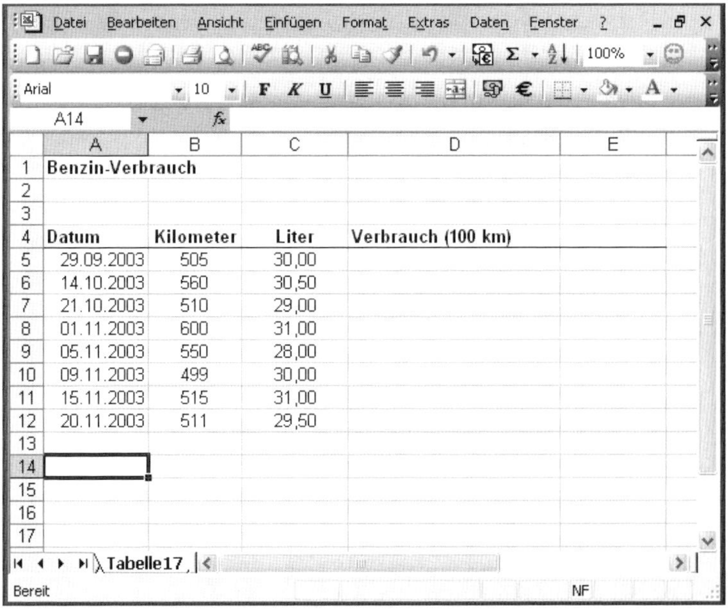

	A	B	C	D	E
1	**Benzin-Verbrauch**				
2					
3					
4	**Datum**	**Kilometer**	**Liter**	**Verbrauch (100 km)**	
5	29.09.2003	505	30,00		
6	14.10.2003	560	30,50		
7	21.10.2003	510	29,00		
8	01.11.2003	600	31,00		
9	05.11.2003	550	28,00		
10	09.11.2003	499	30,00		
11	15.11.2003	515	31,00		
12	20.11.2003	511	29,50		
13					
14					
15					
16					
17					

Abbildung 2.33: Wie viele Liter Benzin werden auf 100 km gebraucht?

Um diese Aufgabe zu lösen, verfahren Sie wie folgt:

1. Markieren Sie den Zellenbereich **D5:D12**
2. Schreiben Sie die Formel **=C5/B5*100**
3. Bestätigen Sie die Eingabe der Formel über die Tastenkombination [Strg] + [↵].

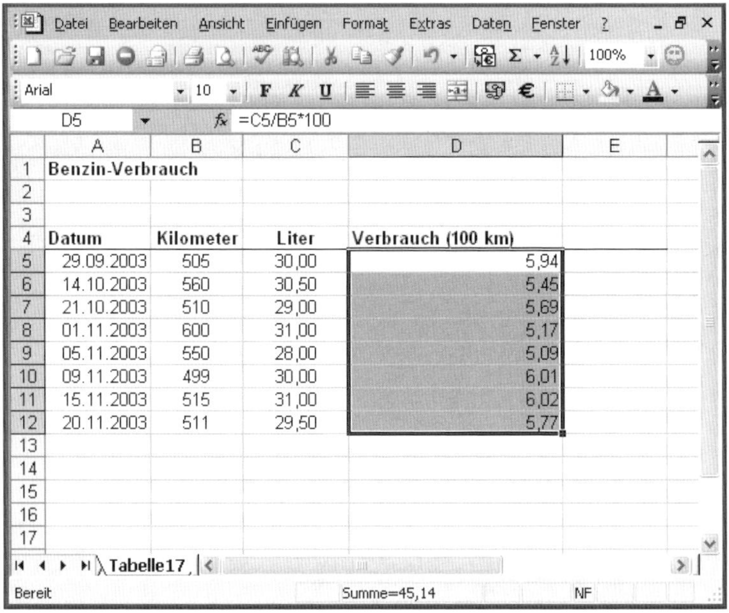

	A	B	C	D
1	Benzin-Verbrauch			
4	Datum	Kilometer	Liter	Verbrauch (100 km)
5	29.09.2003	505	30,00	5,94
6	14.10.2003	560	30,50	5,45
7	21.10.2003	510	29,00	5,69
8	01.11.2003	600	31,00	5,17
9	05.11.2003	550	28,00	5,09
10	09.11.2003	499	30,00	6,01
11	15.11.2003	515	31,00	6,02
12	20.11.2003	511	29,50	5,77

Abbildung 2.34: Der Durchschnittsverbrauch liegt so zwischen 5 und 6 Litern Benzin auf 100 km

Die Kilometerkontrolle

Stellen Sie sich vor, Sie haben vor ca. 2 Jahren ein neues Auto gekauft. Seit dieser Zeit sind Sie insgesamt 34.567 km gefahren. Wie stellen Sie nun fest, wie viele km Sie im Schnitt täglich fahren?

Sehen Sie sich dazu zuerst noch die Abbildung 2.35 an.

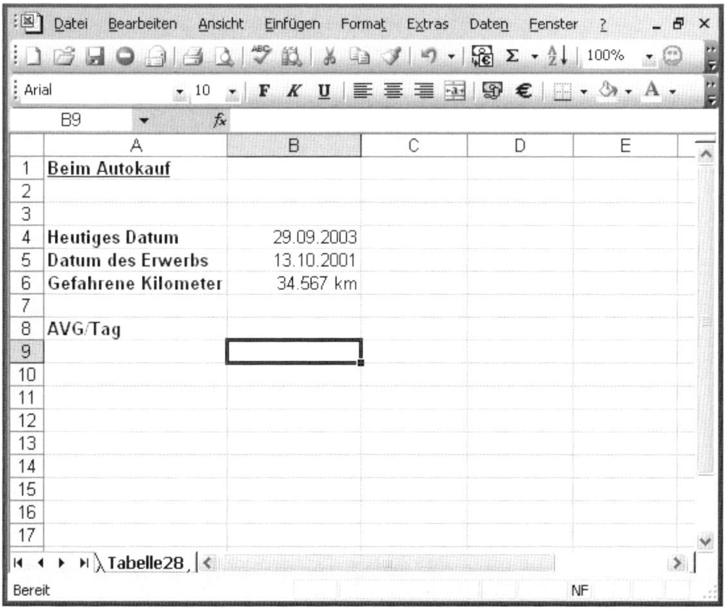

Abbildung 2.35: Wie viele km fahren Sie am Tag?

Die Zellen **B6** und **B8** wurden über das benutzerdefinierte Format **#.##0 "km"** formatiert. Um diese Aufgabe zu lösen, schreiben Sie in die Zelle B8 die Formel **=B6/(B4-B5)**

Wenn Sie die Zelle **B8** markieren und danach die Taste F2 drücken, dann werden alle an der Formel beteiligten Zellen in verschiedenen Farben umrandet.

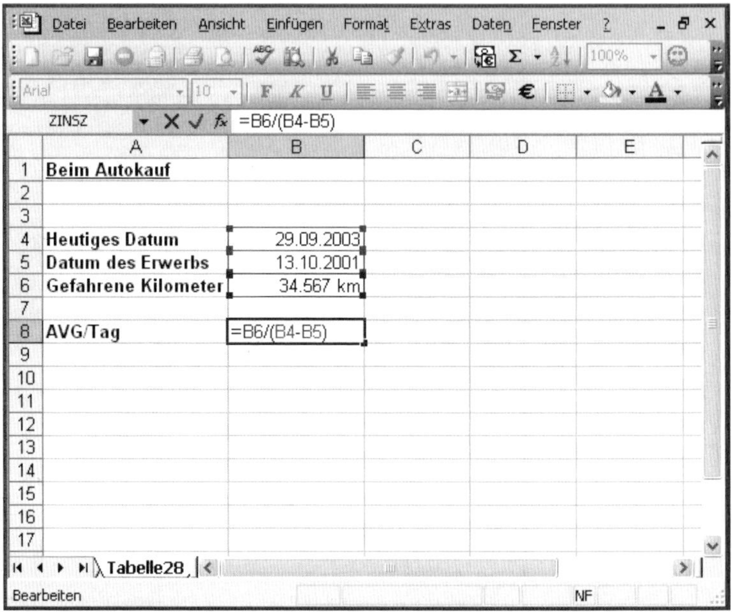

Abbildung 2.36: Über den Trick mit der Taste F2 können Formeln nachträglich noch einmal kontrolliert werden

Eine eigene Datumsleiste erstellen

Möchten Sie gerne einen Kalender in einer Excel-Tabelle darstellen, dann können Sie wie folgt vorgehen.

1. Setzen Sie den Mauszeiger in die Zelle **A1**.
2. Drücken Sie die Tastenkombination Strg + ., um das aktuelle Tagesdatum einzufügen.
3. In Zelle **B1** schreiben Sie die Formel **=A1+1**
4. Ziehen Sie das Ausfüllkästchen der Zelle **B1** nach rechts bis zur Zelle **G1**.

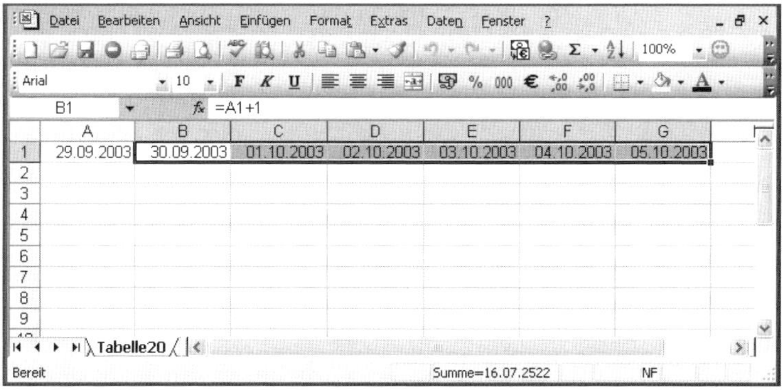

Abbildung 2.37: Eine dynamische Datumsleiste in Excel

Wenn Sie nun in Zelle **A1** ein anderes Datum eingeben, werden die Zellen **B1** bis **G1** automatisch aktualisiert. Selbstverständlich können Sie auch eine andere Schrittweite angeben. Möchten Sie beispielsweise einen Wochenrhythmus, dann geben Sie in Zelle **B1** die Formel **=A1+7** ein und kopieren diese Zelle nach rechts bis in Zelle **G1**.

Eine eigene Zeilennummerierung vornehmen

Standardmäßig bietet Excel in einer Tabelle bereits eine Zeilennummerierung in Form der Zeilenbeschriftungen an. Dabei können in einer Tabelle bis zu 65536 Zeilen angesprochen werden. Diese vorgegebene Zeilenbeschriftung kann beispielsweise auch mit ausgedruckt werden, indem Sie wie folgt vorgehen:

1. Wählen Sie aus dem Menü *Datei* den Befehl *Seite einrichten*.
2. Wechseln Sie auf die Registerkarte *Tabelle*.
3. Aktivieren Sie das Kontrollkästchen *Zeilen- und Spaltenüberschriften*.
4. Bestätigen Sie diese Einstellung mit *OK*.

Bei dieser Einstellung werden auf dem Ausdruck sowohl die Zeilen- wie auch die Spaltenüberschriften ausgedruckt.

Möchten Sie eine eigene Zeilennummerierung in einer Tabelle vornehmen, die beispielsweise mit der Schrittweite **10** durchnummeriert wird, dann befolgen Sie die nächsten Arbeitsschritte:

1. Geben Sie in einer neuen Tabelle in Zelle **A2** den Text **Nr** ein.
2. In Zelle **A3** wird der Startwert **0** eingetragen.
3. Markieren Sie danach den Zellenbereich **A4:A16**
4. Geben Sie die Formel **=A3+10** ein.
5. Bestätigen Sie diese Eingabe über die Tastenkombination Strg + ↵.

Abbildung 2.38: Die eigene Zeilennummerierung mit 10er Schritten

Einen Stundenplan erstellen

Im nächsten Beispiel soll eine Liste mit vollen Stunden erstellt werden. Dazu erfassen Sie in einer neuen Tabelle in Zelle **A3** die Startuhrzeit, beispielsweise **7:00**. Danach verfahren Sie wie folgt:

1. Markieren Sie den Zellenbereich **A4:A14**.
2. Erfassen Sie die Formel **=A3+(1/24)**
3. Übertragen Sie diese Formel in alle anderen Zellen der Markierung, indem Sie die Tastenkombination Strg + ↵ drücken.
4. Rufen Sie den Dialog *Zellen formatieren* über die Tastenkombination Strg + 1 auf.

Abbildung 2.39: Das richtige Format zuweisen

5. Wählen Sie im Listenfeld *Kategorie* den Eintrag *Benutzerdefiniert*.
6. Erfassen Sie im Feld *Typ* das benutzerdefinierte Format **hh:mm**
7. Bestätigen Sie Ihre Einstellung mit *OK*.

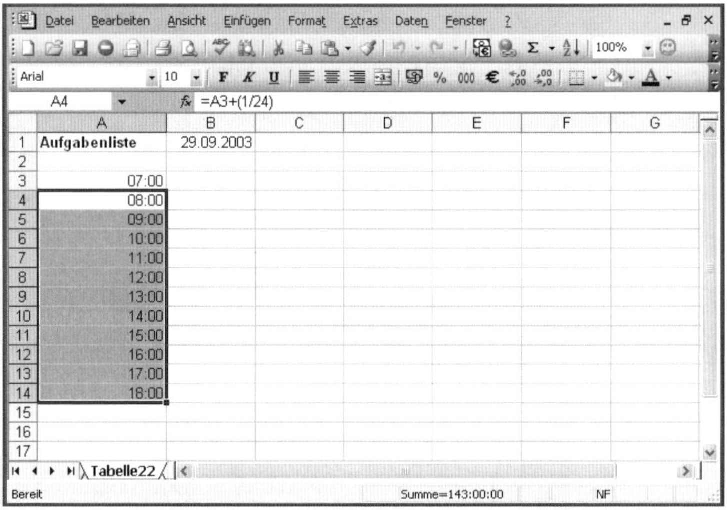

Abbildung 2.40: Die dynamische Zeitliste

> Der Vorteil dieser Methode ist, dass Sie die Startzeit in Zelle **A3** ändern können und damit automatisch die Zelle **A4** bis **A14** mit geändert werden.

Zahlen, Texte und Bezüge mischen

Eine interessante Aufgabe besteht auch darin, einen Text in einer Zelle zu erfassen und dabei einzelne Zellenbezüge zu integrieren. Sehen Sie sich einmal als Vorbereitung die Abbildung 2.41 an.

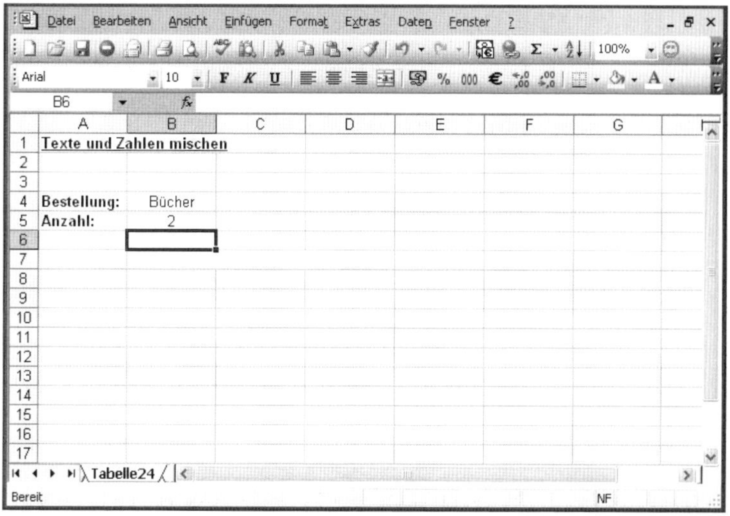

Abbildung 2.41: Zellenbezüge sollen in einen Text eingebunden werden

Schreiben Sie nun den Satz: »**Sie haben 2 Bücher bestellt!**« in die Zelle **B7**. Dabei sollen die Zellen **B4** und **B5** in den Text eingebunden werden. Die dazu notwenige Formel lautet:

="Sie haben " & B5 & " " & B4 & " bestellt!"

Der Verkettungsoperator & dient dazu, die einzelnen Teile wie Text und Zellenbezüge zusammenzuführen. Den unveränderlichen Text packen Sie in doppelte Anführungszeichen, die Zellenbezüge schließen Sie in die Verkettungsoperatoren ein.

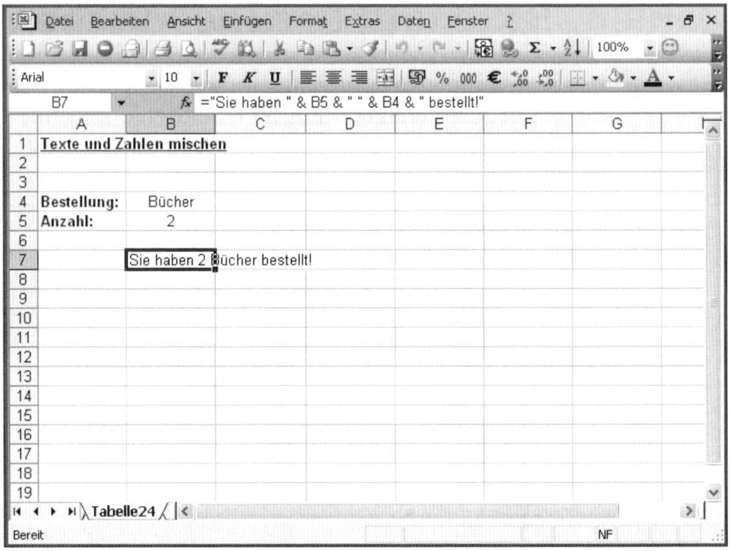

Abbildung 2.42: Mühelos werden Texte und Bezüge miteinander vermischt

Mehrere Spalten miteinander verbinden

In der nächsten Aufgabe liegt eine Tabelle mit mehreren Spalten vor. Diese Tabelle in Abbildung 2.43 enthält diverse Nummern, die zusammengeführt werden sollen.

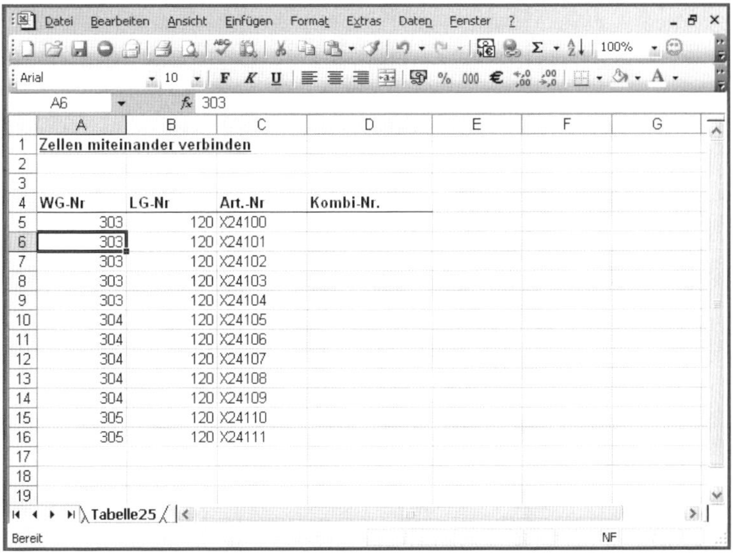

Zellen miteinander verbinden

WG-Nr	LG-Nr	Art.-Nr	Kombi-Nr.
303	120	X24100	
303	120	X24101	
303	120	X24102	
303	120	X24103	
303	120	X24104	
304	120	X24105	
304	120	X24106	
304	120	X24107	
304	120	X24108	
304	120	X24109	
305	120	X24110	
305	120	X24111	

Abbildung 2.43: Drei verschiedene Nummernkreise

In Spalte D sollen nun alle drei Nummern (Warengruppen-Nr, Lager-Nr sowie die Artikel-Nr) zusammengeführt werden. Dabei gehen Sie folgendermaßen vor:

1. Markieren Sie den Zellenbereich **D5:D16**.
2. Erfassen Sie die Formel **=A5&B5&C5**
3. Schließen Sie die Formel ab, indem Sie die Tastenkombination Strg + ↵ drücken.

HINWEIS

Soll zwischen den einzelnen Nummern jeweils ein Bindestrich gesetzt werden, dann erweitern Sie die Formel wie folgt:

=A5& "-" & B5 & "-" &C5

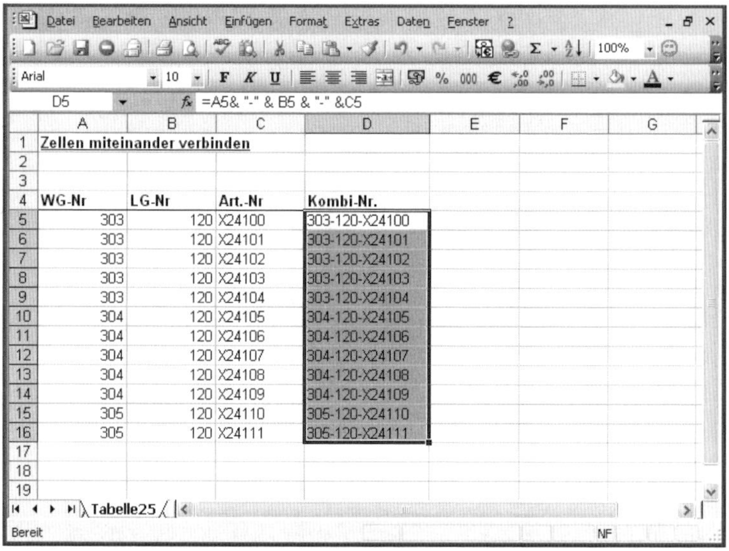

Abbildung 2.44: Die Kombi-Nr wurde aus drei Einzel-Nummern gebildet

Die Rangfolge bestimmen

In Excel gibt es eine Tabellenfunktion, über die Sie den Rang einer Zahl in einem Zellenbereich feststellen können. Bei dieser Tabellenfunktion, die Sie im Verlaufe des Buches noch kennen lernen werden, erfolgt die Rangfolgennummerierung wie folgt:

Wert	Rang
10	1
11	2
12	3
12	3
13	5

Tabelle 2.1: Die normale Rangfolge

Da der Wert 12 gleich zweimal in der Tabelle vorkommt, wird der Rang 3 ebenso zweimal vergeben. Daher wird dem Wert 13 der Rang 5 zugewiesen.

Gesucht aber ist nun eine Lösung, die wie folgt in Excel umgesetzt wird:

Wert	Rang
10	1
11	2
12	3
12	3
13	4

Tabelle 2.2: Die angepasste Reihenfolge

Um die Rangfolge in Excel darzustellen, wie Sie in **Tabelle 2** aufgezeigt wird, gehen Sie wie folgt vor:

1. Geben Sie in die Zelle **B5** den Wert 1 ein.
2. Markieren Sie danach den Zellenbereich **B6:B13**
3. Erfassen Sie die Formel **=B5+(A5<A6)**
4. Schließen Sie die Formel über die Tastenkombination [Strg] + [↵] ab.

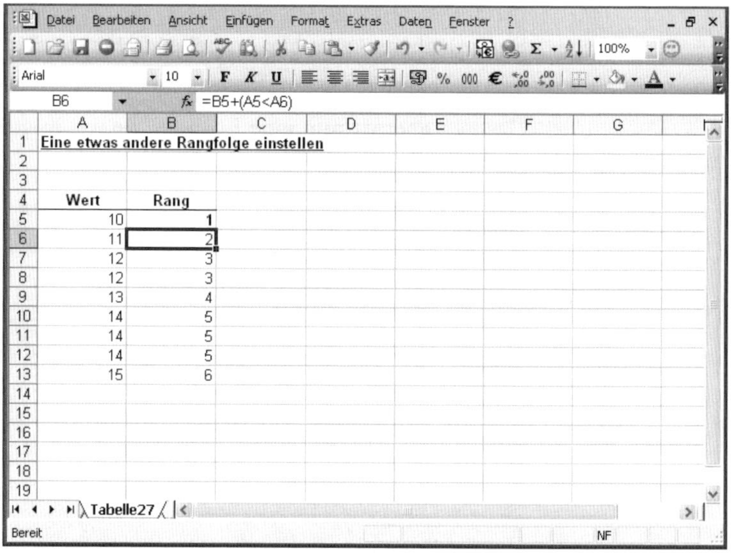

Abbildung 2.45: Die etwas andere Rangfolge in Excel

Die Aktientalfahrt

Stellen Sie sich vor, Sie haben eine Aktie für 100 Euro gekauft. Nach einem halben Jahr sinkt der Wert der Aktie um 15%. Um wie viel Prozent muss Ihre Aktie dann steigen, um wieder auf den ursprünglichen Wert von 100 Euro zu kommen? Da von einem kleineren Wert der Aktie bei der Rückwärtsrechnung ausgegangen wird, muss der Prozentwert für den Zuwachs natürlich höher sein.

In Abbildung 2.46 sehen Sie, wie Sie diese Aufgabe anpacken müssen.

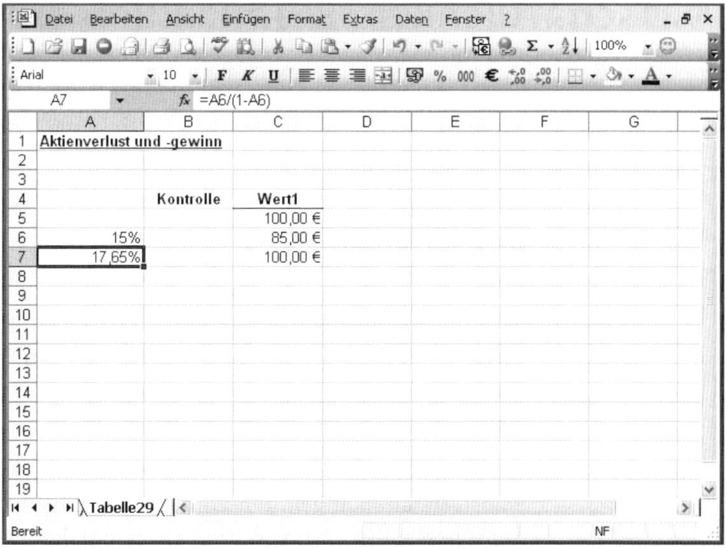

Abbildung 2.46: Verluste bei Aktien wieder ausgleichen

Die Formel in Zelle **A7** lautet:

=A6/(1-A6)

Um also einen Verlust von **15%** auszugleichen, muss ein anschließender Zuwachs von **17,65%** erfolgen. Kontrollieren können Sie diese Formel, indem Sie die Formel mit Werten füllen.

Geben Sie dazu in Zelle **C5** den Ausgangswert der Aktie ein. Danach erfassen Sie die beiden folgenden Formeln in den Zellen **C6** und **C7**.

- Die Formel für den Verlust in Zelle **C6** lautet: **=C5-(C5*$A$6)**
- Die Formel für den Gewinn in Zelle **C7** lautet: **=C6+(C6*$A$7)**

Wirtschaftlichkeits-Kennzahlen erstellen

Zu den wichtigsten Themen in Unternehmen gehört die Kosten- und Leistungsrechnung. Dabei werden die Kosten einer abgelaufenen Periode erfasst und abgerechnet. Dazu ist es wichtig, dass die Daten richtig erfasst werden. Achten Sie darauf, dass Sie zeitgenau buchen und die Kosten und Leistungen verursachergerecht den einzelnen Kostenstellen/Produkten zuordnen.

Eine wichtige Unterscheidung bei den Kosten liegt darin begründet, dass manche Kosten fix und andere Kosten variabel sind. Die variablen Kosten steigen bzw. sinken mit zunehmenden bzw. sinkenden Produktionsmengen. Die fixen Kosten sind mengenunabhängig und bleiben, wie der Name schon sagt, konstant. Im Fachjargon spricht man daher gerne von »Eh da-Kosten«.

Selbstverständlich gehören zu diesem Thema auch die Frage nach der Wirtschaftlichkeit von Produkten und ihre Produktivität, die Sie über Kennzahlen ermitteln können. Die Ermittlung von Kennzahlen ist eines der wichtigsten Instrumente eines Unternehmens, um den Plan-Ist-Vergleich zu erleichtern, indem diese als Frühwarnsystem dienen. Sie geben Auskunft über Schwachstellen und geben Ihnen somit die Möglichkeit für ein rechtzeitiges Gegensteuern. Kennzahlen gelten als Orientierungsgrößen, Vorgabe- sowie Stellgrößen für die Unternehmensführung. Sie ermöglichen durch Vergleich der Unternehmensdaten ein sehr genaues Bild über die Entwicklung des Betriebes und einzelner Teilbereiche des Unternehmens.

Kosten und Leistung miteinander vergleichen

Um die Wirtschaftlichkeit von Produkten errechnen zu können, müssen selbstverständlich Daten vorliegen. Das gängigste Beispiel hierfür ist die Wirtschaftlichkeitsrechnung, die aus Kosten und der dazugehörigen Leistung errechnet wird. Dabei werden diese beiden Informationen miteinander verglichen und daraus eine Kennzahl gebildet.

Erfassen Sie zunächst ein paar Daten und orientieren Sie sich dabei an der folgenden Abbildung:

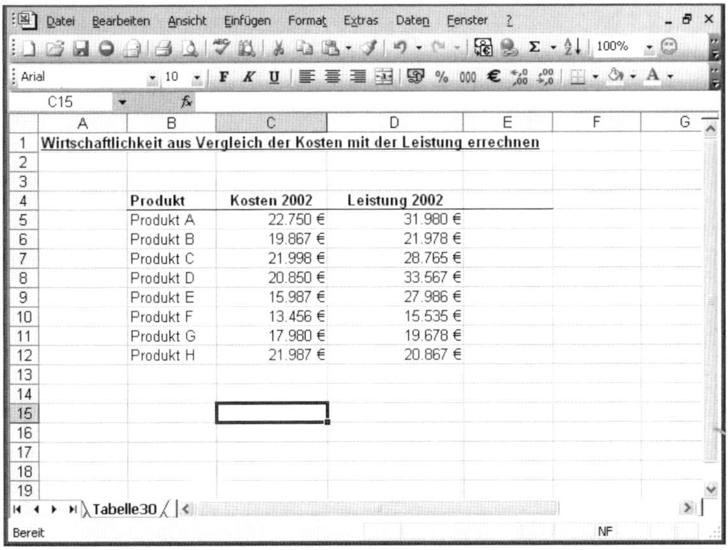

Abbildung 2.47: Kennzahlen für die Wirtschaftlichkeit bilden

Die Wirtschaftlichkeit errechnen Sie, indem Sie die nächsten Arbeitsschritte durchführen:

1. Schreiben Sie in die Zelle **E4** den Text **Kennzahl**.
2. Markieren Sie den Zellenbereich **E5:E12**
3. Erfassen Sie die Formel **=D5/C5**
4. Schließen Sie die Eingabe über die Tastenkombination Strg + ↵ ab.

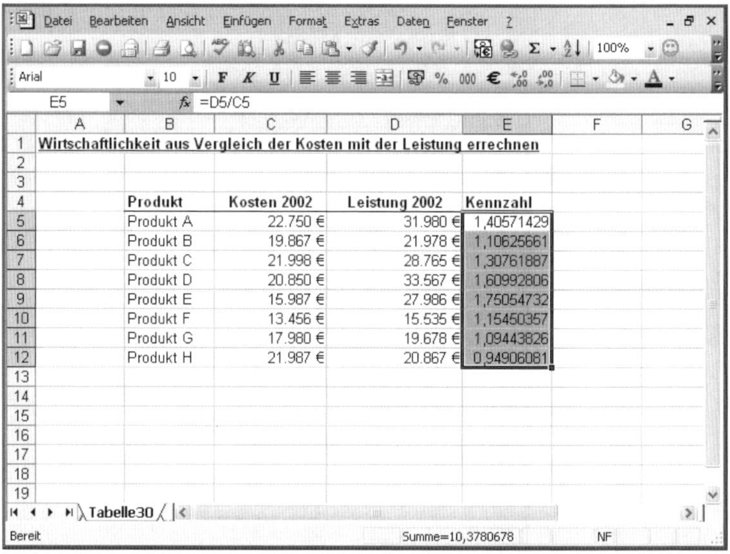

Produkt	Kosten 2002	Leistung 2002	Kennzahl
Produkt A	22.750 €	31.980 €	1,40571429
Produkt B	19.867 €	21.978 €	1,10625661
Produkt C	21.998 €	28.765 €	1,30761887
Produkt D	20.850 €	33.567 €	1,60992806
Produkt E	15.987 €	27.986 €	1,75054732
Produkt F	13.456 €	15.535 €	1,15450357
Produkt G	17.980 €	19.678 €	1,09443826
Produkt H	21.987 €	20.867 €	0,94906081

Abbildung 2.48: Das Produkt E ist das Wirtschaftlichste

Die Kennzahlen werden wie folgt interpretiert: Die Kennzahl muss auf jeden Fall über 1 sein. Alle Kennzahlen darunter bedeuten, dass die Kosten überwiegen und die Produktion unrentabel ist. Je höher die Kennzahl, desto besser ist die Wirtschaftlichkeit des Produktes. Produkt E ist daher am wirtschaftlichsten.

Kosten-Wirtschaftlichkeit errechnen

Im nächsten Beispiel errechnen Sie die Kosten-Wirtschaftlichkeit von Produkten. Dabei stehen Ihnen als Voraussetzung für diese Aufgabe Plan- sowie tatsächliche Ist-Kosten des Vorjahres zur Verfügung. Anhand dieser beiden Angaben errechnen Sie die Kosten-Wirtschaftlichkeit, indem Sie die Plan-Kosten durch die Ist-Kosten dividieren und somit eine Kennzahl erhalten. Sehen Sie sich dazu die Abbildung 2.49 an.

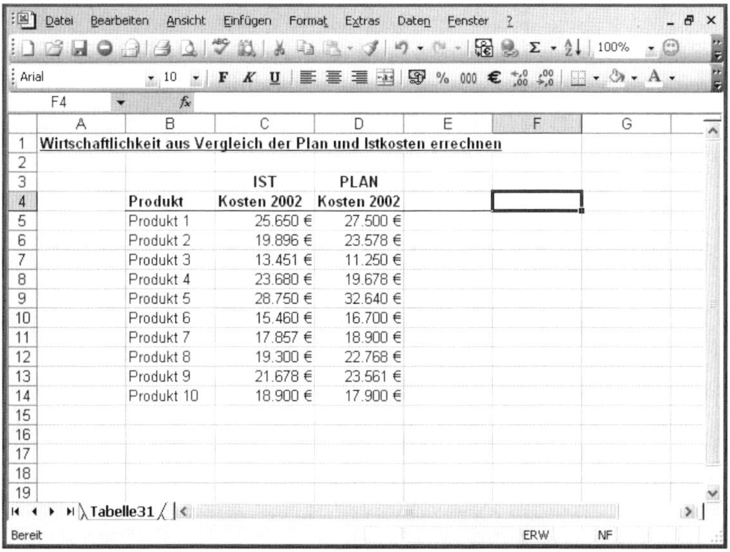

Produkt	IST Kosten 2002	PLAN Kosten 2002
Produkt 1	25.650 €	27.500 €
Produkt 2	19.896 €	23.578 €
Produkt 3	13.451 €	11.250 €
Produkt 4	23.680 €	19.678 €
Produkt 5	28.750 €	32.640 €
Produkt 6	15.460 €	16.700 €
Produkt 7	17.857 €	18.900 €
Produkt 8	19.300 €	22.768 €
Produkt 9	21.678 €	23.561 €
Produkt 10	18.900 €	17.900 €

Abbildung 2.49: Die Kosten-Wirtschaftlichkeit ermitteln

Um die Kostenwirtschaftlichkeit auszurechnen, verfahren Sie wie folgt:

1. Erfassen Sie in Zelle **E4** den Text **Kennzahl**.
2. Markieren Sie den Zellenbereich **E5:E14**
3. Erfassen Sie die Formel **=D5/C5**
4. Schließen Sie die Eingabe über die Tastenkombination [Strg] + [↵] ab.

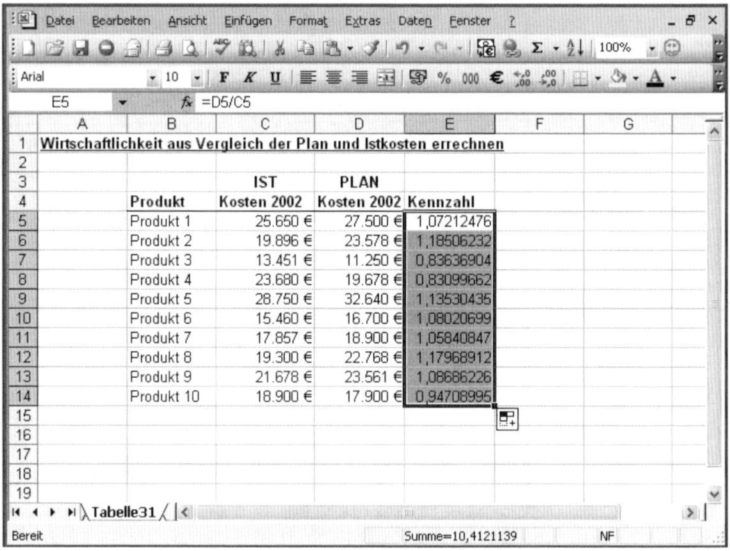

E5 =D5/C5

Wirtschaftlichkeit aus Vergleich der Plan und Istkosten errechnen

Produkt	IST Kosten 2002	PLAN Kosten 2002	Kennzahl
Produkt 1	25.650 €	27.500 €	1,07212476
Produkt 2	19.896 €	23.578 €	1,18506232
Produkt 3	13.451 €	11.250 €	0,83636904
Produkt 4	23.680 €	19.678 €	0,83099662
Produkt 5	28.750 €	32.640 €	1,13530435
Produkt 6	15.460 €	16.700 €	1,08020699
Produkt 7	17.857 €	18.900 €	1,05840847
Produkt 8	19.300 €	22.768 €	1,17968912
Produkt 9	21.678 €	23.561 €	1,08686226
Produkt 10	18.900 €	17.900 €	0,94708995

Summe=10,4121139

Abbildung 2.50: Produkt 2 ist am wirtschaftlichsten

Auch hier können Sie die Kennzahlen wie folgt interpretieren: Die höchste Kostenwirtschaftlichkeit trägt das Produkt 2. Bei diesem Produkt wurden im Vergleich zum Plan am wenigsten Kosten tatsächlich erzeugt. Alle Kennzahlen, die niedriger als der Wert 1 sind, haben keine Kostenwirtschaftlichkeit.

Möchten Sie nicht mit Zellbezügen rechnen, sondern stattdessen mit sprechenden Namen, also beispielsweise Plankosten/Istkosten, dann können Sie in Excel Namen definieren und damit rechnen.

Um diese Funktion in Excel auszuschöpfen, befolgen Sie die nächsten Arbeitsschritte:

1. Markieren Sie die Spalte **C**, indem Sie auf die Spaltenbeschriftung klicken.
2. Schreiben Sie in das Namensfeld (links oben) den Begriff **Istkosten**.

3. Bestätigen Sie mit [↵].
4. Markieren Sie jetzt die Spalte **D**.
5. Schreiben Sie in das Namensfeld den Begriff **Plankosten**.
6. Bestätigen Sie mit [↵].
7. Setzen Sie den Mauszeiger auf Zelle **E5** und erfassen Sie die Formel **=Plankosten/Istkosten**

HINWEIS

Alle eingesetzten Namen in einer Arbeitsmappe können Sie sich ganz schnell anzeigen lassen, indem Sie in der Bearbeitungsleiste das Namensfeld anklicken. Wenn Sie aus diesem Namensfeld einen Namen auswählen, dann markiert Excel automatisch den dazu gehörenden Zellenbereich in der Tabelle.

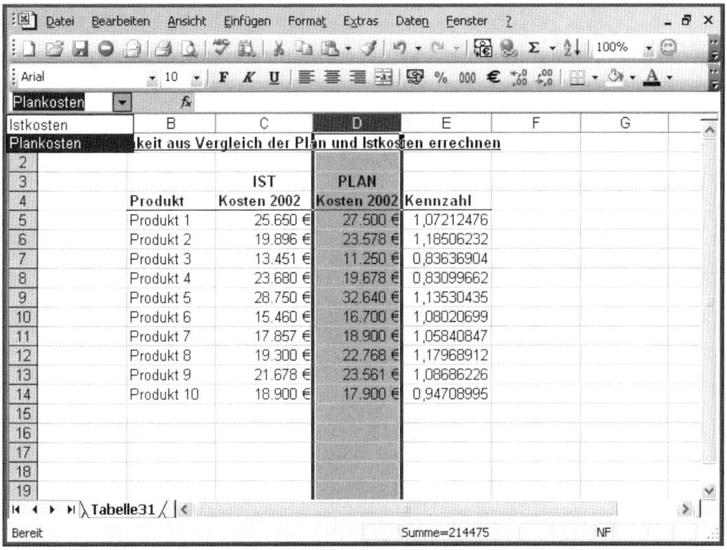

Abbildung 2.51: Etwas leichter verständliche Formeln erstellen

Die Arbeitszeit-Produktivität errechnen

Im nächsten Beispiel errechnen Sie die Produktivität von Produkten. Dabei stehen Ihnen jeweils die Stückzahlen sowie die dafür benötigten Arbeitsstunden als Daten zur Verfügung. Sehen Sie sich dazu einmal folgende Tabelle aus Abbildung 2.52 an:

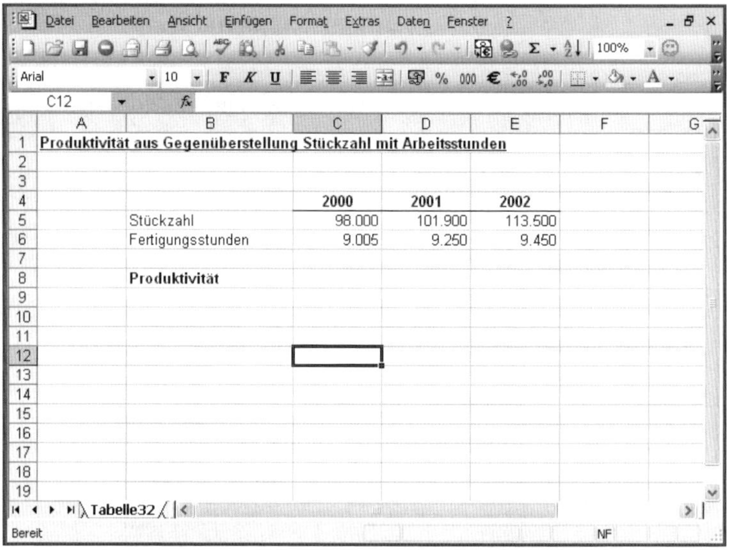

Abbildung 2.52: Die Arbeitszeit-Produktivität ermitteln

Um die Arbeitszeit-Produktivität zu ermitteln, befolgen Sie die nächsten Arbeitsschritte:

1. Markieren Sie den Zellenbereich **C8:E8**
2. Erfassen Sie die Formel **=C5/C6**
3. Schließen Sie die Formel über die Tastenkombination Strg + ↵ ab.

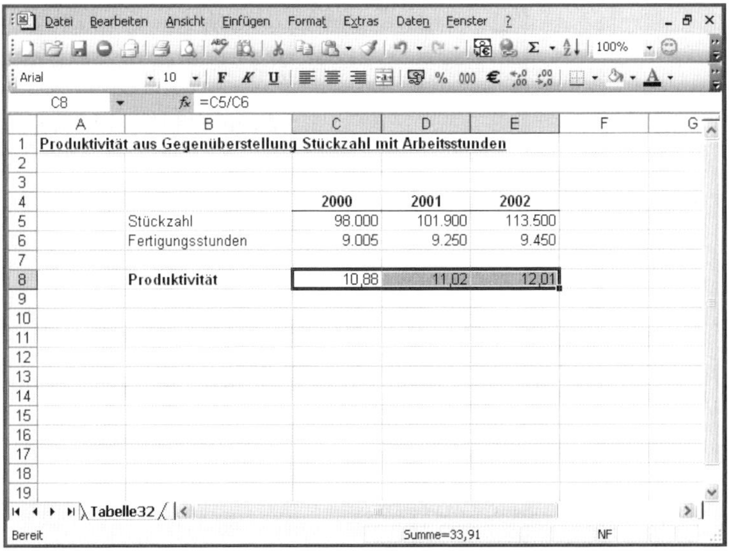

Abbildung 2.53: Im Jahr 2002 wurde wirtschaftlicher produziert

Wie Sie sehen, wurden im Jahr 2002 12,01 Stück/Stunde produziert. Dieser Wert ist produktiver als der Wert der Jahre zuvor.

Die Rohstoff-Produktivität errechnen

Eine andere Art der Produktivitätsrechnung ist die Produktivität des Materialeinsatzes auszuweisen. Für diese Aufgabe stehen Ihnen die Stückzahlen sowie das dafür eingesetzte Material als auswertbare Daten zur Verfügung. Sehen Sie sich dazu die Tabelle aus Abbildung 2.54 an.

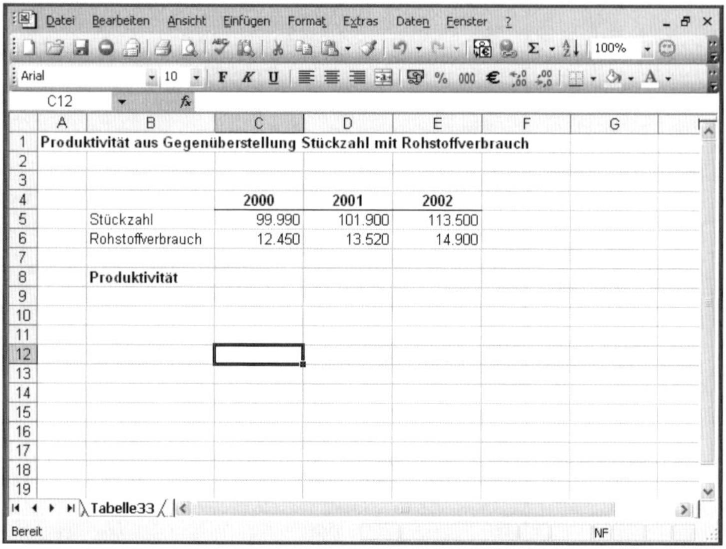

Abbildung 2.54: Die Rohstoff-Produktivität ausrechnen

Um die Produktivität des Rohstoffeinsatzes zu ermitteln, gehen Sie wie folgt vor:

1. Markieren Sie den Zellenbereich **C8:E8**
2. Erfassen Sie die Formel **=C5/C6**
3. Schließen Sie die Formel über die Tastenkombination [Strg] + [↵] ab.

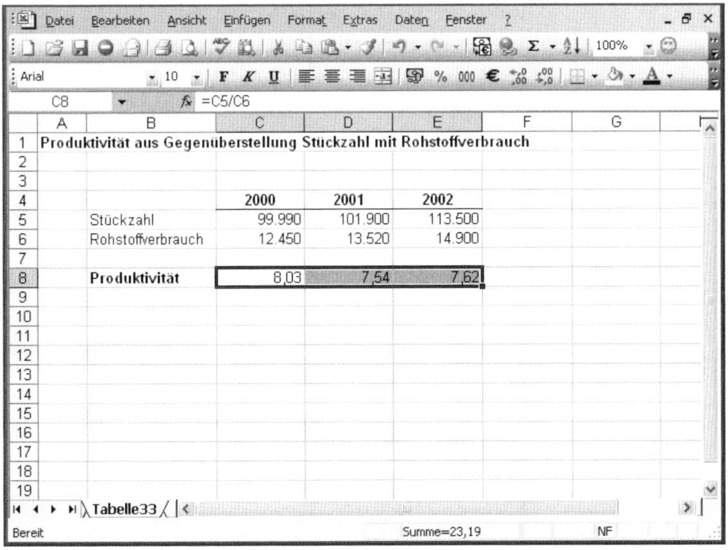

Abbildung 2.55: Im Jahr 2000 wurde am besten produziert

Im vorliegenden Beispiel wurde im Jahr 2000 eine bessere Produktion erreicht. Es wurden ca. 8 Produkte aus einer Rohstoffeinheit erzeugt.

Die Zielwertsuche

Stellen Sie sich vor, Sie müssten ein bestimmtes Produkt in einer vorgegebenen Menge produzieren. Für Sie direkt ist interessant, wie viele Einheiten Sie tatsächlich produzieren müssen, um die gewünschte Anzahl auch tatsächlich am Ende der Produktionskette zur rechten Zeit dem Kunden ausliefern zu können. Sie haben aus Erfahrung immer einen bestimmten Anteil von minderwertigen Artikeln bei der Produktion. Wenn Sie in mehreren Produktionsstufen arbeiten, haben Sie am Ende unter Umständen einen recht erheblichen Ausschuss Ihrer Artikel. Einige dieser minderwertigen Artikel können Sie nacharbeiten und eventuell wieder verwenden. Dies kostet aber Zeit und daher können Sie diese Artikel vorab aus Ihrer Kalkulation abziehen. Die Artikel, die von vorneherein durch die Sichtprüfung fallen, können Sie gleich abschreiben. Um die tatsächlich gebrauchte Produktionsmenge kalkulieren zu können, basteln Sie sich ein kleines Excel-Modell, welches Ihnen diese Arbeit abnimmt.

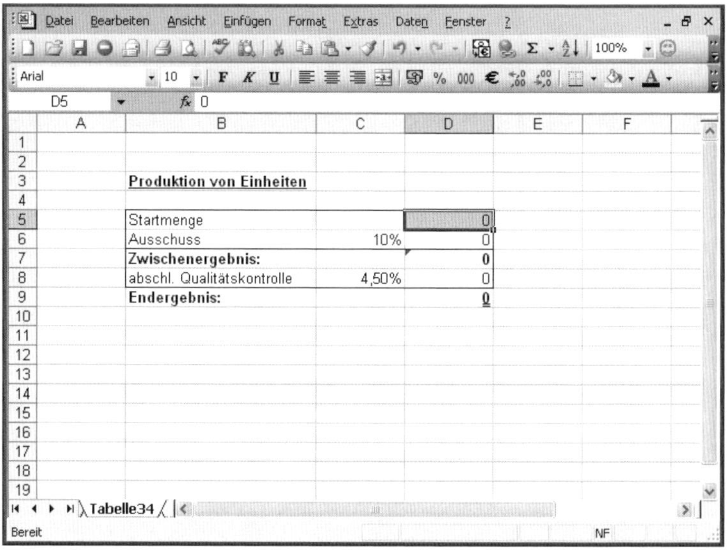

Abbildung 2.56: Der Rohbau des Modells

Erfassen Sie in diesem Modell nun folgende Werte/Formeln:

1. In Zelle **D5** wird die Startmenge eingegeben. Mit dieser geplanten Menge fangen Sie also an zu produzieren.
2. In Zelle **C6** haben Sie aus Erfahrung heraus eine eigene Kennzahl gebildet, die dem durchschnittlichen Ausschuss bei der Produktion entspricht. Dieser Wert muss bei diesem Modell als Prozentwert erfasst werden.

3. Subtrahieren Sie jetzt diesen Prozentsatz von der Startmenge, indem Sie in Zelle **D6** die Formel **=D5*C6** eingeben.
4. Als Zwischenergebnis in Zelle **D7** erfassen Sie die Formel **=D5-D6**.
5. In Zelle **C8** können Sie einen weiteren Prozentsatz für den Ausschuss eingeben. Damit ist der Ausschuss gemeint, der direkt nach der Produktion, also am Ende, durch die Qualitätskontrolle fällt. Tragen Sie auch hier einen Prozentsatz ein.
6. Erfassen Sie danach in Zelle **D8** die Formel **=D7*C8**.
7. Um das Endergebnis zu erhalten, schreiben Sie in Zelle **D9** die Formel **=D7-D8**.

Wenn Sie das bisherige Modell betrachten, werden Sie feststellen, dass an diesem Modell demnach eine Rückwärtsrechnung durchgeführt werden muss, um zur geforderten Produktionsausgangsmenge zu kommen. Der richtige Wert muss dabei in Zelle **D5** eingetragen werden, damit in Zelle **D9** das gewünschte Resultat angezeigt wird. Dazu brauchen Sie keineswegs die Formeln bzw. Zahlen im Excel-Modell direkt zu ändern. Nützen Sie stattdessen eine bereits integrierte Funktion von Excel.

Diese Funktion heißt *Zielwertsuche* und befindet sich im Menü *Extras*.

Um nun garantieren zu können, dass Sie die geforderten Artikel zur rechten Zeit liefern können, setzen Sie die Zielwertsuche ein. Dabei befolgen Sie die nächsten Arbeitsschritte:

1. Setzen Sie den Mauszeiger in die Zelle **D9**.
2. Wählen Sie aus dem Menü *Extras* den Befehl *Zielwertsuche*.

Abbildung 2.57: Die Zielwertsuche einsetzen

3. Im Feld *Zielzelle* geben Sie den Zellenbezug **D9** ein.
4. Im Feld *Zielwert* setzen Sie die geforderten **1000** Einheiten ein.
5. Im Feld *Veränderbare Zelle* geben Sie den Zellenbezug **D5** ein.
6. Klicken Sie *OK*, um die Zielwertsuche zu starten.

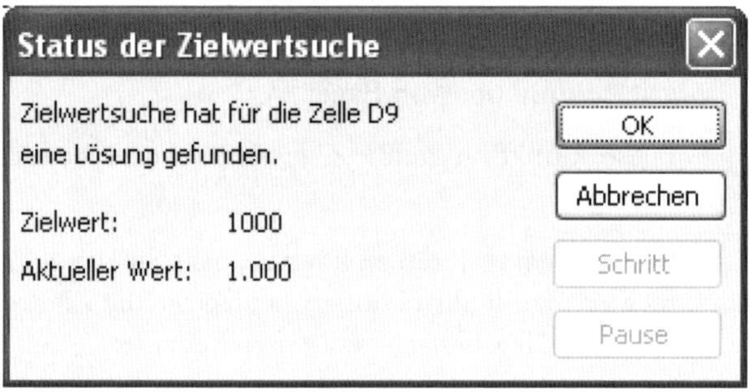

Abbildung 2.58: Das Ergebnis der Suche annehmen oder verwerfen

7. Klicken Sie *OK*.

Die Zielwertsuche setzt nun einen passenden Wert in Zelle **D5** ein.

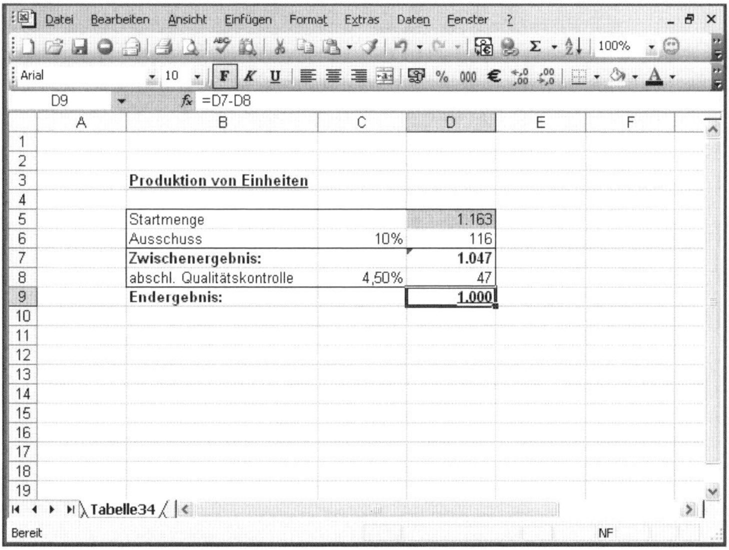

Abbildung 2.59: Um 1000 Einheiten zu produzieren, müssen 1163 als Startmenge eingetragen werden

> **HINWEIS**
>
> Bei der Zielwertsuche wird das gewünschte Ergebnis vorgegeben (Zielwert), welches durch die Formel in der angegebenen Zelle (Zielzelle) errechnet werden soll. Der Parameter, der dazu variiert wird, befindet sich in der Zelle, die als veränderbare Zelle anzugeben ist. Bei der Ermittlung des Wertes wird iterativ vorgegangen, d.h., das Ergebnis ist unter Umständen nur ein Näherungsergebnis.

Die Genauigkeit der Zielwertsuche hängt übrigens von der Einstellung ab, die Sie im Menü *Extras/Optionen* auf der Registerkarte *Berechnung* eingestellt haben.

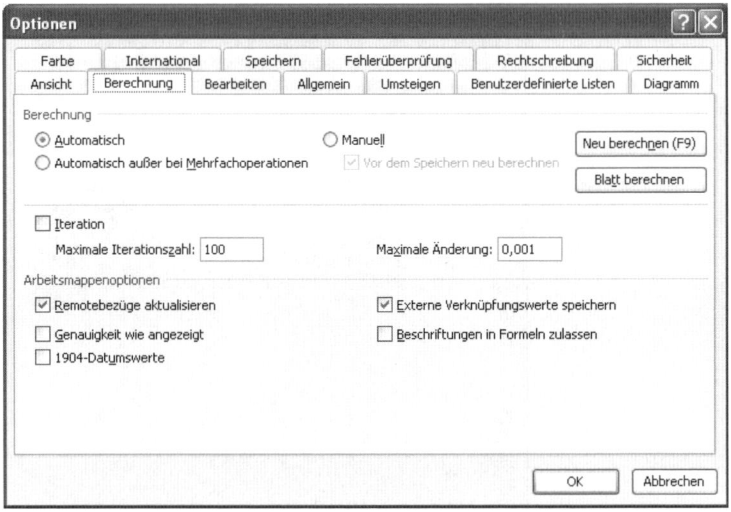

Abbildung 2.60: Die Iteration einstellen

Durch eine Änderung in dieser Registerkarte können Sie die Iteration bei der Zielwertsuche oder der Auflösung von Zirkelbezügen begrenzen. Standardmäßig stoppt Microsoft Excel entweder nach 100 Iterationen oder wenn alle Werte um weniger als 0,001 verändert wurden. Sie können die Iteration anpassen, indem Sie die Werte im Feld *Maximale Iterationszahl* oder im Feld *Maximale Änderung* ändern. Eine Veränderung hier wirkt sich auf die Berechnungsgeschwindigkeit aus, d.h., wenn Sie die Anzahl der Iterationen erhöhen, rechnet Excel zwar noch genauer, was auf der anderen Seite jedoch auch ein wenig länger dauern kann. In der Regel reicht es aus, die Standardeinstellungen von Excel beizubehalten.

Mit negativen Stundenwerten arbeiten

Ein Sonderfall, der unbedingt angesprochen werden muss, ist der, dass Excel standardmäßig ein Problem hat, negative Zeitwerte anzuzeigen. Sehen Sie sich dazu einmal die folgende Abbildung 2.61 an.

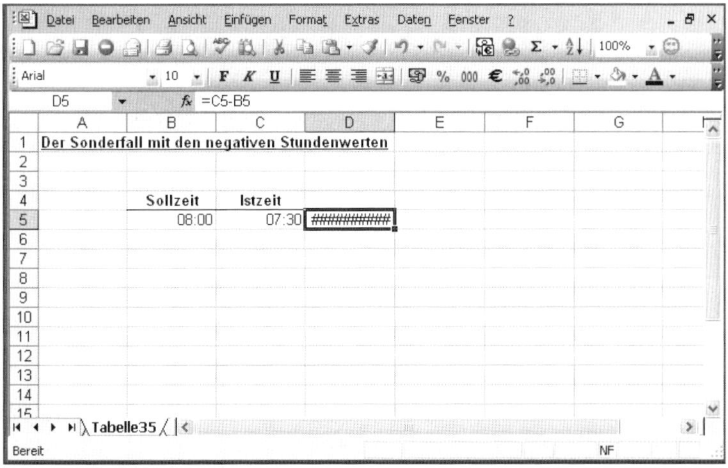

Abbildung 2.61: Die Formel kann nicht dargestellt werden

Normalerweise müsste bei der Formel aus Abbildung 2.61 das Ergebnis -00:30 herauskommen. Excel zeigt jedoch nur Lattenzäune an.

Um Excel zur Anzeige des richtigen Ergebnisses zu bewegen, befolgen Sie die nächsten Arbeitsschritte:

1. Wählen Sie aus dem Menü *Extras* den Befehl *Optionen*.
2. Wechseln Sie auf die Registerkarte *Berechnung*.
3. Aktivieren Sie das Kontrollkästchen *1904-Datumswerte*.
4. Bestätigen Sie mit *OK*.

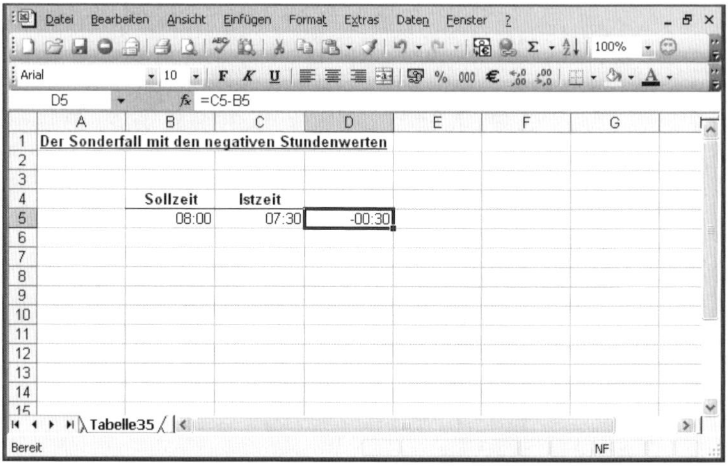

Abbildung 2.62: Das Ergebnis kann nun angezeigt werden

> **HINWEIS**
>
> Microsoft Excel interpretiert Datumswerte intern als Zahlenwerte. Damit kann man leichter rechnen. Die Zeitzählung beginnt bei Excel standardmäßig am 01.01.1900. Dieses Datum entspricht der Zahl 1. Wenn Sie zum Beispiel das Datum 30.09.2003 eingeben und diese Zelle dann mit dem Format *Standard* belegen, so liefert Ihnen dieses Datum die Zahl 37894, sofern das normale Datumssystem eingestellt wurde.

Ist das Datumssystem 1904-Datumswerte eingestellt, dann beginnt die Zeitrechnung in Excel am 1.1.1904. Dieses Datum entspricht dann dem Wert 1. So würde das Datum vom 30.09.2003 der Zahl 36432 entsprechen.

Vorsicht aber vor dem Umstellen des Datumssystems. Durch die Umstellung ändern sich automatisch auch alle erfassten Datumseingaben.

Den Fertigstellungsgrad errechnen

In der folgenden Aufgabe soll der Fertigstellungsgrad einer Produktion errechnet werden. Dazu sehen Sie sich einmal die Abbildung 2.63 an.

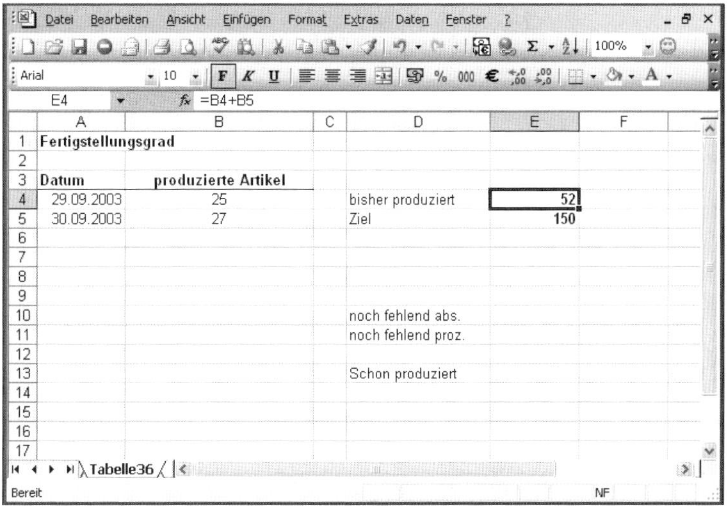

Abbildung 2.63: Wie viel Prozent fehlen noch?

Um nun auszurechnen, wie viel Arbeit noch geleistet werden muss, um das Gesamtziel von 150 Artikeln zu produzieren, verfahren Sie wie folgt:

1. Schreiben Sie in Zelle **E10** die Formel **=E5-E4**
2. In Zelle **E11** erfassen Sie die Formel **=1-E4/E5**
3. In Zelle **E13** geben Sie die Formel **=100%-E11** ein.
4. Setzen Sie den Zellenzeiger auf die Zelle **E11**.
5. Aus dem Menü *Format* wählen Sie den Befehl *Zellen formatieren*.
6. Wechseln Sie auf die Registerkarte *Zahlen*.

7. Im Listenfeld *Kategorie* stellen Sie den Eintrag *Prozent* ein.
8. Bestätigen Sie diese Formatierung mit *OK*.

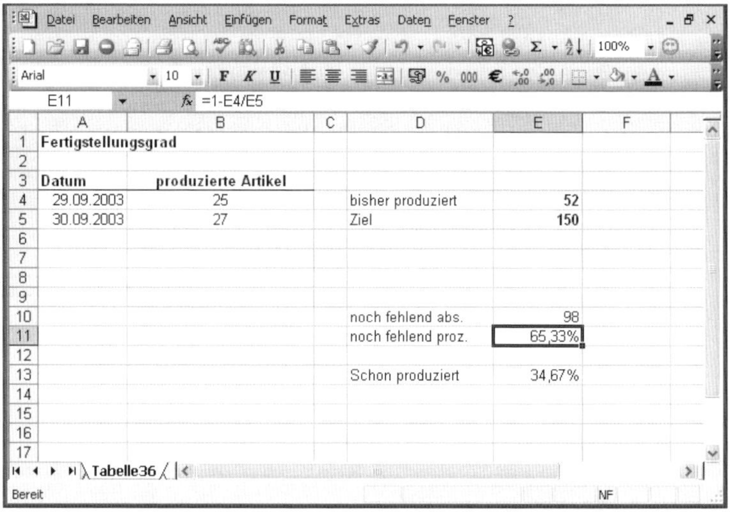

Abbildung 2.64: Es müssen noch 98 Artikel produziert werden

Amerikanische Maße umrechnen

Spätestens beim nächsten Urlaub in den USA werden Sie anstatt mit Litern mit Gallonen bzw. anstatt km/h mit Miles/h konfrontiert. Diese Einheiten können über Formeln beispielsweise in Excel-Tabellen umgerechnet werden.

Geschwindigkeiten umrechnen

Die in Deutschland gebrauchte Einheit zur Messung von Geschwindigkeiten ist Kilometer pro Stunde. In den USA wird die Geschwindigkeit in Meilen pro Stunde angegeben. Dabei entspricht ein Kilometer genau 0,621371 Meilen. Diese Umrechnung können

Sie in einer Excel-Tabelle umsetzen. Sehen Sie sich dazu einmal die Abbildung 2.65 an.

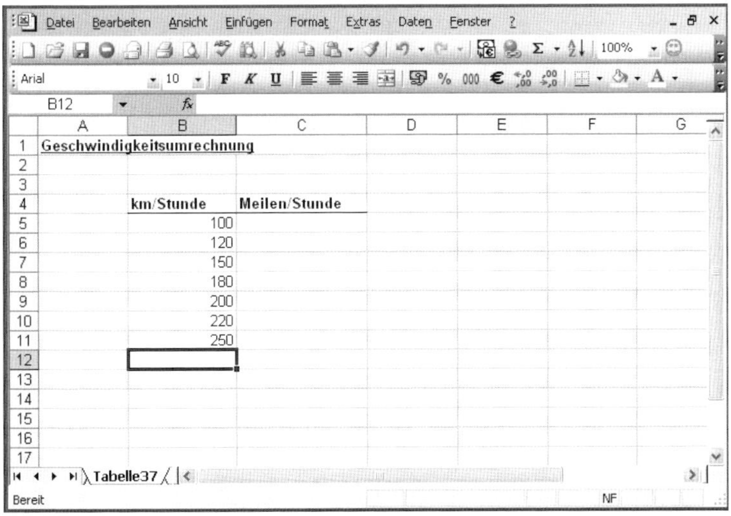

Abbildung 2.65: Kilometer in Meilen umrechnen

Um nun die Kilometer/Stunde in Meilen/Stunden umzurechnen, gehen Sie wie folgt vor:

1. Markieren Sie den Bereich **C5:C11**
2. Erfassen Sie die Formel **=B5*0,621371**
3. Schließen Sie die Formel über die Tastenkombination [Strg] + [↵] ab.

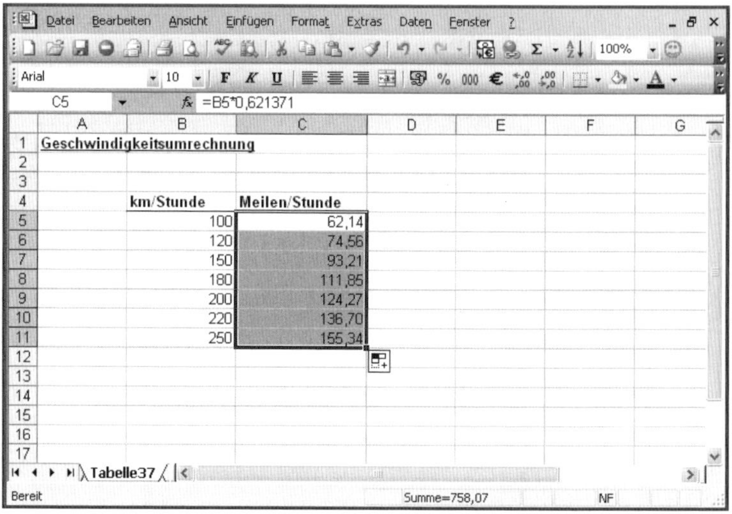

Abbildung 2.66: 100 km/Stunde entsprechen 62 Meilen/Stunde

Bei der Lösung aus Abbildung 2.66 wird die Konstante **0,621371** in jeder Zelle verwendet. Eine andere Möglichkeit ist, dieser Konstante einen Namen zuzuweisen und diesen dann in der Formel zu verwenden. Um diese Lösung umzusetzen, befolgen Sie die nächsten Arbeitsschritte:

1. Wählen Sie aus dem Menü *Einfügen* den Befehl *Namen/Definieren* (siehe Abbildung 2.67).
2. Im Dialog *Namen definieren* geben Sie im Eingabefeld den Namen *MeilenFaktor* ein.
3. Im Feld *Bezieht sich auf* geben Sie den Faktor **0,621371** ein.
4. Bestätigen Sie mit *OK*.
5. Markieren Sie im Anschluss den Zellenbereich **C5:C11**
6. Erfassen Sie die Formel **=B5*MeilenFaktor**
7. Schließen Sie die Formel über die Tastenkombination [Strg] + [↵] ab.

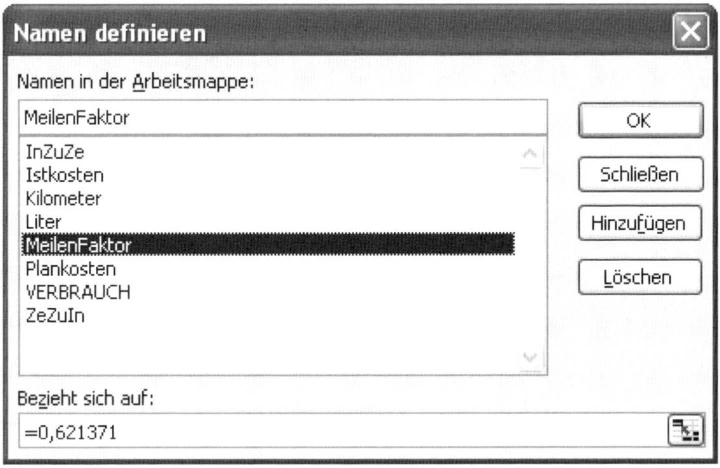

Abbildung 2.67: Den Faktor als Namen definieren

HINWEIS

Um den umgekehrten Vorgang, also Meilen/Stunde in Kilometer/Stunde umzurechnen, multiplizieren Sie die Meilen mit dem Faktor **1,609344**.

Neben den Meilen pro Stunde gibt es eine weitere typisch amerikanische Einheit zur Messung von Geschwindigkeit. Die Einheit heißt Feet/Minute. In Deutschland spricht man eher von Meter/Sekunde. Ein Meter/Sekunde wird dabei in 196,85 Feet/Minute umgerechnet. Ein Fuß (Feet) entspricht übrigens genau 0,30479 Meter. In der Abbildung 2.68 wird eine typische Umrechnungstabelle dargestellt.

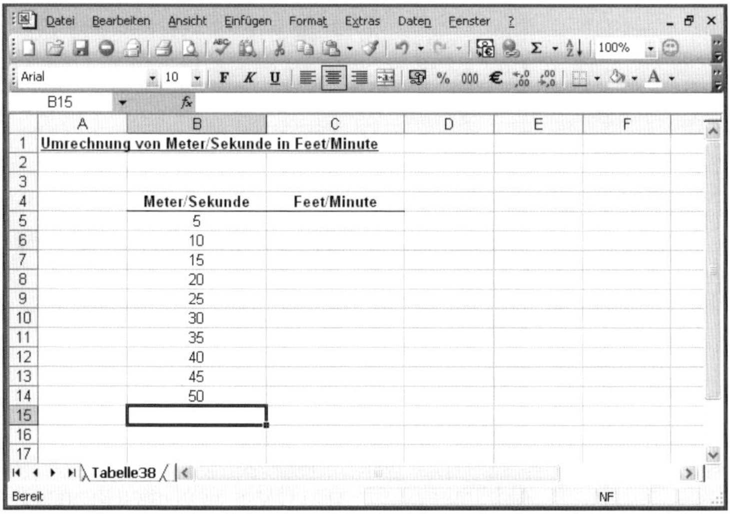

Abbildung 2.68: Meter/Sekunden sollen in Feet/Minuten umgerechnet werden

Sie können diese Aufgabe wie die letzte Aufgabe lösen, indem Sie den Umrechnungsfaktor in eine Zelle schreiben und diese Zelle dann in Ihre Formel einbinden. Dazu befolgen Sie die nächsten Arbeitsschritte:

1. Schreiben Sie in die Zelle **E4** den Umrechnungsfaktor **196,858144**
2. Schreiben Sie in Zelle **C5** die Formel **=B5*$E$4**
3. Führen Sie einen Doppelklick auf das Ausfüllkästchen der Zelle **C5** durch, um die Formel nach unten zu kopieren.

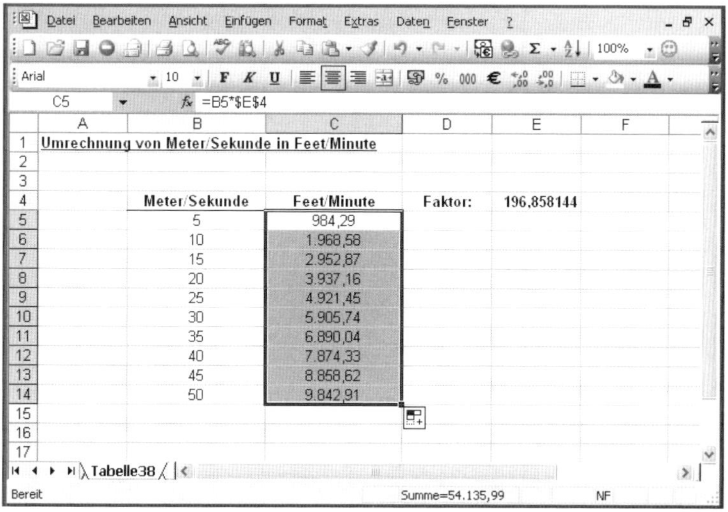

Abbildung 2.69: Eine Zelle mit Absolutbezug in die Formel einbinden

In der nächsten Aufgabe sollen Seemeilen in Meter bzw. Kilometer umgerechnet werden. Dabei entspricht eine Seemeile 1852 Metern bzw. 11,852 km. In einer Tabelle lässt sich dies wie folgt darstellen.

Zentimeter in Zoll umrechnen

Sehr geläufig in den USA ist auch die Einheit Inch (Zoll), um eine kurze Entfernung anzugeben. Ein Inch entspricht dabei 2,54 Zentimeter.

In der Tabelle aus Abbildung 2.70 sollen Umrechnungen in beide Richtungen durchgeführt werden.

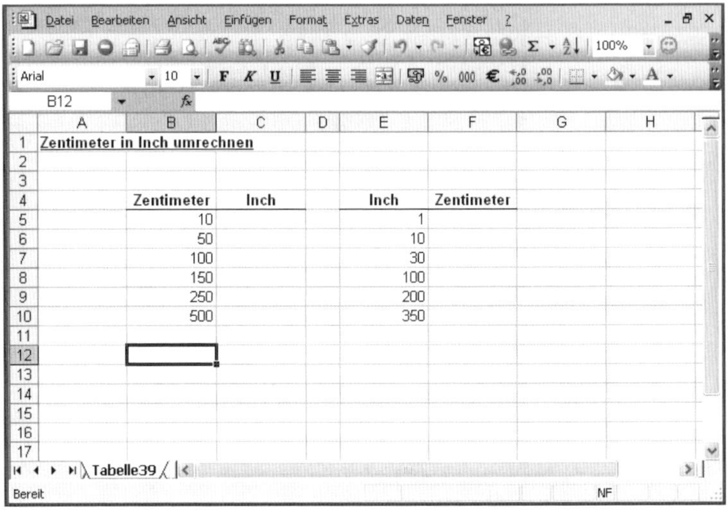

Abbildung 2.70: Die Umrechnungstabelle im ersten Schritt

Bauen Sie die Umrechnungstabelle aus Abbildung 2.70 aus, indem Sie wie folgt vorgehen:

1. Wählen Sie aus dem Menü *Einfügen* den Befehl *Namen/Definieren*.
2. Im Dialog *Namen definieren* geben Sie im Eingabefeld den Namen **ZeZuIn** an.
3. Im Feld *bezieht sich auf* erfassen Sie den Umrechnungsfaktor **0,3937**
4. Klicken Sie die Schaltfläche *Hinzufügen*.
5. Geben Sie nun einen weiteren Namen im Eingabefeld ein. Der Name könnte **InZuZe** lauten.
6. Im Feld *bezieht sich auf* erfassen Sie den Umrechnungsfaktor **2,54**
7. Klicken Sie auf *OK*.

Nachdem Sie beide Umrechnungsfaktoren als Namen angelegt haben, wenden Sie diese in Ihrer Tabelle an. Dabei gehen Sie wie folgt vor:

1. Markieren Sie den Zellenbereich **C5:C10**
2. Erfassen Sie die Formel **=ZeZuIn*B5**
3. Schließen Sie die Formel über die Tastenkombination [Strg] + [↵] ab.
4. Markieren Sie den Zellenbereich **F5:F10**
5. Erfassen Sie die Formel **=InZuZe*E5**
6. Schließen Sie die Formel über die Tastenkombination [Strg] + [↵] ab.

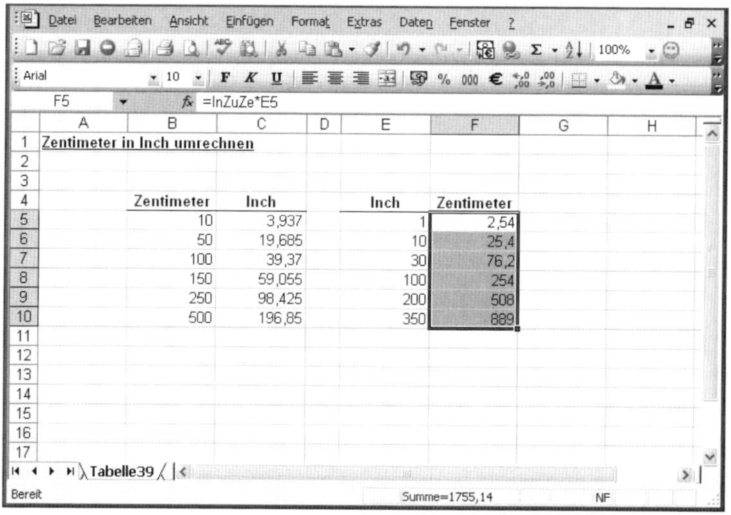

Abbildung 2.71: Die Umrechnungstabelle ist fertig

HINWEIS

Vorsicht! Wenn Sie die Namen über den Menübefehl *Einfügen/ Namen definieren* über die Schaltfläche *Löschen* aus der Arbeitsmappe entfernen, machen Sie damit auch die Formeln unbrauchbar.

Hohlmaße umrechnen

Wissen Sie, wie viele Liter ein Barrel oder eine Gallone sind? Wenn nicht, dann hilft Ihnen folgende Tabelle sicher weiter.

Amerikanische Einheit	In Litern
1 barrel	158,98722
1 gallon	3,7854100
1 quart	0,9663525
1 pint	0,4731763
1 fl. OZ	0,0295735

Tabelle 2.3: Amerikanische Hohlmaße in Liter umrechnen

In der Excel-Tabelle in Abbildung 2.72 soll eine Litereingabe in die amerikanischen Einheiten umgerechnet werden.

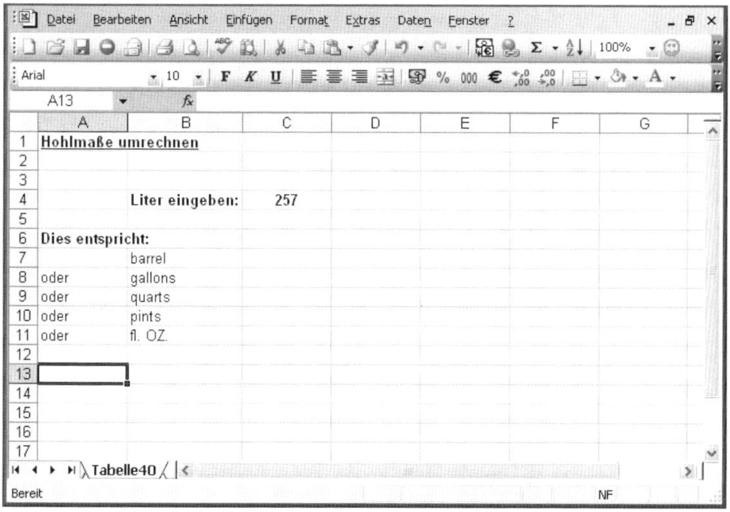

Abbildung 2.72: Wie viel entspricht 257 Liter umgerechnet in die amerikanischen Hohlmaße?

Erfassen Sie nun folgende Formeln in der Tabelle.

Zelle	Formel
C7	=$C$4/158,98722
C8	=$C$4/3,78541
C9	=$C$4/0,9663525
C10	=$C$4/0,4731763
C11	=$C$4/0,0295735

Tabelle 2.4: Die benötigten Formeln zur Umrechnung

Das Ergebnis der Umrechnung sehen Sie in Abbildung 2.73.

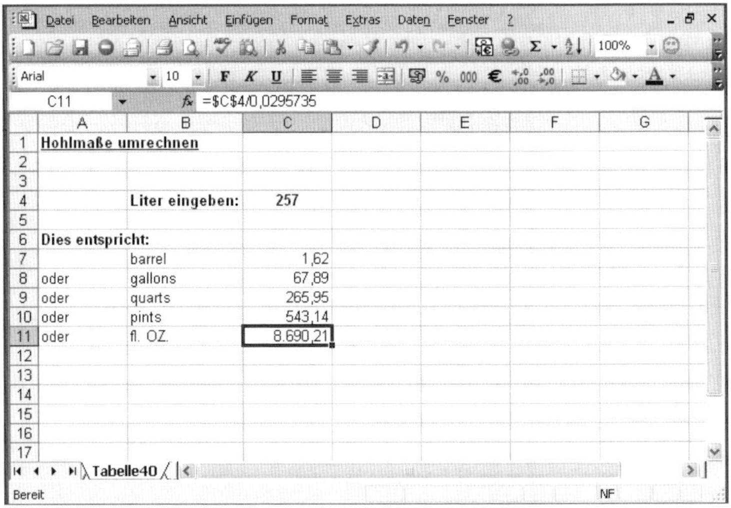

Abbildung 2.73: 257 Liter entsprechen beispielsweise ca. 68 Gallonen

Von Celsius zu Fahrenheit

In den meisten Ländern dieser Erde wird die Einheit Celsius zur Messung von Temperatur verwendet. Celsius war übrigens ein schwedischer Wissenschaftler, der im Jahre 1742 die Skala zwischen dem Gefrierpunkt von Wasser als Nullwert und dem kochendem Wasser bei 100 definierte.

In den meisten englischsprachigen Ländern hingegen wird die Einheit Fahrenheit verwendet. Diese Einheit erfand übrigens ein Deutscher. Daniel Gabriel Fahrenheit legte seine Skala im Jahre 1714 fest. Bei seiner Skala wurde der Nullpunkt über ein Salz-Eis-Gemisch festgelegt, über die er die kälteste Temperatur manuell erzeugen konnte. Der zweite Punkt wurde bei ihm durch die normale Körpertemperatur, die bei 98,6° F liegt, festgelegt.

Beide Einheiten sollen in einer Excel-Tabelle dargestellt und umgerechnet werden können.

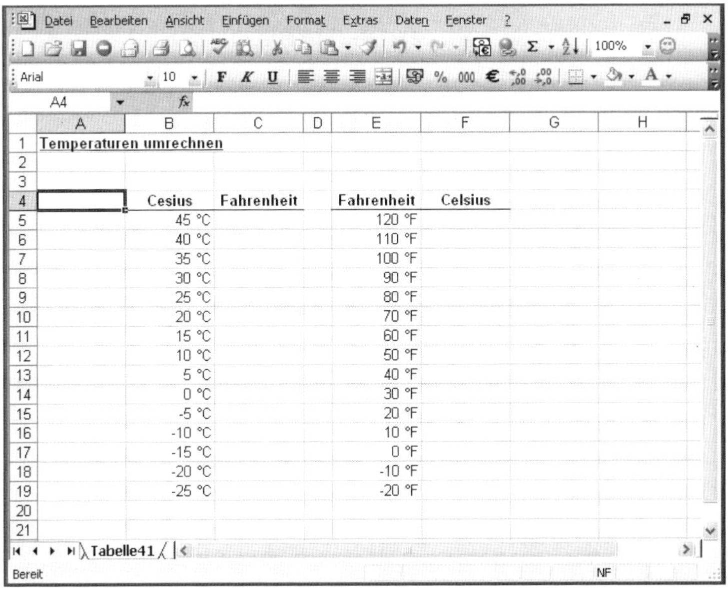

	A	B	C	D	E	F
1	Temperaturen umrechnen					
2						
3						
4		Cesius	Fahrenheit		Fahrenheit	Celsius
5		45 °C			120 °F	
6		40 °C			110 °F	
7		35 °C			100 °F	
8		30 °C			90 °F	
9		25 °C			80 °F	
10		20 °C			70 °F	
11		15 °C			60 °F	
12		10 °C			50 °F	
13		5 °C			40 °F	
14		0 °C			30 °F	
15		-5 °C			20 °F	
16		-10 °C			10 °F	
17		-15 °C			0 °F	
18		-20 °C			-10 °F	
19		-25 °C			-20 °F	
20						
21						

Abbildung 2.74: Celsius und Fahrenheit in einer Liste vereint

Um das Gradzeichen in der Tabelle einzufügen, muss ein benutzerdefiniertes Format erstellt werden. Dazu verfahren Sie wie folgt:

1. Markieren Sie den Zellenbereich **B5:B19**
2. Wählen Sie aus dem Menü *Format* den Befehl *Zellen*.
3. Wechseln Sie auf die Registerkarte *Zahlen*.
4. Wählen Sie im Listenfeld *Kategorie* den Befehl *Benutzerdefiniert* aus.

Abbildung 2.75: Ein benutzerdefiniertes Format einstellen

5. Geben Sie im Feld *Typ* das benutzerdefinierte Format **0 "°C"** ein und bestätigen Sie mit *OK*.

Achten Sie darauf, dass die eigentliche Formatangabe in doppelten Anführungsstrichen stehen muss. Führen Sie direkt im Anschluss auch die benutzerdefinierte Formatierung für die Einheit Fahrenheit durch.

Rechnen Sie nun die Temperaturen um, indem Sie die nächsten Arbeitsschritte durchführen.

1. Markieren Sie den Zellenbereich **C5:C19**

2. Erfassen Sie die Formel **=(B5*9/5)+32**
3. Schließen Sie die Formel über die Tastenkombination [Strg] + [↵] ab.
4. Markieren Sie den Zellenbereich **F5:F19**
5. Erfassen Sie die Formel **=(E5-32)*5/9**
6. Schließen Sie die Formel über die Tastenkombination [Strg] + [↵] ab.

Übertragen Sie das Format der Spalten **B** und **E** auf die Spalten **C** und **F**. Dazu markieren Sie den Zellenbereich **B5:B19**, klicken in der Symbolleiste *Format* auf das Symbol *Format übertragen* und markieren direkt im Anschluss den Zellenbereich **F5:F19**. Wiederholen Sie die Formatübertragung auch für die Spalten **C** und **E**.

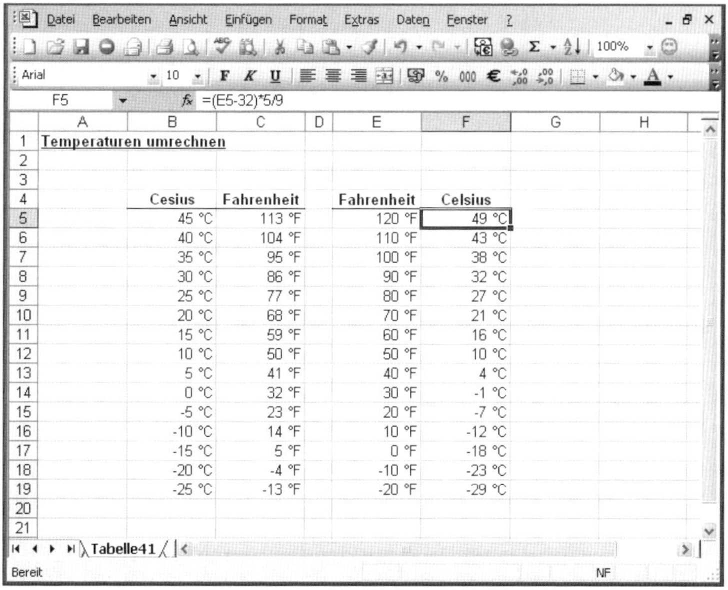

	A	B	C	D	E	F
1	Temperaturen umrechnen					
2						
3						
4		Cesius	Fahrenheit		Fahrenheit	Celsius
5		45 °C	113 °F		120 °F	49 °C
6		40 °C	104 °F		110 °F	43 °C
7		35 °C	95 °F		100 °F	38 °C
8		30 °C	86 °F		90 °F	32 °C
9		25 °C	77 °F		80 °F	27 °C
10		20 °C	68 °F		70 °F	21 °C
11		15 °C	59 °F		60 °F	16 °C
12		10 °C	50 °F		50 °F	10 °C
13		5 °C	41 °F		40 °F	4 °C
14		0 °C	32 °F		30 °F	-1 °C
15		-5 °C	23 °F		20 °F	-7 °C
16		-10 °C	14 °F		10 °F	-12 °C
17		-15 °C	5 °F		0 °F	-18 °C
18		-20 °C	-4 °F		-10 °F	-23 °C
19		-25 °C	-13 °F		-20 °F	-29 °C
20						
21						

Abbildung 2.76: Die fertige Umrechnungstabelle für Celsius und Fahrenheit

Beim Autokauf

Stellen Sie sich vor, Sie möchten ein neues Auto kaufen. Das Auto kostet 15.000 Euro. Dazu kommen noch Mehrwertsteuer von 16%. Der Händler gibt Ihnen einen Rabatt von 8%. Wie teuer ist das neue Auto letztendlich?

Die Antwort auf diese Fragestellung wird in Abbildung 2.77 gegeben.

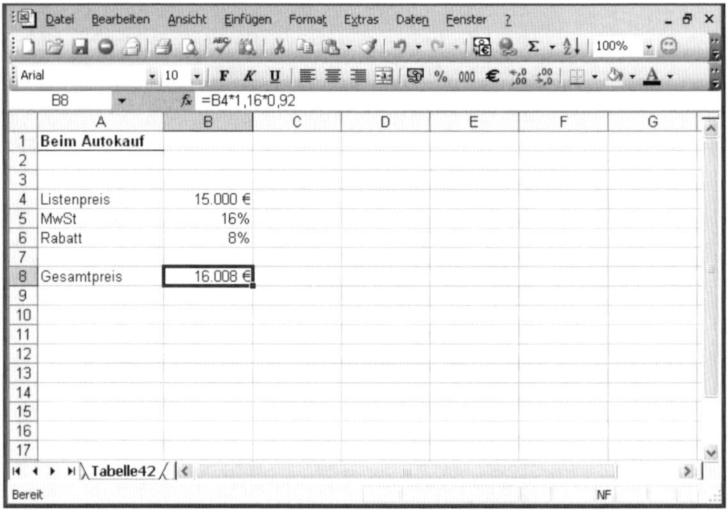

Abbildung 2.77: Das Auto kostet 16.008 €

Über die Formel **=B4*1,16*0,92** können Sie den Endwert des Autos errechen. Ebenso wäre die Formel **=B4*0,92*1,16** korrekt. In beiden Fällen wird das gleiche Endergebnis geliefert.

Da die **16%** auf den Nettopreis addiert werden müssen, können Sie den Nettopreis mit dem Faktor **1,16** multiplizieren. Der Rabatt geht in die andere Richtung, was bedeutet, dass Sie die **8%** von **100%** gedanklich abziehen müssen und **92%** entspricht dem Faktor

0,92. Indem Sie den Preis mit **0,92** multiplizieren, wird der Rabatt durchgeführt.

Die Berechnung des Bremswegs

Die Berechnung des Bremswegs bei einem Auto berechnet sich aus drei Einzelformeln:

- ✓ Reaktionsweg = (Geschwindigkeit (in km/h) / 10)*3
- ✓ Bremsweg = Geschwindigkeit (in km/h) / 10) ^2
- ✓ Anhalteweg = Reaktionsweg + Bremsweg

Beim **Reaktionsweg** wird die Reaktionsdauer von 1 Sekunde unterstellt. Diese Prämisse gilt aber nur für Autofahrer in guter körperlichen Verfassung. Müdigkeit, Alkohol, Ablenkung etwa durch laute Musik verlängern die Reaktionszeit.

Beim **Bremsweg** ist die Strecke zwischen dem Ansprechen der Bremsen bis zum absoluten Stillstand des Autos gemeint. Ganz grob kann man sagen, dass sich bei einer Verdopplung der Geschwindigkeit der Bremsweg vervierfacht.

Der **Anhalteweg** ergibt sich aus der Addition von **Reaktionsweg** und **Bremsweg**.

Dieser Sachverhalt soll in der Excel-Tabelle in Abbildung 2.78 dargestellt werden.

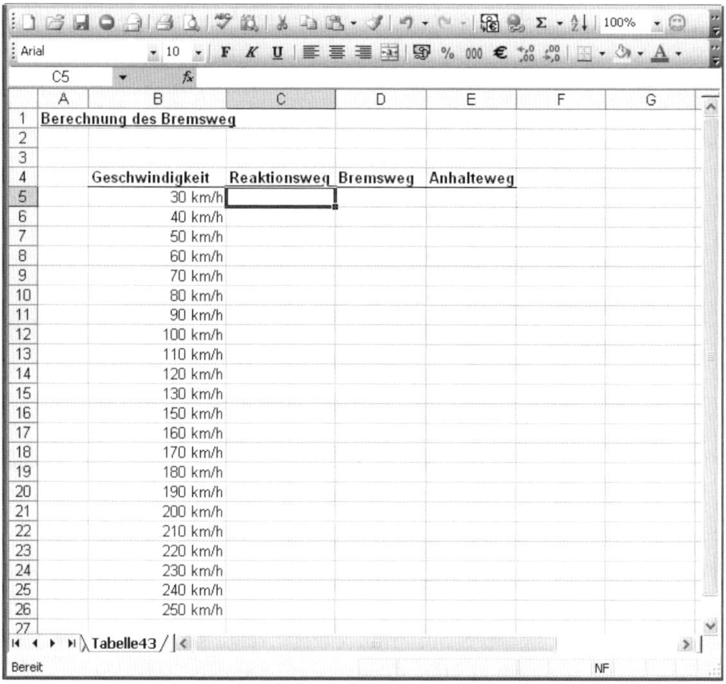

Abbildung 2.78: Die Berechnung der »Wege«

Um nun die einzelnen Wege zu berechnen, verfahren Sie wie folgt:

1. Markieren Sie den Zellenbereich **C5:C26**
2. Erfassen Sie die Formel **=(B5/10)*3**
3. Schließen Sie die Formel über die Tastenkombination [Strg] + [↵] ab.
4. Markieren Sie den Zellenbereich **D5:D26**
5. Erfassen Sie die Formel **=(B5/10)^2**
6. Schließen Sie die Formel über die Tastenkombination [Strg] + [↵] ab.

7. Wählen Sie aus dem Menü *Format* den Befehl *Zellen*.

8. Weisen Sie dem markierten Zellenbereich auf der Registerkarte *Zahlen* die Kategorie *Standard* zu.

9. Markieren Sie den Zellenbereich **E5:E26**

10. Fügen Sie die Formel **=C5+D5** ein und bestätigen Sie die Eingabe über die Tastenkombination Strg + ↵.

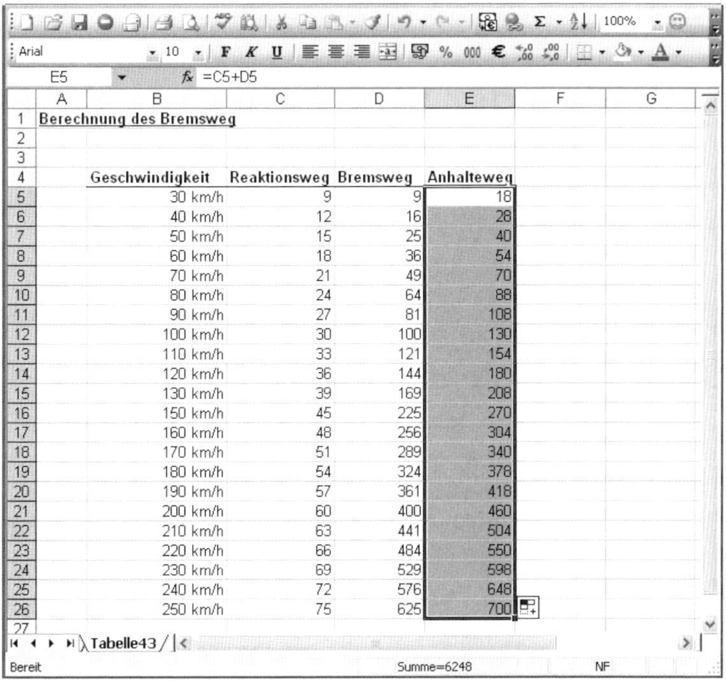

	A	B	C	D	E
1	Berechnung des Bremsweg				
2					
3					
4		Geschwindigkeit	Reaktionsweg	Bremsweg	Anhalteweg
5		30 km/h	9	9	18
6		40 km/h	12	16	28
7		50 km/h	15	25	40
8		60 km/h	18	36	54
9		70 km/h	21	49	70
10		80 km/h	24	64	88
11		90 km/h	27	81	108
12		100 km/h	30	100	130
13		110 km/h	33	121	154
14		120 km/h	36	144	180
15		130 km/h	39	169	208
16		150 km/h	45	225	270
17		160 km/h	48	256	304
18		170 km/h	51	289	340
19		180 km/h	54	324	378
20		190 km/h	57	361	418
21		200 km/h	60	400	460
22		210 km/h	63	441	504
23		220 km/h	66	484	550
24		230 km/h	69	529	598
25		240 km/h	72	576	648
26		250 km/h	75	625	700
27					

Abbildung 2.79: Bei 100 km/h braucht ein Auto bei einer Bremsung 130 m zum Anhalten

Der Bremsweg ist selbstverständlich auch von der Beschaffenheit der Reifen sowie dem Zustand der Bremsen abhängig. Alle in der Abbildung 2.79 dargestellten Werte beziehen sich auf optimale Bedingungen, also trockener Fahrbahn. Ist die Straße nass, dann wird der Bremsweg verdoppelt. Bei Straße mit Laub, Schnee, Rollsplitt oder Erde wird der Bremsweg vervierfacht. Bei vereisten Straßen verzehnfacht sich der Bremsweg!

Automobil- und Reifenhersteller bemühen sich intensiv, den Bremsweg von Autos zu verkürzen. Das gelingt mitunter ganz gut, sodass es heute schon ganz spezielle Reifen gibt, die unter optimalen Bedingungen einen Bremsweg bei 100 km/h von 30-35m erreichen können.

Einheiten der Schifffahrt

Auch bei der Schifffahrt gibt es diverse Einheiten wie Seemeilen, um die Entfernung von einem Ort zum anderen wiederzugeben. Eine weitere typische Einheit bei der Schifffahrt ist der Knoten. Damit kann man eine Geschwindigkeit messen, die ein Schiff erreichen kann.

Seemeile in Kilometer umrechnen

Eine Seemeile, die aus dem Äquatorumfang der Erde abgeleitet wurde, entspricht 1852 Metern. Dabei entspricht eine Seemeile genau einer Bogenminute auf dem Umfang des Äquators, d.h. der Umfang der Erde von ca. 40.000 km, geteilt durch 360 Grad geteilt durch 60 Minuten ergibt den Wert 1,852 Kilometer.

In der Tabelle in Abbildung 2.80 wird eine solche Wertetabelle dargestellt.

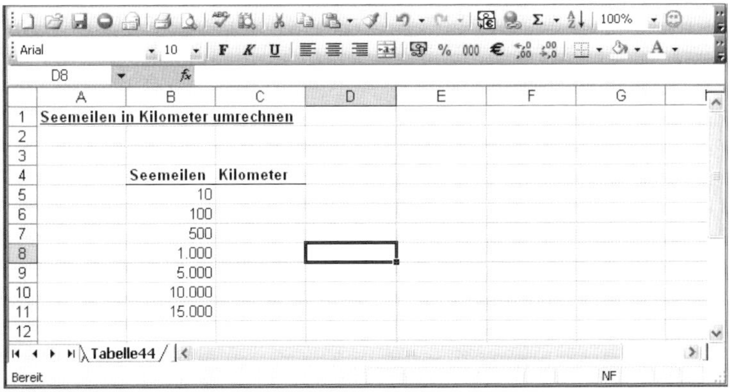

Abbildung 2.80: Seemeilen in Kilometer umwandeln

Um Seemeilen in Kilometer umzuwandeln, verfahren Sie wie folgt:

1. Erfassen Sie in Zelle **E1** den Umrechnungsfaktor **1,852**
2. Markieren Sie den Zellenbereich **C5:C11**
3. Erfassen Sie die Formel **B5*E1** und drücken Sie danach sofort die Taste F4. Dadurch wird der zweite Zellenbezug absolut gesetzt.
4. Bestätigen Sie die Eingabe über die Tastenkombination Strg + ↵.

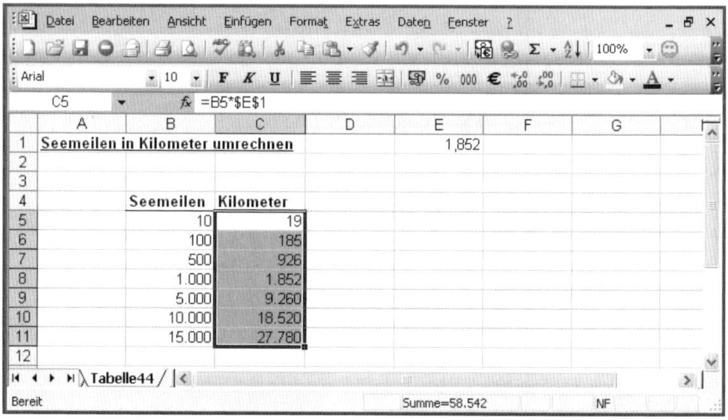

	A	B	C	D	E
1	Seemeilen in Kilometer umrechnen				1,852
2					
3					
4		Seemeilen	Kilometer		
5		10	19		
6		100	185		
7		500	926		
8		1.000	1.852		
9		5.000	9.260		
10		10.000	18.520		
11		15.000	27.780		
12					

Abbildung 2.81: Die Seemeilen wurden über einen Umrechnungsfaktor in Kilometer umgerechnet

Möchten Sie Kilometer in Seemeilen umrechnen, dann dividieren Sie die Kilometer durch den Divisor 1,852.

HINWEIS

Die englische »nautical mile« beträgt umgerechnet 1853 Meter.

Knoten in km/Stunde umrechnen

Diese ursprünglich sehr alte Messmethode zur Bestimmung von Geschwindigkeit bei Schiffen wurde früher über eine mit Knoten markierte Leine gemessen, die ins Wasser gehängt und die man während der Fahrt durch die Hand gleiten lies. Durch den Widerstand blieb die Leine fast am gleichen Ort über dem Grund. Über die gezählten Knoten auf der Leine, die pro Zeiteinheit gemessen wurden, konnte man bestimmen, wie schnell ein Schiff fuhr.

Über Knoten wird also die Geschwindigkeit eines Schiffes bestimmt. Dabei bedeutet 1 Knoten eine Seemeile pro Stunde und entspricht somit 1.852 km/h. Eine Segeljacht schafft so im Schnitt zwischen 5-8 Knoten. Ein kleines Motorboot schafft es immerhin auf 15-20 Knoten. Richtige Rennboote können bis 100 Knoten fahren.

In der folgenden Abbildung 2.82 sind einige Schiffsgeschwindigkeiten der gängigsten Schiffstypen dargestellt.

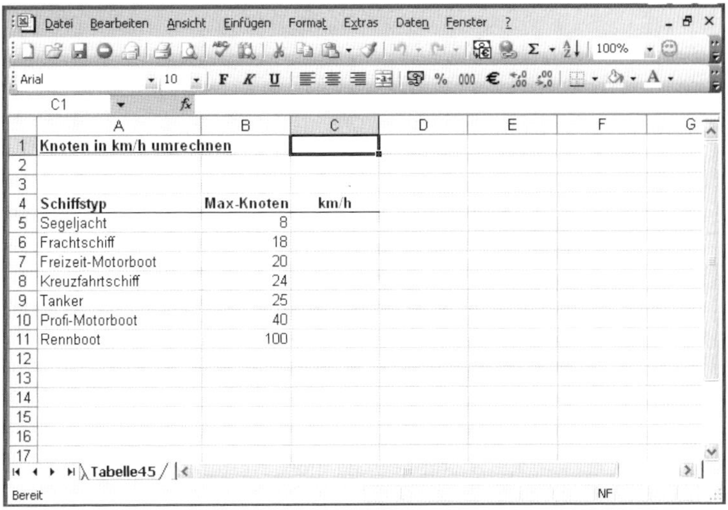

Abbildung 2.82: Wie schnell fährt welches Schiff?

Um nun die Knoten in km/h umzurechnen, führen Sie diese Aufgabe durch, indem Sie einen Namen vergeben und den Umrechnungsfaktor hinterlegen. Dabei verfahren Sie wie folgt:

1. Drücken Sie die Tastenkombination Strg + F3, um den Dialog *Namen definieren* aufzurufen.

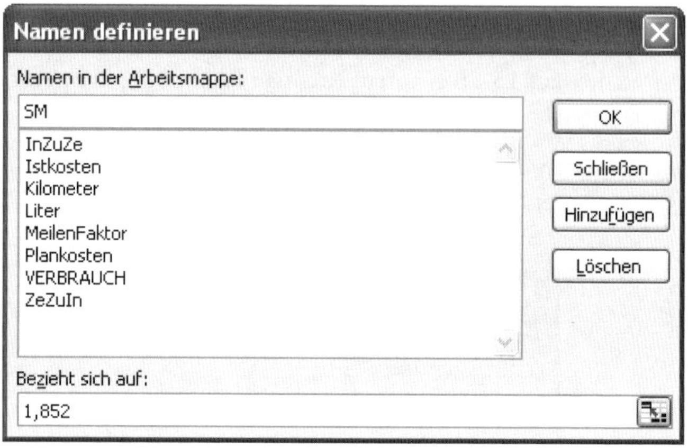

Abbildung 2.83: Den Umrechnungsfaktor als Namen hinterlegen

2. Geben Sie im Feld *Namen in der Arbeitsmappe* den Namen **SM** an.
3. Im Feld *Bezieht sich auf* geben Sie den Umrechnungsfaktor **1,852** ein.
4. Bestätigen Sie diese Aktion mit *OK*.
5. Markieren Sie den Bereich **C5:C11**
6. Fügen Sie die Formel **=B5*SM** ein und bestätigen Sie die Eingabe über die Tastenkombination Strg + ↵.

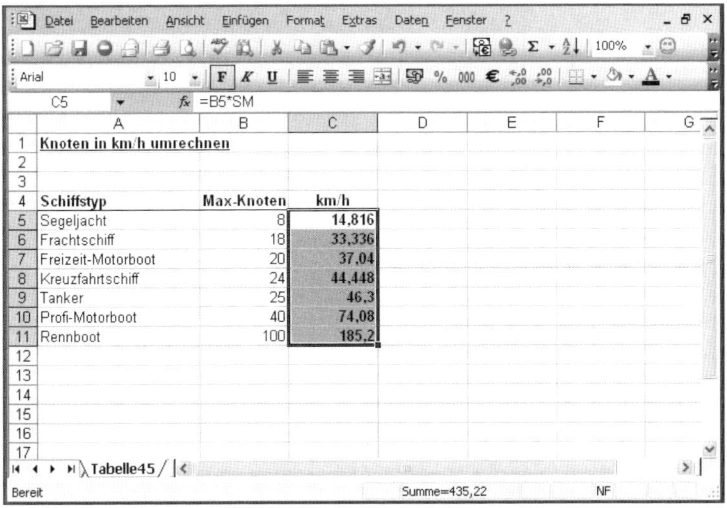

C5 =B5*SM

	A	B	C
1	**Knoten in km/h umrechnen**		
2			
3			
4	**Schiffstyp**	**Max-Knoten**	**km/h**
5	Segeljacht	8	**14,816**
6	Frachtschiff	18	**33,336**
7	Freizeit-Motorboot	20	**37,04**
8	Kreuzfahrtschiff	24	**44,448**
9	Tanker	25	**46,3**
10	Profi-Motorboot	40	**74,08**
11	Rennboot	100	**185,2**

Tabelle45 — Bereit — Summe=435,22

Abbildung 2.84: Die Umrechnung von Knoten in km/h

Beim Kuchenbäcker

Bei der folgenden Aufgabe liegt folgender Sachverhalt zugrunde: In einer Bäckerei wird erwägt, den Umfang der bisherigen Torten von 35 auf 40 cm zu erhöhen. Die Höhe der Torte und die Zutaten wird dabei nicht geändert. Dabei kostet die 35iger Torte 5 Euro. Wie viel muss dann die 40iger Torte kosten, damit kein Verlust beim Tortenverkauf gemacht wird?

Als kleine Vorarbeit legen Sie einmal eine Tabelle nach dem Vorbild aus Abbildung 2.85 an.

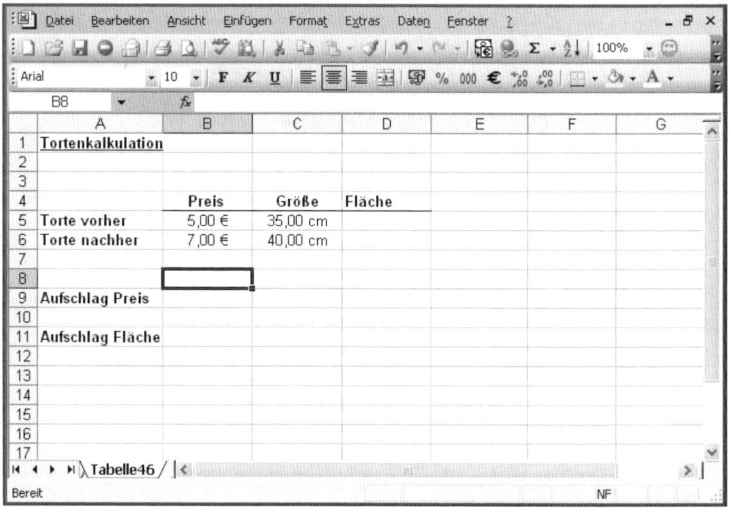

Abbildung 2.85: Welche Torte ist wirtschaftlicher?

Um nun zu ermitteln, welche Torte der beiden wirtschaftlicher ist, errechnen Sie die Fläche der Torte. Diese Flächen setzen Sie dann in Relation zueinander und ermitteln danach den Preis- bzw. den Flächenaufschlag.

Diese Aufgabe lösen Sie Schritt für Schritt, indem Sie wie folgt vorgehen:

1. Markieren Sie den Zellenbereich **D5:D6**
2. Erfassen Sie die Formel **=(C5/2)^2**
3. Schließen Sie die Eingabe über die Tastenkombination [Strg] + [↵] ab.
4. Errechnen Sie den Preisaufschlag, indem Sie in die Zelle **B9** die Formel **=1-(B6/B5)** eingeben.
5. Errechnen Sie den Flächenaufschlag, indem Sie in die Zelle **B11** die Formel **=1-(D6/D5)** eingeben.

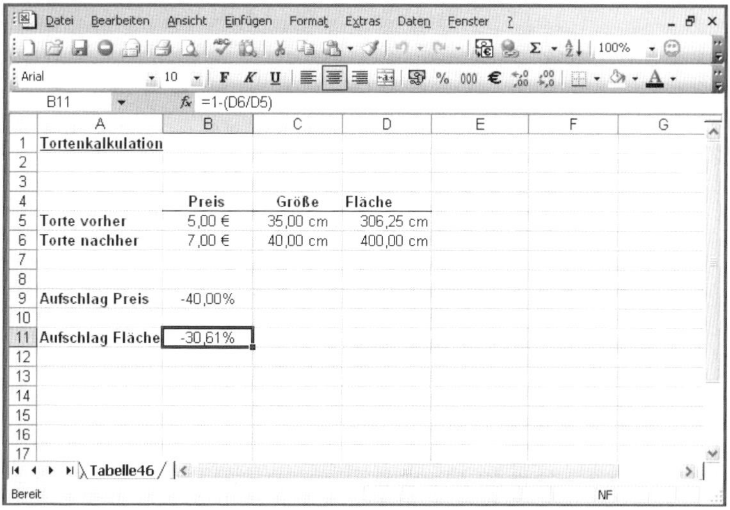

Abbildung 2.86: Bei der Torte vorher ist mehr Geld verdient

Der Preisaufschlag von 5 € auf 7 € entspricht einer Preisanhebung um 40%. Dagegen wird nur ca. 30 % an Fläche zugelegt. In diesem Beispiel würde der Tortenbäcker einen Gewinn aus der Vergrößerung seiner Torten erzielen.

Wie aber kann er das Verhältnis zwischen Mehrpreis und Mehrfläche im Gleichgewicht halten?

Den für den Größenzuwachs der Torte entsprechenden Preis können Sie errechnen, indem Sie folgende Formel in Zelle **B13** eingeben.

=B5-B5*B11

Wenn Sie das Ergebnis dieser Rechnung in Zelle **B6** einsetzen, ist Preisanstieg und Tortenumfanganstieg im Einklang.

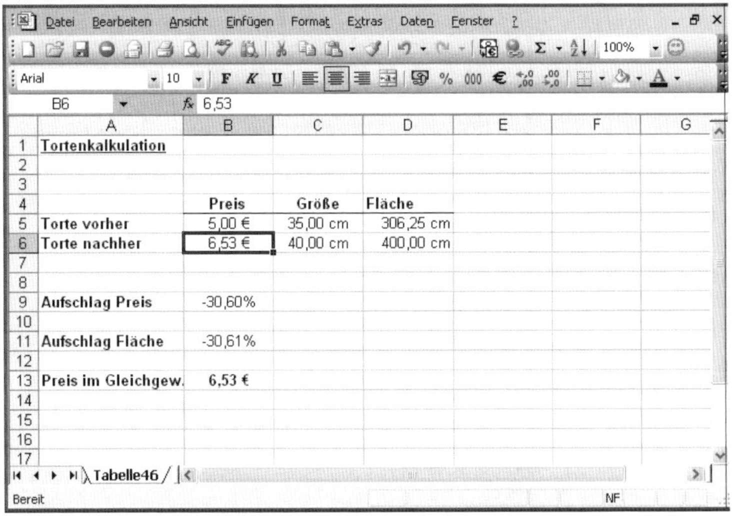

Abbildung 2.87: Das Preis-Leistungs-Verhältnis stimmt

HINWEIS

Dieses Beispiel können Sie auch auf Pizza, Brötchen, Brot oder sonstige Lebensmittel anwenden.

Schachbrett und Reiskorn

Nach einer Sage soll der Erfinder des Schachspiels für seine Erfindung folgenden Lohn verlangt haben: Auf das erste Feld des Schachbretts wird ein Reiskorn gelegt. Auf die darauf folgende Felder wird jeweils das Doppelte des vorhergehenden Feldes an Reiskörner gelegt. Wie viel Reis mag das wohl insgesamt sein? Vielleicht werden Sie einen etwas größeren Sack von Reis schätzen. Aber weit gefehlt! Es sind bei 64 Feldern 9.223.372.036.854.775.808 Reiskörner. Das sind ausgesprochen Neun Trillionen, zweihundertdreiundzwanzig Billiarden, dreihundertzweiundsiebzig Billionen, dreiundsechzig Milliarden, achthundertundfünfzig Millionen, siebenhundertfünfundsiebzig Tausend und achthundertacht Reiskörner.

Beweisen kann man diesen Sachverhalt mit einer Excel-Tabelle, bei der die 64 Felder eines Schachbretts in einer Spalte dargestellt werden.

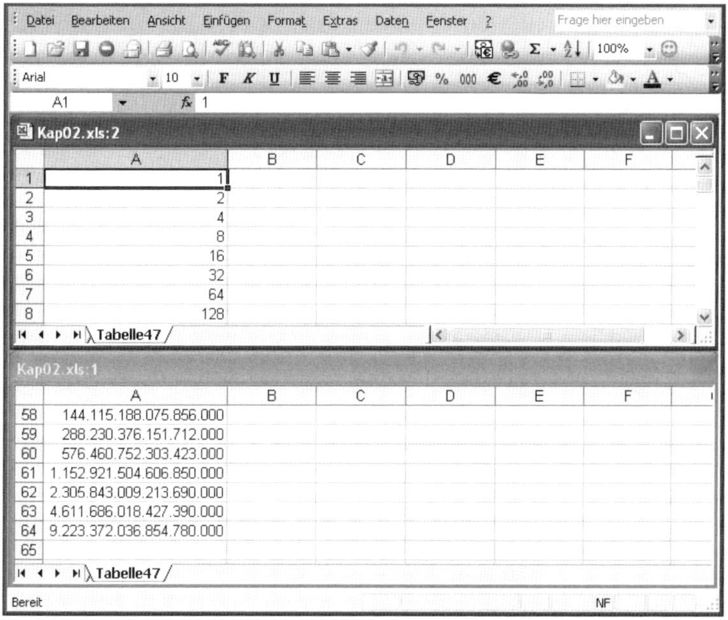

Abbildung 2.88: Das immens hohe Ergebnis an Reiskörnern

Formatieren Sie die Spalte A mit dem Zahlenformat unter Verwendung des Tausenderpunktes. Microsoft Excel rechnet ab dem 51. Feld nicht mehr ganz korrekt. Durch Rundungsfehler sind auf dem 64. Feld insgesamt 4192 Reiskörner zu viel. Aber was sind bei dieser Größenordnung schon 4192 Reiskörner?

Interessant wäre jetzt noch, wie schwer denn die Reiskörner sind, die auf dem 64. Feld liegen. Dazu gehen Sie von der Prämisse aus, dass ca. 40 Reiskörner 1 Gramm wiegen.

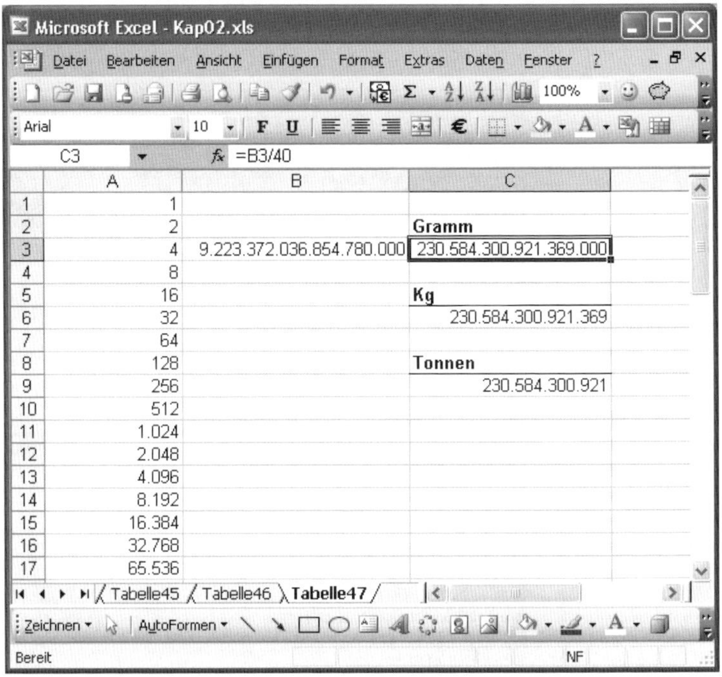

Abbildung 2.89: Die Reiskörner in Tonnen ausgedrückt

Die Formeln aus Abbildung 2.89 lauten:

- Zelle **C3**: **=B3/40**
- Zelle **C6**: **=(B3/40)/1000**
- Zelle **C9**: **=C6/1000**

KAPITEL 3

Mit Tabellenfunktionen arbeiten

Excel stellt standardmäßig einige hundert Tabellenfunktionen zur Verfügung. Wie Sie damit arbeiten, erfahren Sie in diesem Kapitel.

Mit Tabellenfunktionen arbeiten

Excel stellt standardmäßig einige hundert Tabellenfunktionen zur Verfügung. Einige davon sind in so genannten Add-Ins gespeichert, die erst noch in Excel eingebunden werden müssen. Die meisten Tabellenfunktionen allerdings können direkt und ohne weiteres Vorbereiten eingesetzt werden.

> Alle hier vorgestellten Funktionen sind in der Arbeitsmappe *Kap03.xls* auf der mitgelieferten CD-ROM verfügbar.

Funktionen auf die Schnelle abrufen

Nicht immer müssen Funktionen in Zellen erfasst werden. Wenn Sie beispielsweise die Summe einiger Zellen auf die Schnelle haben möchten, dann gehen Sie folgendermaßen vor:

1. Markieren Sie die Zellen auf der Tabelle, die Sie summieren möchten.

2. Werfen Sie einen Blick in die Statusleiste von Excel (siehe Abbildung 3.1).

In der Statusleiste wird standardmäßig die Summe der markierten Zellen angezeigt, sofern es sich um Zahlenwerte handelt. Wenn Sie mit der rechten Maustaste auf diesen Eintrag in der Statusleiste klicken, dann wird das Kontextmenü aus Abbildung 3.2 angezeigt.

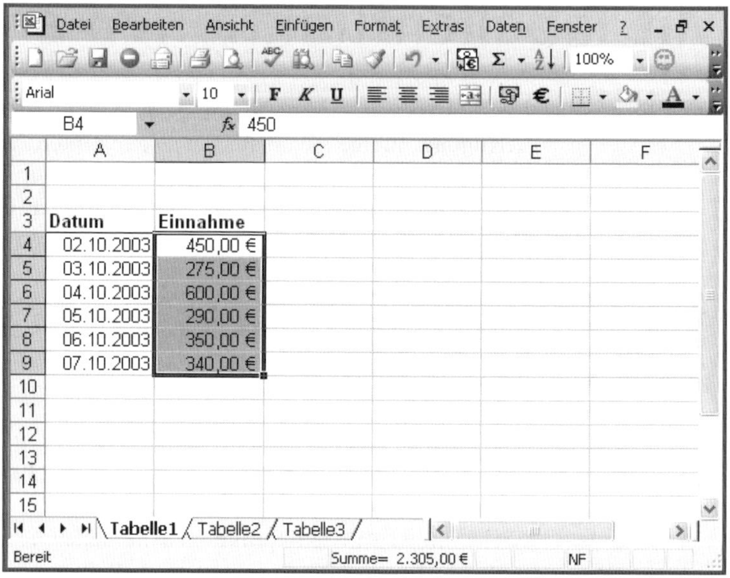

Abbildung 3.1: Die markierten Daten werden in der Statusleiste summiert

Abbildung 3.2: Die wichtigsten Funktionen auf einen Blick

Indem Sie einen anderen Eintrag aus diesem Kontextmenü auswählen, wird das entsprechende Ergebnis danach in der Statusleiste angezeigt. Dabei erfolgt kein Einfügen der Funktion in der Tabelle. Somit dient diese Funktion in erster Linie zur Kurzinformation.

Bei der Markierung der Daten können Sie zusammenhängende Zellenbereiche bequem mit der Maus markieren. Um nicht zusammenhängende Zellen bzw. Bereiche zu markieren, gehen Sie folgendermaßen vor:

1. Markieren Sie die erste Zelle bzw. den ersten Bereich mit Hilfe der Maus.
2. Drücken Sie die linke Maustaste, halten Sie die Taste gedrückt und markieren Sie weitere Zellen.

Was sind Funktionen?

Jede Tabellenfunktion in einer Zelle beginnt immer mit einem »=«. Sie müssen sich bei einer Funktion jedoch keine Gedanken machen, welche Berechnungen Sie mit den Werten durchführen wollen, wie bei einer Formel.

Eine Funktion ist praktisch schon eine fertige Formel, die an den entsprechenden Stellen für Ihre individuellen Werte noch Platz gelassen hat. Diese Werte übergeben Sie an die Funktion und diese liefert Ihnen das Ergebnis der Berechnung automatisch zurück.

Tabellenfunktionen über den Funktions-Assistenten einfügen

Um eine Funktion in eine Zelle einzufügen, klicken Sie in der Bearbeitungsleiste das Symbol *Funktion einfügen*.

Abbildung 3.3: Eine Funktion über den Funktions-Assistenten einfügen

Alle Funktionen sind in bestimmten Kategorien gespeichert. Dabei ist im Dialog *Funktion einfügen* die Kategorie *Zuletzt verwendet* eingestellt. In dieser Kategorie werden die Funktionen, die Sie zuletzt verwendet haben, festgehalten.

Neben dieser Kategorie existieren die folgenden Funktionskategorien, die im Verlaufe des Buches noch näher ausgeführt werden:

- *Alle*: In dieser Kategorie werden alle in Excel verfügbaren Funktionen angeboten.
- *Finanzmathematik*: In dieser Kategorie finden Sie typische Funktionen wie die Zinsberechnung oder diverse Abschreibungsmethoden.
- *Datum & Zeit*: In dieser Kategorie sind alle Funktionen verzeichnet, die mit Datums- und Zeitwerten rechnen können. Unter anderem sind dies Funktionen zur Anzeige des Wochentags oder zur Errechnung eines Fälligkeitstermins.

- *Math. & Trigonom.*: In dieser Kategorie ist die am häufigsten eingesetzte Funktion, die Tabellenfunktion **SUMME()**, hinterlegt. Neben dieser Funktion finden Sie weitere Funktionen für das Runden von Werten und sonstige weitere mathematischen Funktionen.
- *Statistik*: In dieser Kategorie finden Sie, wie der Name schon sagt, Funktionen für statistische Zwecke. Unter anderem können Sie hier auf Funktionen zur Häufigkeitsermittlung oder Rangfolgen abbilden.
- *Matrix*: In dieser Kategorie finden Sie Funktionen, mit Hilfe denen Sie Matrizen auswerten können. Unter anderem gibt es hier diverse Such- sowie Auswertungsfunktionen.
- *Datenbank*: In dieser Rubrik werden Tabellenfunktionen angeboten, über die Sie große Datenmengen sehr gut auswerten können.
- *Text*: In der Kategorie *Text* finden Sie klassische Textfunktionen wieder. Unter anderem können Sie mit diesen Funktionen Texte manipulieren und vergleichen.
- *Logik*: Die Funktionen dieser Kategorie werden oft in Verbindung mit anderen Funktionen eingesetzt. Funktionen wie **UND** und **ODER** sprechen hierbei für sich.
- *Information*: Diese Kategorie enthält Funktionen, über die Sie beispielsweise Zelleninhalte wie Texte oder Zahlen identifizieren können.
- *Benutzerdefiniert*: In dieser Kategorie werden alle eigenen Funktionen, die Sie über VBA-Programmierung erstellen können, gespeichert.

Im Dialog *Funktion einfügen* wählen Sie am besten zu Beginn die Kategorie *Alle* aus, markieren danach die gewünschte Funktion im Listenfeld und klicken die Schaltfläche *OK*.

HINWEIS

Den Dialog *Funktion einfügen* können Sie übrigens ganz schnell über die Tastenkombination ⇧ + F3 aufrufen.

Tabellenfunktionen suchen

Sie haben jedoch auch die Möglichkeit, eine Funktion über einen Suchbegriff zu ermitteln. So möchten Sie beispielsweise in einer Tabelle in Spalte A den größten Wert heraussuchen. Dazu gehen Sie wie folgt vor:

1. Wählen Sie aus dem Menü *Einfügen* den Befehl *Funktion*.
2. Im Dialog *Funktion einfügen* geben Sie im Feld *Funktion suchen* den Suchtext *Größten Wert finden* ein.
3. Bestätigen Sie mit einem Klick auf die Schaltfläche *Start*.

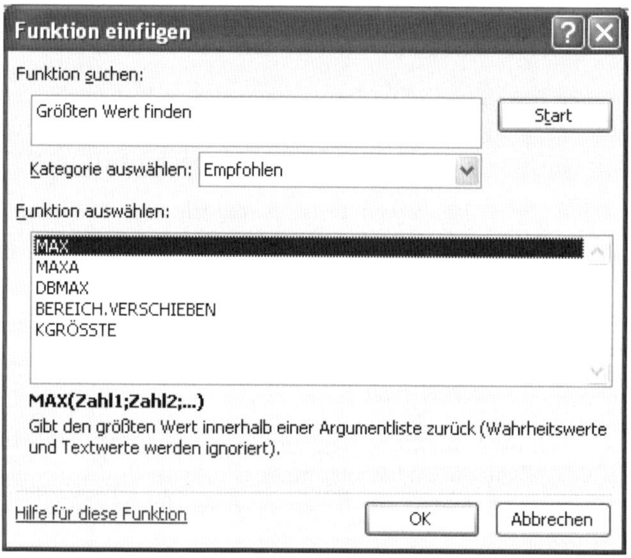

Abbildung 3.4: Die passende Funktion suchen

4. Im Listenfeld *Funktion auswählen* werden die gefundenen Funktionen angeboten.
5. Wählen Sie dort die Funktion **MAX**.
6. Klicken Sie auf *OK*, um die Funktion einzufügen.

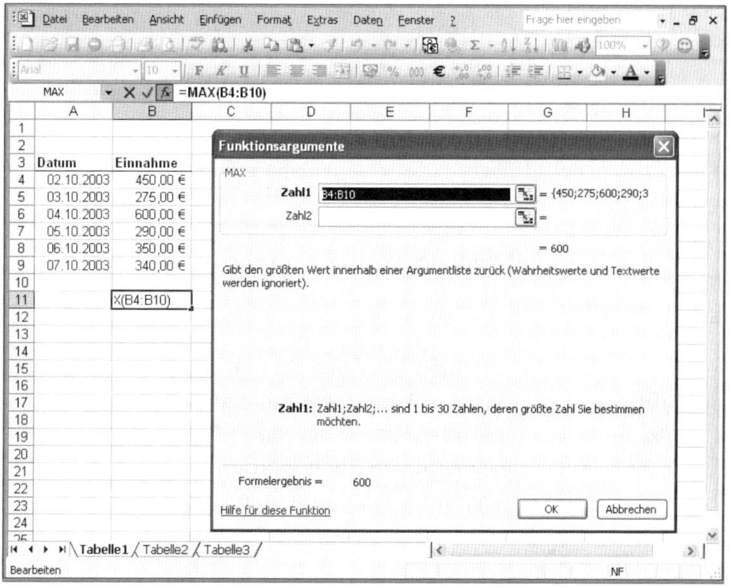

Abbildung 3.5: Excel versucht den Bereich automatisch zu ermitteln

7. Kontrollieren Sie den Zellenbezug im Feld *Zahl1*. Sollte dort ein falscher Zellenbezug stehen, dann können Sie diesen löschen und den korrekten Bereich im Hintergrund auf Ihrer Tabelle markieren. Excel übernimmt diese Markierung dann automatisch in das Feld *Zahl1*.
8. Klicken Sie auf *OK*, um die Funktion in der Tabelle einzufügen.

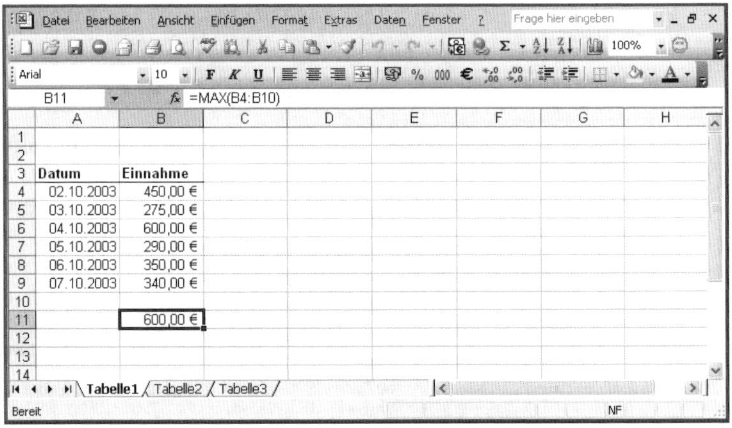

Abbildung 3.6: Die Funktion wurde in die Zelle eingefügt

HINWEIS

Möchten Sie noch einmal die Funktion kontrollieren, beispielsweise welche Zellenbezüge in der Funktion verwendet werden, dann markieren Sie die Zelle mit der Funktion und drücken die Taste [F2]. Dadurch werden alle an der Funktion beteiligten Zellen mit unterschiedlichen Farben umrahmt.

KNOW-HOW

Wenn Sie im Dialog *Funktion einfügen* die Kategorie *Alle* eingestellt und den Mauszeiger in das Listenfeld *Verfügbare Funktionen* gesetzt haben, dann können Sie durch die Eingabe eines Buchstabens, beispielsweise **S**, automatisch in der Liste nach unten blättern, ohne die vertikalen Laufleisten bedienen zu müssen. Danach wird die erste Funktion im Listenfeld eingestellt, die mit dem Buchstaben **S** beginnt.

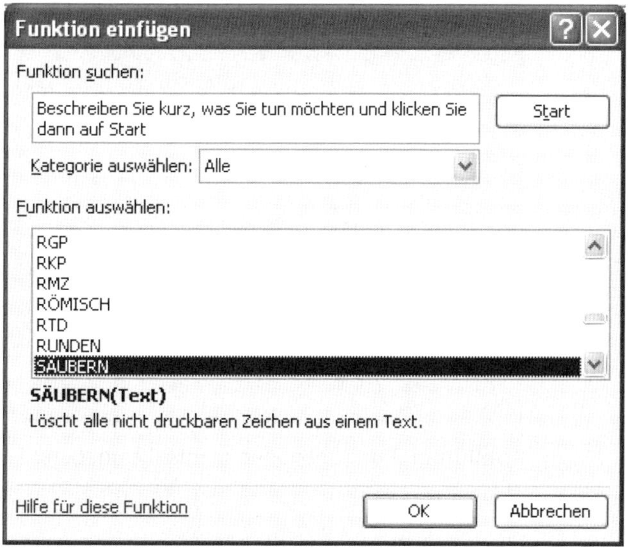

Abbildung 3.7: Schnelleres Aktivieren von Funktionen

Bei der schnellen Eingabe der Buchstaben **SU** wird beispielsweise die Funktion **SUCHEN** von Excel im Listenfeld angeboten. Dazu müssen Sie diese beiden Buchstaben aber sehr schnell hintereinander eingeben.

Tabellenfunktionen selbst erfassen

Wenn Sie nach und nach mehr Routine im Umgang mit Funktionen haben, dann können Sie die Funktionen auch direkt in die Zellen schreiben.

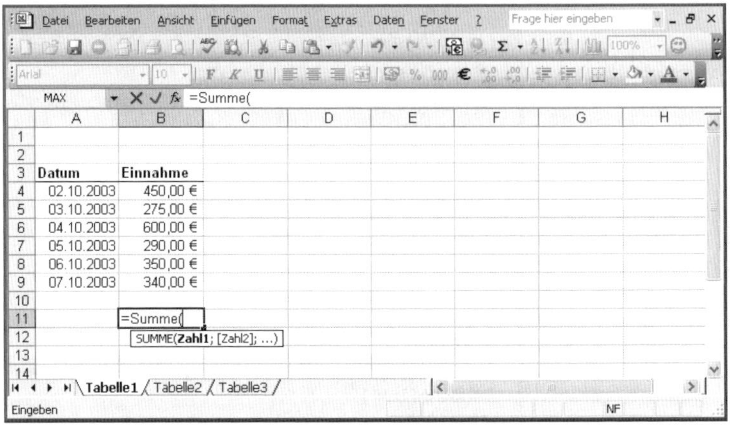

Abbildung 3.8: Funktionen manuell eingeben

Nachdem Sie in Zelle **B11** bereits einen Teil der Funktion eingegeben haben, erscheint automatisch ein kleines, gelbes Info-Fensterchen, welches die benötigten Argumente für die Funktion anzeigt. Jetzt kann die Markierung des Zellenbereichs **B4:B9** in der Tabelle vorgenommen werden. Die Bezüge werden automatisch in die bisherige Formel integriert. Am Ende geben Sie noch ein schließendes Klammernpaar ein und bestätigen die Eingabe mit [↵].

Fragen zu Tabellenfunktionen

Wenn Sie zu einer bestimmten Tabellenfunktion Fragen haben, dann können Sie den Namen der Tabellenfunktion in der Menüleiste im Feld *Frage hier eingeben* eintippen und mit der Taste [↵] bestätigen. Excel bietet Ihnen dann zu dieser Funktion eine Erklärung an.

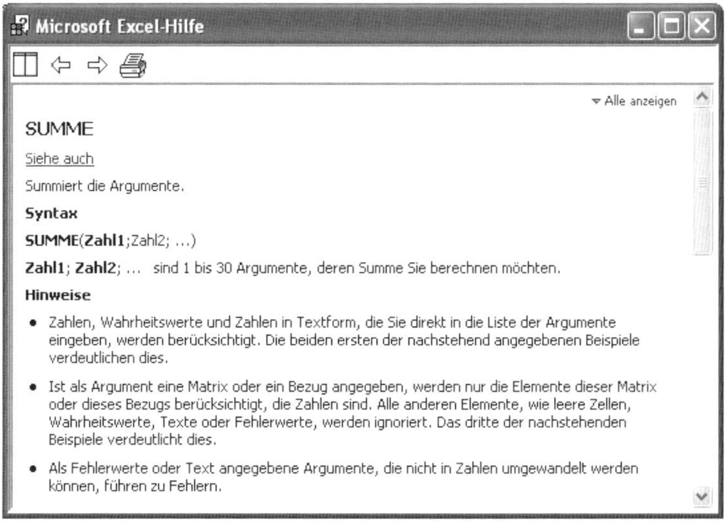

Abbildung 3.9: Die ausgiebige Hilfe-Funktion von Excel

Oft wird in der Hilfe-Funktion von Excel auch der Gebrauch der jeweiligen Funktion über ein Beispiel näher gebracht.

Alle Funktionen im Überblick können Sie in der Hilfe finden, wenn Sie die Taste [F1] drücken, um die Hilfe aufzurufen und ins Feld *Suchen* den Suchbegriff *Tabellenfunktionen* eingeben und mit [↵] bestätigen.

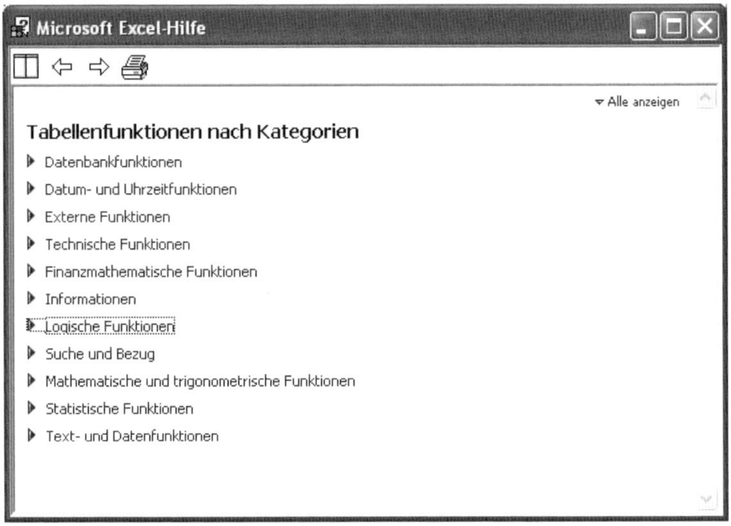

Abbildung 3.10: Alle Tabellenfunktionen im Überblick

Funktionen aufspüren

Wenn Sie eine Tabelle von einem Kunden oder Kollegen bekommen und sich darin zurecht finden müssen, dann ist es ein Vorteil zu wissen, in welchen Zellen die Formeln und Tabellenfunktionen stecken.

Um sich beispielsweise alle in der Tabelle verwendeten Zellen markieren zu lassen, die Funktionen enthalten, verfahren Sie folgendermaßen:

1. Drücken Sie die Taste F5, um den Dialog *Gehe zu* aufzurufen.
2. Im Dialog *Gehe zu* klicken Sie die Schaltfläche *Inhalte*:

Abbildung 3.11: Zellen mit Funktionen markieren

3. Im Dialog *Inhalte auswählen* markieren Sie die Option *Formeln*. Über die entsprechenden Kontrollkästchen können Sie die Markierung auch noch einschränken und beispielsweise nur Zellen markieren, die als Ergebnis eine Zahl enthalten.
4. Klicken Sie *OK*, um den Vorgang abzuschließen.

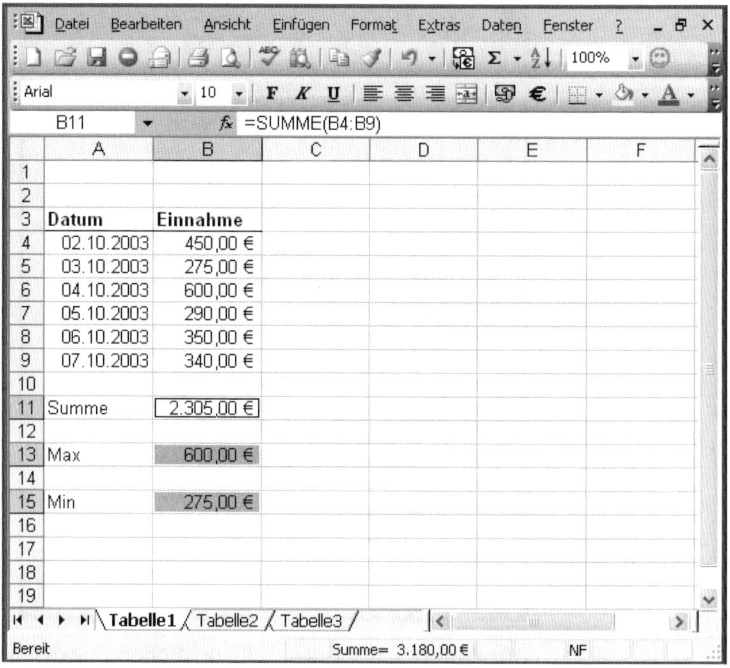

Abbildung 3.12: Alle Zellen mit Funktionen wurden markiert

Anschließend können Sie mit einem Klick auf das Symbol *Füllfarbe* aus der Symbolleiste *Format* alle momentan markierten Formelzellen dauerhaft kennzeichnen.

Möchten Sie alle verwendeten Tabellenfunktionen einmal anders sehen, dann drücken Sie einfach die Tastenkombination Strg + #.

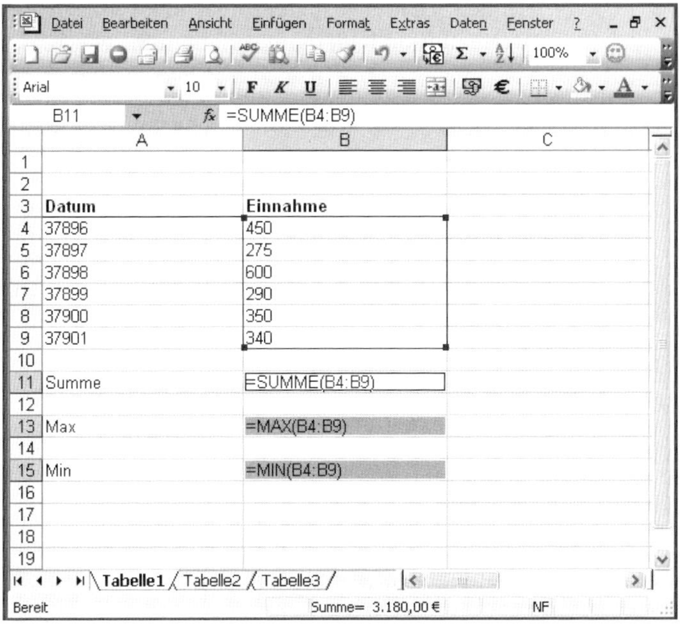

Abbildung 3.13: Die Formelansicht aktivieren

Mit Hilfe der Tastenkombination Strg + # kann man zwischen der Normalansicht und der Formelansicht hin- und herschalten. Bei der Formelansicht werden die Spalten vergrößert und der Formeltext angezeigt.

Funktionsergebnisse in Festwerte umwandeln

Da sich die Ergebnisse von Tabellenfunktionen ändern, sobald Zellen, auf die sie sich beziehen, geändert werden, bieten Formeln und Funktionen somit die allergrößte Dynamik. Nicht immer soll dieser Automatismus jedoch greifen. Stellen Sie sich vor, Sie haben eine Kalkulation in Excel vorgenommen, die sich auf keinen Fall mehr ändern darf, oder Sie möchten eine Tabelle an einen Kunden versenden, sicherheitshalber aber alle verwendeten Formeln in Festwerte umwandeln, dann verfahren Sie wie folgt:

1. Markieren Sie den kompletten verwendeten Bereich in Ihrer Tabelle. Dazu setzen Sie den Mauszeiger in Zelle **A1** und drücken die Tastenkombination [Strg] + [⇧] + [Ende].
2. Kopieren Sie den markierten Bereich über den Menübefehl *Bearbeiten/Kopieren*.
3. Wählen Sie aus dem Menü *Bearbeiten* den Befehl *Inhalte einfügen*.
4. Aktivieren Sie die Option *Werte*.
5. Bestätigen Sie diese Aktion mit *OK*.

Danach sind alle Formeln in der Tabelle durch Festwerte ersetzt worden.

Eine etwas elegantere und schnellere Methode, um diese Aufgabe zu lösen, geht wie folgt vor sich:

1. Markieren Sie den Bereich, in dem Sie die Funktionen in Festwerte umsetzen möchten.
2. Klicken Sie mit der rechten Maustaste auf den rechten Rand der Markierung und ziehen Sie den markierten Bereich eine Spalte weiter nach rechts. Halten Sie dabei die rechte Maustaste gedrückt.
3. Schieben Sie den markierten Bereich wieder an den Ausgangsort zurück und lassen Sie die rechte Maustaste wieder los. Dadurch wird automatisch ein Kontextmenü angeboten.
4. Wählen Sie aus dem Kontextmenü den Befehl *Hierhin nur als Werte kopieren*.

KNOW-HOW

Eine einzelne Funktion können Sie in einer Zelle schneller umwandeln, wenn Sie den Zellenzeiger auf die Zelle setzen, dann die Taste [F2] und direkt im Anschluss die Taste [F9] drücken. Bestätigen Sie diese Aktion mit der Taste [↵].

KAPITEL

4

Logikfunktionen

In diesem Kapitel lernen Sie die Logikfunktionen von Excel kennen.

Logikfunktionen

Als erste Kategorie lernen Sie die Kategorie *Logik* kennen, weil die darin enthaltenen Funktionen oft im Zusammenspiel mit anderen Tabellenfunktionen eingesetzt werden.

Alle hier vorgestellten Funktionen sind in der Arbeitsmappe *Kap04.xls* auf der mitgelieferten CD-ROM verfügbar.

Die Tabellenfunktion UND

Mit der Funktion **UND** können Sie bis zu 30 Bedingungen prüfen. Hierbei müssen alle Bedingungen erfüllt sein. Diese Funktion wird oft im Zusammenspiel mit der Tabellenfunktion **WENN** eingesetzt, die weiter unten im Kapitel noch beschrieben wird.

Die Syntax der Funktion **UND** lautet:

=UND(Wahrheitswert1;Wahrheitswert2; ...)

Die Argumente **Wahrheitswert1**; **Wahrheitswert2**; ... werden einzeln überprüft. Bei dieser Funktion müssen alle Bedingungen erfüllt werden. Als Rückgabe erhalten Sie entweder den Wert **WAHR** oder **FALSCH**.

Auf Wertgrenzen prüfen

In der ersten Aufgabe liegt eine Tabelle mit Zahlendaten vor. Sehen Sie sich dazu einmal die Abbildung 4.1 an.

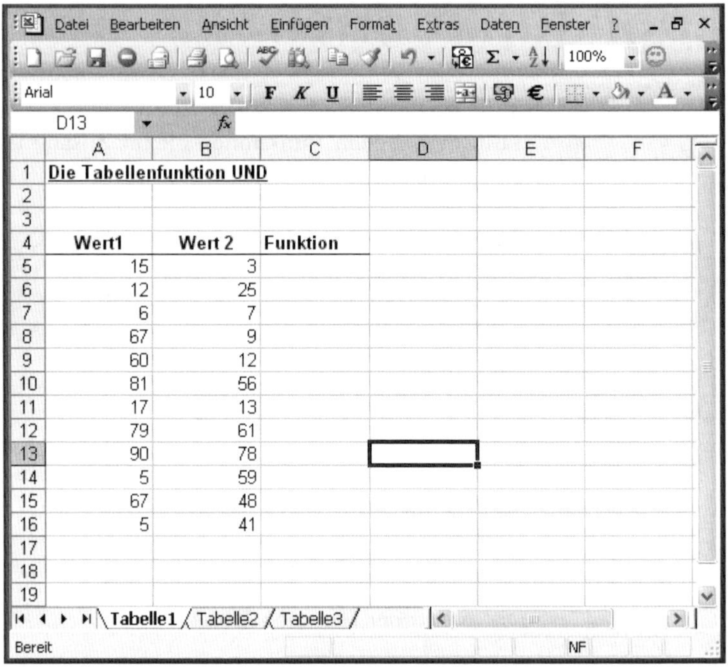

Abbildung 4.1: Die beiden Spalten sollen abgefragt werden

Die Aufgabe besteht nun darin, zu untersuchen, in welchen Zeilen beide Zellen in Spalte A größer als 50 sind. Diese Aufgabe lösen Sie, indem Sie die folgenden Arbeitsschritte durchführen:

1. Markieren Sie den Datenbereich **C5:C16**
2. Erfassen Sie die Formel **=UND(A5>50;B5>50)**
3. Schließen Sie die Formel über die Tastenkombination [Strg] + [↵] ab.

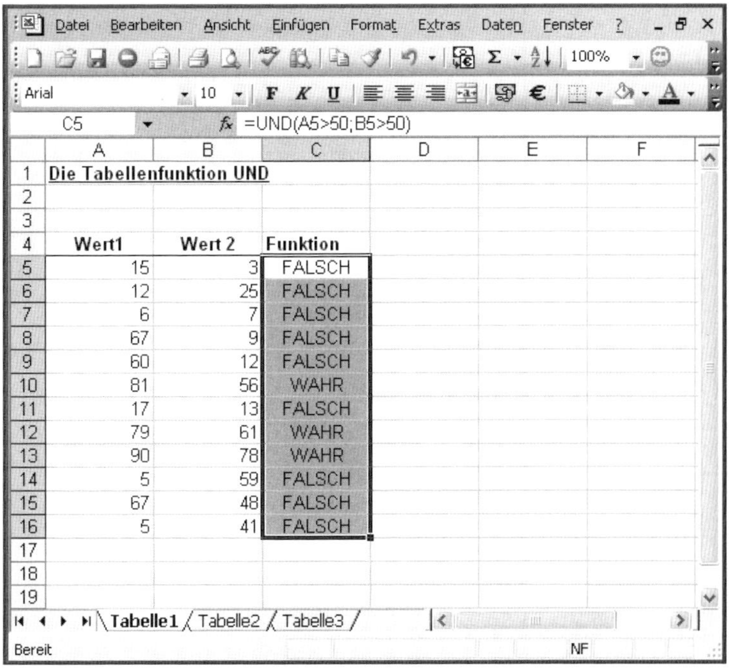

Abbildung 4.2: Welche Zeilen enthalten Werte über 50?

Nur drei Zeilen enthalten sowohl in Spalte **A** wie auch in Spalte **B** Werte, die größer als **50** sind. In diesen Fällen wird der Wert **WAHR** in die entsprechenden Zellen eingefügt. Entspricht nur eine oder gar keine Zelle der Zeile der Bedingung (>50), dann wird der Wert **FALSCH** zurückgegeben.

Umsätze im bestimmten Zeitraum erkennen

Beim nächsten Beispiel liegt eine Liste mit Umsätzen wie in Abbildung 4.3 vor. Diese Liste enthält in Spalte **A** Datumsangaben und in Spalte **B** Umsätze. Nun sollen alle Umsätze, die in einem bestimmten Zeitraum gemacht wurden, gekennzeichnet werden.

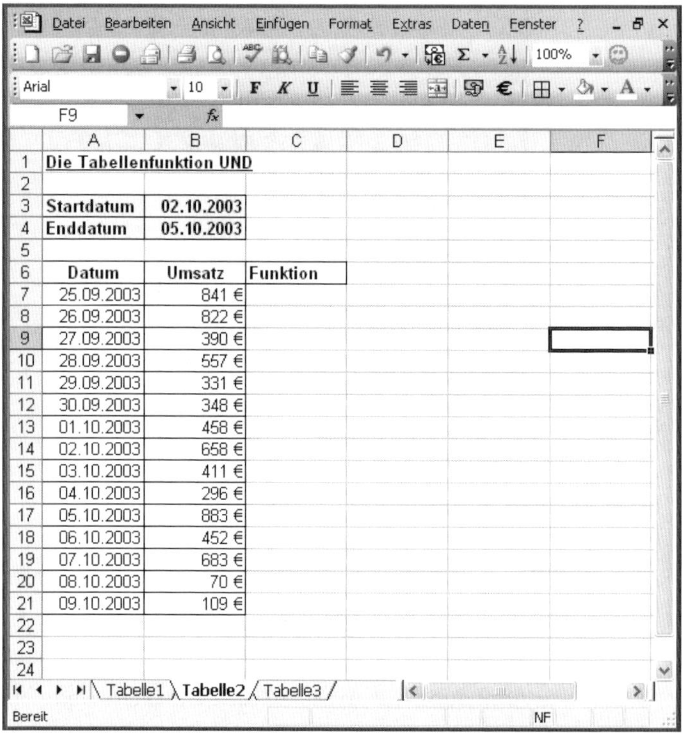

	A	B	C
1	Die Tabellenfunktion UND		
2			
3	Startdatum	02.10.2003	
4	Enddatum	05.10.2003	
5			
6	Datum	Umsatz	Funktion
7	25.09.2003	841 €	
8	26.09.2003	822 €	
9	27.09.2003	390 €	
10	28.09.2003	557 €	
11	29.09.2003	331 €	
12	30.09.2003	348 €	
13	01.10.2003	458 €	
14	02.10.2003	658 €	
15	03.10.2003	411 €	
16	04.10.2003	296 €	
17	05.10.2003	883 €	
18	06.10.2003	452 €	
19	07.10.2003	683 €	
20	08.10.2003	70 €	
21	09.10.2003	109 €	

Abbildung 4.3: Welche Umsätze liegen im festgelegten Zeitraum?

In Zelle **B3** wird das Startdatum eingegeben, ab dem die darunter liegende Liste untersucht werden soll. Zelle **B4** enthält das Enddatum für die Überprüfung der Liste.

In Spalte C soll nun angezeigt werden, welche Umsätze im Zeitraum zwischen dem 02.10.03 und dem 05.10.03 liegen. Um diese Aufgabe zu lösen, verfahren Sie wie folgt:

1. Markieren Sie den Zellenbereich **C7:C21**
2. Erfassen Sie die Formel **=UND(A7>$B$3;A7<$B$4)**
3. Schließen Sie die Formel über die Tastenkombination [Strg] + [↵] ab.

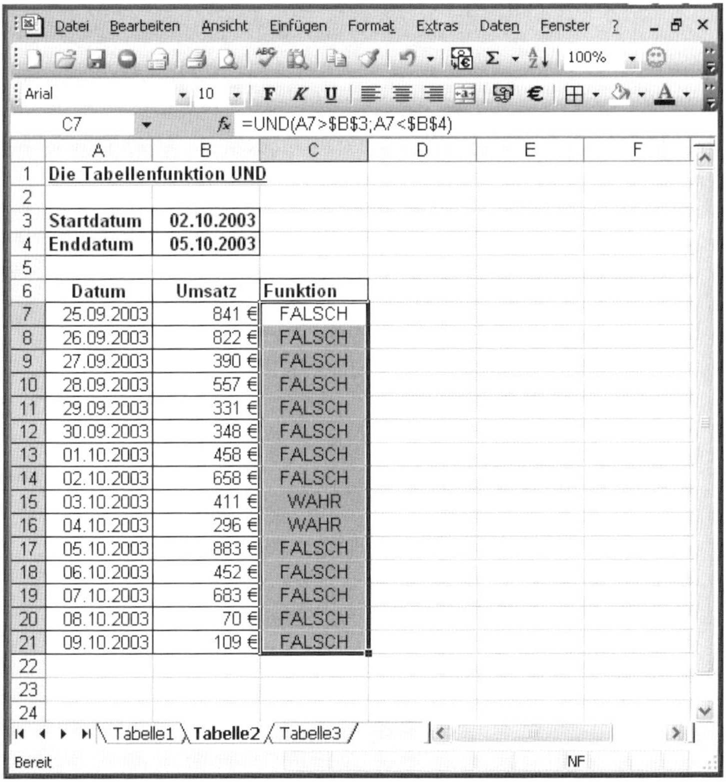

	A	B	C
1	Die Tabellenfunktion UND		
2			
3	Startdatum	02.10.2003	
4	Enddatum	05.10.2003	
5			
6	Datum	Umsatz	Funktion
7	25.09.2003	841 €	FALSCH
8	26.09.2003	822 €	FALSCH
9	27.09.2003	390 €	FALSCH
10	28.09.2003	557 €	FALSCH
11	29.09.2003	331 €	FALSCH
12	30.09.2003	348 €	FALSCH
13	01.10.2003	458 €	FALSCH
14	02.10.2003	658 €	FALSCH
15	03.10.2003	411 €	WAHR
16	04.10.2003	296 €	WAHR
17	05.10.2003	883 €	FALSCH
18	06.10.2003	452 €	FALSCH
19	07.10.2003	683 €	FALSCH
20	08.10.2003	70 €	FALSCH
21	09.10.2003	109 €	FALSCH

Abbildung 4.4: Nur zwei Umsätze liegen innerhalb des vorgegebenen Bereichs

HINWEIS

Im vorherigen Beispiel wurde weder der Umsatz vom 02.10.2003 noch der Umsatz des 05.10.2003 mit WAHR gekennzeichnet, weil diese beiden Datumsangaben ausgeschlossen wurden. Sollen alle Umsätze inklusive dieser beiden Tage gekennzeichnet werden, dann ändern Sie die Formel wie folgt ab:

=UND(A7>=$B$3;A7<=$B$4)

Um jetzt alle außerhalb des gültigen Bereichs liegenden Datensätze auszublenden, können Sie den AutoFilter von Excel einsetzen. Dazu verfahren Sie wie folgt:

1. Setzen Sie den Mauszeiger in eine beliebige Zelle im Zellenbereich **A6:C6**
2. Wählen Sie aus dem Menü *Daten* den Befehl *Filter/AutoFilter*.
3. Klicken Sie auf das Dropdown-Symbol in Zelle **C6** und wählen Sie aus der Dropdownliste den Eintrag **WAHR**.

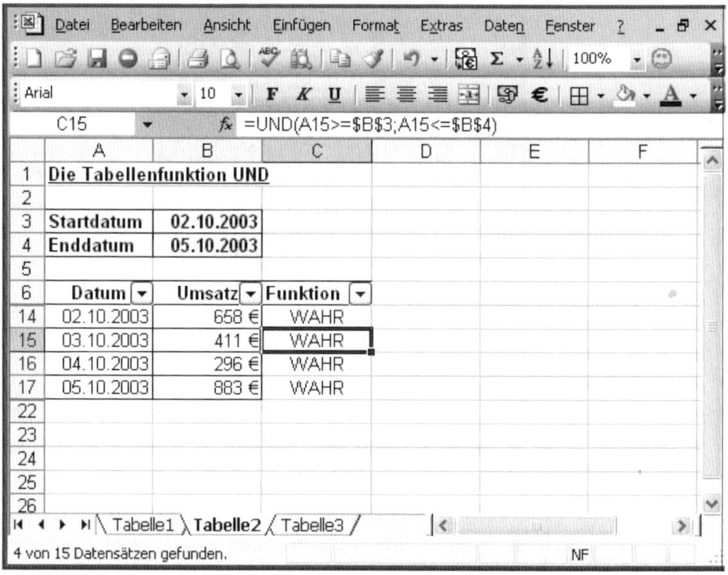

Abbildung 4.5: Alle nicht zutreffenden Datensätze werden ausgeblendet

In der Statusleiste von Excel (vgl. Abbildung 4.5, ganz unten links) wird die Anzahl der gefundenen Datensätze, auf die die eingestellte Bedingung zutrifft, angezeigt.

Die Tabellenfunktion ODER

Mit der Funktion **ODER** können Sie bis zu 30 Bedingungen prüfen. Hierbei muss jeweils nur eine Bedingung erfüllt sein. Die Funktion liefert **WAHR**, wenn ein Argument **WAHR** ist und liefert **FALSCH**, wenn alle Argumente FALSCH sind.

Die Syntax der Funktion **ODER** lautet:

=ODER(Wahrheitswert1;Wahrheitswert2;...)

Die Argumente **Wahrheitswert1**; **Wahrheitswert2**; ... werden einzeln überprüft. Sie können entweder **WAHR** oder **FALSCH** sein.

Zahlen überprüfen

Im ersten Beispiel zur Tabellenfunktion **ODER** sollen Eingaben auf Richtigkeit geprüft werden. Dabei liegen die Eingaben in Spalte **A** bereits vor. Orientieren Sie sich an Abbildung 4.6.

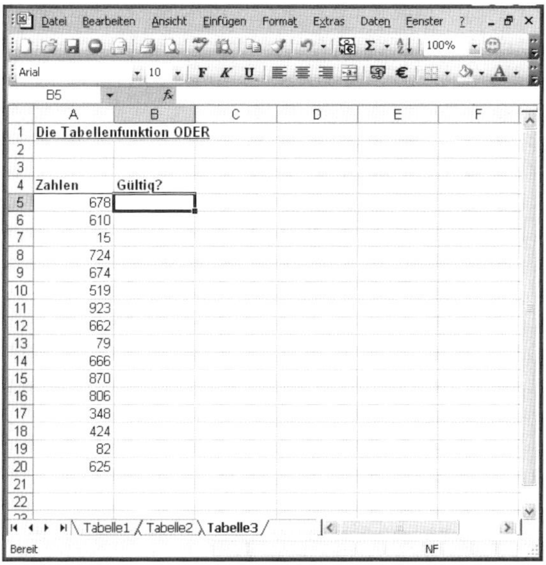

Abbildung 4.6: Eingaben überprüfen

Ermitteln Sie jetzt die Zahlen, die größer als 600 oder kleiner als 200 sind. Außerdem ist auch die einzelne Zahl 348 richtig. Gehen Sie dazu wie folgt vor:

1. Markieren Sie den Zellenbereich **B5:B20**
2. Erfassen Sie die Formel **=ODER(A5>600;A5<200;A5=348)**
3. Schließen Sie die Formel über die Tastenkombination [Strg] + [↵] ab.

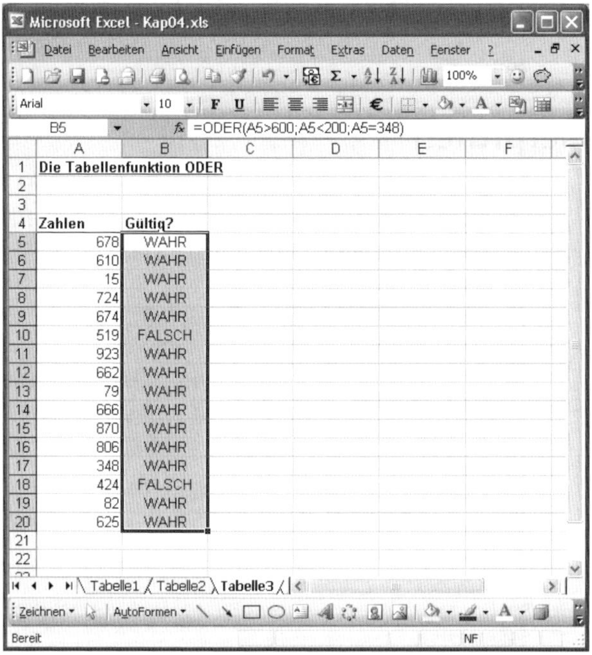

Abbildung 4.7: Mehrere alternative Bedingungen können zutreffen

Buchstabencheck durchführen

Im nächsten Beispiel soll eine Dateneingabe in Zelle **A4** überwacht werden. Die Eingabe **A**, **B** oder **C** ist eine gültige Eingabe. In diesem Fall soll in Zelle **A9** der Text **WAHR** ausgegeben werden. Werden andere Buchstaben eingegeben, soll Zelle **A9** den Text **FALSCH** aufweisen.

Sehen Sie sich dazu die Abbildung 4.8 an.

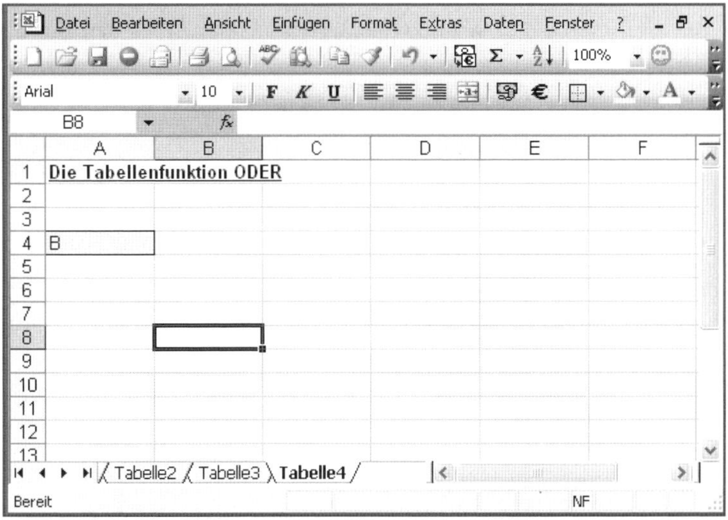

Abbildung 4.8: Die Eingabe von Buchstaben überwachen

Um nun zu prüfen, ob in Zelle **B4** ein zugelassener Buchstabe eingegeben wird, verfahren Sie wie folgt:

1. Setzen Sie den Zellenzeiger in Zelle **A9**
2. Erfassen Sie die Formel **=ODER(A4="A";A4="B";A4="C")**

Bei dieser Formel wird nicht zwischen Groß- und Kleinschreibung unterschieden. So bedingt die Eingabe des Buchstabens **a** dasselbe Ergebnis wie die Eingabe von **A**.

Möchten Sie von vorne herein nur bestimmte Buchstaben in Zelle **B4** zulassen, dann können Sie dies auch alternativ über die Funktion *Gültigkeit* definieren. Um die automatische Gültigkeitsprüfung durchzuführen, befolgen Sie die nächsten Arbeitsschritte:

1. Setzen Sie den Zellenzeiger in Zelle **A4**
2. Wählen Sie aus dem Menü *Daten* den Befehl *Gültigkeit*.

Abbildung 4.9: Die möglichen Eingaben für Zelle A4 festlegen

3. Wählen Sie im Dialog *Gültigkeitsprüfung* auf der Registerkarte *Einstellungen* den Eintrag *Liste* aus dem Dropdown *Zulassen*.
4. Geben Sie im Feld *Quelle* die erlaubten Eingaben, getrennt durch Semikolon, ein.
5. Wechseln Sie auf die Registerkarte *Eingabemeldung*.

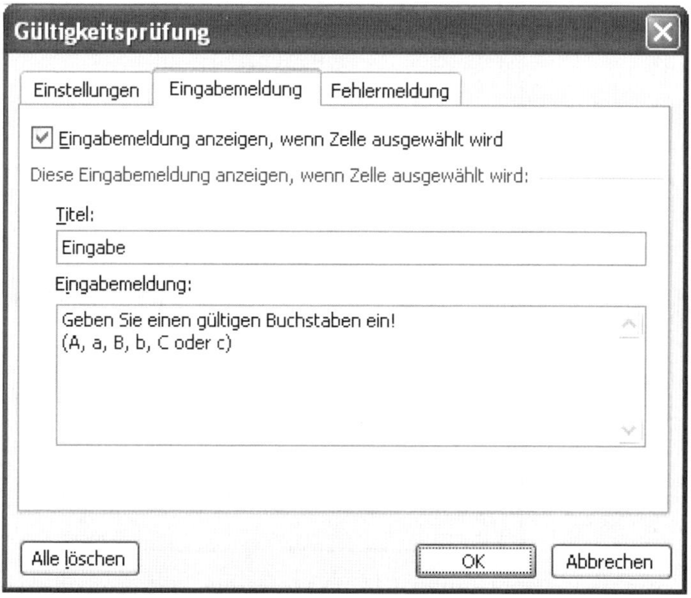

Abbildung 4.10: Die Eingabemeldung erscheint automatisch, wenn die Zelle A4 ausgewählt wird

6. Geben Sie im Feld *Titel* einen Titel für Ihre Eingabemeldung ein.
7. Im Feld *Eingabemeldung* können Sie einen begleitenden Text erfassen, der automatisch angezeigt wird, wenn der Anwender den Zellenzeiger in Zelle **A4** setzt.
8. Wechseln Sie auf die Registerkarte *Fehlermeldung* (siehe Abbildung 4.11).
9. Geben Sie im Feld *Titel* einen Titel für Ihre Fehlermeldung ein.
10. Im Feld *Fehlermeldung* können Sie einen begleitenden Text erfassen, der automatisch angezeigt wird, wenn der Anwender in Zelle **A4** eine ungültige Eingabe vornimmt.

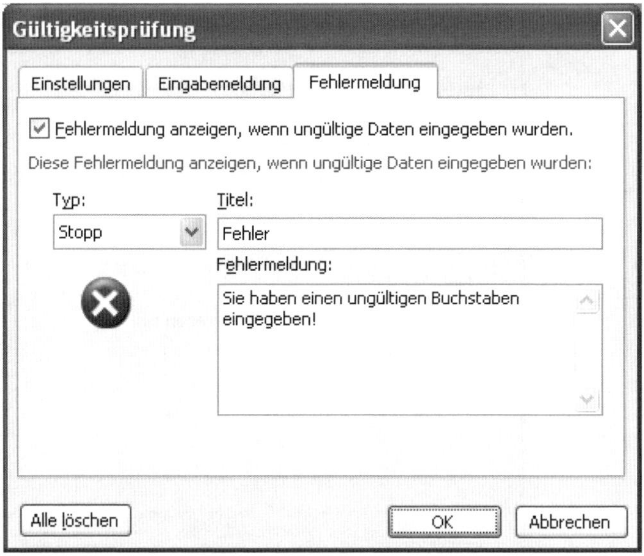

Abbildung 4.11: Die Fehlermeldung wird angezeigt, wenn eine falsche Eingabe in Zelle A4 vorgenommen wird

11. Im Kombinationsfeld *Typ* stellen Sie den Eintrag *Stopp* ein. Damit wird eine falsche Eingabe unter keinen Umständen zugelassen. Der Typ *Information* bzw. *Warnung* würde zwar über eine Falscheingabe informieren, die Eingabe aber trotzdem zulassen.
12. Bestätigen Sie die Definitionen mit *OK*.

Immer wenn Sie den Mauszeiger in Zelle **A4** setzen, erscheint automatisch das QuickInfo-Fenster. Zusätzlich wird ein so genanntes Zellendropdown angeboten, aus dem Sie die vorher definierten Werte bequem auswählen können.

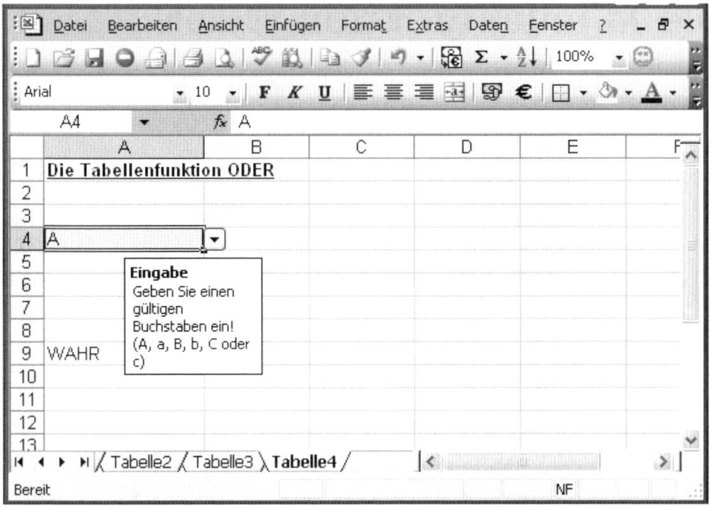

Abbildung 4.12: Der Anwender kann über die Gültigkeitsfunktion in der Tabelle geführt werden

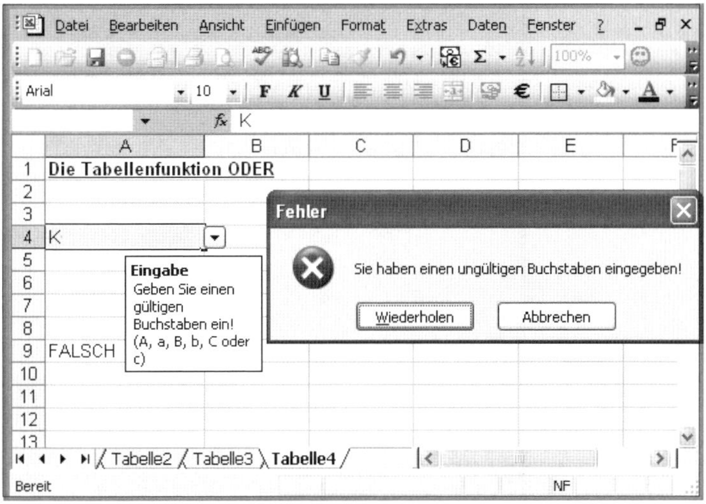

Abbildung 4.13: Fehlerhafte Eingaben werden nicht zugelassen

Die Tabellenfunktion WENN

Mit der Funktion **WENN** können Sie Werte und Formeln prüfen.

Die Syntax der Funktion **WENN** lautet:

=WENN(Prüfung;Dann_Wert;Sonst_Wert)

Das Argument **Prüfung** ist ein beliebiger Wert oder Ausdruck, der entweder zutrifft (**WAHR**) oder nicht (**FALSCH**). Im Falle einer zutreffenden Prüfung wird die Aktion **Dann_Wert** durchgeführt. Im anderen Falle wird die Aktion **SonstWert** ausgeführt.

Zahlenreihen vergleichen

In der ersten Aufgabe für die Tabellenfunktion **WENN** sollen zwei Spalten (Spalte **A** und **B**) miteinander verglichen werden. In Spalte **C** soll ausgegeben werden, welche Spalte den größeren Wert enthält. Sind beide Werte gleich, so soll Spalte **A** als größere Spalte ausgegeben werden.

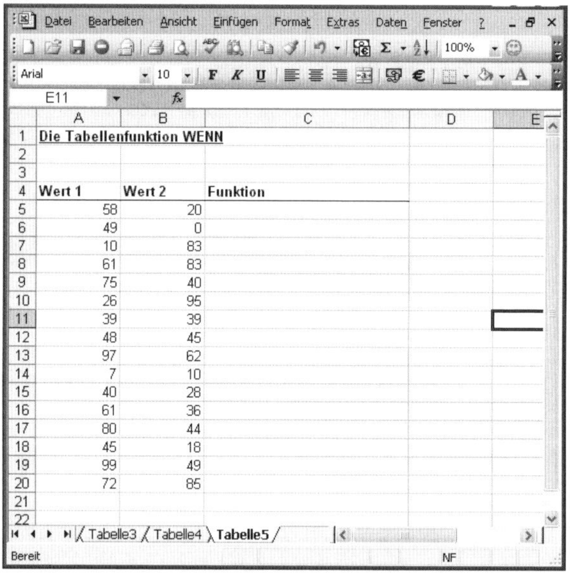

	A	B	C
1	Die Tabellenfunktion WENN		
2			
3			
4	Wert 1	Wert 2	Funktion
5	58	20	
6	49	0	
7	10	83	
8	61	83	
9	75	40	
10	26	95	
11	39	39	
12	48	45	
13	97	62	
14	7	10	
15	40	28	
16	61	36	
17	80	44	
18	45	18	
19	99	49	
20	72	85	

Abbildung 4.14: Welche Spalte ist größer?

Um diese Aufgabe zu lösen, verfahren Sie folgendermaßen:

1. Markieren Sie den Zellenbereich **C5:C20**
2. Erfassen Sie die Formel **=WENN(A5>=B5;"Spalte A ist größer oder gleich";"Spalte B ist größer")**
3. Schließen Sie die Formel über die Tastenkombination Strg + ↵ ab.

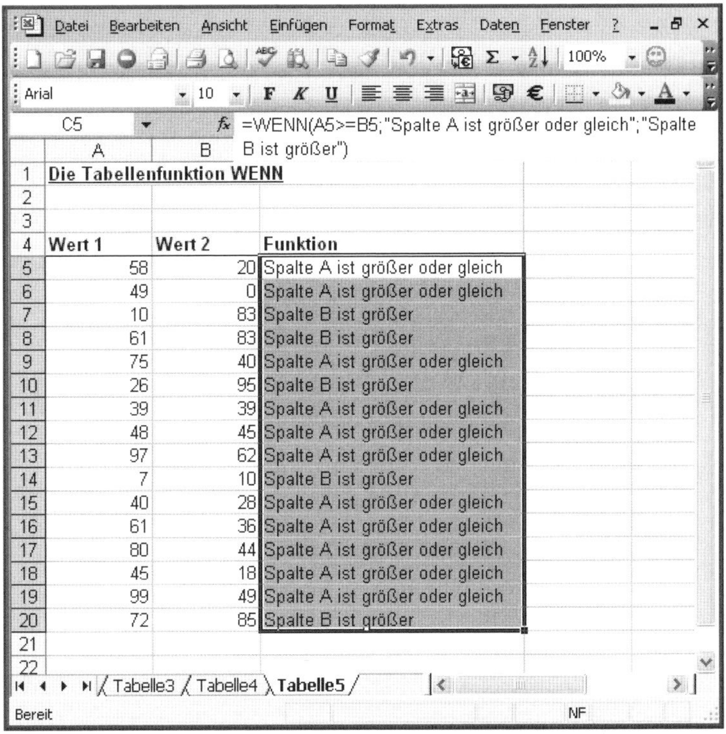

	A	B	C
4	Wert 1	Wert 2	Funktion
5	58	20	Spalte A ist größer oder gleich
6	49	0	Spalte A ist größer oder gleich
7	10	83	Spalte B ist größer
8	61	83	Spalte B ist größer
9	75	40	Spalte A ist größer oder gleich
10	26	95	Spalte B ist größer
11	39	39	Spalte A ist größer oder gleich
12	48	45	Spalte A ist größer oder gleich
13	97	62	Spalte A ist größer oder gleich
14	7	10	Spalte B ist größer
15	40	28	Spalte A ist größer oder gleich
16	61	36	Spalte A ist größer oder gleich
17	80	44	Spalte A ist größer oder gleich
18	45	18	Spalte A ist größer oder gleich
19	99	49	Spalte A ist größer oder gleich
20	72	85	Spalte B ist größer

Abbildung 4.15: Der Spaltenvergleich wurde vorgenommen

Im vorherigen Beispiel wurde bei Wertgleichheit in den Spalten A und B die Meldung zu Gunsten der Spalte A ausgegeben. Möchten Sie eine dritte Meldung »Beide Spalten sind gleich« in die Formel integrieren, dann müssen Sie die Formel schachteln. Dazu setzen Sie folgende Formel ein:

=WENN(A5>B5;"Spalte A ist größer";WENN(A5=B5;"Beide Spalten sind gleich";"Spalte B ist größer"))

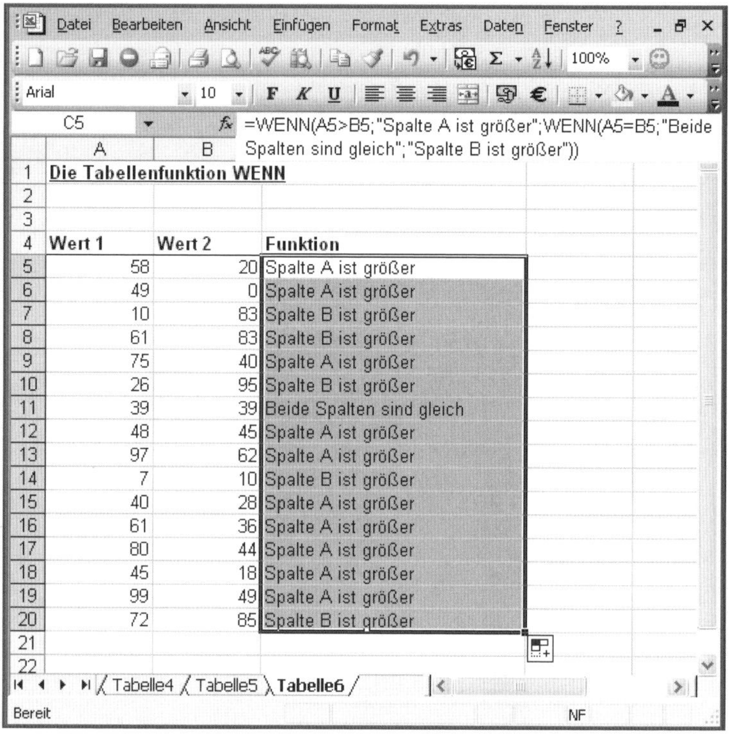

Abbildung 4.16: Die Formel wurde geschachtelt

Zahlenbereich überprüfen

Im folgenden Beispiel wird das Zusammenspiel der beiden Logik-Funktionen **WENN** und **UND** demonstriert. In einer Tabelle liegen in Spalte **A** Zahlen vor. Diese Zahlen sollen kleiner oder gleich 20 und größer oder gleich 10 sein.

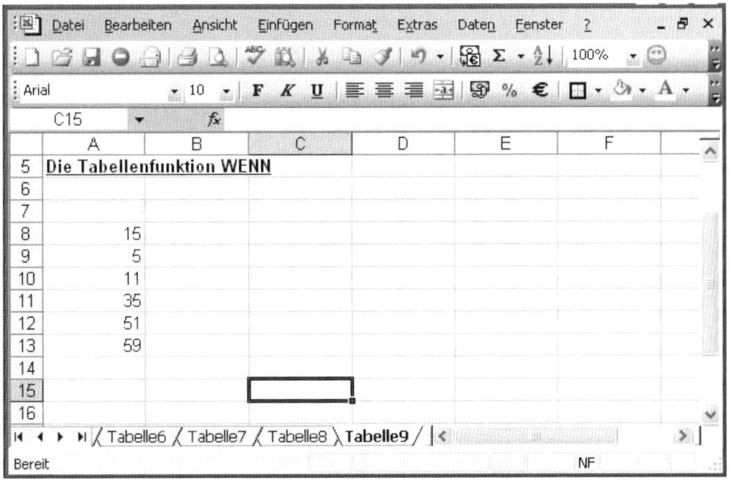

Abbildung 4.17: Die Ausgangssituation

Prüfen Sie nun, welche Zahlen im gültigen Bereich liegen. Dabei verfahren Sie wie folgt:

1. Markieren Sie den Zellenbereich **B8:B13**
2. Erfassen Sie die Formel **=WENN(UND(A8<=20;A8>=10);"Zahl korrekt!";"Zahl falsch")**
3. Schließen Sie die Formel über die Tastenkombination [Strg] + [↵] ab.

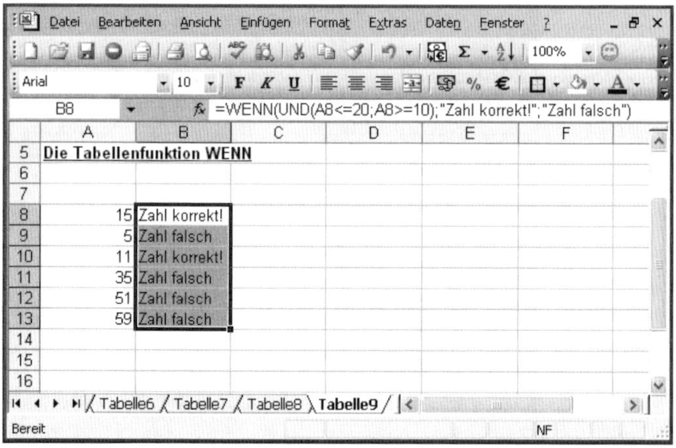

Abbildung 4.18: Zahlenprüfung über WENN und UND

Mengenrabatte gewähren

Im nächsten Beispiel liegt eine Tabelle vor, in der entschieden werden soll, ob ein Mengenrabatt gewährt werden soll oder nicht. Sehen Sie sich dazu einmal die Abbildung 4.19 an.

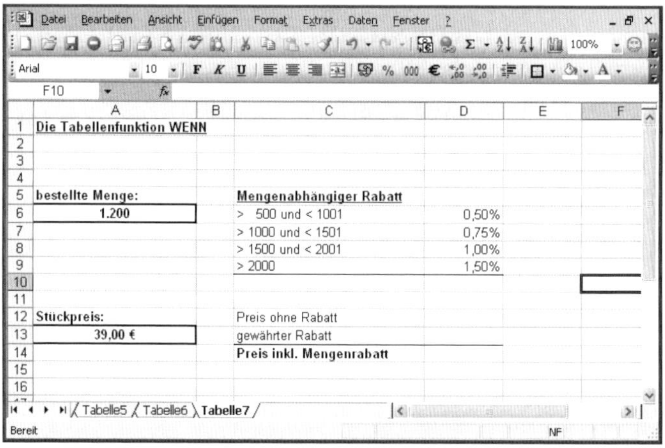

Abbildung 4.19: Die Mengenrabatt-Auswertung

In den Zellen **B6:B9** soll nun eine Formel erstellt werden, die die Eingabe in der Zelle **A6** auswertet und dabei die Bedingungen in den Zellen **C6:C9** überprüft. Je nach Menge soll dann im Zellenbereich **B6:B9** ein Kreuzchen gesetzt werden.

Lösen Sie diese Teilaufgabe, indem Sie wie folgt vorgehen:

1. Erfassen Sie in Zelle **B6** die Formel **=WENN(UND($A$6>500;$A$6<1001);"X";"")**
2. In Zelle **B7** schreiben Sie die Formel **=WENN(UND($A$6>1000;$A$6<1501);"X";"")**
3. Die Zelle **B8** enthält die Formel **=WENN(UND($A$6>1500;$A$6<2001);"X";"")**
4. Tragen Sie in Zelle **B9** die Formel **=WENN($A$6>2000;"X";"")** ein.

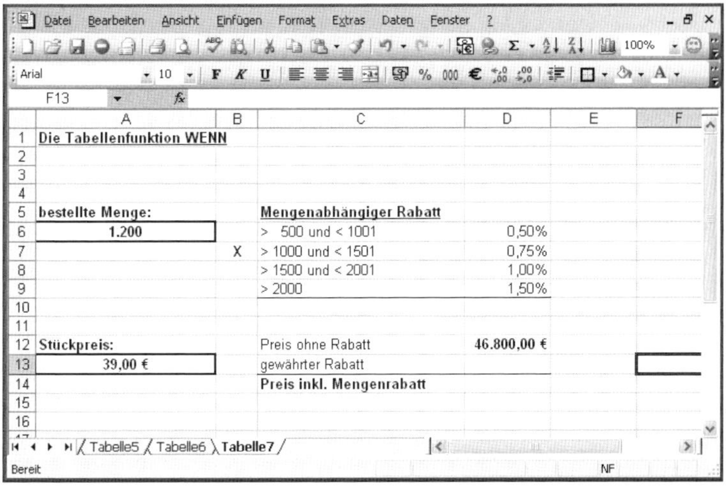

Abbildung 4.20: Das Kreuzchen wird automatisch je nach Eingabe in Zelle A6 gesetzt

Was nun noch fehlt, ist die Auswertung des zutreffenden Rabattsatzes. Dazu muss in Zelle **D13** der entsprechende Rabattsatz aus dem Zellenbereich **D6:D9** entnommen werden. In Zelle D12 wurde der Preis ohne Rabattierung bereits durch die Formel **=A6*A13** (bestellte Menge * Stückpreis) errechnet. Komplettieren Sie jetzt die noch fehlenden Formeln, indem Sie wie folgt vorgehen:

1. Erfassen Sie in Zelle **D13** die Formel **=WENN(B6="X";D6;WENN(B7="X";D7;WENN(B8="X";D8;D9)))**
2. In Zelle **D14** berücksichtigen Sie den gültigen Rabatt über die Formel **=D12-(D12*D13)**

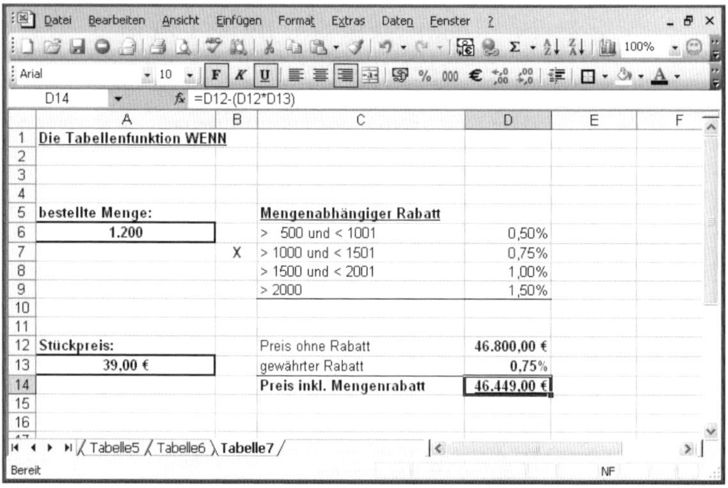

Abbildung 4.21: Die Rabattrechnung wurde durchgeführt

Die Quartalsauswertung

Die Tabellenfunktion **WENN** können Sie standardmäßig bis zu sieben Mal schachteln. In der folgenden Aufgabe wird diese Tabellenfunktion mehrmals im Zusammenspiel mit der Funktion **ODER** geschachtelt. Anhand der Eingabe eines Monatsnamens soll das entsprechende Quartal ausgegeben werden. Die komplette Formel dazu lautet:

=WENN(ODER(A5="Januar";A5="Februar";A5="März"); "1.Quartal";WENN(ODER(A5="April";A5="Mai";A5="Juni"); "2. Quartal";WENN(ODER(A5="Juli";A5="August"; A5="September");"3. Quartal";"4.Quartal")))

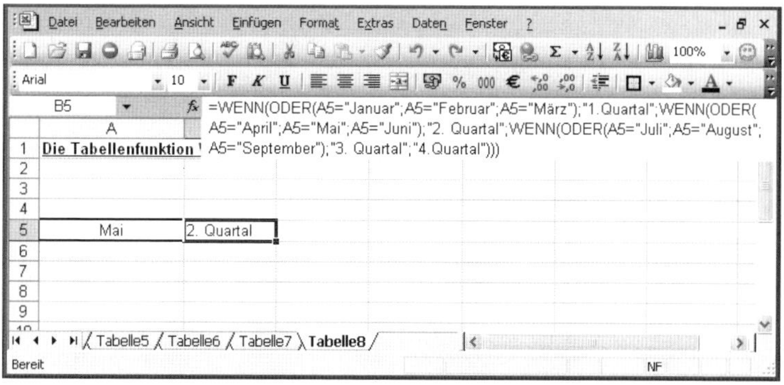

Abbildung 4.22: Die Quartalsauswertung

Einmal ganz ehrlich: Möchten Sie die in Abbildung 4.22 angezeigte Formel manuell eintippen?

Wenn ja, dann muss darauf geachtet werden, dass die Anzahl der öffnenden Klammern der Anzahl der schließenden Klammern entsprechen muss. Außerdem müssen Semikolons und doppelte Apostrophen richtig gesetzt werden. Eine nicht ganz leichte Aufgabe! Excel unterstützt Sie in soweit, dass es fehlerhafte Eingaben anzeigt und die Formel letztendlich nur zulässt, wenn alle Fehler beseitigt werden.

Besser ist es, wenn Sie von Anfang an den Funktions-Assistenten zu Hilfe nehmen und dabei die folgende Vorgehensweise einhalten:

1. Setzen Sie den Mauszeiger auf die Zelle **B5**.
2. Wählen Sie aus dem Menü *Einfügen* den Befehl *Funktion*.

3. Im Dialog *Funktion einfügen* suchen Sie die Tabellenfunktion **WENN** und bestätigen mit *OK*.

4. Im Dialog *Funktionsargumente* setzen Sie den Mauszeiger in das Feld *Prüfung*.

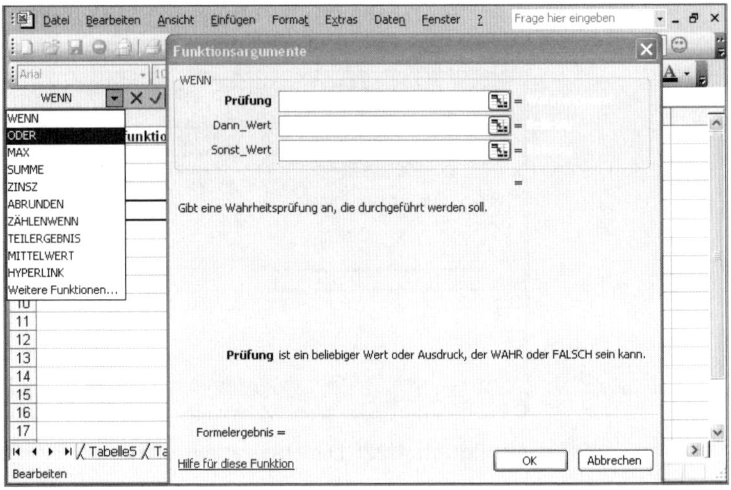

Abbildung 4.23: Funktionen über den Funktions-Assistenten schachteln

5. Klicken Sie im Hintergrund in der Bearbeitungsleiste auf das Dropdownfeld und wählen Sie die Funktion **ODER** aus.

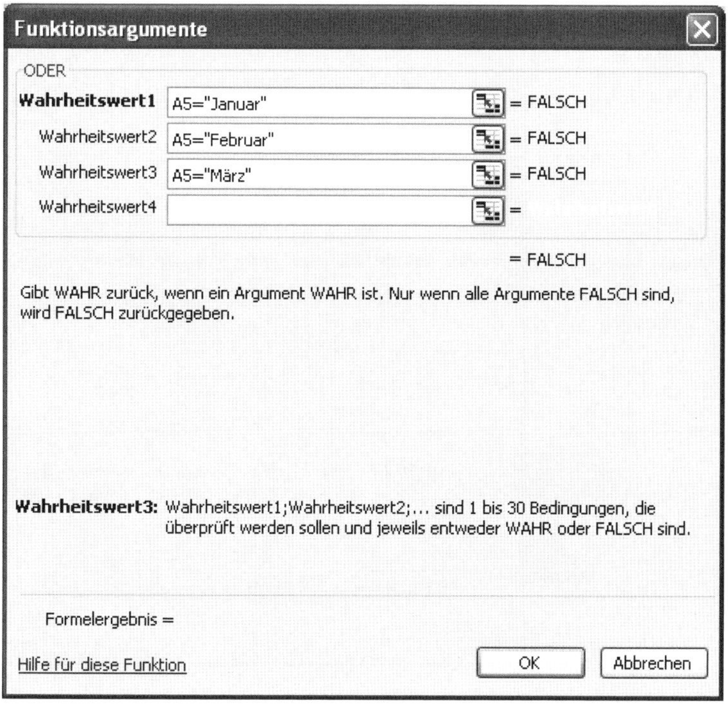

Abbildung 4.24: Die Bedingungen erfassen

6. Füllen Sie den Dialog wie in Abbildung 4.24 aus.
7. Setzen Sie danach den Mauszeiger in der Bearbeitungsleiste ganz an das Ende. Dadurch wird der Funktions-Dialog wieder umgeschaltet.

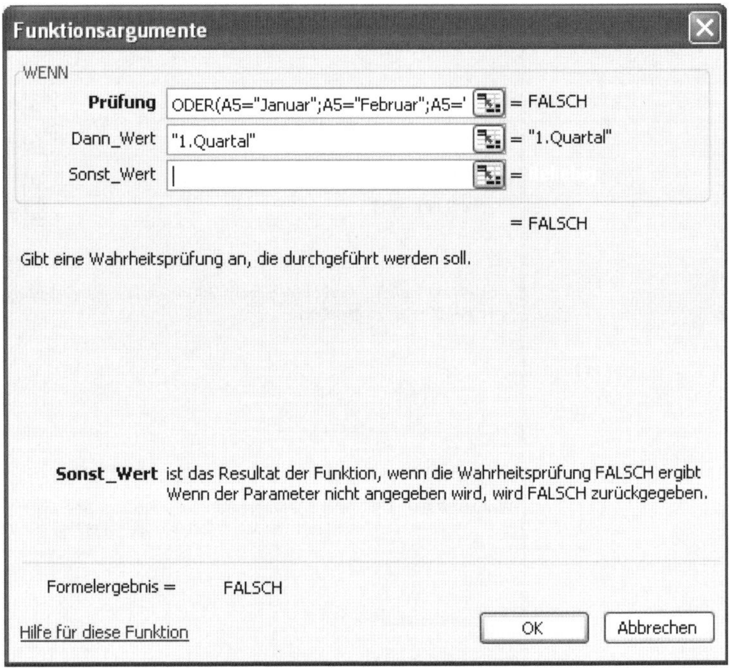

Abbildung 4.25: Den Dann_Wert eintragen

8. Erfassen Sie im Feld *Dann_Wert* den Text *1. Quartal.*
9. Setzen Sie den Mauszeiger in das Feld *Sonst_Wert*. Nun muss die zweite **WENN**-Funktion integriert werden.
10. Wählen Sie nun in der Bearbeitungsleiste die Funktion **WENN** aus dem Dropdownfeld aus.
11. Wiederholen Sie nun die Anweisungen ab Schritt 4 so lange, bis Sie alle Monatsnamen eingetragen haben. Achten Sie darauf, dass Sie beim Setzen des Mauszeigers in der Bearbeitungsleiste jeweils um eine Position nach vorne rücken.

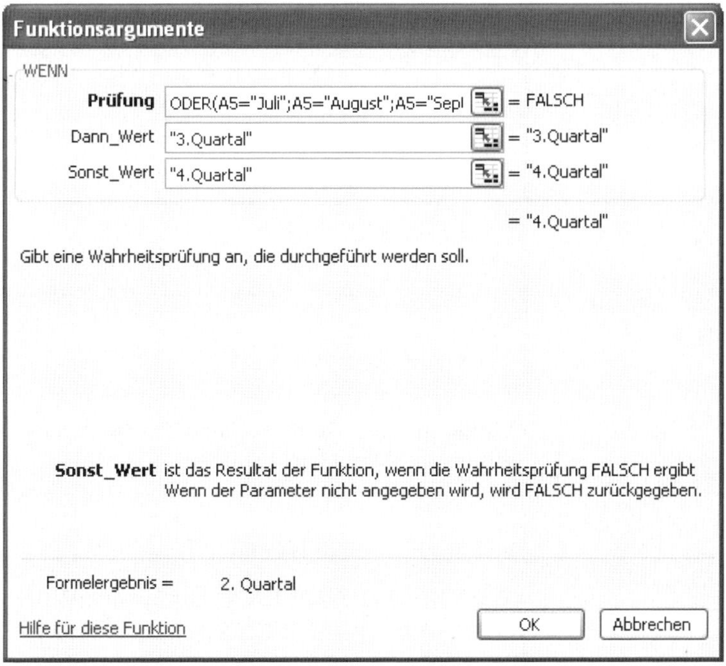

Abbildung 4.26: Der Abschluss

12. Bestätigen Sie diese lange Formel mit *OK*.

Mehr als sieben Mal schachteln

Wie schon erwähnt, kann eine **WENN**-Funktion standardmäßig bis zu sieben Mal geschachtelt werden. Über einen kleinen Trick kann man diese Beschränkung aber umgehen.

In der folgenden Aufgabe soll eine Eingabe in die Zelle **A4** sofort danach in der Nebenzelle mit der Eingabe selbst multipliziert werden. Als gültige Zahlen werden die Zahlen 1 bis 12 zugelassen.

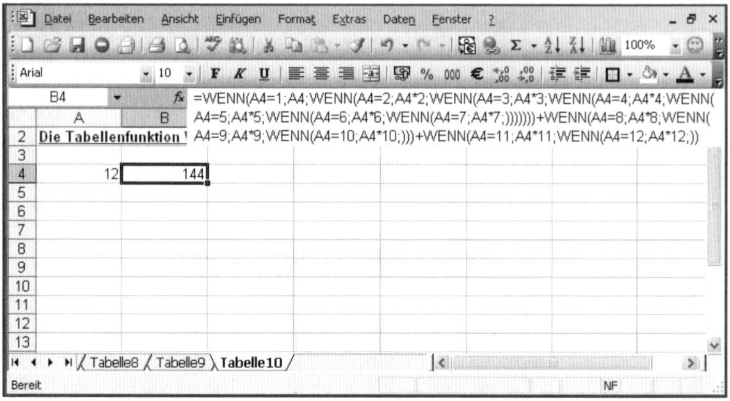

Abbildung 4.27: Durch Addition der Wenn-Anweisungen erreichen Sie mehr als 7 Verschachtelungen

Die Formel in Zelle **B4** lautet:

=WENN(A4=1;A4;WENN(A4=2;A4*2;WENN(A4=3;A4*3; WENN(A4=4;A4*4;WENN(A4=5;A4*5;WENN(A4=6;A4*6; WENN(A4=7;A4*7;)))))))+WENN(A4=8;A4*8;WENN(A4=9; A4*9;WENN(A4=10;A4*10;)))+WENN(A4=11;A4*11; WENN(A4=12;A4*12;))

KAPITEL 5

Textfunktionen

In diesem Kapitel lernen Sie die Textfunktionen von Excel kennen.

Textfunktionen

Die Textfunktionen sind dann sehr wertvoll, wenn Sie Texte in Tabellen bearbeiten oder anpassen möchten. Oft müssen vor allem Daten, die aus Fremdsystemen kommen, in Excel umgewandelt und in eine besser auswertbare Form gebracht werden.

Alle hier vorgestellten Funktionen sind in der Arbeitsmappe *Kap05.xls* auf der mitgelieferten CD-ROM verfügbar.

Die Tabellenfunktion LINKS

Mit Hilfe der Funktion **LINKS** lassen sich Texte bearbeiten. Dabei werden vom linken Rand eines Textes eine bestimmte Anzahl von Zeichen übertragen. Die Syntax der Tabellenfunktion **LINKS** lautet wie folgt:

LINKS(Text;Anzahl_Zeichen)

Beim Argument **Text** ist die Zeichenfolge bzw. der Zelleninhalt gemeint, der übertragen werden soll. Über das Argument **Anzahl_Zeichen** wird angegeben, wie viele Zeichen, vom linken Rand aus gesehen, übertragen werden sollen.

Zellinhalte extrahieren

Im ersten Beispiel zur Tabellenfunktion **LINKS** soll eine Spalte, die sowohl die Kostenstellen, als auch eine Kontierung enthält, auseinander genommen werden. Dabei soll die Kostenstelle in Spalte **B** eingefügt werden.

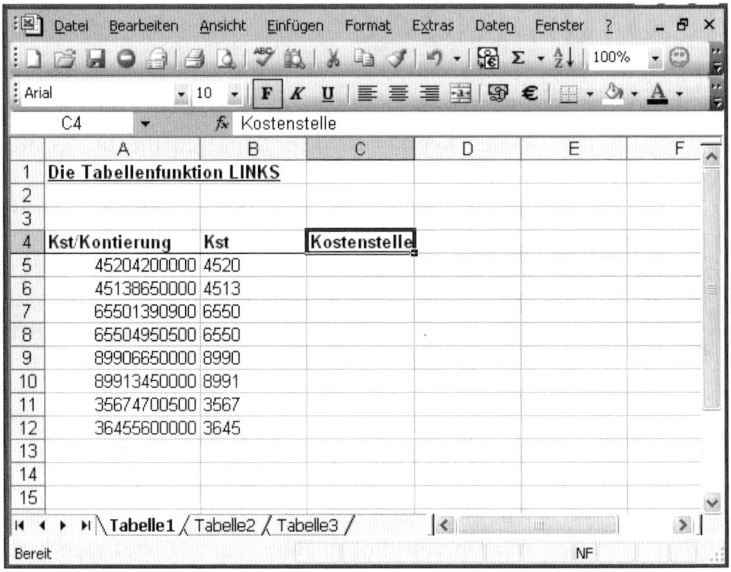

	A	B	C
1	**Die Tabellenfunktion LINKS**		
2			
3			
4	**Kst/Kontierung**	**Kst**	**Kostenstelle**
5	45204200000	4520	
6	45138650000	4513	
7	65501390900	6550	
8	65504950500	6550	
9	89906650000	8990	
10	89913450000	8991	
11	35674700500	3567	
12	36455600000	3645	

Abbildung 5.1: Kostenstelle und Kontierung sind in einer Zelle vereint

Um nun die Kostenstelle (4 Stellen) aus der Spalte A zu extrahieren, verfahren Sie wie folgt:

1. Markieren Sie den Zellenbereich **B5:B12**
2. Erfassen Sie die Formel **=LINKS(A5;4)**
3. Bestätigen Sie die Eingabe über die Tastenkombination [Strg] + [↵]

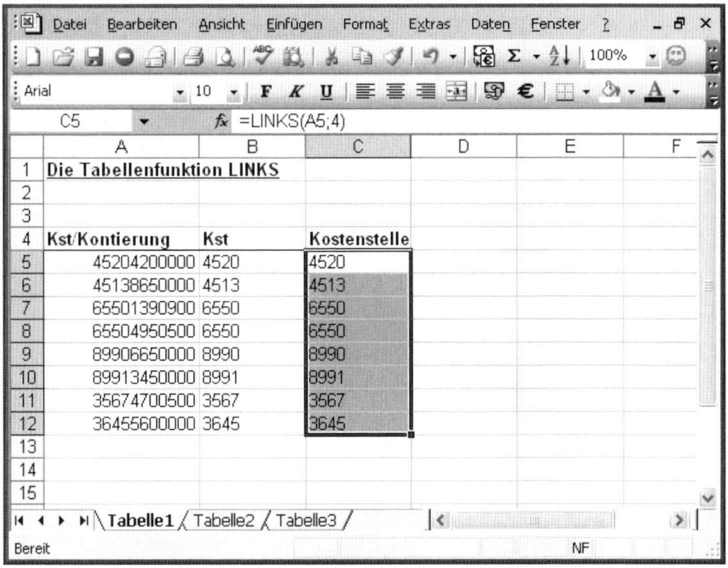

Abbildung 5.2: Die Kostenstelle wurde extrahiert

Bestimmte Länge variabel übertragen

Beim vorherigen Beispiel wurden immer genau 4 Zeichen übertragen. Oft müssen aber auch in Abhängigkeit von der Länge eines Textes bzw. Zellwertes Daten übertragen werden.

Im folgenden Beispiel liegt eine Liste mit Artikelnummern vor. Dabei sollen nun die unterschiedlich langen Artikelnummern jeweils bis zum vorletzten Zeichen in die Nebenspalte übertragen werden.

Sehen Sie sich dazu einmal die Abbildung 5.3 an.

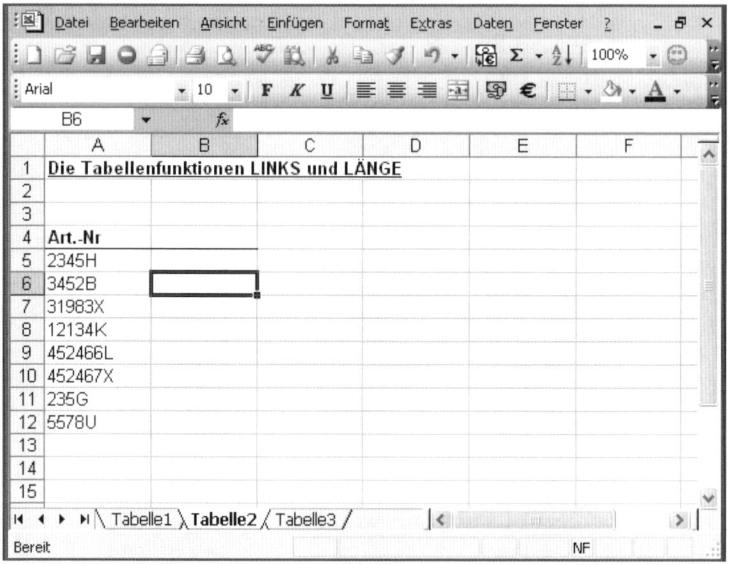

Abbildung 5.3: Aus dieser Liste sollen Artikelnummern extrahiert werden

Um nun die Artikelnummern aus Spalte A wie vorher beschrieben in die Spalte B zu übertragen, verfahren Sie wie folgt:

1. Markieren Sie den Zellenbereich **B5:B12**
2. Erfassen Sie die Formel **=LINKS(A5;LÄNGE(A5)-1)**
3. Bestätigen Sie die Eingabe über die Tastenkombination Strg + ↵

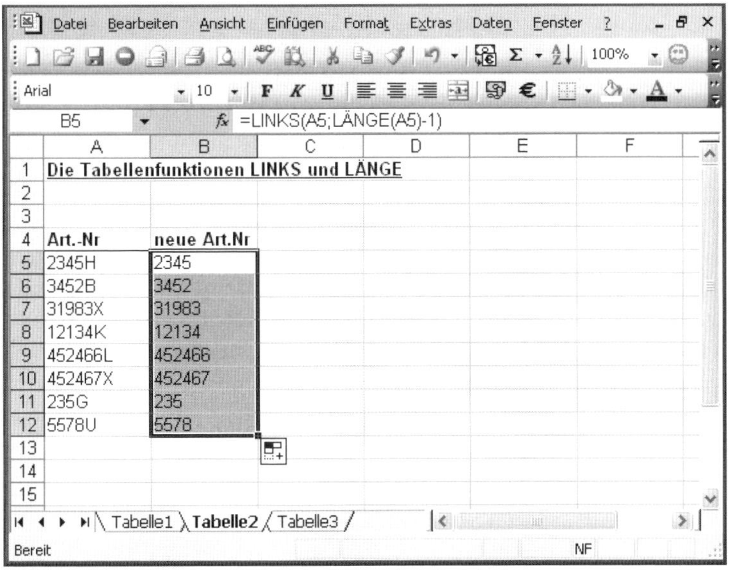

Abbildung 5.4: Die neuen Artikel-Nummern wurden gebildet

In diesem Beispiel wurde die Tabellenfunktion **LÄNGE** eingesetzt. Diese Funktion gibt Ihnen die Anzahl der Zeichen in einer Zelle oder auch in einem Text zurück. So meldet die Formel **=LÄNGE("Das ist ein etwas längerer Satz!")** zum Beispiel den Wert **32** zurück. Diese Tabellenfunktion wird sehr oft in Verbindung mit anderen Tabellenfunktionen eingesetzt. Beispiele hierfür werden Sie im Buch noch sehr viele entdecken.

Vornamen extrahieren

Beim nächsten Beispiel liegt eine Tabelle mit Namen vor. Dabei wurde in Spalte **A** sowohl der Vorname als auch der Nachname eingegeben. Ihre Aufgabe besteht nun darin, die Vornamen aus Spalte A zu extrahieren und in Spalte **B** zu überführen. Sehen Sie sich aber zunächst die Ausgangstabelle in Abbildung 5.5 an.

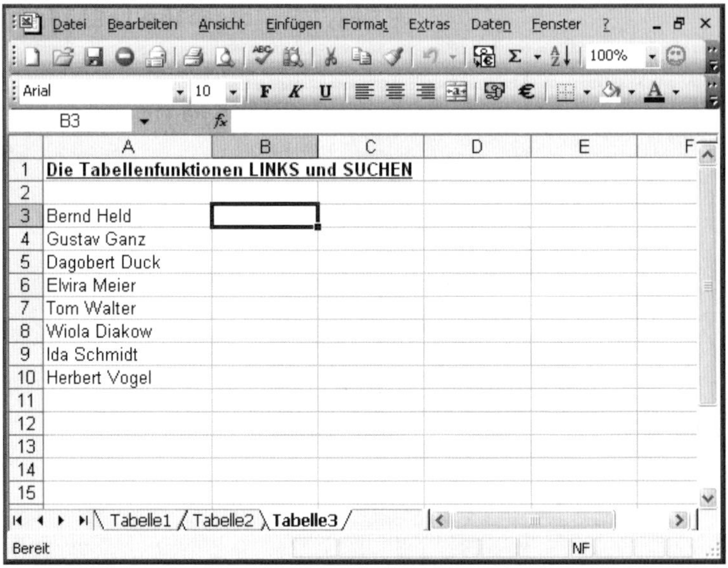

Abbildung 5.5: Die Namensliste soll bearbeitet werden

Um die Vornamen aus Spalte **A** in Spalte **B** zu übertragen, befolgen Sie die nächsten Arbeitsschritte:

1. Markieren Sie den Zellenbereich **B3:B10**
2. Erfassen Sie die Formel **=LINKS(A3;SUCHEN(" ";A3)-1)**
3. Bestätigen Sie die Eingabe über die Tastenkombination Strg + ↵

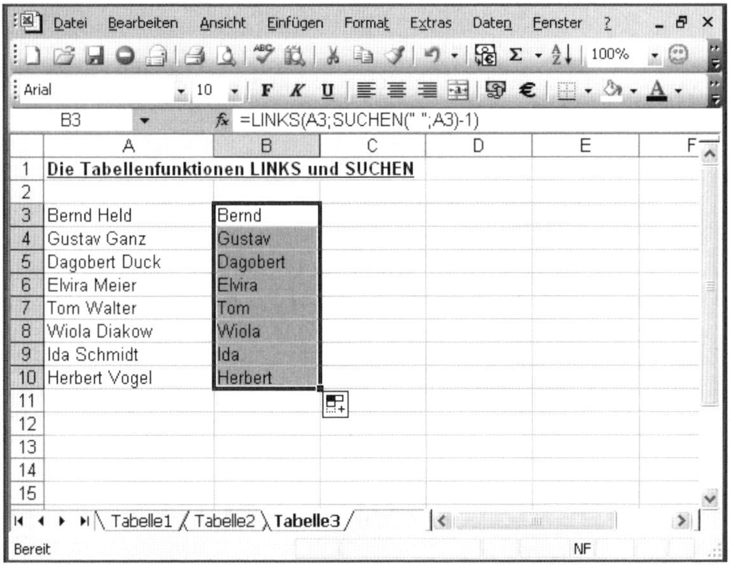

Abbildung 5.6: Die Vornamen wurden extrahiert

Um nun die in Spalte **B** verwendeten Formeln in Festwerte umzuwandeln, können Sie mit der rechten Maustaste auf den rechten Rand der Markierung klicken, die Maustaste gedrückt halten, die Markierung kurz nach rechts und wieder zurück nach links ziehen, die Maustaste wieder loslassen und aus dem Kontextmenü den Befehl *Hierhin nur als Werte kopieren* auswählen.

In diesem Beispiel wurde die Tabellenfunktion **SUCHEN** eingesetzt, um die Stelle des Leerzeichens in Spalte **A** zu ermitteln.

Die Syntax der Tabellenfunktion **SUCHEN** lautet:

(Suchtext;Text;Erstes_Zeichen)

Das Argument **Suchtext** ist der Text, nach dem Sie suchen möchten. Eine als Suchtext angegebene Zeichenfolge kann die Platzhalterzeichen Fragezeichen (?) und Sternchen (*) enthalten. Ein Fragezeichen ersetzt ein Zeichen, ein Sternchen ersetzt eine beliebige

Zeichenfolge. Suchen Sie nach einem Fragezeichen oder Sternchen, müssen Sie vor dem zu suchenden Zeichen eine Tilde (~) eingeben. Im letzten Beispiel war das das Leerzeichen.

Das Argument **Text** ist der Text bzw. die Zelle, in dem Sie nach **Suchtext** suchen möchten.

Im Argument **Erstes_Zeichen** ist die Nummer des Zeichens im Text, ab der Sie mit der Suche beginnen möchten, gemeint. Dieses Argument wurde im letzten Beispiel nicht gebraucht, daher erfolgte die Suche beim ersten Zeichen in der jeweiligen Zelle.

Wenn Sie beispielsweise die Formel **=SUCHEN(" ";A3)** einsetzen, dann meldet Ihnen diese Formel den Wert **6** zurück, d.h., die Stelle des Leerzeichens im Text **Bernd Held** ist die Stelle **6**.

Die Tabellenfunktion RECHTS

Mit Hilfe der Funktion **RECHTS** lassen sich Texte bearbeiten. Dabei werden vom rechten Rand eines Textes eine bestimmte Anzahl von Zeichen übertragen. Die Syntax der Tabellenfunktion **RECHTS** lautet wie folgt:

RECHTS(Text;Anzahl_Zeichen)

Beim Argument **Text** ist die Zeichenfolge bzw. der Zelleninhalt gemeint, der übertragen werden soll. Über das Argument **Anzahl_Zeichen** wird angegeben, wie viele Zeichen, vom rechten Rand aus gesehen, übertragen werden sollen.

Auf Minuszeichen prüfen

Im ersten Beispiel zur Tabellenfunktion **RECHTS** wird eine Liste mit Daten überarbeitet. Dabei sind in Spalte A unter anderem Zahlenwerte enthalten, die ein Minuszeichen am rechten Rand der Zelle stehen haben. Mit diesen Zahlenwerten kann Excel nichts anfangen, da sie als Texte interpretiert werden. Sehen Sie sich zur Verdeutlichung einmal die Abbildung 5.7 an.

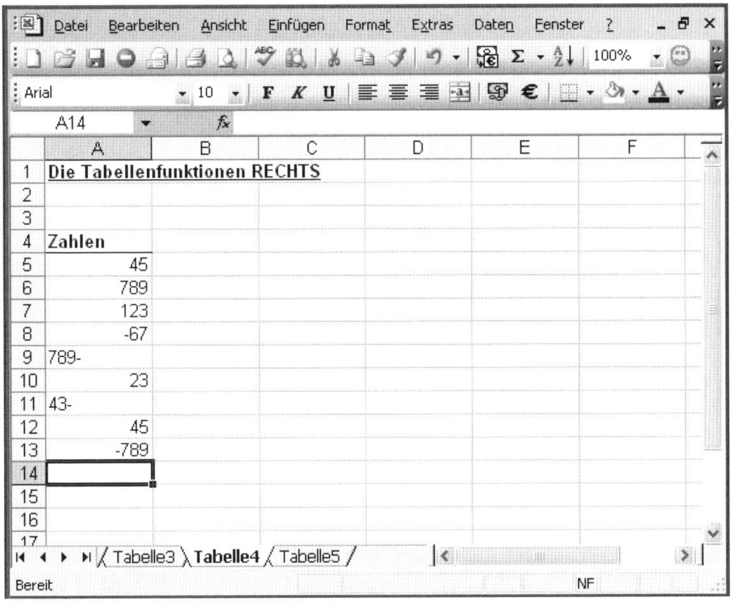

Abbildung 5.7: Die ungültigen Zahlen sollen gekennzeichnet werden

Um jetzt die ungültigen Daten zu kennzeichnen, verfahren Sie wie folgt:

1. Markieren Sie den Zellenbereich **B5:B13**
2. Erfassen Sie die Formel **=WENN(RECHTS(A5;1)="-";"Ungültiger Wert!";A5)**
3. Bestätigen Sie die Eingabe über die Tastenkombination Strg + ↵

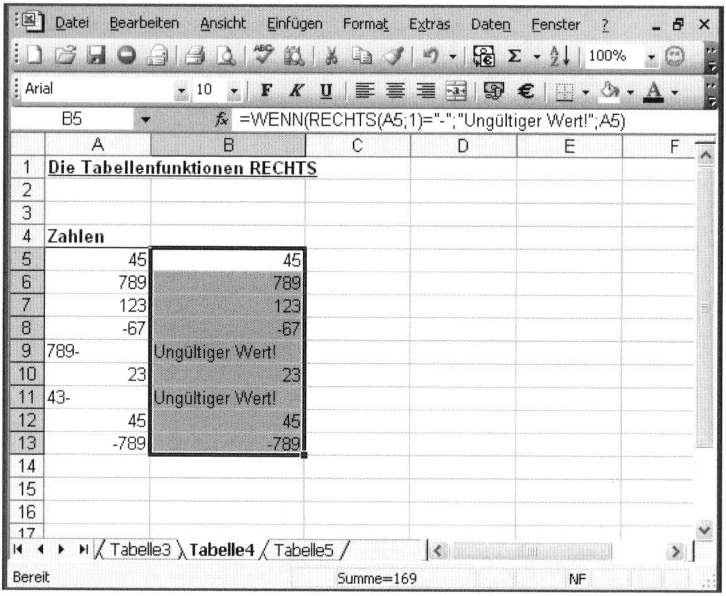

Abbildung 5.8: Die ungültigen Werte wurden gekennzeichnet

Möchten Sie noch einen Schritt weitergehen und die ungültigen Werte umwandeln, sodass das Minuszeichen nach vorne gesetzt wird, dann befolgen Sie die nächsten Arbeitsschritte:

1. Markieren Sie den Zellenbereich **B5:B13**
2. Erfassen Sie die Formel **=WENN(RECHTS(A5;1)="-";("-"&LINKS(A5;LÄNGE(A5)-1))*1;A5)**
3. Bestätigen Sie die Eingabe über die Tastenkombination [Strg] + [↵]

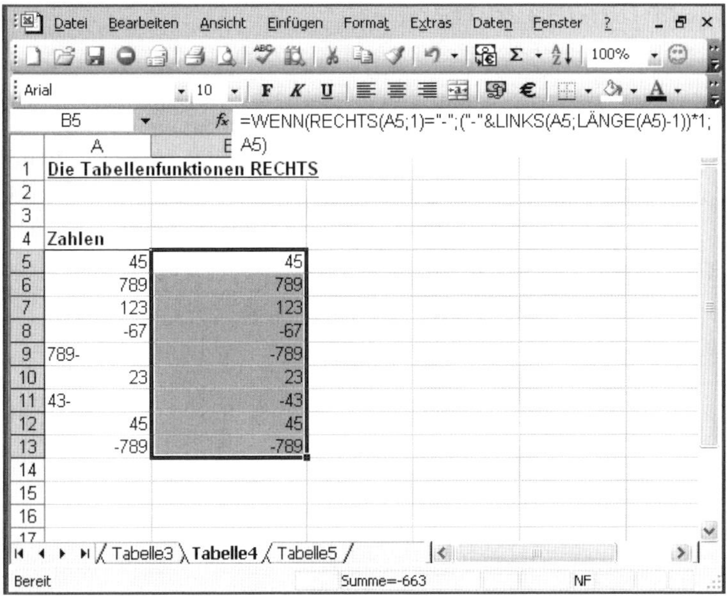

Abbildung 5.9: Das Minuszeichen an den linken Zellenrand befördern

An diesem Beispiel können Sie sehr gut erkennen, wie das Zusammenspiel der einzelnen Tabellenfunktionen miteinander das gewünschte Ergebnis bringt. In dem Fall, dass am rechten Rand der Zelle ein Minuszeichen erkannt wird, muss im ersten Schritt ein Minuszeichen an den linken Zellenrand eingefügt werden. Dazu setzen Sie das Minuszeichen gleich in Anführungszeichen und setzen den Verkettungsoperator & ein, um den nächsten Teil der Formel zu erfassen. Jetzt holen Sie sich mit Hilfe der Funktion **LINKS** vom linken Rand der Zelle die einzelnen Zeichen, bis auf das letzte Zeichen, da dieses ein Minuszeichen ist und daher nicht gebraucht wird. Multiplizieren Sie den kompletten Teil noch mit dem Multiplikator 1, damit Excel diesen Text in eine gültige Zahl umwandeln kann.

Nachnamen extrahieren – Variante I

Erinnern Sie sich an die Namensliste aus Abbildung 5.6 in diesem Kapitel? In Spalte **A** waren Vor- sowie Nachnamen eingegeben worden. Die Vornamen wurden bereits mit Hilfe der Funktion **LINKS** sowie der Funktion **SUCHEN** in Spalte **B** übertragen. Ergänzen Sie nun noch die Spalte C um den Nachnamen und gehen Sie dabei wie folgt vor:

1. Wechseln Sie auf die **Tabelle5**.
2. Markieren Sie den Zellenbereich **C3:C10**
3. Erfassen Sie die Formel **=RECHTS(A3;LÄNGE(A3)-(SUCHEN(" ";A3)))**
4. Bestätigen Sie die Eingabe über die Tastenkombination Strg + ↵

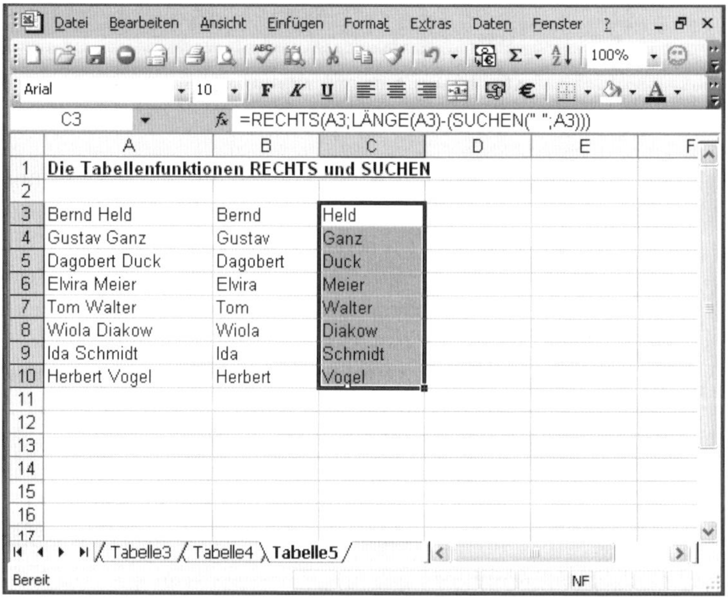

Abbildung 5.10: Die Nachnamen wurden nun auch extrahiert

Um die richtige Anzahl von Zeichen vom rechten Zellenrand zu übertragen, nehmen Sie die Gesamtlänge der jeweiligen Zelle in Spalte A und subtrahieren davon die über die Funktion **SUCHEN** ermittelte Position des Leerzeichens. Dadurch ermitteln Sie die Anzahl der zu übertragenden Zeichen.

Die Tabellenfunktion TEIL

Nach den beiden Funktionen **LINKS** und **RECHTS** fehlt nun noch eine Funktion, mit der Sie einen Teil einer Zelle extrahieren können. Mit Hilfe der Funktion **TEIL** lassen sich Texte weiterverarbeiten. Dabei wird von einer bestimmten Stelle eines Textes an eine bestimmte Anzahl von Zeichen übertragen.

Die Syntax der Tabellenfunktion **TEIL** lautet wie folgt:

TEIL(Text;Erstes_Zeichen;Anzahl_Zeichen)

Beim Argument **Text** ist die Zeichenfolge bzw. der Zelleninhalt gemeint, der übertragen werden soll.

Mit dem Argument **Erstes_Zeichen** ist die Position des ersten Zeichens, das Sie aus dem **Text** kopieren möchten, gemeint. Für das erste Zeichen von Text gilt, dass **Erstes_Zeichen** den Wert 1 hat und so weiter.

Unter dem Argument **Anzahl_Zeichen** versteht man die Anzahl der Zeichen, die die Funktion aus Text übertragen soll.

Nachnamen extrahieren – Variante II

Dic Namensliste aus Abbildung 5.10 können Sie übrigens auch mit Hilfe der Tabellenfunktion **TEIL** weiterbearbeiten. So können Sie zur Ermittlung der Nachnamen auch in Spalte **A** nach dem Leerzeichen suchen und beginnend von dieser Position die restlichen Zeichen übertragen. Dabei gehen Sie folgendermaßen vor:

1. Markieren Sie auf der **Tabelle6** den Zellenbereich **C3:C10**
2. Erfassen Sie die Formel
   =TEIL(A3;SUCHEN(" ";A3)+1;LÄNGE(A3))

3. Bestätigen Sie die Eingabe über die Tastenkombination [Strg] + [↵]

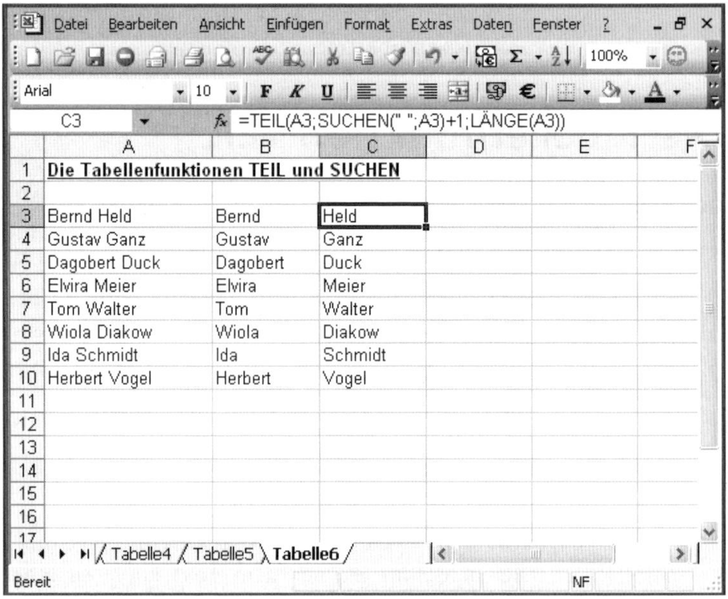

Abbildung 5.11: Die Nachnamen über die Funktion TEIL extrahieren

HINWEIS

Übrigens können Sie die Tabellenfunktion SUCHEN im letzten Beispiel auch mit der Funktion FINDEN ersetzen lassen, da beide Funktionen dieselbe Aufgabe durchführen können.

Aus:

=TEIL(A3;SUCHEN(„ “;A3)+1;LÄNGE(A3))

wird:

=TEIL(A3;FINDEN(„ “;A3)+1;LÄNGE(A3))

Beide Tabellenfunktionen liefern dasselbe Ergebnis.

Vorwahl und Durchwahl trennen

In der folgenden Aufgabe liegt eine Liste mit Telefonnummern vor. Dabei wurde die Vorwahl sowie die Durchwahl in einer Spalte erfasst. Als Trennzeichen zwischen der Vor- und Durchwahl wird das Zeichen »/« verwendet. Ihre Aufgabe besteht nun darin, die beiden Nummern in unterschiedlichen Spalten auszugeben. Sehen Sie sich aber vorher erst die Abbildung 5.12 an.

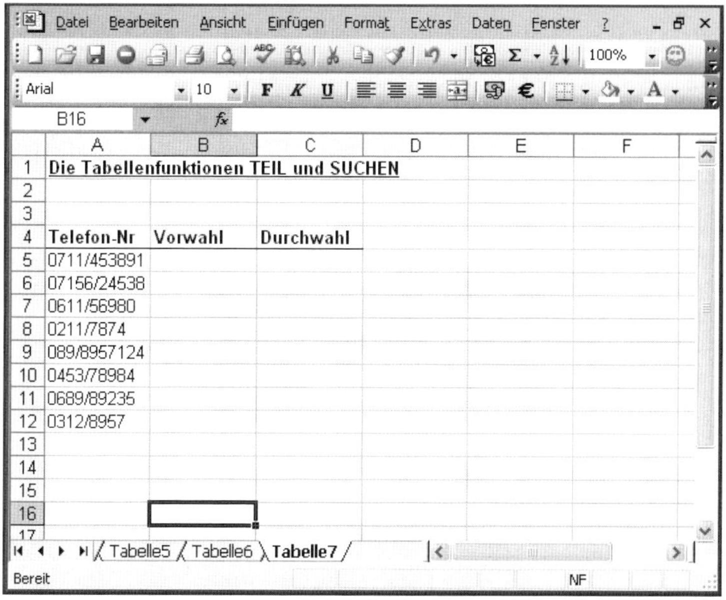

Abbildung 5.12: Die komplette Telefonnummer wurde in einer Spalte erfasst

Separieren Sie Vor- und Durchwahl, indem Sie die nächsten Arbeitsschritte befolgen:

1. Markieren Sie den Zellenbereich **B5:B12**
2. Erfassen Sie die Formel **=LINKS(A5;SUCHEN("/";A5)-1)**

3. Bestätigen Sie die Eingabe über die Tastenkombination [Strg] + [↵]
4. Markieren Sie den Zellenbereich **C5:C12**
5. Erfassen Sie die Formel **=TEIL(A5;SUCHEN("/";A5)+1;LÄNGE(A5))**
6. Bestätigen Sie die Eingabe über die Tastenkombination [Strg] + [↵]

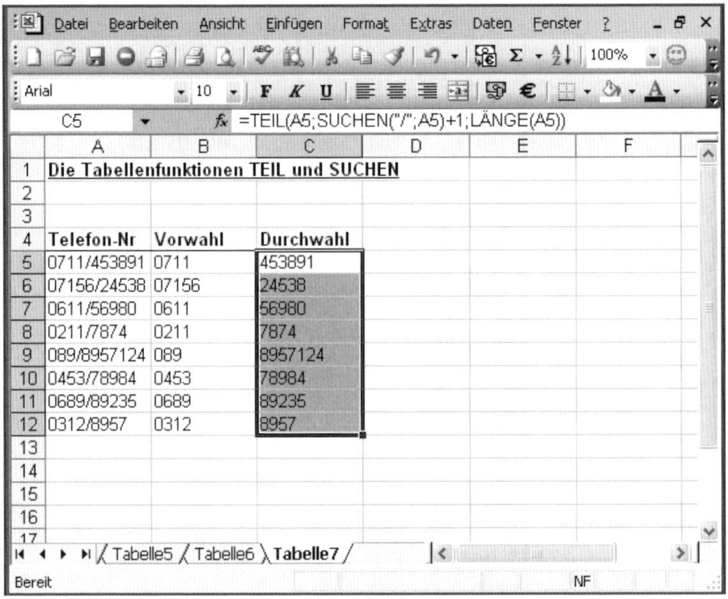

Abbildung 5.13: Die Vor- und Durchwahl wurde getrennt

Eine Quersumme berechnen

Im nächsten Beispiel soll die Quersumme einer Zahl errechnet werden. Bei einer Quersumme werden die einzelnen Zeichen einer Zahl addiert. So ist die Quersumme von **123** genau **6**. Sehen Sie sich dazu einmal die Abbildung 5.14 an.

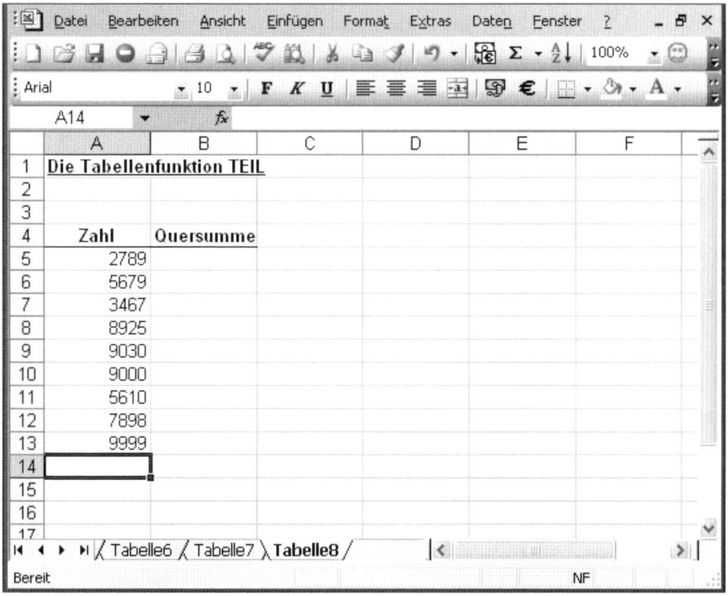

Abbildung 5.14: Die Quersummen berechnen

Um die Quersumme der Spalte **A** zu berechnen und in Spalte **B** auszugeben, verfahren Sie wie folgt:

1. Markieren Sie den Zellenbereich **B5:B13**
2. Erfassen Sie die Formel **=TEIL(A5;1;1)+TEIL(A5;2;1)+TEIL(A5;3;1)+TEIL(A5;4;1)**
3. Bestätigen Sie die Eingabe über die Tastenkombination Strg + ↵

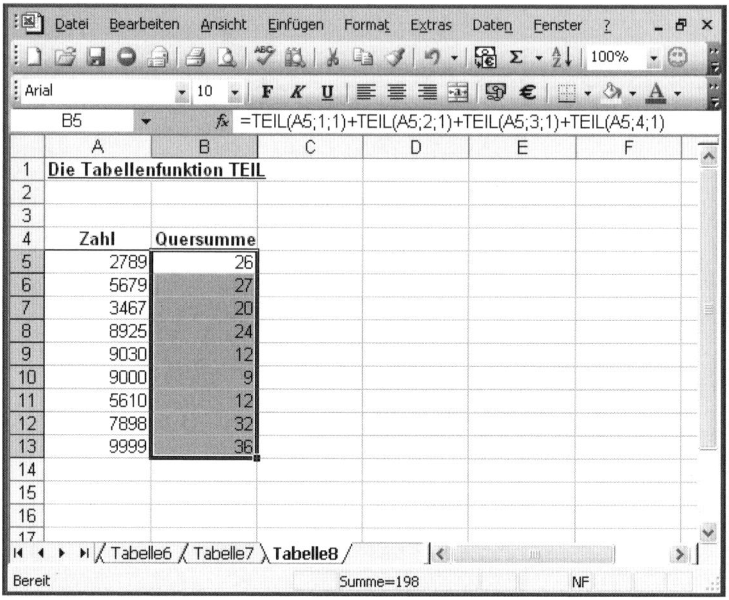

Abbildung 5.15: Die Quersummen wurden berechnet

Die Tabellenfunktion IDENTISCH

Mit Hilfe der Funktion **IDENTISCH** können Sie prüfen, ob zwei Zeichenfolgen identisch sind. In diesem Fall wird **WAHR** zurückgegeben. Andernfalls gibt die Funktion den Wert **FALSCH** zurück. Die Funktion **IDENTISCH** unterscheidet zwischen Groß- und Kleinschreibung, ignoriert jedoch Formatierungsunterschiede.

Die Syntax dieser Funktion lautet:

IDENTISCH(Text1;Text2)

Unter dem Argument **Text1** ist die erste Zeichenfolge gemeint. Im Argument **Text2** geben Sie die zweite Zeichenfolge bzw. Zellenbezug an.

Texte vergleichen

In der folgenden Aufgabe werden die Eingaben in den Spalten A und B verglichen. Sehen Sie sich dazu einmal die Abbildung 5.16 an.

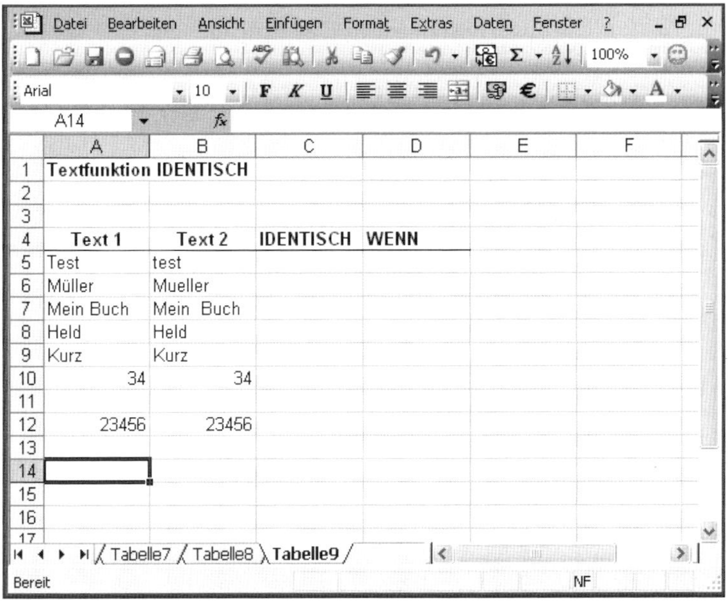

Abbildung 5.16: Eingaben sollen miteinander verglichen werden

In diesem Beispiel wird versucht, die Aufgabe über zwei verschiedene Tabellenfunktionen zu lösen. Zum einen wird die Funktion **IDENTSICH** angewendet und die Inhalte der Spalten **A** und **B** verglichen. Als zweite Funktion wird mit Hilfe der Tabellenfunktion **WENN** versucht, die Unterschiede beider Spalten zu ermitteln.

Gehen Sie jetzt Schritt für Schritt vor:

1. Markieren Sie den Zellenbereich **C5:C12**
2. Erfassen Sie die Formel **=IDENTISCH(A5;B5)**

3. Bestätigen Sie die Eingabe über die Tastenkombination Strg + ↵

4. Markieren Sie nun den Zellenbereich **D5:D12**

5. Geben Sie die Formel **=WENN(A5=B5;WAHR;FALSCH)** ein.

6. Bestätigen Sie die Eingabe über die Tastenkombination Strg + ↵

7. Vergleichen Sie die Ergebnisse der Spalten C und D.

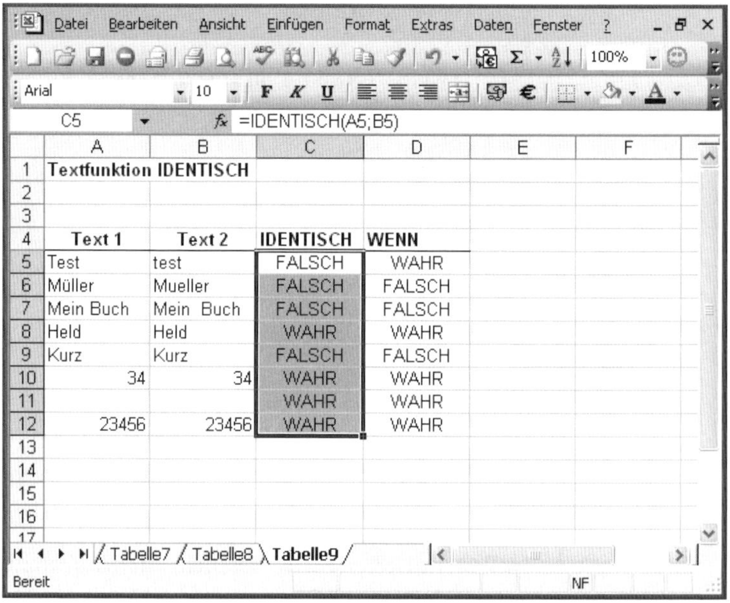

	A	B	C	D
1	Textfunktion IDENTISCH			
2				
3				
4	Text 1	Text 2	IDENTISCH	WENN
5	Test	test	FALSCH	WAHR
6	Müller	Mueller	FALSCH	FALSCH
7	Mein Buch	Mein Buch	FALSCH	FALSCH
8	Held	Held	WAHR	WAHR
9	Kurz	Kurz	FALSCH	FALSCH
10	34	34	WAHR	WAHR
11			WAHR	WAHR
12	23456	23456	WAHR	WAHR

Abbildung 5.17: Die Ergebnisse beider Funktionen weichen voneinander ab

In Zeile **5** unterscheidet die Funktion **IDENTISCH** zwischen Groß- und Kleinschreibung. Bei der Anwendung der Tabellenfunktion **WENN** hingegen spielt die Groß- und Kleinschreibung keine Rolle. In Zeile **6** melden beide Funktionen dasselbe Ergebnis, da die Texte wirklich unterschiedlich geschrieben sind. In Zeile **7** stimmen ebenfalls beide Ergebnisse miteinander überein. In Zelle **B7** befindet sich ein Leerzeichen mehr zwischen den beiden Wörtern. Die Zeilen **8** und **9** weisen auf den ersten Blick keine Unterschiede auf. In Zelle **B9** ist jedoch ein nachfolgendes Leerzeichen versteckt, welches in beiden Fällen zu einem ungültigen Ergebnis führt. Auch Zahlen können in Zeile **10** miteinander verglichen werden. Auch leere Zellen liefern in beiden Fällen eine Übereinstimmung.

HINWEIS

Vorsicht bei Zellen, die zwar denselben Inhalt, jedoch eine unterschiedliche Formatierung aufweisen. Fügen Sie beispielsweise einmal in zwei Zellen das heutige Datum ein und formatieren Sie die eine Zelle dann mit dem benutzerdefinierten Format **TTTT**. Im Falle des 03.10.2003 liefert die unformatierte Zelle das Ergebnis **03.10.2003**, die mit dem benutzerdefinierten Format liefert das Ergebnis **Freitag**. Wenn jetzt die Tabellenfunktion **IDENTISCH** angewendet wird, meldet diese Funktion eine Übereinstimmung, da sich hier nur die Zellen in der Formatierung unterscheiden.

KNOW-HOW

Wenn Sie die Tabellenfunktion für Zellen verwenden möchten, die auf unterschiedlichen Tabellen liegen, dann lautet die dafür notwendige Syntax:

=IDENTISCH(Tabelle1!A1;Tabelle2!A1)

Die Tabellenfunktion WECHSELN

Die Tabellenfunktion **WECHSELN** ersetzt einen alten Text durch neuen Text. Diese Funktion wird eingesetzt, wenn Sie innerhalb eines Textes eine bestimmte Zeichenfolge austauschen möchten.

Die Syntax dieser Funktion lautet:

WECHSELN(Text;Alter_Text;Neuer_Text;Ntes_Auftreten)

Hinter dem Argument **Text** ist der in Anführungszeichen gesetzte Text oder Bezug auf eine Zelle, die den Text enthält, gemeint, in dem Zeichen ausgetauscht werden sollen.

Das Argument **Alter_Text** repräsentiert den Text, den Sie ersetzen möchten.

Im Argument **Neuer_Text** wird der Text, mit dem Sie **Alter_Text** ersetzen möchten, angegeben.

Im Argument **Ntes_Auftreten** können Sie angeben, an welchen Stellen **Alter_Text** durch **Neuer_Text** ersetzt werden soll. Wenn Sie **Ntes_Auftreten** angeben, wird nur dieses Vorkommen von **Alter_Text** ersetzt; andernfalls wird **Alter_Text** an jeder Stelle, an der er in Text vorkommt, durch **Neuer_Text** ersetzt.

Punkte durch Kommas ersetzen

Nach einem Datenimport aus einem anderen Programm liegen die Daten in der Form vor, dass Zahlenwerte anstatt des Dezimalkommas einen Punkt aufweisen. Sehen Sie sich dazu einmal die folgende Abbildung an.

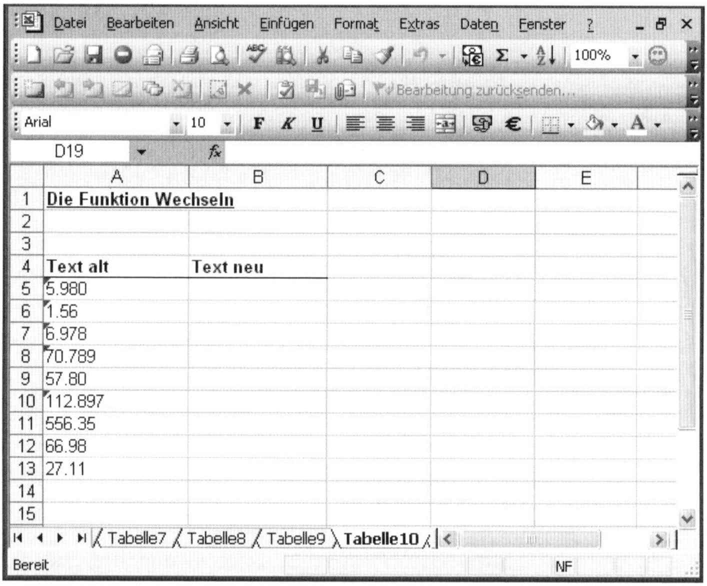

Abbildung 5.18: Die Zahlenwerte sind so in Excel nicht verwendbar

Um nun die Punkte durch Dezimalkommas auszutauschen, verfahren Sie wie folgt:

1. Markieren Sie den Datenbereich **B5:B13**
2. Erfassen Sie die Formel **=WERT(WECHSELN(A5;".";","))**
3. Bestätigen Sie die Eingabe über die Tastenkombination [Strg] + [↵].

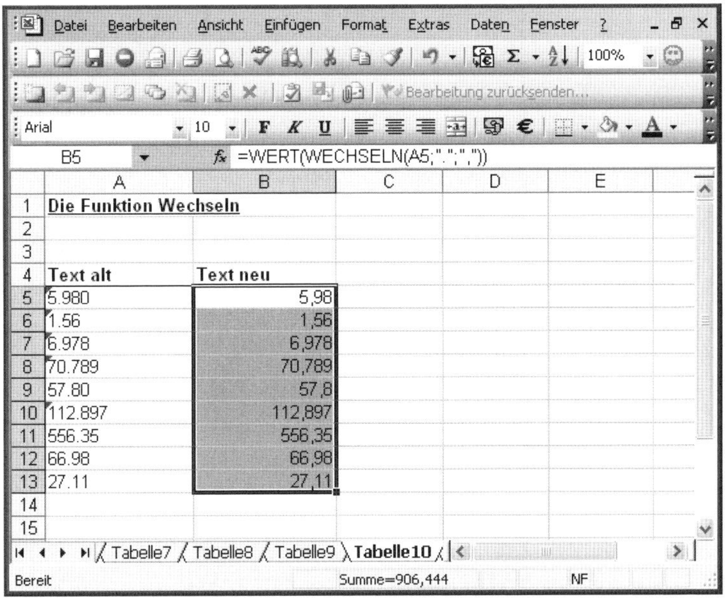

Abbildung 5.19: Die Punkte wurden durch Kommas ersetzt

Nachdem die Punkte in Excel durch Kommas ersetzt worden sind, kann Excel noch nicht automatisch erkennen, dass es sich nun um Zahlenwerte handeln soll. Setzen Sie zu diesem Zweck die Tabellenfunktion **WERT** ein. Diese Funktion versucht, einen Text automatisch in eine Zahl umzuwandeln.

Umlaute tauschen

Im nächsten Beispiel liegt eine Tabelle vor, die Wörter enthält, die Umlaut-Buchstaben enthalten. Sehen Sie sich dazu einmal die Abbildung 5.20 an.

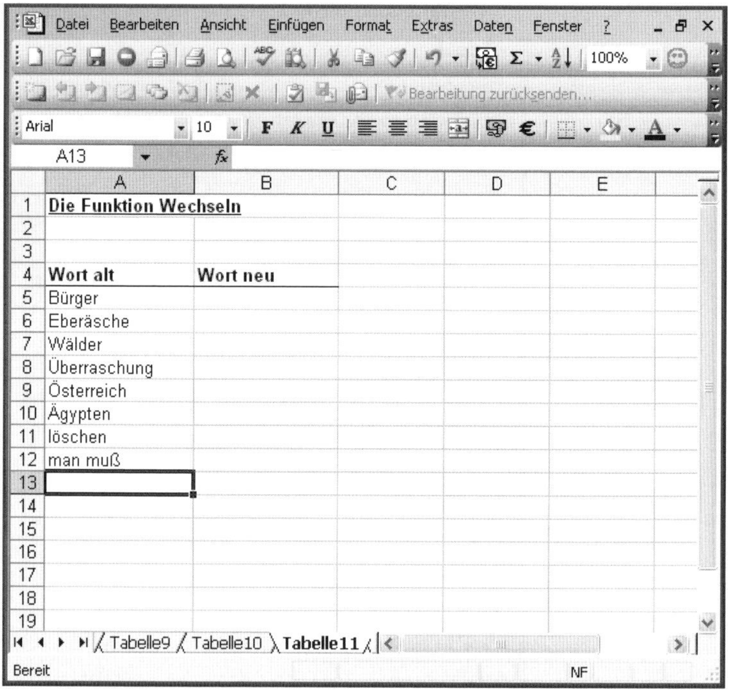

Abbildung 5.20: Die Umlaute sollen umgesetzt werden

Um nun beispielsweise aus dem Wort **Bürger** das Wort **Buerger** zu machen, verfahren Sie folgendermaßen:

1. Markieren Sie den Zellenbereich **B5:B12**
2. Erfassen Sie die Formel **=WECHSELN(WECHSELN(WECHSELN(WECH-SELN(A5;"ä";"ae");"ö";"oe");"ü";"ue");"ß";"ss")**

3. Bestätigen Sie die Eingabe über die Tastenkombination [Strg] + [↵].

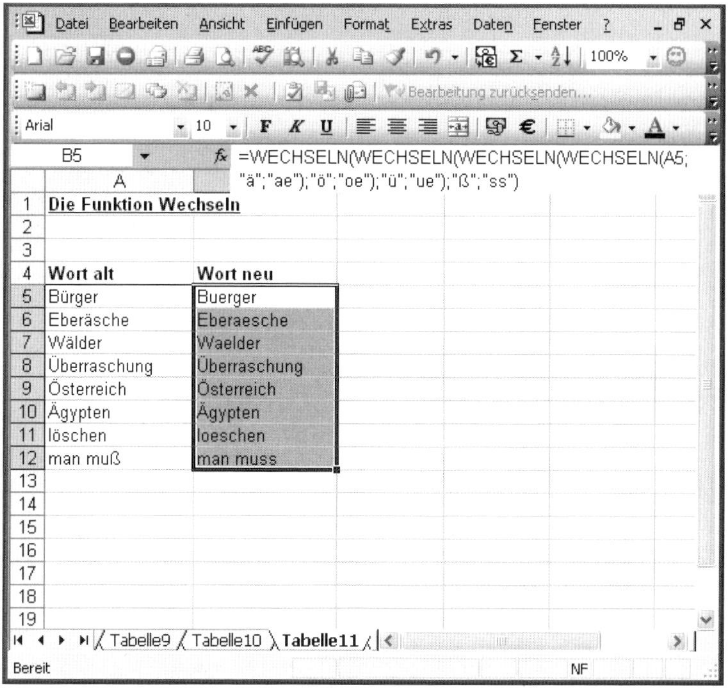

Abbildung 5.21: Die Umlaute wurden in Normalbuchstaben umgewandelt

Zeilenumbrüche entfernen

In Excel haben Sie die Möglichkeit, in einer Zelle gleich mehrere Zeilen einzugeben. Dazu erfassen Sie zunächst die ersten Wörter in der Zelle, drücken dann die Tastenkombination [Alt] + [↵], um den Mauszeiger eine Zeile innerhalb der Zelle weiter nach unten zu setzen, erfassen danach weitere Zeilen und bestätigen am Ende mit [↵].

Alternativ können Sie auch einen etwas längeren Text in einer Zelle erfassen und danach aus dem Menü *Format* den Befehl *Zellen* auswählen. Auf der Registerkarte *Ausrichtung* aktivieren Sie das Kontrollkästchen *Zeilenumbruch* und bestätigen danach mit *OK*.

In Abbildung 5.22 ist eine Zelle mit Zeilenumbruch exemplarisch dargestellt.

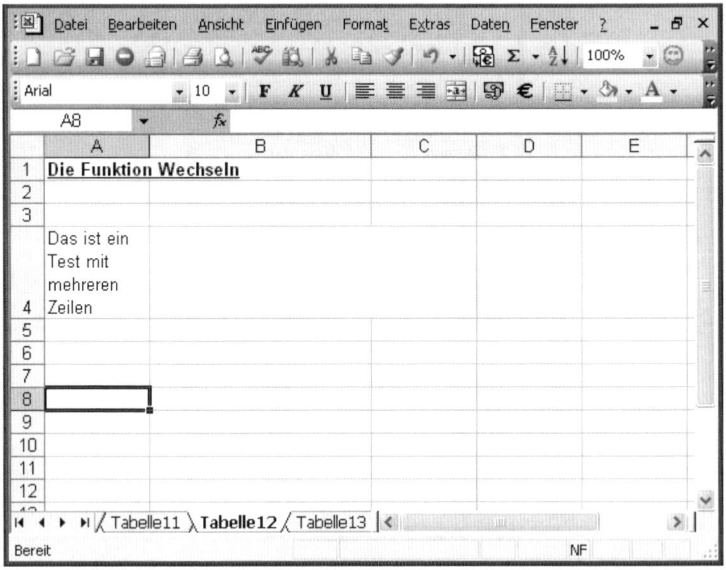

Abbildung 5.22: Die Zelle A4 enthält Text in mehreren Zeilen

Ihre Aufgabe besteht nun darin, in Zelle **B4** den Text aus Zelle **A4** ohne Zeilenumbruch darzustellen. Auch für diese Aufgabe können Sie die Tabellenfunktion **WECHSELN** einsetzen. Dabei gehen Sie wie folgt vor:

1. Erfassen Sie in Zelle **B4** die Formel **=WECHSELN(A4;ZEICHEN(10);" ")**
2. Wählen Sie aus dem Menü *Format* den Befehl *Zellen*.

3. Wechseln Sie auf die Registerkarte *Ausrichtung*.
4. Aktivieren Sie im Kombinationsfeld *Vertikal* den Eintrag *Zentral*.
5. Bestätigen Sie mit *OK*.

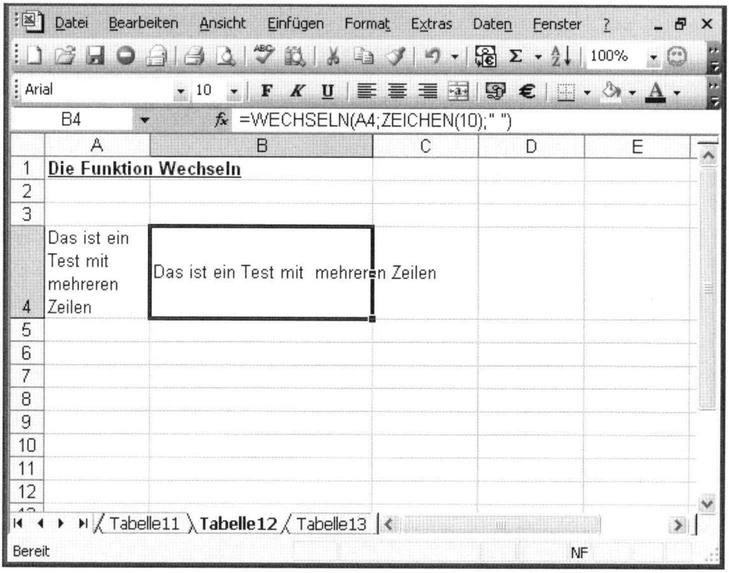

Abbildung 5.23: Aus drei Zeilen wurde eine Zeile gemacht

Über die Tabellenfunktion **ZEICHEN** können Sie das Zeichen, welches für den Zeilenumbruch steht (**10**), durch ein Leerzeichen ersetzen. Dadurch wird der Zeilenumbruch aufgehoben. Standardmäßig wird der so bearbeitete Text am unteren Rand der Zelle angezeigt. Aus diesem Grund kann über die Registerkarte *Ausrichtung* die vertikale Ausrichtung angepasst werden.

Vornamen, Zweitnamen und Nachnamen separieren

In einem der vorherigen Beispiele haben Sie eine Zelle, die einen Vor- und Nachnamen enthielt, mit Hilfe der Tabellenfunktionen **LINKS**, **LÄNGE**, **SUCHEN** und **TEIL** auseinander genommen.

In der folgenden Aufgabe wird diese Teilaufgabe insoweit erweitert, dass nun auch noch Vornamen , Zweitnamen und Nachnamen verarbeitet werden können. Sehen Sie sich dazu einmal die Abbildung 5.24 an.

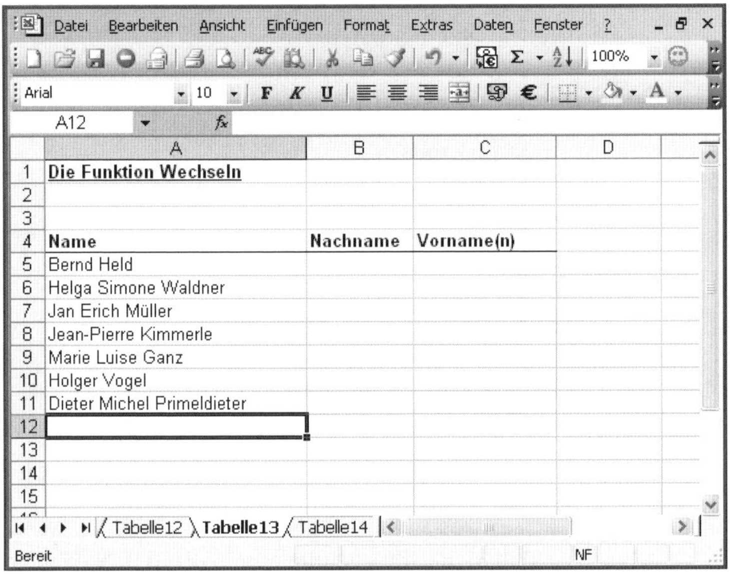

Abbildung 5.24: Diese Namen sollen separiert werden

Um die Aufgabe der Separierung durchzuführen, befolgen Sie die nächsten Arbeitsschritte:

1. Markieren Sie den Datenbereich **B5:B11**

2. Erfassen Sie die Formel **=RECHTS(A5;LÄNGE(A5)-FINDEN("@";WECHSELN(A5;" ";"@";LÄNGE(A5)-LÄNGE (WECHSELN(A5;" ";)))))**
3. Bestätigen Sie die Eingabe über die Tastenkombination Strg + ↵.
4. Markieren Sie den Zellenbereich **C5:C11**
5. Erfassen Sie die Formel **=LINKS(A5;(LÄNGE(A5)-LÄNGE(B5)-1))**
6. Bestätigen Sie die Eingabe über die Tastenkombination Strg + ↵.

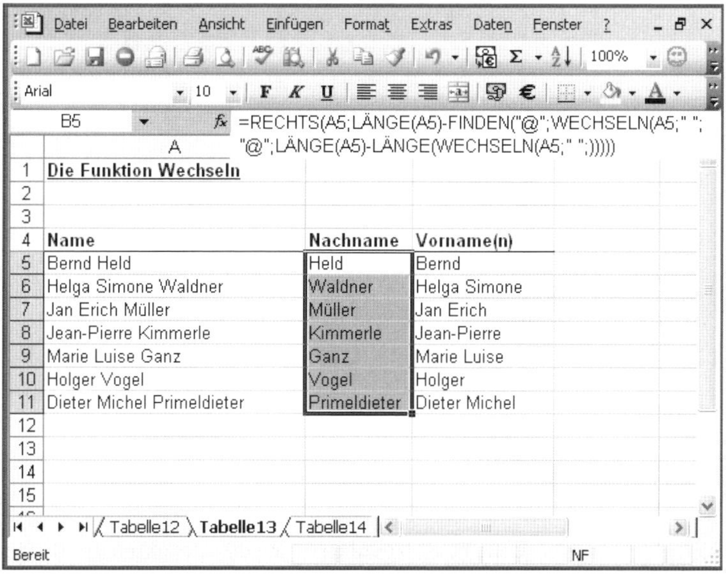

Abbildung 5.25: Die Vor-, Zweit- und Nachnamen wurden sauber getrennt

Das Zeichen @ ist nur ein Hilfszeichen, welches nicht im Text vorkommen darf, der ersetzt werden soll. Die Funktion **WECHSELN** ersetzt das letzte Auftreten des Leerzeichens durch dieses Hilfszeichen. Die Tabellenfunktion **FINDEN** ermittelt dann genau diese Position.

Adressdaten zusammenführen

Im Gegensatz zur vorherigen Aufgabe wird nun eine Adressenliste, bestehend aus Name, Vorname, Straße und Ort in eine einzige Spalte zusammengeführt. Sehen Sie sich zunächst einmal die Abbildung 5.26 an.

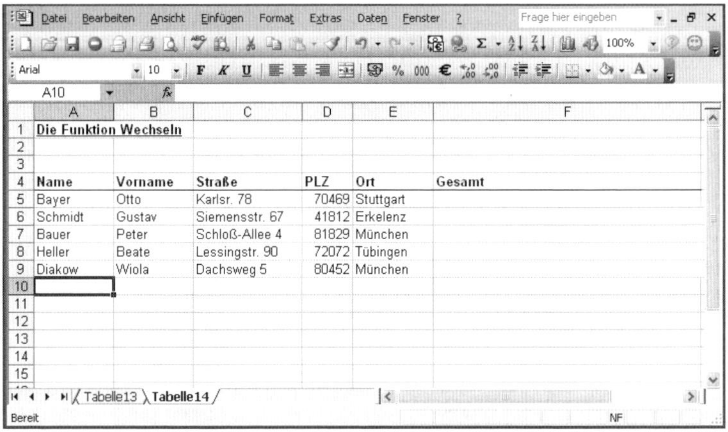

	A	B	C	D	E	F
1	Die Funktion Wechseln					
2						
3						
4	Name	Vorname	Straße	PLZ	Ort	Gesamt
5	Bayer	Otto	Karlsr. 78	70469	Stuttgart	
6	Schmidt	Gustav	Siemensstr. 67	41812	Erkelenz	
7	Bauer	Peter	Schloß-Allee 4	81829	München	
8	Heller	Beate	Lessingstr. 90	72072	Tübingen	
9	Diakow	Wiola	Dachsweg 5	80452	München	

Abbildung 5.26: Die Adressen sollen in Spalte F zusammengeführt werden

Um die Adressdaten, jeweils durch einen Bindestrich voneinander getrennt, zusammenzuführen, befolgen Sie die nächsten Arbeitsschritte:

1. Markieren Sie den Zellenbereich **F5:F9**

2. Erfassen Sie die Formel **=WECHSELN(A5&" "&B5&" "&C5&" "&D5 & " " &E5; " ";" - ")**

3. Bestätigen Sie die Eingabe über die Tastenkombination Strg + ↵.

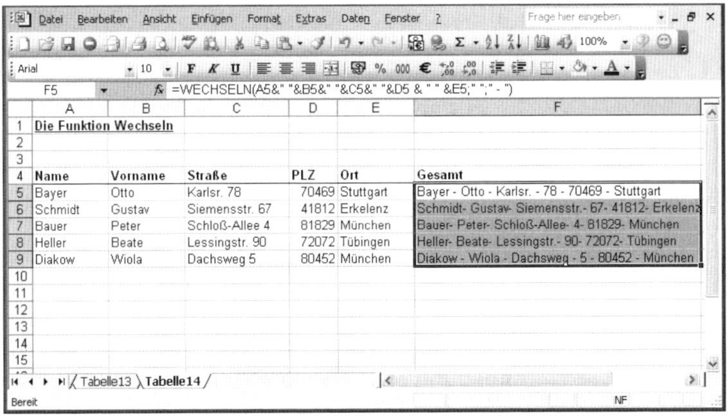

Abbildung 5.27: Die Adressdaten wurden zusammengeführt

Alternativ können Sie diese Aufgabe auch mit der Formel

=A5& " - " & B5 & " - " & C5 & " - " & D5 & " - " & E5

lösen.

Sonderzeichen in kompletter Spalte ersetzen

In der folgenden Liste liegen Telefon-Nummern vor, die nicht einheitlich formatiert sind. Als Trennzeichen zwischen Vor- und Durchwahl gibt es Bindestriche sowie Schrägstriche. Außerdem stören auch einige Leerzeichen, die bei einem Teil der Nummern eingefügt sind. Sehen Sie sich einmal die Abbildung 5.28 mit den noch nicht bereinigten Telefonnummern an.

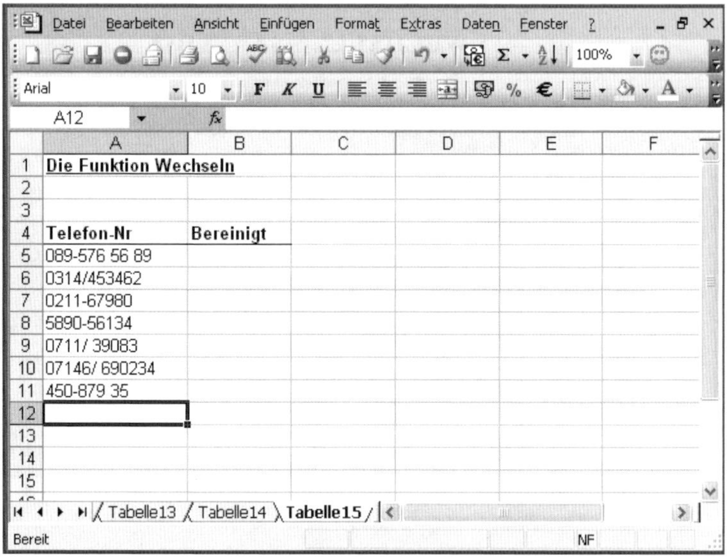

Abbildung 5.28: Telefon-Nummern etwas durcheinander

Da Excel bei der Eingabe von führenden Nullen diese leider standardmäßig verschluckt, wurde bei den Nummern jeweils ein Apostroph als erstes Zeichen eingegeben. Dadurch wird die automatische Nullenunterdrückung in Excel blockiert.

Um nun die Sonderzeichen sowie Leerzeichen aus den Telefon-Nummern herauszunehmen, verfahren Sie wie folgt:

1. Markieren Sie den Zellenbereich **B5:B11**
2. Erfassen Sie die Formel **=WECHSELN(WECHSELN(WECHSELN(A5;"-";"");" ";"");"/";"")**
3. Bestätigen Sie die Eingabe über die Tastenkombination Strg + ↵.

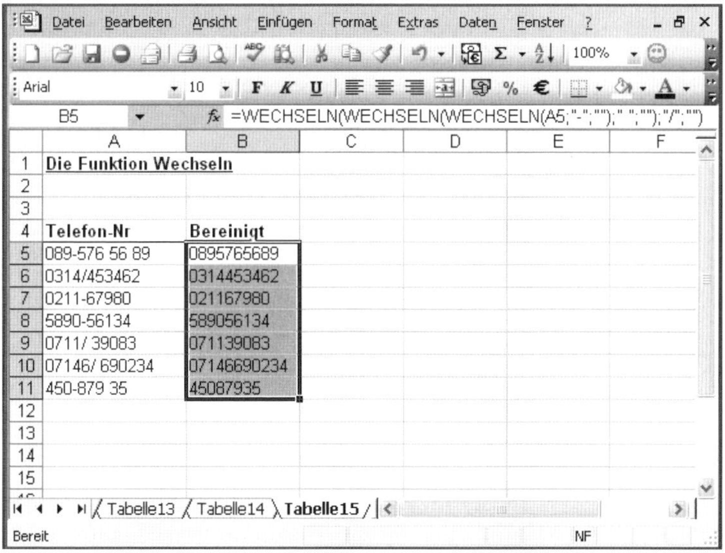

Abbildung 5.29: Die Sonderzeichen wurden entfernt

KNOW-HOW

Sollen die beiden Trennzeichen »/« und »-« nur durch Leerzeichen ersetzt werden, dann lautet die Formel:

=WECHSELN(WECHSELN(A5;"-";" ");"/";" ")

Die Tabellenfunktion ERSETZEN

Die Tabellenfunktion **ERSETZEN** ersetzt auf der Grundlage der Anzahl von Zeichen, die Sie angeben, einen Teil einer Textzeichenfolge durch eine andere Textzeichenfolge.

Die Syntax dieser Funktion lautet:

ERSETZEN(Alter_Text;Erstes_Zeichen;Anzahl_Zeichen;Neuer_Text)

Mit dem Argument **Alter_Text** ist der Text (die Zeichenfolge), in dem (der) Sie einige Zeichen ersetzen möchten, gemeint.

Im Argument **Erstes_Zeichen** geben Sie die Position des zu **Alter_Text** gehörenden Zeichens an, bei der mit dem Ersetzen durch **Neuer_Text** begonnen werden soll.

Im Argument **Anzahl_Zeichen** wird angegeben, wie viele der zu **Alter_Text** gehörenden Zeichen die Funktion durch **Neuer_Text** ersetzen soll.

Im Vergleich zur Tabellenfunktion **WECHSELN** haben Sie bei der Funktion **ERSETZEN** die Möglichkeit, genau zu bestimmen, ab welcher Position im Text gesucht und ersetzt werden soll.

Die Arbeitszeit berechnen

In der folgenden Aufgabe liegt eine Stundenerfassung vor, die ursprünglich in einer anderen Anwendung erstellt und danach in Excel importiert wurde. Dabei sieht die Liste wie in Abbildung 5.30 gezeigt aus.

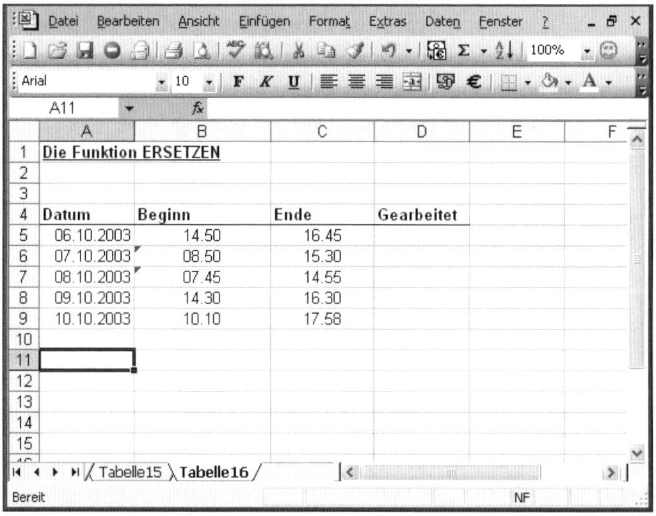

Abbildung 5.30: Die Arbeitszeitliste

Bei der Arbeitszeitliste sind die Zeitangaben nicht wie in Excel gewohnt mit Doppelpunkt, sondern eben mit einem einfachen Punkt durchgeführt worden. Mit diesem Format können Sie in Excel leider nichts anfangen, da es bei einer Subtraktion des End-Wertes vom Beginn-Wert die Fehlermeldung **#WERT** liefert, anstatt die Dauer der Arbeitszeit zu berechnen. Da Sie aber die Zeiten-Formatierung für die Spalten **B** und **C** so beibehalten möchten, müssen Sie einen Trick anwenden. Dabei verfahren Sie wie folgt:

1. Markieren Sie den Zellenbereich **D5:D9**
2. Erfassen Sie die Formel **=(ERSETZEN(C5;SUCHEN(".";C5);1;":")-ERSETZEN (B5;SUCHEN(".";B5);1;":"))**
3. Bestätigen Sie die Eingabe über die Tastenkombination [Strg] + [↵].

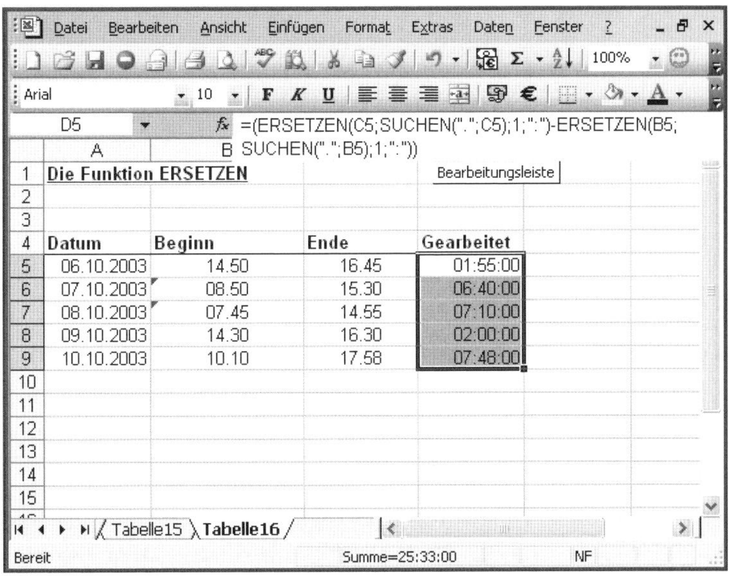

Abbildung 5.31: Die Zeiten werden gerechnet

Die Subtraktion der beiden Zeitwerte kann in Excel erfolgen, weil Sie mit Hilfe der Tabellenfunktion **ERSETZEN** die Punkte zwischen der Stunden- und Minutenangabe davor tauschen. Mit Hilfe der Funktion **SUCHEN** finden Sie den Punkt zwischen der Stunden- und der Minutenangabe.

Variable Rechnungsnamen

Stellen Sie sich folgenden Sachverhalt vor. Es liegt eine Tabelle mit Rechnungen vor, die einen dynamischen Namen haben. Der Name setzt sich aus einem Datum und dem eigentlichen Sachverhalt zusammen. Sehen Sie sich dazu einmal die Abbildung 5.32 an.

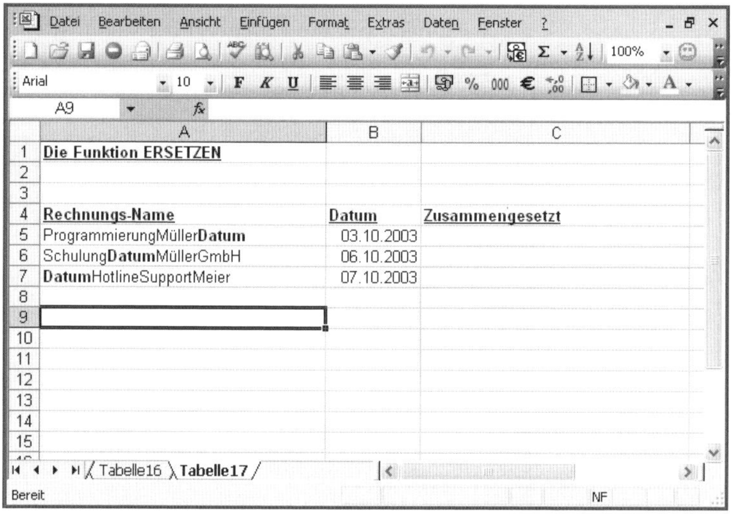

Abbildung 5.32: Variable Rechnungsnamen erzeugen

In Spalte **B** wird jeweils das Datum der Rechnungsstellung erfasst. Dieses Datum soll nun in Spalte **A** den bisherigen Text entnehmen und aus dem Platzhalter **Datum** das dazugehörende Datum aus Spalte **B** entnehmen und in Spalte **C** einfügen. Um diese Aufgabe zu lösen, verfahren Sie wie folgt:

1. Markieren Sie den Zellenbereich **B5:B7**
2. Erfassen Sie die Formel **=ERSETZEN(A5;FINDEN("Datum";A5;1);5; TEXT(B5;"TTMMJJJJ"))**
3. Bestätigen Sie die Eingabe über die Tastenkombination [Strg] + [↵].

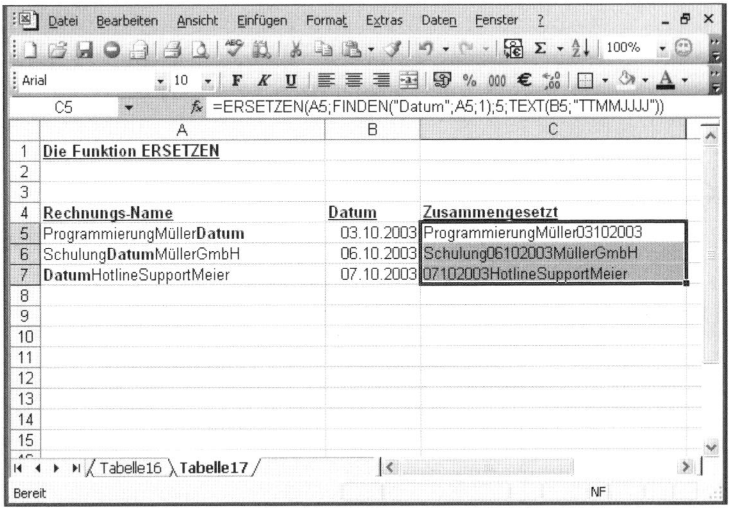

Abbildung 5.33: Die Rechnungen wurden in Abhängigkeit von Spalte B benannt

Egal, an welcher Stelle der Platzhalter **Datum** steht. Über die Funktion **SUCHEN** wird die Fundstelle ermittelt und anschließend wird dann die Fundstelle (5 Zeichen) mit dem Datum aus Spalte **B** über die Funktion **ERSETZEN** ausgetauscht. Über die Tabellenfunktion **TEXT** muss die Datumsausgabe noch in das richtige Format gebracht werden. Dazu aber später mehr.

Die Tabellenfunktionen GROSS und GROSS2

Mit Hilfe der Tabellenfunktion **GROSS** können Sie einen Text in Großbuchstaben umwandeln.

Mit Hilfe der Tabellenfunktion **GROSS2** werden jeweils die Anfangsbuchstaben eines Satzes in Großbuchstaben umgewandelt. Der Rest der Buchstaben bleibt klein.

Übergeben Sie diesen Funktionen entweder direkt den Text, den Sie umwandeln möchten, beispielsweise **=GROSS("excel für jeden")** mit dem Ergebnis **EXCEL FÜR JEDEN,** oder über einen Zellenbezug, wie **=GROSS(A1)**.

Klein zu Groß

Im nächsten Beispiel liegt eine kurze Artikelliste vor, bei der alle Buchstaben in Kleinschreibweise wie in Abbildung 5.34 vorkommen.

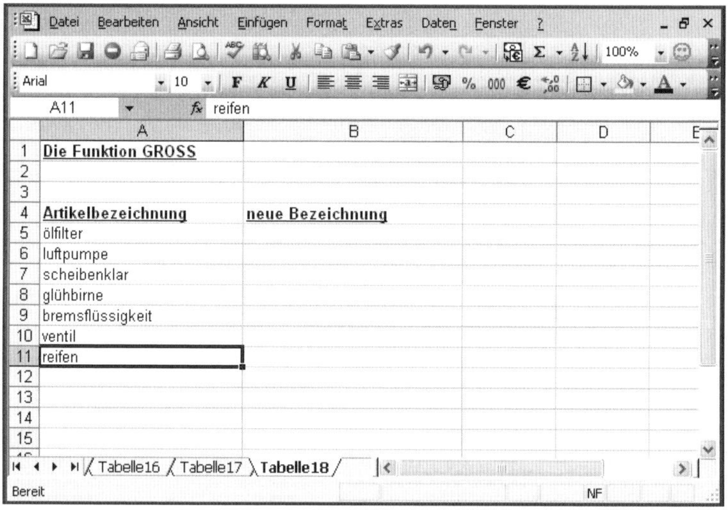

Abbildung 5.34: Die Artikel sollen in Großbuchstaben konvertiert werden

Um die Liste mit den Artikeln in Großbuchstaben zu konvertieren, gehen Sie folgendermaßen vor:

1. Markieren Sie den Zellenbereich **B5:B11**
2. Erfassen Sie die Formel **=GROSS(A5)**
3. Bestätigen Sie die Eingabe über die Tastenkombination Strg + ↵.

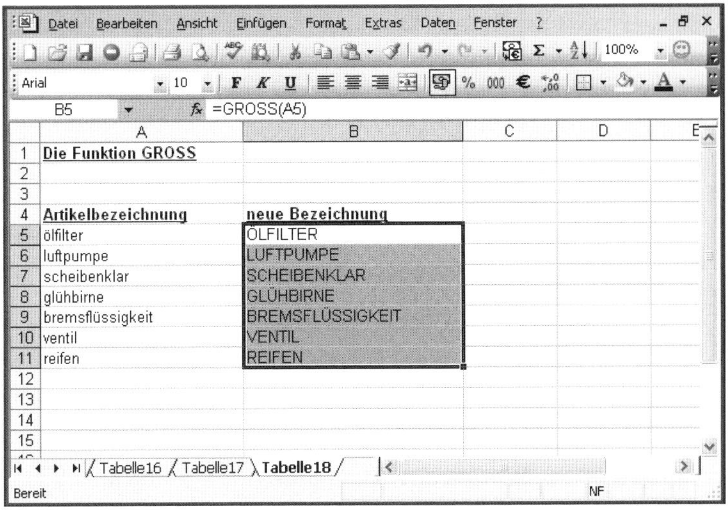

Abbildung 5.35: Alle Buchstaben liegen jetzt in Großschreibweise vor

Texte umsetzen nach GROSS2

Im folgenden Beispiel werden in einer Tabelle mögliche Zahlungsweisen wie bar, per Überweisung, per Nachnahme usw. erfasst. Diese Eingaben werden über die Tabellenfunktion **GROSS2** in eine einheitliche Form gebracht. Sehen Sie sich dazu das fertige Ergebnis in Abbildung 5.36 an.

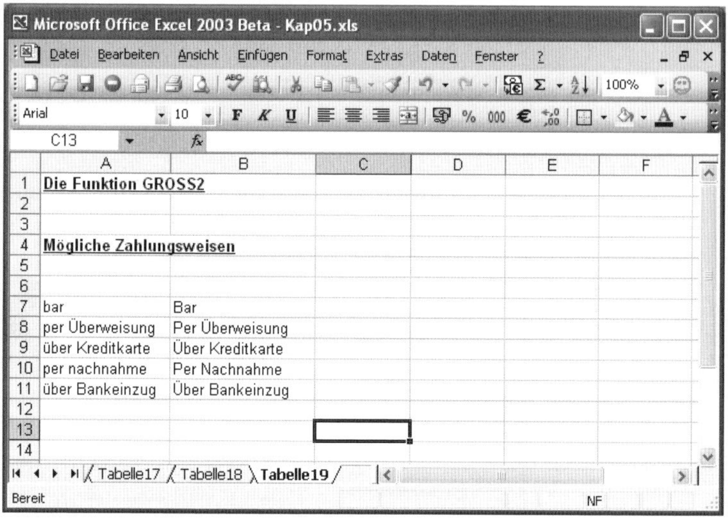

Abbildung 5.36: Die Texte wurden konvertiert

Bei der Funktion **GROSS2** wird jeweils nur der erste Buchstabe eines Wortes groß geschrieben. Für dieses Beispiel ist das noch in Ordnung.

Was aber ist, wenn Sie Texte wie **»bitte zahlen Sie innerhalb der nächsten 14 Tage«** umwandeln müssen? Ale Ergebnis der Funktion **GROSS2** erhalten Sie den Text **»Bitte Bezahlen Sie Innerhalb Der Nächsten 14 Tage«**.

Für diesen Fall setzen Sie die Formel

=LINKS(GROSS(A12);1) & TEIL(A12;2;LÄNGE(A12)-1)

ein. Für den ersten Buchstaben wenden Sie die Tabellenfunktion **GROSS** oder auch **GROSS2** an. Danach übertragen Sie den Rest der Buchstaben ohne eine weitere Anpassung vorzunehmen. Als Ergebnis erhalten Sie den Text »**Bitte zahlen Sie innerhalb der nächsten 14 Tage**«.

Die Tabellenfunktion KLEIN

Mit Hilfe der Tabellenfunktion **KLEIN** können Sie einen Text in Kleinbuchstaben umwandeln.

Übergeben Sie diesen Funktionen entweder direkt den Text, den Sie umwandeln möchten, beispielsweise **=Klein("EXCEL FÜR JEDEN")** mit dem Ergebnis **excel für jeden,** oder über einen Zellenbezug, wie **=Klein(A1)**.

Groß zu Klein

Liegt beispielsweise ein Artikelstamm, den Sie aus einer anderen Anwendung in Excel importiert haben, in Großbuchstaben vor, dann können Sie diesen Artikelstamm ohne große Mühe in Kleinbuchstaben konvertieren.

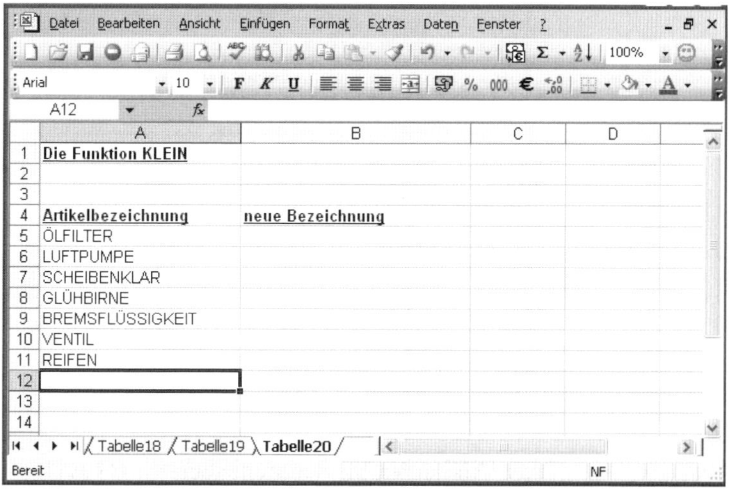

Abbildung 5.37: Der in Excel importierte Artikelstamm

Konvertieren Sie nun die Daten aus Spalte A in Kleinbuchstaben und fügen Sie die neuen Artikelbezeichnungen in Spalte **B** ein.

1. Markieren Sie den Zellenbereich **B5:B11**
2. Erfassen Sie die Formel **=KLEIN(A5)**
3. Bestätigen Sie die Eingabe über die Tastenkombination [Strg] + [↵].

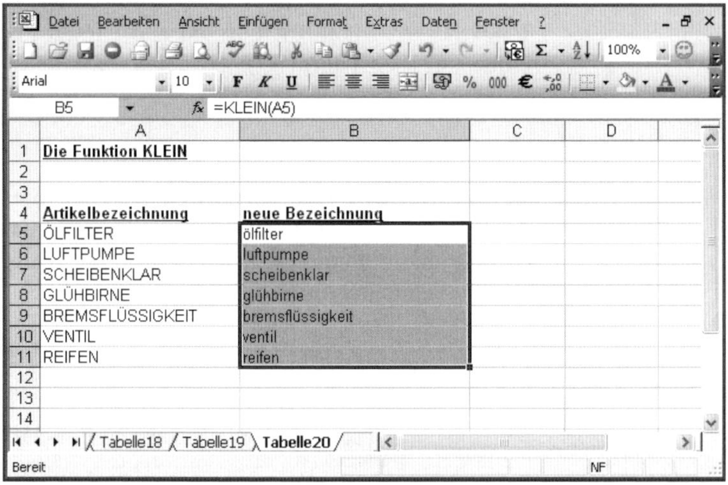

Abbildung 5.38: Alle Bezeichnungen wurden in Kleinbuchstaben umgesetzt

Möchten Sie nun die neuen Bezeichnungen aus Spalte **B** mit den Daten aus Spalte **A** überschreiben, dann müssen Sie zuerst die Formeln aus Spalte **B** in Festwerte umsetzen und anschließend in die Spalte **A** einfügen. Am schnellsten geht das, indem Sie die folgenden Arbeitsschritte durchführen.

1. Markieren Sie den Zellenbereich **B5:B11**
2. Ziehen Sie mit der rechten Maustaste am Rand der Markierung die komplette Auswahl eine Spalte weiter nach rechts.
3. Halten Sie dabei die rechte Maustaste weiter gedrückt.

4. Bewegen Sie die Markierung jetzt zwei Spalten nach links und lassen Sie die gedrückte rechte Maustaste los.

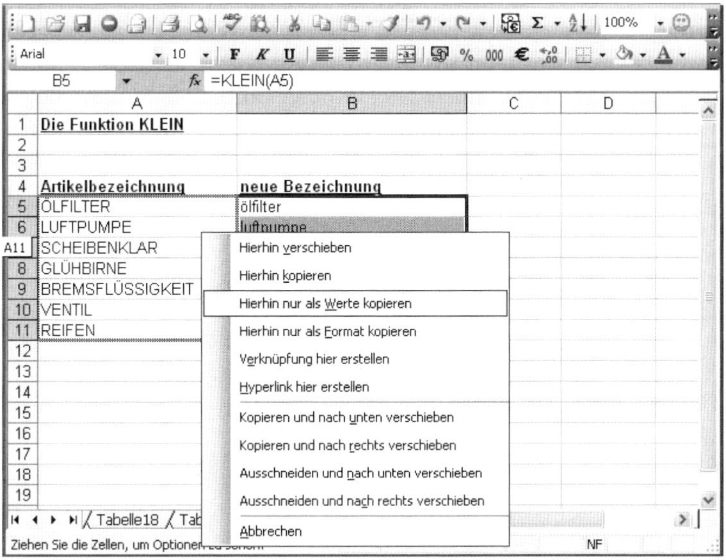

Abbildung 5.39: Das Kontextmenü einsetzen

5. Wählen Sie aus dem Kontextmenü den Befehl *Hierhin nur als Werte kopieren.*

Die Tabellenfunktion FEST

Mit Hilfe der Tabellenfunktion **FEST** können Sie eine Zahl als Text mit einer festen Anzahl von Nachkommastellen umwandeln.

Die Syntax dieser Funktion lautet:

FEST(Zahl;Dezimalstellen;Keine_Punkte)

Im Argument **Zahl** geben Sie die Zahl an, die Sie runden und in Text umwandeln möchten.

Beim Argument **Dezimalstellen** können Sie die Anzahl der Ziffern rechts vom Dezimalkomma festlegen. Wenn dieses Argument mit einem negativen Vorzeichen eingegeben wird, dann werden die Stellen von **Zahl** links vom Dezimalkomma gerundet.

Beim letzten Argument **Keine_Punkte** können Sie bestimmen, ob bei der Umwandlung Tausender-Punkte eingefügt werden sollen. Wird dieses Argument nicht angegeben, dann werden die Tausender-Punkte automatisch eingefügt. Wird das Argument **Keine_Punkte** auf den Wert **WAHR** gesetzt, dann fügt die Funktion im Ergebnis keine Tausender-Punkte ein.

HINWEIS

Übrigens können in Excel Zahlen eine maximale Länge von 15 Ziffern haben.

Zahlen in formatierte Texte umwandeln

Bei der folgenden Aufgabe sollen Zahlen in Text umgewandelt und dabei noch gerundet und mit dem Tausendertrennzeichen ausgestattet werden. Sehen Sie sich vorher die Abbildung 5.40 an.

Um die Zahlen aus Abbildung 5.40 in Texte mit Formatierung zu konvertieren und dabei noch eine Rundung durchzuführen, verfahren Sie folgendermaßen.

1. Markieren Sie den Zellenbereich **B5:B11**
2. Erfassen Sie die Formel **=FEST(A5;-1;FALSCH)**
3. Bestätigen Sie die Eingabe über die Tastenkombination Strg + Strg.

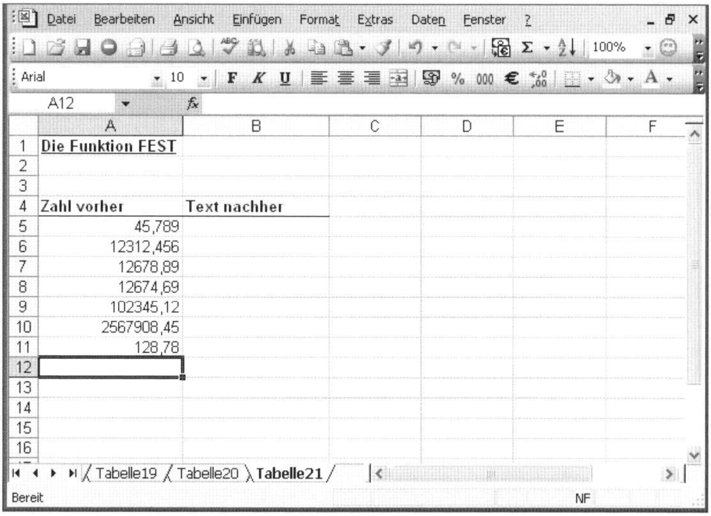

Abbildung 5.40: Diese Zahlen sollen in formatierten Text umgewandelt werden

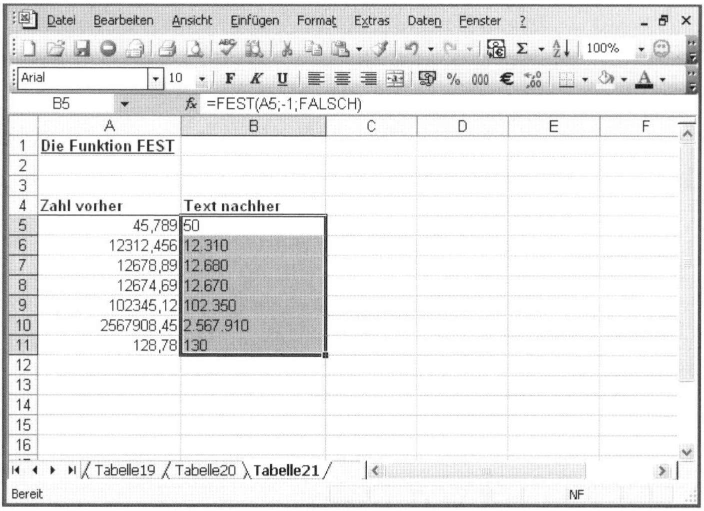

Abbildung 5.41: Die Zahlen wurden in lesbaren Text umgewandelt

Indem Sie im zweiten Argument der Funktion **FEST** den Wert **-1** angegeben haben, werden alle Ergebnisse vor dem Komma auf 10er Basis gerundet. Soll das Ergebnis auf 100er Basis gerundet werden, dann geben Sie im zweiten Argument den Wert **-2** an.

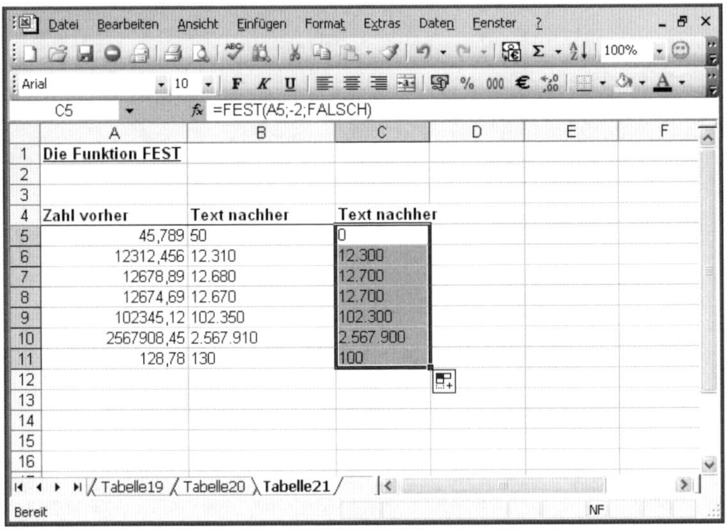

Abbildung 5.42: Umwandeln in Text und Runden auf 100er-Basis

Die Tabellenfunktion GLÄTTEN

Mit Hilfe der Tabellenfunktion **GLÄTTEN** können Sie Leerzeichen in Text, die nicht als jeweils einzelne zwischen Wörtern stehende Trennzeichen dienen, entfernen. Diese Funktion wird oft bei Texten eingesetzt, die aus anderen Anwendungsprogrammen in Excel importiert haben, die oft unerwünschte Leerzeichen enthalten können.

Die Syntax dieser Funktion lautet:

=GLÄTTEN(Text)

Im Argument **Text** geben Sie den Text an oder den Zellenbezug, der den Text enthält, aus dem die Leerzeichen entfernt werden sollen.

Störende Leerzeichen entfernen

In der folgenden Abbildung 5.43 enthält eine Tabelle einige Zellen, die sowohl führende als auch nachfolgende Leerzeichen enthalten. Die führenden Leerzeichen können dabei leicht vom Auge wahrgenommen werden, die nachfolgenden Leerzeichen können nicht direkt erkannt werden.

Um zu prüfen, ob eine Zelle nachfolgende Leerzeichen hat, befolgen Sie die nächsten Arbeitschritte:

1. Setzen Sie den Zellenzeiger auf die Zelle, die Sie kontrollieren möchten.
2. Drücken Sie die Taste F2, um in die direkte Zellenbearbeitung zu gelangen.
3. Jetzt drücken Sie die Taste Ende. Damit wird der Mauszeiger direkt an das Ende der Zelle gesetzt und Leerzeichen können somit leicht erkannt werden.

HINWEIS

Wenn ein Text in einer Zelle nicht ganz linksbündig angeordnet ist, dann müssen nicht immer Leerzeichen dafür verantwortlich sein. Wenn Sie aus dem Menü *Format* den Befehl *Zellen* auswählen und danach auf die Registerkarte *Ausrichtung* wechseln, dann sehen Sie im Kombinationsfeld *Einzug* eine Möglichkeit, Texte auch ohne Leerzeichen einzurücken.

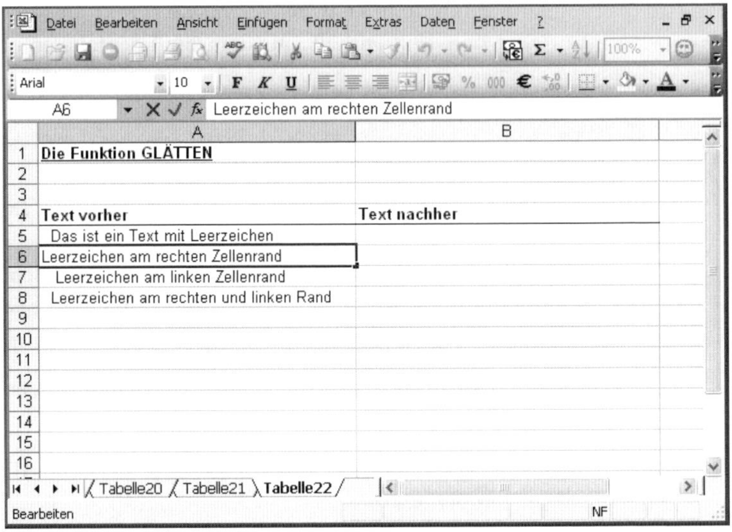

Abbildung 5.43: Leerzeichen in Excel eliminieren

Um jetzt alle führenden und nachfolgenden Leerzeichen zu entfernen, verfahren Sie wie folgt:

1. Markieren Sie den Zellenbereich **B5:B8**
2. Erfassen Sie die Formel **=GLÄTTEN(A5)**
3. Bestätigen Sie die Eingabe über die Tastenkombination Strg + ↵.

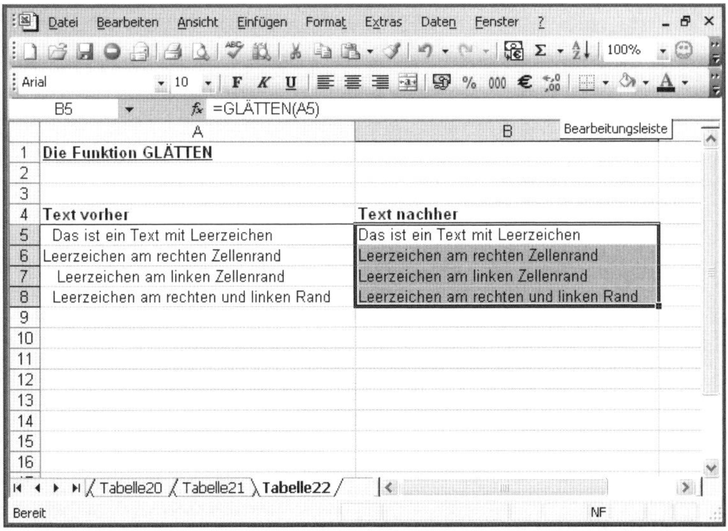

Abbildung 5.44: Alle Leerzeichen am linken sowie rechten Zellenrand wurden entfernt

Unnötige Lücken schließen

Bei der folgenden Aufgabe liegt eine Tabelle vor, die wie ein Formular aufgebaut ist. In dieser Tabelle sollen Adressdaten eingegeben werden. Sehen Sie sich dazu einmal die Abbildung 5.45 an.

Sehen Sie sich einmal die Zelle **B14** an. Im Falle, dass in den Eingabefeldern **B5:B11** Eingaben fehlen, werden in Zelle **B14** zu viele Leerzeichen eingefügt. Erweitern Sie die Formel aus **B14** so, dass bei fehlenden Informationen nicht zu viele Leerzeichen eingefügt werden. Dabei gehen Sie wie folgt vor:

1. Setzen Sie den Zellenzeiger in Zelle **B15**
2. Drücken Sie die Tastenkombination [Strg] + [,], um die Formel aus Zelle **B14** in Zelle **B15** einzufügen.
3. Passen Sie die Formel wie folgt an: **=GLÄTTEN(B5&" " & B6 &" " &B7&" " &B8&" " & B9 & " " & B10 & " " & B11)**

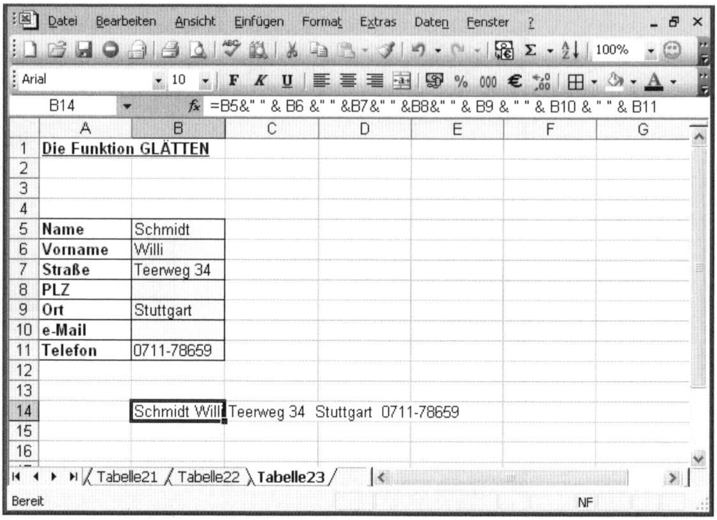

Abbildung 5.45: Problematisch bei leeren Feldern

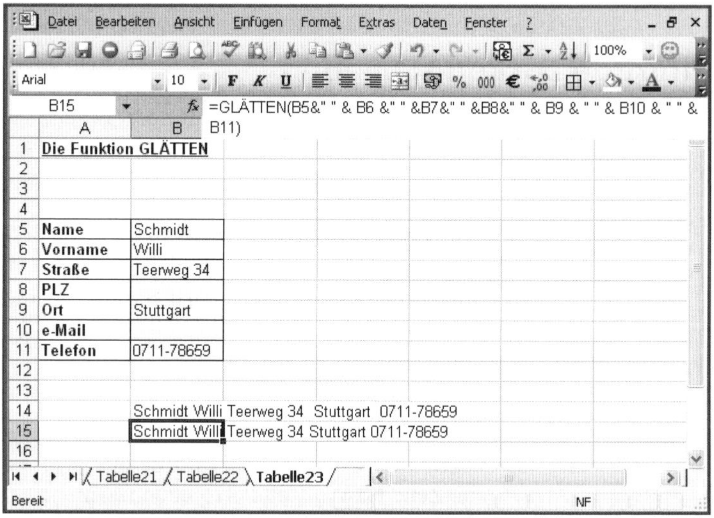

Abbildung 5.46: In Zelle B15 wird nach jeder Information nur ein Leerzeichen eingefügt

Bei fehlenden Informationen werden überflüssige Leerzeichen entfernt.

Brauchbare Zahlen herstellen

Nach einem Daten-Import nach Excel liegt eine Tabelle mit Zahlen in Spalte A vor. Bei diesen Zahlen sind jeweils einige führende Leerzeichen vorhanden. Excel interpretiert daher die Zahlen als Text. Sehen Sie sich vorher die Abbildung 5.47 an.

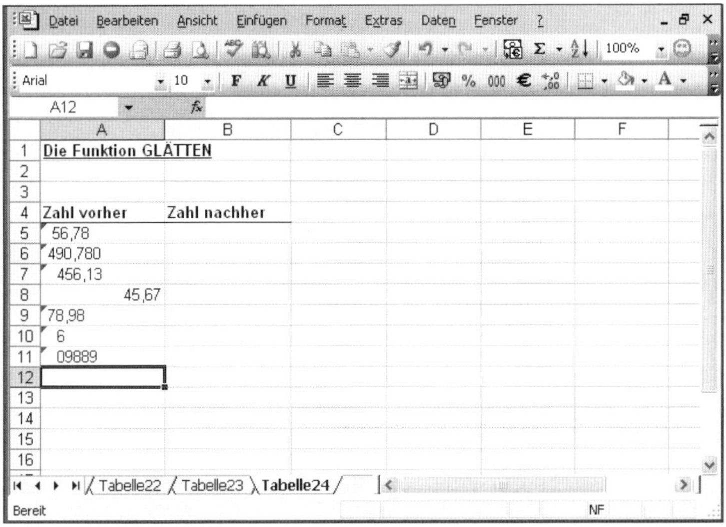

Abbildung 5.47: Die meisten Zahlen liegen als Text vor

Um nun die führenden Leerzeichen aus den als Text erkannten Werten zu entfernen, verfahren Sie wie folgt:

1. Markieren Sie den Zellenbereich **B5:B11**
2. Erfassen Sie die Formel **=WERT(GLÄTTEN(A5))**

3. Bestätigen Sie die Eingabe über die Tastenkombination [Strg] + [↵].

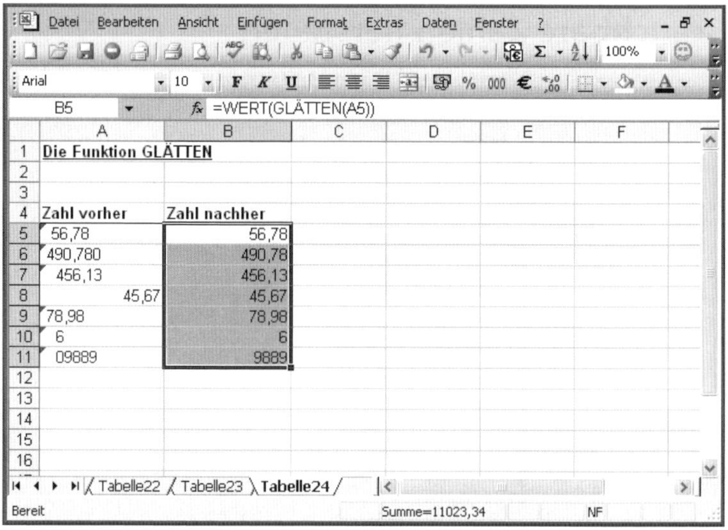

Abbildung 5.48: Die Zahlen liegen richtig aufbereitet vor

Die Tabellenfunktion SÄUBERN

Mit Hilfe der Tabellenfunktion **SÄUBERN** können Sie alle nicht druckbaren Zeichen aus einem Text entfernen. Diese Funktion kommt für Texte aus anderen Anwendungen in Frage, die in Excel importiert wurden und Zeichen enthalten können, die das von Ihnen verwendete Betriebssystem nicht drucken kann. Unter anderem kann man die Funktion **SÄUBERN** verwenden, um maschinennahen Code zu entfernen, der sich häufig am Anfang und Ende einer Datendatei befindet und nicht gedruckt werden kann.

Die Syntax dieser Funktion lautet:

=SÄUBERN(Text)

Geben Sie im Argument **Text** den Zellenbezug an, aus der Sie die nicht druckbaren Zeichen entfernen möchten.

Unnötige Zeichen entfernen

Tauchen nach einem Import von Daten aus einer Fremdanwendung unleserliche oder selten anmutende Zeichen auf, dann können Sie diese über die Tabellenfunktion **SÄUBERN** entfernen. Sehen Sie sich zunächst die Abbildung 5.49 an.

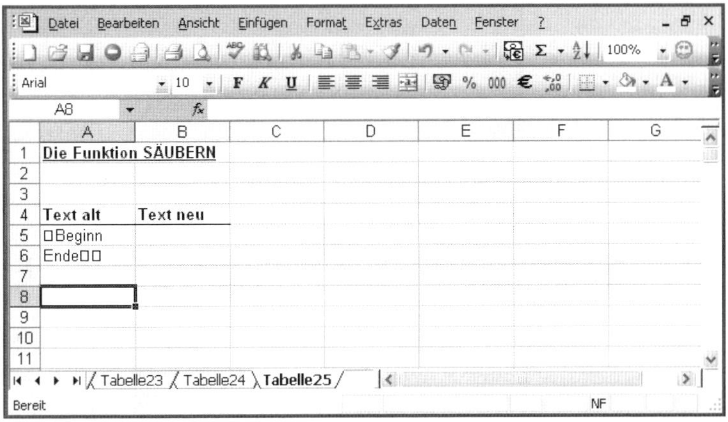

Abbildung 5.49: Nicht interpretierbare Zeichen in Spalte A

Entfernen Sie nun die nicht lesbaren Zeichen aus Spalte A, indem Sie die nächsten Arbeitsschritte befolgen:

1. Markieren Sie den Zellenbereich **B5:B6**
2. Erfassen Sie die Formel **=SÄUBERN(A5)**
3. Bestätigen Sie die Eingabe über die Tastenkombination [Strg] + [↵].

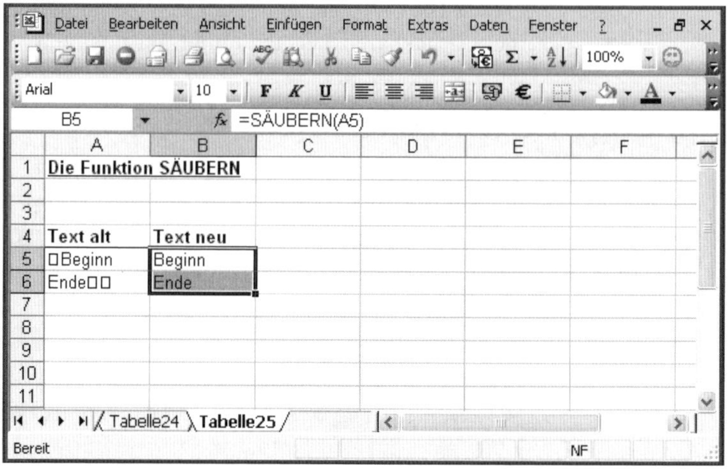

Abbildung 5.50: Die Texte wurden bereinigt

Die Tabellenfunktion WIEDERHOLEN

Mit Hilfe der Tabellenfunktion **WIEDERHOLEN** können Sie einen Text so oft wie angegeben wiederholen.

Die Syntax dieser Funktion lautet:

WIEDERHOLEN(Text;Multiplikator)

Im Argument **Text** geben Sie den Text an, den Sie wiederholen möchten.

Das Argument **Multiplikator** legt fest, wie oft Text wiederholt werden soll.

Würfelergebnisse grafisch darstellen

In der folgenden Aufgabe liegt eine Liste mit Würfelergebnissen vor. In Spalte **A** sind dabei jeweils zwischen **1** und **6** Punkten je Wurf dargestellt.

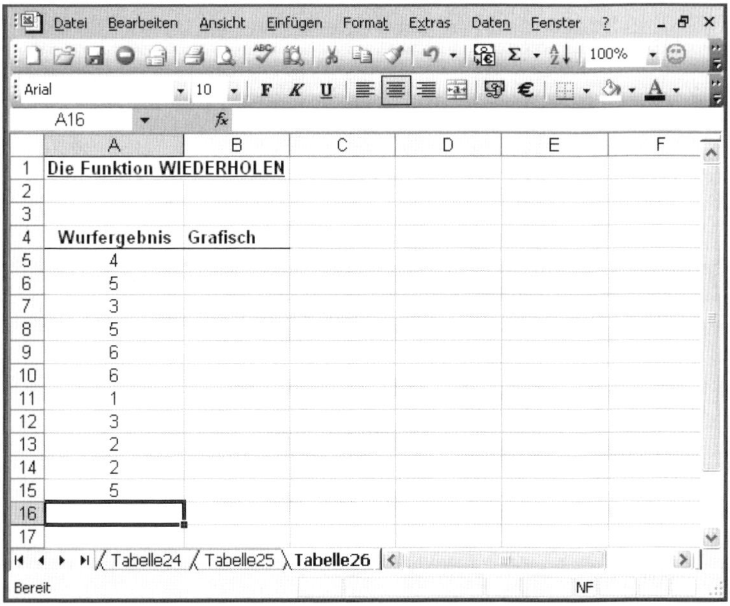

Abbildung 5.51: Die Würfelergebnisse liegen vor

Um nun eine grafische Darstellung der Würfelergebnisse zu erhalten, befolgen Sie die nächsten Arbeitsschritte:

1. Markieren Sie den Zellenbereich **B5:B15**
2. Erfassen Sie die Formel **=WIEDERHOLEN("n";A5)**
3. Bestätigen Sie die Eingabe über die Tastenkombination Strg + ↵.
4. Wählen Sie aus dem Menü *Format* den Befehl *Zellen formatieren*.
5. Wechseln Sie auf die Registerkarte *Schrift*.
6. Wählen Sie im Listenfeld *Schriftart* den Eintrag *Wingdings*.
7. Bestätigen Sie die Formatierung mit *OK*.

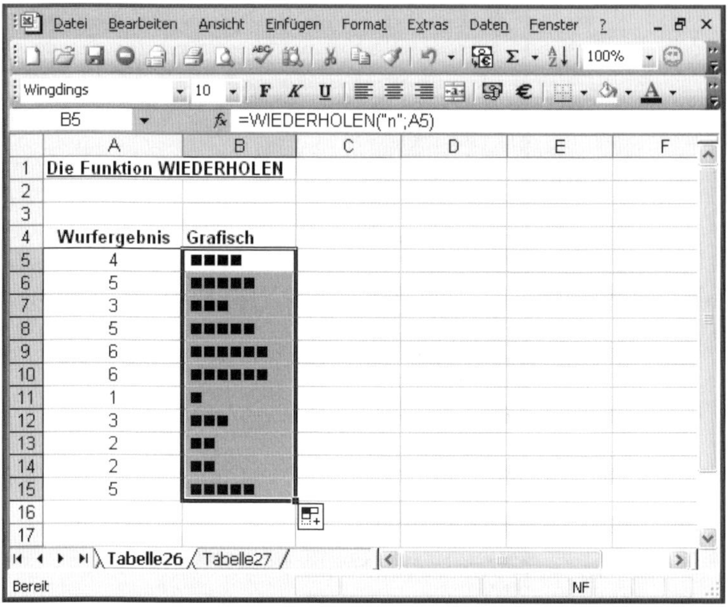

Abbildung 5.52: Die Würfelergebnisse werden grafisch dargestellt

Der Kleinbuchstabe **b** entspricht in der Schriftart *Wingdings* einem schwarzen Quadrat.

Projektfortschritt aufzeigen

In der folgenden Aufgabe liegt eine Liste für ein Projekt vor. Auf dieser Liste werden die einzelnen Projektschritte aufgelistet und ein Fertigstellungs-Status erfasst. Diese Liste sieht momentan wie folgt aus:

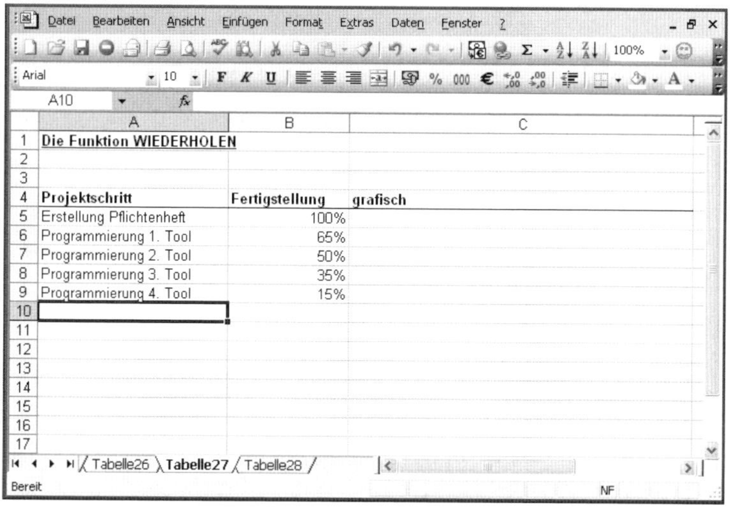

Abbildung 5.53: Die Projekt-Liste noch ohne grafische Darstellung

Erstellen Sie jetzt in Spalte **C** eine grafische Darstellung, bei der Sie den Fertigstellungsgrad darstellen. Befolgen Sie dazu die nächsten Arbeitsschritte:

1. Markieren Sie den Zellenbereich **C5:C9**
2. Erfassen Sie die Formel **=WIEDERHOLEN("|";B5*100)**
3. Bestätigen Sie die Eingabe über die Tastenkombination Strg + ↵.

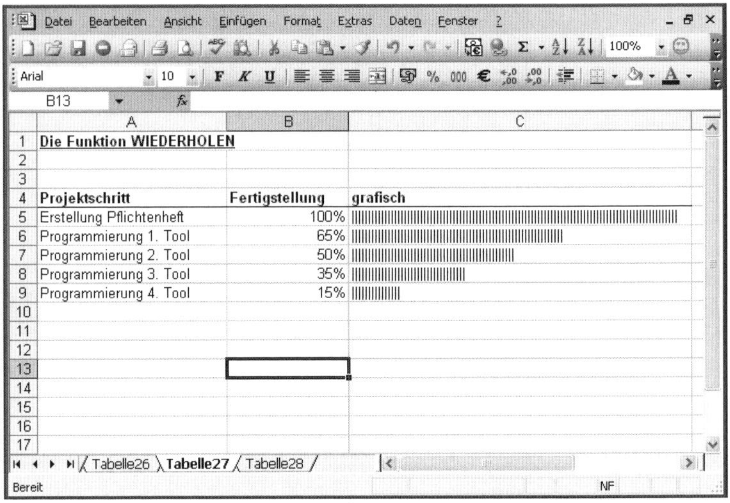

Abbildung 5.54: Die grafische Darstellung des Fertigstellungsgrades

Immer wenn Sie die Fertigstellungsangaben in Spalte **B** anpassen, wird ebenso automatisch in Spalte **C** die Anzahl der Balken geändert.

Telefonanrufe aufzeichnen

In der nächsten Aufgabe werden in einer Liste die Telefonanrufe von Kunden eines Jahres festgehalten. Dabei sieht die Liste wie in Abbildung 5.55 aus.

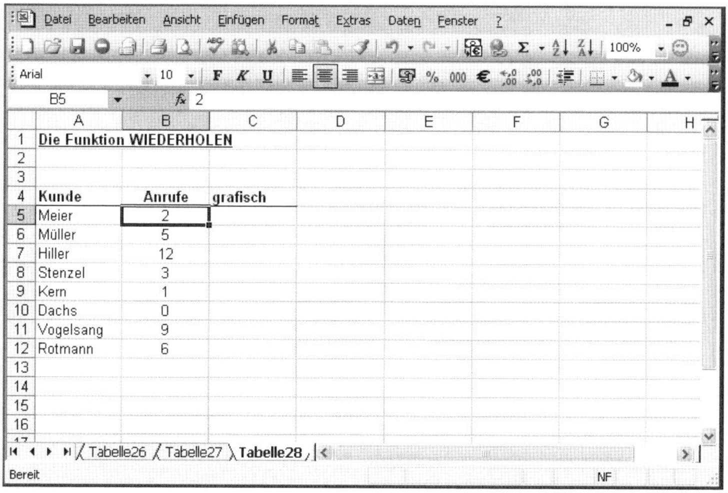

Abbildung 5.55: Die Telefonliste, noch ohne Grafikdarstellung

Um die Anzahl der Telefonanrufe pro Kunde grafisch darzustellen, verfahren Sie wie folgt:

1. Markieren Sie den Zellenbereich **C5:C12**
2. Erfassen Sie die Formel **=WIEDERHOLEN("'";B5)**. Innerhalb der zwei Anführungszeichen wird ein einfacher Apostroph gesetzt.
3. Bestätigen Sie die Eingabe über die Tastenkombination [Strg] + [↵].
4. Wechseln Sie auf die Registerkarte *Schrift*.
5. Wählen Sie im Listenfeld *Schriftart* den Eintrag *Wingdings 2*.
6. Bestätigen Sie die Formatierung mit *OK*.

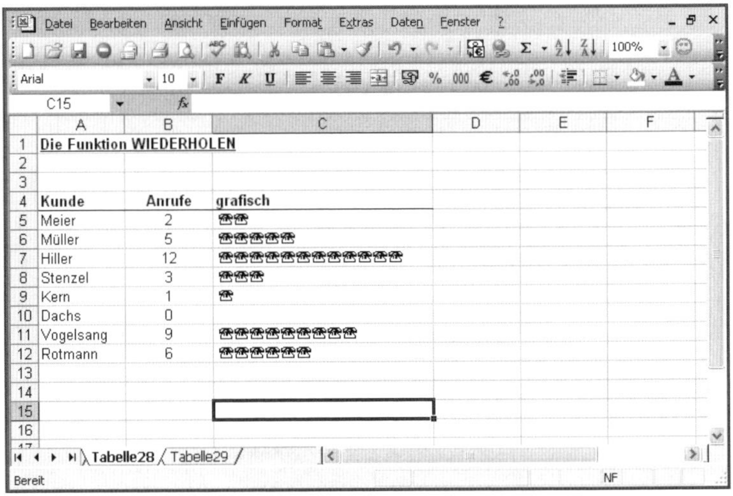

	A	B	C
1	Die Funktion WIEDERHOLEN		
2			
3			
4	Kunde	Anrufe	grafisch
5	Meier	2	☎☎
6	Müller	5	☎☎☎☎☎
7	Hiller	12	☎☎☎☎☎☎☎☎☎☎☎☎
8	Stenzel	3	☎☎☎
9	Kern	1	☎
10	Dachs	0	
11	Vogelsang	9	☎☎☎☎☎☎☎☎☎
12	Rotmann	6	☎☎☎☎☎☎

Abbildung 5.56: Die Telefonanrufhäufigkeit wird grafisch dargestellt

Symbolschriftarten auslesen

In den letzten Aufgaben haben Sie verstärkt mit Symbolschriftarten gearbeitet. Um nun aber herauszufinden, welches Zeichen in der jeweiligen Symbolschriftart wie dargestellt wird, können Sie sich eine eigene Tabelle entwerfen, in der Sie die Umsetzung der Zeichen optisch darstellen können.

Um eine solche Symboltabelle anzulegen, verfahren Sie wie folgt:

1. Geben Sie in Zelle **A2** die Zahl **1** ein.
2. Ziehen Sie das Ausfüllkästchen bis in die Zelle **A256** nach unten und halten Sie dabei die Taste ⇧ gedrückt.
3. Erstellen Sie jetzt die Überschriftenzeile beginnend bei Zelle **A1**. **A1=Nr**, **A2=Arial**, **A3=Symbol**, **A4=Wingdings**, **A5=Wingdings2**, **A6=Webdings** und **A7=Terminal**.
4. Markieren Sie danach den Zellenbereich **B2:G256**
5. Erfassen Sie die Formel **=ZEICHEN($A2)**

6. Bestätigen Sie die Eingabe über die Tastenkombination Strg + ↵.

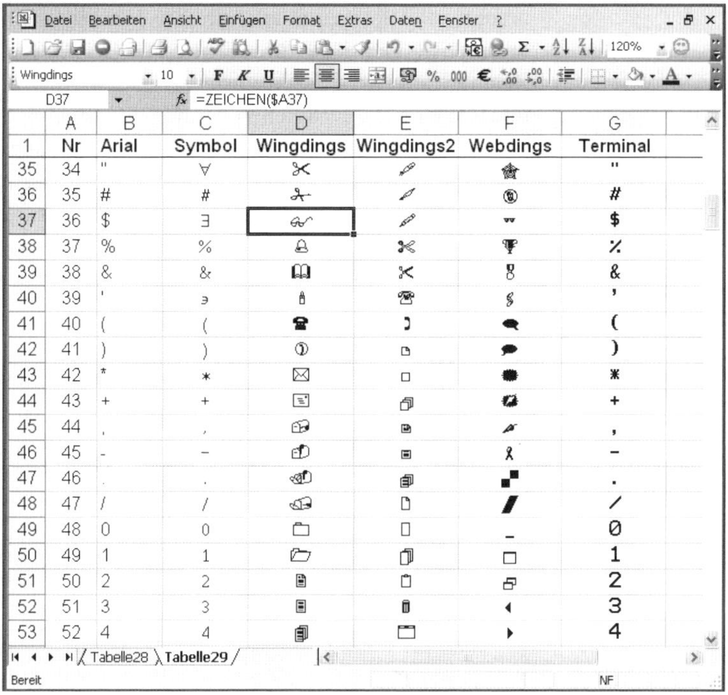

Abbildung 5.57: Die Darstellung der Symbolschriftarten

HINWEIS

Damit die Überschriftenzeile immer im Überblick bleibt, egal wie weit Sie in der Liste nach unten blättern, setzen Sie den Zellenzeiger in Zelle **A2** und wählen aus dem Menü *Fenster* den Befehl *Fenster fixieren*.

Die Tabellenfunktion ZEICHEN

In der letzten Aufgabe wurde die Tabellenfunktion **ZEICHEN** eingesetzt, die übriges ebenso in der Funktionskategorie Text eingeordnet ist. Diese Funktion gibt das der Codezahl entsprechende Zeichen zurück. Als Argument müssen Sie der Funktion **ZEICHEN** eine Zahl zwischen 1 und 255 angeben, die das von Ihnen gewünschte Zeichen angibt. Das jeweilige Zeichen ist Bestandteil des Zeichensatzes, der auf Ihrem Computer verwendet wird. Das so erzeugte Zeichen wird in den Symbolschriftarten unterschiedlich dargestellt.

Spezielle Symbole einfügen

Im folgenden Beispiel sollen einige Symbole zunächst in eine Tabelle eingefügt werden. Dabei legen Sie eine neue Tabelle nach folgendem Vorbild an.

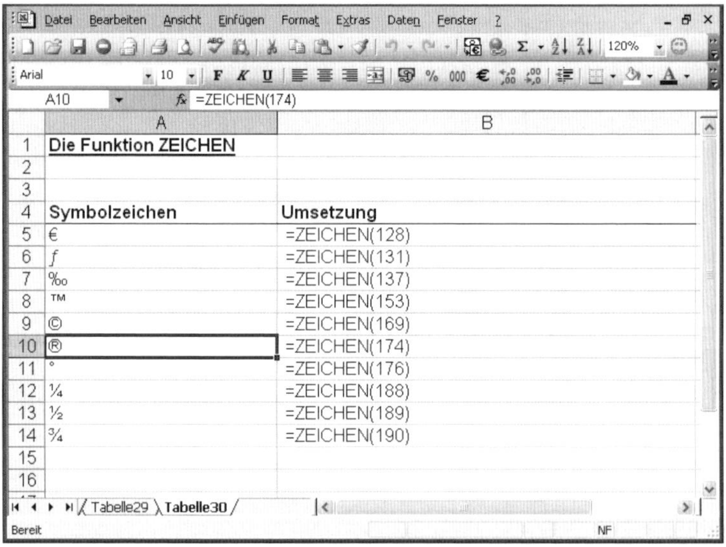

Abbildung 5.58: Spezielle Symbole in Excel

Die Funktion **ZEICHEN** können Sie übrigens auch manuell über den Tastenblock Ihrer Tastatur eingeben. Halten Sie dabei die Taste [Alt] gedrückt und geben Sie dann die Zahl **0169** ein, um beispielsweise das Copyright-Zeichen einzufügen.

Diese Symbole, die über die Funktion **ZEICHEN** in eine Zelle eingefügt werden können, stehen auch für die Erstellung von benutzerdefinierten Formaten zur Verfügung.

Bei der folgenden Aufgabe soll beispielsweise das benutzerdefinierte Format °C (Grad Celsius) erstellt werden. Dazu befolgen Sie die nächsten Arbeitsschritte:

1. Markieren Sie den Bereich, der mit dem benutzerdefinierten Format belegt werden soll.
2. Wählen Sie aus dem Menü *Format* den Befehl *Zellen formatieren*.
3. Wechseln Sie auf die Registerkarte *Zahlen*.
4. Wählen Sie im Listenfeld *Kategorie* den Befehl *Benutzerdefiniert*.

Abbildung 5.59: Ein benutzerdefiniertes Format einstellen

5. Geben Sie im Feld *Typ* das Format **0,0** ein, erfassen Sie ein doppeltes Anführungszeichen und drücken Sie anschließend die Taste [Alt] und geben Sie auf dem Tastenblock die Zahl **0176** ein. Schließen Sie das Format mit dem Buchstaben **C** sowie einem doppelten Anführungszeichen ab.

6. Bestätigen Sie den Vorgang mit *OK*.

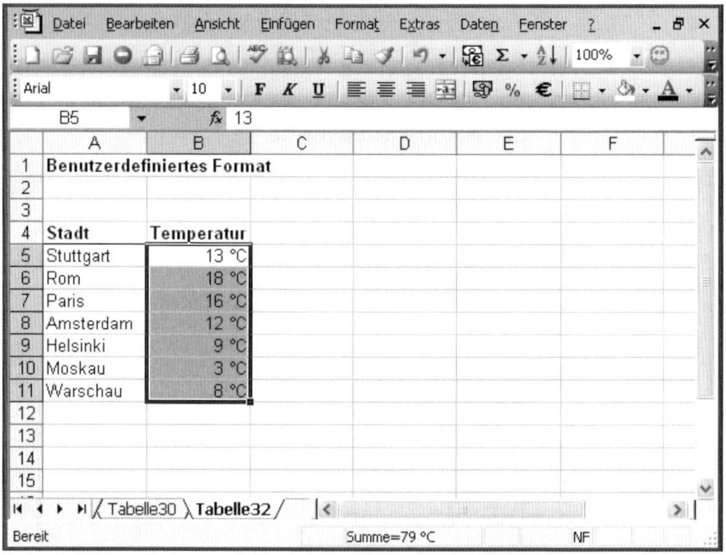

Abbildung 5.60: Die Formatierung °C einstellen

Die Tabellenfunktion CODE

Die Tabellenfunktion **CODE** gibt die Codezahl des ersten Zeichens in einem Text zurück. Die ausgegebene Codezahl entspricht dem Zeichensatz, mit dem Ihr Computer arbeitet.

Die Syntax dieser Funktion lautet:

CODE(Text)

Geben Sie im Argument **Text** den Text an, für den Sie die Codezahl des ersten Zeichens bestimmen möchten.

Die Codezahl von Eingaben bestimmen

In der Abbildung 5.61 werden in Spalte A einige Buchstaben eingegeben.

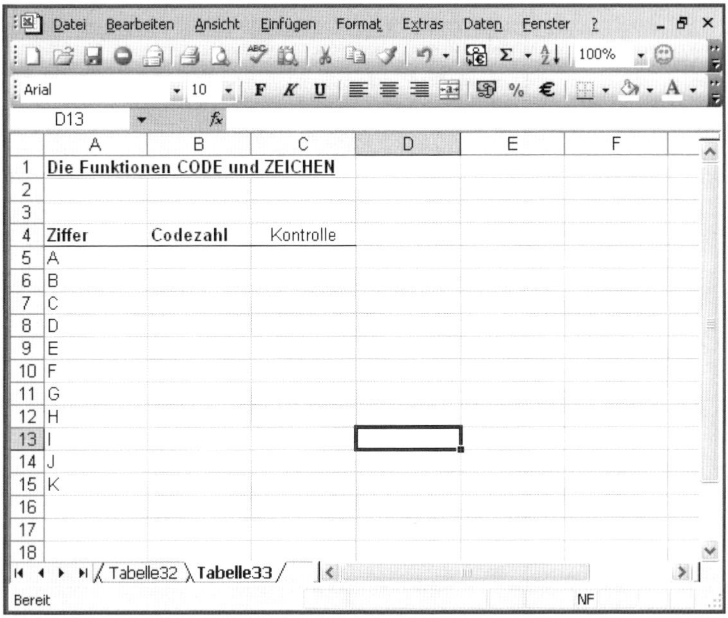

Abbildung 5.61: Die Codezahl von Buchstaben bestimmen

Um die Codezahl der eingegebenen Buchstaben zu bestimmen sowie eine anschließende Kontrolle durchzuführen, befolgen Sie die nächsten Arbeitsanweisungen.

1. Markieren Sie den Zellenbereich **B5:B15**
2. Erfassen Sie die Formel **=CODE(A5)**

3. Bestätigen Sie die Eingabe über die Tastenkombination [Strg] + [↵].
4. Markieren Sie nun den Zellenbereich **C5:C15**
5. Geben Sie die Formel **=ZEICHEN(B5)** ein.
6. Bestätigen Sie die Eingabe über die Tastenkombination [Strg] + [↵].

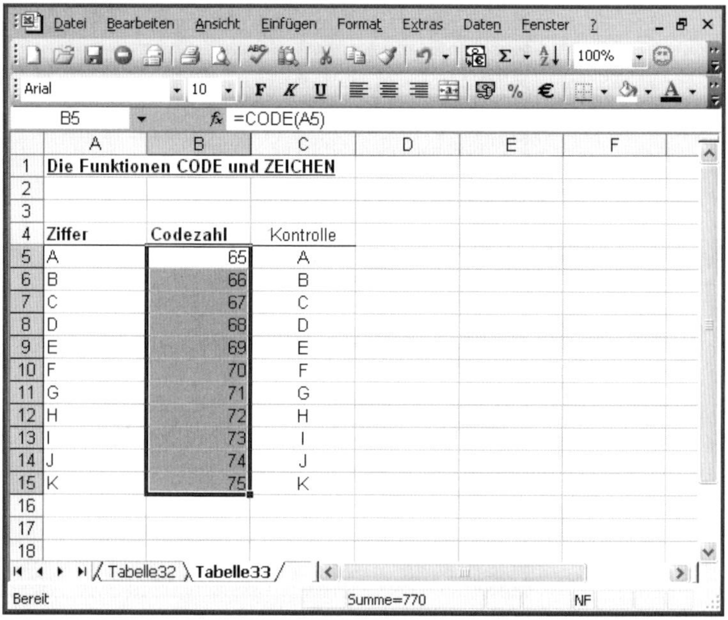

Abbildung 5.62: Die Codezahlen wurden ermittelt

In Spalte **C** erfolgte eine Kontrolle, bei der die Codezahl der Tabellenfunktion **ZEICHEN** übergeben wurde.

KAPITEL 6

Datums- und Zeitfunktionen

In diesem Kapitel lernen Sie die Datums- und Zeitfunktionen von Excel kennen.

Datums- und Zeitfunktionen

Das Tabellenkalkulationsprogramm Microsoft Excel interpretiert Datumswerte intern als Zahlenwerte. Damit kann man leichter rechnen. Die Zeitzählung beginnt bei Excel standardmäßig am 01.01.1900. Dieses Datum entspricht der Zahl 1. Wenn Sie zum Beispiel das Datum 05.10.2003 eingeben und diese Zelle dann mit dem Format *Standard* belegen, so liefert Ihnen dieses Datum die Zahl 37899.

CD

Alle hier vorgestellten Funktionen sind in der Arbeitsmappe *Kap06.xls* auf der mitgelieferten CD-ROM verfügbar.

Die Datumssysteme in Excel

Vielleicht haben Sie auch schon einmal folgende Erfahrung gemacht: Sie subtrahieren zwei Datumswerte voneinander und als Ergebnis werden in der Zelle anstatt des Ergebnisses nur Lattenzäune (####) ausgegeben. Egal wie breit Sie die Spalte dann vergrößern, jeweils die gesamte Zelle wird dann mit Lattenzäunen aufgefüllt. Stoßen Sie auf dieses Problem, dann können Sie wie folgt vorgehen:

1. Wählen Sie aus dem Menü *Extras* den Befehl *Optionen*.
2. Wechseln Sie auf die Registerkarte *Berechnung*.
3. Aktivieren Sie das Kontrollkästchen *1904-Datumswerte*.
4. Bestätigen Sie diese Einstellung mit *OK*.

Excel bietet hier also ein weiteres Datumssystem an. Diese Variante erlaubt es, auch mit negativen Zeiten zu rechnen. Bei der 1904-Variante beginnt die Zeitzählung beim 01.01.1904.

Die Tabellenfunktion HEUTE

Mit Hilfe der Tabellenfunktion **HEUTE** können Sie das aktuelle Tagesdatum in eine Zelle einfügen. Dabei wird diese Funktion bei jedem Öffnen der Arbeitsmappe aktualisiert. Excel orientiert sich bei dieser Funktion am aktuellen Tag, der in der Systemsteuerung von Windows eingestellt ist.

Einen Wochenplan erstellen

In der ersten Aufgabe soll in einer Excel-Tabelle ein kleiner Wochenplan erstellt werden. Dieser Wochenplan soll in Zelle **A5** mit dem aktuellen Tagesdatum beginnen und jeweils eine Woche, also sieben Tage, nach unten anbieten.

Um diese Aufgabe durchzuführen, verfahren Sie wie folgt:

1. Fügen Sie eine neue Tabelle ein.
2. Erfassen Sie in Zelle **A5** die Formel **=HEUTE()**
3. In Zelle **A6** schreiben Sie die Formel **=A5+1**
4. Ziehen Sie das Ausfüllkästchen mit der linken Maustaste bis in Zelle **A11** herunter (siehe Abbildung 6.1).

In der Spalte **B** soll jetzt automatisch der dazugehörige Wochentag geschrieben werden. Dazu verfahren Sie folgendermaßen:

1. Markieren Sie den Zellenbereich **B5:B11**
2. Erfassen Sie die Formel **=A5**
3. Schließen Sie die Formel über die Tastenkombination [Strg] + [↵] ab.
4. Wählen Sie aus dem Menü *Format* den Befehl *Zellen formatieren*.
5. Wechseln Sie auf die Registerkarte *Zahlen*.
6. Wählen Sie aus dem Listenfeld *Kategorie* den Befehl *Benutzerdefiniert* aus.
7. Schreiben Sie in das Feld *Typ* das Format **TTTT**
8. Bestätigen Sie die Formatierung mit *OK*.

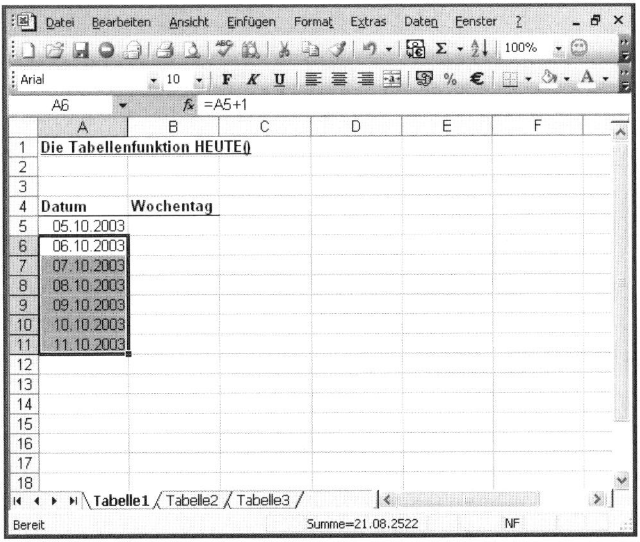

Abbildung 6.1: Eine fortlaufende Datumsleiste

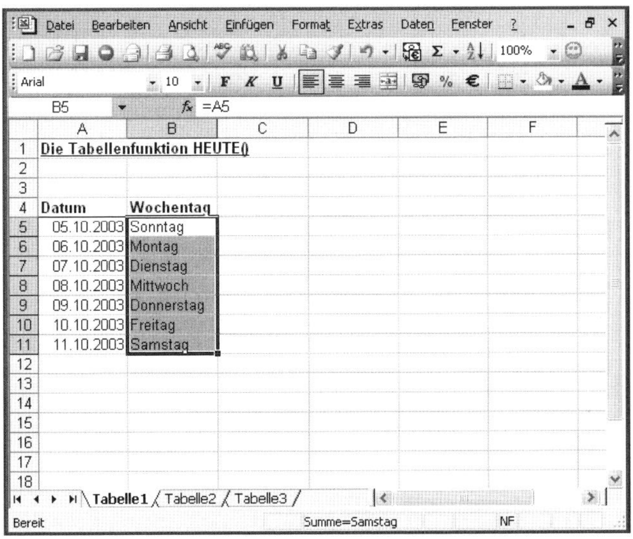

Abbildung 6.2: Die dazugehörigen Wochentage werden ermittelt

Durch das benutzerdefinierte Format **TTTT** wird der Tagesnamen eines Datums in voller Form ausgegeben (06.10.2003 → Montag). Beim Format **TTT** wird der Tagesnamen abgekürzt (06.10.2003 → Mo). Wird das benutzerdefinierte Format **TT** angegeben, dann wird nur der Tag in numerischer Form angegeben (06.10.2003 → 6).

Eine ähnliche Wirkungsweise können Sie beim benutzerdefinierten Format **MMMM** beobachten. Bei diesem Format wird aus 06.10.2003 → Oktober. Über das benutzerdefinierte Format **MMM** wird das Datum wie folgt umgesetzt: 06.10.2003 → Okt. Das Format **MM** hat zur Folge, dass beim Datum nur der Monat in numerischer Form angegeben wird (06.10.2003 → 10).

KNOW-HOW

> Soll das Datum in eine Zelle eingefügt werden, ohne dass es aktualisiert wird, dann drücken Sie die Tastenkombination [Strg] + [.].

Rechnungsfälligkeiten überprüfen

Im folgenden Beispiel liegt eine Liste mit Rechnungen vor. Dabei sind der Rechnungstext und das Rechnungsdatum angegeben. In einer weiteren Spalte ist die Zahlungsfrist angegeben. Die Aufgabe besteht nun darin, zu prüfen, ob eine Rechnungsfrist unter Umständen bereits abgelaufen ist.

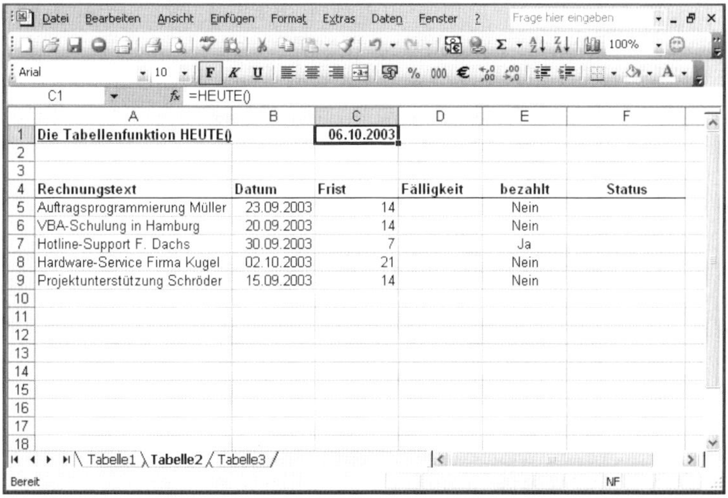

	A	B	C	D	E	F
1	Die Tabellenfunktion HEUTE()		06.10.2003			
2						
3						
4	Rechnungstext	Datum	Frist	Fälligkeit	bezahlt	Status
5	Auftragsprogrammierung Müller	23.09.2003	14		Nein	
6	VBA-Schulung in Hamburg	20.09.2003	14		Nein	
7	Hotline-Support F. Dachs	30.09.2003	7		Ja	
8	Hardware-Service Firma Kugel	02.10.2003	21		Nein	
9	Projektunterstützung Schröder	15.09.2003	14		Nein	

Abbildung 6.3: Die Rechnungsliste muss noch ergänzt werden

In Spalte **C** der Abbildung 6.3 können unterschiedliche Zahlungsfristen eingegeben werden.

Um nun den Status einer Rechnung zu ermitteln, befolgen Sie die nächsten Arbeitsschritte:

1. Erfassen Sie in Zelle **C1** die Formel **=HEUTE()**
2. Markieren Sie den Zellenbereich **C5:C9**
3. Erfassen Sie die Formel **=B5+C5**
4. Schließen Sie die Formel über die Tastenkombination [Strg] + [↵] ab.
5. Markieren Sie nun den Zellenbereich **F5:F9**
6. Geben Sie die Formel **=(WENN(UND(D5<$C$1;E5="Nein");"überschritten";"OK"))** ein.

7. Schließen Sie die Formel über die Tastenkombination [Strg] + [↵] ab.

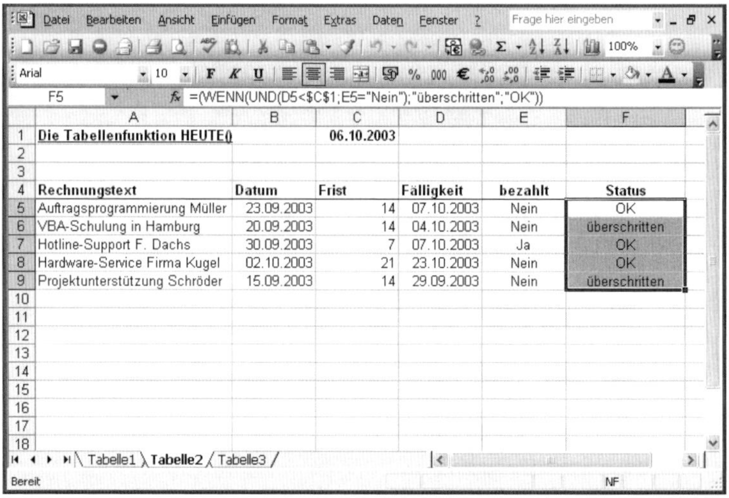

Abbildung 6.4: Fällige Rechnungen schneller erkennen

Nur wenn in Spalte **E** der Text **Nein** (noch nicht bezahlt) steht und in Spalte **D** die Fälligkeit über dem aktuellem Datum aus Zelle **C1** steht, dann ist das Zahlungsziel überschritten.

Datum und Texte mischen

In der folgenden Aufgabe werden in einer Zelle ein Start- sowie ein Enddatum angegeben. Diese beiden Datumsangaben sollen dann in einer Zelle mit einem Text verknüpft werden.

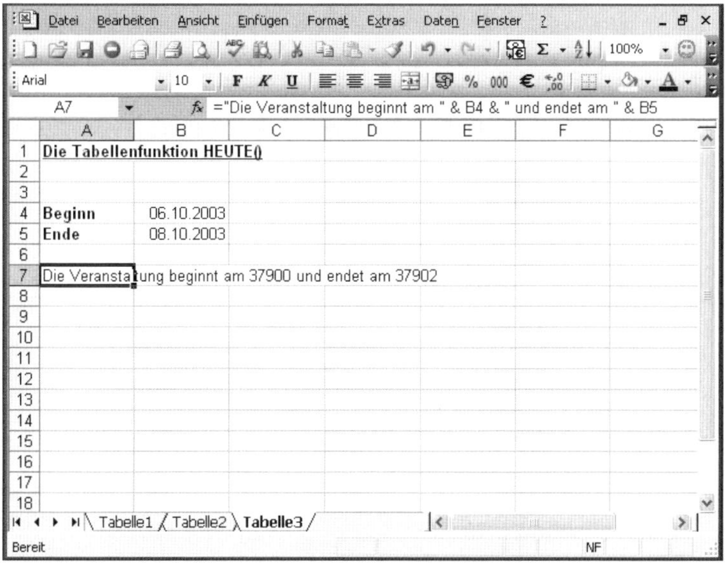

Abbildung 6.5: Oh Schreck – was ist passiert

In Abbildung 6.5 wurde in Zelle **A7** ein Text mit den zwei Datumsangaben aus den Zellen **B4** und **B5** miteinander verknüpft. Dazu wurde die Formel

="Die Veranstaltung beginnt am " & B4 & " und endet am " & B5

eingesetzt. Excel hat dabei die Datumsangaben in numerische Werte umgewandelt, was in diesem Fall nicht wünschenswert ist. Zur Erklärung sei gesagt, dass die Zahl **37900** genau der Anzahl an Tagen entspricht, die seit dem **01.01.1900** vergangen sind.

Um jetzt den Satz richtig in Excel auszugeben, erweitern Sie die Formel aus Zelle **A7** wie folgt:

="Die Veranstaltung beginnt am " & TEXT (B4;"TT.MM.JJJJ") & " und endet am " & TEXT (B5;"TT.MM.JJJJ")

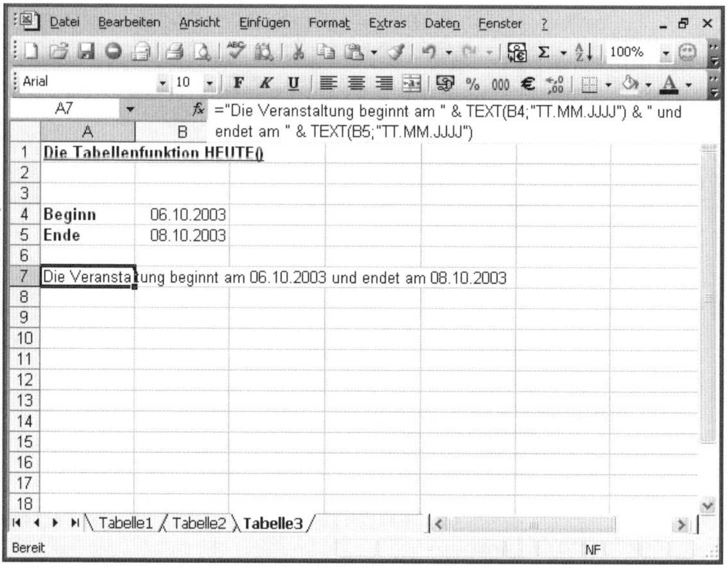

Abbildung 6.6: Die Funktion TEXT bringt die Daten in die gewünschte Form

Die Tabellenfunktion JETZT

Mit Hilfe der Tabellenfunktion **JETZT** können Sie das aktuelle Datum sowie die aktuelle Uhrzeit in eine Zelle einfügen. Dabei wird diese Funktion bei jedem Öffnen der Arbeitsmappe aktualisiert. Excel orientiert sich bei dieser Funktion an der aktuellen Uhrzeit, die in der Systemsteuerung von Windows eingestellt ist.

Nur die Uhrzeit einfügen

Standardmäßig wird bei der Funktion **JETZT** sowohl das Datum als auch die Uhrzeit eingefügt.

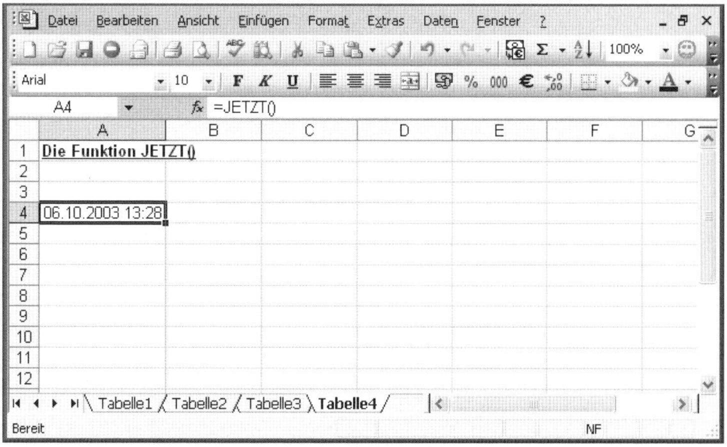

Abbildung 6.7: Datum und Uhrzeit werden gemeinsam ausgegeben

Möchten Sie nur die Uhrzeit in einer Zelle über die Tabellenfunktion **JETZT** ausgeben, dann befolgen Sie die nächsten Arbeitsschritte:

1. Fügen Sie die Tabellenfunktion **=JETZT()** in eine beliebige Zelle ein.
2. Wählen Sie aus dem Menü *Format* den Befehl *Zellen*.
3. Wechseln Sie auf die Registerkarte *Zahlen* (siehe Abbildung 6.8).
4. Entfernen Sie im Feld *Typ* einen Teil der benutzerdefinierten Formatierung (**TT:MM.JJJJ**). Es soll nur das Format **hh:mm** stehen bleiben.
5. Bestätigen Sie mit *OK*.

Abbildung 6.8: Das benutzerdefinierte Format anpassen

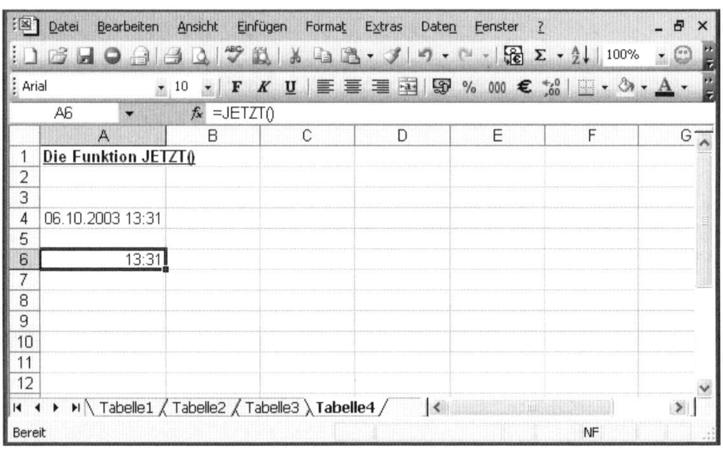

Abbildung 6.9: Die Uhrzeit ausgeben

Möchten Sie die aktuelle Uhrzeit in eine Tabelle einfügen, ohne dass sich diese zukünftig ändert, dann drücken Sie die Tastenkombination Strg + ⇧ + ␣.

Uhrzeit und Text mischen

In der folgenden Aufgabe werden in einer Zelle eine Start- sowie eine Endzeit angegeben. Diese beiden Angaben sollen dann in einer Zelle mit einem Text verknüpft werden.

In Zelle **B4** wurde die Tabellenfunktion **JETZT** eingegeben. In Zelle **D4** schreiben Sie die Dauer in Stunden, also **2:00**. In Zelle **B5** erfassen Sie die Formel **=B4+D4**.

Die Zelle **A8** enthält die Formel:

="Die Veranstaltung beginnt um " & B4 & " und endet um " & B5

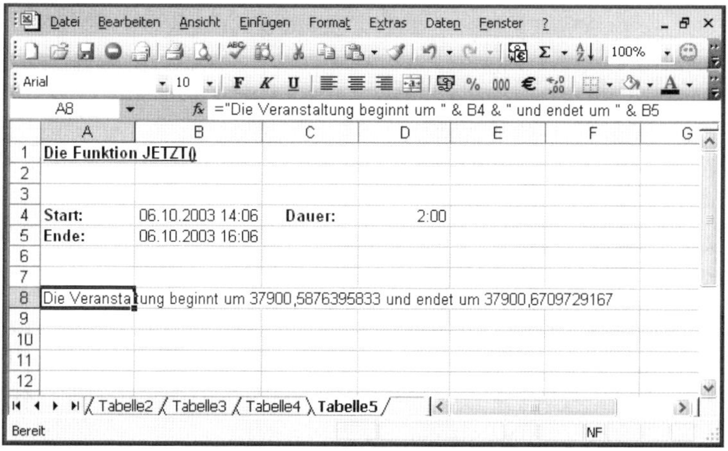

Abbildung 6.10: Einige Uhrzeiten wurden erfasst

In Abbildung 6.10 werden die Datums- und Zeitangaben in numerische Werte mit Dezimalzahlen umgesetzt. Die Nachkommstellen entsprechen den Stundenwerten. So bedeuten beispielsweise 0,5 genau 12 Uhr mittags, also einem halben Tag.

Korrigieren Sie die Formel aus Zelle **A8** wie folgt:

="Die Veranstaltung beginnt um " & TEXT(B4;"hh:mm") & " Uhr und endet um " & TEXT(B5;"hh:mm") & " Uhr"

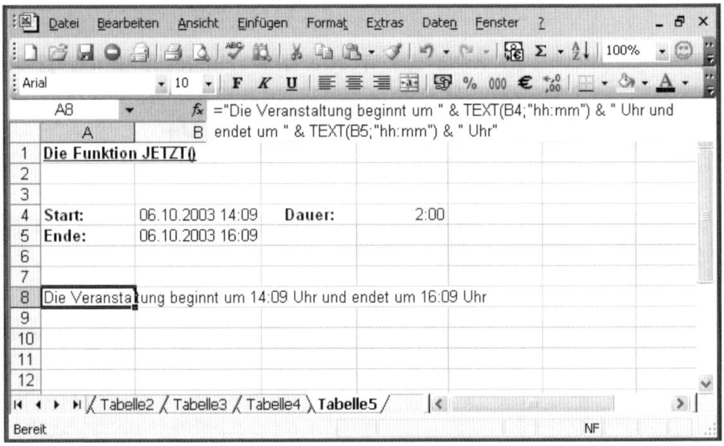

Abbildung 6.11: Uhrzeit und Text werden miteinander kombiniert

Die Tabellenfunktion DATUM

Die Tabellenfunktion **DATUM** gibt die fortlaufende Zahl zurück, die ein bestimmtes Datum darstellt. Mit Hilfe dieser Funktion können Sie Datumsangaben aus mehreren Zellen zusammenbauen.

Die Syntax der Funktion lautet:

=DATUM(Jahr;Monat;Tag)

Im Argument **Jahr** können Sie ein bis vier Stellen angeben. Microsoft Excel interpretiert das Argument Jahr entsprechend dem Datumssystem, das Sie verwenden. Standardmäßig verwendet Excel für Windows das 1900-Datumssystem.

Im Argument **Monat** wird die Zahl, die den Monat des Jahres repräsentiert, dargestellt.

Das Argument **Tag** ist eine Zahl, die den Tag des Monats darstellt.

Ein Datum zusammensetzen

Im folgenden Beispiel wird ein Datum aus mehreren Zelleninhalten zusammengesetzt. Sehen Sie sich vorher die Abbildung 6.12 an.

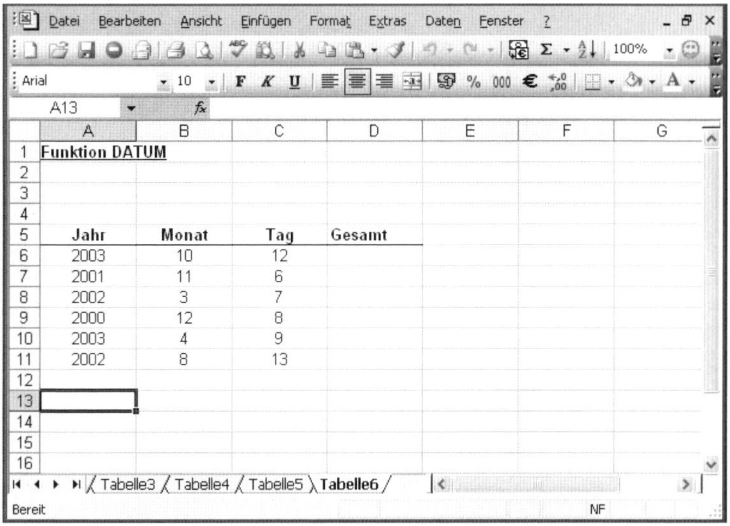

Abbildung 6.12: Die Datumsangaben liegen in drei Zellen vor

Kombinieren Sie jetzt die Zelleninhalte der Spalten **A**, **B** und **C** und geben Sie in Spalte **D** ein gültiges, erkennbares Datum aus. Dabei befolgen Sie die nächsten Arbeitsschritte:

1. Markieren Sie den Zellenbereich **D6:D11**

2. Erfassen Sie die Formel **=DATUM(A6;B6;C6)**
3. Schließen Sie die Formel über die Tastenkombination Strg + ↵ ab.

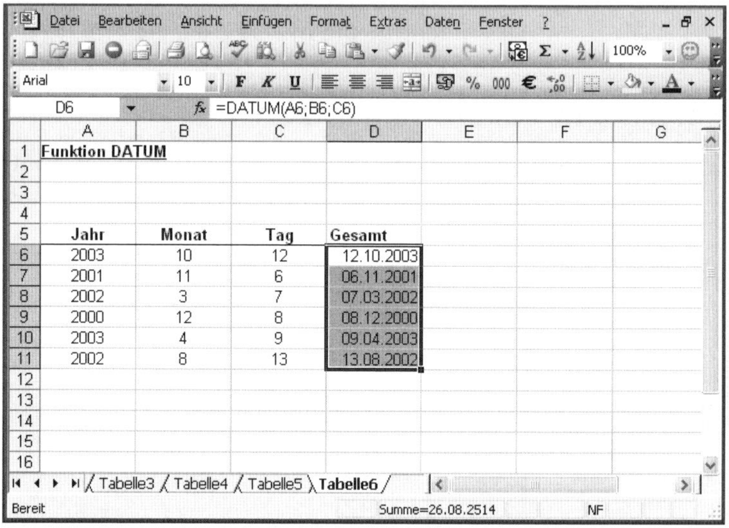

Abbildung 6.13: Das Datum wurde zusammengesetzt

Datum aus Text bilden

Bei der folgenden Aufgabe wurde eine Datei aus einer Nicht-Office-Anwendung in Excel importiert. Das Resultat daraus können Sie in Abbildung 6.14 sehen.

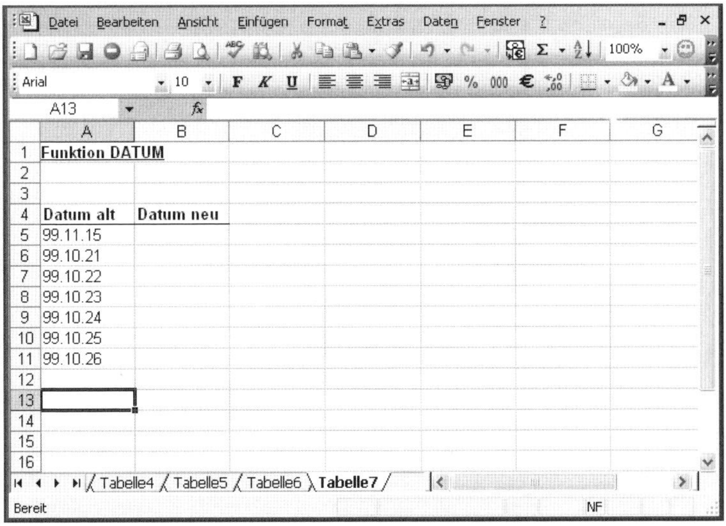

Abbildung 6.14: Die Datumsangaben werden nicht als Datum erkannt

Das Problem in Abbildung 6.14 ist dies, dass die Datumsangaben in Spalte A von Excel nur als Text erkannt werden. Ihre Aufgabe besteht nun darin, aus diesen Texten erkennbare Datumsangaben zu machen. Dabei befolgen Sie die nächsten Arbeitsschritte:

1. Markieren Sie den Zellenbereich **B5:B11**
2. Erfassen Sie die Formel **=DATUM(LINKS(A5;2);TEIL(A5;FINDEN(".";A5;1)+1;2);RECHTS(A5;2))**
3. Schließen Sie die Formel über die Tastenkombination [Strg] + [↵] ab.

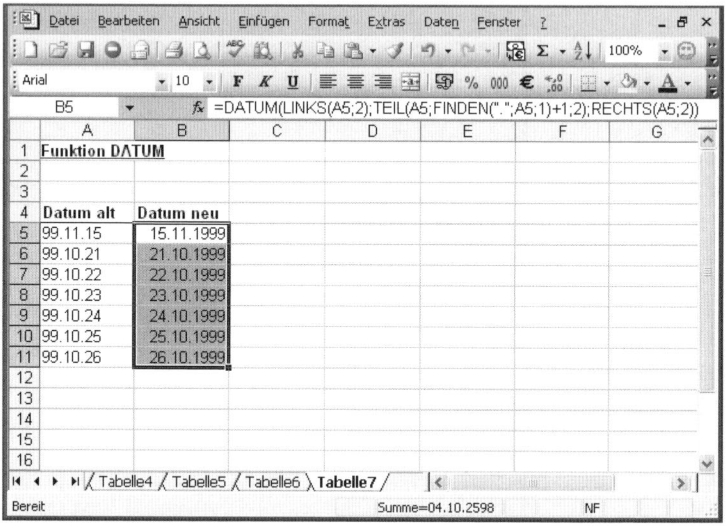

Abbildung 6.15: Das Datum wird nun von Excel erkannt

Datum aus Text bilden und formatieren

Im nächsten Beispiel gehen Sie noch einen Schritt weiter und stellen neben der Datumsumwandlung auch gleich ein gewünschtes Format mit ein. Sehen Sie sich dazu aber erst die Abbildung 6.16 an.

Die Datumsangaben aus Spalte **A** entsprechen in den ersten beiden Stellen der Tagesangabe, die folgenden zwei Stellen sind für die Monatsangabe bestimmt, die letzten beiden Zahlen stehen für das jeweilige Jahr.

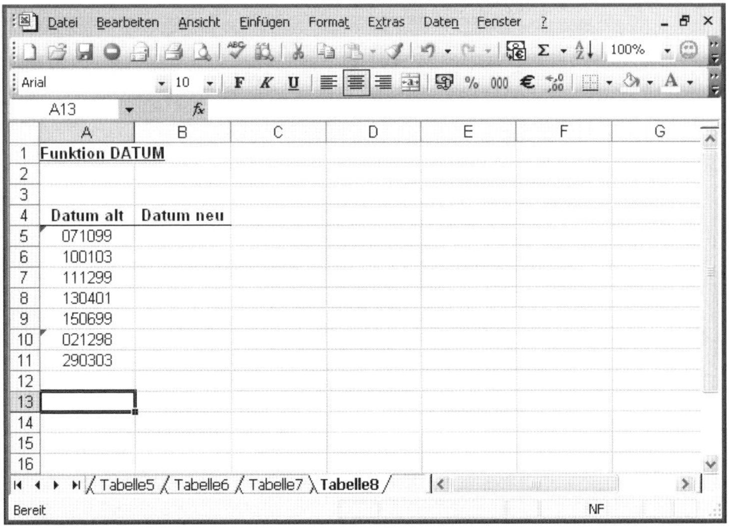

Abbildung 6.16: Die Ausgangssituation

Stellen Sie jetzt die Datumsangabe in Spalte **B** neu zusammen, sodass das Datum nach dem Format **Jahr-Monat-Tag** ausgegeben wird. Befolgen Sie dazu die nächsten Arbeitsschritte:

1. Markieren Sie den Zellenbereich **B5:B11**
2. Erfassen Sie die Formel **=TEXT(DATUM(TEIL(A5;5;2);TEIL(A5;3;2);TEIL(A5;1;2));"JJ-MM-TT")**
3. Schließen Sie die Formel über die Tastenkombination [Strg] + [↵] ab.

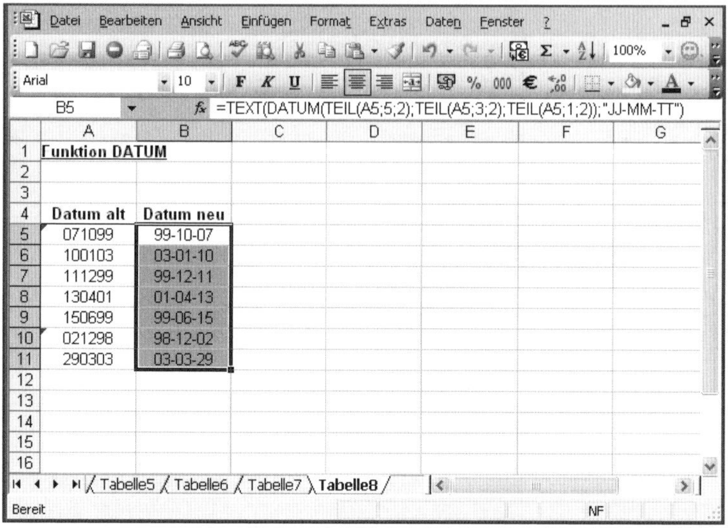

Abbildung 6.17: Die Datumsangaben wurden in ein anderes Format umgesetzt

Mit Hilfe der Tabellenfunktion **TEIL** greifen Sie die einzelnen Teile in Spalte **A** ab und formatieren diese nach Wunsch über die Tabellenfunktion **TEXT**.

Die Tabellenfunktion DATWERT

Mit Hilfe der Tabellenfunktion **DATWERT** können Sie nicht erkannte Datumsangaben, die beispielsweise nach einem Import von Fremddaten in Excel eingefügt wurden, in ein lesbares Excel-Datum wandeln. Die Funktion **DATWERT** umwandelt ein als Text vorliegendes Datum in eine fortlaufende Zahl um.

Die Syntax dieser Funktion lautet:

=DATWERT(Datumstext)

Im Argument **Datumstext** wird der Text bzw. der Zellenbezug, der ein Datum enthalten soll, angegeben. Entspricht Datumstext einem Datum, das außerhalb dieses Bereichs liegt, gibt **DATWERT** den Fehlerwert **#WERT!** zurück. Ist in **Datumstext** kein Jahr angegeben, verwendet **DATWERT** die Jahresangabe, die von der in Ihrem Computer eingebauten Uhr zur Verfügung gestellt wird.

Import-Datum in lesbares Datum umwandeln

In der folgenden Aufgabe liegt eine Tabelle mit einigen Datumsangaben vor, die aber in Excel so leider nicht erkannt wurden.

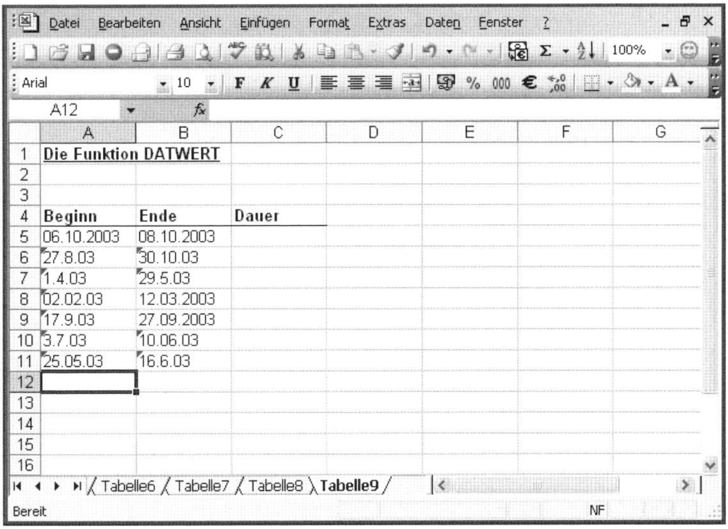

Abbildung 6.18: Die Datumsangaben werden von Excel nicht erkannt

In Abbildung 6.18 sind einige sehr unterschiedliche Datumsangaben gemacht worden. Ihre Aufgabe besteht nun darin, mit diesen Datumsangaben zu rechnen, und zwar sollen die Tage, die zwischen dem Beginn- und dem Enddatum liegen, in Spalte **C** ausgegeben werden. Um diese Aufgabe zu lösen, verfahren Sie wie folgt:

1. Markieren Sie den Zellenbereich **C5:C11**
2. Erfassen Sie die Formel **=DATWERT(B5)-DATWERT(A5)**
3. Schließen Sie die Formel über die Tastenkombination Strg + ↵ ab.

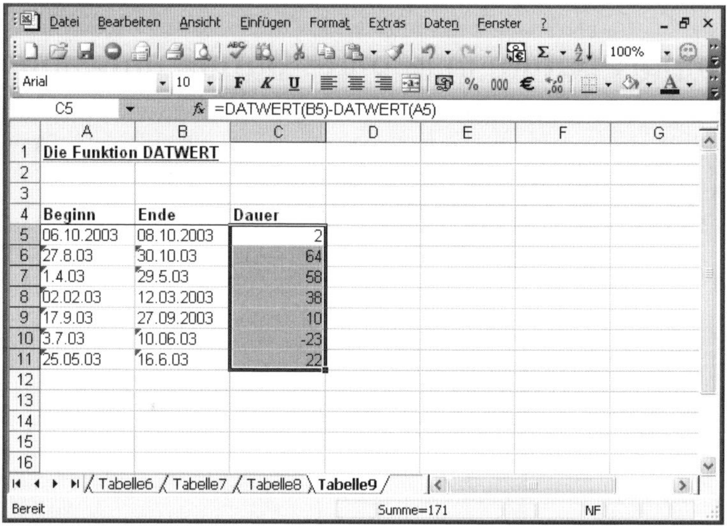

Abbildung 6.19: Die Tagesdifferenzen werden ausgegeben

Die Tabellenfunktionen JAHR, MONAT und TAG

Mit Hilfe der Tabellenfunktion **JAHR** können Sie eine fortlaufende Zahl in eine Jahreszahl umwandeln oder auch aus einem bereits erfassten Datum das Jahr extrahieren. Das Jahr wird als ganze Zahl zurückgegeben, die einen Wert von 1900 bis 9999 annehmen kann.

Die Syntax der Funktion **JAHR** lautet:

=JAHR(Zahl)

Im Argument **Zahl** geben Sie das Datum bzw. die Zahl an, dessen Jahr Sie ermitteln möchten.

Mit Hilfe der Tabellenfunktion **MONAT** können Sie eine fortlaufende Zahl in eine Monatszahl umwandeln oder auch aus einem bereits erfassten Datum den Monat extrahieren. Der Monat wird als ganze Zahl ausgegeben, die einen Wert von 1 (Januar) bis 12 (Dezember) annehmen kann.

Die Syntax der Funktion **MONAT** lautet:

=MONAT(Zahl)

Im Argument **Zahl** geben Sie das Datum bzw. die Zahl an, dessen Monat Sie ermitteln möchten.

Mit Hilfe der Tabellenfunktion **TAG** können Sie eine fortlaufende Zahl in eine Tageszahl umwandeln oder auch aus einem bereits erfassten Datum den Tag extrahieren. Der Tag wird als ganze Zahl im Bereich von 1 bis 31 ausgegeben.

Die Syntax der Funktion **TAG** lautet:

=TAG(Zahl)

Im Argument **Zahl** geben Sie das Datum bzw. die Zahl an, dessen Tag Sie ermitteln möchten.

Das Jahr aus dem Datum extrahieren

In der nächsten Aufgabe liegt eine Liste mit Datumsangaben vor. Aus der Spalte **A**, die jeweils das komplette Datum enthält, sollen in Spalte **B** nur die Jahreszahlen geschrieben werden.

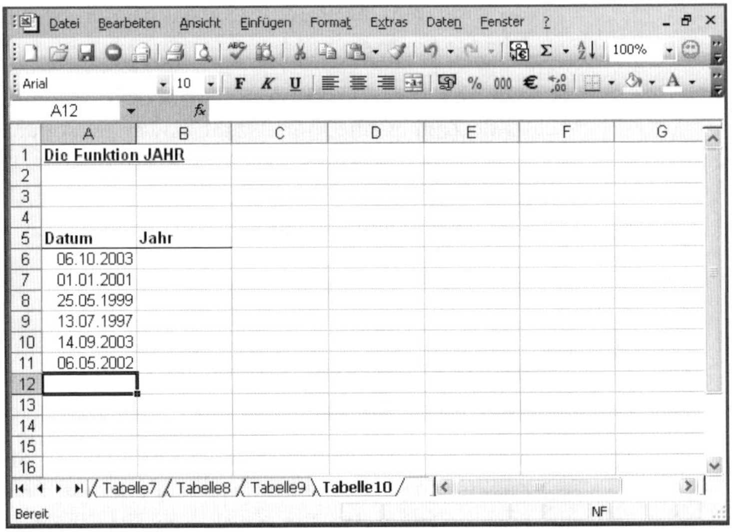

Abbildung 6.20: Der Jahresteil soll aus den Datumsangaben herausgezogen werden

Um das Jahr aus der Spalte **A** zu extrahieren, verfahren Sie wie folgt:

1. Geben Sie in Zelle **B6** die Formel **=JAHR(A6)** ein.
2. Führen Sie einen Doppelklick auf das Ausfüllkästchen der Zelle **B6** durch, um die Formel nach unten zu kopieren.

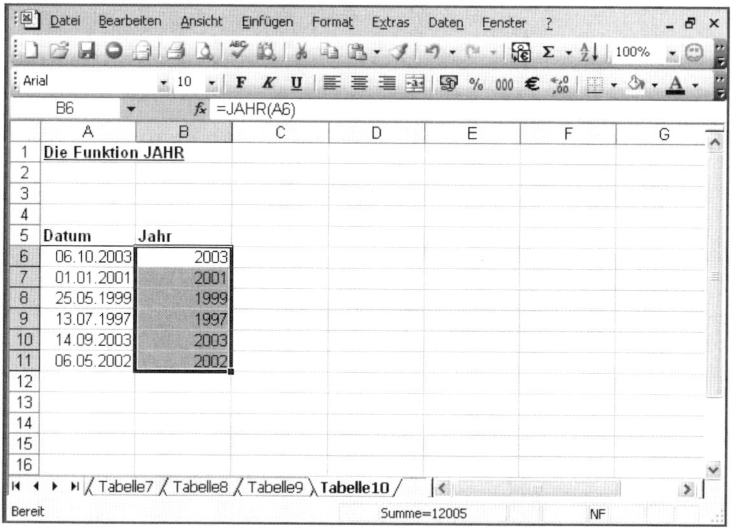

Abbildung 6.21: Die Jahresanteile wurden erfolgreich separiert

Geburtstagsliste nach Monat sortieren

Im nächsten Beispiel liegt eine Geburtstagsliste in Excel vor. Diese Liste kann standardmäßig immer nur nach dem Jahr sortiert werden. Ideal wäre es aber, wenn die Jahreszahl unberücksichtigt bleiben würde und die Geburtstagsliste nur nach Monat und Tag sortiert werden würde.

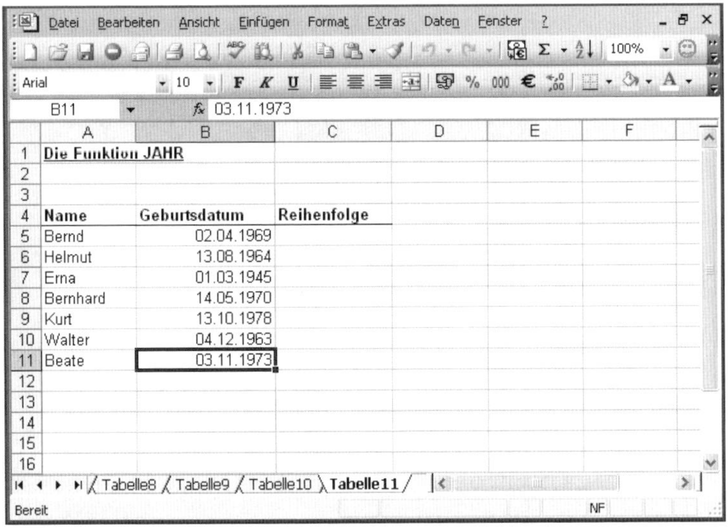

Abbildung 6.22: Die noch nicht sortierte Geburtstagsliste

Um jetzt die Geburtstagsliste nach Monat/Tag zu sortieren, können Sie eine Hilfsspalte einfügen und darin eine Formel erfassen, die die Sortierung möglich werden lässt. Dabei verfahren Sie wie folgt:

1. Markieren Sie den Zellenbereich **C5:C11**
2. Erfassen Sie die Formel **=MONAT(B5)*100+TAG(B5)**
3. Schließen Sie die Formel über die Tastenkombination [Strg] + [↵] ab.
4. Setzen Sie den Mauszeiger in eine beliebige Zelle der Spalte **C**.
5. Klicken Sie in der Symbolleiste *Standard* auf das Symbol *Aufsteigend sortieren*.

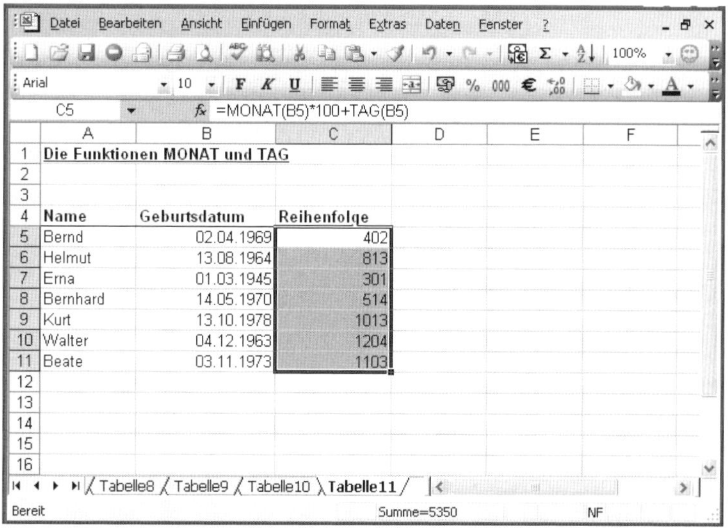

Abbildung 6.23: Die Sortierung nach Monat wurde hergestellt

Damit die Sortierung richtig funktioniert, muss der von der Funktion **MONAT** gemeldete Monat mit dem Multiplikator 100 multipliziert werden, um dem Monat gegenüber dem Tag einen Vorrang zu geben. Die Hilfsspalte **C** kann bei Bedarf ausgeblendet werden.

Rechnen mit Datumswerten

In der folgenden Aufgabe liegt eine Tabelle mit Datumsangaben vor. Aus diesen Datumsangaben soll unter Addition von vorgegebenen Monaten ein End- bzw. ein Startdatum errechnet werden.

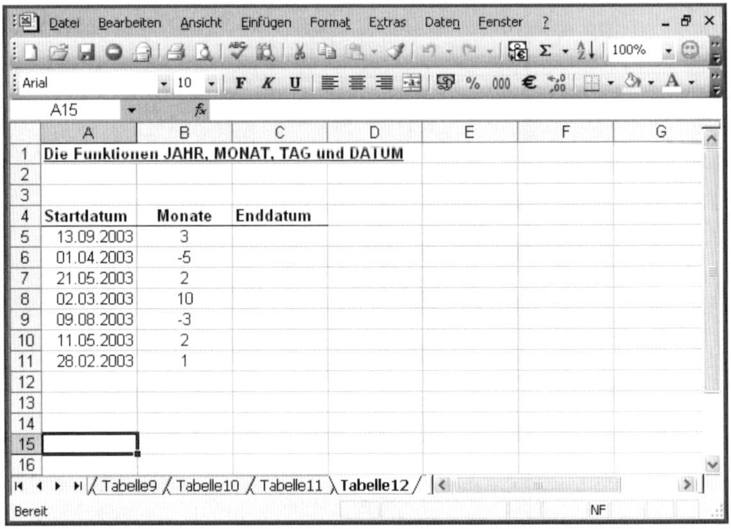

	A	B	C
1	Die Funktionen JAHR, MONAT, TAG und DATUM		
2			
3			
4	Startdatum	Monate	Enddatum
5	13.09.2003	3	
6	01.04.2003	-5	
7	21.05.2003	2	
8	02.03.2003	10	
9	09.08.2003	-3	
10	11.05.2003	2	
11	28.02.2003	1	

Abbildung 6.24: Die Termine sollen errechnet werden

Leider funktioniert die einfache Formel **Startdatum + 2 = Enddatum** hier nicht, da Excel dabei von der Einheit Tag ausgeht. Es werden in Spalte B jedoch Monate mit unterschiedlichen Vorzeichen eingegeben.

Um diese Aufgabe zu lösen, können Sie wie folgt vorgehen:

1. Markieren Sie den Zellenbereich **C5:C11**
2. Erfassen Sie die Formel **=DATUM(JAHR(A5);MONAT(A5)+B5;TAG(A5))**
3. Schließen Sie die Formel über die Tastenkombination [Strg] + [↵] ab.

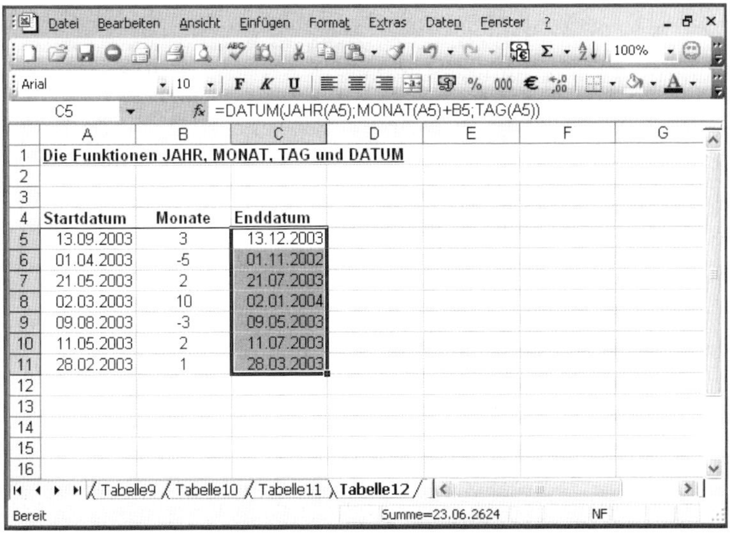

Abbildung 6.25: Die Termine wurden richtig errechnet

Die Tabellenfunktion MONATSENDE

Bevor Sie die Tabellenfunktion **MONATSENDE** einsetzen können, müssen Sie das Add-In Analyse-Funktionen über den Add-Ins-Manager einbinden. Dazu gehen Sie wie folgt vor:

1. Wählen Sie aus dem Menü *Extras* den Befehl *Add-Ins*.

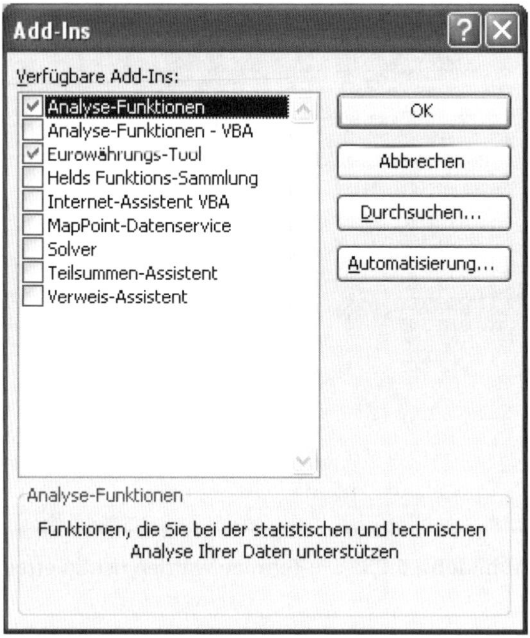

Abbildung 6.26: Die Analyse-Funktionen einbinden

2. Aktivieren Sie das Add-In *Analyse-Funktionen*.
3. Bestätigen Sie mit *OK*.

Nach dem Einbinden dieses Add-Ins steht Ihnen die Tabellenfunktion **MONATSENDE** in der Liste der verfügbaren Funktionen zur Verfügung.

Mit Hilfe dieser Funktion können Sie das Monatsende eines Datums berechnen. Dabei haben Sie die Möglichkeit, auch mit einem mehrmonatigen Versatz in die Zukunft bzw. die Vergangenheit die Monatsenden abzufragen.

Die Syntax dieser Funktion lautet:

=MONATSENDE(Ausgangsdatum;Monate)

Im Argument **Ausgangsdatum** wird ein Datum angegeben, das dem Anfangsdatum entspricht.

Im Argument **Monate** haben Sie die Möglichkeit anzugeben, wie viele Monate vor oder nach dem Ausgangsdatum liegen sollen. Ein positiver Wert für Monate ergibt ein in der Zukunft, ein negativer Wert ein in der Vergangenheit liegendes Datum.

Monatsende-Termine errechnen

In der folgenden Aufgabe liegt eine Tabelle mit Startterminen in Spalte **A** vor. In Spalte **B** sind Monate angegeben, die auf das Startdatum aufaddiert bzw. subtrahiert werden sollen.

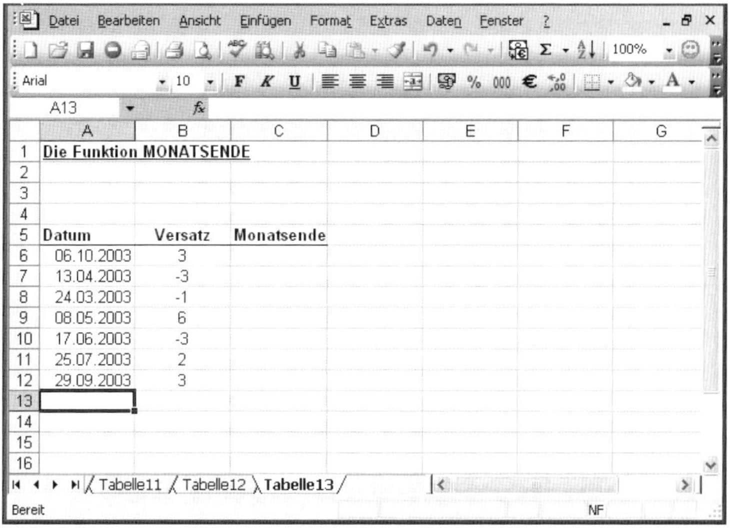

	A	B	C
1	Die Funktion MONATSENDE		
2			
3			
4			
5	Datum	Versatz	Monatsende
6	06.10.2003	3	
7	13.04.2003	-3	
8	24.03.2003	-1	
9	08.05.2003	6	
10	17.06.2003	-3	
11	25.07.2003	2	
12	29.09.2003	3	

Abbildung 6.27: Die Monatsenden sollen errechnet werden

Um die Monatsenden unter Berücksichtigung der in Spalte **B** erfassten Monate zu ermitteln, gehen Sie folgendermaßen vor:

1. Markieren Sie den Zellenbereich **C6:C12**

2. Erfassen Sie die Formel **=MONATSENDE(A6;B6)**
3. Schließen Sie die Formel über die Tastenkombination Strg + ⏎ ab.
4. Wählen Sie aus dem Menü *Format* den Befehl *Zellen* und wechseln Sie auf die Registerkarte *Zahlen*.
5. Weisen Sie ein Datumsformat zu und bestätigen Sie mit *OK*.

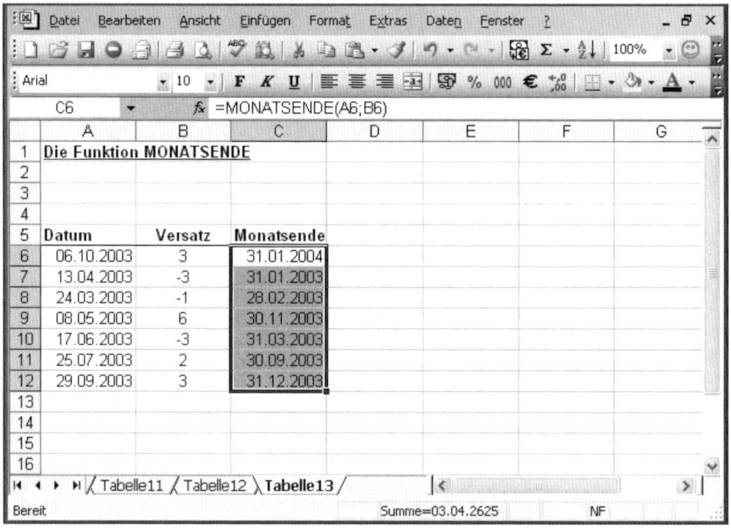

Abbildung 6.28: Die Monatsenden wurden errechnet

Die Tabellenfunktion TAGE360

Mit Hilfe der Tabellenfunktion **TAGE360** können Sie die Anzahl der zwischen zwei Tagesdaten liegenden Tage errechnen. Dabei geht diese Funktion von der Prämisse aus, dass jeder Monat genau 30 Tage hat. Diese Funktion wurde aus Kompatibilitätsgründen in Excel integriert, da es Systeme gibt, die genau mit dieser Methode arbeiten.

Die Syntax dieser Funktion lautet:

=TAGE360(Ausgangsdatum;Enddatum;Methode)

In den Argumenten **Ausgangsdatum** und **Enddatum** geben Sie die Datumsangaben an, für die Sie die dazwischenliegenden Tage berechnen möchten. Wenn Ausgangsdatum nach Enddatum auftritt, gibt **TAGE360** eine negative Zahl zurück.

Über das Argument **Methode** können Sie angeben, ob in der Berechnung die amerikanische oder die europäische Methode verwendet werden soll.

- Bei der amerikanischen Methode, die standardmäßig verwendet wird und über den Wahrheitswert **FALSCH** eingestellt wird, wird wie folgt vorgegangen: Ist das Ausgangsdatum der 31. eines Monats, wird dieses Datum zum 30. desselben Monats. Ist das Enddatum der 31. eines Monats und das Ausgangsdatum ein Datum vor dem 30. eines Monats, wird das Enddatum zum 1. des darauf folgenden Monats. In allen anderen Fällen wird das Enddatum zum 30. desselben Monats.
- Bei der europäischen Methode, die über den Wert **WAHR** eingestellt wird, erfolgt folgende Vorgehensweise: Jedes Ausgangs- und Enddatum, das auf den 31. eines Monats fällt, wird zum 30. desselben Monats.

Datumsdifferenzen auf Basis TAGE360 errechnen

In der nächsten Aufgabe liegt eine Tabelle wie in Abbildung 6.29 vor.

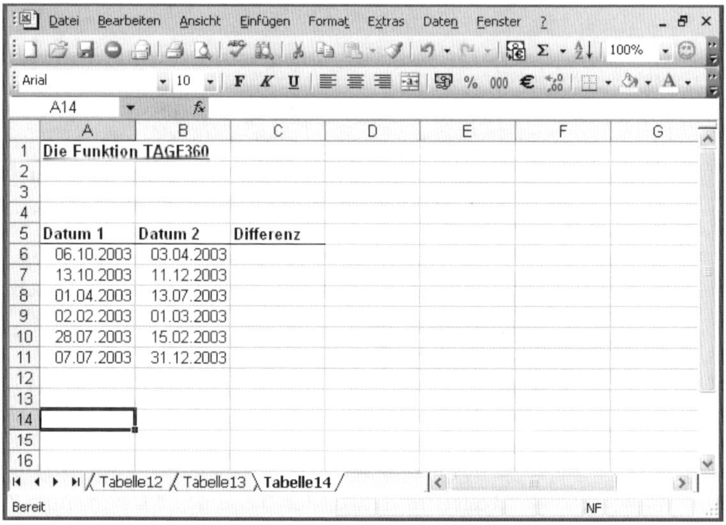

Abbildung 6.29: Die Datumsdifferenz in Tagen soll ermittelt werden

Um die Datumsdifferenz in Tagen zwischen dem **Datum 1** und dem **Datum 2** zu errechnen, wenden Sie die Tabellenfunktion **TAGE360** wie folgt an.

1. Markieren Sie den Zellenbereich **C6:C11**
2. Erfassen Sie die Formel **=TAGE360(A6;B6;WAHR)**
3. Schließen Sie die Formel über die Tastenkombination Strg + ↵ ab.

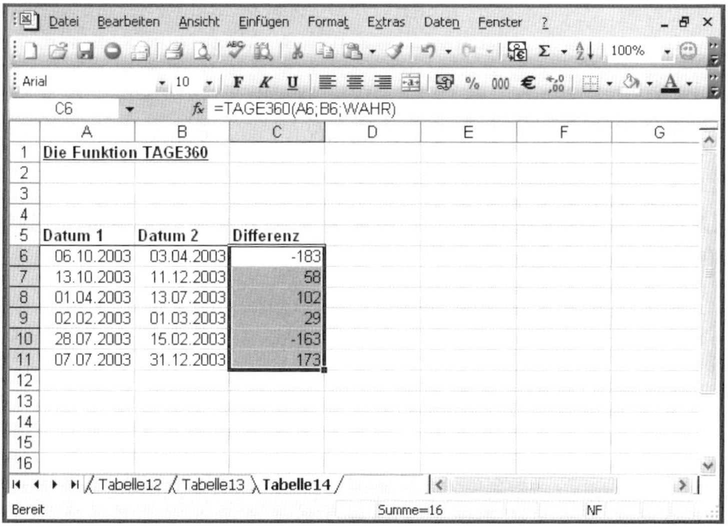

Abbildung 6.30: Die dazwischenliegenden Tage wurden gezählt

Die Tabellenfunktion WOCHENTAG

Mit Hilfe der Tabellenfunktion **WOCHENTAG** können Sie anhand eines Datums bestimmen, ob es sich um einen Arbeitstag oder um einen Tag am Wochenende handelt. Der Tag wird standardmäßig als ganze Zahl ausgegeben, die einen Wert von 1 (Sonntag) bis 7 (Samstag) annehmen kann.

Die Syntax dieser Funktion lautet:

=WOCHENTAG(Datum;Typ)

Im Argument **Datum** wird das gewünschte Datum, zu dem Sie den Wochentag ermitteln möchten, eingegeben oder über einen Zellenbezug hergestellt.

Beim Argument **Typ** geben Sie eine Zahl (1, 2, oder 3) an, die den Typ des Rückgabewerts bestimmt. Mögliche Zahlenwerte dabei sind:

- 1 oder nicht angegeben Zahl 1 (Sonntag) bis 7 (Samstag). Verhält sich wie frühere Microsoft Excel-Versionen.
- 2 Zahl 1 (Montag) bis 7 (Sonntag).
- 3 Zahl 0 (Montag) bis 6 (Sonntag).

Unterschiedliche Stundensätze werktags und am Wochenende

Bei der folgenden Aufgabe gelten in einem Unternehmen für Arbeit am Wochenende höhere Stundensätze als unter der Woche. Sehen Sie sich zur Einstimmung einmal die Abbildung 6.31 an.

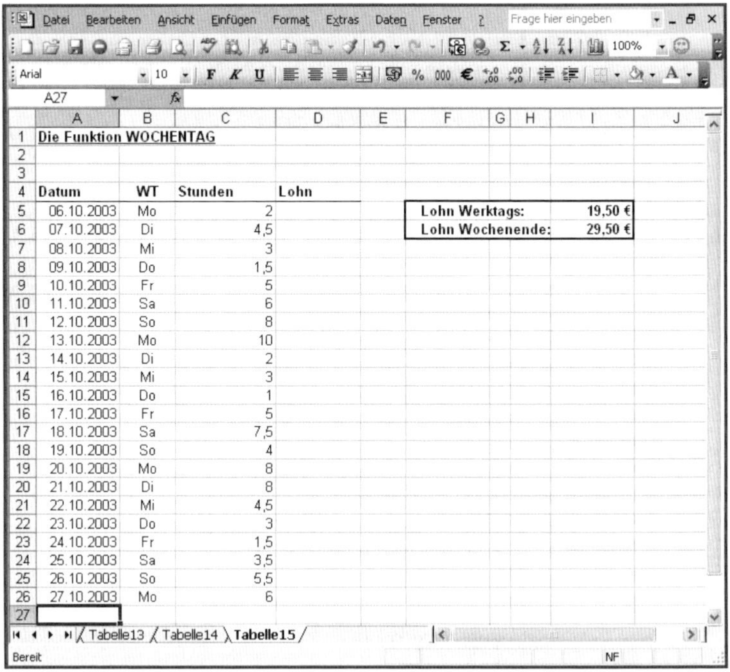

	A	B	C	D	E	F	G	H	I
1	Die Funktion WOCHENTAG								
2									
3									
4	Datum	WT	Stunden	Lohn					
5	06.10.2003	Mo	2			Lohn Werktags:			19,50 €
6	07.10.2003	Di	4,5			Lohn Wochenende:			29,50 €
7	08.10.2003	Mi	3						
8	09.10.2003	Do	1,5						
9	10.10.2003	Fr	5						
10	11.10.2003	Sa	6						
11	12.10.2003	So	8						
12	13.10.2003	Mo	10						
13	14.10.2003	Di	2						
14	15.10.2003	Mi	3						
15	16.10.2003	Do	1						
16	17.10.2003	Fr	5						
17	18.10.2003	Sa	7,5						
18	19.10.2003	So	4						
19	20.10.2003	Mo	8						
20	21.10.2003	Di	8						
21	22.10.2003	Mi	4,5						
22	23.10.2003	Do	3						
23	24.10.2003	Fr	1,5						
24	25.10.2003	Sa	3,5						
25	26.10.2003	So	5,5						
26	27.10.2003	Mo	6						
27									

Abbildung 6.31: Die Ausgangstabelle mit den geleisteten Stunden

In Spalte **B** ist zur Kontrolle der jeweilige Wochentag in Kurzform angegeben. Dies erreichen Sie, indem Sie die Formel **=A5** in Zelle **B5** eingeben und nach unten ausfüllen. Danach markieren Sie den Bereich **B5:B26** und wählen aus dem Menü *Format* den Befehl *Zellen*. Auf der Registerkarte *Zahlen* wählen Sie die Kategorie *Benutzerdefiniert* aus und schreiben ins Feld *Typ* das benutzerdefinierte Format **TTT**.

In den Zellen **I5** und **I6** sind die beiden unterschiedlichen Stundenlöhne erfasst worden.

Um nun den Lohn für den jeweiligen Tag zu errechnen, gehen Sie wie folgt vor:

1. Markieren Sie den Zellenbereich **D5:D26**
2. Erfassen Sie die Formel **=WENN(ODER(WOCHENTAG(A5)=1;WOCHENTAG(A5)=7);C5*$I$6;C5*$I$5)**
3. Schließen Sie die Formel über die Tastenkombination [Strg] + [↵] ab.

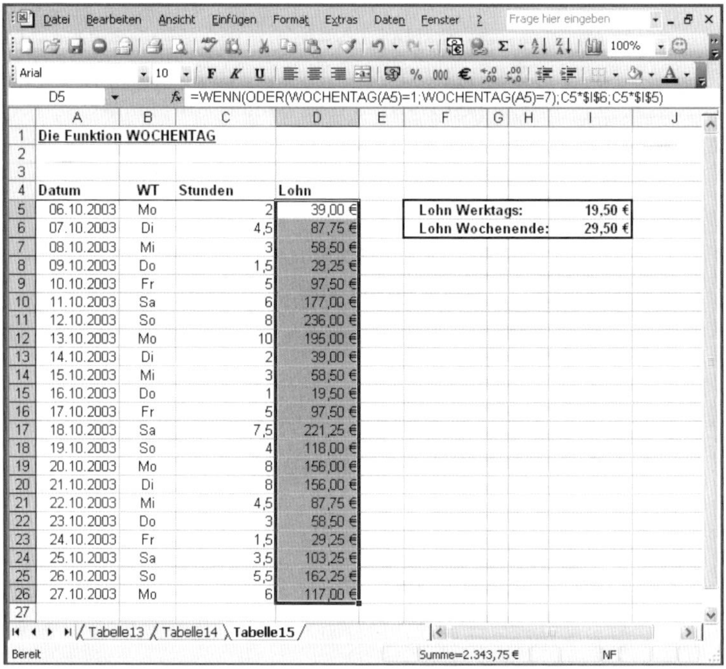
D5 =WENN(ODER(WOCHENTAG(A5)=1;WOCHENTAG(A5)=7);C5*$I$6;C5*$I$5)

Die Funktion WOCHENTAG

Datum	WT	Stunden	Lohn
06.10.2003	Mo	2	39,00 €
07.10.2003	Di	4,5	87,75 €
08.10.2003	Mi	3	58,50 €
09.10.2003	Do	1,5	29,25 €
10.10.2003	Fr	5	97,50 €
11.10.2003	Sa	6	177,00 €
12.10.2003	So	8	236,00 €
13.10.2003	Mo	10	195,00 €
14.10.2003	Di	2	39,00 €
15.10.2003	Mi	3	58,50 €
16.10.2003	Do	1	19,50 €
17.10.2003	Fr	5	97,50 €
18.10.2003	Sa	7,5	221,25 €
19.10.2003	So	4	118,00 €
20.10.2003	Mo	8	156,00 €
21.10.2003	Di	8	156,00 €
22.10.2003	Mi	4,5	87,75 €
23.10.2003	Do	3	58,50 €
24.10.2003	Fr	1,5	29,25 €
25.10.2003	Sa	3,5	103,25 €
26.10.2003	So	5,5	162,25 €
27.10.2003	Mo	6	117,00 €

Lohn Werktags:	19,50 €
Lohn Wochenende:	29,50 €

Summe=2.343,75 €

Abbildung 6.32: Der Lohn wird in Abhängigkeit vom Wochentag ermittelt

Die Tabellenfunktion KALENDERWOCHE

Eine weitere interessante Funktion finden Sie im Add-In Analyse-Funktionen mit dem Namen **KALENDERWOCHE**.

Mit Hilfe der Tabellenfunktion **KALENDERWOCHE** können Sie ausgehend von einem bestimmten Datum die Kalenderwoche ermitteln.

Die Syntax dieser Funktion lautet:

=KALENDERWOCHE(Datum;Rückgabe)

Im Argument **Datum** geben Sie das Datum an, zu dem Sie die dazugehörige Kalenderwoche ermitteln möchten.

Im Argument **Rückgabe** geben Sie eine Zahl an, durch die festgelegt wird, mit welchem Tag eine Woche beginnt. Die Standardeinstellung ist **1**. Bei dieser Einstellung beginnt die Woche am Sonntag. Die Wochentage sind dabei von 1 bis 7 nummeriert. Beim Wert **2** beginnt eine Woche am Montag. Die Wochentage sind von 1 bis 7 nummeriert.

Die Kalenderwoche bestimmen

In der nächsten Aufgabe sehen Sie eine Tabelle mit Bestellungen. In Spalte **B** ist das voraussichtliche Lieferdatum eingetragen. In Spalte **C** soll die dazugehörige Kalenderwoche eingetragen werden.

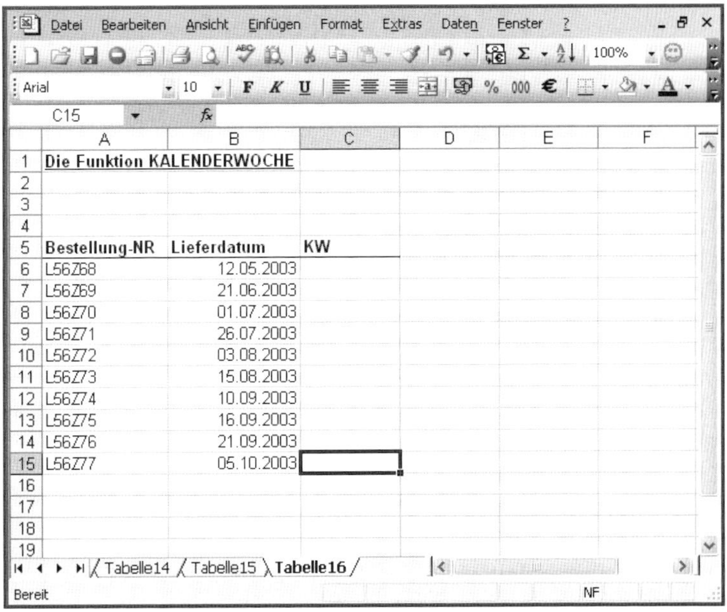

	A	B	C
1	Die Funktion KALENDERWOCHE		
5	Bestellung-NR	Lieferdatum	KW
6	L56Z68	12.05.2003	
7	L56Z69	21.06.2003	
8	L56Z70	01.07.2003	
9	L56Z71	26.07.2003	
10	L56Z72	03.08.2003	
11	L56Z73	15.08.2003	
12	L56Z74	10.09.2003	
13	L56Z75	16.09.2003	
14	L56Z76	21.09.2003	
15	L56Z77	05.10.2003	

Abbildung 6.33: Die Kalenderwoche soll ermittelt werden

Um die Kalenderwoche zu den Datumsangaben in Spalte **B** zu ermitteln, befolgen Sie die nächsten Arbeitsschritte:

1. Markieren Sie den Zellenbereich **C6:C15**
2. Erfassen Sie die Formel **=KALENDERWOCHE(B6;2)**
3. Schließen Sie die Formel über die Tastenkombination Strg + ↵ ab.

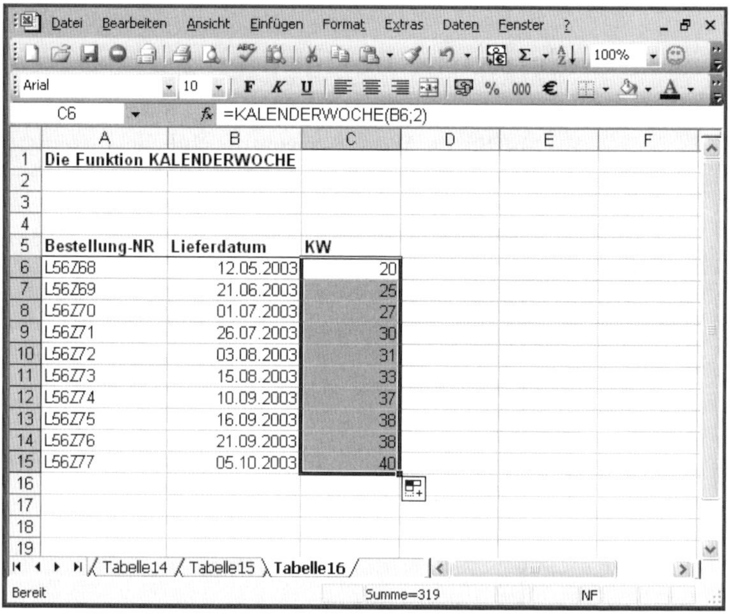

Abbildung 6.34: Die Kalenderwochen wurden ermittelt

Die Tabellenfunktion EDATUM

Mit Hilfe der Tabellenfunktion **EDATUM** aus dem Add-In Analyse-Funktionen können Sie ausgehend von einem Datum einen Termin errechnen, der eine bestimmte Anzahl von Monaten vor bzw. nach dem angegebenen Datum (Ausgangsdatum) liegt.

Die Syntax dieser Funktion lautet:

=EDATUM(Ausgangsdatum;Monate)

Im Argument **Ausgangsdatum** geben Sie das Anfangsdatum an.

Im Argument **Monate** können Sie festlegen, wie viele Monate vor oder nach dem Ausgangsdatum liegen sollen. Ein positiver Wert für Monate ergibt ein in der Zukunft, ein negativer Wert ein in der Vergangenheit liegendes Datum.

Fälligkeitstermine errechnen

In der nächsten Aufgabe soll ausgehend von einem Startdatum ein Datum in der Zukunft oder auch in der Vergangenheit berechnet werden. Dabei soll angegeben werden können, wie viele Monate in die Zukunft bzw. in die Vergangenheit gegangen werden soll.

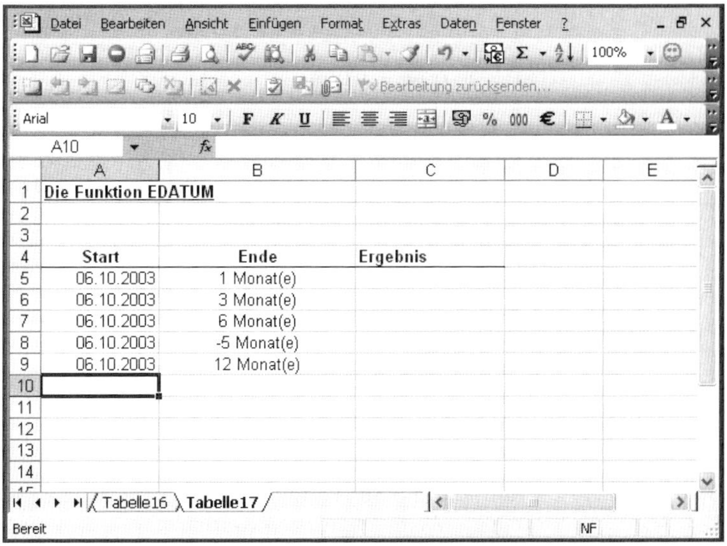

Abbildung 6.35: Es wird immer vom selben Datum ausgegangen

Die Spalte B wurde mit einem benutzerdefinierten Format belegt. Dazu wurde der Bereich **B5:B9** markiert und aus dem Menü *Format* der Befehl *Zellen* ausgewählt. Auf der Registerkarte *Zahlen* wurde im Feld *Typ* das *benutzerdefinierte* Format **0 "Monat(e)"** erfasst.

Um die Termine in der Zukunft bzw. der Vergangenheit zu errechnen, verfahren Sie wie folgt:

1. Markieren Sie den Zellenbereich **C5:C9**
2. Erfassen Sie die Formel **=EDATUM(A5;B5)**
3. Schließen Sie die Formel über die Tastenkombination Strg + ↵ ab.

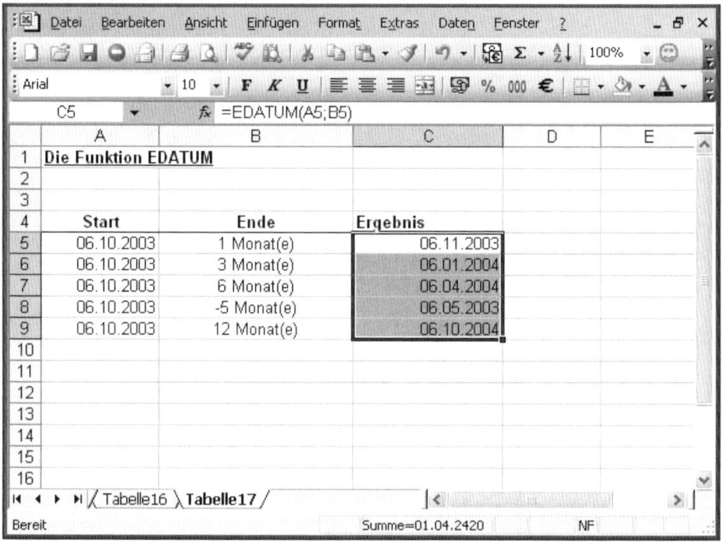

Abbildung 6.36: Es können sowohl negative als auch positive ganzzahlige Werte angegeben werden

Die Tabellenfunktion ARBEITSTAG

Mit Hilfe der Tabellenfunktion **ARBEITSTAG** aus dem Analyse-Add-In können Sie ausgehend von einem Startdatum eine bestimmte Anzahl von Tagen in die Zukunft bzw. in die Vergangenheit errechnen. Nicht zu den Arbeitstagen gezählt werden Wochenenden sowie die Tage, die als Ferien angegeben werden.

Die Syntax dieser Version lautet:

=ARBEITSTAG(Ausgangsdatum;Tage;Freie_Tage)

Das Argument **Ausgangsdatum** ist ein Datum, das dem Anfangsdatum entspricht.

Im Argument **Tage** geben Sie die Anzahl der Tage an, die vor oder hinter dem Ausgangsdatum liegende Anzahl Tage, die nicht auf ein Wochenende oder in Ferien fallen. Ein positiver Wert für Tage bedeutet ein zukünftiges Datum, ein negativer Wert ein zurückliegendes Datum.

Im Argument **Freie_Tage** kann eine Liste einer oder mehrerer Datumsangaben angegeben werden, die arbeitsfreie Tage oder Ferientage repräsentieren kann, die ausgeschlossen werden sollen.

Produktionsfertigstellungstermine errechnen

In der folgenden Aufgabe sollen in einer Tabelle ausgehend von einem Startdatum mögliche Fertigstellungstermine errechnet werden. Sehen Sie sich dazu einmal die Abbildung 6.37 an.

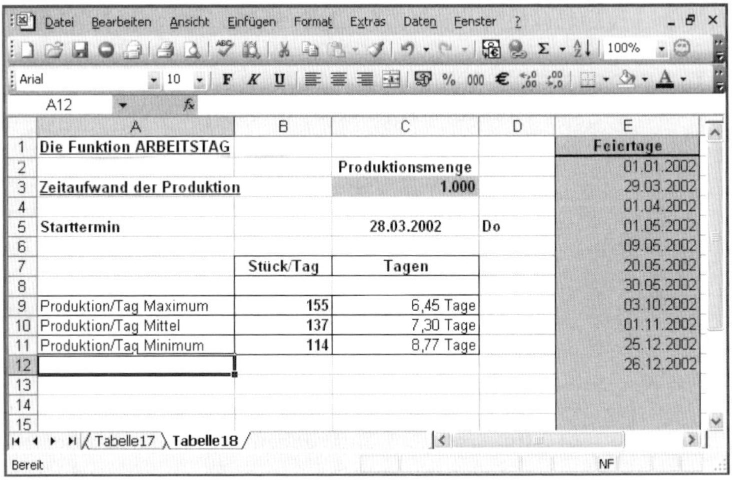

Abbildung 6.37: Den Fertigstellungstermin ermitteln

In den Zellen **B9:B11** sind die möglichen Stückzahlen/Tag unter unterschiedlichen Bedingungen angegeben. Über die Formel **=$C$3/B9** in Zelle **C9** können Sie zwar den Fertigstellungstermin errechnen, dabei aber sind Sonn- und Feiertage inbegriffen. Da dies für diese Aufgabe nicht wünschenswert ist, da an Sonn- und Feiertagen nicht gearbeitet werden kann, muss eine Formel gefunden werden, die Sonn- und Feiertage berücksichtigt. Als Vorarbeit dazu sind im Bereich **E2:E12** arbeitsfreie Tage erfasst worden.

Um jetzt die tatsächlichen Fertigstellungstermine zu errechnen, gehen Sie wie folgt vor:

1. Markieren Sie den Zellenbereich **C18:C20**
2. Erfassen Sie die Formel **=ARBEITSTAG($C$5;C9;$E$2:$E$20)**
3. Schließen Sie die Formel über die Tastenkombination [Strg] + [↵] ab.

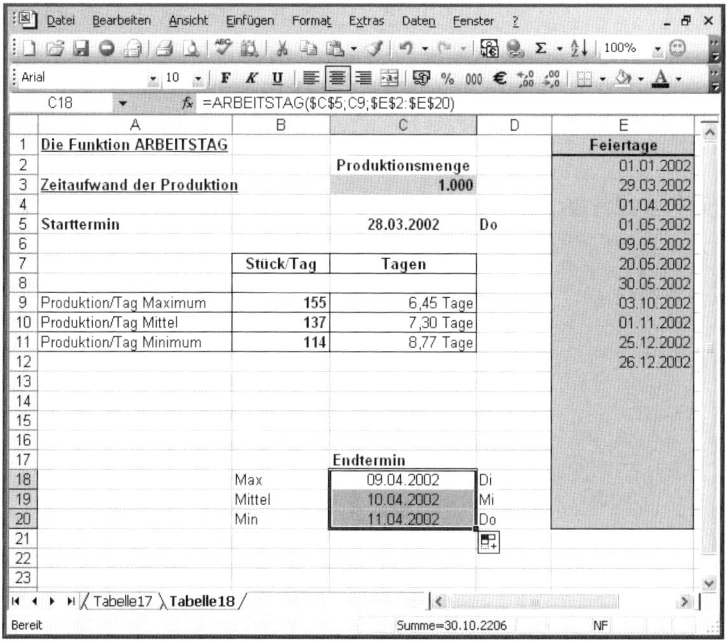

	A	B	C	D	E
1	Die Funktion ARBEITSTAG				Feiertage
2			Produktionsmenge		01.01.2002
3	Zeitaufwand der Produktion		1.000		29.03.2002
4					01.04.2002
5	Starttermin		28.03.2002	Do	01.05.2002
6					09.05.2002
7		Stück/Tag	Tagen		20.05.2002
8					30.05.2002
9	Produktion/Tag Maximum	155	6,45 Tage		03.10.2002
10	Produktion/Tag Mittel	137	7,30 Tage		01.11.2002
11	Produktion/Tag Minimum	114	8,77 Tage		25.12.2002
12					26.12.2002
13					
14					
15					
16					
17			Endtermin		
18		Max	09.04.2002	Di	
19		Mittel	10.04.2002	Mi	
20		Min	11.04.2002	Do	
21					
22					
23					

Abbildung 6.38: Die tatsächlichen Endtermine wurden errechnet

Die Tabellenfunktion NETTOARBEITSTAGE

Mit Hilfe der Tabellenfunktion **NETTOARBEITSTAGE** aus dem Analyse-Add-In können Sie die Anzahl der Arbeitstage in einem Zeitintervall (Start- und Enddatum) ermitteln. Nicht zu den Arbeitstagen gezählt werden Wochenenden sowie die Tage, die als Ferien (Feiertage) angegeben sind.

Die Syntax dieser Funktion lautet:

=NETTOARBEITSTAGE(Ausgangsdatum;Enddatum; Freie_Tage)

Im Argument **Ausgangsdatum** geben Sie ein Startdatum an.

Im Argument **Enddatum** geben Sie das Enddatum an.

Im Argument **Freie_Tage** kann eine Liste einer oder mehrerer Datumsangaben angegeben werden, die arbeitsfreie Tage oder Ferientage repräsentieren kann, die ausgeschlossen werden sollen.

Lohnabrechnung über einen bestimmten Zeitraum

Im nächsten Beispiel liegt eine Tabelle mit einem etwas längeren Projektverlauf vor. Das Projekt ist in drei Phasen aufgeteilt. Die Aufgabe besteht nun darin, die tatsächlichen Arbeitstage zwischen den jeweiligen Start- und Enddaten zu ermitteln und daraus den Lohn zu errechnen. Sehen Sie sich zunächst aber die Abbildung 6.39 an.

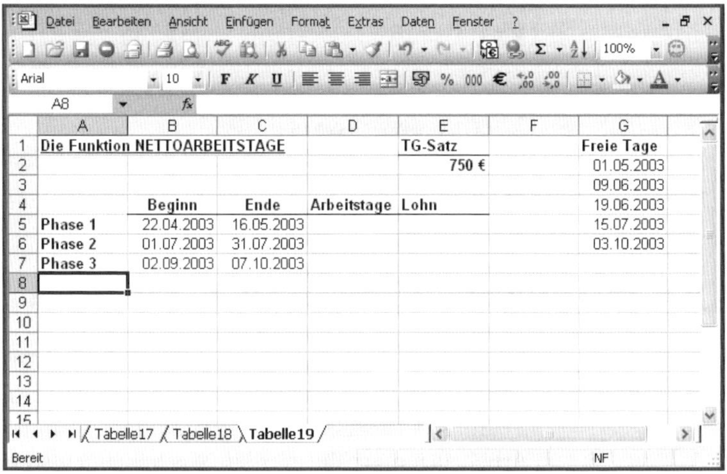

	A	B	C	D	E	F	G
1	Die Funktion NETTOARBEITSTAGE				TG-Satz		Freie Tage
2					750 €		01.05.2003
3							09.06.2003
4		Beginn	Ende	Arbeitstage	Lohn		19.06.2003
5	Phase 1	22.04.2003	16.05.2003				15.07.2003
6	Phase 2	01.07.2003	31.07.2003				03.10.2003
7	Phase 3	02.09.2003	07.10.2003				

Abbildung 6.39: Die Arbeitstage sollen ermittelt werden

Um die Arbeitstage zwischen den Beginn- und Endterminen auszurechnen, um anschließend den Lohn zu ermitteln, verfahren Sie wie folgt:

1. Markieren Sie den Zellenbereich **D5:D7**

2. Erfassen Sie die Formel
   =NETTOARBEITSTAGE(B5;C5;$G$2:$G$6)
3. Schließen Sie die Formel über die Tastenkombination [Strg] + [↵] ab.
4. Markieren Sie den Zellenbereich **E5:E7**
5. Erfassen Sie die Formel **=D5*$E$2**
6. Schließen Sie die Formel über die Tastenkombination [Strg] + [↵] ab.

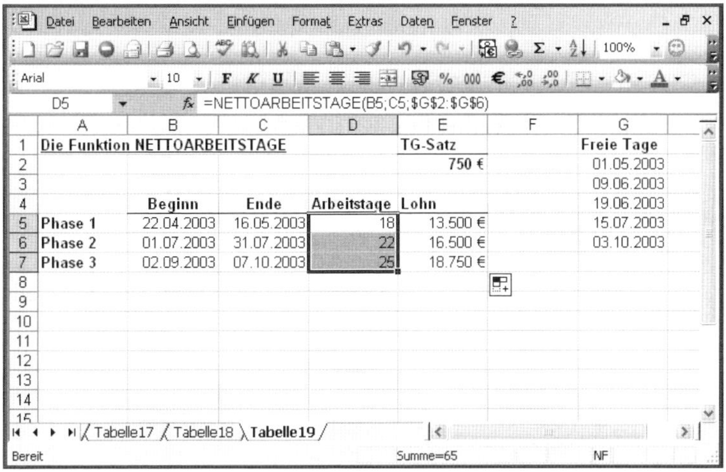

Abbildung 6.40: Die Arbeitstage unter Berücksichtigung der freien Tage wurden errechnet

Die Tabellenfunktion BRTEILJAHRE

Mit Hilfe der Tabellenfunktion **BRTEILJAHRE** können Sie Datumsdifferenzen in Jahres-Bruchteilen ausgeben. Benötigt dazu werden ein Start- und ein Endtermin. Das Ergebnis wird mit Dezimalstellen ausgegeben.

Die Syntax dieser Funktion lautet:

=BRTEILJAHRE(Ausgangsdatum;Enddatum;Basis)

Im Argument **Ausgangsdatum** geben Sie ein Anfangsdatum an.

Im Argument **Enddatum** geben Sie das Enddatum an.

Über das Argument **Basis** legen Sie die Genauigkeit bzw. Zählweise an. Dazu stehen folgende Basiswerte zur Verfügung:

- 0 → USA (NASD) 30/360
- 1 → Taggenau/taggenau
- 2 → Taggenau/360
- 3 → Taggenau/365
- 4 → Europa 30/360

Das Alter taggenau bestimmen

In der folgenden Aufgabe liegt eine Liste mit Geburtstagen vor. Dabei wird das Geburtsdatum einer Person jeweils mit dem heutigen Datum verglichen. Als Ergebnis soll dabei eine taggenaue Ausgabe des Alters ermittelt werden.

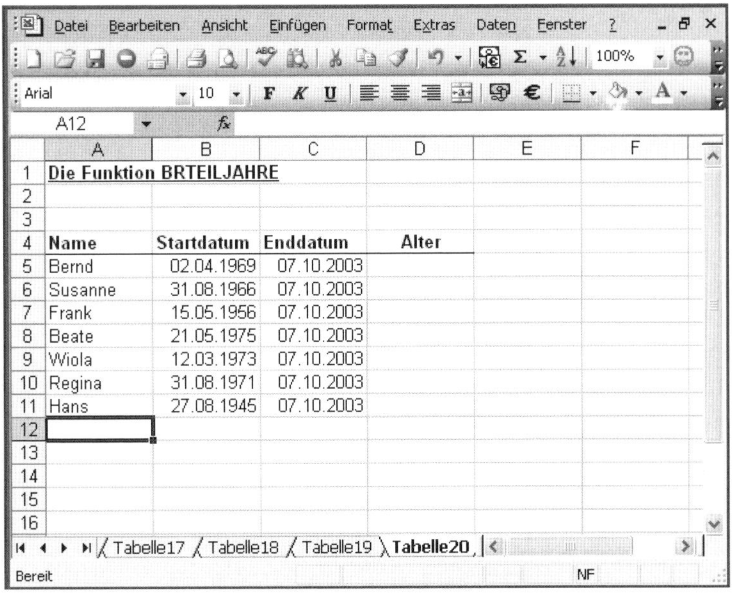

Abbildung 6.41: Das Alter soll taggenau errechnet werden

Um diese Aufgabe zu lösen, befolgen Sie die nächsten Arbeitsschritte:

1. Markieren Sie den Zellenbereich **D5:D11**
2. Erfassen Sie die Formel **=BRTEILJAHRE(B5;C5;3)**
3. Schließen Sie die Formel über die Tastenkombination [Strg] + [↵] ab.
4. Wählen Sie aus dem Menü *Format* den Befehl *Zellen* und wechseln Sie auf die Registerkarte *Zahlen*.
5. Weisen Sie den Zellen die Kategorie *Zahlen* mit 2 Nachkommastellen zu und bestätigen Sie mit *OK*.

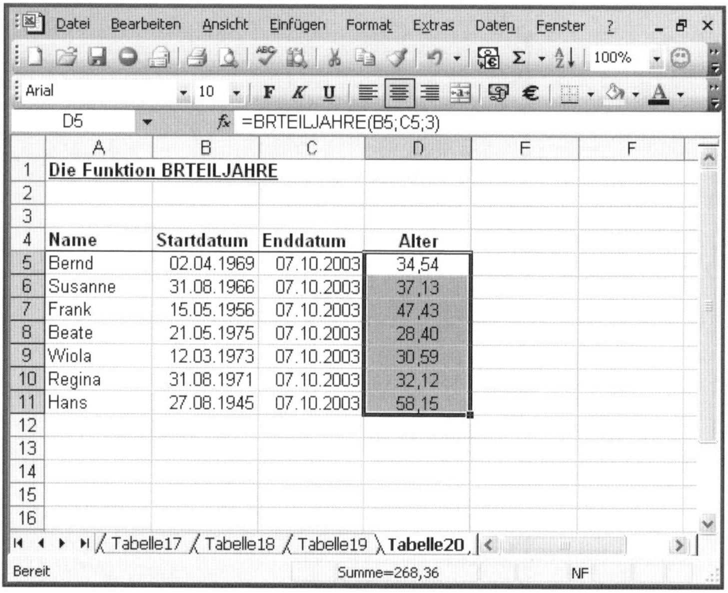

Abbildung 6.42: Das genaue Alter wurde ermittelt

Die Tabellenfunktion DATEDIF

Mit Hilfe der Tabellenfunktion **DATEDIF**, die mehr oder weniger undokumentiert in Excel ist, können Sie die Differenz zwischen zwei Datumswerten in Jahren, Monaten oder Tagen ausgeben. Es können sogar Mischformen wie 2 Jahre und 6 Monate und 3 Tage verwendet werden.

Die Syntax dieser Funktion lautet:

=DATEDIF(Ausgangsdatum;Enddatum;Einheit)

Im Argument **Ausgangsdatum** geben Sie das Startdatum des Zeitraums an.

Im Argument **Enddatum** geben Sie das Enddatum des Zeitraums an.

Über das Argument **Einheit** können Sie steuern, welche Information Sie erhalten möchten. Möglich dabei sind folgende Informationen:

- "J" → Die Anzahl der vollständigen Jahre im Zeitraum.
- "M" → Die Anzahl der vollständigen Monate im Zeitraum.
- "T" → Die Anzahl der Tage im Zeitraum.
- "MT" → Die Differenz zwischen den Tagen in Anfangsdatum und Enddatum. Die Monate und Jahre der Datumsangaben werden ignoriert.
- "JM" → Die Differenz zwischen den Monaten in Anfangsdatum und Enddatum. Die Tage und Jahre der Datumsangaben werden ignoriert.
- "JT" → Die Differenz zwischen den Tagen in Anfangsdatum und Enddatum. Die Jahre der Datumsangaben werden ignoriert.

Das Alter auf verschiedene Arten errechnen

Bei der folgenden Aufgabe wird die letzte Aufgabe aus Abbildung 6.42 noch einmal aufgegriffen. Das Alter der Personen soll jetzt auf Jahresbasis sowie auf Jahres- und Monatsbasis errechnet werden.

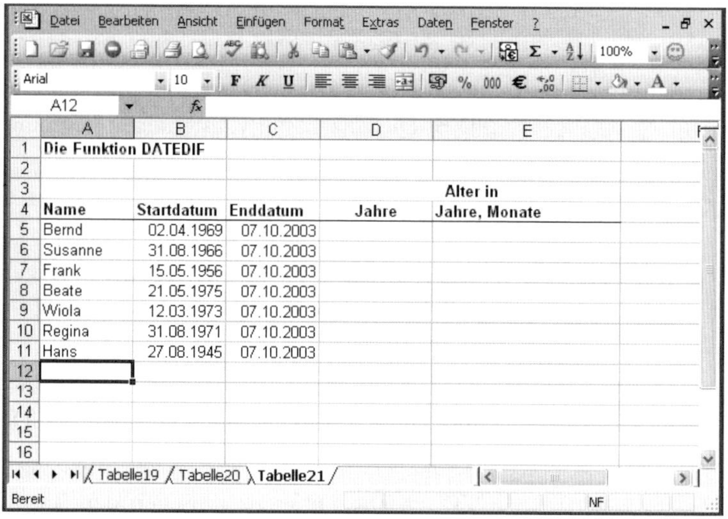

Abbildung 6.43: Das Alter auf verschiedene Weisen bestimmen

Gehen Sie nun wie folgt vor:

1. Markieren Sie den Zellenbereich **D5:D11**
2. Erfassen Sie die Formel **=DATEDIF(B5;C5;"Y")**, um das Alter in ganzen Jahren auszugeben.
3. Schließen Sie die Formel über die Tastenkombination [Strg] + [↵] ab.
4. Markieren Sie jetzt den Zellenbereich **E5:E11**
5. Erfassen Sie die Formel **=DATEDIF(B5;C5;"Y") & " Jahre und " & DATEDIF(B5;C5;"YM") & " Monat(e)"**
6. Schließen Sie die Formel über die Tastenkombination [Strg] + [↵] ab.

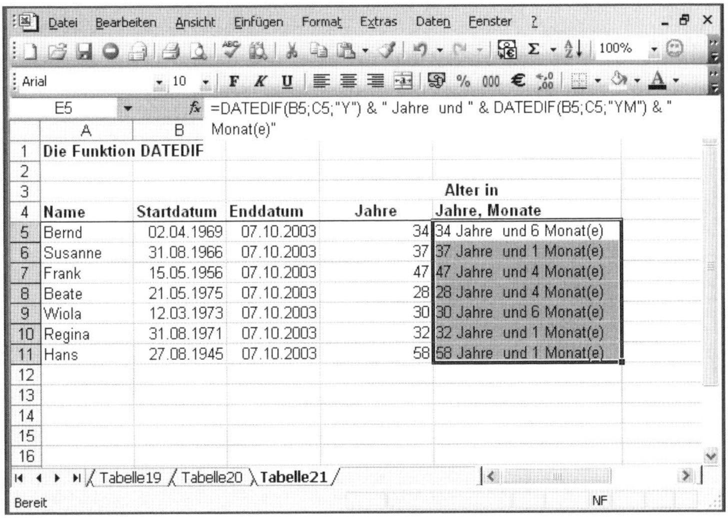

E5: =DATEDIF(B5;C5;"Y") & " Jahre und " & DATEDIF(B5;C5;"YM") & " Monat(e)"

	A	B	C	D	E
1	Die Funktion DATEDIF				
2					
3					Alter in
4	Name	Startdatum	Enddatum	Jahre	Jahre, Monate
5	Bernd	02.04.1969	07.10.2003	34	34 Jahre und 6 Monat(e)
6	Susanne	31.08.1966	07.10.2003	37	37 Jahre und 1 Monat(e)
7	Frank	15.05.1956	07.10.2003	47	47 Jahre und 4 Monat(e)
8	Beate	21.05.1975	07.10.2003	28	28 Jahre und 4 Monat(e)
9	Wiola	12.03.1973	07.10.2003	30	30 Jahre und 6 Monat(e)
10	Regina	31.08.1971	07.10.2003	32	32 Jahre und 1 Monat(e)
11	Hans	27.08.1945	07.10.2003	58	58 Jahre und 1 Monat(e)

Abbildung 6.44: Die Differenz wurde in Jahren und Monaten ausgegeben

Möchten Sie zusätzlich die noch verbleibenden Tage zwischen den beiden Datumsangaben ausgeben, dann erfassen Sie die etwas längere Formel:

=DATEDIF(B5;C5;"Y") & " Jahre und " & DATEDIF (B5;C5;"YM") & " Monate und " & DATEDIF(B5;C5;"MD") & " Tage"

Die Tabellenfunktion ZEITWERT

Mit Hilfe der Tabellenfunktion **ZEITWERT** können Sie eine als Text vorliegende Zeitangabe in eine fortlaufende Zahl umwandeln. Diese fortlaufende Zahl ist ein Wert im Bereich von 0 (Null) bis 0,99999999 und entspricht einer Uhrzeit von 0:00:00 (24:00:00) bis 23:59:59. Diese so umgewandelte Zahl muss anschließend noch mit dem Zeit-Format formatiert werden.

Die Syntax dieser Funktion lautet:

=ZEITWERT(Zeit)

Im Argument **Zeit** liegt eine Zeitangabe vor, die in Excel aber nicht als Zeitformat direkt erkannt wird. Manchmal werden durch den Import von Daten gerade solche nicht erkannten Zeitdaten generiert, die umgewandelt werden müssen.

Zeitangaben erkennen

In der folgenden Liste liegen nach einem Daten-Import Zeitangaben als Texte in einer Tabelle vor (siehe Abbildung 6.45).

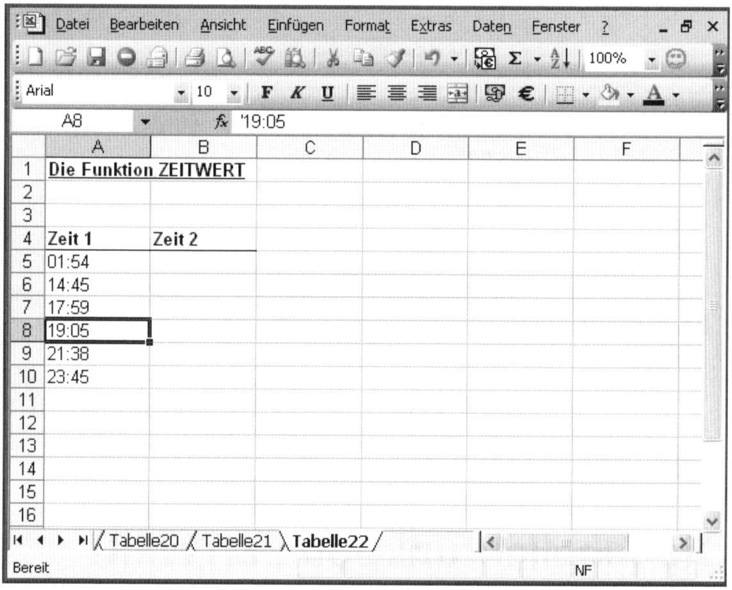

Abbildung 6.45: Die Zeiten werden in Excel nicht erkannt

Es ist schon verdächtig, wenn Zeitangaben in Excel am linken Zellenrand hängen. Damit werden die Zeitangaben nicht als Zahlenwerte, sondern nur als Texte interpretiert. Wandeln Sie nun diese nicht erkannten Zeitwerte in Excel-gerechte Zeitformate um. Gehen Sie dazu wie folgt vor:

1. Markieren Sie den Zellenbereich **B5:B10**
2. Erfassen Sie die Formel **=ZEITWERT(A5)**
3. Schließen Sie die Formel über die Tastenkombination Strg + ↵ ab.
4. Wählen Sie aus dem Menü *Format* den Befehl *Zellen* und wechseln Sie auf die Registerkarte *Zahlen.*
5. Wählen Sie im Listenfeld *Kategorie* den Befehl *Uhrzeit*, weisen Sie ein gewünschtes Zeitformat hinzu und bestätigen Sie mit *OK.*

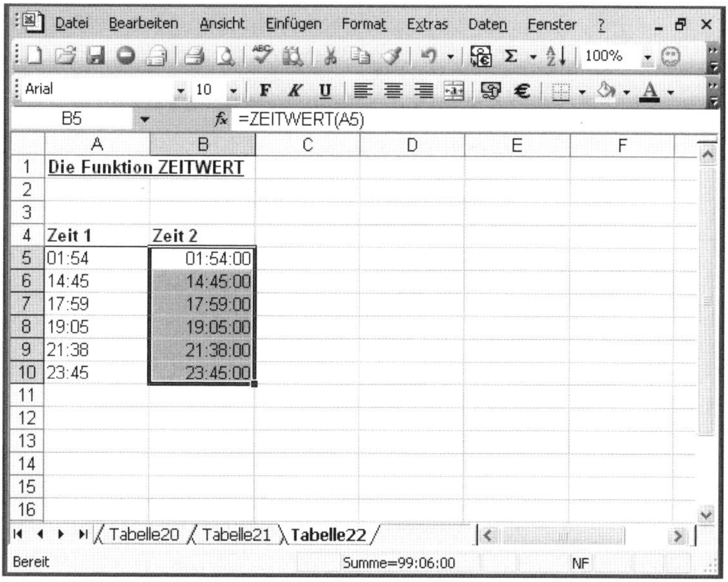

Abbildung 6.46: Die Zeitangaben stehen rechtsbündig und werden von Excel jetzt erkannt

Die Tabellenfunktionen STUNDE, MINUTE und SEKUNDE

Mit Hilfe der Tabellenfunktion **STUNDE** können Sie die Stunde einer Zeitangabe ermitteln. Die Stunde wird als ganze Zahl ausgegeben und kann einen Wert von 0 (0 Uhr) bis 23 (23 Uhr) annehmen.

Die Syntax der Funktion **STUNDE** lautet:

=STUNDE(Zahl)

Im Argument **Zahl** geben Sie die Zeitangabe mit der Stunde an, die Sie ermitteln möchten.

Mit Hilfe der Tabellenfunktion **MINUTE** können Sie die Minute einer Zeitangabe ermitteln. Die Minute wird als ganze Zahl ausgegeben, die einen Wert von 0 bis 59 annehmen kann.

Die Syntax der Funktion **MINUTE** lautet:

=MINUTE(Zahl)

Im Argument **Zahl** geben Sie die Zeitangabe mit der Minute an, die Sie ermitteln möchten.

Mit Hilfe der Tabellenfunktion **SEKUNDE** können Sie die Sekunden einer Zeitangabe ermitteln. Die Sekunde wird als ganze Zahl ausgegeben, die einen Wert von 0 (Null) bis 59 annehmen kann.

Die Syntax der Funktion **SEKUNDE** lautet:

=SEKUNDE(Zahl)

Im Argument **Zahl** geben Sie die Zeitangabe mit der Sekunde an, die Sie ermitteln möchten.

Umrechnen in Industriezeit

Bei der nächsten Aufgabe liegt eine Tabelle vor, die wie eine alte Stempeluhr angeordnet ist.

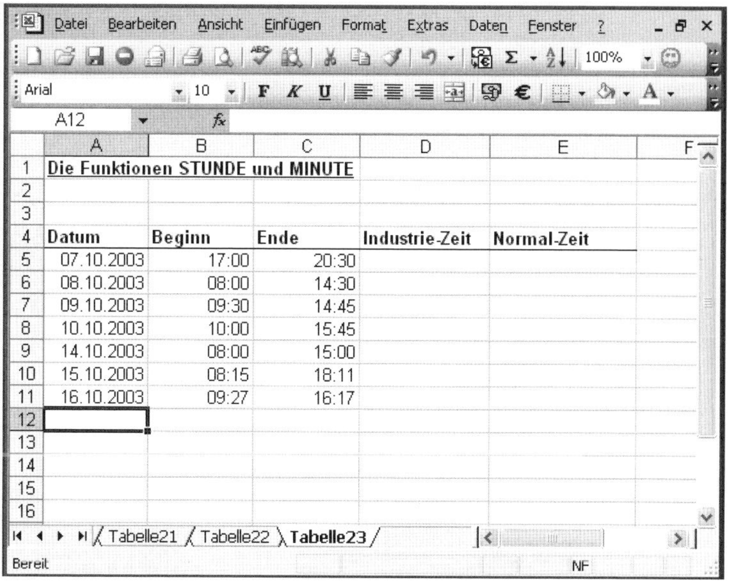

	A	B	C	D	E
1	Die Funktionen STUNDE und MINUTE				
2					
3					
4	Datum	Beginn	Ende	Industrie-Zeit	Normal-Zeit
5	07.10.2003	17:00	20:30		
6	08.10.2003	08:00	14:30		
7	09.10.2003	09:30	14:45		
8	10.10.2003	10:00	15:45		
9	14.10.2003	08:00	15:00		
10	15.10.2003	08:15	18:11		
11	16.10.2003	09:27	16:17		

Abbildung 6.47: Errechnen der Zeit-Differenz mit zwei Methoden

Um die geleisteten Stunden in Industrie- und Normalzeit auszugeben, gehen Sie wie folgt vor:

1. Markieren Sie den Zellenbereich **D5:D11**
2. Erfassen Sie die Formel **=STUNDE(C5-B5)+MINUTE(C5-B5)/60**
3. Schließen Sie die Formel über die Tastenkombination [Strg] + [↵] ab.
4. Formatieren Sie diesen Bereich über das Format *Zahlen* und zwei Nachkommastellen.
5. Markieren Sie jetzt den Zellenbereich **E5:E11**
6. Erfassen Sie die Formel **=C5-B5**

7. Schließen Sie die Formel über die Tastenkombination [Strg] + [↵] ab.
8. Formatieren Sie diesen Bereich mit einem gewünschten Zeitformat.

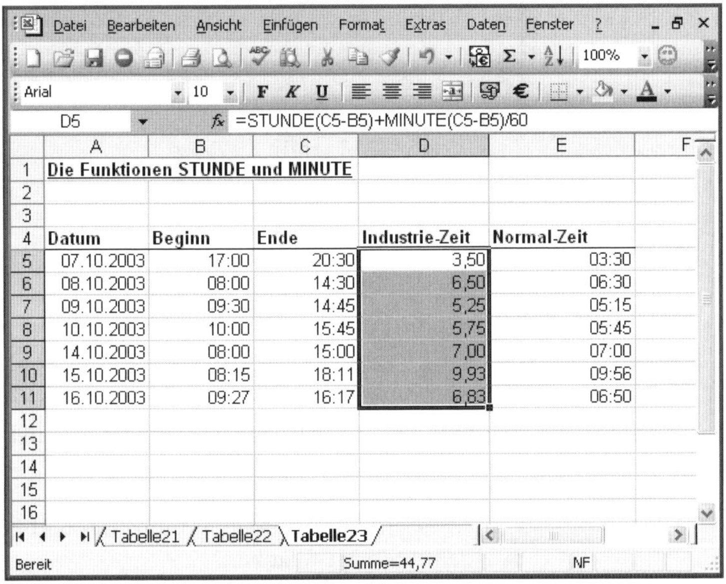

Abbildung 6.48: Die Industrie-Zeit wurde ermittelt und der Normal-Zeit gegenübergestellt

Die Tabellenfunktion ZEIT

Mit Hilfe der Tabellenfunktion **ZEIT** können Sie die Dezimalzahl einer bestimmten Uhrzeit ermitteln. Wenn für das Zellenformat vor der Eingabe der Funktion die Option *Allgemein* eingestellt war, wird das Ergebnis als Datum formatiert.

Die Syntax dieser Funktion lautet:

=ZEIT(Stunde;Minute;Sekunde)

Im Argument **Stunde** kann eine Zahl von 0 (null) bis 32767, die die Stunde repräsentiert, angegeben werden.

Im Argument **Minute** kann eine Zahl von 0 bis 32767, die die Minute repräsentiert, angegeben werden.

Im Argument **Sekunde** kann eine Zahl von 0 bis 32767, die die Sekunde repräsentiert, angegeben werden.

Eine Zeitangabe zusammensetzen

In der folgenden Aufgabe liegt eine Tabelle mit Wettkampfergebnissen eines Laufwettbewerbs vor. Dabei wird die benötigte Zeit für die Laufstrecke in drei Spalten (Stunden, Minuten und Sekunden) eingetragen.

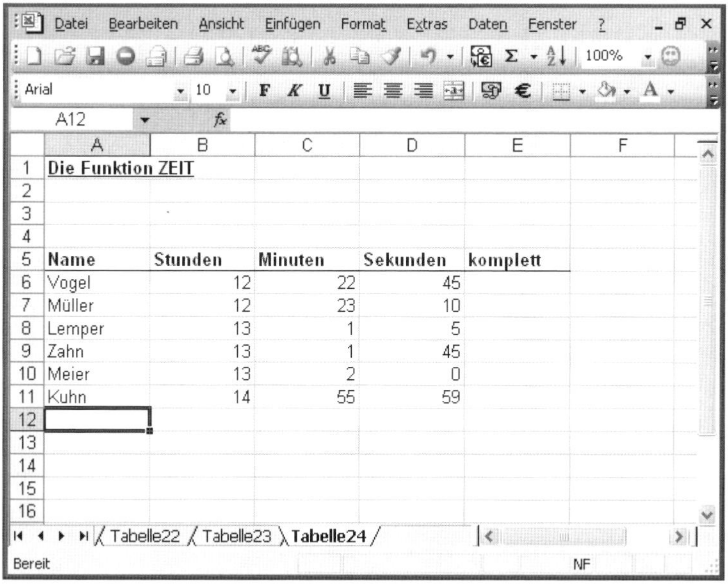

	A	B	C	D	E	F
1	Die Funktion ZEIT					
2						
3						
4						
5	Name	Stunden	Minuten	Sekunden	komplett	
6	Vogel	12	22	45		
7	Müller	12	23	10		
8	Lemper	13	1	5		
9	Zahn	13	1	45		
10	Meier	13	2	0		
11	Kuhn	14	55	59		
12						
13						
14						
15						
16						

Abbildung 6.49: Zeiten zusammensetzen

Setzen Sie nun die Zeitangaben aus den Spalten **B-D** in der Spalte **E** zu einer kompletten Zeitangabe zusammen. Gehen Sie dazu wie folgt vor:

1. Markieren Sie den Zellenbezug **E6:E11**
2. Erfassen Sie die Formel **=ZEIT(B6;C6;D6)**
3. Schließen Sie die Formel über die Tastenkombination Strg + ↵ ab.
4. Formatieren Sie diesen Bereich mit einem gewünschten Zeitformat, z.B. mit **hh:mm**.

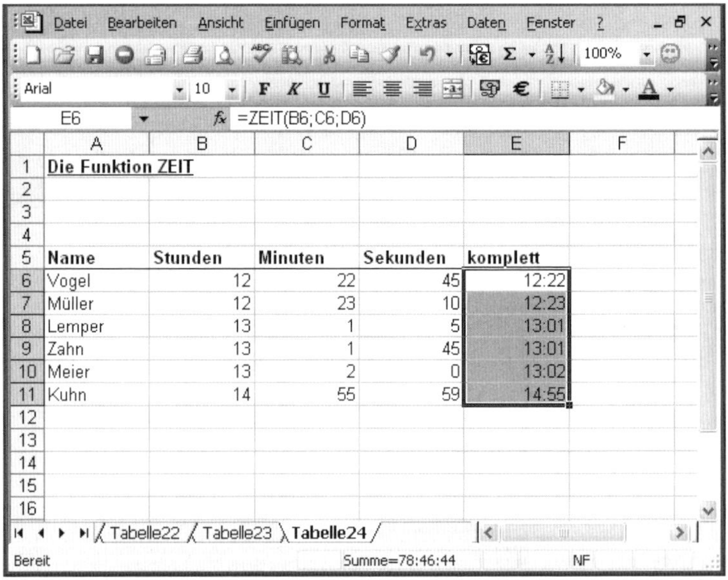

Abbildung 6.50: Die Zeitangaben wurden in Spalte E zusammengefasst

KAPITEL

Mathematische Funktionen

In diesem Kapitel lernen Sie die mathematischen Funktionen von Excel kennen.

7

Mathematische Funktionen

In diesem Kapitel werden die Funktionen aus den Kategorien *Math. & Trigonom.* beschrieben und anhand von Beispielen aus der Praxis beschrieben.

Alle hier vorgestellten Funktionen sind in der Arbeitsmappe *Kap07.xls* auf der mitgelieferten CD-ROM verfügbar.

Die Tabellenfunktion SUMME

Die wohl am häufigsten gebrauchte Funktion in Excel ist die Funktion **SUMME**. Aus diesem Grund ist dieser Funktion auch ein eigenes Symbol in der Symbolleiste *Standard* gewidmet.

Die Syntax dieser Funktion lautet:

=SUMME(Zahl1;Zahl2; ...)

oder z.B.

=SUMME(A1:A100)

Die Argumente **Zahl1**; **Zahl2**; ... sind 1 bis 30 Argumente, deren Summe Sie berechnen möchten. Die Argumente können entweder Werte oder Bezüge sein.

Einfache Summen bilden

Um den Gebrauch dieser Funktion zu demonstrieren, befolgen Sie die nächsten Arbeitsschritte:

1. Geben Sie beginnend von Zelle **A1** bis zu Zelle **A9** ein paar Beträge ein.
2. Setzen Sie Ihren Mauszeiger auf Zelle **A10**.

3. Klicken Sie auf das Symbol *AutoSumme* in der Symbolleiste *Standard*.

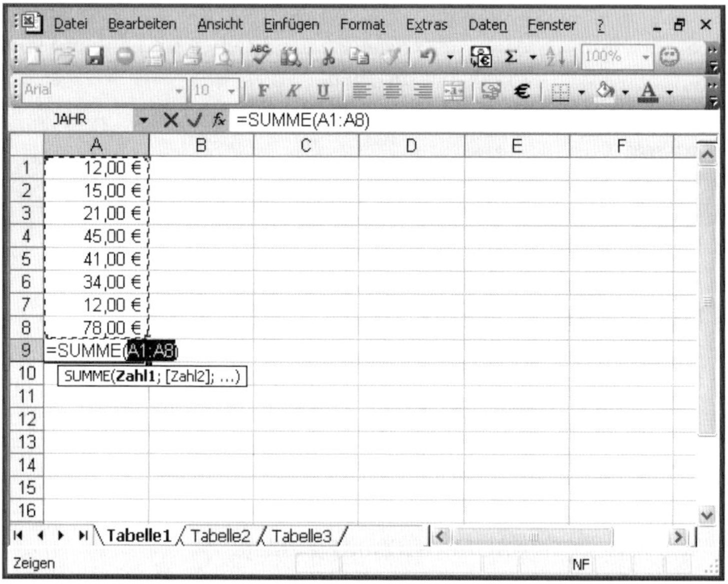

Abbildung 7.1: Eine Summe bilden

4. Excel versucht nun automatisch den richtigen Bereich für die Summierung zu finden.
5. Bestätigen Sie den gefundenen Summenbereich mit [↵].

Wenn sich Excel einmal irrt und Ihnen einen falschen Bereich vorschlägt, können Sie Excel eines Besseren belehren. Um die vorgeschlagene Formel zu ändern, markieren Sie mit der Maus stattdessen den Bereich, den Sie addieren möchten, und drücken dann [↵].

Mehrere Bereiche summieren

Wenn Sie möchten, können Sie mit der Funktion **SUMME** auch mehrere Bereiche summieren. Sehen Sie sich dazu die Abbildung 7.2 an.

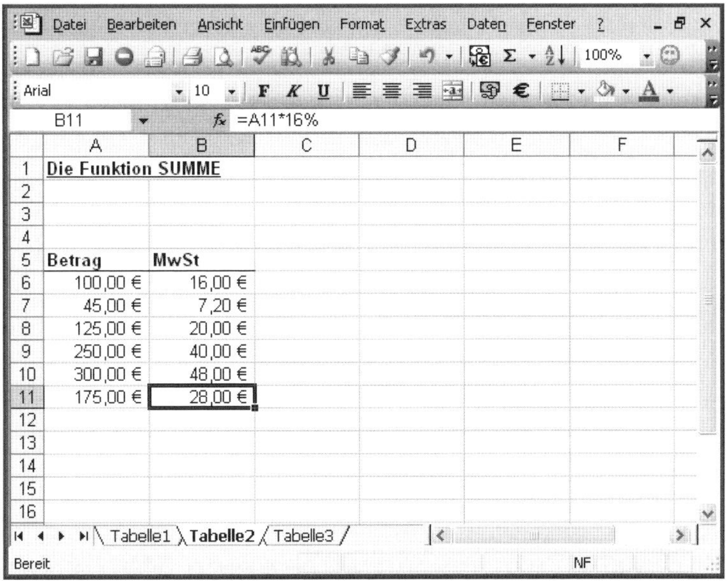

Abbildung 7.2: Eine Liste mit Nettobeträgen und der MwSt

Es soll jetzt eine Gesamtsumme aller Netto- und Mehrwertsteuerbeträge gebildet werden. Dazu gehen Sie wie folgt vor:

1. Setzen Sie den Mauszeiger auf Zelle **A13**.
2. Klicken Sie auf das Symbol *AutoSumme* in der Symbolleiste *Standard*. Der Bereich **A5:A11** wird automatisch markiert.
3. Drücken Sie jetzt die Taste Strg und halten Sie diese gedrückt.
4. Markieren Sie zusätzlich Ihre neuen Werte in Spalte B und lassen Sie dieTaste Strg wieder los.

5. Drücken Sie [Einfg], um die Aktion abzuschließen.

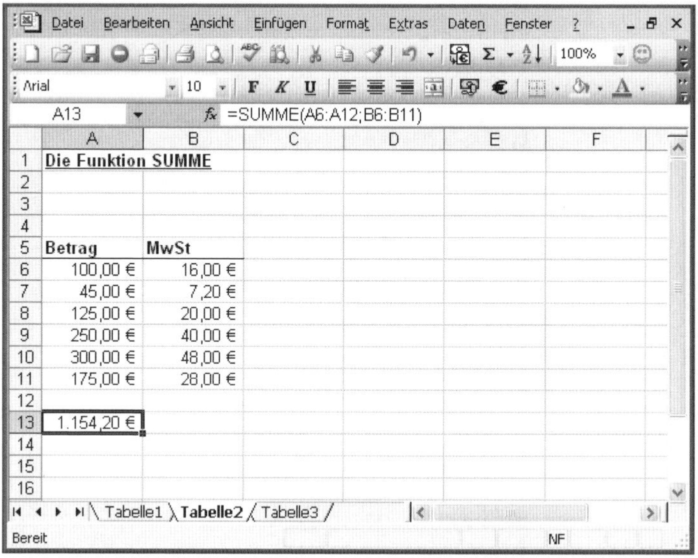

Abbildung 7.3: Mehrere Bereiche summieren

Bedingte Summierung über eine Matrixformel

Bei der folgenden Aufgabe setzen Sie die Tabellenfunktion **SUMME** als Matrixformel ein, d.h., Sie müssen die Eingabe der Formel über die Tastenkombination [Strg] + [⇧] + [↵] abschließen.

In einer Tabelle sollen nur die Beträge summiert werden, die zwischen 50 und 100 Euro liegen. Sehen Sie sich dazu einmal vorab die Abbildung 7.4 an.

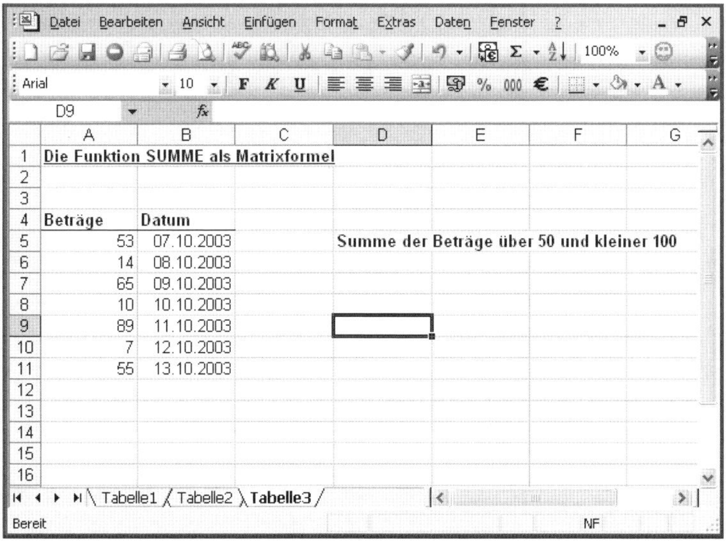

Abbildung 7.4: Die Beträge zwischen 50 und 100 sollen summiert werden

Um diese Aufgabe durchzuführen, befolgen Sie die nächsten Arbeitsschritte:

1. Setzen Sie den Zellenzeiger in Zelle D6.
2. Erfassen Sie die Matrixformel **=SUMME(WENN(A5:A11 >= 50;WENN(A5:A11 < 100;A5:A11)))**
3. Schließen Sie die Matrixformel über die Tastenkombination Strg + ⇧ + ↵ ab.

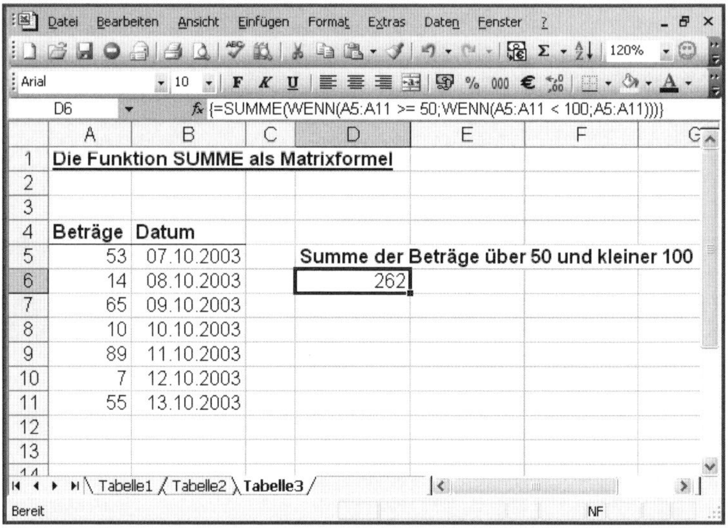

Abbildung 7.5: Die geschweiften Klammern müssen in der Formel nicht angegeben werden

Bedingte Zählung über eine Matrixformel

Auch bei der nächsten Aufgabe wird die Tabellenfunktion **SUMME** in einer Matrixformel eingesetzt. Dabei gehen Sie von der Liste der letzten Aufgabe aus und zählen die Anzahl der Einträge in der Liste, deren Beträge zwischen 50 und 100 liegen.

Um diese Aufgabe zu lösen, verfahren Sie wie folgt:

1. Kopieren Sie die **Tabelle3** und geben Sie der neuen Tabelle den Namen **Tabelle4**.
2. Erfassen Sie in Zelle **D4** die Matrixformel **=SUMME((A5:A11>=50)*(A5:A11<100))**
3. Schließen Sie die Matrixformel über die Tastenkombination [Strg] + [⇧] + [↵] ab.

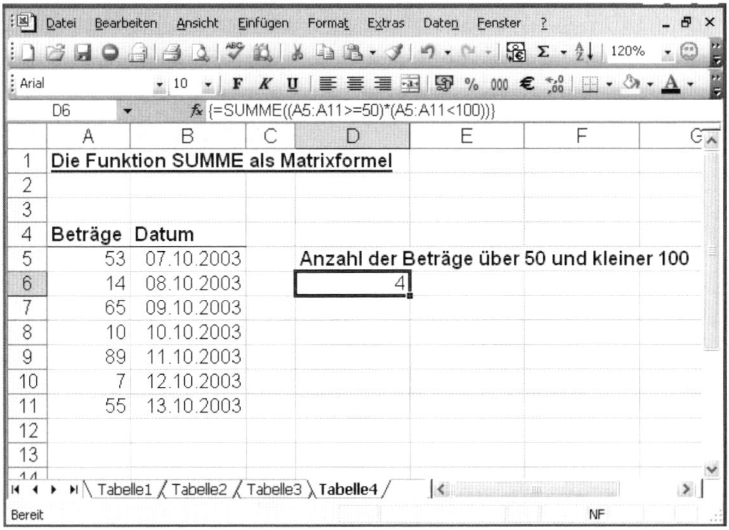

Abbildung 7.6: Die Anzahl der Beträge zwischen 50 und 100 wurde gezählt

Bestandsprüfung im Lager

Bei der folgenden Aufgabe soll eine Lagerliste mit Hilfe der Funktion **SUMME**, die auch hier als Matrixformel verwendet wird, überprüft werden.

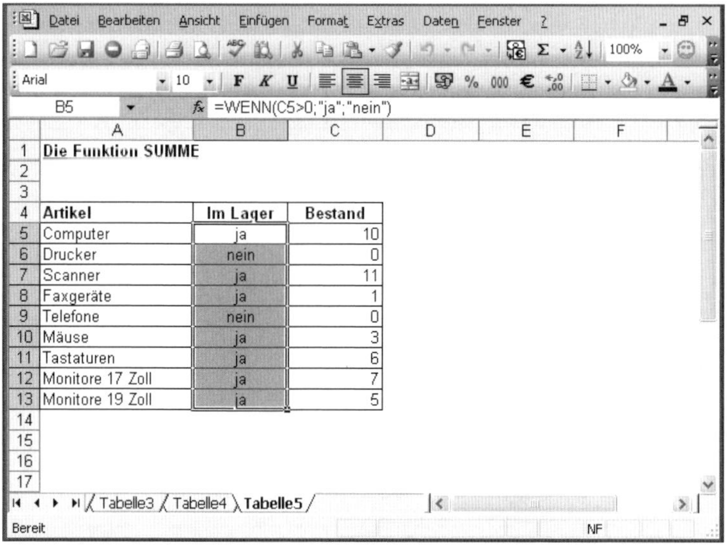

Abbildung 7.7: Die Lagerliste soll ausgewertet werden

Die Einträge **ja** bzw. **nein** werden in Spalte B automatisch durch die Formel **=WENN(C5>0;"ja";"nein")** gesetzt, also in Abhängigkeit vom Bestand. Folgende Prüfungen sollen nun durchgeführt werden:

- Wie viele Artikel sind im Lager mit einem Bestand größer 5?
- Wie viele Artikel sind im Lager mit einem Bestand kleiner 5?
- Wie viele Artikel sind nicht mehr im Lager mit einem Bestand kleiner oder gleich 0?

Um diese Fragen zu beantworten, verfahren Sie folgendermaßen:

1. Erfassen Sie in Zelle **A16** die Matrixformel **=SUMME((B5:B13="ja")*(C5:C13>5))**
2. Geben Sie in Zelle **A17** die Matrixformel **=SUMME((B5:B13="ja")*(C5:C13<=5))** ein.

3. In Zelle **A18** erfassen Sie die Matrixformel
   =SUMME((B5:B13="nein")*(C5:C13<=0))

4. Schließen Sie alle drei Matrixformeln jeweils über die Tastenkombination Strg + ⇧ + ↵ ab.

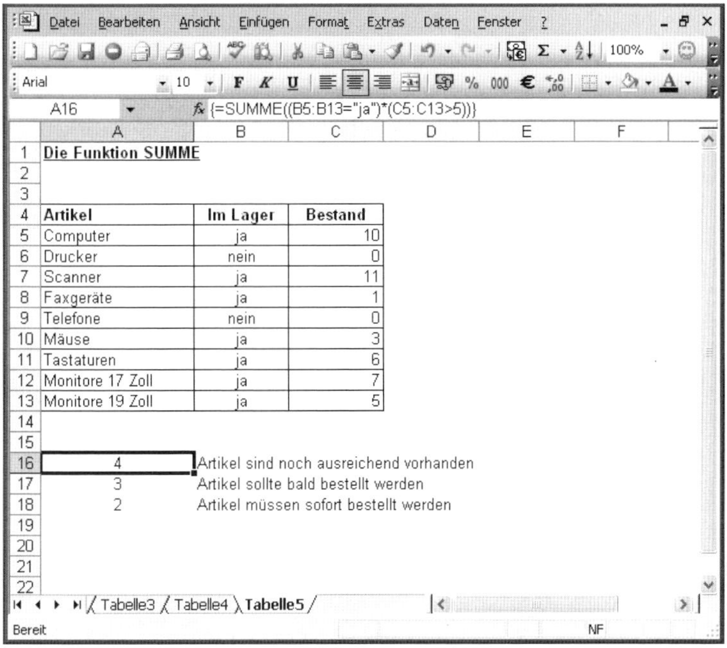

Abbildung 7.8: Die Lagerauswertung wurde durchgeführt

Wie oft wurde ein bestimmter Artikel an einem Tag verkauft?

Bei der nächsten Aufgabe liegt die Verkaufsliste aus Abbildung 7.9 vor. Diese Verkaufsliste enthält neben den Artikel-Nummern auch das jeweilige Verkaufsdatum.

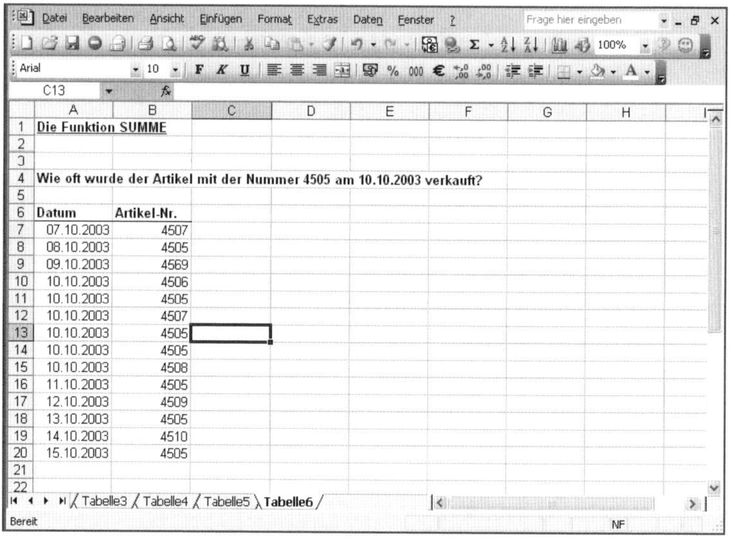

Abbildung 7.9: Verkaufshäufigkeit eines Artikels messen

Um die Frage, wie viele Artikel mit der Artikel-Nr. 4505 am 10.10.2003 verkauft wurden, zu beantworten, verfahren Sie wie folgt:

1. Setzen Sie den Zellenzeiger in Zelle **D7**
2. Erfassen Sie die Matrixformel **=SUMME((DATWERT("10.10.2003")=$A$7:$A$20) *(4505=$B$7:$B$20))**
3. Schließen Sie die Matrixformel über die Tastenkombination [Strg] + [⇧] + [↵] ab.

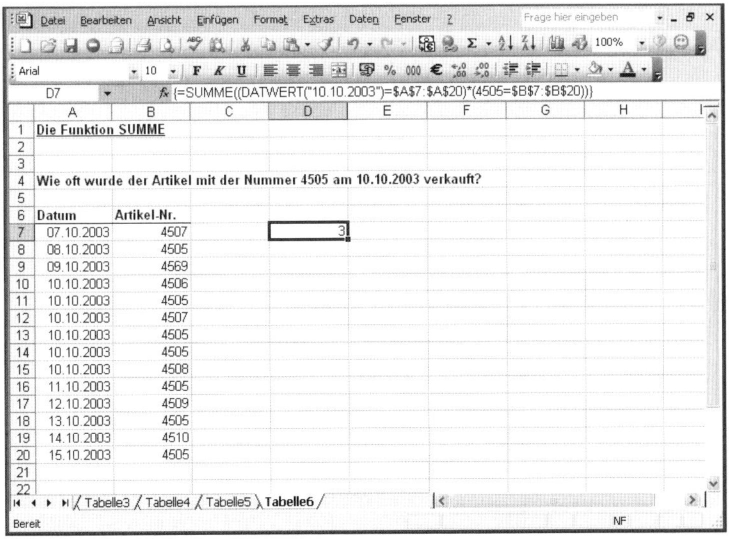

Abbildung 7.10: Am 10.10.2003 wurde der Artikel 4505 genau 3 Mal verkauft

Werden die Informationen für die Artikelverkaufsauswertung aus den Zellen F6 (10.10.2003) und G6 (4505) in der Matrixformel verwendet, dann lautet die Formel:

=SUMME((F6=$A$7:$A$20)*(G6=$B$7:$B$20))

Diese Matrixformel muss über die Tastenkombination [Strg] + [⇧] + [↵] abgeschlossen werden.

Bedingte Summierung mit drei Bedingungen

Als letztes Beispiel zur Verwendung der Funktion **SUMME** als Matrixformel werden Sie in einer Liste Daten summieren, die drei Bedingungen entsprechen müssen.

- ✓ Verkauf des Artikels mit der Artikel-Nr 4505

- Verkauf am 10.10.2003
- Verkauf in Deutschland

Erweitern Sie die Liste der letzten Aufgabe um eine weitere Spalte.

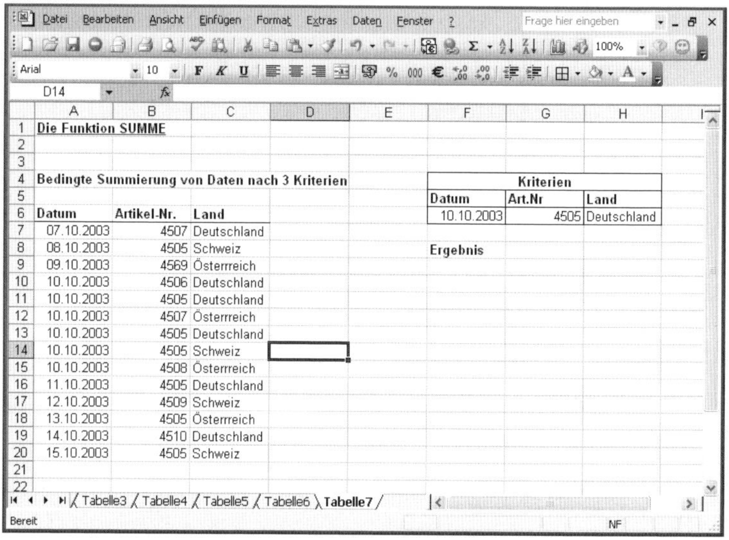

Abbildung 7.11: Die bedingte Summierung nach drei Kriterien soll durchgeführt werden

Um alle drei Bedingungen in eine Matrixformel zu packen, verfahren Sie wie folgt:

1. Setzen Sie den Zellenzeiger in Zelle **G8**
2. Erfassen Sie die Matrixformel **=SUMME((F6=$A$7:$A$20)*(G6=$B$7:$B$20)*(H6=$C$7:$C$20))**
3. Schließen Sie die Matrixformel über die Tastenkombination [Strg] + [⇧] + [↵] ab.

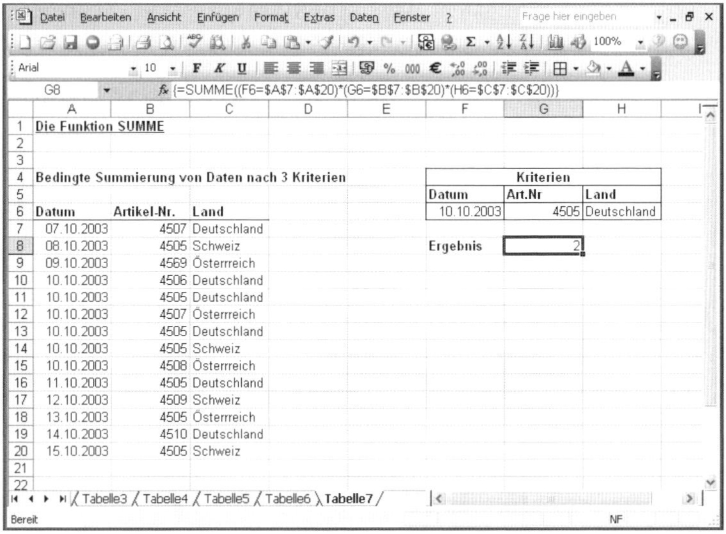

G8 {=SUMME((F6=$A$7:$A$20)*(G6=$B$7:$B$20)*(H6=$C$7:$C$20))}

	A	B	C	D	E	F	G	H
1	Die Funktion SUMME							
2								
3								
4	Bedingte Summierung von Daten nach 3 Kriterien						Kriterien	
5						Datum	Art.Nr	Land
6	Datum	Artikel-Nr.	Land			10.10.2003	4505	Deutschland
7	07.10.2003	4507	Deutschland					
8	08.10.2003	4505	Schweiz			Ergebnis	2	
9	09.10.2003	4569	Österreich					
10	10.10.2003	4506	Deutschland					
11	10.10.2003	4505	Deutschland					
12	10.10.2003	4507	Österreich					
13	10.10.2003	4505	Deutschland					
14	10.10.2003	4505	Schweiz					
15	10.10.2003	4508	Österreich					
16	11.10.2003	4505	Deutschland					
17	12.10.2003	4509	Schweiz					
18	13.10.2003	4505	Österreich					
19	14.10.2003	4510	Deutschland					
20	15.10.2003	4505	Schweiz					

Abbildung 7.12: Es wurden nur 2 Sätze gefunden, die den Kriterien entsprachen

HINWEIS

Wenn Sie den Zellenzeiger in die Zelle G8 setzen und die Taste (F2) drücken, dann können Sie noch einmal die beteiligten Bereiche sehen. Vergessen Sie aber nach dieser Kontrolle nicht, die Matrixformel über die Tastenkombination Strg + ⇧ + ↵ abzuschließen oder über die Taste Esc die Zelle ohne Änderung zu verlassen.

Die Tabellenfunktion SUMMEWENN

Mit der Tabellenfunktion **SUMMEWENN** können Sie Zahlen addieren, die mit bestimmten Suchkriterien übereinstimmen.

Die Syntax dieser Funktion lautet:

=SUMMEWENN(Bereich;Kriterien;Summe_Bereich)

Mit dem Argument **Bereich** ist der Zellbereich gemeint, den Sie berechnen wollen.

Unter dem Argument **Kriterien** geben Sie die Bedingung an, unter der addiert werden soll.

Das letzte Argument **Summe_Bereich** gibt den Bereich an, in dem sich die tatsächlich zu addierenden Zellen befinden, falls dieser vom Argument **Bereich** abweicht.

Umsatz pro Arbeitsgruppe ermitteln

In der folgenden Aufgabe soll die Produktivität von Arbeitsgruppen gemessen werden. Dazu liegt Ihnen folgende Tabelle aus Abbildung 7.13 vor.

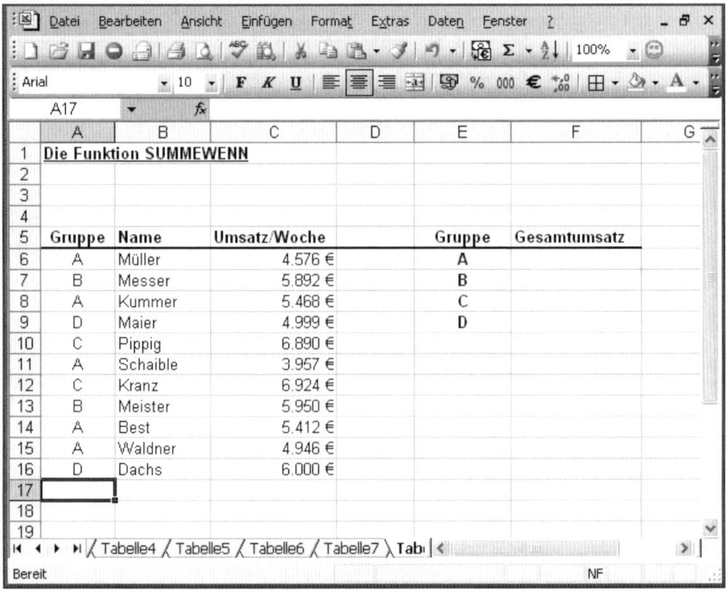

Abbildung 7.13: Die Produktivität der Arbeitsgruppen soll ausgewertet werden

Um diese Aufgabe zu lösen, verfahren Sie wie folgt:

1. Markieren Sie den Zellenbereich **F6:F9**
2. Erfassen Sie die Formel **=SUMMEWENN($A$6:$A$16;E6;$C$6:$C$16)**
3. Schließen Sie die Formel über die Tastenkombination Strg + ↵ ab.

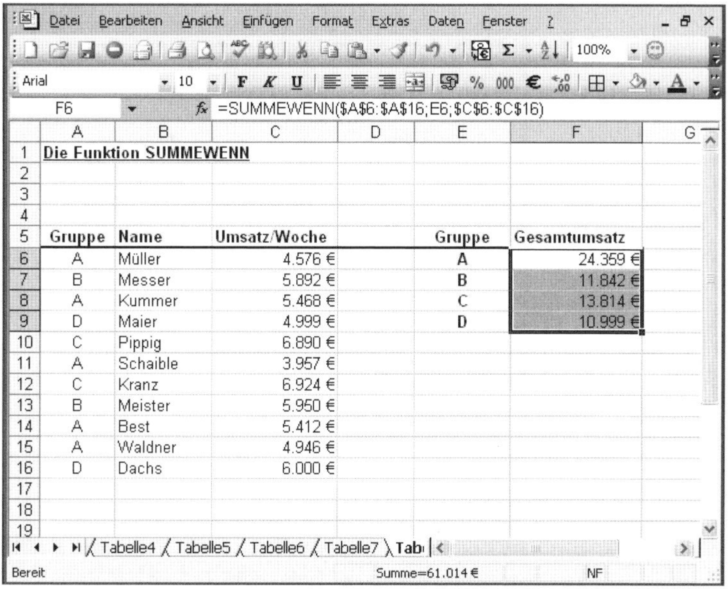

Abbildung 7.14: Der erste Schritt der Auswertung

Streng genommen hinkt der Vergleich der einzelnen Arbeitsgruppen untereinander, weil den Arbeitsgruppen unterschiedlich viele Mitarbeiter zugeordnet sind. Diese Aufgabe wird daher später noch einmal aufgegriffen und fertig gestellt.

Umsätze ab einer bestimmten Größe summieren

Bei der nächsten Aufgabe liegt eine Liste mit Umsätzen vor. Ihre Aufgabe besteht darin, nur die Umsätze zu summieren, die über einer bestimmten Wertgrenze liegen.

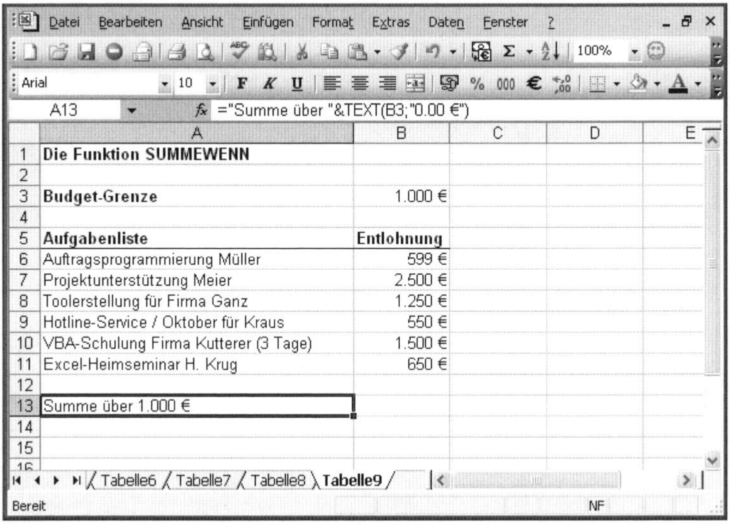

Abbildung 7.15: Alle Umsätze sind in einer Liste aufgeführt

In Zelle **B3** steht der Betrag, ab dem eine Summierung der Löhne stattfinden soll. In Zelle **A13** haben Sie einen Text mit der Zelle B3 kombiniert und dabei mit Hilfe der Tabellenfunktion **TEXT** die Ausgabe des Euro-Zeichens in die gewünschte Form gebracht.

Summieren Sie nun alle Umsätze, die größer als 1000 € sind. Gehen Sie dazu wie folgt vor:

1. Setzen Sie den Mauszeiger in Zelle **B13**.
2. Erfassen Sie die Formel **=SUMMEWENN($B$6:$B$11;">" & B3)**

3. Schließen Sie die Formel über die Tastenkombination [Strg] + [↵] ab.

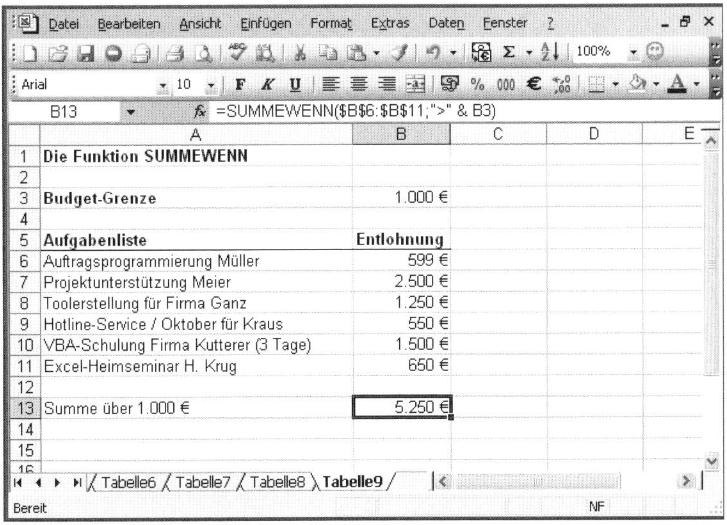

Abbildung 7.16: Alle Umsätze größer 1000 € wurden summiert

> **HINWEIS**
>
> Möchten Sie die Wertgrenze von 1000 € direkt in die Formel einbauen, dann lautet diese Formel wie folgt:
>
> **=SUMMEWENN($B$6:$B$11;">1000")**

Die Beschränkung der Funktion SUMMEWENN

Wenn Sie mehrere Bedingungen mit Hilfe der Funktion **SUMMEWENN** abbilden möchten, dann macht dies erhebliche Schwierigkeiten, um nicht zu sagen, dass es fast unmöglich ist. In diesem Fall müssen Sie auf eine Matrixformel zurückgreifen. Sehen Sie sich einmal die Tabelle aus Abbildung 7.17 an.

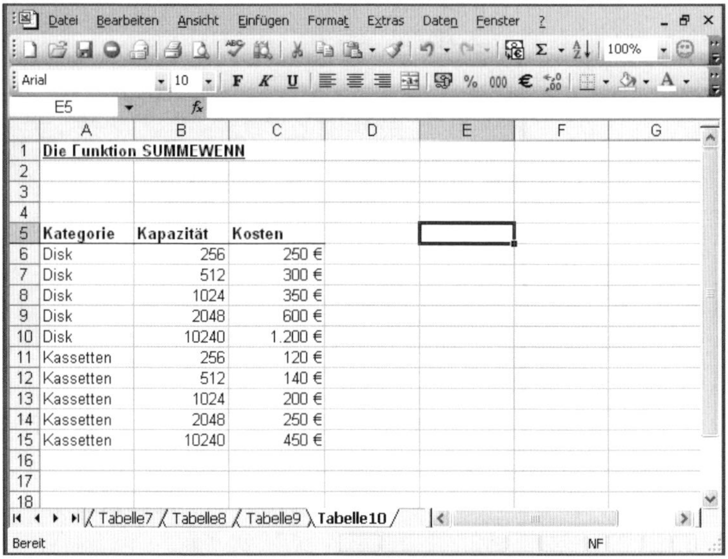

	A	B	C	D	E	F	G
1	Die Funktion SUMMEWENN						
2							
3							
4							
5	Kategorie	Kapazität	Kosten				
6	Disk	256	250 €				
7	Disk	512	300 €				
8	Disk	1024	350 €				
9	Disk	2048	600 €				
10	Disk	10240	1.200 €				
11	Kassetten	256	120 €				
12	Kassetten	512	140 €				
13	Kassetten	1024	200 €				
14	Kassetten	2048	250 €				
15	Kassetten	10240	450 €				
16							
17							
18							

Abbildung 7.17: Die Funktion SUMMEWENN am Ende?

Es sollen nun folgende Kriterien für die Summierung gelten:

- Kategorie = »Disk«
- Kapazität > 500

Um diese Bedingungen umzusetzen, verfahren Sie wie folgt:

1. Setzen Sie den Zellenzeiger in Zelle **E6**
2. Erfassen Sie die Matrixformel **=(SUMME(WENN(A6:A15="Disk";WENN(B6:B15>512; C6:C15))))**
3. Schließen Sie die Matrixformel über die Tastenkombination Strg + ⇧ + ↵ ab.

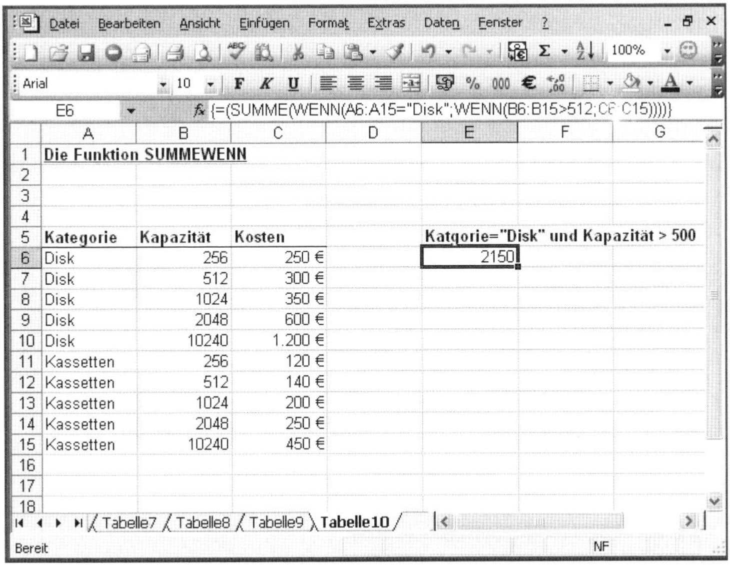

Abbildung 7.18: Bedingte Summierung mit mehr als einem Kriterium besser mit Matrixformel lösen

Die Tabellenfunktion ZÄHLENWENN

Mit Hilfe der Tabellenfunktion **ZÄHLENWENN** können Sie nichtleere Zellen eines Bereichs zählen, deren Inhalte mit den Suchkriterien übereinstimmen. Diese Funktion finden Sie normalerweise in der Funktionskategorie **Statistik**. Da die Funktion aber in einem Atemzug mit der Funktion **SUMMEWENN** genannt werden sollte, wird diese Funktion bereits in diesem Kapitel beschrieben.

Die Syntax dieser Funktion lautet:

=ZÄHLENWENN(Bereich;Kriterien)

Das Argument **Bereich** ist der Zellbereich, von dem Sie wissen möchten, wie viele seiner Zellen einen Inhalt haben, der mit den Suchkriterien übereinstimmt.

Beim Argument **Kriterien** werden die Kriterien in Form einer Zahl, eines Ausdrucks oder einer Zeichenfolge angegeben. Diese Kriterien bestimmen, welche Zellen gezählt werden.

Umsätze ab einer bestimmten Größe zählen

Bei der nächsten Aufgabe liegt eine Liste mit Umsätzen vor. Ihre Aufgabe besteht darin, nur die Umsätze zu zählen, die über einer bestimmten Wertgrenze liegen.

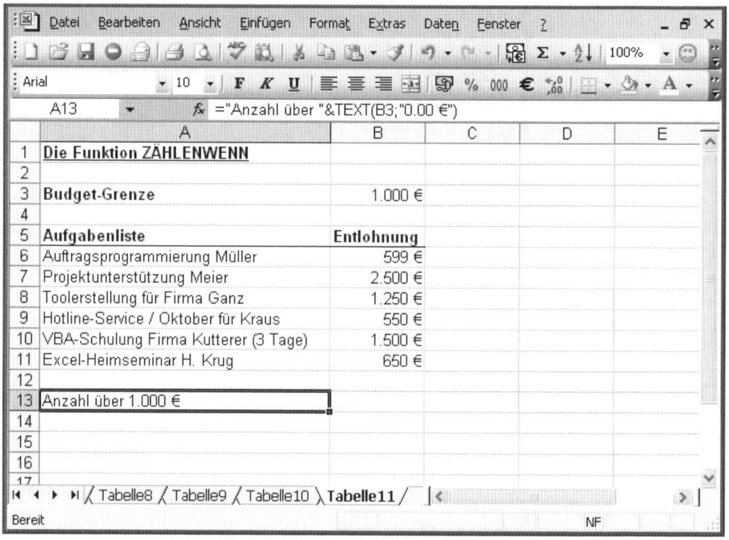

Abbildung 7.19: Die Umsätze größer 1000 € sollen gezählt werden

In Zelle **B3** steht der Betrag, ab dem eine Zählung der Löhne stattfinden soll. In Zelle **A13** haben Sie einen Text mit der Zelle **B3** kombiniert und dabei mit Hilfe der Tabellenfunktion **TEXT** die Ausgabe des Euro-Zeichens in die gewünschte Form gebracht.

Zählen Sie nun alle Umsätze, die größer als 1000 € sind. Gehen Sie dazu wie folgt vor:

1. Setzen Sie den Mauszeiger in Zelle **B13**.
2. Erfassen Sie die Formel **=ZÄHLENWENN($B$6:$B$11;">" & B3)**
3. Schließen Sie die Formel über die Tastenkombination Strg + ↵ ab.

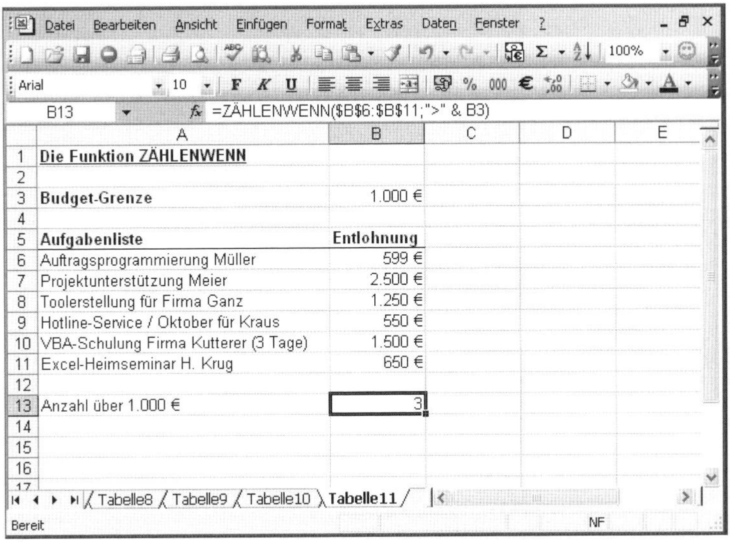

Abbildung 7.20: Alle Umsätze größer 1000 € wurden gezählt

Umsatz pro Arbeitsgruppe ermitteln – Korrektur

Erinnern Sie sich an die Aufgabe mit den Umsätzen ein paar Seiten zuvor? Dort wurde mit Hilfe der Tabellenfunktion **SUMMEWENN** die Leistung von Arbeitsgruppen summiert. Dabei wurde aber noch nicht die Arbeitsgruppenstärke berücksichtigt.

Ergänzen Sie daher die **Tabelle8** wie folgt:

1. Markieren Sie den Zellenbereich **G6:G9**

2. Erfassen Sie die Formel **=F6/ZÄHLENWENN($A$6:$A$16;E6)**, um die Leistung/Kopf je Arbeitsgruppe zu ermitteln.
3. Schließen Sie die Formel über die Tastenkombination Strg + ↵ ab.

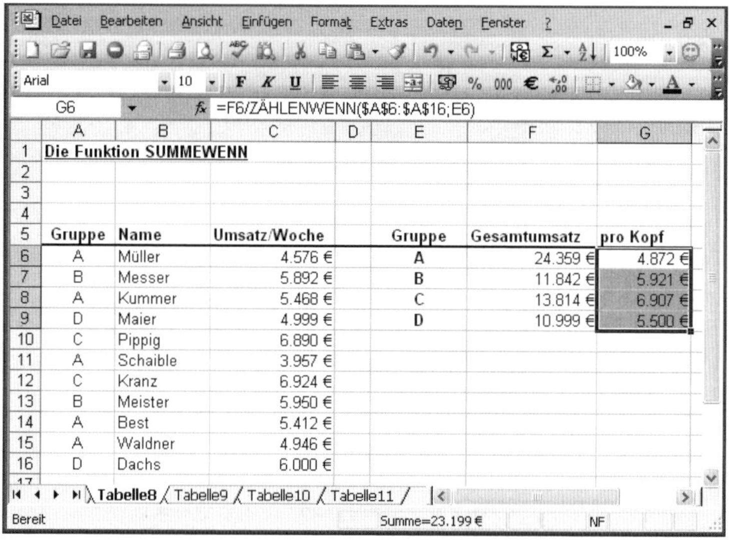

Abbildung 7.21: Die Leistung/Kopf je Arbeitsgruppe

Um die Leistung/Kopf je Arbeitsgruppe zu ermitteln, wird mit Hilfe der Tabellenfunktion **ZÄHLENWENN** in Spalte A nach dem Vorkommen der jeweiligen Arbeitsgruppe gesucht. Der Gesamtumsatz der Arbeitsgruppe wird danach durch die gerade ermittelte Kopfstärke der Arbeitsgruppe dividiert.

Projektbesprechung terminieren

Bei der nächsten Aufgabe soll eine Projektbesprechung organisiert werden. Damit möglichst viele Projektmitarbeiter auch Zeit haben, wird folgende Liste aus Abbildung 7.22 auf ein Netzlaufwerk gestellt. In dieser Arbeitsmappe kann dann jeder Mitarbeiter eintragen, ob er an den vorgeschlagenen Terminen Zeit hat oder nicht.

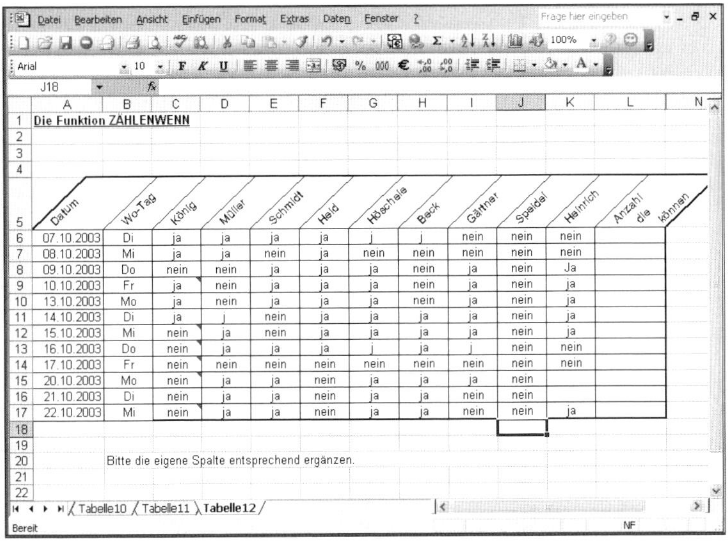

Die Funktion ZÄHLENWENN

Datum	Wo-Tag	König	Müller	Schmidt	Held	Höschele	Beck	Gärtner	Speidel	Heinrich	Anzahl die können
07.10.2003	Di	ja	ja	ja	ja	j	j	nein	nein	nein	
08.10.2003	Mi	ja	ja	nein	ja	nein	nein	nein	nein	nein	
09.10.2003	Do	nein	nein	ja	ja	ja	nein	ja	nein	Ja	
10.10.2003	Fr	ja	nein	ja	ja	ja	nein	ja	nein	ja	
13.10.2003	Mo	ja	nein	ja	ja	ja	nein	ja	nein	ja	
14.10.2003	Di	ja	j	nein	ja	ja	ja	ja	nein	ja	
15.10.2003	Mi	nein	ja	nein	ja	ja	ja	ja	nein	ja	
16.10.2003	Do	nein	ja	ja	ja	j	ja	j	nein	nein	
17.10.2003	Fr	nein	nein	nein	nein	nein	nein	nein	nein	nein	
20.10.2003	Mo	nein	ja	ja	nein	ja	ja	ja	nein		
21.10.2003	Di	nein	ja	ja	nein	ja	ja	nein	nein		
22.10.2003	Mi	nein	ja	ja	nein	ja	ja	nein	nein	ja	

Bitte die eigene Spalte entsprechend ergänzen.

Abbildung 7.22: Den Terminkalender in Excel ausfüllen und auswerten

An dem Termin, an dem die meisten Projektmitarbeiter Zeit haben, wird die Projektbesprechung durchgeführt.

Um die Liste jetzt auszuwerten, verfahren Sie wie folgt:

1. Markieren Sie den Zellenbereich **L6:L17**
2. Erfassen Sie die Formel **=ZÄHLENWENN(C6:K6;"ja")**
3. Schließen Sie die Formel über die Tastenkombination [Strg] + [↵] ab.

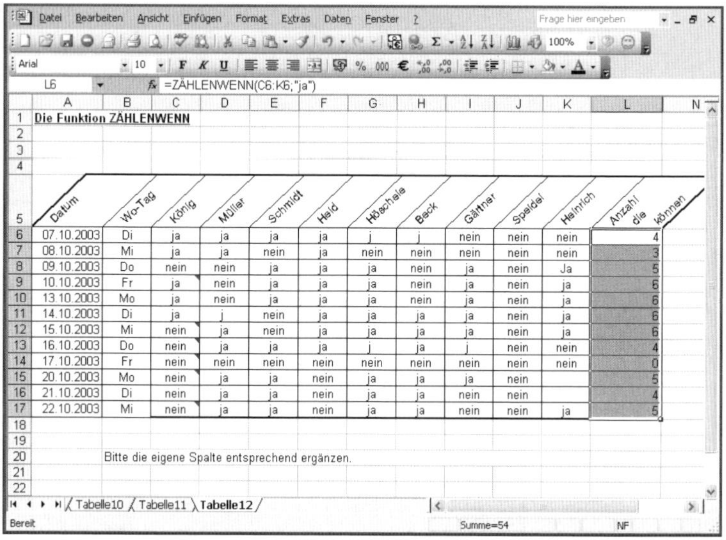

=ZÄHLENWENN(C6:K6;"ja")

Die Funktion ZÄHLENWENN

Datum	Wo-Tag	König	Müller	Schmidt	Held	Höschele	Beck	Gärtner	Speidel	Heinrich	Anzahl die können
07.10.2003	Di	ja	ja	ja	ja	j	j	nein	nein	nein	4
08.10.2003	Mi	ja	ja	nein	ja	nein	nein	nein	nein	nein	3
09.10.2003	Do	nein	nein	ja	ja	ja	nein	ja	nein	Ja	5
10.10.2003	Fr	ja	nein	ja	ja	ja	nein	ja	nein	ja	6
13.10.2003	Mo	ja	nein	ja	ja	ja	nein	ja	nein	ja	6
14.10.2003	Di	ja	j	nein	ja	ja	ja	ja	nein	ja	6
15.10.2003	Mi	nein	ja	nein	ja	ja	ja	ja	nein	ja	6
16.10.2003	Do	nein	ja	ja	ja	j	ja	j	nein	nein	4
17.10.2003	Fr	nein	nein	nein	nein	nein	nein	nein	nein	nein	0
20.10.2003	Mo	nein	ja	ja	nein	ja	ja	ja	nein		5
21.10.2003	Di	nein	ja	ja	nein	ja	ja	nein	nein		4
22.10.2003	Mi	nein	ja	ja	nein	ja	ja	nein	nein	ja	5

Bitte die eigene Spalte entsprechend ergänzen.

Abbildung 7.23: Was stimmt noch nicht?

Wenn Sie die Auswertung genau ansehen, dann werden Sie erkennen, dass einige Projektmitarbeiter anstatt des Wortes **ja** nur den Buchstaben **j** eingegeben haben. Die so ausgefüllten Zellen wurden offensichtlich nicht mit gezählt. Ergänzen Sie daher Ihre Formel wie folgt:

=ZÄHLENWENN(C6:K6;"j?")

Über das Stellvertreterzeichen ? können Sie die nicht vollständigen Eingaben abfangen.

Als andere Variante könnten Sie für den Zellenbereich **C6:K17** eine Gültigkeit einstellen, bei der nur die Texte **ja** oder **nein** zugelassen werden. Um eine solche Gültigkeit einzustellen, gehen Sie wie folgt vor:

1. Markieren Sie den Zellenbereich **C6:K17**
2. Wählen Sie aus dem Menü *Daten* den Befehl *Gültigkeit*.

3. Wechseln Sie auf die Registerkarte *Einstellungen*.
4. Wählen Sie im Kombinationsfeld *Zulassen* den Eintrag *Liste*.
5. Geben Sie im Feld *Quelle* die zugelassenen Einträge **ja;nein** getrennt durch ein Semikolon ein.
6. Bestätigen Sie die Einstellung mit *OK*.

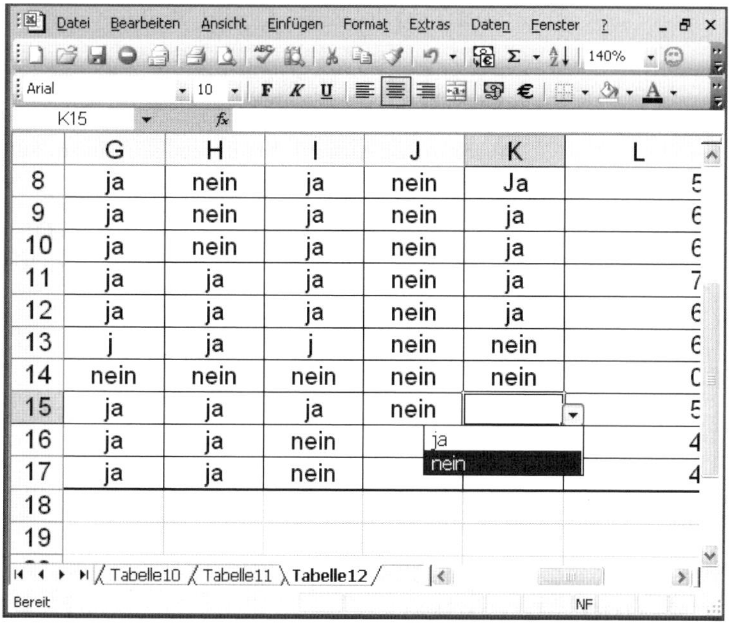

Abbildung 7.24: Anwenderfreundliches Layout der Liste

Wenn Sie nun den Mauszeiger auf eine Zelle im Bereich **C6:K17** setzen, dann klappt automatisch ein Zellendropdown herunter, aus dem Sie die Werte **ja** oder **nein** auswählen können.

Die Tabellenfunktionen ABRUNDEN und AUFRUNDEN

Mit Hilfe der Tabellenfunktion **ABRUNDEN** können Sie eine Zahl auf eine bestimmte Anzahl Stellen abrunden.

Die Syntax dieser Funktion lautet:

=ABRUNDEN(Zahl;Anzahl_Stellen)

Im Argument **Zahl** geben Sie die Zahl bzw. den Zellenbezug zu einer Zahl an, die Sie abrunden möchten.

Im Argument **Anzahl_Stellen** geben Sie an, auf wie viele Dezimalstellen die Zahl abgerundet werden soll.

Mit Hilfe der Tabellenfunktion **AUFRUNDEN** können Sie eine Zahl auf eine bestimmte Anzahl Stellen aufrunden.

Die Syntax dieser Funktion lautet:

=AUFRUNDEN(Zahl;Anzahl_Stellen)

Im Argument **Zahl** geben Sie die Zahl bzw. den Zellenbezug zu einer Zahl an, die Sie aufrunden möchten.

Im Argument **Anzahl_Stellen** geben Sie an, auf wie viele Dezimalstellen die Zahl aufgerundet werden soll.

Auf- und Abrunden

In der folgenden Tabelle aus Abbildung 7.25 sehen Sie einige Werte, die gerundet werden sollen.

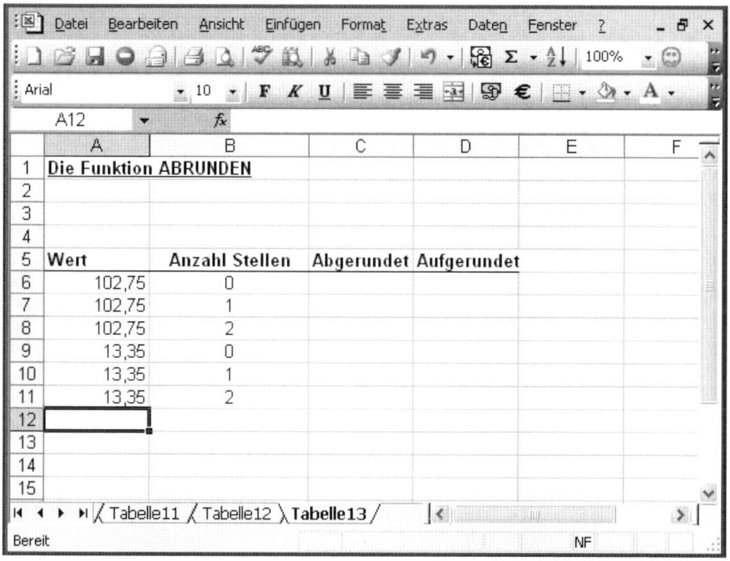

Abbildung 7.25: Diese Zahlen sollen ab- bzw. aufgerundet werden

Um die Zahlen aus Abbildung 7.25 zu runden, gehen Sie wie folgt vor:

1. Markieren Sie den Zellenbereich **C6:C11**
2. Erfassen Sie die Formel **=ABRUNDEN($A6;$B6)**
3. Schließen Sie die Formel über die Tastenkombination [Strg] + [↵] ab.
4. Markieren Sie jetzt den Zellenbereich **D6:D11**
5. Erfassen Sie die Formel **=AUFRUNDEN($A6;$B6)**
6. Schließen Sie die Formel über die Tastenkombination [Strg] + [↵] ab.

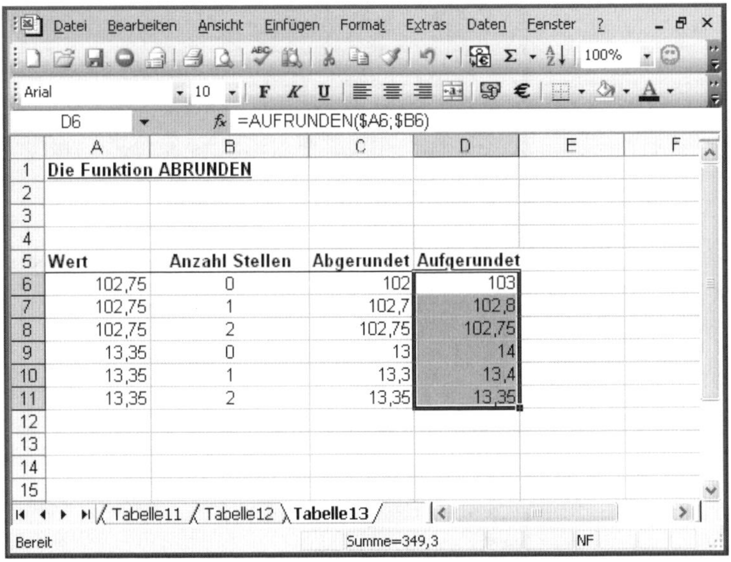

D6 =AUFRUNDEN($A6;$B6)

	A	B	C	D
1	Die Funktion ABRUNDEN			
2				
3				
4				
5	Wert	Anzahl Stellen	Abgerundet	Aufgerundet
6	102,75	0	102	103
7	102,75	1	102,7	102,8
8	102,75	2	102,75	102,75
9	13,35	0	13	14
10	13,35	1	13,3	13,4
11	13,35	2	13,35	13,35

Abbildung 7.26: Die Ergebnisse des Rundens

Ist **Anzahl_Stellen** bei der Funktion **ABRUNDEN** gleich 0, wird Zahl auf die nächste ganze Zahl abgerundet.

Ist **Anzahl_Stellen** bei der Funktion **AUFRUNDEN** gleich 0, wird Zahl auf die nächste ganze Zahl aufgerundet.

KNOW-HOW

Möchten Sie anstatt runden die Dezimalstellen einfach wegschneiden, dann verwenden Sie die Tabellenfunktion **KÜRZEN**.

=KÜRZEN(A6)

Die Tabellenfunktion RUNDEN

Mit Hilfe der Tabellenfunktion **RUNDEN** können Sie eine Zahl auf eine bestimmte Anzahl von Dezimalstellen runden.

Die Syntax dieser Funktion lautet:

=RUNDEN(Zahl;Anzahl_Stellen)

Im Argument **Zahl** geben Sie die Zahl oder den Zellenbezug mit der Zahl an, die Sie auf- oder abrunden möchten.

Im Argument **Anzahl_Stellen** geben Sie an, auf wie viele Dezimalstellen Sie die Zahl auf- oder abrunden möchten.

Erweitern Sie das Beispiel aus der vorherigen Aufgabe um eine weitere Spalte und runden Sie mit Hilfe der Funktion **RUNDEN**.

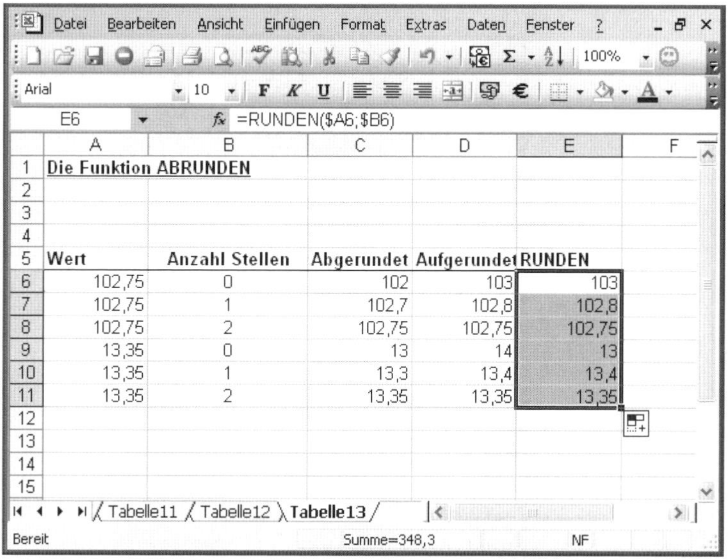

	A	B	C	D	E
1	Die Funktion ABRUNDEN				
2					
3					
4					
5	Wert	Anzahl Stellen	Abgerundet	Aufgerundet	RUNDEN
6	102,75	0	102	103	103
7	102,75	1	102,7	102,8	102,8
8	102,75	2	102,75	102,75	102,75
9	13,35	0	13	14	13
10	13,35	1	13,3	13,4	13,4
11	13,35	2	13,35	13,35	13,35

Abbildung 7.27: Verschiedene Runden-Funktionen im Vergleich

Der Unterschied zwischen den Funktionen **RUNDEN**, **ABRUNDEN** und **AUFRUNDEN** besteht darin, dass die beiden letzten Funktionen immer ab- bzw. aufrunden. Bei der Funktion **RUNDEN** wird anhand der Dezimale entschieden, ob auf- oder abgerundet werden soll (>= 0,5 → aufrunden, < 0,5 → abrunden).

Übrigens können Sie auch vor dem Dezimalkomma runden. Über die Formel =**RUNDEN(A6;-1)** wird beispielsweise der Wert **102,75** auf den Wert **100** abgerundet. Die -1 steht dabei für 10er, -2 für 100er, 0 für Ganzzahl usw.

Das Runden mit der Zeit

In der folgenden Aufgabe liegt eine Liste mit Zeitangaben vor, die gerundet werden soll. Sehen Sie sich dazu einmal die Abbildung 7.28 an.

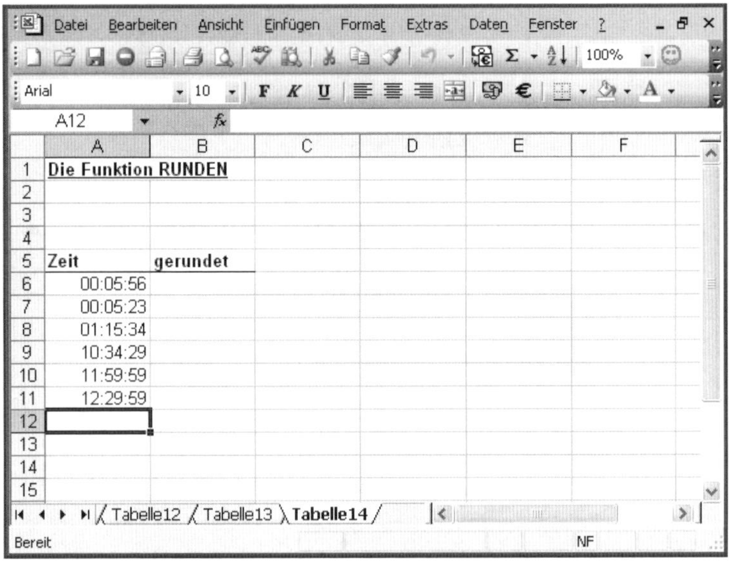

Abbildung 7.28: Die Ausgangsliste mit den ungerundeten Zeitwerten

Runden Sie die vorliegende Liste jetzt auf volle Minuten, indem Sie wie folgt vorgehen:

1. Markieren Sie den Zellenbereich **B6:B11**

2. Erfassen Sie die Formel **=RUNDEN(A6*1440;0)/1440**
3. Schließen Sie die Formel über die Tastenkombination [Strg] + [↵] ab.

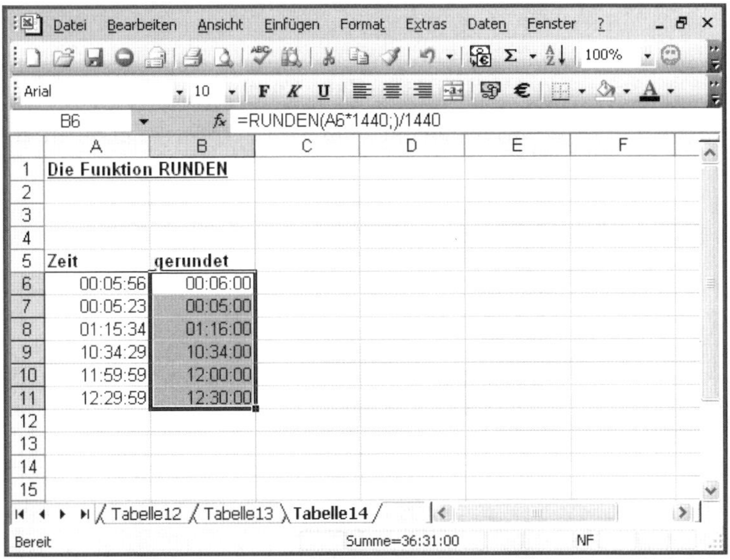

Abbildung 7.29: Die Zeiten wurden auf volle Minuten gerundet

Da ein Tag aus 24 Stunden mal 60 Minuten besteht, wird die ungerundete Zeit zuerst in Minuten umgerechnet, indem es mit dem Faktor 1440 multipliziert wird. Danach erfolgt die Rundung auf die ganze Zahl Anschließend erfolgt eine Division, um die nun gerundeten Zeitwerte wieder umzuwandeln.

Soll die Liste aus Abbildung 7.29 auf ganze Stunden gerundet werden, dann lautet die Formel =**RUNDEN(A6*24;0)/24**

Die Tabellenfunktion VRUNDEN

Mit Hilfe der Tabellenfunktion **VRUNDEN** aus dem Add-In Analyse-Funktionen können Sie eine auf das gewünschte Vielfache gerundete Zahl ermitteln.

Die Syntax dieser Funktion lautet:

=VRUNDEN(Zahl;Vielfaches)

Im Argument **Zahl** wird der Wert angegeben, der aufgerundet werden soll.

Das Argument **Vielfaches** ist das Vielfache, auf das Sie Zahl runden möchten.

Runden auf 5 Cents

Bei der folgenden Aufgabe sollen Beträge auf 5-Cent-Basis gerundet werden. Sehen Sie sich dazu einmal die Abbildung 7.30 an.

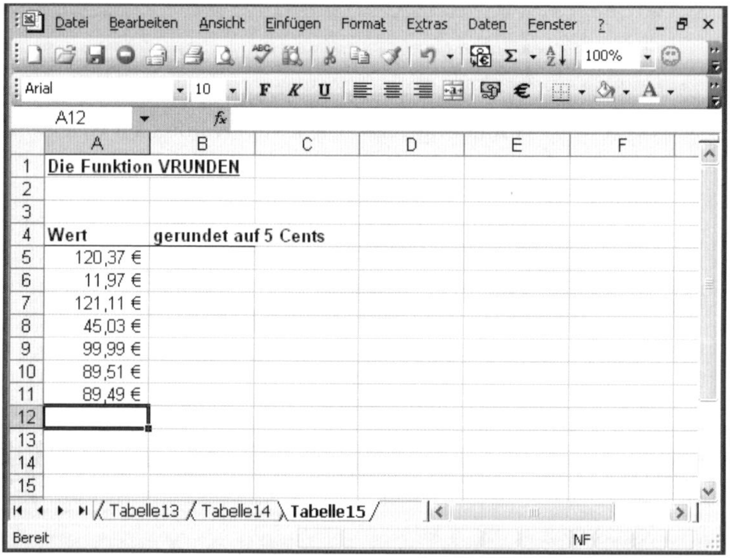

Abbildung 7.30: Diese Beträge sollen auf 5-Cent-Basis gerundet werden

Um diese Aufgabe durchzuführen, verfahren Sie wie folgt:

1. Markieren Sie den Zellenbereich **B5:B11**
2. Erfassen Sie die Formel **=VRUNDEN(A5;0,05)**
3. Schließen Sie die Formel über die Tastenkombination Strg + ↵ ab.

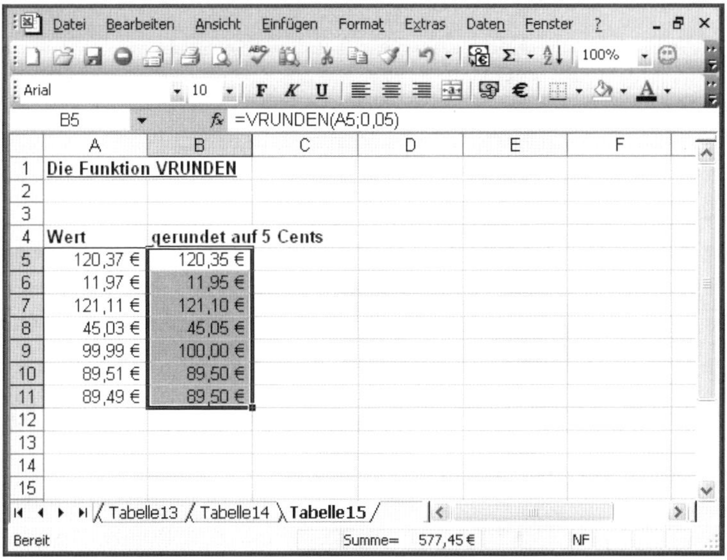

Abbildung 7.31: Die Beträge wurden exakt gerundet

> Möchten Sie die Beträge auf 25-Cent-Basis runden, dann verwenden Sie dazu die Formel:
>
> **=VRUNDEN(A5;0,25)**

Selbstverständlich lassen sich Beträge auch vor dem Dezimalkomma mit Hilfe der Tabellenfunktion **VRUNDEN** runden. In Abbildung 7.32 wird beispielsweise auf volle 10er-Basis (auf 10 Euro) gerundet.

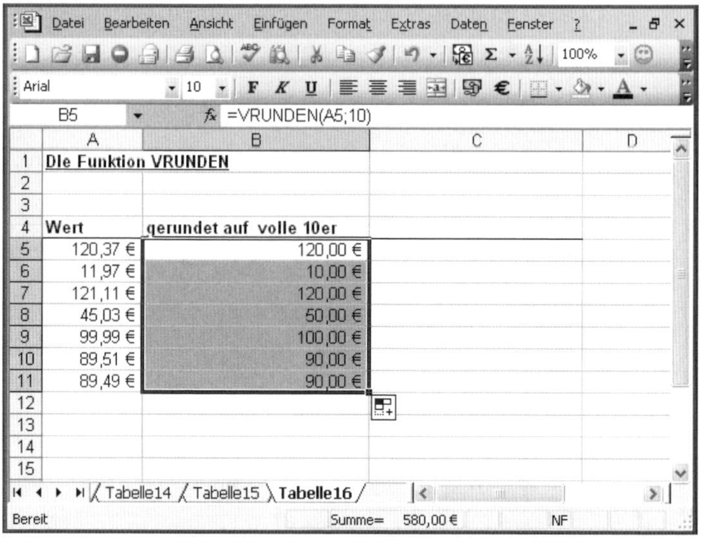

Abbildung 7.32: Die Cents und einzelne Euros werden vernachlässigt

Die Tabellenfunktionen OBERGRENZE und UNTERGRENZE

Als letzte Funktionen, die zum Runden von Zahlen in Excel verwendet werden können, gibt es noch die Tabellenfunktionen **OBERGRENZE** und **UNTERGRENZE**.

Mit Hilfe der Tabellenfunktion **OBERGRENZE** können Sie eine Zahl betragsmäßig auf das kleinste Vielfache aufrunden.

Die Syntax dieser Funktion lautet:

=OBERGRENZE(Zahl;Schritt)

Im Argument **Zahl** geben Sie den Wert an, den Sie runden möchten.

Im Argument **Schritt** wird das Vielfache, auf das Sie runden möchten, bestimmt.

Mit Hilfe der Tabellenfunktion **UNERGRENZE** können Sie eine Zahl betragsmäßig auf das kleinste Vielfache abrunden.

Die Syntax dieser Funktion lautet:

=UNTERGRENZE(Zahl;Schritt)

Im Argument **Zahl** geben Sie den Wert an, den Sie runden möchten.

Im Argument **Schritt** wird das Vielfache, auf das Sie runden möchten, bestimmt.

Auf volle 100 runden

In der nächsten Aufgabe liegt eine Liste wie in Abbildung 7.33 gezeigt vor. Ihre Aufgabe besteht nun darin, die Werte in Spalte B auf volle 100 Euro zu runden. In Spalte C sollen die Beträge auf 5-Cent-Basis gerundet werden.

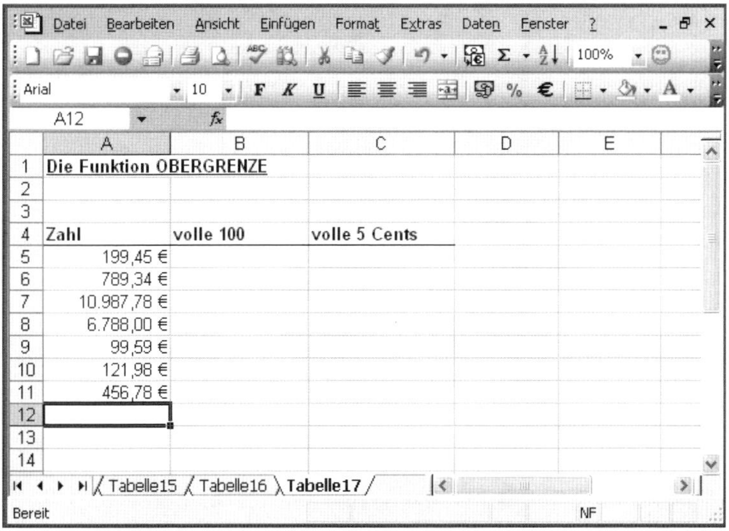

Abbildung 7.33: Diese Werte sollen gerundet werden

Um beide Aufgaben zu bewältigen, verfahren Sie wie folgt:

1. Markieren Sie den Zellenbereich **B5:B11**
2. Erfassen Sie die Formel **=OBERGRENZE(A5;100)**
3. Schließen Sie die Formel über die Tastenkombination [Strg] + [↵] ab.
4. Markieren Sie den Zellenbereich **C5:C11**
5. Erfassen Sie die Formel **=OBERGRENZE(A5;0,05)**
6. Schließen Sie die Formel über die Tastenkombination [Strg] + [↵] ab.

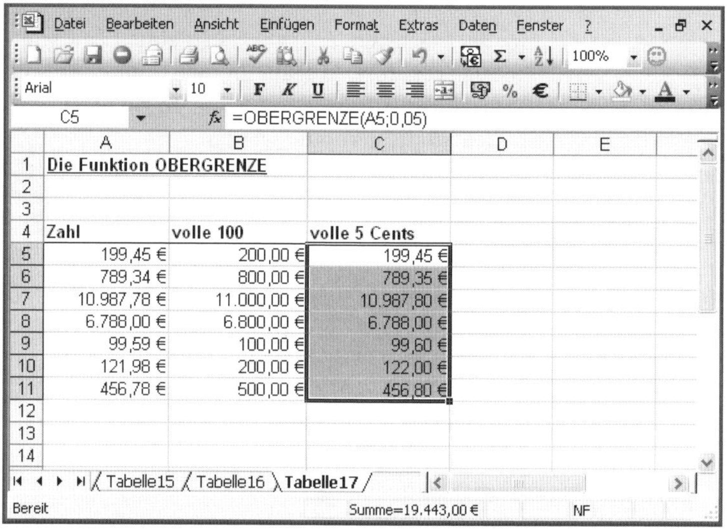

Abbildung 7.34: Es wurde auf volle 100 Euro aufgerundet

HINWEIS

Möchten Sie die Werte in Abbildung 7.34 lieber abrunden, dann lauten die beiden Formeln hierfür:

=UNTERGRENZE(A5;100)

=UNTERGRENZE(A5;0,05)

Die Tabellenfunktion SUMMENPRODUKT

Mit Hilfe der Tabellenfunktion **SUMMENPRODUKT** können Sie die einander entsprechenden Komponenten von angegebenen Matrizen miteinander multiplizieren und die Summe dieser Produkte ermitteln.

Die Syntax dieser Funktion lautet:

=SUMMENPRODUKT(Matrix1;Matrix2;Matrix3; ...)

In den Argumenten **Matrix1**; **Matrix2**; ... können Sie von 2 bis 30 Matrizen angeben, deren Komponenten Sie zunächst multiplizieren und anschließend addieren möchten. Die Funktion **SUMMENPRODUKT** erledigt das in einem Schritt.

Menge*Preis einer Liste in einer Zelle errechnen

Bei der folgenden Aufgabe liegt Ihnen eine Liste mit Mengenangaben und Preisangaben vor. Ihre Aufgabe besteht nun darin, die Gesamtsumme, die sich aus der Summe aller Einzelsätze **Menge*Preis** ergibt, in einer Zelle zu errechnen. Sehen Sie sich dazu zuerst einmal die Abbildung 7.35 an.

Um das Ergebnis der beiden Rechenoperationen (Menge*Preis) und Gesamtsumme zu erhalten, gehen Sie wie folgt vor:

1. Setzen Sie den Zellenzeiger in Zelle **B13**
2. Erfassen Sie die Formel **=SUMMENPRODUKT(A6:A11;B6:B11)**
3. Kontrollieren Sie das Ergebnis, indem Sie den Zellenbereich **C6:C11** markieren und die Formel **=B6*A6** eingeben.
4. Schließen Sie die Formel über die Tastenkombination Strg + ↵ ab.
5. Schreiben Sie in Zelle **C13** die Formel **=SUMME(C6:C11)**.

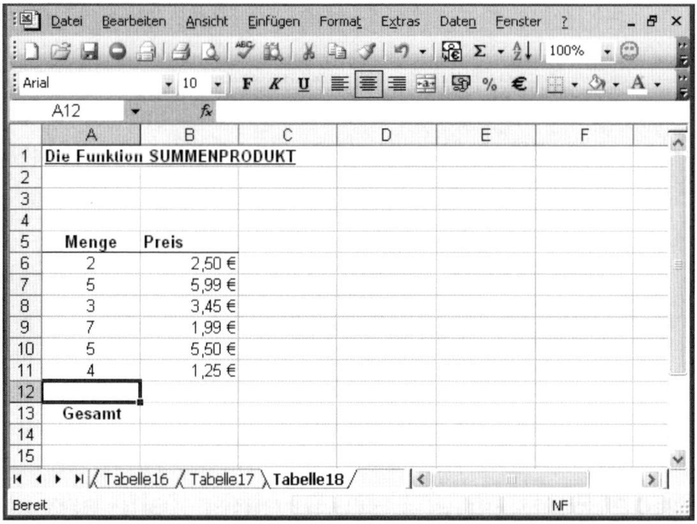

Abbildung 7.35: Diese Liste soll ausmultipliziert und summiert werden

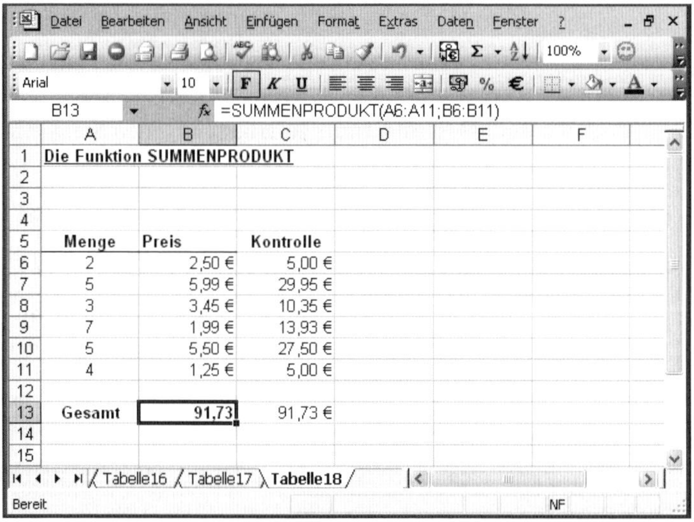

Abbildung 7.36: Das Ergebnis wird mit einer einzigen Formel ermittelt

Bedingtes SUMMENPRODUKT

In der nächsten Aufgabe sollen zwei Matrizen miteinander multipliziert werden. Jedoch nur dann, wenn in der entsprechenden Zelle in Spalte A der Wert 1 vorkommt.

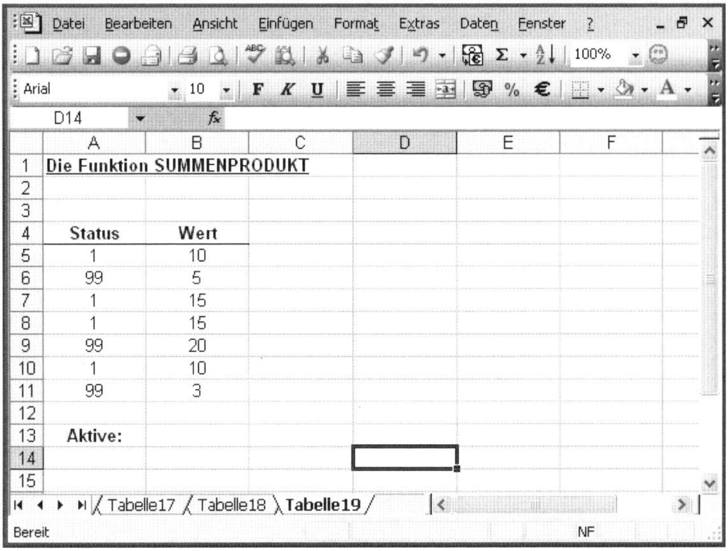

Abbildung 7.37: Nur die 1er sollen miteinander verrechnet werden

Um diese Aufgabe zu lösen, erfassen Sie in Zelle **B13** die Formel

=SUMMENPRODUKT((A5:A11=1)*(B5:B11))

Kontrollieren Sie das Ergebnis, indem Sie in Spalte **C** die der Bedingung entsprechenden Zeilen multiplizieren und am Ende summieren.

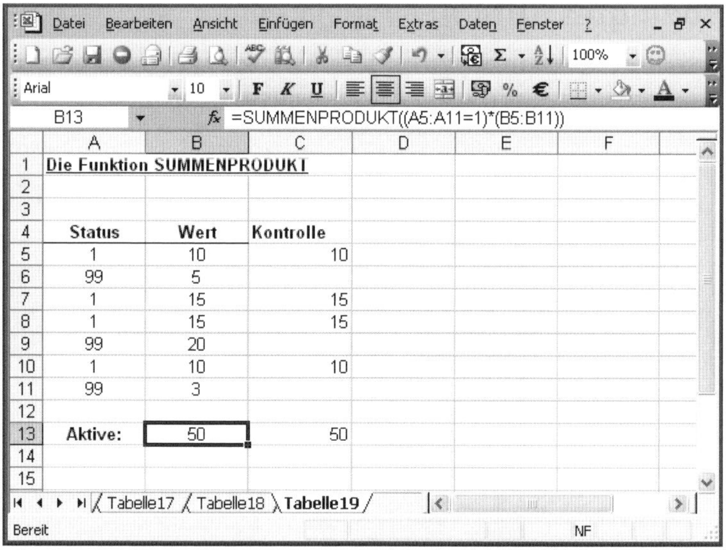

	A	B	C
1	Die Funktion SUMMENPRODUKT		
2			
3			
4	Status	Wert	Kontrolle
5	1	10	10
6	99	5	
7	1	15	15
8	1	15	15
9	99	20	
10	1	10	10
11	99	3	
12			
13	Aktive:	50	50

Abbildung 7.38: Das bedingte SUMMENPRODUKT

Lohn je Arbeitsgruppe errechnen

In der nächsten Aufgabe werden in einer Excel-Liste die Stunden von Arbeitsgruppen erfasst. Dazu wird jeweils ein für die Arbeitsgruppen typischer Stundensatz eingetragen (siehe Abbildung 7.39).

In Zelle **C3** soll jeweils der gewünschte Buchstabe der Arbeitsgruppe eingegeben werden, von der die **Gesamtsumme** aus **Stunden * Stundensatz** ausgegeben werden soll.

Um diese Aufgabe zu lösen, verfahren Sie wie folgt:

1. Setzen Sie den Zellenzeiger in Zelle **C3**
2. Wählen Sie aus dem Menü *Daten* den Befehl *Gültigkeit.*
3. Wechseln Sie auf die Registerkarte *Einstellungen.*
4. Im Kombinationsfeld *Zulassen* wählen Sie den Befehl *Liste* aus.

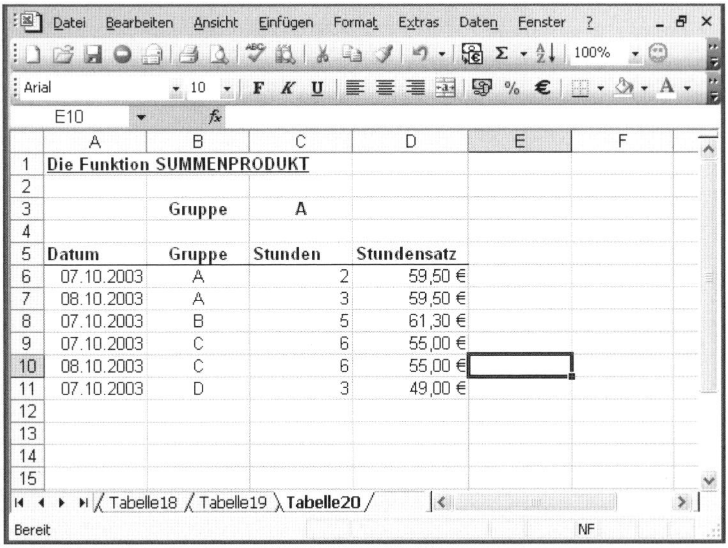

Abbildung 7.39: Die geleisteten Stunden der Arbeitsgruppen A-D

5. Im Feld *Quelle* tragen Sie die einzelnen Buchstaben, getrennt durch Semikolons ein: **A;B;C;D**
6. Bestätigen Sie diese Einstellung mit *OK*.
7. Erfassen Sie in Zelle **D3** die Formel **=SUMMENPRODUKT(((B6:B11=C3)*(C6:C11*D6:D11)))**

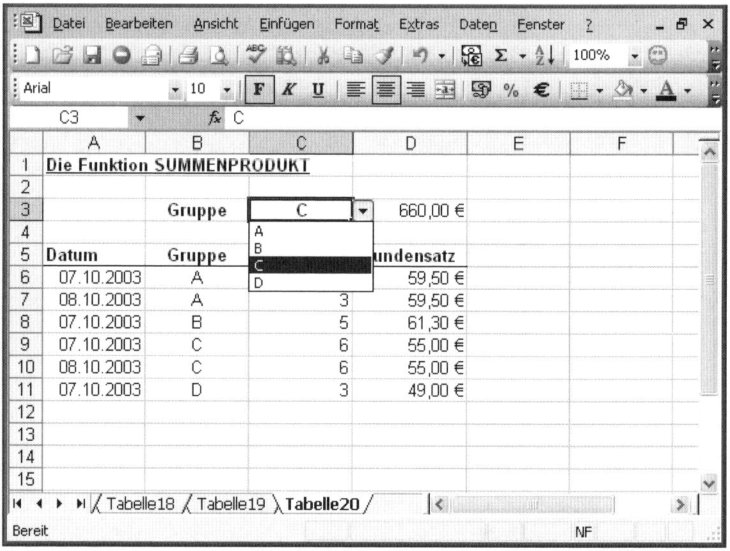

	A	B	C	D
1	Die Funktion SUMMENPRODUKT			
2				
3		Gruppe	C	660,00 €
4			A	
5	Datum	Gruppe	B	undensatz
6	07.10.2003	A	C	59,50 €
7	08.10.2003	A	3	59,50 €
8	07.10.2003	B	5	61,30 €
9	07.10.2003	C	6	55,00 €
10	08.10.2003	C	6	55,00 €
11	07.10.2003	D	3	49,00 €

Abbildung 7.40: Eine dynamische Lösung zur Ermittlung des Gesamtlohnes von Arbeitsgruppen

Die Tabellenfunktion PRODUKT

Mit Hilfe der Tabellenfunktion **PRODUKT** aus dem Add-In Analyse-Funktionen können Sie mehrere Argumente miteinander multiplizieren.

Die Syntax dieser Funktion lautet:

=PRODUKT(Zahl1;Zahl2;...)

Geben Sie bei den Argumenten **Zahl1**; **Zahl2**; ... die Zahlen oder Zellbezüge an, die Sie multiplizieren möchten.

Preiserhöhungen flexibel durchführen

In der folgenden Aufgabe sollen Preise aus einer Liste neu kalkuliert werden. Dabei soll in Zelle **B3** der Multiplikator eingetragen werden, mit dem dann alle Preise in der Liste multipliziert werden sollen.

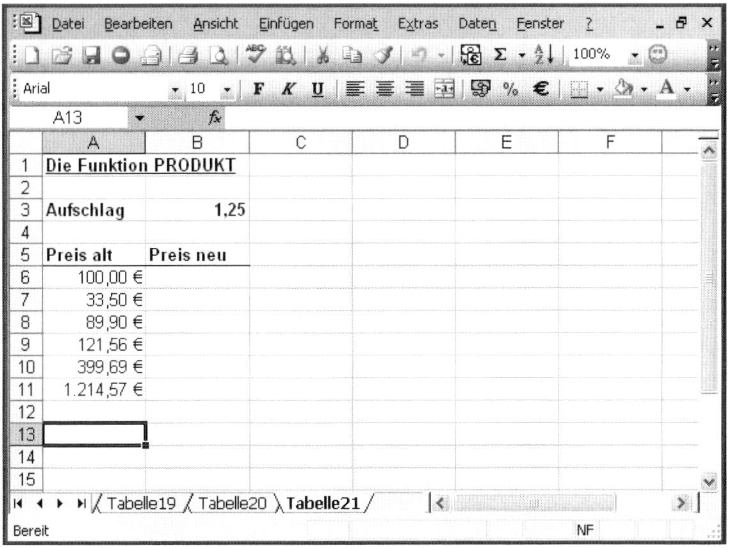

Abbildung 7.41: Neue Preise errechnen

Standardmäßig könnten Sie diese Aufgabe mit der Formel **=A6*$B$3** in Zelle **B6** lösen.

Eine alternative Vorgehensweise bietet die Tabellenfunktion **PRODUKT** an. Gehen Sie dabei wie folgt vor:

1. Markieren Sie den Zellenbereich **B6:B11**
2. Erfassen Sie die Formel **=PRODUKT(A6;$B$3)**
3. Schließen Sie die Formel über die Tastenkombination [Strg] + [↵] ab.

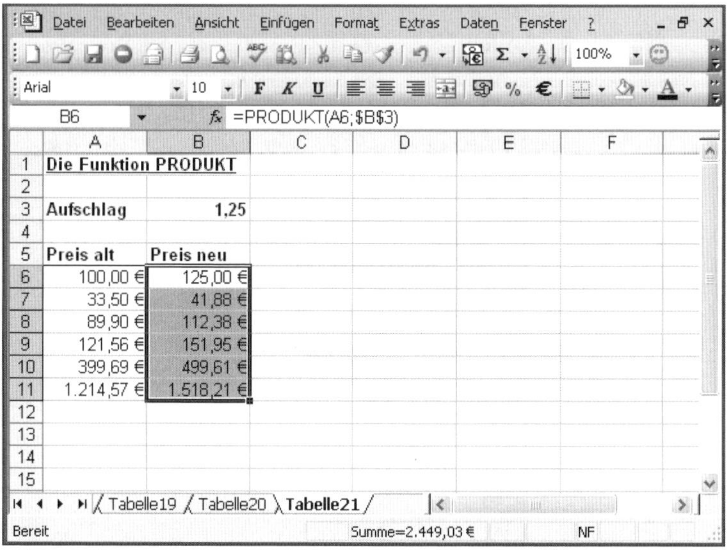

Abbildung 7.42: Eine mögliche Alternative zur Preiserhöhung

Möchten Sie lieber Ihre Preise senken, dann geben Sie beispielsweise den Wert **0,75** in Zelle **B3** ein. Damit senken Sie Ihre Preise um 25%.

Die Tabellenfunktion QUOTIENT

Mit Hilfe der Tabellenfunktion **QUOTIENT** aus dem Add-In Analyse-Funktionen können Sie den ganzzahligen Anteil einer Division ermitteln. Diese Funktion können Sie immer dann verwenden, wenn Sie auf die Nachkommastellen (den Rest) einer Division keinen Wert legen.

Die Syntax dieser Funktion lautet:

=QUOTIENT(Zähler;Nenner)

Im Argument **Zähler** geben Sie den Dividend an.

Im Argument **Nenner** geben Sie den Divisor an.

Sehen Sie sich einmal die folgende Tabelle aus Abbildung 7.43 an.

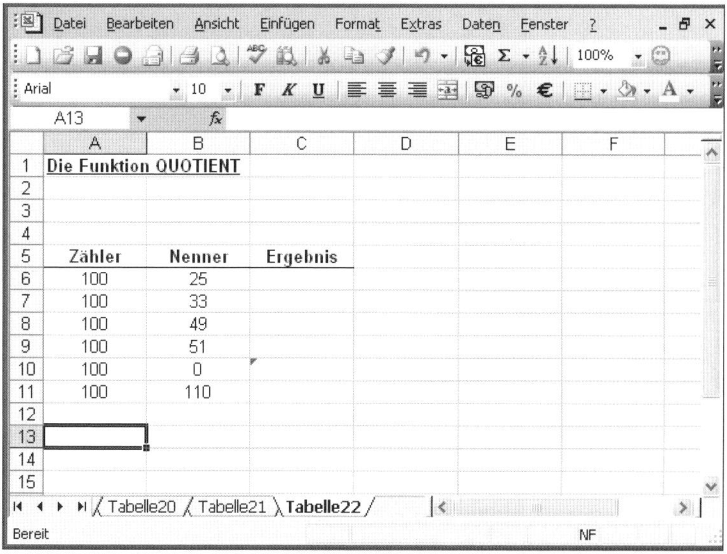

Abbildung 7.43: Einige Beispiele zur Funktion QUOTIENT

Standardmäßig würden Sie die Aufgabe lösen, indem Sie in Zelle **C6** die Formel **=A6/B6** schreiben und diese Formel nach unten kopieren. Dabei erhalten Sie aber zum Teil Ergebnisse mit einem Rest.

Bei der Verwendung der Tabellenfunktion **QUOTIENT** hingegen wird ein eventuell anfallender Rest nicht mit ausgegeben. Wenden Sie diese Funktion nun an, indem Sie die nächsten Arbeitsschritte durchführen.

1. Markieren Sie den Zellenbereich **C6:C11**
2. Erfassen Sie die Formel **=QUOTIENT(A6;B6)**

3. Schließen Sie die Formel über die Tastenkombination Strg + ↵ ab.

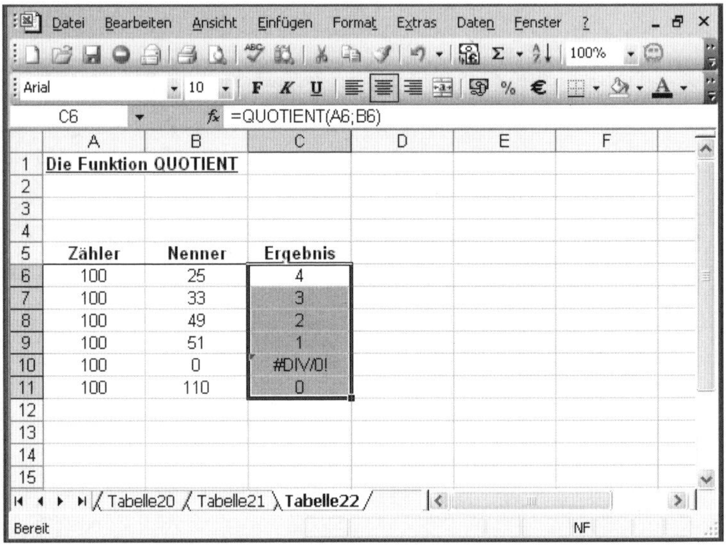

Abbildung 7.44: Die Funktion verträgt keine Division durch Null

Ist der Nenner größer als der Zähler, dann meldet diese Funktion übrigens das Ergebnis **0**.

Die Tabellenfunktion POTENZ

Mit Hilfe der Tabellenfunktion **POTENZ** können Sie eine Zahl potenzieren.

Die Syntax dieser Funktion lautet:

=POTENZ(Zahl;Potenz)

Im Argument **Zahl** geben Sie die Zahl an, die Sie mit dem Exponenten potenzieren möchten.

Im Argument **Potenz** geben Sie den Exponenten an, mit dem Sie die Zahl potenzieren möchten.

HINWEIS

Alternativ zur Funktion **POTENZ** kann der Operator "^" zum Potenzieren einer Zahl verwendet werden, zum Beispiel **3^2** anstelle von **POTENZ(3;2)**.

Die Kubikwurzel einer Zahl errechnen

In der folgenden Tabelle sollen die Kubikwurzeln einiger Zahlen errechnet werden.

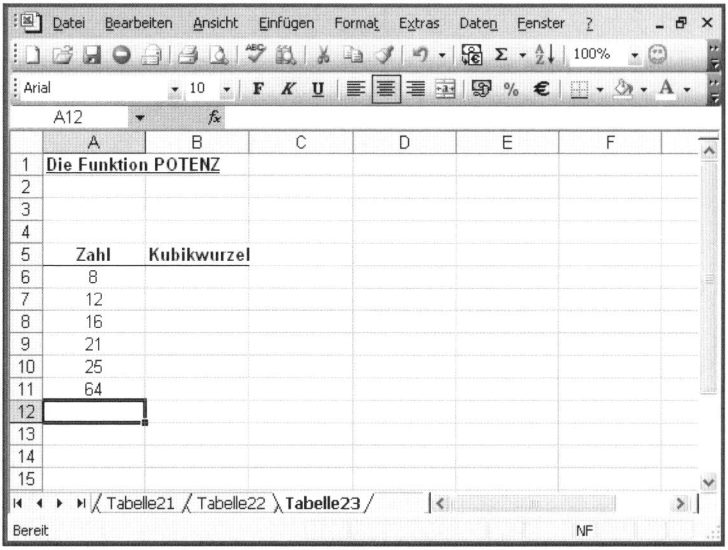

Abbildung 7.45: Von diesen Zahlen soll die Kubikwurzel gezogen werden

Um die Kubikwurzel zu ziehen, verfahren Sie wie folgt:

1. Markieren Sie den Zellenbereich **B6:B11**

2. Erfassen Sie die Formel **=POTENZ((A6);1/3)**
3. Schließen Sie die Formel über die Tastenkombination [Strg] + [↵] ab.

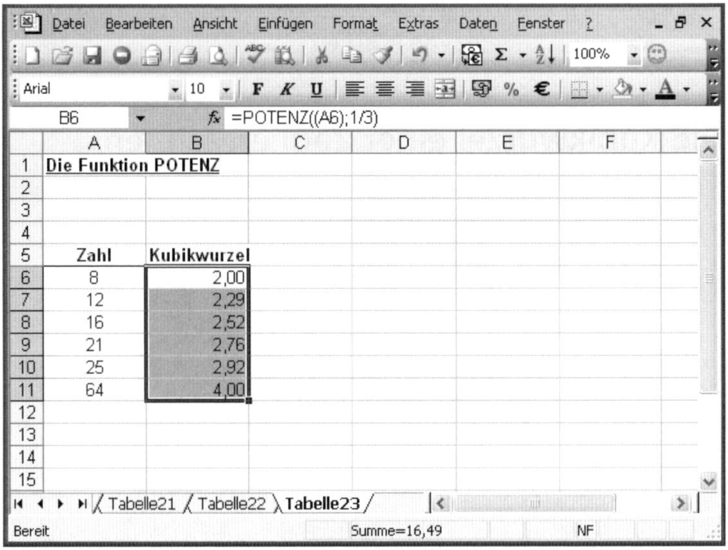

Abbildung 7.46: Die Formel =A6^(1/3) hat dieselbe Bedeutung

Die Tabellenfunktion REST

Mit Hilfe der Tabellenfunktion **REST** können Sie den Rest aus einer Division ermitteln. Dabei hat das Ergebnis dasselbe Vorzeichen wie der Divisor.

Die Syntax dieser Funktion lautet:

=REST(Zahl;Divisor)

Im Argument **Zahl** geben Sie die Zahl an, für die der Rest einer Division gesucht wird.

Im Argument **Divisor** geben Sie den Divisor an.

Zum besseren Verständnis greifen Sie auf eine Tabelle zurück, die Sie bereits vorher bei der Tabellenfunktion **QUOTIENT** verwendet haben, markieren den Zellenbereich **C5:C10**, erfassen die Formel **=REST(A5;B5)** und schließen die Eingabe ab, indem Sie die Tastenkombination [Strg] + [↵] drücken.

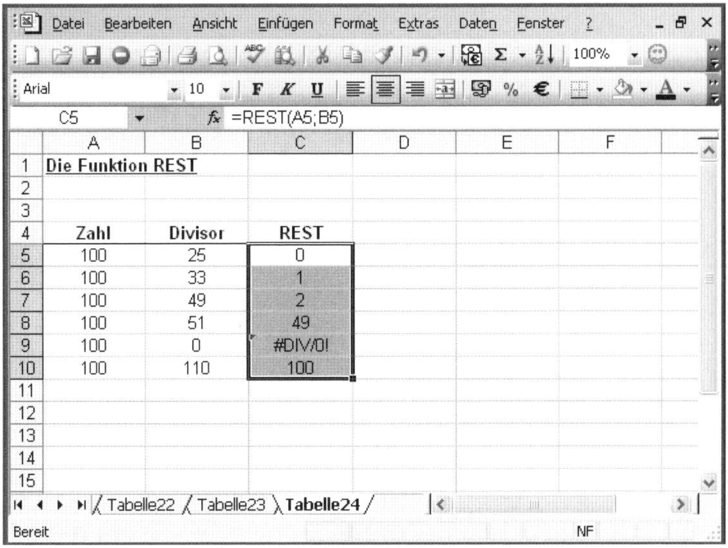

Abbildung 7.47: Die Reste aus diversen Divisionen wurden errechnet

> Möchten Sie prüfen, ob die aktive Zeile eine gerade Zeile ist, dann wenden Sie die folgende Formel an:
>
> **=REST(ZEILE();2)=0**

Bei geraden Zeilen wird der Wert **WAHR**, bei ungeraden Zeilen der Wert **FALSCH** zurückgegeben.

Die Tabellenfunktion TEILERGEBNIS

Mit Hilfe der Tabellenfunktion **TEILERGEBNIS** können Sie gleich mehrere unterschiedliche Aufgaben in Excel-Listen erledigen, je nachdem, welches Argument Sie dabei setzen.

Die Syntax dieser Funktion lautet:

=TEILERGEBNIS(Funktion;Bezug1;...)

Im Argument **Funktion** geben Sie eine Zahl (1 bis 11) an, die festlegt, welche Funktion in der Berechnung des Teilergebnisses verwendet werden soll. Dabei stehen folgende Funktionen zur Verfügung:

Wert	Funktion
1	MITTELWERT
2	ANZAHL
3	ANZAHL2
4	MAX
5	MIN
6	PRODUKT
7	STABW
8	STABWN
9	SUMME
10	VARIANZ
11	VARIANZEN

Tabelle 7.1: Die möglichen Einzelfunktionen von TEILERGEBNIS

Im Argument **Bezug1**; **Bezug2**;... geben Sie den Bereich oder Bezug an, für den Teilergebnisse berechnet werden sollen.

HINWEIS

Die einzelnen Tabellenfunktionen werden Sie im Verlaufe des Buches noch näher kennen lernen.

Gefilterte Listen summieren

Haben Sie schon einmal versucht eine gefilterte Liste zu summieren? Wenn Sie dazu die Tabellenfunktion **SUMME** verwenden, dann werden auch die ausgeblendeten Zeilen summiert.

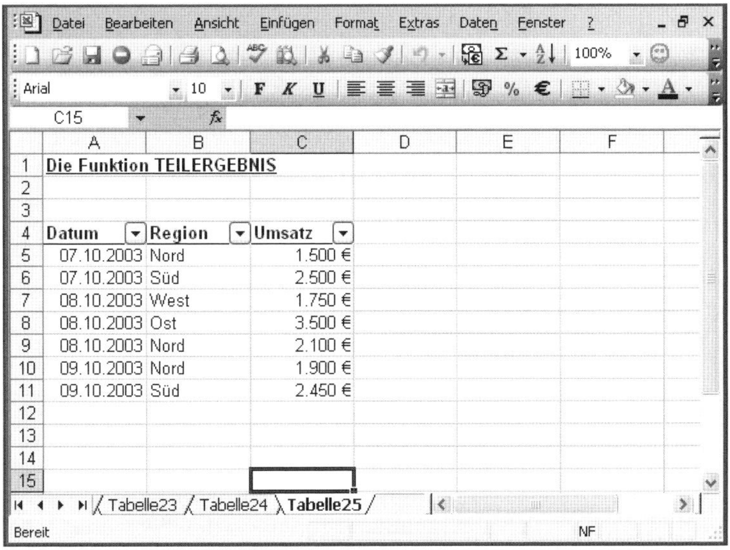

Abbildung 7.48: Die Ausgangsliste

Gehen Sie jetzt wie folgt vor:

1. Klicken Sie auf das Dropdownsymbol der Zelle **B4** und wählen Sie den Eintrag **Nord** aus dem Dropdown-Menü. Die Liste wird daraufhin gefiltert.
2. Setzen Sie den Zellenzeiger in Zelle **C15**.
3. Klicken Sie in der Symbolleiste *Standard* auf das Symbol *AutoSumme*. Daraufhin wird der Bereich automatisch markiert und die Tabellenfunktion **TEILERGEBNIS** angeboten.
4. Bestätigen Sie mit [↵].

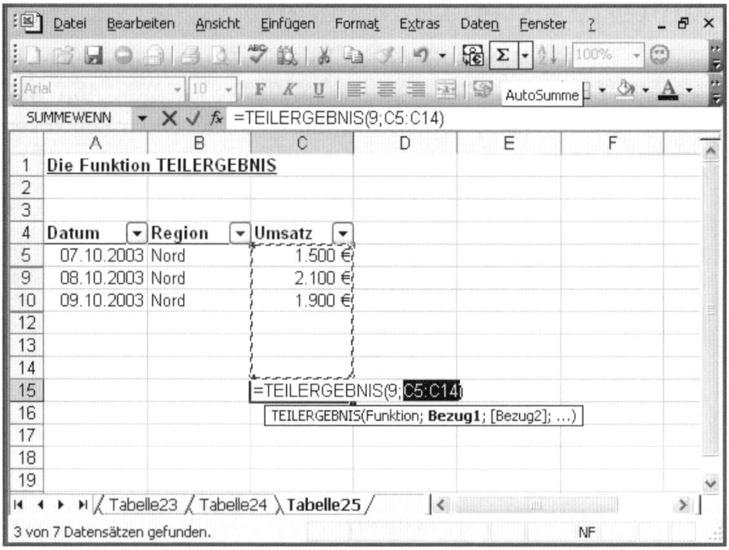

Abbildung 7.49: Excel entscheidet selbst

Excel erkennt automatisch, dass Sie hier versuchen, eine gefilterte Liste zu summieren. Standardmäßig würde nach dem Klick auf das Symbol *AutoSumme* tatsächlich die Tabellenfunktion **SUMME** verwendet, nur eben bei gefilterten Listen erfolgt diese Umschaltung von **SUMME** auf **TEILERGEBNIS** ganz von allein.

Mehrere Auswertungen mit nur einer Funktion durchführen

In der folgenden Aufgabe liegt eine Umsatzliste nach Regionen vor. Die Aufgabe besteht jetzt darin, diese Liste auszuwerten. Setzen Sie dazu die Tabellenfunktion **TEILERGEBNIS** ein. Entnehmen Sie den Aufbau der Liste der Abbildung 7.50.

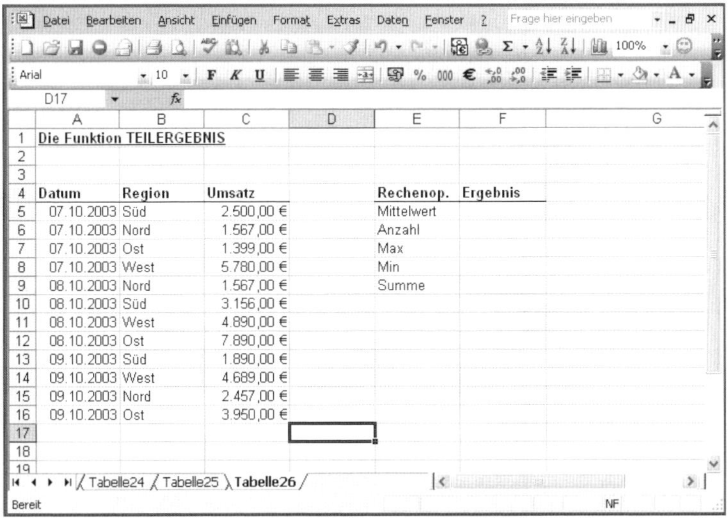

	A	B	C	D	E	F
1	Die Funktion TEILERGEBNIS					
2						
3						
4	Datum	Region	Umsatz		Rechenop.	Ergebnis
5	07.10.2003	Süd	2.500,00 €		Mittelwert	
6	07.10.2003	Nord	1.567,00 €		Anzahl	
7	07.10.2003	Ost	1.399,00 €		Max	
8	07.10.2003	West	5.780,00 €		Min	
9	08.10.2003	Nord	1.567,00 €		Summe	
10	08.10.2003	Süd	3.156,00 €			
11	08.10.2003	West	4.890,00 €			
12	08.10.2003	Ost	7.890,00 €			
13	09.10.2003	Süd	1.890,00 €			
14	09.10.2003	West	4.689,00 €			
15	09.10.2003	Nord	2.457,00 €			
16	09.10.2003	Ost	3.950,00 €			

Abbildung 7.50: Die Ausgangsliste

Werten Sie jetzt diese Liste aus, indem Sie die folgenden Formeln einsetzen.

Zelle	Funktion	Formel
F5	Mittelwert	=TEILERGEBNIS(1;$C$5:$C$16)
F6	Anzahl	=TEILERGEBNIS(2;$C$5:$C$16)
F7	Max	=TEILERGEBNIS(4;$C$5:$C$16)
F8	Min	=TEILERGEBNIS(5;$C$5:$C$16)
F9	Summe	=TEILERGEBNIS(9;$C$5:$C$16)

Tabelle 7.2: Die einzelnen Formeln für die Auswertung

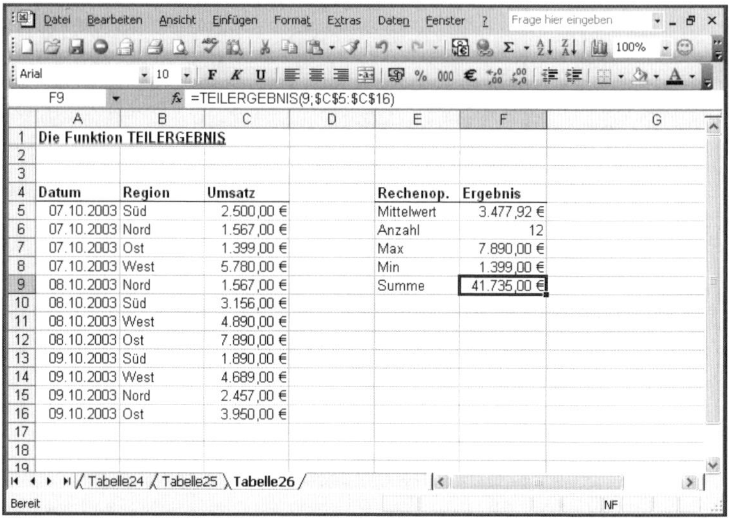

	A	B	C	D	E	F
1	Die Funktion TEILERGEBNIS					
2						
3						
4	Datum	Region	Umsatz		Rechenop.	Ergebnis
5	07.10.2003	Süd	2.500,00 €		Mittelwert	3.477,92 €
6	07.10.2003	Nord	1.567,00 €		Anzahl	12
7	07.10.2003	Ost	1.399,00 €		Max	7.890,00 €
8	07.10.2003	West	5.780,00 €		Min	1.399,00 €
9	08.10.2003	Nord	1.567,00 €		Summe	41.735,00 €
10	08.10.2003	Süd	3.156,00 €			
11	08.10.2003	West	4.890,00 €			
12	08.10.2003	Ost	7.890,00 €			
13	09.10.2003	Süd	1.890,00 €			
14	09.10.2003	West	4.689,00 €			
15	09.10.2003	Nord	2.457,00 €			
16	09.10.2003	Ost	3.950,00 €			

Abbildung 7.51: Mehrere Ergebnisse mit nur einer Funktion erzielen

Die Tabellenfunktion ZUFALLSZAHL

Mit Hilfe der Tabellenfunktion **ZUFALLSZAHL** können Sie sich einen Wert zwischen **0** und **1** erzeugen. Bei jeder Neuberechnung in der jeweiligen Tabelle wird eine neue Zufallszahl gezogen. Diese Funktion hat keine weiteren Argumente und wird wie folgt aufgerufen:

=ZUFALLSZAHL()

Um größere zufällige Zahlen zu erhalten, können Sie ebenso die Formel

=ZUFALLSZAHL() * 100

verwenden. Dabei werden Zufallszahlen zwischen 1 und 100 mit Dezimalstellen gebildet.

Ganze Zufallszahlen bilden

Bei der folgenden Aufgabe erzeugen Sie auf einer neuen Tabelle einige ganze Zufallszahlen zwischen **100** und **1000**. Dabei verfahren Sie wie folgt:

1. Markieren Sie den Zellenbereich **A5:D14**
2. Erfassen Sie die Formel **=GANZZAHL(ZUFALLSZAHL()*1000)**
3. Schließen Sie die Formel über die Tastenkombination Strg + ↵ ab.
4. Drücken Sie ein paar Mal die Taste F9. Damit werden jeweils neue Zufallszahlen gebildet.

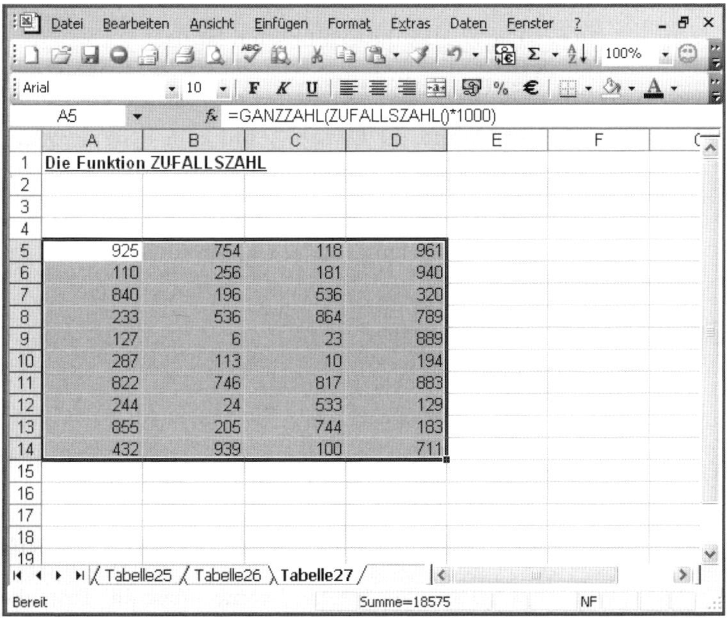

Abbildung 7.52: Die Zufallszahlen wurden erzeugt

HINWEIS

Wenn Sie die Zufallszahlen einfrieren möchten, dann können Sie mit der rechten Maustaste auf den rechten Rand der Markierung klicken, die Maustaste gedrückt halten, die Markierung kurz nach rechts und wieder zurück nach links ziehen, die Maustaste wieder loslassen und aus dem Kontextmenü den Befehl *Hierhin nur als Werte kopieren* auswählen.

Die Tabellenfunktion ZUFALLSBEREICH

Einen Schritt weiter geht die Tabellenfunktion **ZUFALLSBEREICH** aus dem Add-In Analyse-Funktionen. Damit haben Sie die Möglichkeit, ganz gezielt Zufallszahlen in einem vorgegebenen Wertebereich zu bilden.

Die Syntax dieser Funktion lautet:

=ZUFALLSBEREICH(Untere_Zahl;Obere_Zahl)

Im Argument **Untere_Zahl** geben Sie die kleinste ganze Zahl an, die als Zufallszahl gebildet werden soll.

Im Argument **Obere_Zahl** geben Sie die größte ganze Zahl an, die als Zufallszahl gebildet werden soll.

Der Lotto-Generator

Bei der nächsten Aufgabe erstellen Sie einen kleinen Lotto-Zahlengenerator. Dazu gehen Sie Schritt für Schritt vor:

1. Markieren Sie auf einer neuen Tabelle den Zellenbereich **A4:G4**
2. Erfassen Sie die Formel **=ZUFALLSBEREICH(1;49)**
3. Schließen Sie die Formel über die Tastenkombination Strg + ↵ ab.

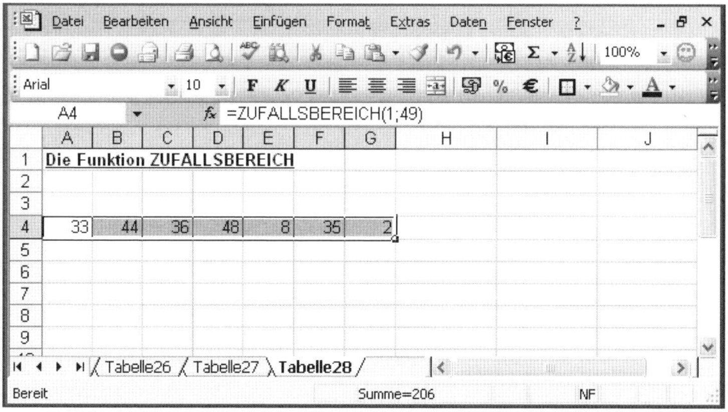

Abbildung 7.53: Zufallszahlen im Bereich von 1 bis 49 werden gebildet

Die Tabellenfunktionen GERADE und UNGERADE

Mit Hilfe der Tabellenfunktion **GERADE** können Sie eine Zahl auf die nächste gerade ganze Zahl aufrunden.

Die Syntax dieser Funktion lautet:

=GERADE(Zahl)

Geben Sie im Argument **Zahl** den Wert an, der auf die nächste gerade Zahl aufgerundet werden soll.

Mit Hilfe der Tabellenfunktion **UNGERADE** können Sie eine Zahl auf die nächste ungerade ganze Zahl aufrunden.

Die Syntax dieser Funktion lautet:

=UNGERADE(Zahl)

Geben Sie im Argument **Zahl** den Wert an, der auf die nächste ungerade Zahl aufgerundet werden soll.

Sehen Sie sich zur Verdeutlichung die Abbildung 7.54 an.

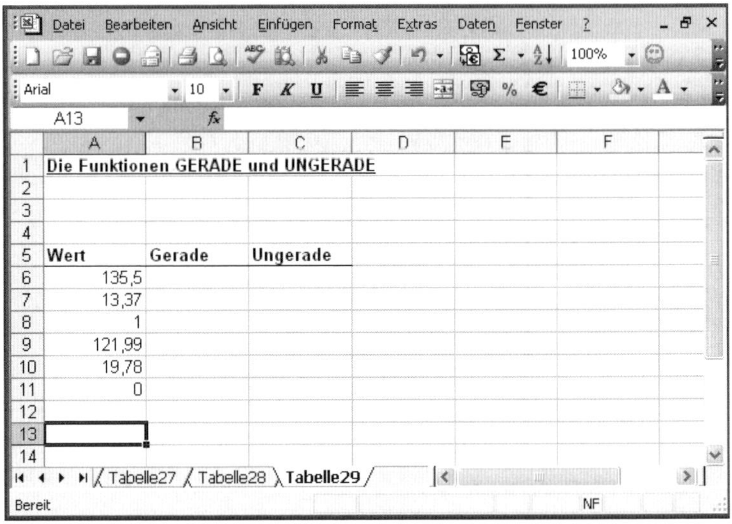

Abbildung 7.54: Die Ausgangssituation

Die in Spalte **A** erfassten Werte sollen in Spalte **B** auf die nächsthöhere gerade Zahl aufgerundet werden. In Spalte **C** sollen die Werte aus Spalte **A** hingegen auf die nächsthöhere ungerade Zahl aufgerundet werden. In beiden Fällen wird also aufgerundet.

Gehen Sie dazu wie folgt vor:

1. Markieren Sie den Zellenbereich **B6:B11**
2. Erfassen Sie die Formel **=GERADE(A6)**
3. Schließen Sie die Formel über die Tastenkombination Strg + ↵ ab.
4. Markieren Sie den Zellenbereich **C6:C11**
5. Erfassen Sie die Formel **=UNGERADE(A6)**
6. Schließen Sie die Formel über die Tastenkombination Strg + ↵ ab.

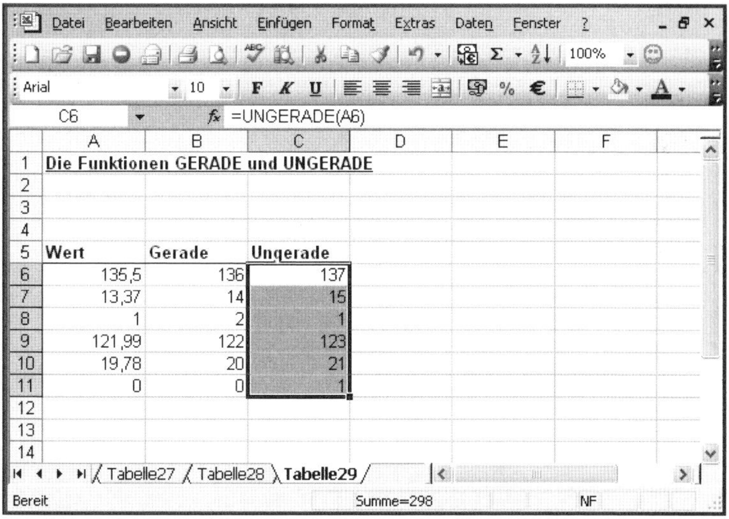

Abbildung 7.55: Die Ergebnisse des Rundens

Die Tabellenfunktionen ISTGERADE und ISTUNGERADE

Mit Hilfe der Tabellenfunktion **ISTGERADE** aus dem Add-In *Analyse-Funktionen* können Sie prüfen, ob eine Zahl gerade ist oder nicht. Ist die Zahl gerade, dann wird der Wert **WAHR** zurückgegeben.

Die Syntax dieser Funktion lautet:

=ISTGERADE(Zahl)

Im Argument **Zahl** geben Sie die Zahl ein, die Sie prüfen möchten. Ist **Zahl** keine ganze Zahl, werden deren Nachkommastellen abgeschnitten.

Mit Hilfe der Tabellenfunktion **ISTUNGERADE** aus dem Add-In *Analyse-Funktionen* können Sie prüfen, ob eine Zahl ungerade ist oder nicht. Ist die Zahl ungerade, dann wird der Wert **WAHR** zurückgegeben.

Die Syntax dieser Funktion lautet:

=ISTUNGERADE(Zahl)

Im Argument **Zahl** geben Sie die Zahl ein, die Sie prüfen möchten. Ist **Zahl** keine ganze Zahl, werden deren Nachkommastellen abgeschnitten.

Zahlen auf gerade/ungerade untersuchen

Um den Gebrauch der Funktionen **GERADE** und **UNGERADE** zu demonstrieren, sehen Sie sich die Abbildung 7.56 an.

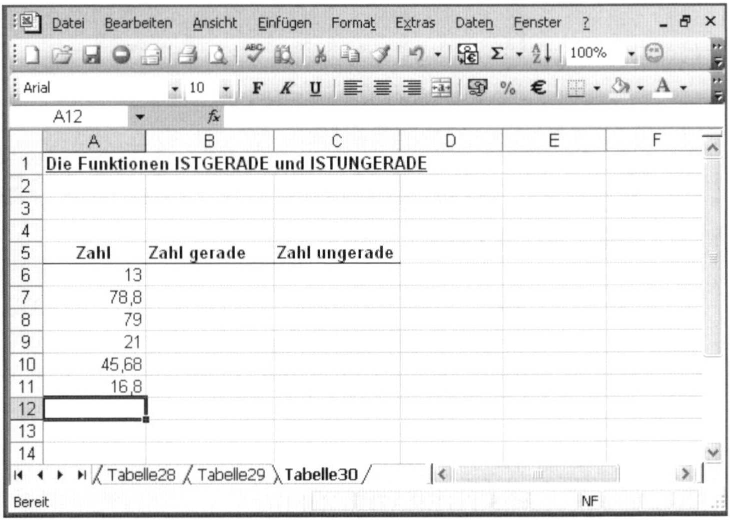

Abbildung 7.56: Die Ausgangssituation

Die Werte aus Spalte **A** sollen geprüft werden, ob die Zahlen dort gerade oder ungerade sind. Ist die jeweilige Zahl gerade, dann soll die Zahl in Spalte **B** übertragen werden. Im anderen Fall wird die Zahl in Spalte **C** geschrieben. Gehen Sie dazu wie folgt vor:

1. Markieren Sie den Zellenbereich **B6:B11**
2. Erfassen Sie die Formel **=WENN(ISTGERADE(A6);A6;"")**
3. Schließen Sie die Formel über die Tastenkombination [Strg] + [↵] ab.
4. Markieren Sie den Zellenbereich **C6:C11**
5. Erfassen Sie die Formel **=WENN(ISTUNGERADE(A6);A6;"")**
6. Schließen Sie die Formel über die Tastenkombination [Strg] + [↵] ab.

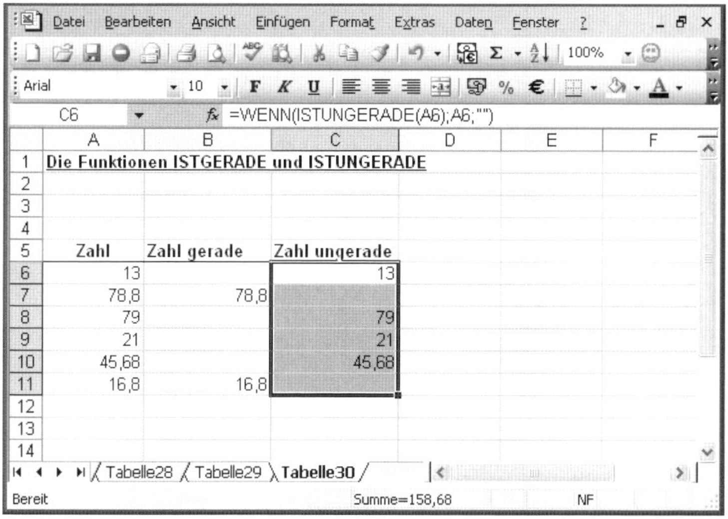

Abbildung 7.57: Die Werte wurden nach Wunsch übertragen

HINWEIS

Sollen die Daten aus Spalte **A** in die Spalten **B** und **C** als ganze Zahlen übertragen werden, dann verwenden Sie die Formeln:

=WENN(ISTGERADE(A6);GANZZAHL(A6);"")

=WENN(ISTUNGERADE(A6);GANZZAHL(A6);"")

Alle ungeraden Zeilen kennzeichnen

Bei der nächsten Aufgabe sollen alle ungeraden Zeilen im Zellenbereich **A2:A15** durch den Großbuchstaben **X** gekennzeichnet werden. Dazu gehen Sie wie folgt vor:

1. Markieren Sie den Zellenbereich **A2:A15**
2. Erfassen Sie die Formel **=WENN(ISTUNGERADE(ZEILE());"X";"")**
3. Schließen Sie die Formel über die Tastenkombination [Strg] + [↵] ab.

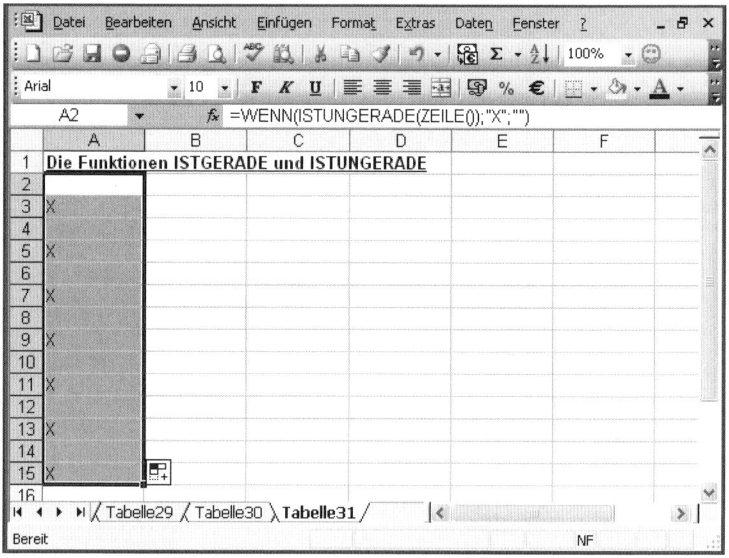

Abbildung 7.58: Die ungeraden Zeilen wurden gekennzeichnet

Die Tabellenfunktion RÖMISCH

Mit Hilfe der Tabellenfunktion **RÖMISCH** können Sie eine arabische Zahl in eine römische Zahl als Text umwandeln.

Die Syntax dieser Funktion lautet:

=RÖMISCH(Zahl;Typ)

Geben Sie im Argument **Zahl** die arabische Zahl an, die Sie umwandeln möchten.

Über das Argument **Typ** können Sie die Schreibweise der römischen Zahlen bestimmen. Je höher der Typ (0-4), desto kürzer die Schreibweise.

Sehen Sie sich dazu einmal die folgende Tabelle aus Abbildung 7.59 an.

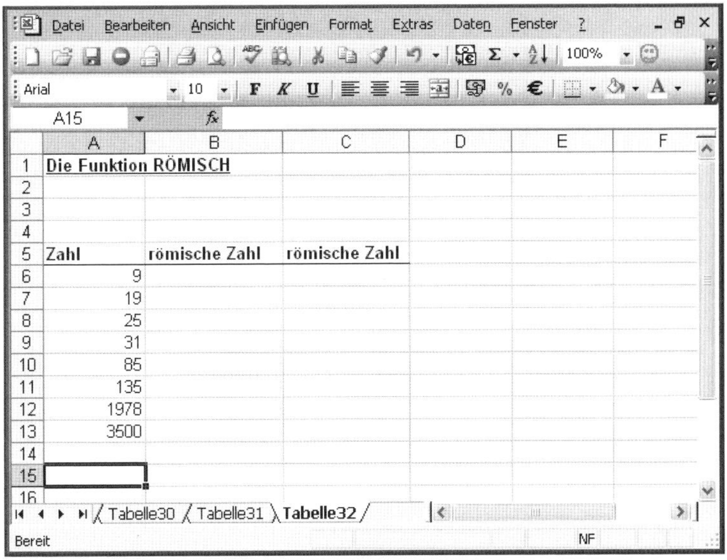

Abbildung 7.59: Die Ausgangssituation

Wandeln Sie jetzt die arabischen Zahlen aus Spalte A in römische Zahlen um. Verfahren Sie dabei wie folgt:

1. Markieren Sie den Zellenbereich **B6:B13**
2. Erfassen Sie die Formel **=RÖMISCH(A6)**

3. Schließen Sie die Formel über die Tastenkombination [Strg] + [↵] ab.
4. Markieren Sie den Zellenbereich **C6:C13**
5. Erfassen Sie die Formel **=RÖMISCH(A6;4)**
6. Schließen Sie die Formel über die Tastenkombination [Strg] + [↵] ab.

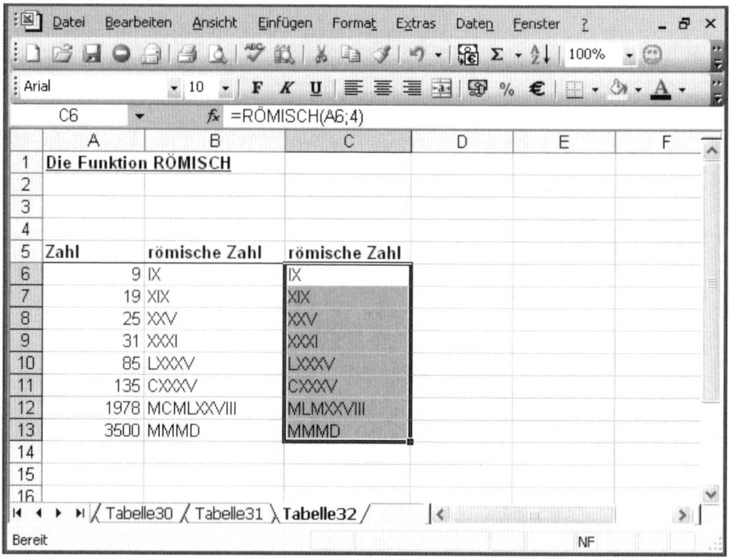

Abbildung 7.60: Die Zahlen wurden in die römische Schreibweise umgewandelt

Die Tabellenfunktion KOMBINATIONEN

Mit Hilfe der Tabellenfunktion **KOMBINATIONEN** können Sie die Anzahl der Kombinationen ohne Wiederholung einer bestimmten Anzahl von Elementen aus einer Gesamtmenge errechnen. Sie können die Funktion einsetzen, um zu berechnen, wie viele Gruppen aus einer bestimmten Anzahl von Elementen gebildet werden können.

Die Syntax dieser Funktion lautet:

=KOMBINATIONEN(n;k)

Geben Sie im Argument **n** die Anzahl der Elemente an.

Im Argument **k** geben Sie an, aus wie vielen Elementen jede Kombination bestehen soll.

Zur Verdeutlichung sehen Sie sich die Abbildung 7.61 an.

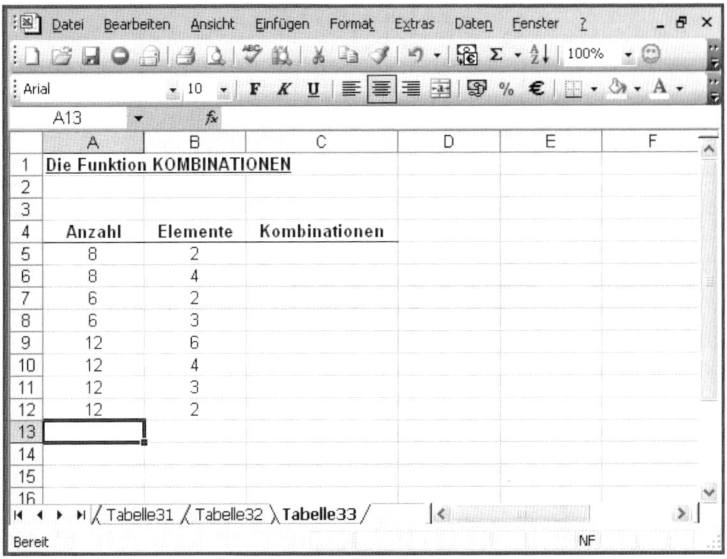

Abbildung 7.61: Die Kombinationsmöglichkeiten sollen berechnet werden

In Spalte **A** finden Sie jeweils die Gesamtzahl einer Gruppe. In Spalte **B** wird die Anzahl der Elemente einer Gruppe erfasst.

Ermitteln Sie jetzt die Kombinationsmöglichkeiten, die sich aus den Daten ergeben. Gehen Sie dazu wie folgt vor:

1. Markieren Sie den Zellenbereich **C5:C12**

2. Erfassen Sie die Formel **=KOMBINATIONEN(A5;B5)**
3. Schließen Sie die Formel über die Tastenkombination [Strg] + [↵] ab.

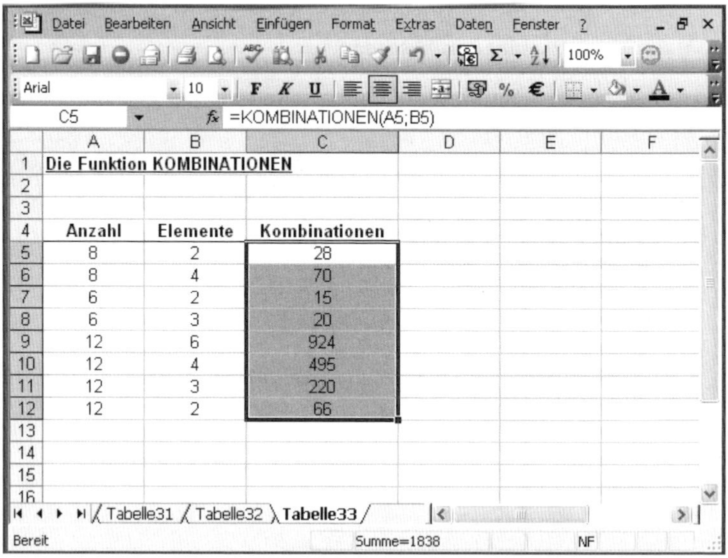

Abbildung 7.62: Alle möglichen Kombinationen

Die Tabellenfunktionen KGV und GGT

Mit Hilfe der Tabellenfunktion **KGV** können Sie das kleinste gemeinsame Vielfache der als Argumente angegebenen ganzen Zahlen ermitteln.

Die Syntax dieser Funktion lautet:

=KGV(Zahl1;Zahl2; ...)

Geben Sie in den Argumenten **Zahl1**; **Zahl2**;... (bis zu 29 Werten) die Zahlen an, deren kleinstes gemeinsames Vielfaches Sie berechnen möchten. Bei Werten, die keine ganzen Zahlen sind, werden deren Nachkommastellen abgeschnitten.

Mit Hilfe der Tabellenfunktion **GGT** können Sie den größten gemeinsamen Teiler der als Argumente angegebenen ganzen Zahlen ermitteln. Der größte gemeinsame Teiler ist die ganze Zahl, durch die sowohl Zahl1 als auch Zahl2 dividiert werden können, ohne dass ein Rest bleibt.

Die Syntax dieser Funktion lautet:

=GGT(Zahl1;Zahl2; ...)

Geben Sie in den Argumenten **Zahl1**; **Zahl2**;... (bis zu 29 Werten) die Zahlen an, deren größten gemeinsamen Teiler Sie berechnen möchten. Bei Werten, die keine ganzen Zahlen sind, werden deren Nachkommastellen abgeschnitten.

Zur Verdeutlichung sehen Sie sich einmal die Abbildung 7.63 an.

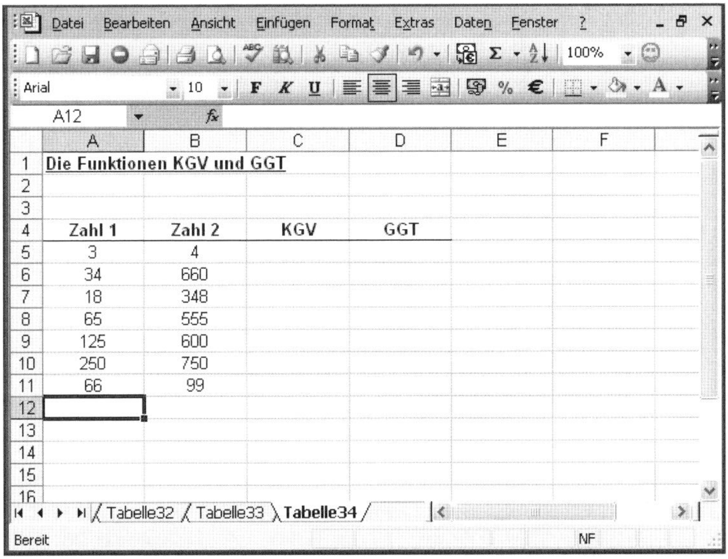

	A	B	C	D	E	F
1	Die Funktionen KGV und GGT					
2						
3						
4	Zahl 1	Zahl 2	KGV	GGT		
5	3	4				
6	34	660				
7	18	348				
8	65	555				
9	125	600				
10	250	750				
11	66	99				
12						
13						
14						
15						
16						

Abbildung 7.63: Die Ausgangssituation

Ermitteln Sie nun aus den beiden Werten von Spalte **A** und **B** jeweils das kleinste gemeinsame Vielfache sowie den größten gemeinsamen Teiler. Gehen Sie dazu wie folgt vor:

1. Markieren Sie den Zellenbereich **C5:C11**
2. Erfassen Sie die Formel **=KGV(A5;B5)**
3. Schließen Sie die Formel über die Tastenkombination [Strg] + [↵] ab.
4. Markieren Sie den Zellenbereich **D5:D11**
5. Erfassen Sie die Formel **=GGT(A5;B5)**
6. Schließen Sie die Formel über die Tastenkombination [Strg] + [↵] ab.

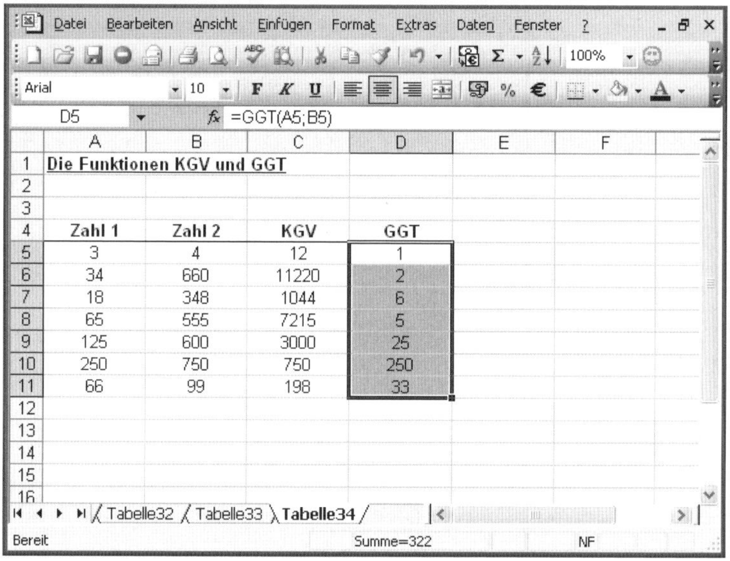

	A	B	C	D
4	Zahl 1	Zahl 2	KGV	GGT
5	3	4	12	1
6	34	660	11220	2
7	18	348	1044	6
8	65	555	7215	5
9	125	600	3000	25
10	250	750	750	250
11	66	99	198	33

Abbildung 7.64: Das Ergebnis der Funktionen KGV und GGT

KAPITEL

Statistische Funktionen

In diesem Kapitel lernen Sie einige der wichtigsten statistischen Funktionen von Excel kennen.

8

Statistische Funktionen

In diesem Kapitel stellen wir Ihnen einige der wichtigsten statistischen Tabellenfunktionen von Excel anhand praktischer Beispiele vor.

Alle hier vorgestellten Funktionen sind in der Arbeitsmappe *Kap08.xls* auf der mitgelieferten CD-ROM verfügbar.

Die Tabellenfunktionen MIN und MAX

Mit Hilfe der Tabellenfunktion **MIN** können Sie den kleinsten Wert innerhalb einer Argumentliste oder eines Zellenbereiches ermitteln.

Die Syntax dieser Funktion lautet:

=MIN(Zahl1;Zahl2;...)

Geben Sie in den Argumenten **Zahl1; Zahl2;...** (bis zu 30) die Zahl bzw. den Zellenbezug an, aus denen Sie die kleinste Zahl heraussuchen möchten.

Mit Hilfe der Tabellenfunktion **MAX** können Sie den größten Wert innerhalb einer Argumentliste oder eines Zellenbereiches ermitteln.

Die Syntax dieser Funktion lautet:

=MAX(Zahl1;Zahl2;...)

Geben Sie in den Argumenten **Zahl1; Zahl2;...** (bis zu 30) die Zahl bzw. den Zellenbezug an, aus denen Sie die größte Zahl heraussuchen möchten.

Maximal- und Minimalwerte ermitteln

Um den Gebrauch dieser beiden Tabellenfunktionen auf dynamische Weise zu demonstrieren, verfahren Sie wie folgt:

1. Markieren Sie in einer neuen Tabelle den Zellenbereich **A7:F15**
2. Erfassen Sie zufällige Zahlen im Bereich zwischen 1 und 100, indem Sie die Formel **=GANZZAHL(ZUFALLSZAHL()*100)** eingeben.
3. Schließen Sie die Formel über die Tastenkombination [Strg] + [↵] ab.
4. Erfassen Sie in Zelle **B4** die Formel **=MIN(A7:F15)**
5. Erfassen Sie in Zelle **B5** die Formel **=MIN(A7:F15)**

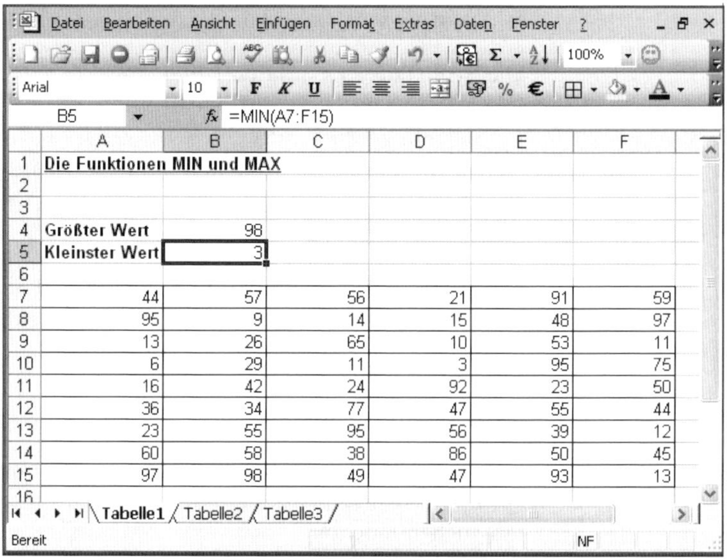

	A	B	C	D	E	F
1	Die Funktionen MIN und MAX					
2						
3						
4	Größter Wert	98				
5	Kleinster Wert	3				
6						
7	44	57	56	21	91	59
8	95	9	14	15	48	97
9	13	26	65	10	53	11
10	6	29	11	3	95	75
11	16	42	24	92	23	50
12	36	34	77	47	55	44
13	23	55	95	56	39	12
14	60	58	38	86	50	45
15	97	98	49	47	93	13
16						

Abbildung 8.1: Mehrmaliges Drücken der Taste (F9) generiert neue Zahlen

Spitzenreiter in Kolumnen ermitteln

Bei der vorherigen Aufgabe wurden in einem vorher bestimmten Zellenbereich der Max-Wert und der Min-Wert bestimmt. In der folgenden Aufgabe liegen Monatsumsätze verschiedener Vertriebsmitarbeiter vor.

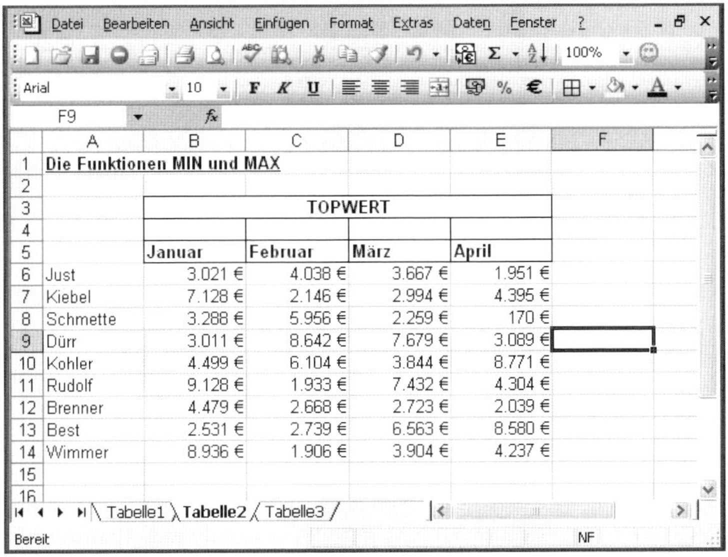

	A	B	C	D	E	F
1	Die Funktionen MIN und MAX					
2						
3		TOPWERT				
4						
5		Januar	Februar	März	April	
6	Just	3.021 €	4.038 €	3.667 €	1.951 €	
7	Kiebel	7.128 €	2.146 €	2.994 €	4.395 €	
8	Schmette	3.288 €	5.956 €	2.259 €	170 €	
9	Dürr	3.011 €	8.642 €	7.679 €	3.089 €	
10	Kohler	4.499 €	6.104 €	3.844 €	8.771 €	
11	Rudolf	9.128 €	1.933 €	7.432 €	4.304 €	
12	Brenner	4.479 €	2.668 €	2.723 €	2.039 €	
13	Best	2.531 €	2.739 €	6.563 €	8.580 €	
14	Wimmer	8.936 €	1.906 €	3.904 €	4.237 €	
15						

Abbildung 8.2: Die Monatsumsätze im Vertrieb

Ermitteln Sie jeweils den besten Monatswert und verfahren Sie dabei wie folgt:

1. Markieren Sie den Zellenbereich **B4:E4**
2. Erfassen Sie die Formel **=MAX(B6:B14)**
3. Schließen Sie die Formel über die Tastenkombination Strg + ↵ ab.

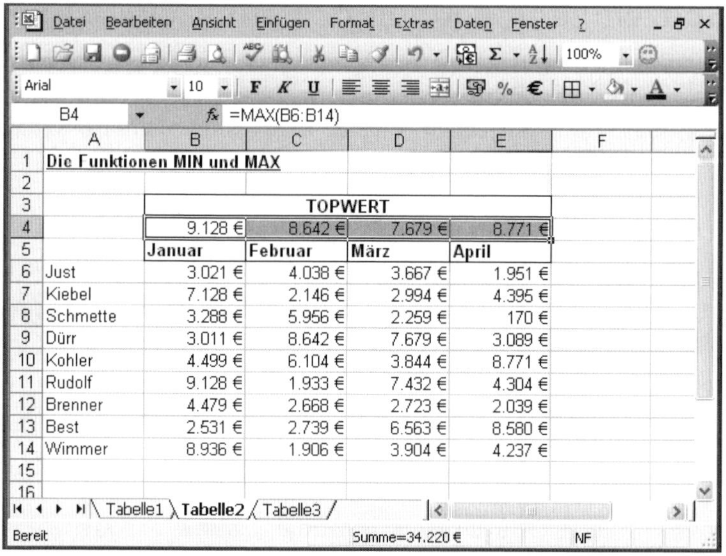

B4 =MAX(B6:B14)

	A	B	C	D	E
1	Die Funktionen MIN und MAX				
2					
3		TOPWERT			
4		9.128 €	8.642 €	7.679 €	8.771 €
5		Januar	Februar	März	April
6	Just	3.021 €	4.038 €	3.667 €	1.951 €
7	Kiebel	7.128 €	2.146 €	2.994 €	4.395 €
8	Schmette	3.288 €	5.956 €	2.259 €	170 €
9	Dürr	3.011 €	8.642 €	7.679 €	3.089 €
10	Kohler	4.499 €	6.104 €	3.844 €	8.771 €
11	Rudolf	9.128 €	1.933 €	7.432 €	4.304 €
12	Brenner	4.479 €	2.668 €	2.723 €	2.039 €
13	Best	2.531 €	2.739 €	6.563 €	8.580 €
14	Wimmer	8.936 €	1.906 €	3.904 €	4.237 €

Abbildung 8.3: Die besten Monatsumsätze wurden ermittelt

Den kleinsten Wert ungleich 0 finden

Wird die Tabellenfunktion **MIN** auf einen Beeich angewendet, der unter anderem Nullwerte aufweist, dann werden gerade diese als kleinster Wert erkannt. Um diese Funktion so anzuwenden, dass Nullwerte bei der Berechnung ausgeschlossen werden, muss eine Matrixformel angewendet werden.

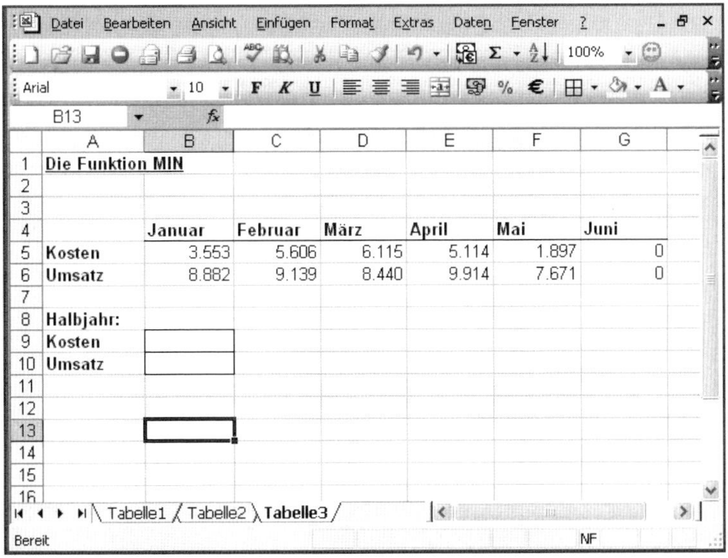

	A	B	C	D	E	F	G
1	Die Funktion MIN						
2							
3							
4		Januar	Februar	März	April	Mai	Juni
5	Kosten	3.553	5.606	6.115	5.114	1.897	0
6	Umsatz	8.882	9.139	8.440	9.914	7.671	0
7							
8	Halbjahr:						
9	Kosten						
10	Umsatz						
11							
12							
13							
14							
15							
16							

Abbildung 8.4: Die Ausgangstabelle

Ermitteln Sie jetzt in dieser Tabelle den niedrigsten Umsatz bzw. die niedrigsten Kosten, ohne die Nullwerte zu berücksichtigen. Verfahren Sie dabei wie folgt:

1. Erfassen Sie in der Zelle **B9** die Matrixformel **=MIN(WENN(B5:G5>0;B5:G5))**
2. Schließen Sie die Matrixformel über die Tastenkombination Strg + ⇧ + ↵ ab.
3. Erfassen Sie in der Zelle **B10** die Matrixformel **=MIN(WENN(B6:G6>0;B6:G6))**
4. Schließen Sie die Matrixformel über die Tastenkombination Strg + ⇧ + ↵ ab.

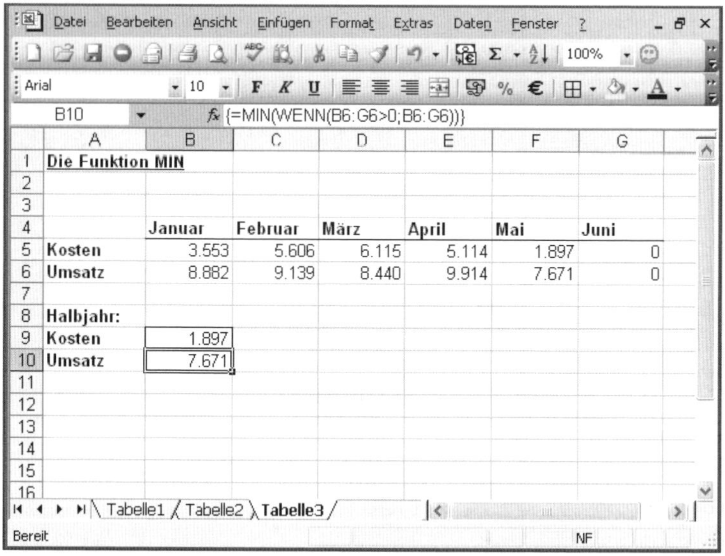

Abbildung 8.5: Die niedrigsten Werte (nicht Null) wurden ermittelt

KNOW-HOW

Sollen auch eventuelle Minuswerte unter Nichtberücksichtigung der Null berücksichtigt werden, dann heißen die Formeln:

=MIN(WENN(B5:G5<>0;B5:G5))

=MIN(WENN(B6:G6<>0;B6:G6))

Schließen Sie die beiden Matrixformeln über die Tastenkombination [Strg] + [⇧] + [↵] ab.

Den größten Wert einer Spalte ermitteln

In der folgenden Aufgabe soll der größte Wert aus der Spalte **D** ermittelt werden. Dabei soll Excel alle 65536 Zellen dieser Spalte überprüfen und den größten Wert ermitteln.

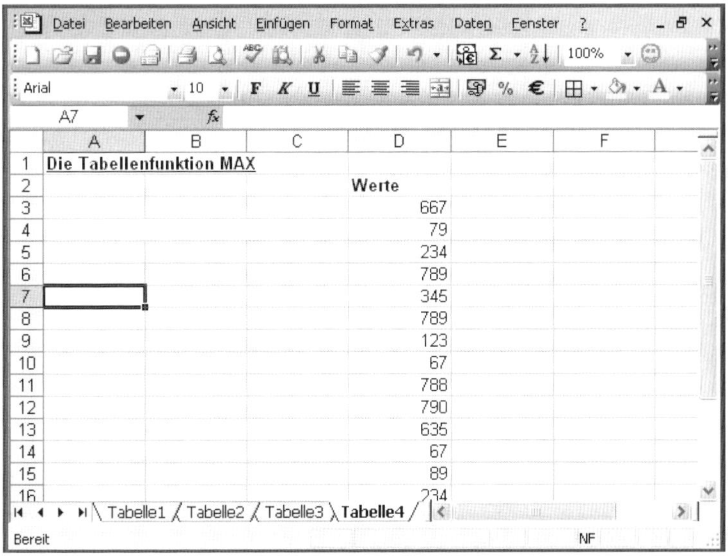

Abbildung 8.6: Der größte Wert aus Spalte D soll ermittelt werden

Fassen Sie das Ergebnis sowie einen begleitenden Text in die Zelle **A4** ein, indem Sie die Formel

="Der größte Wert in Spalte D ist " & MAX(D:D)

eingeben und mit [↵] bestätigen.

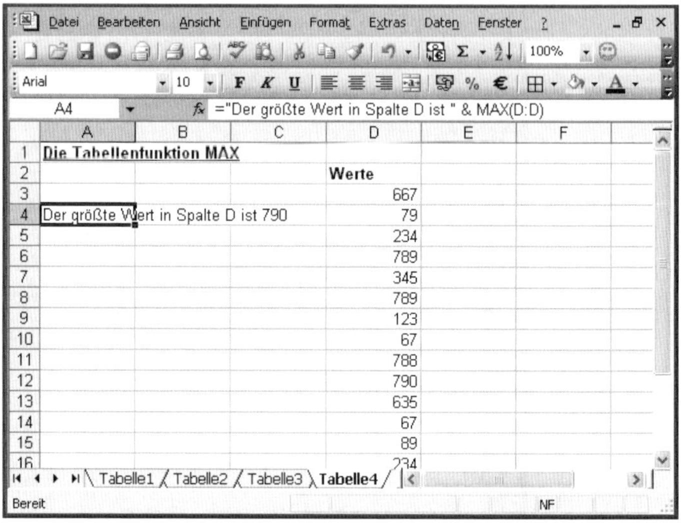

Abbildung 8.7: Formeln und Texte über das Zeichen & miteinander verbinden

Die Tabellenfunktionen KGRÖSSTE und KKLEINSTE

Mit Hilfe der Tabellenfunktion **KGRÖSSTE** können Sie die größten Werte einer Datengruppe ermitteln.

Die Syntax dieser Funktion lautet:

=KGRÖSSTE(Matrix;k)

Geben Sie im Argument **Matrix** den Datenbereich an, aus dem Sie den größten bzw. mehrere größten Werte bestimmen möchten.

Im Argument k geben Sie den Rang an. Beispielsweise repräsentiert die Zahl 1 den höchsten Wert, die Zahl 2 den zweithöchsten Wert usw.

Mit Hilfe der Tabellenfunktion **KKLEINSTE** können Sie die kleinsten Werte einer Datengruppe ermitteln.

Die Syntax dieser Funktion lautet:

=KKLEINSTE(Matrix;k)

Geben Sie im Argument **Matrix** den Datenbereich an, aus dem Sie den kleinsten bzw. mehrere kleinste Werte bestimmen möchten.

Im Argument **k** geben Sie den Rang an. Beispielsweise repräsentiert die Zahl 1 den kleinsten Wert, die Zahl 2 den zweitkleinsten Wert usw.

Maschinenauslastungen auswerten

In der nächsten Aufgabe sollen die täglichen Maschinenauslastungen eines Monats ausgewertet werden. Dabei sollen die 5 höchsten Tageswerte eines Monats ermittelt werden. Sehen Sie sich dazu die Abbildung 8.8 an.

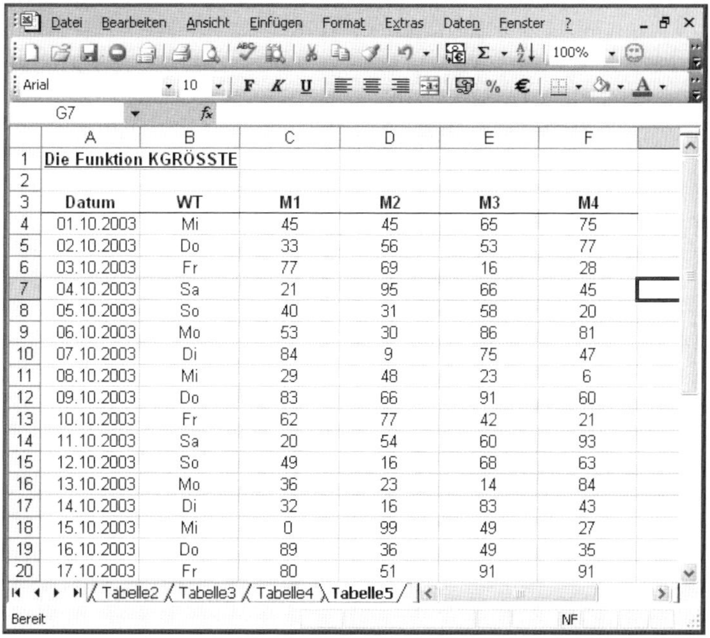

Die Funktion KGRÖSSTE

Datum	WT	M1	M2	M3	M4
01.10.2003	Mi	45	45	65	75
02.10.2003	Do	33	56	53	77
03.10.2003	Fr	77	69	16	28
04.10.2003	Sa	21	95	66	45
05.10.2003	So	40	31	58	20
06.10.2003	Mo	53	30	86	81
07.10.2003	Di	84	9	75	47
08.10.2003	Mi	29	48	23	6
09.10.2003	Do	83	66	91	60
10.10.2003	Fr	62	77	42	21
11.10.2003	Sa	20	54	60	93
12.10.2003	So	49	16	68	63
13.10.2003	Mo	36	23	14	84
14.10.2003	Di	32	16	83	43
15.10.2003	Mi	0	99	49	27
16.10.2003	Do	89	36	49	35
17.10.2003	Fr	80	51	91	91

Abbildung 8.8: Die täglichen Maschinenauslastungen eines Monats

Ermitteln Sie jetzt die 5 höchsten Werte des Monats für jede Maschine, indem Sie wie folgt vorgehen:

1. Geben Sie in Zelle **B36** den Wert 1 ein.
2. Ziehen Sie das Ausfüllkästchen bei gedrückter linker Maustaste nach unten bis in Zelle **B40**.
3. Markieren Sie den Zellenbereich **C36:F40**
4. Erfassen Sie die Formel **=KGRÖSSTE(C$4:C$34;$B36)**
5. Schließen Sie die Formel über die Tastenkombination [Strg] + [↵] ab.

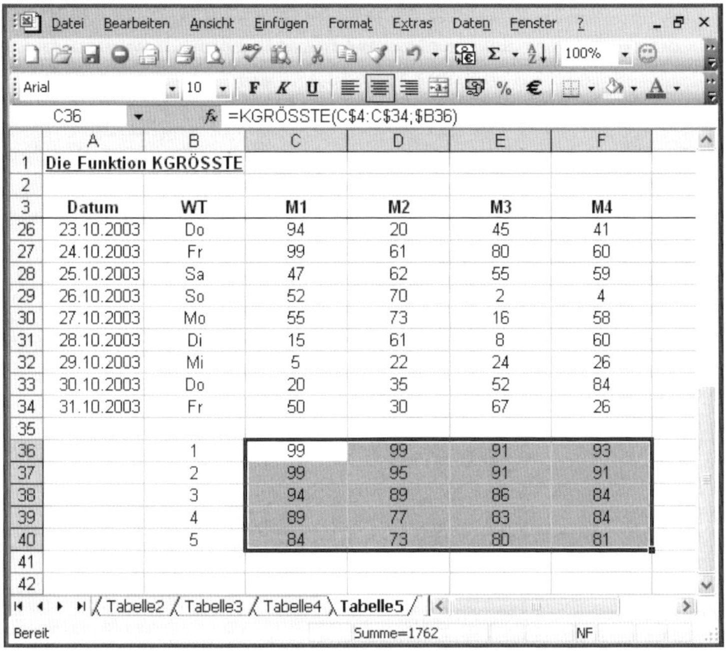

	A	B	C	D	E	F
1	Die Funktion KGRÖSSTE					
2						
3	Datum	WT	M1	M2	M3	M4
26	23.10.2003	Do	94	20	45	41
27	24.10.2003	Fr	99	61	80	60
28	25.10.2003	Sa	47	62	55	59
29	26.10.2003	So	52	70	2	4
30	27.10.2003	Mo	55	73	16	58
31	28.10.2003	Di	15	61	8	60
32	29.10.2003	Mi	5	22	24	26
33	30.10.2003	Do	20	35	52	84
34	31.10.2003	Fr	50	30	67	26
35						
36		1	99	99	91	93
37		2	99	95	91	91
38		3	94	89	86	84
39		4	89	77	83	84
40		5	84	73	80	81
41						
42						

Abbildung 8.9: Die 5 höchsten Werte/Monat wurden ermittelt

Die kleinsten Werte aus nicht zusammenhängenden Bereichen ermitteln

In der folgenden Aufgabe liegen zwei nicht zusammenhängende Bereiche vor, aus denen Sie die zwei kleinsten Werte ermitteln sollen. Sehen Sie sich dazu die Abbildung 8.10 an.

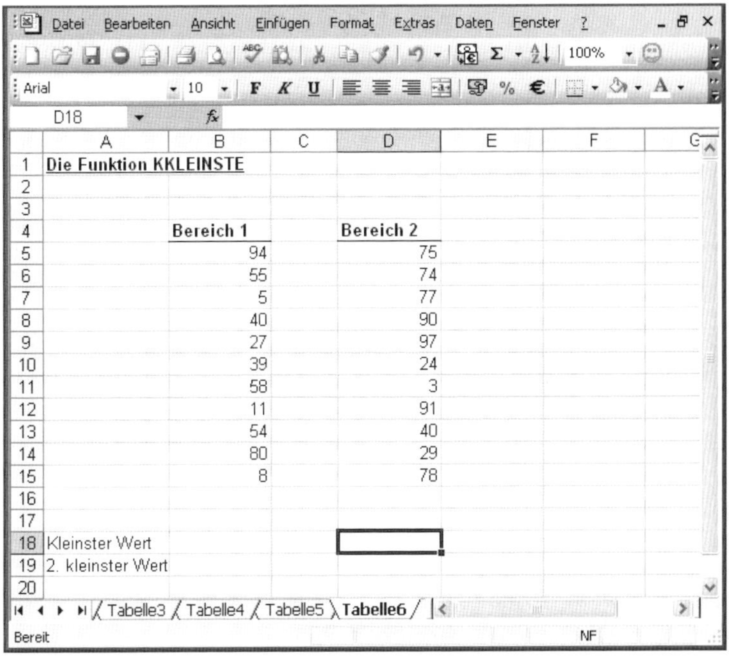

	A	B	C	D	E	F
1	Die Funktion KKLEINSTE					
2						
3						
4		Bereich 1		Bereich 2		
5		94		75		
6		55		74		
7		5		77		
8		40		90		
9		27		97		
10		39		24		
11		58		3		
12		11		91		
13		54		40		
14		80		29		
15		8		78		
16						
17						
18	Kleinster Wert					
19	2. kleinster Wert					
20						

Abbildung 8.10: Die zwei kleinsten Werte aus zwei verschiedenen Bereichen sollen ermittelt werden

Um diese Aufgabe zu lösen, müssen Sie der Funktion **KKLEINSTE** zwei Bereiche übergeben. Das klappt nur dann, wenn Sie die Klammersetzung beachten. Lösen Sie diese Aufgabe, indem Sie wie folgt vorgehen:

1. Erfassen Sie in Zelle **B18** die Formel **=KKLEINSTE(($B$5:$B$15;$D$5:$D$15);1)**
2. Geben Sie in Zelle **B19** die Formel **=KKLEINSTE(($B$5:$B$15;$D$5:$D$15);2)** ein.

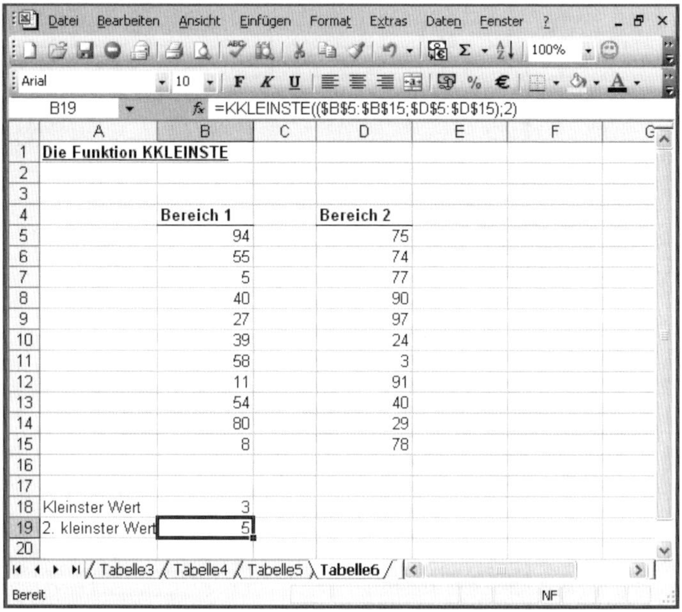

	A	B	C	D	E	F
1	Die Funktion KKLEINSTE					
2						
3						
4		Bereich 1		Bereich 2		
5		94		75		
6		55		74		
7		5		77		
8		40		90		
9		27		97		
10		39		24		
11		58		3		
12		11		91		
13		54		40		
14		80		29		
15		8		78		
16						
17						
18	Kleinster Wert	3				
19	2. kleinster Wert	5				
20						

Abbildung 8.11: Die Ergebnisse stammen aus unterschiedlichen Bereichen

Die drei kleinsten Werte einer Spalte kleiner/größer Null ermitteln

Enthält ein Bereich eine Null, dann wird diese Null über die Tabellenfunktion **KKLEINSTE** als kleinster Wert erkannt und ausgewiesen. Möchten Sie ganz gezielt nur positive Werte ohne die Null berücksichtigen, dann müssen Sie zusätzlich zu dieser Funktion noch die Tabellenfunktion **ZÄHLENWENN** in die Formel integrieren. Sehen Sie sich aber zunächst die Abbildung 8.12 an.

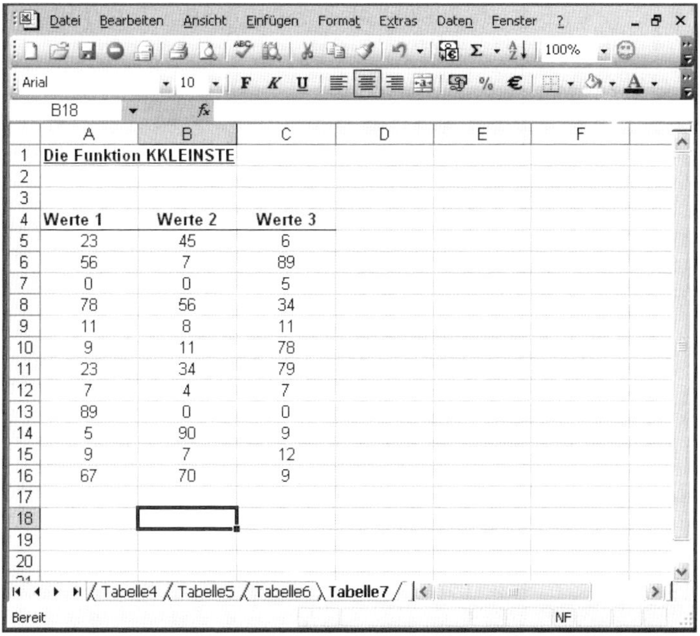

	A	B	C	D	E	F
1	Die Funktion KKLEINSTE					
2						
3						
4	Werte 1	Werte 2	Werte 3			
5	23	45	6			
6	56	7	89			
7	0	0	5			
8	78	56	34			
9	11	8	11			
10	9	11	78			
11	23	34	79			
12	7	4	7			
13	89	0	0			
14	5	90	9			
15	9	7	12			
16	67	70	9			
17						
18						
19						
20						

Abbildung 8.12: Die zwei niedrigsten Werte (ohne Nullen) sollen ermittelt werden

Um diese Aufgabe zu lösen, verfahren Sie wie folgt:

1. Markieren Sie den Datenbereich **A18:C18**
2. Erfassen Sie die Formel **=KKLEINSTE(A$5:A$16;ZÄHLENWENN (A$1:A$16;0)+1)**
3. Schließen Sie die Formel über die Tastenkombination [Strg] + [↵] ab.
4. Markieren Sie den Datenbereich **A19:C19**
5. Erfassen Sie die Formel **=KKLEINSTE(A$5:A$16;ZÄHLENWENN (A$1:A$16;0)+2)**

6. Schließen Sie die Formel über die Tastenkombination [Strg] + [↵] ab.

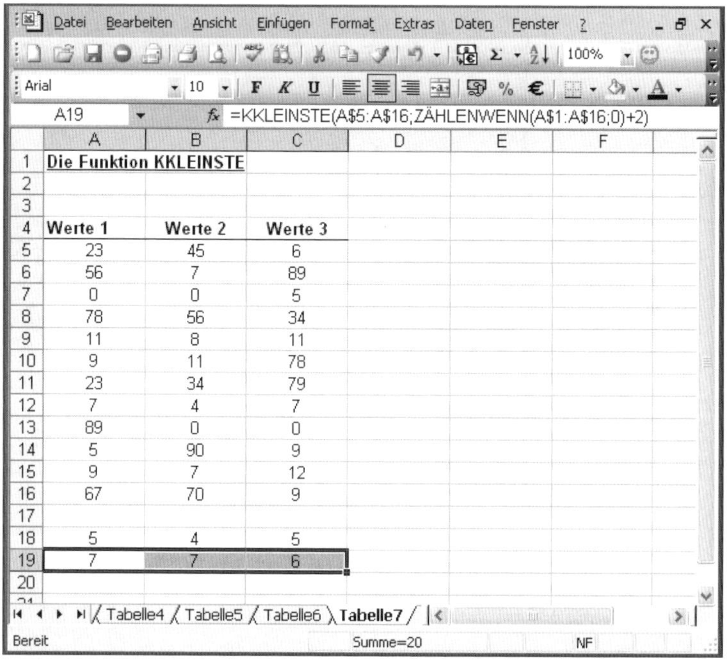

	A	B	C
1	Die Funktion KKLEINSTE		
2			
3			
4	Werte 1	Werte 2	Werte 3
5	23	45	6
6	56	7	89
7	0	0	5
8	78	56	34
9	11	8	11
10	9	11	78
11	23	34	79
12	7	4	7
13	89	0	0
14	5	90	9
15	9	7	12
16	67	70	9
17			
18	5	4	5
19	7	7	6

Abbildung 8.13: Die Nullen wurden bei der Niedrigwertberechnung ausgeschlossen

HINWEIS

Eine alternative Möglichkeit, die beiden niedrigsten Werte eines Bereiches zu ermitteln, klappt mit Hilfe der Tabellenfunktion **WENN**. Dabei prüfen Sie, ob die Funktion **KKLEINSTE** den Wert **0** als niedrigsten Wert findet. Wenn ja, dann suchen Sie automatisch nach dem zweitniedrigsten.

=WENN(KKLEINSTE(A5:A16;1)=0;KKLEINSTE(A5:A16;2); KKLEINSTE(A5:A16;1))

Soll in einer kompletten Spalte nach den beiden niedrigsten Werten gesucht werden, dann lauten die Formeln:

=KKLEINSTE(A:A;ZÄHLENWENN(A:A;0)+1)

=KKLEINSTE(A:A;ZÄHLENWENN(A:A;0)+2)

Diese beiden Formeln dürfen Sie aber nicht in Spalte **A** eingeben, da sonst ein Zirkelbezug entsteht.

Den besten Verkäufer ermitteln

In der folgenden Aufgabe soll aus einer Liste mit Vertriebsangestellten die Person ermittelt werden, die am meisten Umsatz gemacht hat. Des Weiteren soll festgestellt werden, wie groß der Vorsprung des Besten vom zweitbesten ist. Sehen Sie sich dazu zuerst noch die Ausgangstabelle an.

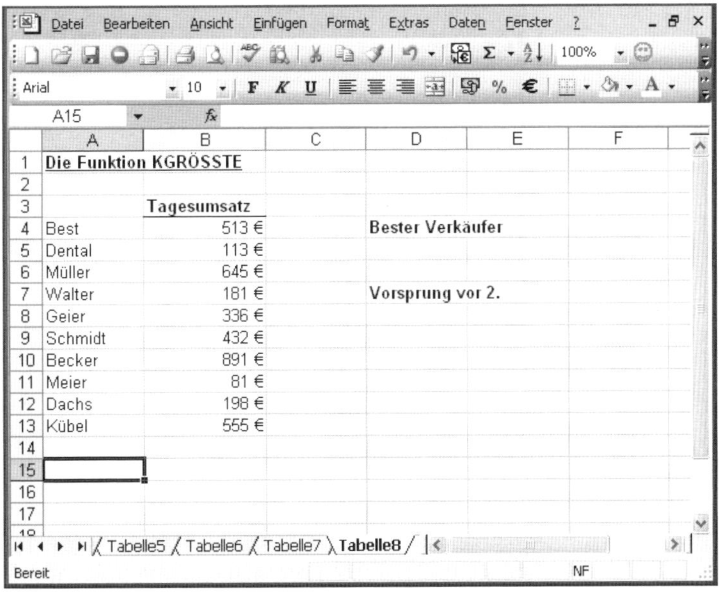

	A	B	C	D
1	Die Funktion KGRÖSSTE			
2				
3		Tagesumsatz		
4	Best	513 €		Bester Verkäufer
5	Dental	113 €		
6	Müller	645 €		
7	Walter	181 €		Vorsprung vor 2.
8	Geier	336 €		
9	Schmidt	432 €		
10	Becker	891 €		
11	Meier	81 €		
12	Dachs	198 €		
13	Kübel	555 €		

Abbildung 8.14: Wer verkauft am besten?

Ermitteln Sie nun den besten Verkäufer und gehen Sie dabei wie folgt vor:

1. Erfassen Sie in Zelle **D5** die Formel **=INDEX($A$4:$A$13;VERGLEICH(KGRÖSSTE ($B$4:$B$13;1);$B$4:$B$13;0))**
2. In Zelle **D8** erfassen Sie die Formel **=KGRÖSSTE($B$4:$B$13;2) - KGRÖSSTE ($B$4:$B$13;1)**

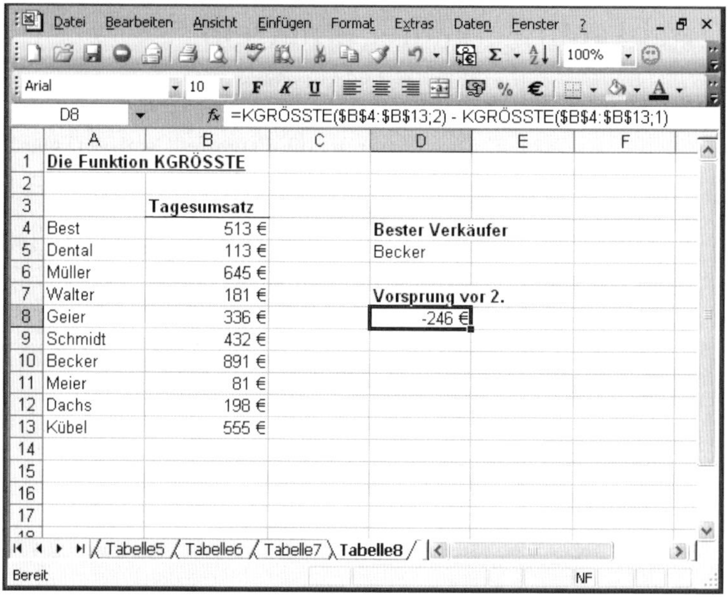

Abbildung 8.15: Verkäufer Becker führt mit 246 € Vorsprung

Angebotsvergleich durchführen

In der nächsten Aufgabe geht es darum, verschiedene Angebote zu prüfen. Ermitteln Sie dazu die beiden billigsten Angebote (Angebot und Kunde). Sehen Sie sich dazu die folgende Abbildung an.

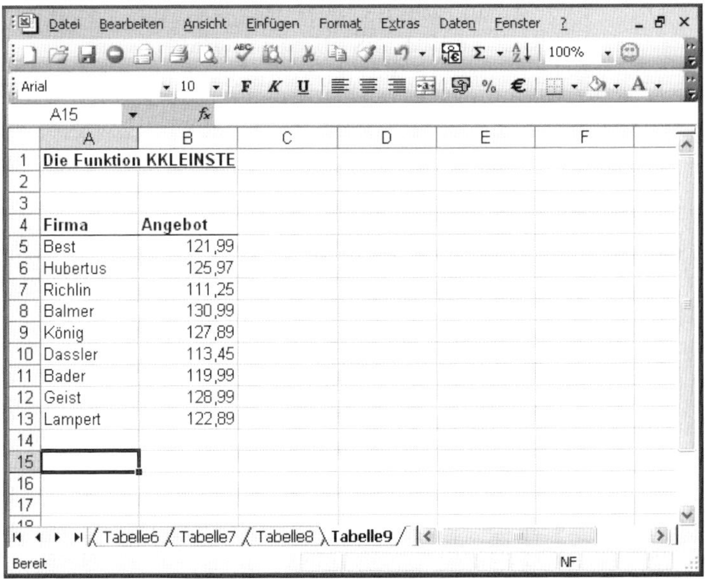

Abbildung 8.16: Welche zwei Angebote sind am billigsten?

Um die Namen sowie die konkreten Angebote aus der Liste herauszuziehen, verfahren Sie wie folgt:

1. Erfassen Sie in Zelle **D5** die Formel
   =INDEX($A$5:$A$13;VERGLEICH(KKLEINSTE($B$5:$B$13;1);$B$5:$B$13;0)),
   um den Namen des Kunden mit dem besten Angebot zu ermitteln.

2. In Zelle **E5** schreiben Sie die Formel
   =KKLEINSTE($B$5:$B$13;1),
   um das beste Angebot aus der Liste abzufragen.

3. Erfassen Sie in Zelle **D6** die Formel
   =INDEX($A$5:$A$13;VERGLEICH(KKLEINSTE($B$5:$B$13;2);$B$5:$B$13;0)),
   um den Namen des Kunden mit dem zweitbesten Angebot zu ermitteln.

4. In Zelle **E6** geben Sie die Formel **=KKLEINSTE($B$5:$B$13;2)** ein, um das zweitbeste Angebot zu erhalten.

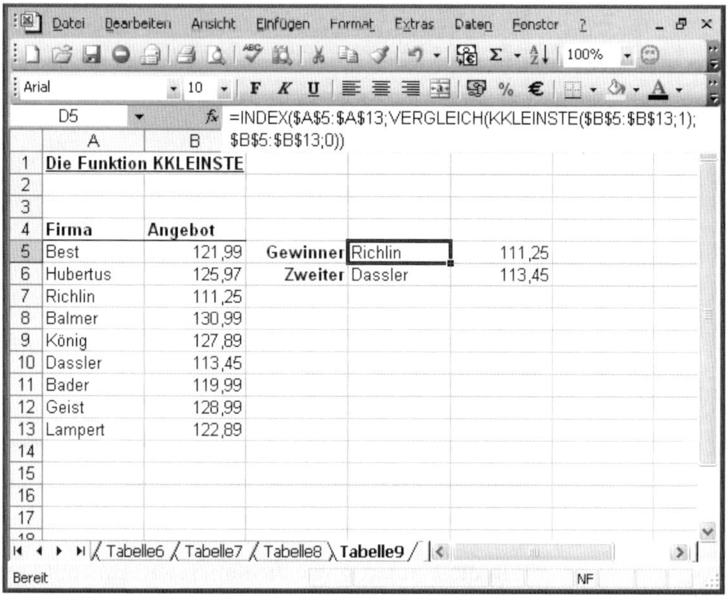

Abbildung 8.17: Die Firma Richlin macht das beste Angebot

Die Tabellenfunktion MITTELWERT

Mit Hilfe der Tabellenfunktion **MITTELWERT** können Sie den Mittelwert der angegebenen Argumente bzw. Zellen ermitteln.

Die Syntax dieser Funktion lautet:

=MITTELWERT(Zahl1;Zahl2; …)

Geben Sie in den Argumenten **Zahl1; Zahl2;…** (bis zu 30 Argumenten) die Zahlen oder Zellen an, deren Mittelwert Sie berechnen möchten.

Mittelwert der höchsten Werte bilden

In der folgenden Aufgabe werden aus einer Liste mit Maschinenauslastungsdaten die drei größten Auslastungen ermittelt und davon der Mittelwert gebildet. Sehen Sie sich davor die Ausgangssituation in Abbildung 8.18 an.

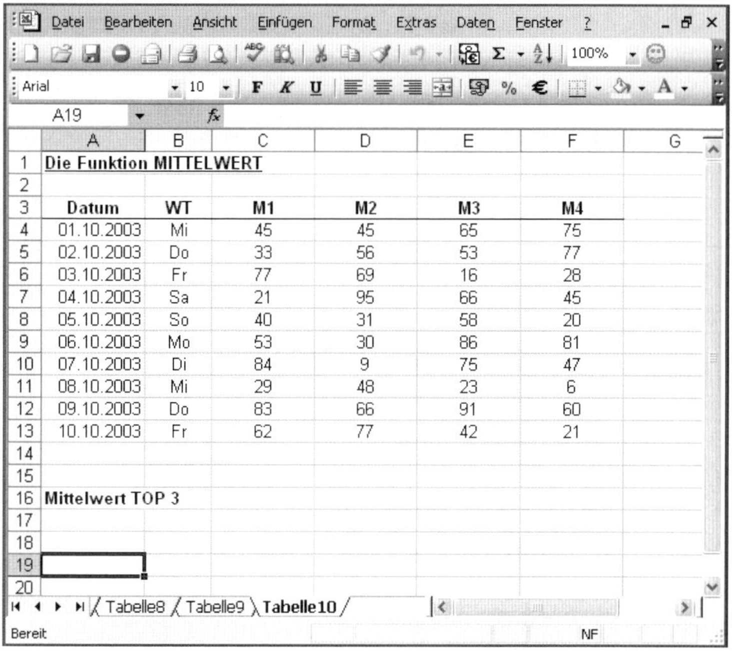

	A	B	C	D	E	F	G
1	Die Funktion MITTELWERT						
2							
3	Datum	WT	M1	M2	M3	M4	
4	01.10.2003	Mi	45	45	65	75	
5	02.10.2003	Do	33	56	53	77	
6	03.10.2003	Fr	77	69	16	28	
7	04.10.2003	Sa	21	95	66	45	
8	05.10.2003	So	40	31	58	20	
9	06.10.2003	Mo	53	30	86	81	
10	07.10.2003	Di	84	9	75	47	
11	08.10.2003	Mi	29	48	23	6	
12	09.10.2003	Do	83	66	91	60	
13	10.10.2003	Fr	62	77	42	21	
14							
15							
16	Mittelwert TOP 3						
17							
18							
19							
20							

Abbildung 8.18: Der Mittelwert der größten drei Auslastungen/ Maschine soll ermittelt werden

Diese Aufgabe lösen Sie, indem Sie die Tabellenfunktion **KGRÖSSTE** sowie die Funktion **MITTELWERT** kombiniert einsetzen. Um die dafür notwendigen Rechenschritte auf einmal durchzuführen, verfahren Sie wie folgt:

1. Markieren Sie den Datenbereich **C16:F16**
2. Erfassen Sie die Formel **=MITTELWERT(KGRÖSSTE(C$4:C$13;1);KGRÖSSTE (C$4:C$13;2);KGRÖSSTE(C$4:C$13;3))**
3. Schließen Sie die Formel über die Tastenkombination [Strg] + [↵] ab.

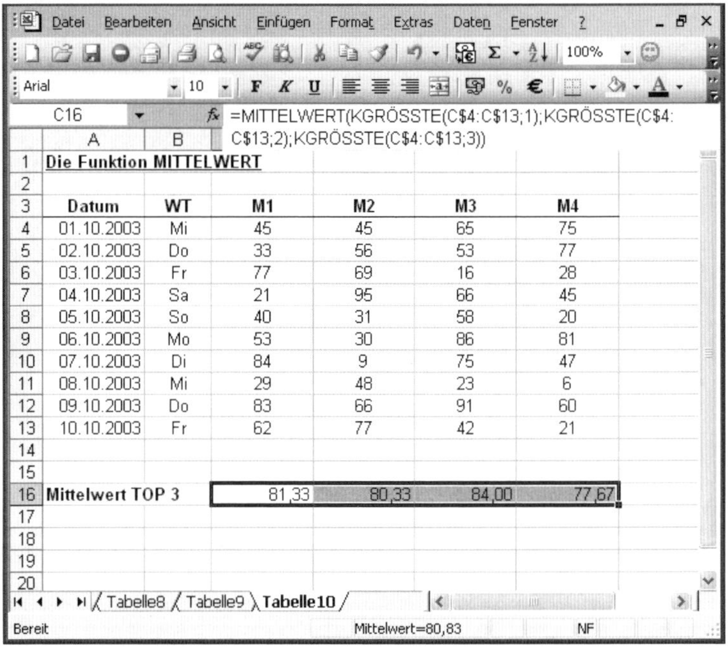

	A	B	C	D	E	F
1	Die Funktion MITTELWERT					
2						
3	Datum	WT	M1	M2	M3	M4
4	01.10.2003	Mi	45	45	65	75
5	02.10.2003	Do	33	56	53	77
6	03.10.2003	Fr	77	69	16	28
7	04.10.2003	Sa	21	95	66	45
8	05.10.2003	So	40	31	58	20
9	06.10.2003	Mo	53	30	86	81
10	07.10.2003	Di	84	9	75	47
11	08.10.2003	Mi	29	48	23	6
12	09.10.2003	Do	83	66	91	60
13	10.10.2003	Fr	62	77	42	21
14						
15						
16	Mittelwert TOP 3		81,33	80,33	84,00	77,67
17						
18						
19						
20						

Abbildung 8.19: Die Mittelwerte der drei höchsten Auslastungen/ Maschine wurden gebildet

Hin und wieder sollten Sie die Ergebnisse der Formeln auch einmal testen. In diesem Fall gehen Sie dabei wie folgt vor:

1. Markieren Sie in Spalte **C** die Zellen mit den drei höchsten Werten. Um diese Zellen einzeln zu markieren, halten Sie die Taste [Strg] gedrückt. Im Beispiel sind das die Zellen **C6, C10** und **C12**.

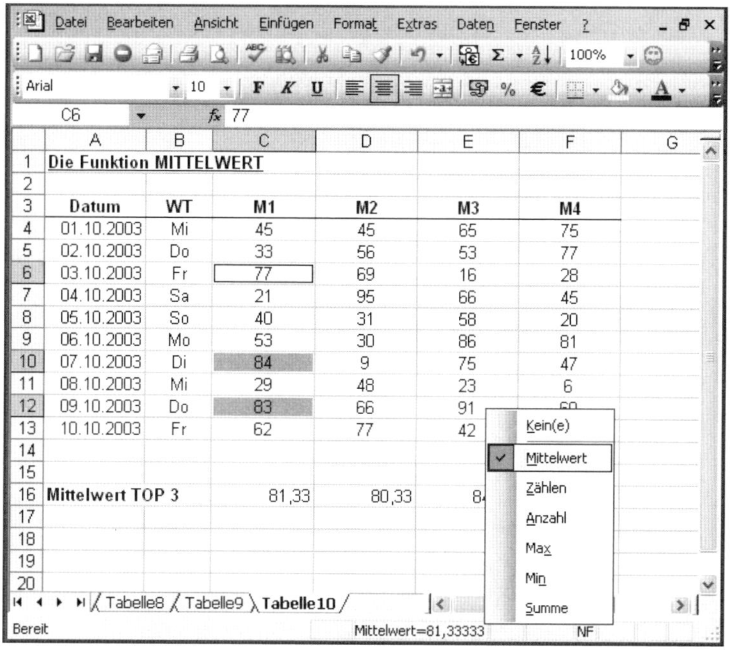

Abbildung 8.20: Das Kontextmenü der Statusleiste nützen

2. Klicken Sie mit der rechten Maustaste in der Statusleiste und wählen Sie aus dem Kontextmenü den Befehl *Mittelwert*. Das Ergebnis wird danach sofort in der Statuszeile angezeigt.

Mittelwertbildung ohne Berücksichtigung von Nullwerten

Bei der nächsten Praxisaufgabe liegt eine Jahrestabelle vor. In dieser Tabelle sind vorab schon einmal die Monate Januar-Dezember eingetragen. Daten liegen aber nur für die Monate Januar bis August vor. Die restlichen Monate haben noch Nullwerte. Zur besseren Veranschaulichung sehen Sie sich einmal die Abbildung 8.21 an.

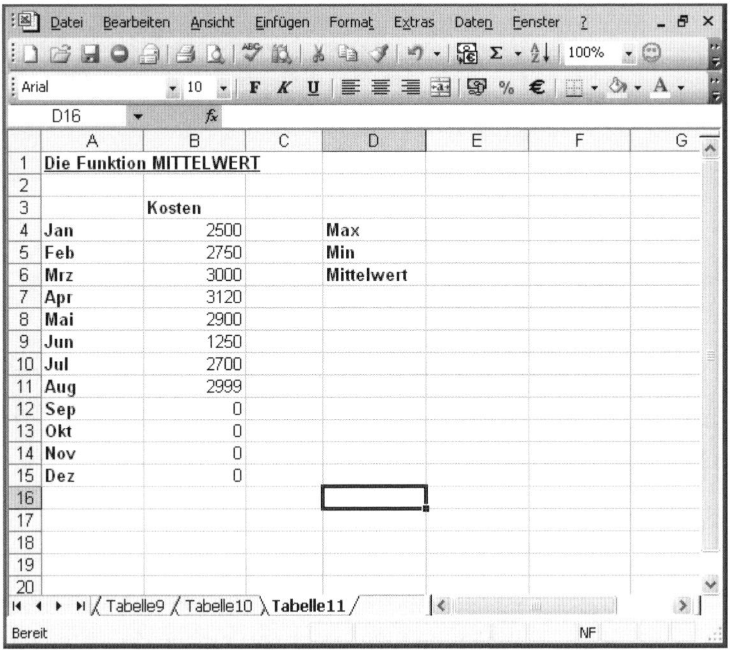

	A	B	C	D
1	Die Funktion MITTELWERT			
2				
3		Kosten		
4	Jan	2500		Max
5	Feb	2750		Min
6	Mrz	3000		Mittelwert
7	Apr	3120		
8	Mai	2900		
9	Jun	1250		
10	Jul	2700		
11	Aug	2999		
12	Sep	0		
13	Okt	0		
14	Nov	0		
15	Dez	0		

Abbildung 8.21: Jahreskosten auswerten

Für Sie von Interesse sind die Durchschnittskosten des Jahres. Da aber in den Monaten September bis Dezember noch keine Daten vorliegen, verfälschen die vier Nullwerte das Ergebnis. Ebenso tritt dieses Problem auch bei der Tabellenfunktion **MIN** auf, wenn Sie versuchen, die kleinsten Kosten im Jahr zu ermitteln. In beiden

Fällen wird die Null berücksichtigt. Selbstverständlich könnten Sie die Zellenbezüge jeweils bis zu dem Monat angeben, bei dem noch Daten vorhanden sind. Dies hat aber den Nachteil, dass Sie jeden Monat Ihre Zellenbezüge anpassen müssen. Gehen Sie stattdessen wie folgt vor:

1. Ermitteln Sie zunächst die größten Kosten im Jahr über die normale Formel **=MAX($B$4:$B$15)**, die Sie in Zelle **E4** eingeben.
2. Bei den nächsten beiden Zellen setzen Sie Matrixfunktionen ein. Erfassen Sie zunächst in Zelle **E5** die Matrixformel **=MIN(WENN($B$4:$B$15<>0;$B$4:$B$15))**
3. Schließen Sie die Matrixformel über die Tastenkombination [Strg] + [⇧] + [↵] ab.
4. Geben Sie in Zelle **E6** die Matrixformel **=MITTELWERT(WENN($B$4:$B$15<>0;$B$4:$B$15))** ein und schließen Sie diese Matrixformel über die Tastenkombination [Strg] + [⇧] + [↵] ab.

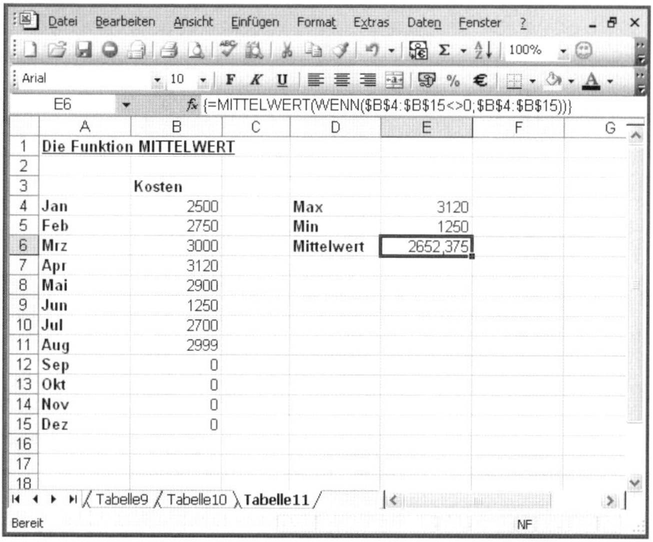

	A	B	C	D	E
1	Die Funktion MITTELWERT				
2					
3		Kosten			
4	Jan	2500		Max	3120
5	Feb	2750		Min	1250
6	Mrz	3000		Mittelwert	2652,375
7	Apr	3120			
8	Mai	2900			
9	Jun	1250			
10	Jul	2700			
11	Aug	2999			
12	Sep	0			
13	Okt	0			
14	Nov	0			
15	Dez	0			

Abbildung 8.22: Die Nullwerte wurden nicht berücksichtigt

Mittelwert bei einer gefilterten Liste bilden

Problematisch ist die Mittelwertbildung dann, wenn Sie versuchen, die Tabellenfunktion **MITTELWERT** auf eine gefilterte Liste anzuwenden. Schnell werden Sie erkennen, dass auch die ausgeblendeten Zeilen in die Mittelwertsberechnung mit eingehen, was natürlich nicht erwünscht ist. Sehen Sie sich zunächst einmal die Liste aus Abbildung 8.23 an.

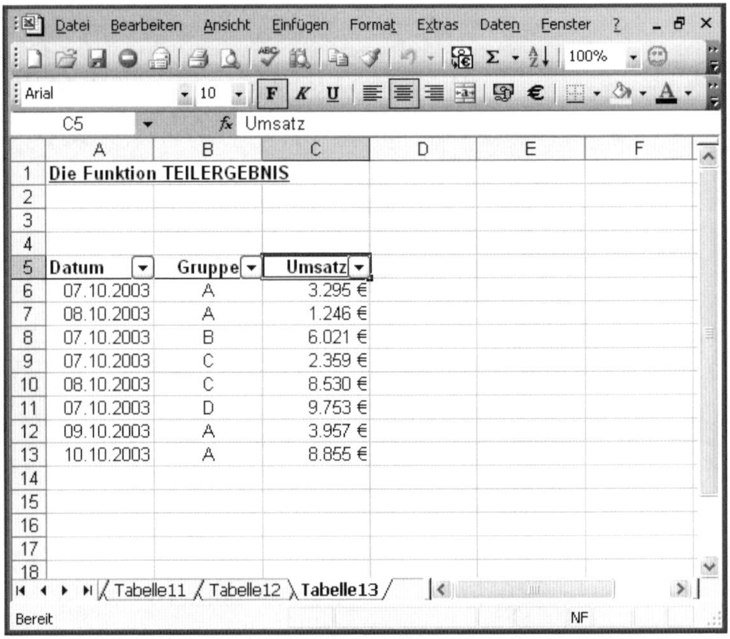

Abbildung 8.23: Die noch ungefilterte Ausgangsliste

Bedienen Sie den Filter in Zelle **B5** und stellen Sie die Gruppe **A** ein. Ermitteln Sie danach den Mittelwert der gefilterten Liste, indem Sie folgendermaßen vorgehen:

1. Setzen Sie den Mauszeiger in Zelle **C16**.
2. Erfassen Sie die Formel **=TEILERGEBNIS(1;C6:C14)**

3. Kontrollieren Sie das Ergebnis, indem Sie die einzelnen Zellen mit Hilfe der linken Maustaste sowie der Taste Strg markieren.

4. Klicken Sie mit der rechten Maustaste in die Statusleiste und wählen Sie aus dem Kontextmenü den Befehl *Mittelwert*.

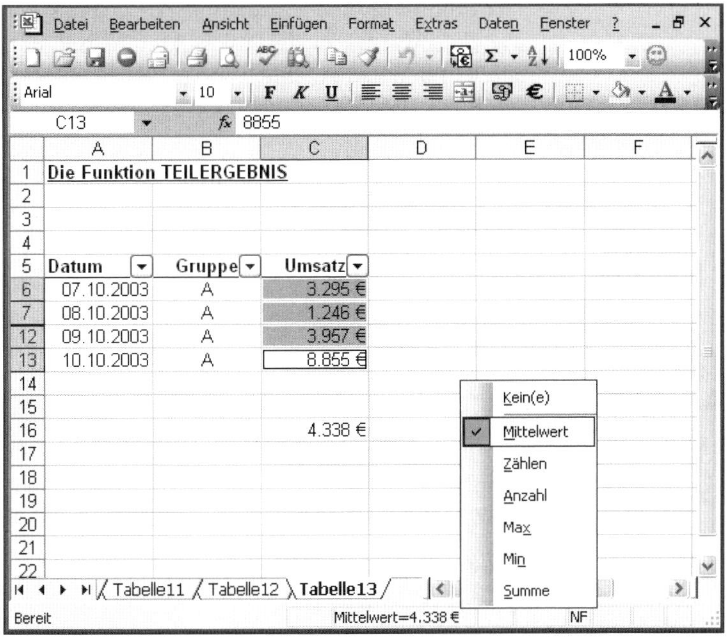

Abbildung 8.24: Der Mittelwert wurde richtig ermittelt

Die Tabellenfunktionen ANZAHL und ANZAHL2

Mit Hilfe der Tabellenfunktion **ANZAHL** können Sie ermitteln, wie viele Zahlen eine Liste von Argumenten enthält.

Die Syntax dieser Funktion lautet:

=ANZAHL(Wert1;Wert2;...)

Geben Sie in den Argumenten **Wert1, Wert2, ...** (bis zu 30 Argumente) die einzelnen Zahlen bzw. die Zellenbereiche, die die Zahlenwerte enthalten, an. Wenn Sie einen Zellenbereich als Argument angeben, dann darf dieser Bereich beispielsweise auch Texte enthalten, gezählt werden aber nur die Zahlenwerte.

Mit Hilfe der Tabellenfunktion **ANZAHL2** können Sie ermitteln, wie viele Werte eine Liste von Argumenten enthält. Dabei werden allerlei Eingaben gezählt.

Die Syntax dieser Funktion lautet:

=ANZAHL2(Wert1;Wert2;...)

Geben Sie in den Argumenten **Wert1, Wert2, ...** (bis zu 30 Argumente), die Werte bzw. den Zellenbereich an, die Sie in die Zählung einbeziehen möchten. Gezählt werden alle eingegebenen Werte, nicht aber Leerzellen.

Anzahl der Textzellen zählen

Um in einem Zellenbereich die Anzahl der Textzellen zu zählen, können Sie die beiden Tabellenfunktionen **ANZAHL** und **ANZAHL2** gemeinsam einsetzen (siehe Abbildung 8.25).

Um die Textzellen im Zellenbereich **A6:A13** zu zählen, erfassen Sie in Zelle **A16** die Formel:

=ANZAHL2(A6:A13)-ANZAHL(A6:A13)

Um alle Zellen, außer die Leerzellen im Bereich **A6:A13** zu zählen, verwenden Sie die Formel:

=ANZAHL2(A6:A13)

Um die Zellen im Beeich **A6:A13** zu zählen, die Zahlenwerte beinhalten, setzen Sie die Formel

=ANZAHL(A6:A13)

ein.

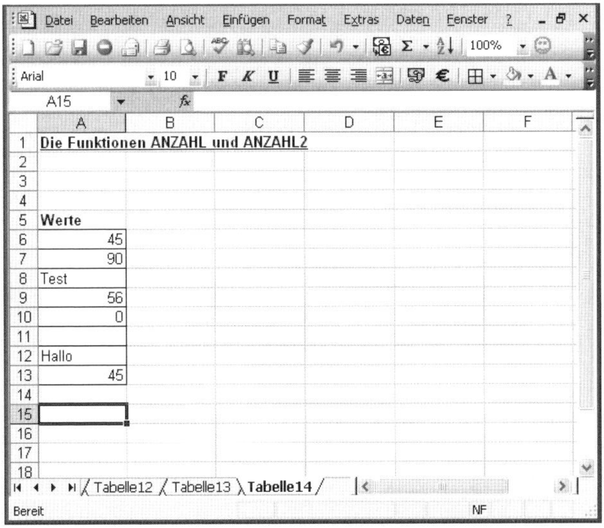

Abbildung 8.25: Die Textzellen sollen gezählt werden

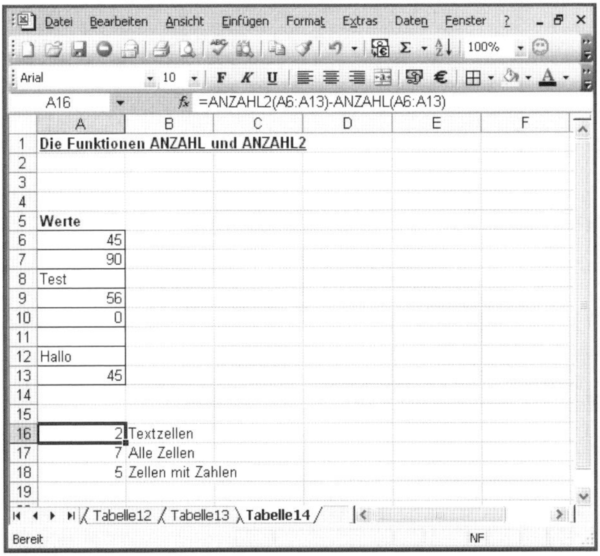

Abbildung 8.26: Verschiedene Zählweisen im Überblick

Einträge in gefilterten Listen zählen

Problematisch ist die Zählung von Sätzen dann, wenn Sie versuchen, die Tabellenfunktionen **ANZAHL** oder **ANZAHL2** auf eine gefilterte Liste anzuwenden. Schnell werden Sie erkennen, dass auch die ausgeblendeten Zeilen ebenso in die Zählung mit eingehen, was natürlich nicht erwünscht ist. Sehen Sie sich zunächst einmal die Liste aus Abbildung 8.27 an.

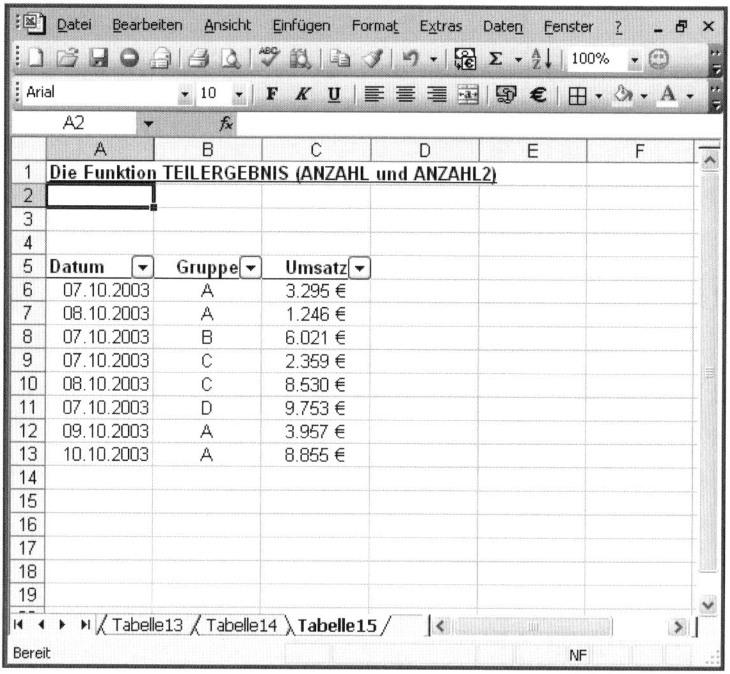

Abbildung 8.27: Die Ausgangssituation

Bedienen Sie den Filter in Zelle **B5** und stellen Sie die Gruppe **A** ein. Ermitteln Sie danach die Anzahl der gefilterten Sätze, indem Sie folgendermaßen vorgehen:

1. Setzen Sie den Mauszeiger in Zelle **B16**.
2. Erfassen Sie die Formel **=TEILERGEBNIS(3;B6:B14)**
3. Setzen Sie den Mauszeiger in Zelle **C16**.
4. Erfassen Sie die Formel **=TEILERGEBNIS(2;C6:C14)**

Wenn Sie bei der Tabellenfunktion **TEILERGEBNIS** im ersten Argument den Wert 3 angeben, dann verwendet diese Funktion intern die Tabellenfunktion **ANZAHL2**. Geben Sie stattdessen den Wert 2 an, dann wird die Tabellenfunktion **ANZAHL** bei der Berechnung zugrunde gelegt.

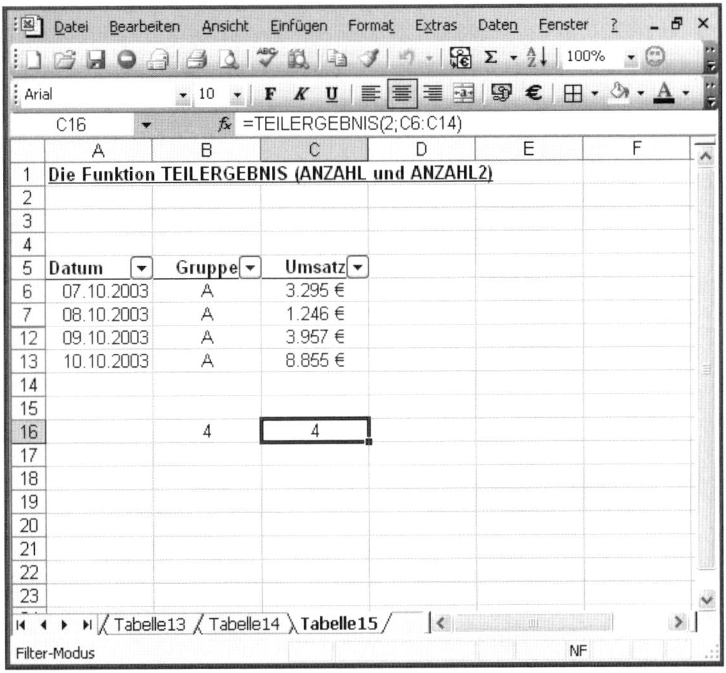

Abbildung 8.28: In Gruppe A werden 4 Sätze gezählt

Ob Sie jetzt die Spalte **B** (Text) über **TEILERGEBNIS** (mit **ANZAHL2**) oder die Spalte **C** über das **TEILERGEBNIS** (mit **ANZAHL**) zählen, bleibt Ihnen überlassen. Beide liefern dasselbe Ergebnis.

Die Tabellenfunktion RANG

Mit Hilfe der Tabellenfunktion **RANG** können Sie den Rang, den eine Zahl innerhalb einer Liste von Zahlen einnimmt, bestimmen.

Die Syntax dieser Funktion lautet:

=RANG(Zahl;Bezug;Reihenfolge)

Geben Sie im Argument die Zahl an, deren Rangzahl Sie bestimmen möchten.

Im Argument **Bezug** wird ein Bezug auf eine Liste von Zahlen abgegeben.

Im Argument **Reihenfolge** geben Sie eine Zahl ein, die angibt, wie der Rang von Zahl bestimmt werden soll. Ist **Reihenfolge** mit **0** belegt oder nicht angegeben, bestimmt Microsoft Excel den Rang von Zahl so, als wäre Bezug eine in absteigender Reihenfolge sortierte Liste. Ist **Reihenfolge** mit einem Wert ungleich 0 belegt, bestimmt Microsoft Excel den Rang von Zahl so, als wäre Bezug eine in aufsteigender Reihenfolge sortierte Liste.

Die Rangfolge bestimmen

In der folgenden Aufgabe liegt eine Liste mit Tagesumsätzen vor. Ihre Aufgabe besteht nun darin, zu bestimmen, welche Tage sehr gut, welche gut und welche weniger gut waren. Sehen Sie sich dazu zunächst die Abbildung 8.29 an.

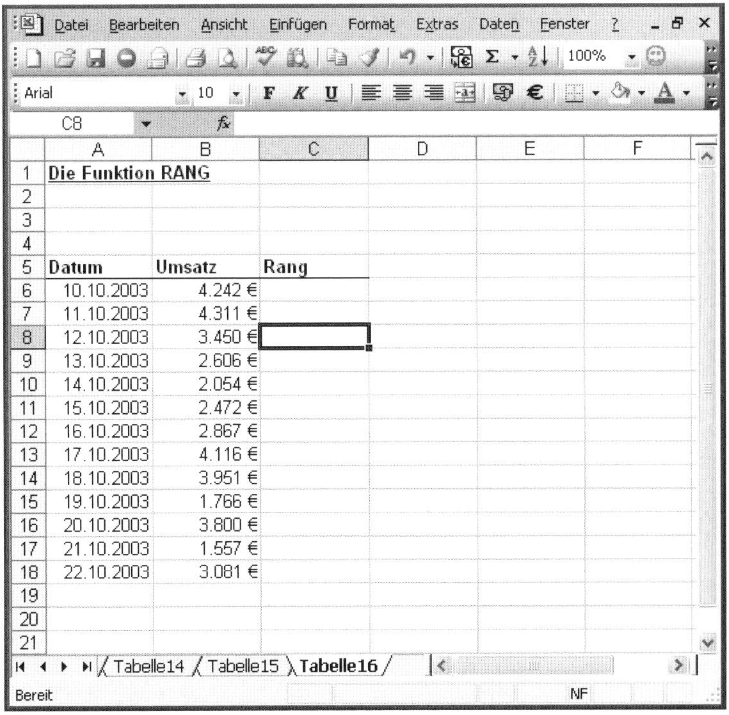

Abbildung 8.29: Die Reihenfolge der Umsätze bestimmen

Um die Reihenfolge der Tagesumsätze zu bestimmen, verfahren Sie wie folgt:

1. Markieren Sie den Zellenbereich **C6:C18**
2. Erfassen Sie die Formel **=RANG(B6;$B$6:$B$18)**
3. Schließen Sie die Formel über die Tastenkombination [Strg] + [↵] ab.

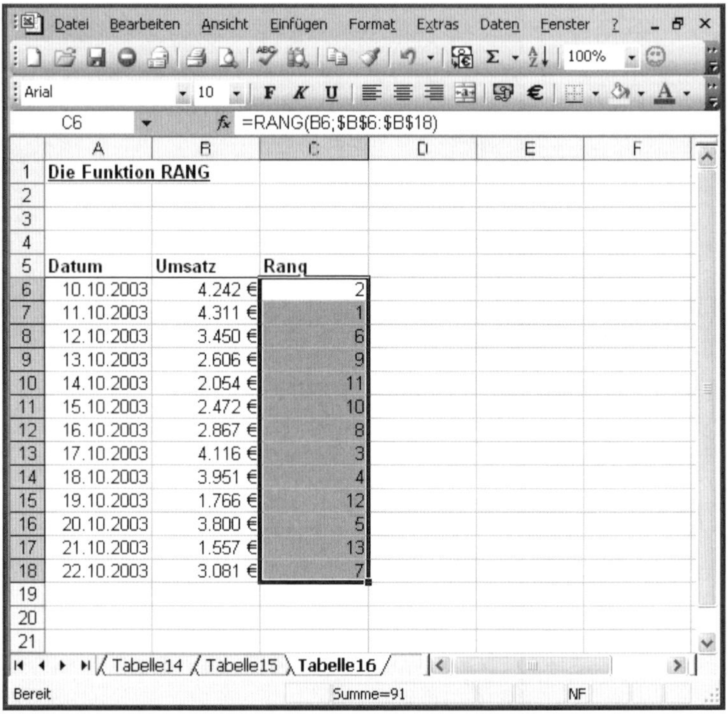

	A	B	C
1	**Die Funktion RANG**		
2			
3			
4			
5	**Datum**	**Umsatz**	**Rang**
6	10.10.2003	4.242 €	2
7	11.10.2003	4.311 €	1
8	12.10.2003	3.450 €	6
9	13.10.2003	2.606 €	9
10	14.10.2003	2.054 €	11
11	15.10.2003	2.472 €	10
12	16.10.2003	2.867 €	8
13	17.10.2003	4.116 €	3
14	18.10.2003	3.951 €	4
15	19.10.2003	1.766 €	12
16	20.10.2003	3.800 €	5
17	21.10.2003	1.557 €	13
18	22.10.2003	3.081 €	7

Abbildung 8.30: Die Rangfolge der Umsätze wurde bestimmt

HINWEIS

Wenn Sie jetzt eine beliebige Zelle im Zellenbereich **C6:C18** markieren und mit einem Klick in der Symbolleiste *Standard* auf das Symbol *Aufsteigend sortieren* klicken, können Sie die Liste nach dem Rang sortieren.

Die Tabellenfunktion HÄUFIGKEIT

Mit Hilfe der Tabellenfunktion **HÄUFIGKEIT** können Sie eine Häufigkeitsverteilung von Excel ausrechnen lassen.

Die Syntax dieser Funktion lautet:

=HÄUFIGKEIT(Daten;Klassen)

Geben Sie im Argument **Daten** den Bezug auf eine Wertemenge, deren Häufigkeiten Sie zählen möchten, an.

Im Argument **Klassen** geben Sie die Intervallgrenzen an, nach denen Sie die in Daten enthaltenen Werte einordnen möchten.

Stückzahlproduktion auswerten

In der folgenden Aufgabe werden über einen längeren Zeitraum hinweg die täglich produzierten Stückzahlen von Maschinen in einer Excel-Tabelle eingegeben.

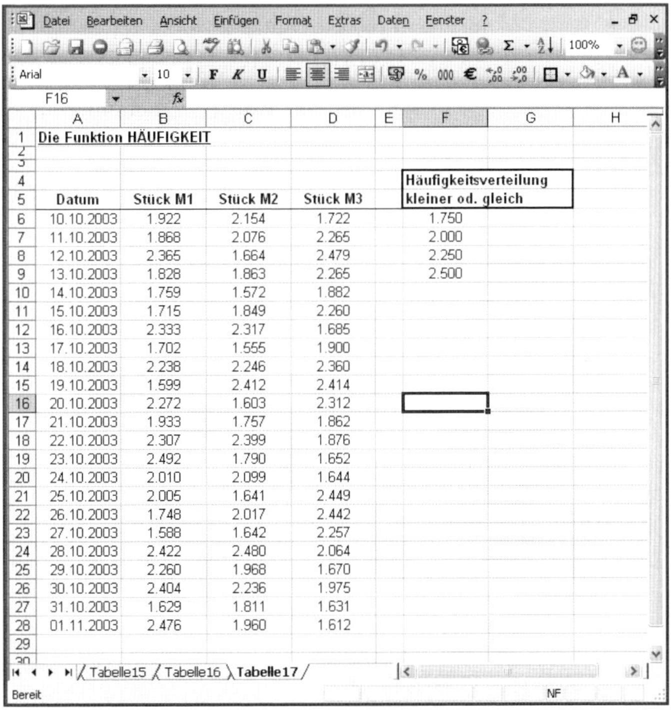

Die Funktion HÄUFIGKEIT

Datum	Stück M1	Stück M2	Stück M3		Häufigkeitsverteilung kleiner od. gleich
10.10.2003	1.922	2.154	1.722		1.750
11.10.2003	1.868	2.076	2.265		2.000
12.10.2003	2.365	1.664	2.479		2.250
13.10.2003	1.828	1.863	2.265		2.500
14.10.2003	1.759	1.572	1.882		
15.10.2003	1.715	1.849	2.260		
16.10.2003	2.333	2.317	1.685		
17.10.2003	1.702	1.555	1.900		
18.10.2003	2.238	2.246	2.360		
19.10.2003	1.599	2.412	2.414		
20.10.2003	2.272	1.603	2.312		
21.10.2003	1.933	1.757	1.862		
22.10.2003	2.307	2.399	1.876		
23.10.2003	2.492	1.790	1.652		
24.10.2003	2.010	2.099	1.644		
25.10.2003	2.005	1.641	2.449		
26.10.2003	1.748	2.017	2.442		
27.10.2003	1.588	1.642	2.257		
28.10.2003	2.422	2.480	2.064		
29.10.2003	2.260	1.968	1.670		
30.10.2003	2.404	2.236	1.975		
31.10.2003	1.629	1.811	1.631		
01.11.2003	2.476	1.960	1.612		

Abbildung 8.31: Die täglich produzierten Stückzahlen von Maschinen

In der Liste aus Abbildung 8.31 sind die täglich produzierten Stückzahlen von drei Maschinen eingetragen. Ihre Aufgabe besteht nun darin, die Verteilung der Stückzahlen innerhalb bestimmter Wertgruppen zu bestimmen. Dabei möchten Sie die Daten nach folgenden Gruppen auswerten:

- Stückzahlen bis 1750
- Stückzahlen bis 2000
- Stückzahlen bis 2250
- Stückzahlen bis 2500

Um diese Aufgabe zu lösen, verfahren Sie wie folgt:

1. Markieren Sie den Zellenbereich **G6:G9**
2. Erfassen Sie die Matrixformel **=HÄUFIGKEIT($B$6:$B$28;$F$6:$F$9)**
3. Schließen Sie die Matrixformel über die Tastenkombination [Strg] + [⇧] + [↵] ab.
4. Ziehen Sie das Ausfüllkästchen aus Zelle G9 nach rechts bis in Zelle **I9**.

An 6 Tagen wurden bis zu 1.750 Stück auf der Maschine 1 produziert. 5 Stück wurden im Wertebereich zwischen 1751 und 2000 produziert.

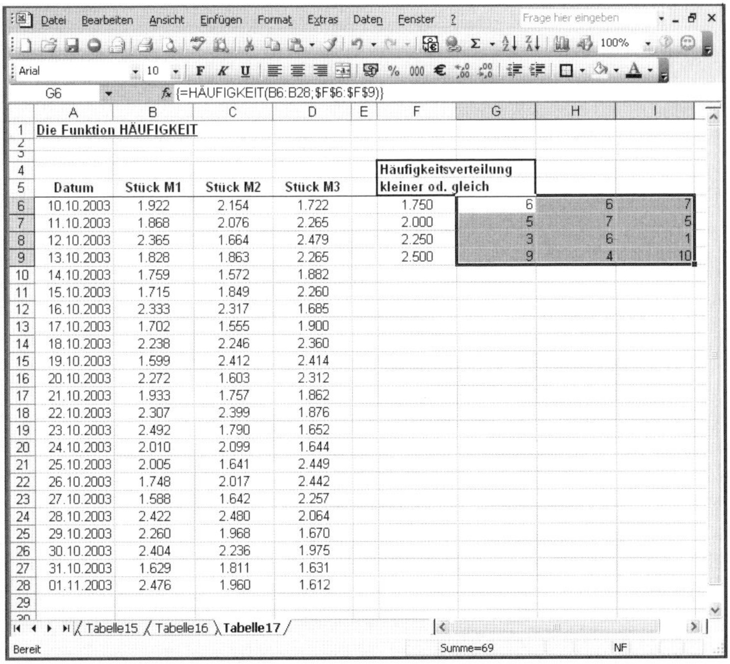

Abbildung 8.32: Die Verteilung liegt vor

Telefongespräche auswerten

In einer Firma werden alle Telefonanrufe in der Hotline festgehalten. Dabei wird das Datum sowie die Uhrzeit und der Name des Kunden in einer Excel-Liste dokumentiert.

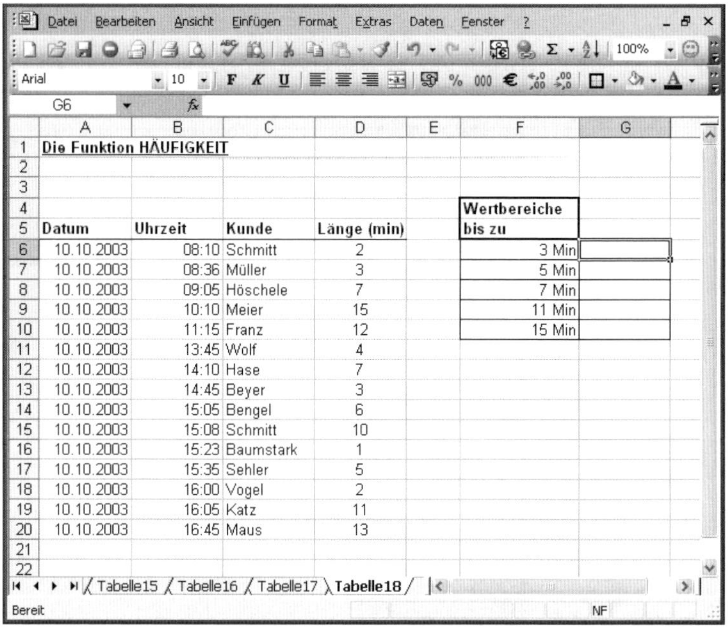

	A	B	C	D	E	F	G
1	Die Funktion HÄUFIGKEIT						
2							
3							
4						Wertbereiche	
5	Datum	Uhrzeit	Kunde	Länge (min)		bis zu	
6	10.10.2003	08:10	Schmitt	2		3 Min	
7	10.10.2003	08:36	Müller	3		5 Min	
8	10.10.2003	09:05	Höschele	7		7 Min	
9	10.10.2003	10:10	Meier	15		11 Min	
10	10.10.2003	11:15	Franz	12		15 Min	
11	10.10.2003	13:45	Wolf	4			
12	10.10.2003	14:10	Hase	7			
13	10.10.2003	14:45	Beyer	3			
14	10.10.2003	15:05	Bengel	6			
15	10.10.2003	15:08	Schmitt	10			
16	10.10.2003	15:23	Baumstark	1			
17	10.10.2003	15:35	Sehler	5			
18	10.10.2003	16:00	Vogel	2			
19	10.10.2003	16:05	Katz	11			
20	10.10.2003	16:45	Maus	13			
21							
22							

Abbildung 8.33: Die dokumentierten Telefongespräche

Die Telefondaten sollen nun ausgewertet werden. Dabei möchte man wissen, in welchem Minutenumfang die meisten Gespräche geführt werden. Dazu haben Sie sich folgende Gruppen gebildet:

- Gespräche bis zu 3 Minuten
- Gespräche über 3 Minuten bis zu 5 Minuten
- Gespräche über 5 Minuten bis zu 7 Minuten
- Gespräche über 7 Minuten bis zu 11 Minuten
- Gespräche über 11 Minuten bis zu 15 Minuten

Um die Häufigkeitsverteilung der Telefongespräche in diesen Gruppen auszuwerten, verfahren Sie wie folgt:

1. Markieren Sie den Zellenbereich **G6:G10**

2. Erfassen Sie die Matrixformel
=HÄUFIGKEIT(D6:D20;$F$6:$F$10)

3. Schließen Sie die Matrixformel über die Tastenkombination Strg + ⇧ + ↵ ab.

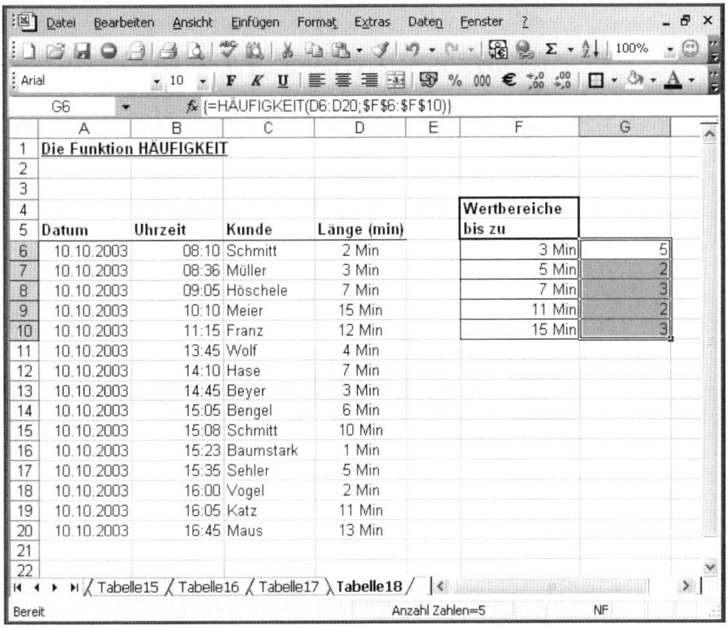

	A	B	C	D	E	F	G
1	Die Funktion HÄUFIGKEIT						
2							
3							
4						Wertbereiche	
5	Datum	Uhrzeit	Kunde	Länge (min)		bis zu	
6	10.10.2003	08:10	Schmitt	2 Min		3 Min	5
7	10.10.2003	08:36	Müller	3 Min		5 Min	2
8	10.10.2003	09:05	Höschele	7 Min		7 Min	3
9	10.10.2003	10:10	Meier	15 Min		11 Min	2
10	10.10.2003	11:15	Franz	12 Min		15 Min	3
11	10.10.2003	13:45	Wolf	4 Min			
12	10.10.2003	14:10	Hase	7 Min			
13	10.10.2003	14:45	Beyer	3 Min			
14	10.10.2003	15:05	Bengel	6 Min			
15	10.10.2003	15:08	Schmitt	10 Min			
16	10.10.2003	15:23	Baumstark	1 Min			
17	10.10.2003	15:35	Sehler	5 Min			
18	10.10.2003	16:00	Vogel	2 Min			
19	10.10.2003	16:05	Katz	11 Min			
20	10.10.2003	16:45	Maus	13 Min			
21							
22							

Abbildung 8.34: Die Kurzgespräche sind am häufigsten

Die Tabellenfunktion MEDIAN

Mit Hilfe der Tabellenfunktion **MEDIAN** können Sie den Median der angegebenen Zahlen ermitteln. Unter dem Median versteht man die Zahl, die in der Mitte einer Zahlenreihe liegt. Das heißt, die eine Hälfte der Zahlen hat Werte, die kleiner sind als der Median, und die andere Hälfte hat Werte, die größer sind als der Median.

Die Syntax dieser Funktion lautet:

=MEDIAN(Zahl1;Zahl2;...)

Geben Sie in den Argumenten **Zahl1; Zahl2;...** (bis zu 30 Zahlen) die Werte oder Zellenbezüge an, deren Median Sie berechnen möchten.

Durchschnittsumsatz mit dem Median errechnen

In der folgenden Aufgabe sind Umsätze über ein Jahr hinweg in einer Tabelle erfasst worden. Um den Median zu bilden, geben Sie in Zelle **A8** die Formel **=MEDIAN(B5:M5)** ein.

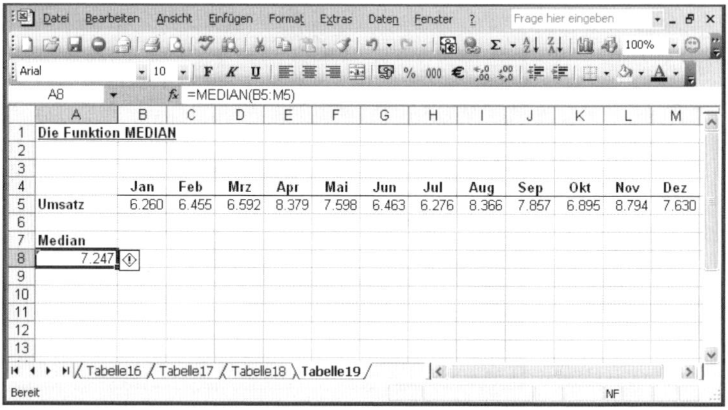

Abbildung 8.35: Den Median über ein Jahr bilden

Die Tabellenfunktion QUARTILE

Mit Hilfe der Tabellenfunktion **QUARTILE** können Sie die Quartile einer Datengruppe ermitteln. Quartile werden häufig bei Verkaufs- oder Umfragedaten verwendet, um die Grundgesamtheiten in Gruppen einzuteilen.

Die Syntax dieser Funktion lautet:

=QUARTILE(Matrix;Quartil)

Geben Sie im Argument **Matrix** den Zellbereich numerischer Werte an, deren **Quartile** Sie bestimmen möchten.

Im Argument Quartil können Sie bestimmen, welches Quartil ausgegeben werden soll. Orientieren Sie sich dabei an der Tabelle 8.1.

Quartil	Bedeutung
0	Minimalwert
1	Das untere Quartil (25%-Quantil)
2	Den Median (50%-Quantil)
3	Das obere Quartil (75%-Quantil)
4	Maximalwert

Tabelle 8.1: Die Quartile und ihre Bedeutung

Besuchsstatistik auswerten

In der folgenden Aufgabe werden Kundenbesuche, die in einem Jahr durchgeführt wurden, in einer Excel-Liste eingetragen.

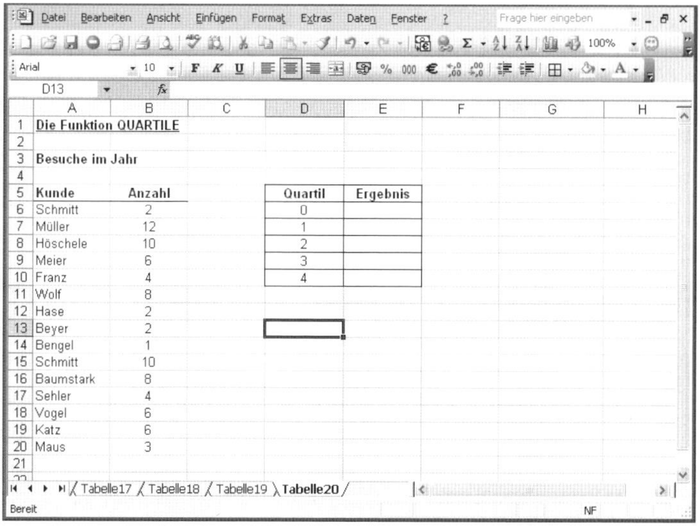

Abbildung 8.36: Die Kundenbesuche in einem Jahr

Die Aufgabe besteht nun daraus, die unterschiedlichen Quartile zu errechnen. Dabei befolgen Sie die nächsten Arbeitsschritte:

1. Markieren Sie den Zellenbereich **E6:E10**
2. Erfassen Sie die Formel **=QUARTILE($B$6:$B$20;D6)**
3. Schließen Sie die Formel über die Tastenkombination Strg + ↵ ab.

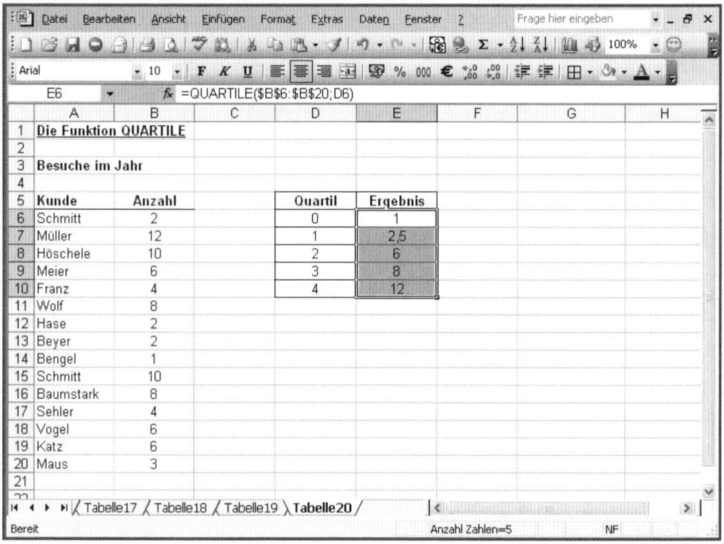

Abbildung 8.37: Die Quartile der Kundenbesuche

Die Tabellenfunktion GESTUTZTMITTEL

Mit Hilfe der Tabellenfunktion **GESTUTZTMITTEL** können Sie den Mittelwert einer Datengruppe ermitteln, ohne die Randwerte zu berücksichtigen. Die Funktion berechnet den Mittelwert einer Teilmenge der Datenpunkte, die darauf basiert, dass entsprechend des jeweils angegebenen Prozentsatzes die kleinsten und größten Werte der ursprünglichen Datenpunkte ausgeschlossen werden.

Die Syntax dieser Funktion lautet:

=GESTUTZTMITTEL(Matrix;Prozent)

Geben Sie im Argument **Matrix** eine Gruppe von Werten an, die ohne ihre Ausreißer gemittelt werden.

Im Argument **Prozent** geben Sie den Prozentsatz der Datenpunkte an, die nicht in die Bewertung eingehen sollen.

Umfrageergebnisse auswerten

In der folgenden Aufgabe sollen Umfrageergebnisse ausgewertet werden. Dabei können pro Umfrage zwischen 10 und 50 Punkten erzielt werden. Bei der Auswertung sollen jetzt die Ausreißerwerte ausgeschlossen werden. Sehen Sie sich dazu die Abbildung 8.38 an.

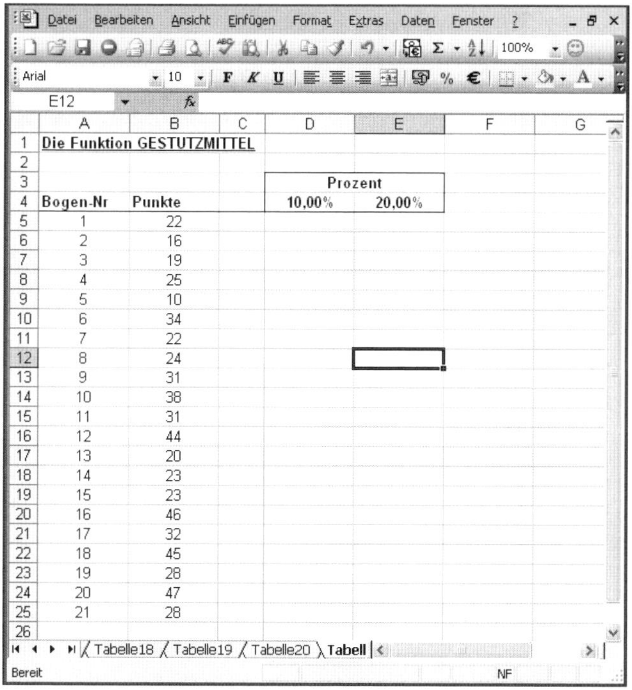

	A	B	C	D	E
1	Die Funktion GESTUTZMITTEL				
2					
3				Prozent	
4	Bogen-Nr	Punkte		10,00%	20,00%
5	1	22			
6	2	16			
7	3	19			
8	4	25			
9	5	10			
10	6	34			
11	7	22			
12	8	24			
13	9	31			
14	10	38			
15	11	31			
16	12	44			
17	13	20			
18	14	23			
19	15	23			
20	16	46			
21	17	32			
22	18	45			
23	19	28			
24	20	47			
25	21	28			

Abbildung 8.38: Diese Umfrageergebnisse sollen ausgewertet werden

Um diese Umfrageergebnisse auszuwerten, eliminieren Sie im ersten Fall 10% und im zweiten Fall 20% der Extremwerte. Dabei verfahren Sie wie folgt:

1. Markieren Sie den Datenbereich **D5:E5**
2. Erfassen Sie die Formel **=GESTUTZTMITTEL($B$5:$B$25;D$4)**
3. Schließen Sie die Formel über die Tastenkombination [Strg] + [↵] ab.

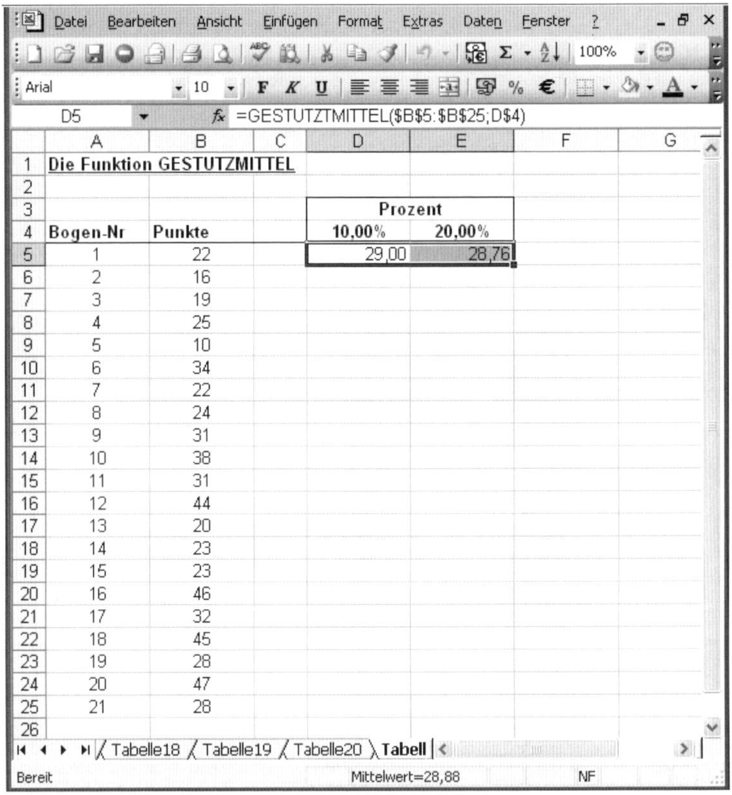

Abbildung 8.39: Es wurden 29,00 bzw. 28,76 Punkte im bereinigten Durchschnitt erreicht

KAPITEL 9

Funktionen für die Finanzmathematik

In diesem Kapitel lernen Sie die Tabellenfunktionen der Finanzmathematik kennen.

Funktionen für die Finanzmathematik

In diesem Kapitel lernen Sie die Tabellenfunktionen der Finanzmathematik kennen. Darunter gibt es Funktionen, über die Sie die Abschreibung von Wirtschaftsgütern oder die Zins- und Tilgungsbelastung von Krediten errechnen können.

Alle hier vorgestellten Beispiele sind in der Arbeitsmappe *Kap09.xls* auf der mitgelieferten CD-ROM verfügbar.

Die Tabellenfunktion BW

Bei der Investitionsrechnung mit Excel können Sie über die Tabellenfunktion BW errechnen, ob sich eine Investition für Sie lohnt oder nicht. Dabei errechnet Ihnen Excel anhand einiger Parameter exakt den Preis, den Sie für eine neue Investition ausgeben dürfen, um nicht in den Verlustbereich zu gehen. Über dieselbe Funktion können Sie auch mehrere Investitionen miteinander vergleichen und sich für die für Sie profitabelste Investition entscheiden.

Selbstverständlich können Sie auch eine komplexere Investitionsrechnung mit Excel zusammenbasteln. Dabei erfassen Sie sämtliche Kosten und Erträge/Einsparungen, die diese Investition mit sich bringt, in einer Tabelle und werten diese danach aus.

Die Tabellenfunktion **BW** gibt den Barwert einer Investition zurück. Der Barwert ist der gegenwärtige Wert der Reihe zukünftiger Zahlungen, die aus der Investition zurückfließen.

Die Syntax der Funktion lautet:

=BW(Zins; Zzr; RMZ; Zw;F)

Das Argument **Zins** ist der Zinssatz pro Periode (Zahlungszeitraum).

Das Argument **Zzr** gibt an, über wie viele Perioden die jeweilige Annuität (Rente) gezahlt wird (Zzr = Anzahl der Zahlungszeiträume).

Das Argument **Rmz** ist der Betrag (die Annuität), der in den einzelnen Perioden gezahlt wird. Dieser Betrag bleibt während der Laufzeit konstant.

Das Argument **Zw** ist der zukünftige Wert (Endwert) oder der Kassenbestand, den Sie nach der letzten Zahlung erreicht haben möchten.

Das Argument **F** kann den Wert 0 oder 1 annehmen und gibt an, wann die Zahlungen fällig sind (F = Fälligkeit). Geben Sie den Wert 0 an, wenn die Zahlung am Ende der Periode fällig ist. Beim Wert 1 ist die Zahlung zu Beginn der Periode fällig.

Was darf eine Investition kosten?

In der folgenden Aufgabe wird errechnet, wie viel eine Investition maximal kosten darf, damit sie für Sie noch einen Gewinn abwirft.

Gehen Sie dabei von folgenden Ansätzen aus:

- ✓ Die Investition erwirtschaftet in den nächsten 5 Jahren einen jährlichen Ertrag von 55.000 €.
- ✓ Um die Investition zu tätigen, benötigen Sie einen Kredit zu einem Zinssatz von 7,5%.

Legen Sie nun eine Tabelle nach folgendem Vorbild an:

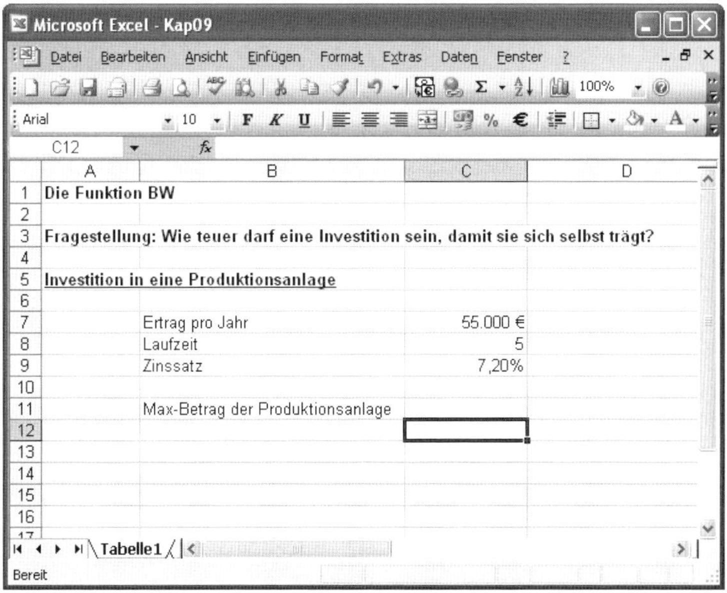

Abbildung 9.1: Welcher Betrag darf investiert werden?

Erfassen Sie jetzt die Formel **=BW(C9;C8;C7)** in Zelle **C11**.

Als Ergebnis erhalten Sie den Betrag, welcher eine Investition maximal kosten darf, damit Sie keinen Verlust dadurch erleiden. Beim Betrag von 224.308 € machen Sie weder Verlust noch Gewinn aus der Investition.

Rechnen wir jetzt nach, ob diese Tabellenfunktion richtig gearbeitet hat. Dazu setzen Sie den Mauszeiger auf Zelle **F7** und verknüpfen damit die Ergebniszelle **C11**. Orientieren Sie sich dabei an der folgenden Abbildung:

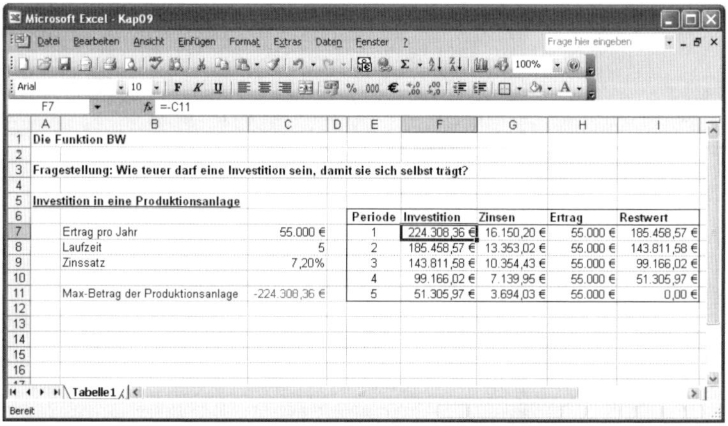

Abbildung 9.2: Die Kontrolle der Tabellenfunktion BW

Erfassen Sie jetzt folgende Formeln, die Sie in der nachfolgenden Tabelle einsehen können:

Zelle	Formel
F7	=-C11
G7	=F7*$C$9
H7	=$C$7
I7	=F7+G7-H7
F8	=I7
G8	=F8*$C$9
usw.	

Tabelle 9.1: Die verwendeten Formeln

Wenn Sie alle Formeln richtig erfasst haben, dann müsste in Zelle **I11** der Wert 0 herauskommen.

Investitionen vergleichen

Die Tabellenfunktion **BW** können Sie auch direkt verwenden, wenn Sie mehrere Investitionen miteinander vergleichen möchten. Dabei geben Sie die Ihnen bekannten Daten wie die Investsumme, den Zinssatz, die voraussichtliche Nutzungsdauer sowie den zu erwartenden jährlichen Ertrag der Investition in eine Tabelle ein.

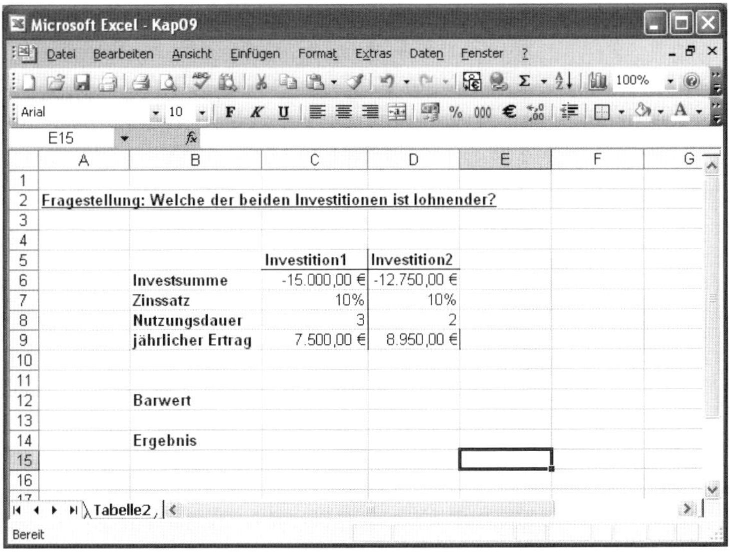

Abbildung 9.3: Welche Investition ist lohnender?

Um die bessere Investition zu ermitteln, verfahren Sie wie folgt:

1. Markieren Sie den Zellenbereich **C12:D12**
2. Erfassen Sie die Formel **=BW(C7;C8;C9)**
3. Bestätigen Sie die Eingabe, indem Sie die Tastenkombination Strg + ↵ drücken.
4. Markieren Sie den Zellenbereich **C14:D14**
5. Erfassen Sie die Formel **=C12-C6**

6. Bestätigen Sie die Eingabe, indem Sie die Tastenkombination Strg + ↵ drücken.

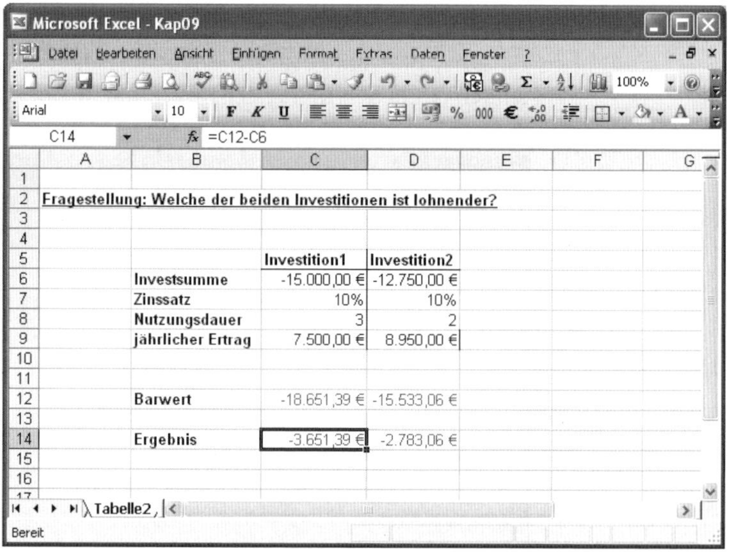

	B	C	D
5		Investition1	Investition2
6	Investsumme	-15.000,00 €	-12.750,00 €
7	Zinssatz	10%	10%
8	Nutzungsdauer	3	2
9	jährlicher Ertrag	7.500,00 €	8.950,00 €
12	Barwert	-18.651,39 €	-15.533,06 €
14	Ergebnis	-3.651,39 €	-2.783,06 €

Abbildung 9.4: Die Investition 1 bringt mehr

Die lohnendere Investition ist die, die ein höheres Ergebnis liefert. Die Minuszeichen haben dabei keine Aussagekraft.

Die Tabellenfunktion DIA

Mit Hilfe der Tabellenfunktion **DIA** können Sie die arithmetisch-degressive Abschreibung eines Wirtschaftsgutes für eine bestimmte Periode ermitteln.

Die Syntax dieser Funktion lautet:

=DIA(Ansch_Wert;Restwert;Nutzungsdauer;Zr)

Im Argument **Ansch_Wert** werden die Anschaffungskosten eines Wirtschaftsgutes angegeben.

Im Argument **Restwert** geben Sie den Restwert nach Ablauf der Nutzungsdauer an.

Über das Argument **Nutzungsdauer** wird die Anzahl der Perioden, über die das Wirtschaftsgut abgeschrieben wird, angegeben.

Im optionalen Argument **Zr** wird die Periode angegeben. Dabei muss dieselbe Zeiteinheit wie die Nutzungsdauer verwendet werden.

Die degressive Abschreibung errechnen

In der nächsten Aufgabe wird von einer Maschine die degressive Abschreibung ermittelt. Dabei liegen die Anschaffungskosten, die geplante Nutzungsdauer sowie der Restwert der Maschine vor. Orientieren Sie sich an Abbildung 9.5.

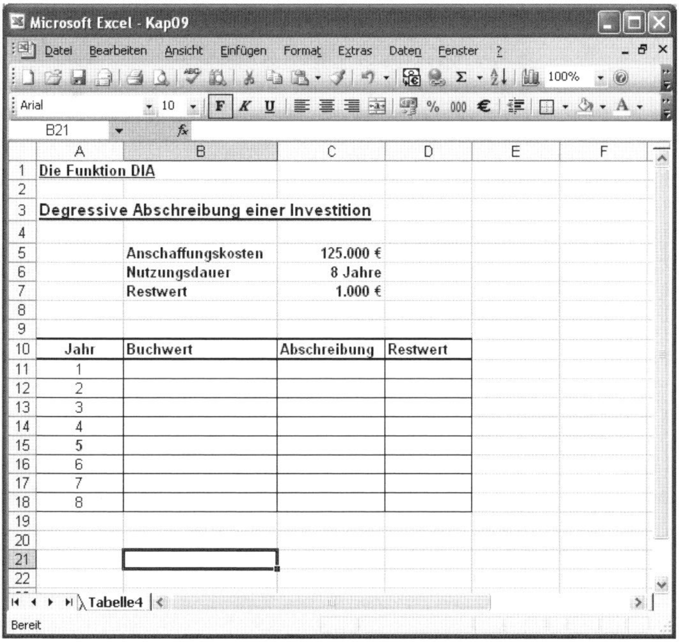

Abbildung 9.5: Die degressive Abschreibung soll ermittelt werden

Um jetzt die Abschreibungsbeträge zu errechnen, gehen Sie wie folgt vor:

1. Tragen Sie in Zelle **B11** die Formel **=C5** ein.
2. In Zelle C11 ermitteln Sie den ersten Abschreibungsbetrag und erfassen dazu die Formel: **=DIA($C$5;$C$7;$C$6;A11)**
3. Den Restwert nach dem ersten Jahr in Zelle **D11** ermitteln Sie über die Formel **=B11-C11**
4. Übertragen Sie nun diesen Restwert als Startwert für das zweite Jahr. Geben Sie daher in Zelle **B12** die Formel **=D11** ein.
5. Ziehen Sie die Zelle **B12** über das Ausfüllkästchen bis in Zelle **B18** herunter.
6. Die Formeln für die Abschreibungen aus Spalte **C** kopieren Sie ebenfalls wie auch die Formeln der Spalte **D** jeweils über das Ausfüllkästchen nach unten.

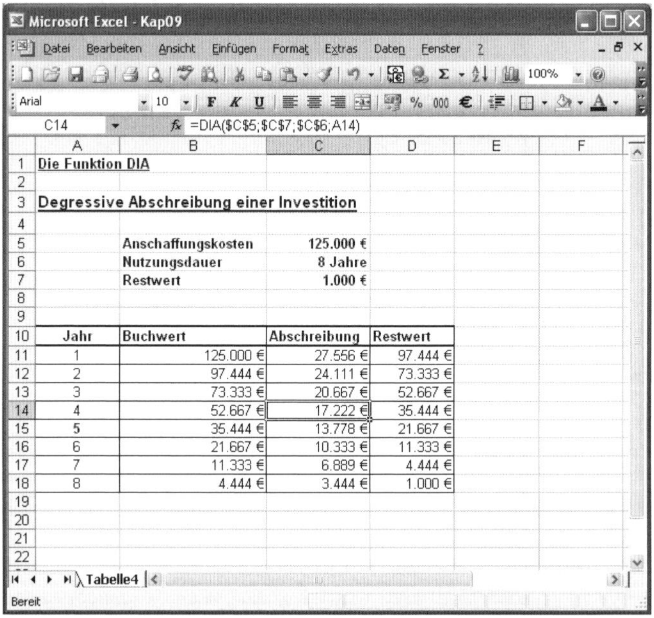

Abbildung 9.6: Nach 8 Jahren beträgt der Restwert 1000 €

HINWEIS

Möchten Sie die Tabellenfunktion **DIA** direkt anwenden, um beispielsweise den Abschreibungsbetrag im 6. Jahr zu ermitteln, dann muss das letzte Argument mit angegeben werden. Die Formel lautet dann:

=DIA($C$5;$C$7;$C$6;6)

Die Tabellenfunktion LIA

Mit Hilfe der Tabellenfunktion **LIA** können Sie die lineare Abschreibung eines Wirtschaftsgutes pro Periode ermitteln.

Die Syntax dieser Funktion lautet:

=LIA(Ansch_Wert;Restwert;Nutzungsdauer)

Im Argument **Ansch_Wert** werden die Anschaffungskosten eines Wirtschaftsgutes angegeben.

Im Argument **Restwert** geben Sie den Restwert nach Ablauf der Nutzungsdauer (häufig auch als Schrottwert bezeichnet) an.

Im Argument **Nutzungsdauer** wird die Anzahl der Perioden, über die das Wirtschaftsgut abgeschrieben wird (auch als Lebensdauer bezeichnet), angegeben.

Die lineare Abschreibung errechnen

In der nächsten Aufgabe wird von einer Maschine die lineare Abschreibung ermittelt. Dabei liegen die Anschaffungskosten, die geplante Nutzungsdauer sowie der Restwert der Maschine vor. Orientieren Sie sich an Abbildung 9.7.

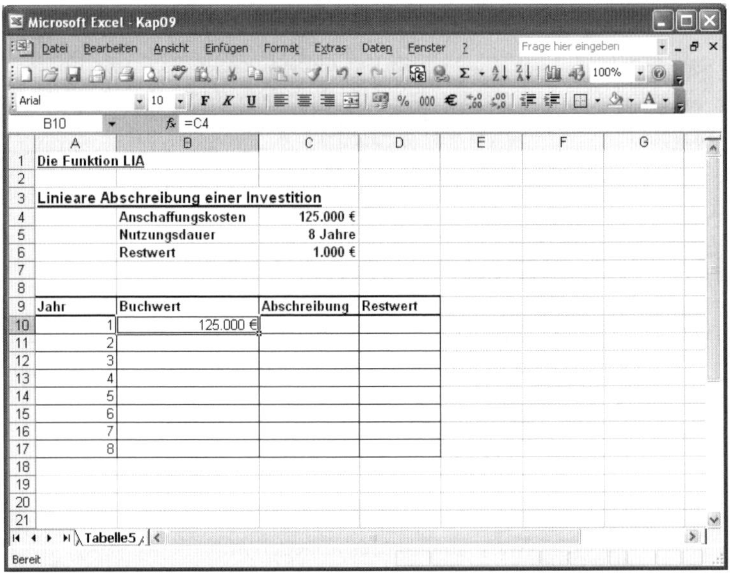

Abbildung 9.7: Die lineare Abschreibung soll ermittelt werden

Um die linearen Abschreibungsbeträge zu ermitteln, befolgen Sie die nächsten Arbeitsschritte:

1. Um den ersten Abschreibungsbetrag zu errechnen, schreiben Sie in Zelle **C10** die Formel **=LIA($C$4;$C$6;$C$5)**
2. Den Restwert am Ende des ersten Jahres erfassen Sie in Zelle **D10** mit der Formel **=B10-C10**
3. Übertragen Sie diesen Restwert zu Beginn des nächsten Jahres, indem Sie die Formel **=D10** in die Zelle **B11** schreiben.
4. Ziehen Sie das Ausfüllkästchen der Zelle **B11** nach unten bis in Zelle **B17**.
5. Ziehen Sie auch die Zellen **C10** und **D10** über das Ausfüllkästchen nach unten.

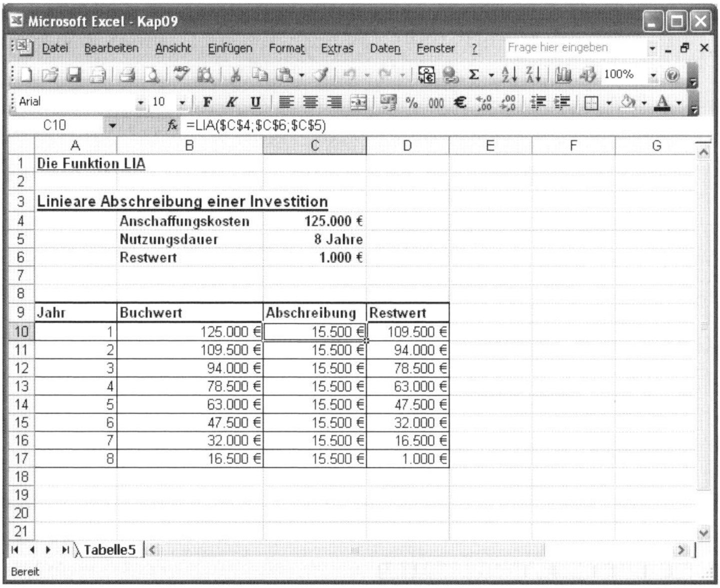

	A	B	C	D
1	Die Funktion LIA			
2				
3	Linieare Abschreibung einer Investition			
4		Anschaffungskosten	125.000 €	
5		Nutzungsdauer	8 Jahre	
6		Restwert	1.000 €	
7				
8				
9	Jahr	Buchwert	Abschreibung	Restwert
10	1	125.000 €	15.500 €	109.500 €
11	2	109.500 €	15.500 €	94.000 €
12	3	94.000 €	15.500 €	78.500 €
13	4	78.500 €	15.500 €	63.000 €
14	5	63.000 €	15.500 €	47.500 €
15	6	47.500 €	15.500 €	32.000 €
16	7	32.000 €	15.500 €	16.500 €
17	8	16.500 €	15.500 €	1.000 €

Abbildung 9.8: Die linearen Abschreibungen sind jedes Jahr gleich

HINWEIS

Möchten Sie die Tabellenfunktion **LIA** direkt anwenden, um beispielsweise den Abschreibungsbetrag im 6. Jahr zu ermitteln, dann muss das letzte Argument mit angegeben werden. Die Formel lautet dann:

=LIA($C$4;$C$6;$C$5)

Die Tabellenfunktion GDA

Mit Hilfe der Tabellenfunktion **GDA** können Sie die Abschreibung eines Anlagegutes für einen angegebenen Zeitraum unter Verwendung der degressiven Doppelraten-Abschreibung oder eines anderen von Ihnen angegebenen Abschreibungsverfahrens anwenden. Die degressive Doppelraten-Abschreibung berechnet die Abschreibung mit einer beschleunigten Rate. Die Abschreibung ist in der ersten Periode am höchsten und nimmt in den nachfolgenden Perioden ab.

Die Syntax dieser Funktion lautet:

=GDA(Anschaffungswert;Restwert;Nutzungsdauer;Periode; Faktor)

Im Argument **Anschaffungswert** werden die Anschaffungskosten eines Wirtschaftsgutes angegeben.

Im Argument **Restwert** wird der Restwert am Ende der Nutzungsdauer angegeben.

Im Argument **Nutzungsdauer** wird die Anzahl der Perioden, über die das Wirtschaftsgut abgeschrieben wird, angegeben.

Im Argument **Periode** wird die Periode angegeben, deren Abschreibungsbetrag Sie berechnen möchten. Für das Argument **Periode** muss dieselbe Zeiteinheit verwendet werden wie für die **Nutzungsdauer**.

Im Argument **Faktor** wird das Maß festgelegt, um das die Abschreibung abnimmt. Fehlt das Argument **Faktor**, wird es als 2 angenommen (das Verfahren der degressiven Doppelraten-Abschreibung).

HINWEIS

Bei allen fünf Argumenten muss es sich um positive Zahlen handeln.

Die degressive Doppelraten-Abschreibung anwenden

In der nächsten Aufgabe wird von einer Maschine die degressive Doppelraten-Abschreibung ermittelt. Dabei liegen die Anschaffungskosten, die geplante Nutzungsdauer sowie der Restwert der Maschine vor. Orientieren Sie sich an Abbildung 9.9.

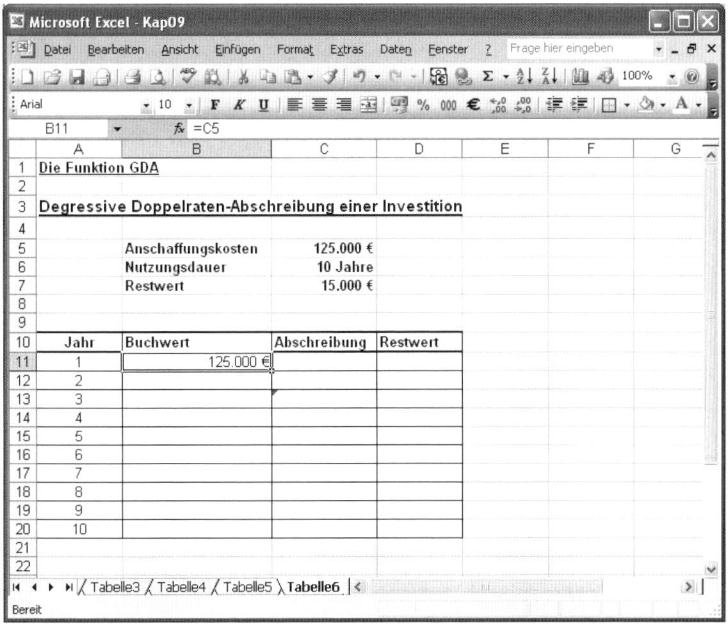

Abbildung 9.9: Die degressive Doppelraten-Abschreibung

Um die einzelnen Doppelraten-Abschreibungsbeträge zu ermitteln, befolgen Sie die nächsten Arbeitsschritte:

1. Um den ersten Abschreibungsbetrag zu errechnen, geben Sie in Zelle **C11** die Formel **=GDA($C$5;$C$7;$C$6;A11)** ein.
2. Den Restwert nach dem ersten Jahr in Zelle **D11** ermitteln Sie über die Formel **=B11-C11**
3. Übertragen Sie diesen Wert als Anfangswert für das folgende Jahr, indem Sie in Zelle **B12** die Formel **=D11** eingeben.
4. Füllen Sie die Formel aus der Zelle **B12** nach unten aus, indem Sie das Ausfüllkästchen bis nach Zelle **B20** ziehen.
5. Auch die Formeln aus den Zellen **C11** und **D11** werden über das Ausfüllkästchen bis in Zeile 20 hinuntergezogen.

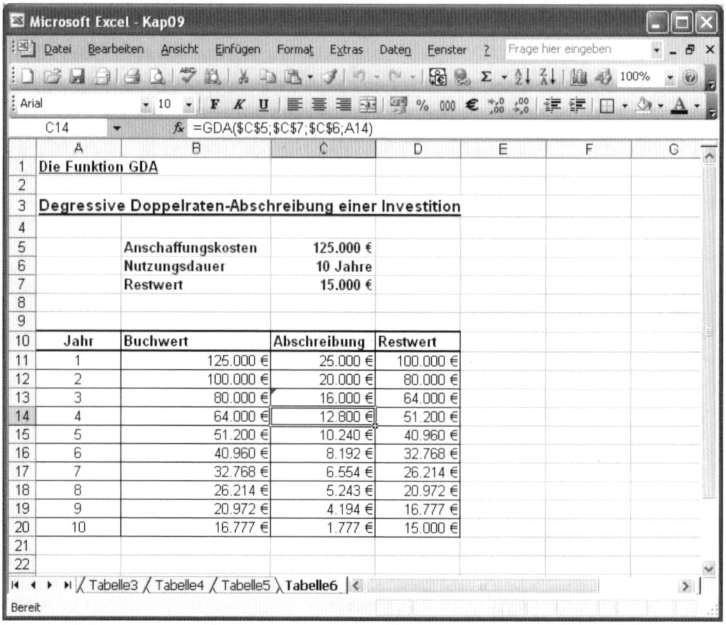

Jahr	Buchwert	Abschreibung	Restwert
1	125.000 €	25.000 €	100.000 €
2	100.000 €	20.000 €	80.000 €
3	80.000 €	16.000 €	64.000 €
4	64.000 €	12.800 €	51.200 €
5	51.200 €	10.240 €	40.960 €
6	40.960 €	8.192 €	32.768 €
7	32.768 €	6.554 €	26.214 €
8	26.214 €	5.243 €	20.972 €
9	20.972 €	4.194 €	16.777 €
10	16.777 €	1.777 €	15.000 €

Abbildung 9.10: Die ersten Abschreibungen sind recht hoch

HINWEIS

Möchten Sie die Tabellenfunktion **GDA** direkt anwenden, um beispielsweise den Abschreibungsbetrag im 6. Jahr zu ermitteln, dann muss das letzte Argument mit angegeben werden. Die Formel lautet dann:

=GDA($C$5;$C$7;$C$6;6)

KNOW-HOW

Die Tabellenfunktion **GDA** kann sogar taggenau verwendet werden. Um beispielsweise den Abschreibungsbetrag am ersten Tag der Abschreibung zu bestimmen, erfassen Sie die Formel:

=GDA($C$5;$C$7;$C$6*365;1)

Um den Abschreibungsbetrag im ersten Monat zu ermitteln, lautet die Formel:

=GDA($C$5;$C$7;$C$6*12;2)

Die Tabellenfunktion KAPZ

Mit Hilfe der Tabellenfunktion **KAPZ** können Sie die Kapitalrückzahlung einer Investition für die angegebene Periode errechnen. Es werden konstante periodische Zahlungen und ein konstanter Zinssatz vorausgesetzt. (KAPZ = Kapitalrückzahlung).

Die Syntax dieser Funktion lautet:

=KAPZ(Zins;Zr;Zzr;Bw;Zw;F)

Im Argument **Zins** geben Sie den Zinssatz pro Periode an.

Im Argument **Zr** geben Sie die Periode an. Diese muss zwischen 1 und **Zzr** liegen (Zr = Zahlungszeitraum).

Im Argument **Zzr** geben Sie an, über wie viele Perioden die jeweilige Annuität (Rente) gezahlt wird (Zzr = Anzahl der Zahlungszeiträume).

Im Argument **Bw** wird der Barwert angegeben.

Im Argument **Zw** wird der zukünftige Wert (Endwert) oder der Kassenbestand angegeben, den Sie nach der letzten Zahlung erreicht haben möchten. Fehlt das Argument Zw, wird der Wert 0 (Null) angenommen, d. h., der Endwert eines Kredits ist gleich 0 (Zw = Zukünftiger Wert).

Im Argument **F** wird festgelegt, wann Zahlungen fällig sind. Beinhaltet dieses Argument den Wert **0**, dann erfolgt die Zahlung am Ende einer Periode. Der Wert **1** bedeutet, dass die Zahlung am Anfang einer Periode geleistet wird. Fehlt das Argument **F**, wird es als 0 angenommen.

Tilgungsanteil für einen Kredit in einem bestimmten Zeitraum errechnen

In der folgenden Aufgabe soll der Tilgungsanteil eines Kredits über 2 Jahre ausgerechnet werden.

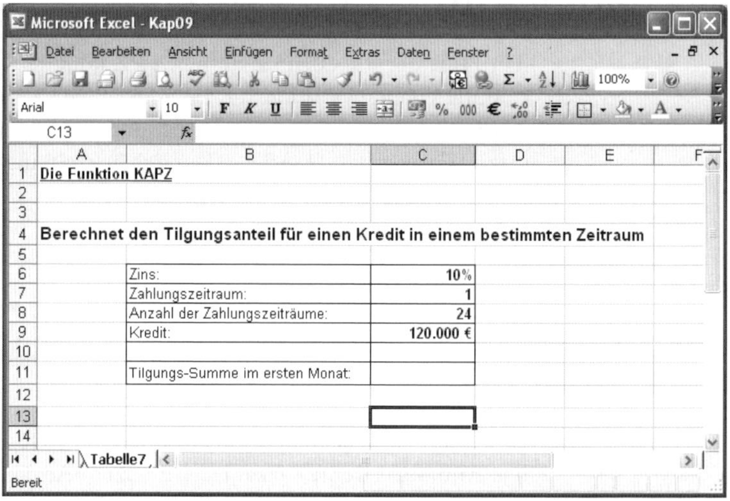

Abbildung 9.11: Wie lautet die Tilgungssumme im ersten Monat?

Erfassen Sie in Zelle **C11** die Formel
=KAPZ($C$6/12;C7;$C$8;$C$9)

Im ersten Argument geben Sie den Zinssatz an, den Sie für Ihren Kredit bezahlen müssen. Dabei müssen Sie diesen Jahres-Zinssatz auf Monatsbasis herunterrechnen. Im zweiten Argument geben Sie den Zahlungszeitraum an, für den Sie die Tilgung errechnen möchten. Im dritten Argument geben Sie die Gesamtzahl der Monate an, über die Ihr Kredit läuft. Im letzten Argument geben Sie die Gesamtsumme Ihres Kredits an.

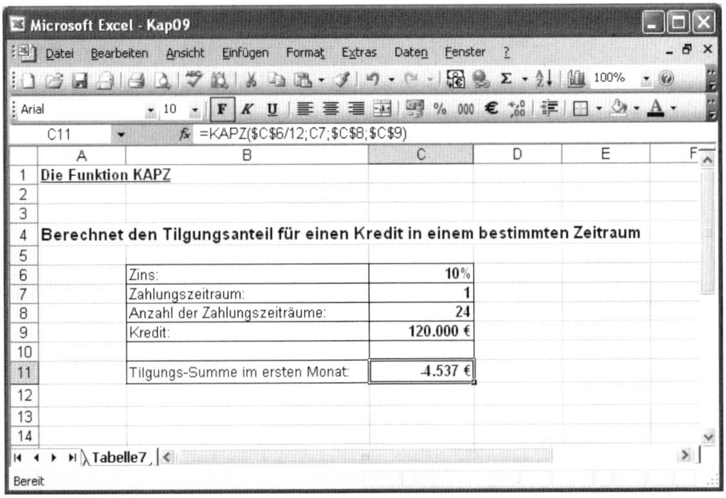

Abbildung 9.12: Die Tilgung im ersten Monat beträgt 4.537 €

Die Tabellenfunktion RMZ

Mit Hilfe der Tabellenfunktion **RMZ** können Sie die konstante Zahlung einer Annuität pro Periode errechnen, wobei konstante Zahlungen und ein konstanter Zinssatz vorausgesetzt werden.

Die Syntax dieser Funktion lautet:

=RMZ(Zins;Zzr;Bw;Zw;F)

Zins ist der Zinssatz pro Periode (Zahlungszeitraum).

Im Argument **Zins** geben Sie den Zinssatz pro Periode an.

Im Argument **Zzr** geben Sie an, über wie viele Perioden die jeweilige Annuität (Rente) gezahlt wird (Zzr = Anzahl der Zahlungszeiträume).

Im Argument **Bw** wird der Barwert angegeben.

Im Argument **Zw** wird der zukünftige Wert (Endwert) oder der Kassenbestand angegeben, den Sie nach der letzten Zahlung erreicht haben möchten. Fehlt das Argument **Zw**, wird der Wert 0 (Null) angenommen, d. h., der Endwert eines Kredits ist gleich 0 (Zw = Zukünftiger Wert).

Im Argument **F** wird festgelegt, wann Zahlungen fällig sind. Beinhaltet dieses Argument den Wert **0**, dann erfolgt die Zahlung am Ende einer Periode. Der Wert **1** bedeutet, dass die Zahlung am Anfang einer Periode geleistet wird. Fehlt das Argument **F**, wird es als 0 angenommen.

Die Zinsbelastung für einen Kredit errechnen

Bei der folgenden Aufgabe soll die Zinsbelastung für einen Kredit im ersten Monat ermittelt werden. Gegeben sind der Kreditbetrag, der Zinssatz sowie die Laufzeit des Kredits. Sehen Sie sich dazu die folgende Abbildung an.

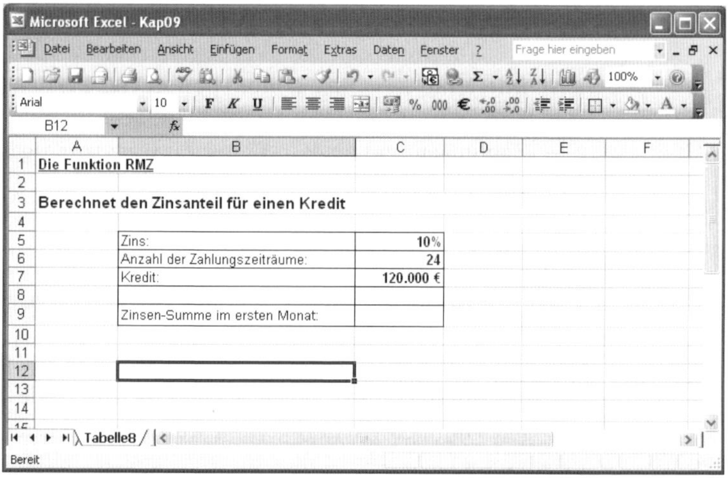

Abbildung 9.13: Wie hoch ist die Zinsbelastung im ersten Monat?

Erfassen Sie in Zelle **C9** die Formel **=RMZ($C$5/12;$C$6;$C$7)**

Im ersten Argument geben Sie den Zinssatz an, den Sie für Ihren Kredit bezahlen müssen. Dabei müssen Sie diesen Jahres-Zinssatz auf Monatsbasis herunterrechnen. Im zweiten Argument geben Sie die Gesamtzahl der Monate an, über die Ihr Kredit läuft. Im letzten Argument geben Sie die Gesamtsumme Ihres Kredits an.

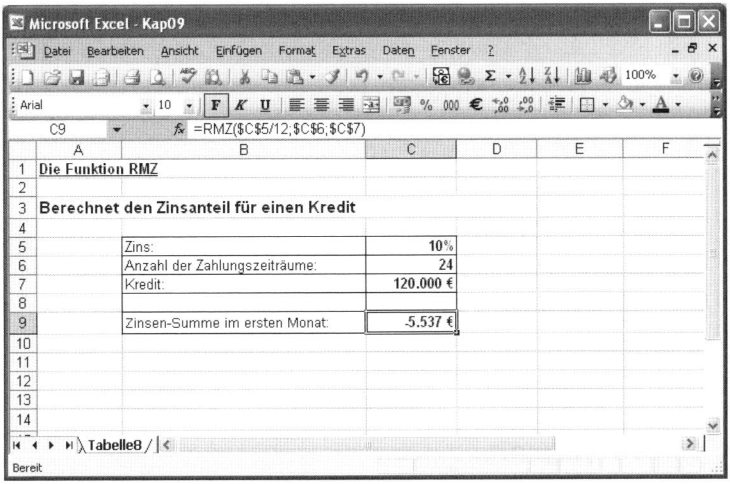

Abbildung 9.14: Die Zinsbelastung im ersten Monat beträgt 5.537 €

Die Tabellenfunktion ZW

Mit Hilfe der Tabellenfunktion **ZW** können Sie den zukünftigen Wert (Endwert) einer Investition ermitteln. Die Berechnung basiert auf regelmäßigen, konstanten Zahlungen und einem konstanten Zinssatz.

Die Syntax dieser Funktion lautet:

=ZW(Zins;Zzr;Rmz;Bw;F)

Geben Sie im Argument **Zins** den Zinssatz pro Periode (Zahlungszeitraum) an.

Im Argument **Zzr** wird festgelegt, über wie viele Perioden die jeweilige Annuität (Rente) gezahlt werden soll (**Zzr** = Anzahl der Zahlungszeiträume).

Im Argument **Rmz** wird der Betrag (Annuität) angegeben, der in jeder Periode gezahlt wird. Dieser Betrag bleibt während der Laufzeit konstant. Üblicherweise umfasst **Rmz** das Kapital und die Zinsen, nicht jedoch sonstige Gebühren oder Steuern (Rmz = Regelmäßige Zahlung). Wenn Rmz nicht verwendet wird, müssen Sie das Argument **Zw** angeben.

Im Argument **Bw** wird der Barwert oder der heutige Gesamtwert einer Reihe zukünftiger Zahlungen angegeben. Fehlt das Argument **Bw** (Bw = Barwert), wird es als 0 (Null) angenommen, und Sie müssen das Argument **Zw** angeben.

Im Argument **F** wird festgelegt, wann Zahlungen fällig sind. Beinhaltet dieses Argument den Wert **0**, dann erfolgt die Zahlung am Ende einer Periode. Der Wert **1** bedeutet, dass die Zahlung am Anfang einer Periode geleistet wird. Fehlt das Argument **F**, wird es als **0** angenommen.

Geld ansparen

Im folgenden Beispiel gehen Sie davon aus, dass Sie über einen Zeitraum von einem Jahr jeden Monat 350 Euro auf ein Konto einzahlen (siehe Abbildung 9.15). Der Zinssatz beträgt dabei 2,5%. Wie viel Geld haben Sie dann insgesamt am Ende des Jahres?

Im ersten Argument geben Sie den Zinssatz an, den Sie auf Ihrer Bank bekommen. Im zweiten Argument geben Sie die Laufzeit der Einzahlungen in Monaten ein. Im letzten Argument geben Sie die monatliche Einzahlung an.

Um diese Berechnung einmal zu kontrollieren, erweitern Sie die Tabelle 9 wie in Abbildung 9.16 gezeigt.

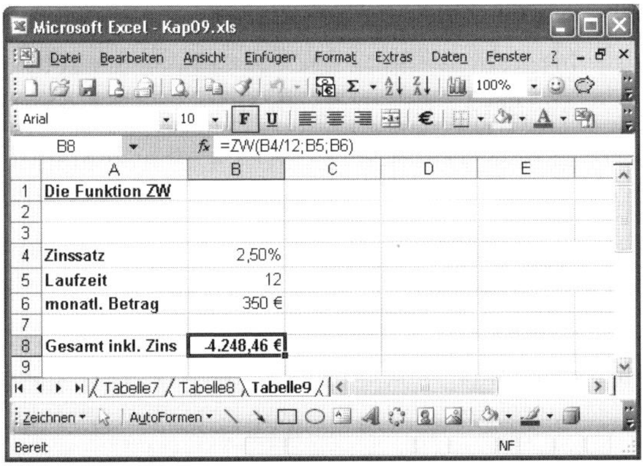

Abbildung 9.15: Der Gesamtbetrag am Ende des Jahres beträgt 4.248,46 €

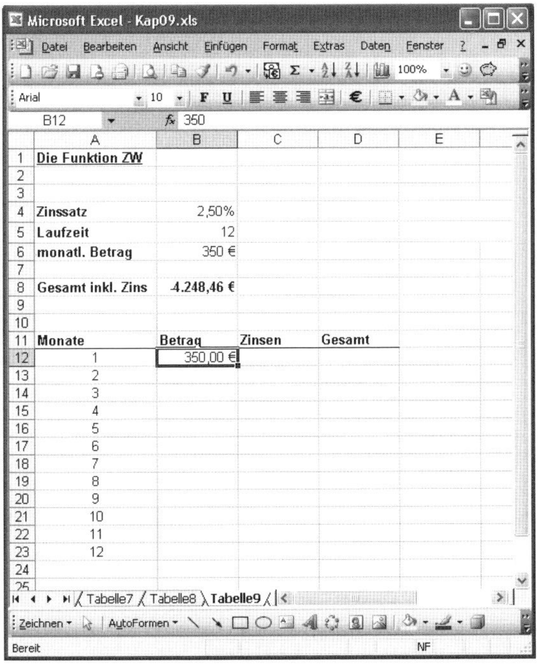

Abbildung 9.16: Die Plausibilitätsprüfung durchführen

Gehen Sie jetzt wie folgt vor:

1. Erfassen Sie in Zelle **C12** die Formel **=B12*($B$4/12)**, um den Zinsbetrag zu errechnen.
2. In Zelle **D12** addieren Sie die Einzahlung sowie den daraus resultierenden Zins, indem Sie die Formel **=B12+C12** eingeben.
3. Übertragen Sie dieses Ergebnis in Zelle **B13** und addieren Sie die nächste Einzahlung, indem Sie dort die Formel **=D12+$B$6** einsetzen.
4. Mit einem Doppelklick auf das Ausfüllkästchen dieser Zelle wird die Formel automatisch nach unten kopiert.
5. Füllen Sie auch die Formeln aus den Zellen **C12** und **D12** nach unten aus, indem Sie jeweils auf entsprechende Ausfüllkästchen doppelt anklicken.

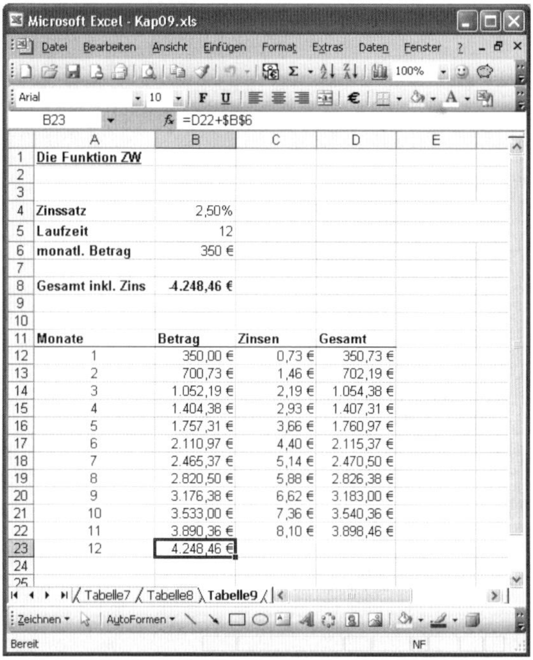

	A	B	C	D
1	Die Funktion ZW			
4	Zinssatz	2,50%		
5	Laufzeit	12		
6	monatl. Betrag	350 €		
8	Gesamt inkl. Zins	4.248,46 €		
11	Monate	Betrag	Zinsen	Gesamt
12	1	350,00 €	0,73 €	350,73 €
13	2	700,73 €	1,46 €	702,19 €
14	3	1.052,19 €	2,19 €	1.054,38 €
15	4	1.404,38 €	2,93 €	1.407,31 €
16	5	1.757,31 €	3,66 €	1.760,97 €
17	6	2.110,97 €	4,40 €	2.115,37 €
18	7	2.465,37 €	5,14 €	2.470,50 €
19	8	2.820,50 €	5,88 €	2.826,38 €
20	9	3.176,38 €	6,62 €	3.183,00 €
21	10	3.533,00 €	7,36 €	3.540,36 €
22	11	3.890,36 €	8,10 €	3.898,46 €
23	12	4.248,46 €		

Abbildung 9.17: Der Plausibilitätscheck war erfolgreich

Die Tabellenfunktion ZINS

Mit Hilfe der Tabellenfunktion **ZINS** können Sie den Zinssatz einer Annuität pro Periode errechnen.

Die Syntax dieser Funktion lautet:

=ZINS(Zzr;Rmz;Bw;Zw;F;Schätzwert)

Im Argument **Zzr** wird angegeben, über wie viele Perioden die jeweilige Annuität (Rente) gezahlt wird (Zzr = Anzahl der Zahlungszeiträume).

Im Argument **Rmz** wird der Betrag (Annuität) angegeben, der in jeder Periode gezahlt wird. Dieser Betrag bleibt während der Laufzeit konstant. Üblicherweise umfasst Rmz das Kapital und die Zinsen, nicht jedoch sonstige Gebühren oder Steuern (Rmz = Regelmäßige Zahlung). Wenn Rmz nicht verwendet wird, müssen Sie das Argument Zw angeben.

Im Argument **Bw** wird der Barwert angegeben. Darunter versteht man den Gesamtbetrag, den eine Reihe zukünftiger Zahlungen zum gegenwärtigen Zeitpunkt wert ist.

Im Argument **Zw** wird der zukünftige Wert (Endwert) oder der Kassenbestand angegeben, den Sie nach der letzten Zahlung erreicht haben möchten. Fehlt das Argument **Zw**, wird es als 0 angenommen (beispielsweise ist der Endwert eines Kredits gleich 0). (Zw = Zukünftiger Wert).

Im Argument **F** wird festgelegt, wann Zahlungen fällig sind. Beinhaltet dieses Argument den Wert **0**, dann erfolgt die Zahlung am Ende einer Periode. Der Wert **1** bedeutet, dass die Zahlung am Anfang einer Periode geleistet wird. Fehlt das Argument **F**, wird es als **0** angenommen.

Den Zinssatz ausrechnen

Im folgenden Beispiel liegt eine Tabelle vor, in der eine Lebensversicherung dargestellt wird. Dabei liegen die Laufzeit, die monatliche Einzahlung sowie der Endwert, der nach der Laufzeit erreicht wird, vor.

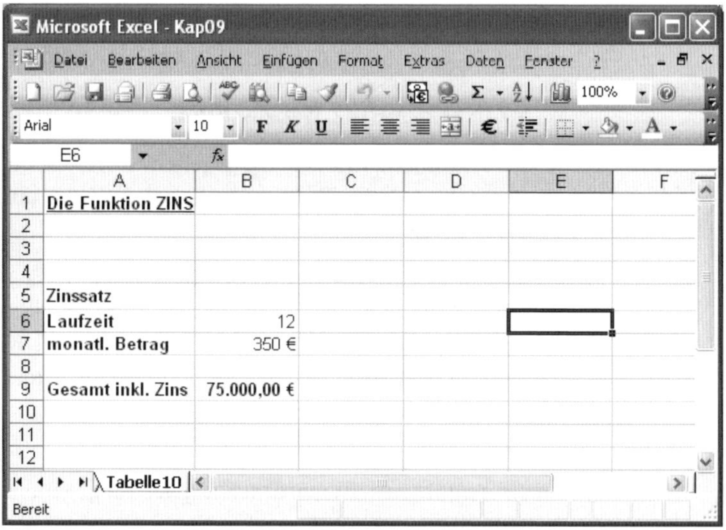

Abbildung 9.18: Wie hoch ist der Zinssatz?

Um den Zinssatz aus diesen Daten zu errechnen, können Sie die Tabellenfunktion **ZINS** einsetzen. Erfassen Sie dazu die Formel **=ZINS(B6*12;-B7;0;B9;0)*12** in Zelle **B5**.

Im ersten Argument geben Sie die Laufzeit in Monaten an. Bei 12 Jahren bedeutet dies, dass Sie 12 Jahre mit 12 Monaten angeben müssen. Im zweiten Argument geben Sie den monatlichen Einzahlungsbetrag an. Das dritte Argument bleibt leer und im vierten Argument geben Sie den Gesamtwert an, der nach 12 Jahren herauskommt. Indem Sie das fünfte Argument auf den Wert 0 setzen, legen Sie fest, dass die Einzahlungen jeweils am Ende eines Monats geleistet werden. Das komplette Ergebnis muss jetzt noch auf 12 Monate hochgerechnet werden, um den jährlichen Zins zu errechnen.

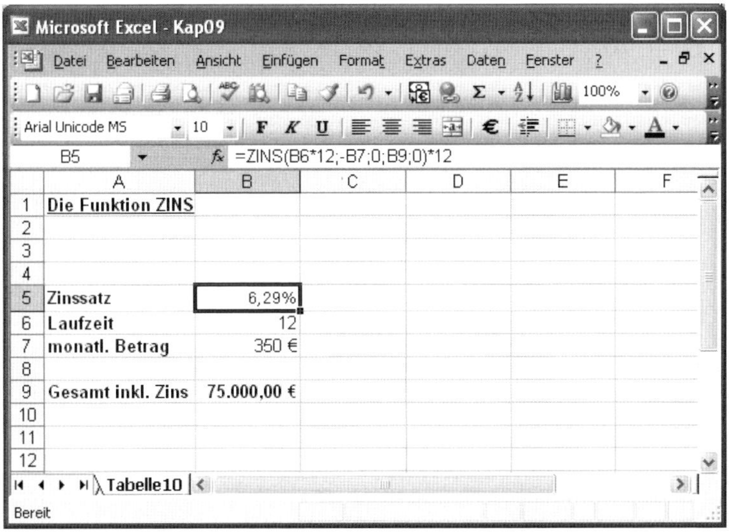

Abbildung 9.19: Der Zinssatz lautet 6,29%

KAPITEL

10

Datenbankfunktionen

In diesem Kapitel lernen Sie die Datenbankfunktionen von Excel kennen.

Datenbankfunktionen

Neben den normalen Tabellenfunktionen können Sie in Excel auch die so genannten Datenbankfunktionen einsetzen, die Sie im Funktionsassistenten unter der Kategorie **Datenbank** finden können. Wenn Sie sich eine Excel-Tabelle hernehmen, dann kann man, was die Kapazität der Tabelle angeht, schon von einer kleinen Datenbank sprechen. Mit genau 65536 Zeilen und 256 Spalten haben Sie genügend Platz, um Ihre Daten zu erfassen. Um diese unter Berücksichtigung verschiedener Kriterien auswerten zu können, stehen Ihnen einige sehr gute Datenbankfunktionen zur Verfügung, die in diesem Kapitel anhand von alltäglichen Aufgaben aus der Praxis vorgestellt werden sollen.

Alle hier vorgestellten Funktionen sind in der Arbeitsmappe *Kap10.xls* auf der mitgelieferten CD-ROM verfügbar.

Die Datenbankfunktion DBANZAHL

Mit Hilfe der Datenbankfunktion **DBANZAHL** können Sie die Anzahl der Zellen in einer Spalte einer Liste oder Datenbank ermitteln, welche die angegebenen Bedingungen erfüllen.

Die Syntax der Datenbankfunktion wie folgt:

=DBANZAHL(Datenbank;Datenbankfeld;Suchkriterien)

Im Argument **Datenbank** geben Sie den Zellenbereich an, indem die auszuwertenden Daten enthalten sind.

Das Argument **Datenbankfeld** gibt an, welches Feld in der jeweiligen Funktion verwendet werden soll. Dabei kann entweder ein Zellenbezug angegeben werden oder ein Text der Spaltenbeschriftung, den Sie in doppelten Anführungszeichen erfassen. Beim **Datenbankfeld** muss es sich um numerische Werte handeln!

Das letzte Argument **Suchkriterien** gibt den Zellbereich an, der die gewünschten Bedingungen enthält. Für das Argument **Suchkriterien** können Sie jeden Bereich verwenden, der mindestens eine Spaltenbeschriftung und eine Zelle, darunter zur Festlegung der Bedingung, enthält.

Bücherliste auswerten

Im ersten Beispiel haben Sie die Aufgabe, vorliegende Bücherliste auszuwerten.

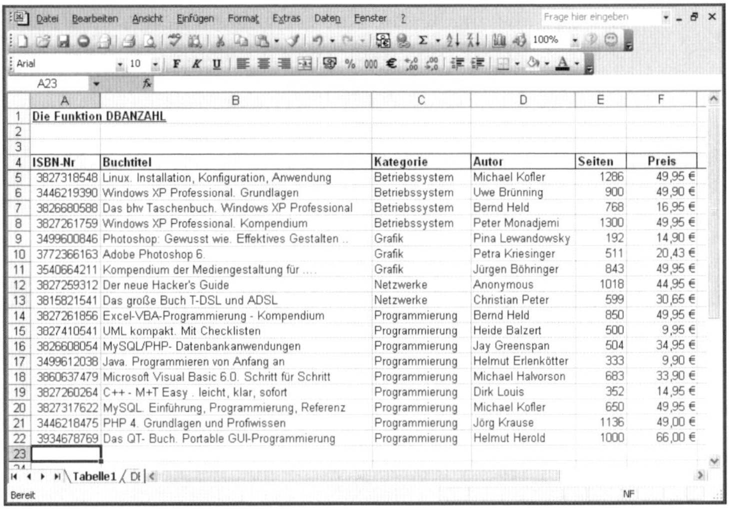

Die Funktion DBANZAHL

ISBN-Nr	Buchtitel	Kategorie	Autor	Seiten	Preis
3827318548	Linux. Installation, Konfiguration, Anwendung	Betriebssystem	Michael Kofler	1286	49,95 €
3446219390	Windows XP Professional. Grundlagen	Betriebssystem	Uwe Brünning	900	49,90 €
3826680588	Das bhv Taschenbuch. Windows XP Professional	Betriebssystem	Bernd Held	768	16,95 €
3827261759	Windows XP Professional. Kompendium	Betriebssystem	Peter Monadjemi	1300	49,95 €
3499600846	Photoshop: Gewusst wie. Effektives Gestalten ..	Grafik	Pina Lewandowsky	192	14,90 €
3772366163	Adobe Photoshop 6.	Grafik	Petra Kriesinger	511	20,43 €
3540664211	Kompendium der Mediengestaltung für	Grafik	Jürgen Böhringer	843	49,95 €
3827259312	Der neue Hacker's Guide	Netzwerke	Anonymous	1018	44,95 €
3815821541	Das große Buch T-DSL und ADSL	Netzwerke	Christian Peter	599	30,65 €
3827261856	Excel-VBA-Programmierung - Kompendium	Programmierung	Bernd Held	850	49,95 €
3827410541	UML kompakt. Mit Checklisten	Programmierung	Heide Balzert	500	9,95 €
3826608054	MySQL/PHP- Datenbankanwendungen	Programmierung	Jay Greenspan	504	34,95 €
3499612038	Java. Programmieren von Anfang an	Programmierung	Helmut Erlenkötter	333	9,90 €
3860637479	Microsoft Visual Basic 6.0. Schritt für Schritt	Programmierung	Michael Halvorson	683	33,90 €
3827260264	C++ - M+T Easy . leicht, klar, sofort	Programmierung	Dirk Louis	352	14,95 €
3827317622	MySQL. Einführung, Programmierung, Referenz	Programmierung	Michael Kofler	650	49,95 €
3446218475	PHP 4. Grundlagen und Profiwissen	Programmierung	Jörg Krause	1136	49,00 €
3934678769	Das QT- Buch. Portable GUI-Programmierung	Programmierung	Helmut Herold	1000	66,00 €

Abbildung 10.1: Diese Bücherliste soll ausgewertet werden

HINWEIS

Bei sehr langen Listen empfiehlt es sich, die Überschriftenzeile zu fixieren. So stellen Sie sicher, dass die Überschriftenzeile immer eingeblendet bleibt, wenn Sie nach unten blättern. Setzen Sie dazu den Mauszeiger auf die Zelle **A2** und wählen Sie aus dem Menü *Fenster* den Befehl *Fenster fixieren*.

Ihre Aufgabe besteht nun darin, zu beantworten, wie viele Programmierbücher, die mehr als 650 Seiten haben und weniger als 50€ kosten, es in dieser Liste gibt.

Um diese Aufgabe zu lösen, befolgen Sie die nächsten Arbeitsschritte:

1. Markieren Sie den Zellbereich **A4:F4**
2. Kopieren Sie diesen Datenbereich
3. Setzen Sie den Mauszeiger auf Zelle **A29** und drücken Sie die Tastenkombination [Strg] + [V], um die Überschriftenzeile einzufügen.
4. Geben Sie in Zelle **C30** die erste Bedingung (**Kategorie**) ein, nämlich den Text **Programmierung**.
5. In Zelle **E30** geben Sie an, wie viele **Seiten** das gesuchte Programmierbuch mindestens haben soll. Geben Sie dort den Wert **>650** ein.
6. Fügen Sie das dritte Kriterium (**Preis**) in Zelle **F30** ein. Erfassen Sie dazu den Wert **<50**.
7. Erfassen Sie in Zelle **B32** die Formel **=DBANZAHL(A4:F22;F29;A29:F30)**
8. Bestätigen Sie mit [↵].

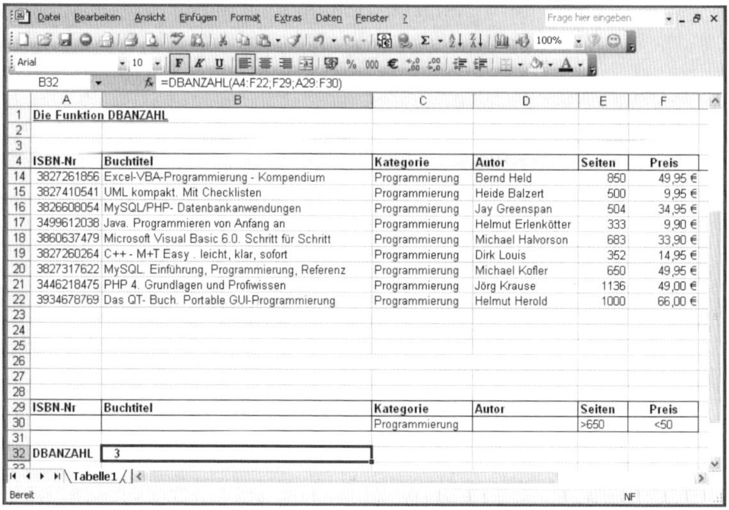

B32 =DBANZAHL(A4:F22;F29;A29:F30)

	A	B	C	D	E	F
1	Die Funktion DBANZAHL					
2						
3						
4	ISBN-Nr	Buchtitel	Kategorie	Autor	Seiten	Preis
14	3827261856	Excel-VBA-Programmierung - Kompendium	Programmierung	Bernd Held	850	49,95 €
15	3827410541	UML kompakt. Mit Checklisten	Programmierung	Heide Balzert	500	9,95 €
16	3826608054	MySQL/PHP- Datenbankanwendungen	Programmierung	Jay Greenspan	504	34,95 €
17	3499612038	Java. Programmieren von Anfang an	Programmierung	Helmut Erlenkötter	333	9,90 €
18	3860637479	Microsoft Visual Basic 6.0. Schritt für Schritt	Programmierung	Michael Halvorson	683	33,90 €
19	3827260264	C++ - M+T Easy . leicht, klar, sofort	Programmierung	Dirk Louis	352	14,95 €
20	3827317622	MySQL. Einführung, Programmierung, Referenz	Programmierung	Michael Kofler	650	49,95 €
21	3446218475	PHP 4. Grundlagen und Profiwissen	Programmierung	Jörg Krause	1136	49,00 €
22	3934678769	Das QT- Buch. Portable GUI-Programmierung	Programmierung	Helmut Herold	1000	66,00 €
23						
24						
25						
26						
27						
28						
29	ISBN-Nr	Buchtitel	Kategorie	Autor	Seiten	Preis
30			Programmierung		>650	<50
31						
32	DBANZAHL	3				

Abbildung 10.2: Es werden drei Bücher gefunden, die den gesuchten Kriterien entsprechen

Die Kriterien können in Zeile 30 jederzeit angepasst werden.

> **HINWEIS**
> Bei der Festlegung der einzelnen Kriterien brauchen Sie sich zunächst um die Formatierung der Zellen überhaupt nicht zu kümmern. Wichtig sind hier nur die Kriterien, die Sie mit Hilfe von Operatoren wie < oder > angeben können.

Wenn Sie diese Aufgabe noch ein wenig weiter ausbauen möchten und beispielsweise alle Programmierbücher, die zwischen 650 und 1000 Seiten haben und weniger als 50€ kosten, zählen möchten, dann können Sie dies wie folgt machen:

1. Erstellen Sie eine wie in Abbildung 10.3 angezeigte Kriterienleiste. Die Kategorie **Seiten** ist dort zweimal angelegt.

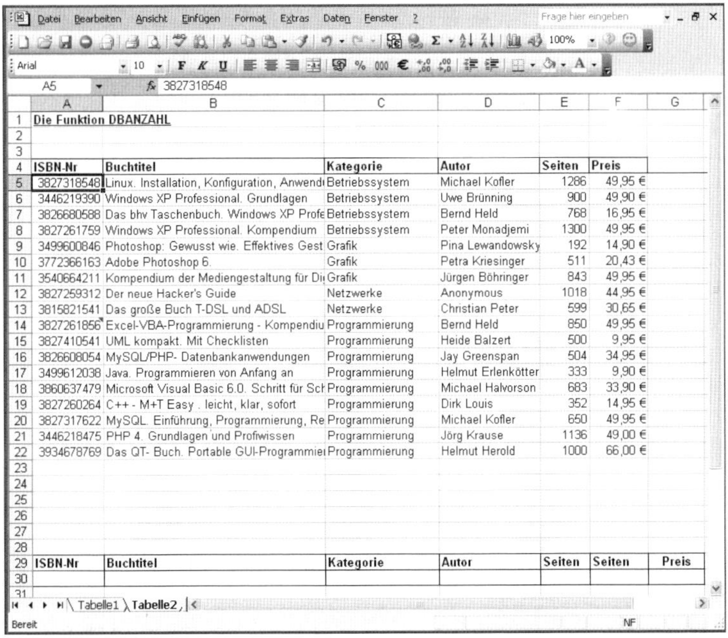

Die Funktion DBANZAHL

ISBN-Nr	Buchtitel	Kategorie	Autor	Seiten	Preis
3827318548	Linux. Installation, Konfiguration, Anwend	Betriebssystem	Michael Kofler	1286	49,95 €
3446219390	Windows XP Professional. Grundlagen	Betriebssystem	Uwe Brünning	900	49,90 €
3826680588	Das bhv Taschenbuch. Windows XP Profe	Betriebssystem	Bernd Held	768	16,95 €
3827261759	Windows XP Professional. Kompendium	Betriebssystem	Peter Monadjemi	1300	49,95 €
3499600846	Photoshop: Gewusst wie. Effektives Gest	Grafik	Pina Lewandowsky	192	14,90 €
3772366163	Adobe Photoshop 6.	Grafik	Petra Kriesinger	511	20,43 €
3540664211	Kompendium der Mediengestaltung für Di	Grafik	Jürgen Böhringer	843	49,95 €
3827259312	Der neue Hacker's Guide	Netzwerke	Anonymous	1018	44,95 €
3815821541	Das große Buch T-DSL und ADSL	Netzwerke	Christian Peter	599	30,65 €
3827261856	Excel-VBA-Programmierung - Kompendiu	Programmierung	Bernd Held	850	49,95 €
3827410541	UML kompakt. Mit Checklisten	Programmierung	Heide Balzert	500	9,95 €
3826608054	MySQL/PHP- Datenbankanwendungen	Programmierung	Jay Greenspan	504	34,95 €
3499612038	Java. Programmieren von Anfang an	Programmierung	Helmut Erlenkötter	333	9,90 €
3860637479	Microsoft Visual Basic 6.0. Schritt für Sc	Programmierung	Michael Halvorson	683	33,90 €
3827260264	C++ - M+T Easy . leicht, klar, sofort	Programmierung	Dirk Louis	352	14,95 €
3827317622	MySQL. Einführung, Programmierung, Re	Programmierung	Michael Kofler	650	49,95 €
3446218475	PHP 4. Grundlagen und Profiwissen	Programmierung	Jörg Krause	1136	49,00 €
3934678769	Das QT- Buch. Portable GUI-Programmie	Programmierung	Helmut Herold	1000	66,00 €

ISBN-Nr	Buchtitel	Kategorie	Autor	Seiten	Seiten	Preis

Abbildung 10.3: Eine erweiterte Auswertung durchführen

2. Geben Sie in Zelle **C30** den Text **Programmierung** ein.
3. Erfassen Sie in die Zelle **E30** den Text **>649**
4. In Zelle **F30** schreiben Sie **<1001**
5. In Zelle **G30** geben Sie **<50** ein.
6. In Zelle **B32** geben Sie die Formel **=DBANZAHL(A4:F22;"Preis";A29:G30)** ein.
7. Bestätigen Sie mit [↵].

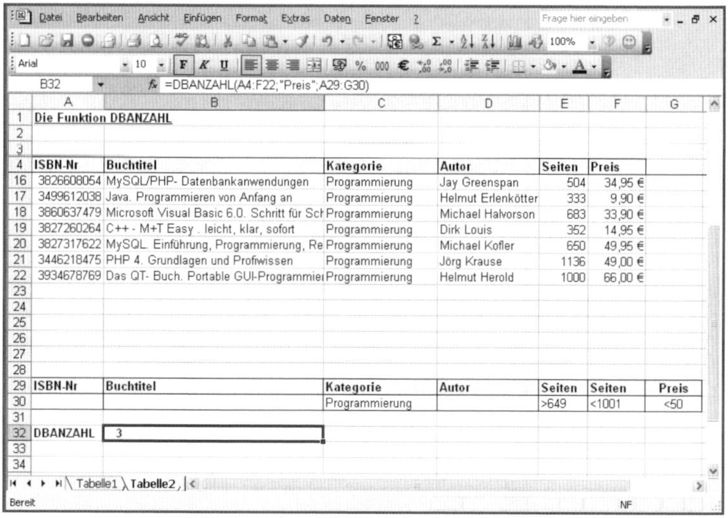

Abbildung 10.4: Von-bis-Abfragen realisieren

Die Datenbankfunktion DBANZAHL2

Mit Hilfe der Datenbankfunktion **DBANZAHL2** können Sie die Anzahl der Zellen in einer Spalte einer Liste oder Datenbank ermitteln, welche die angegebenen Bedingungen erfüllen.

Die Syntax der Datenbankfunktion wie folgt:

=DBANZAHL(Datenbank;Datenbankfeld;Suchkriterien)

Im Argument **Datenbank** geben Sie den Zellenbereich an, in dem die auszuwertenden Daten enthalten sind.

Das Argument **Datenbankfeld** gibt an, welches Feld in der jeweiligen Funktion verwendet werden soll. Dabei kann entweder ein Zellenbezug angegeben werden oder ein Text der Spaltenbeschriftung, den Sie in doppelten Anführungszeichen erfassen. Beim **Datenbankfeld** kann es sich auch um alphanumerische Werte handeln.

Das letzte Argument **Suchkriterien** gibt den Zellbereich an, der die gewünschten Bedingungen enthält. Für das Argument **Suchkriterien** können Sie jeden Bereich verwenden, der mindestens eine Spaltenbeschriftung und eine Zelle, darunter zur Festlegung der Bedingung, enthält.

Eine Liste über Stichworte durchsuchen

In der folgenden Aufgabe gehen Sie wiederum von der Bücherliste aus. Dieses Mal soll aber keine numerische Spalte, sondern eine alphanumerische Spalte ausgewertet werden. Werten Sie daher die Spalte **B** (**Buchtitel**) aus.

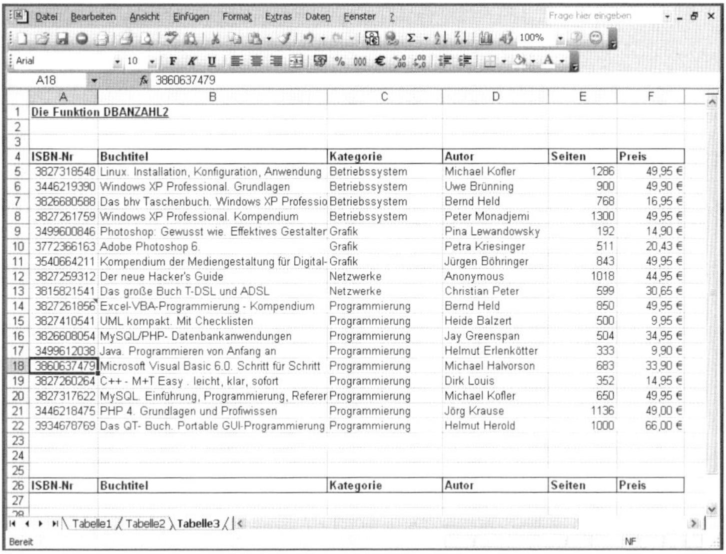

	A	B	C	D	E	F
1	Die Funktion DBANZAHL2					
2						
3						
4	ISBN-Nr	Buchtitel	Kategorie	Autor	Seiten	Preis
5	3827318548	Linux. Installation, Konfiguration, Anwendung	Betriebssystem	Michael Kofler	1286	49,95 €
6	3446219390	Windows XP Professional. Grundlagen	Betriebssystem	Uwe Brünning	900	49,90 €
7	3826680588	Das bhv Taschenbuch. Windows XP Professio	Betriebssystem	Bernd Held	768	16,95 €
8	3827261759	Windows XP Professional. Kompendium	Betriebssystem	Peter Monadjemi	1300	49,95 €
9	3499600846	Photoshop: Gewusst wie. Effektives Gestalter	Grafik	Pina Lewandowsky	192	14,90 €
10	3772366163	Adobe Photoshop 6.	Grafik	Petra Kriesinger	511	20,43 €
11	3540664211	Kompendium der Mediengestaltung für Digital-	Grafik	Jürgen Böhringer	843	49,95 €
12	3827259312	Der neue Hacker's Guide	Netzwerke	Anonymous	1018	44,95 €
13	3815821541	Das große Buch T-DSL und ADSL	Netzwerke	Christian Peter	599	30,65 €
14	3827261856	Excel-VBA-Programmierung - Kompendium	Programmierung	Bernd Held	850	49,95 €
15	3827410541	UML kompakt. Mit Checklisten	Programmierung	Heide Balzert	500	9,95 €
16	3826608054	MySQL/PHP- Datenbankanwendungen	Programmierung	Jay Greenspan	504	34,95 €
17	3499612038	Java. Programmieren von Anfang an	Programmierung	Helmut Erlenkötter	333	9,90 €
18	3860637479	Microsoft Visual Basic 6.0. Schritt für Schritt	Programmierung	Michael Halvorson	683	33,90 €
19	3827260264	C++ - M+T Easy . leicht, klar, sofort	Programmierung	Dirk Louis	352	14,95 €
20	3827317622	MySQL. Einführung, Programmierung, Referer	Programmierung	Michael Kofler	650	49,95 €
21	3446218475	PHP 4. Grundlagen und Profiwissen	Programmierung	Jörg Krause	1136	49,00 €
22	3934678769	Das QT- Buch. Portable GUI-Programmierung	Programmierung	Helmut Herold	1000	66,00 €
23						
24						
25						
26	ISBN-Nr	Buchtitel	Kategorie	Autor	Seiten	Preis
27						

Abbildung 10.5: Die Liste soll nach einem Stichwort durchsucht werden

Um beispielsweise alle Bücher zu zählen, die im Titel an einer beliebigen Stelle den Text **Windows** haben, verfahren Sie folgendermaßen:

1. Setzen Sie den Zellenzeiger in Zelle **B27**
2. Geben Sie den Text ***Windows*** ein.
3. Erfassen Sie in Zelle **B29** die Forme
   l **=DBANZAHL2(A4:F22;C26;A26:F27)**.
   Alternativ können Sie die Formel auch so eingeben:
   =DBANZAHL2(A4:F22;"Buchtitel";A26:F27)
4. Bestätigen Sie mit [↵].

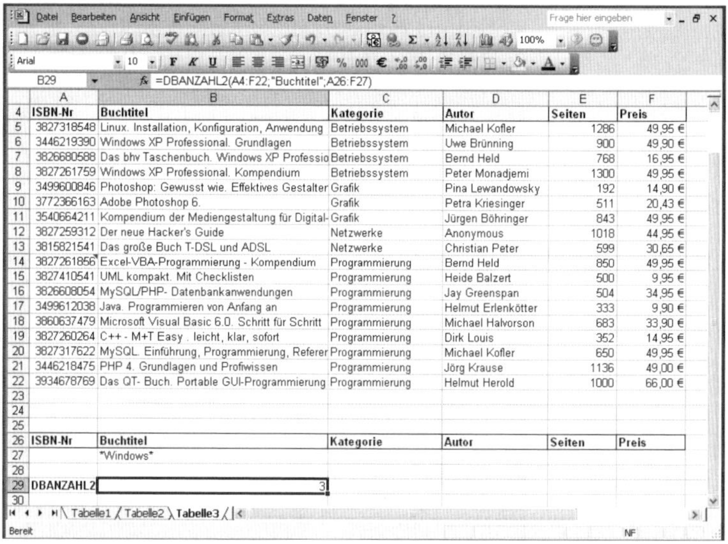

B29 =DBANZAHL2(A4:F22;"Buchtitel";A26:F27)

	A	B	C	D	E	F
4	ISBN-Nr	Buchtitel	Kategorie	Autor	Seiten	Preis
5	3827318548	Linux. Installation, Konfiguration, Anwendung	Betriebssystem	Michael Kofler	1286	49,95 €
6	3446219390	Windows XP Professional. Grundlagen	Betriebssystem	Uwe Brünning	900	49,90 €
7	3826680588	Das bhv Taschenbuch. Windows XP Professio	Betriebssystem	Bernd Held	768	16,95 €
8	3827261759	Windows XP Professional. Kompendium	Betriebssystem	Peter Monadjemi	1300	49,95 €
9	3499600846	Photoshop: Gewusst wie. Effektives Gestalter	Grafik	Pina Lewandowsky	192	14,90 €
10	3772366163	Adobe Photoshop 6.	Grafik	Petra Kriesinger	511	20,43 €
11	3540664211	Kompendium der Mediengestaltung für Digital-	Grafik	Jürgen Böhringer	843	49,95 €
12	3827259312	Der neue Hacker's Guide	Netzwerke	Anonymous	1018	44,95 €
13	3815821541	Das große Buch T-DSL und ADSL	Netzwerke	Christian Peter	599	30,65 €
14	3827261856	Excel-VBA-Programmierung - Kompendium	Programmierung	Bernd Held	850	49,95 €
15	3827410541	UML kompakt. Mit Checklisten	Programmierung	Heide Balzert	500	9,95 €
16	3826608054	MySQL/PHP- Datenbankanwendungen	Programmierung	Jay Greenspan	504	34,95 €
17	3499612038	Java. Programmieren von Anfang an	Programmierung	Helmut Erlenkötter	333	9,90 €
18	3860637479	Microsoft Visual Basic 6.0. Schritt für Schritt	Programmierung	Michael Halvorson	683	33,90 €
19	3827260264	C++ - M+T Easy . leicht, klar, sofort	Programmierung	Dirk Louis	352	14,95 €
20	3827317622	MySQL. Einführung, Programmierung, Referer	Programmierung	Michael Kofler	650	49,95 €
21	3446218475	PHP 4. Grundlagen und Profiwissen	Programmierung	Jörg Krause	1136	49,00 €
22	3934678769	Das QT- Buch. Portable GUI-Programmierung	Programmierung	Helmut Herold	1000	66,00 €
23						
24						
25						
26	ISBN-Nr	Buchtitel	Kategorie	Autor	Seiten	Preis
27		*Windows*				
28						
29	DBANZAHL2	3				
30						

Abbildung 10.6: Alle Sätze, die in Spalte B den Text Windows enthalten, werden gezählt

Die Datenbankfunktion DBAUSZUG

Mit Hilfe der Datenbankfunktion **DBAUSZUG** können Sie einen einzelnen Wert aus einer Spalte einer Liste oder einer Datenbank auslesen, der die angegebenen Bedingungen erfüllt.

Die Syntax der Datenbankfunktion wie folgt:

=DBAUSZUG(Datenbank;Datenbankfeld;Suchkriterien)

Im Argument **Datenbank** geben Sie den Zellenbereich an, in dem die auszuwertenden Daten enthalten sind.

Das Argument **Datenbankfeld** gibt an, welches Feld in der jeweiligen Funktion verwendet werden soll. Dabei kann entweder ein Zellenbezug angegeben werden oder ein Text der Spaltenbeschriftung, den Sie in doppelten Anführungszeichen erfassen.

Das letzte Argument **Suchkriterien** gibt den Zellbereich an, der die gewünschten Bedingungen enthält. Für das Argument **Suchkriterien** können Sie jeden Bereich verwenden, der mindestens eine Spaltenbeschriftung und eine Zelle, darunter zur Festlegung der Bedingung, enthält.

Stimmt kein Datensatz mit den Suchkriterien überein, gibt **DBAUSZUG** den Fehlerwert **#WERT!** zurück.

Stimmt mehr als ein Datensatz mit den Suchkriterien überein, gibt **DBAUSZUG** den Fehlerwert **#ZAHL!** zurück.

Ein Artikelsuchsystem einrichten

Beim folgenden Praxisbeispiel richten Sie ein kleines Suchsystem für eine Artikeldatenbank ein. Dabei muss jeder Artikel in der Artikelnummer eindeutig sein. Sehen Sie sich zunächst die Artikelliste aus Abbildung 10.7 an.

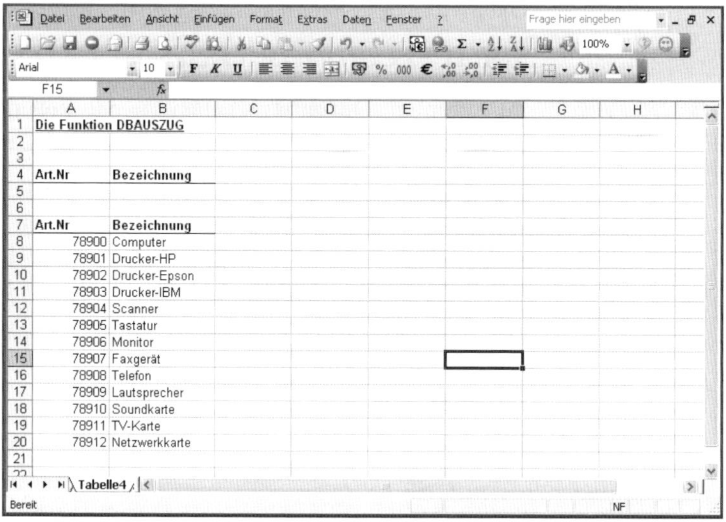

Abbildung 10.7: Die Artikeldatenbank

Die Überschriftenzeile, über die später die Suche stattfinden soll, wurde bereits eingerichtet. Nach der Eingabe einer Artikelnummer in die Zelle **A4** soll die dazugehörige Artikelbezeichnung aus dem Zellenbereich **B8:B20** gesucht und in Zelle **B4** übertragen werden. Um diese Aufgabe übersichtlich darzustellen, wurde daher eine eher kleinere Datenbank angelegt. Diese Lösung funktioniert aber genauso gut mit ein paar tausend Sätzen.

Um diese Aufgabe zu lösen, verfahren Sie wie folgt:

1. Geben Sie in Zelle **A5** beispielsweise die Artikelnummer **78908** ein.
2. Erfassen Sie in Zelle **B5** die Formel **=DBAUSZUG(A7:B20;B4;A4:A5)**
3. Bestätigen Sie mit ⏎.

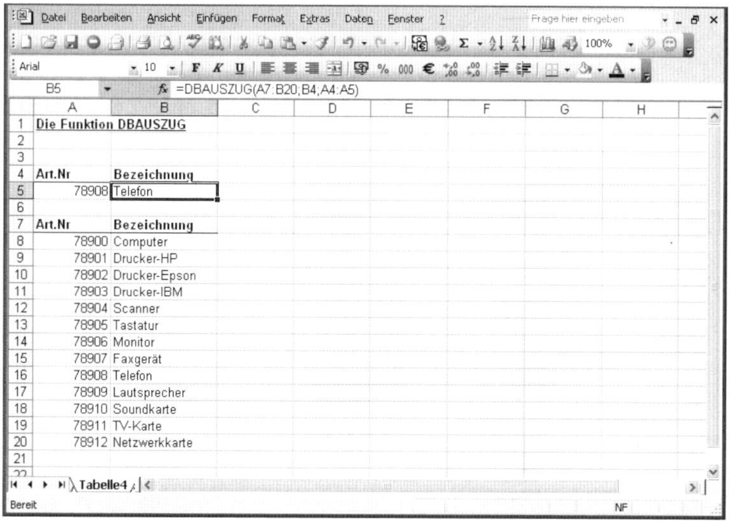

Abbildung 10.8: Der Artikel mit der Art.Nr. 78908 wurde gefunden

Die Datenbankfunktion DBMAX

Mit Hilfe der Datenbankfunktion **DBMAX** können Sie den größten Wert aus einer Spalte einer Liste oder Datenbank bestimmen, der den angegebenen Suchkriterien entspricht.

Die Syntax dieser Funktion lautet:

=DBMAX(Datenbank;Feld;Suchkriterien)

Im Argument **Datenbank** geben Sie den Zellenbereich an, in dem die auszuwertenden Daten enthalten sind.

Das Argument **Datenbankfeld** gibt an, welches Feld in der jeweiligen Funktion verwendet werden soll. Dabei kann entweder ein Zellenbezug angegeben werden oder ein Text der Spaltenbeschriftung, den Sie in doppelten Anführungszeichen erfassen.

Das letzte Argument **Suchkriterien** gibt den Zellbereich an, der die gewünschten Bedingungen enthält. Für das Argument **Suchkriterien** können Sie jeden Bereich verwenden, der mindestens eine Spaltenbeschriftung und eine Zelle, darunter zur Festlegung der Bedingung, enthält.

Computerzubehör durchsuchen

In der nächsten Aufgabe liegt eine Liste mit diversen Monitoren vor. Ihre Aufgabe besteht nun darin, den größtmöglichen Monitor mit der bestmöglichsten Auflösung zu bestimmen. Sehen Sie sich zuvor dazu noch die Abbildung 10.9 an.

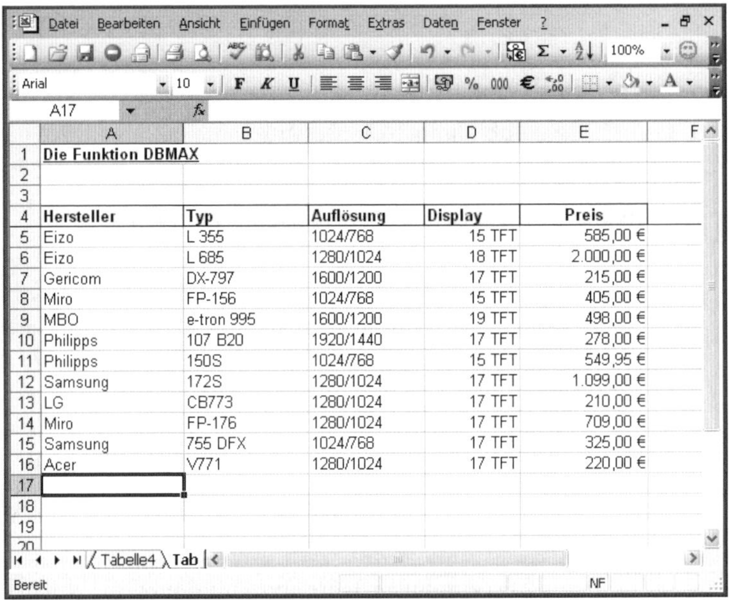

Die Funktion DBMAX

Hersteller	Typ	Auflösung	Display	Preis
Eizo	L 355	1024/768	15 TFT	585,00 €
Eizo	L 685	1280/1024	18 TFT	2.000,00 €
Gericom	DX-797	1600/1200	17 TFT	215,00 €
Miro	FP-156	1024/768	15 TFT	405,00 €
MBO	e-tron 995	1600/1200	19 TFT	498,00 €
Philipps	107 B20	1920/1440	17 TFT	278,00 €
Philipps	150S	1024/768	15 TFT	549,95 €
Samsung	172S	1280/1024	17 TFT	1.099,00 €
LG	CB773	1280/1024	17 TFT	210,00 €
Miro	FP-176	1280/1024	17 TFT	709,00 €
Samsung	755 DFX	1024/768	17 TFT	325,00 €
Acer	V771	1280/1024	17 TFT	220,00 €

Abbildung 10.9: Die Liste mit den Monitoren

Um diese Aufgabe zu lösen, befolgen Sie die nächsten Arbeitsschritte:

1. Kopieren Sie den Zellenbereich **A4:E4**
2. Fügen Sie diesen Bereich in Zeile **21** ein.
3. Geben Sie in Zelle **C22** die Auflösung **1280/1024** ein.
4. In Zelle **D22** geben Sie die Displaygröße von **17** ein.
5. Erfassen Sie in Zelle **E24** die Formel **=DBMAX(A4:E16;E4;A21:E22)**
6. Bestätigen Sie mit [↵].

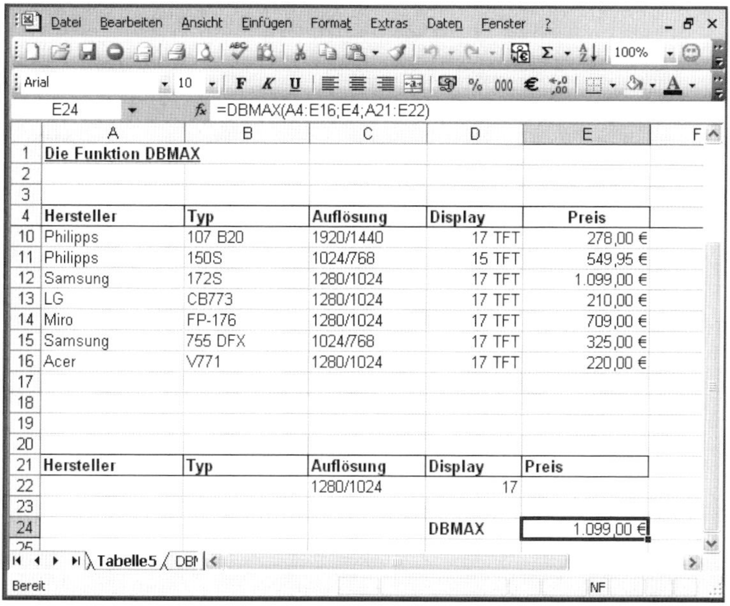

Abbildung 10.10: Es wurde der größte Monitor mit der besten Auflösung gefunden

HINWEIS

Der Preis spielte bei dieser Auswertung keine Rolle.

Die größte Wohnung ermitteln

In der folgenden Aufgabe soll aus einer Liste mit Mietwohnungen die größte Wohnung ermittelt werden. Darüber hinaus darf die Größe aber nicht das alleinige Kriterium sein. Auch Ort und Mietpreis spielen eine Rolle.

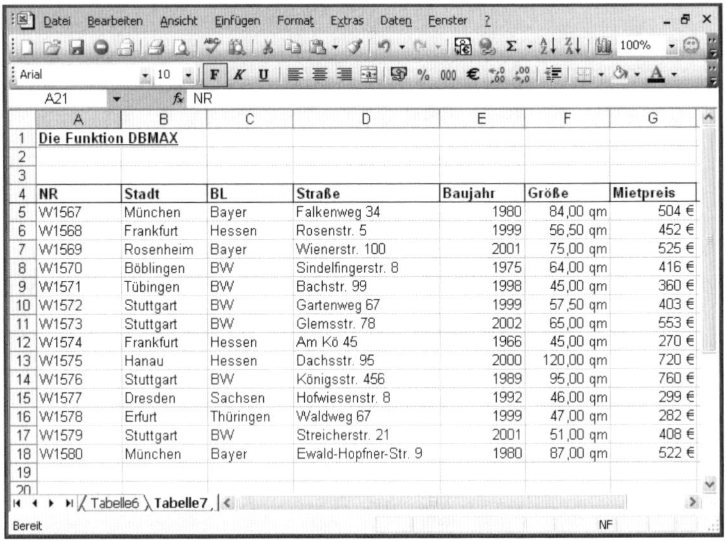

Die Funktion DBMAX

NR	Stadt	BL	Straße	Baujahr	Größe	Mietpreis
W1567	München	Bayer	Falkenweg 34	1980	84,00 qm	504 €
W1568	Frankfurt	Hessen	Rosenstr. 5	1999	56,50 qm	452 €
W1569	Rosenheim	Bayer	Wienerstr. 100	2001	75,00 qm	525 €
W1570	Böblingen	BW	Sindelfingerstr. 8	1975	64,00 qm	416 €
W1571	Tübingen	BW	Bachstr. 99	1998	45,00 qm	360 €
W1572	Stuttgart	BW	Gartenweg 67	1999	57,50 qm	403 €
W1573	Stuttgart	BW	Glemsstr. 78	2002	65,00 qm	553 €
W1574	Frankfurt	Hessen	Am Kö 45	1966	45,00 qm	270 €
W1575	Hanau	Hessen	Dachsstr. 95	2000	120,00 qm	720 €
W1576	Stuttgart	BW	Königsstr. 456	1989	95,00 qm	760 €
W1577	Dresden	Sachsen	Hofwiesenstr. 8	1992	46,00 qm	299 €
W1578	Erfurt	Thüringen	Waldweg 67	1999	47,00 qm	282 €
W1579	Stuttgart	BW	Streicherstr. 21	2001	51,00 qm	408 €
W1580	München	Bayer	Ewald-Hopfner-Str. 9	1980	87,00 qm	522 €

Abbildung 10.11: Die größte Wohnung zu einem vernünftigen Preis soll gefunden werden

Ermitteln Sie jetzt die Wohnung, die folgenden Kriterien entspricht:

- ✔ Die Wohnung befindet sich in Stuttgart

- Die Wohnung hat mehr als 50 Quadratmeter
- Die Miete beträgt nicht mehr als 500 €.

Um diese Aufgabe zu lösen, verfahren Sie wie folgt:

1. Kopieren Sie den Zellenbereich **A4:G4**
2. Fügen Sie den Bereich in Zeile **21** ein.
3. Geben Sie in Zelle **B22** die Stadt **Stuttgart** ein.
4. In Zelle **F22** erfassen Sie den Text **>50**
5. In Zelle **G22** schreiben Sie **<500**
6. In Zelle **F24** erfassen Sie die Formel **=DBMAX(A4:G18;F4;A21:G22)**
7. Bestätigen Sie mit [Enter].

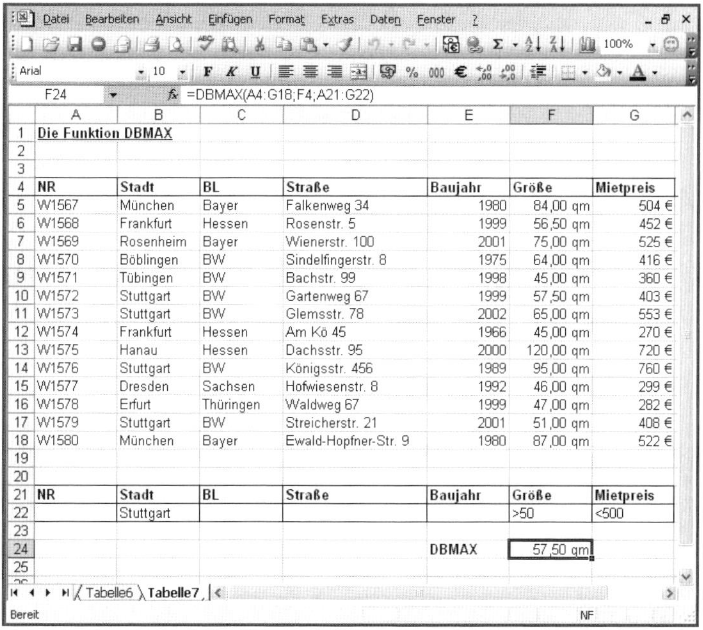

	A	B	C	D	E	F	G
1	Die Funktion DBMAX						
2							
3							
4	NR	Stadt	BL	Straße	Baujahr	Größe	Mietpreis
5	W1567	München	Bayer	Falkenweg 34	1980	84,00 qm	504 €
6	W1568	Frankfurt	Hessen	Rosenstr. 5	1999	56,50 qm	452 €
7	W1569	Rosenheim	Bayer	Wienerstr. 100	2001	75,00 qm	525 €
8	W1570	Böblingen	BW	Sindelfingerstr. 8	1975	64,00 qm	416 €
9	W1571	Tübingen	BW	Bachstr. 99	1998	45,00 qm	360 €
10	W1572	Stuttgart	BW	Gartenweg 67	1999	57,50 qm	403 €
11	W1573	Stuttgart	BW	Glemsstr. 78	2002	65,00 qm	553 €
12	W1574	Frankfurt	Hessen	Am Kö 45	1966	45,00 qm	270 €
13	W1575	Hanau	Hessen	Dachsstr. 95	2000	120,00 qm	720 €
14	W1576	Stuttgart	BW	Königsstr. 456	1989	95,00 qm	760 €
15	W1577	Dresden	Sachsen	Hofwiesenstr. 8	1992	46,00 qm	299 €
16	W1578	Erfurt	Thüringen	Waldweg 67	1999	47,00 qm	282 €
17	W1579	Stuttgart	BW	Streicherstr. 21	2001	51,00 qm	408 €
18	W1580	München	Bayer	Ewald-Hopfner-Str. 9	1980	87,00 qm	522 €
19							
20							
21	NR	Stadt	BL	Straße	Baujahr	Größe	Mietpreis
22		Stuttgart				>50	<500
23							
24					DBMAX	57,50 qm	
25							

Abbildung 10.12: Die größte Wohnung hat 57,50 qm

Die Datenbankfunktion DBMIN

Mit Hilfe der Datenbankfunktion **DBMIN** können Sie den kleinsten Wert aus einer Spalte einer Liste oder Datenbank bestimmen, der den angegebenen Suchkriterien entspricht.

Die Syntax dieser Funktion lautet:

=DBMIN(Datenbank;Feld;Suchkriterien)

Im Argument **Datenbank** geben Sie den Zellenbereich an, in dem die auszuwertenden Daten enthalten sind.

Das Argument **Datenbankfeld** gibt an, welches Feld in der jeweiligen Funktion verwendet werden soll. Dabei kann entweder ein Zellenbezug angegeben werden oder ein Text der Spaltenbeschriftung, den Sie in doppelten Anführungszeichen erfassen.

Das letzte Argument **Suchkriterien** gibt den Zellbereich an, der die gewünschten Bedingungen enthält. Für das Argument **Suchkriterien** können Sie jeden Bereich verwenden, der mindestens eine Spaltenbeschriftung und eine Zelle, darunter zur Festlegung der Bedingung, enthält.

Die billigste Wohnung finden

In der folgenden Aufgabe soll aus einer Liste mit Mietwohnungen die billigste Wohnung ermittelt werden. Darüber hinaus darf der Preis aber nicht das alleinige Kriterium sein. Auch Ort und Quadratmeter spielen eine Rolle.

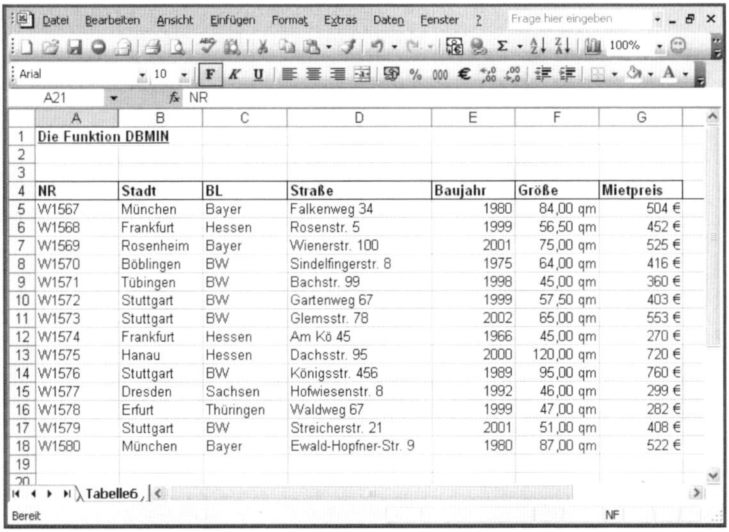

NR	Stadt	BL	Straße	Baujahr	Größe	Mietpreis
W1567	München	Bayer	Falkenweg 34	1980	84,00 qm	504 €
W1568	Frankfurt	Hessen	Rosenstr. 5	1999	56,50 qm	452 €
W1569	Rosenheim	Bayer	Wienerstr. 100	2001	75,00 qm	525 €
W1570	Böblingen	BW	Sindelfingerstr. 8	1975	64,00 qm	416 €
W1571	Tübingen	BW	Bachstr. 99	1998	45,00 qm	360 €
W1572	Stuttgart	BW	Gartenweg 67	1999	57,50 qm	403 €
W1573	Stuttgart	BW	Glemsstr. 78	2002	65,00 qm	553 €
W1574	Frankfurt	Hessen	Am Kö 45	1966	45,00 qm	270 €
W1575	Hanau	Hessen	Dachsstr. 95	2000	120,00 qm	720 €
W1576	Stuttgart	BW	Königsstr. 456	1989	95,00 qm	760 €
W1577	Dresden	Sachsen	Hofwiesenstr. 8	1992	46,00 qm	299 €
W1578	Erfurt	Thüringen	Waldweg 67	1999	47,00 qm	282 €
W1579	Stuttgart	BW	Streicherstr. 21	2001	51,00 qm	408 €
W1580	München	Bayer	Ewald-Hopfner-Str. 9	1980	87,00 qm	522 €

Abbildung 10.13: Die zur Verfügung stehenden Mietwohnungen

Ermitteln Sie jetzt die Wohnung, die folgenden Kriterien entspricht:

- Die Wohnung befindet sich in Stuttgart
- Die Wohnung hat mehr als 45 Quadratmeter
- Die Miete beträgt nicht mehr als 600 €.

Um diese Aufgabe zu lösen, verfahren Sie wie folgt:

1. Kopieren Sie den Zellenbereich **A4:G4**
2. Fügen Sie den Bereich in Zeile **21** ein.
3. Geben Sie in Zelle **B22** die Stadt **Stuttgart** ein.
4. In Zelle **F22** erfassen Sie den Text **>45**
5. In Zelle **G22** schreiben Sie **<600**

6. In Zelle **G24** erfassen Sie die Formel **=DBMIN(A4:G18;G4;A21:G22)**

7. Bestätigen Sie mit [↵].

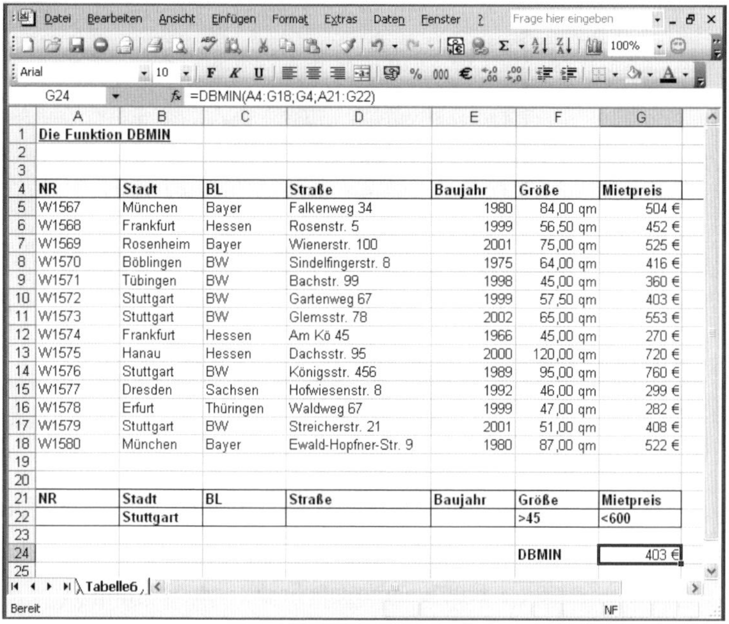

	A	B	C	D	E	F	G
1	**Die Funktion DBMIN**						
2							
3							
4	**NR**	**Stadt**	**BL**	**Straße**	**Baujahr**	**Größe**	**Mietpreis**
5	W1567	München	Bayer	Falkenweg 34	1980	84,00 qm	504 €
6	W1568	Frankfurt	Hessen	Rosenstr. 5	1999	56,50 qm	452 €
7	W1569	Rosenheim	Bayer	Wienerstr. 100	2001	75,00 qm	525 €
8	W1570	Böblingen	BW	Sindelfingerstr. 8	1975	64,00 qm	416 €
9	W1571	Tübingen	BW	Bachstr. 99	1998	45,00 qm	360 €
10	W1572	Stuttgart	BW	Gartenweg 67	1999	57,50 qm	403 €
11	W1573	Stuttgart	BW	Glemsstr. 78	2002	65,00 qm	553 €
12	W1574	Frankfurt	Hessen	Am Kö 45	1966	45,00 qm	270 €
13	W1575	Hanau	Hessen	Dachsstr. 95	2000	120,00 qm	720 €
14	W1576	Stuttgart	BW	Königsstr. 456	1989	95,00 qm	760 €
15	W1577	Dresden	Sachsen	Hofwiesenstr. 8	1992	46,00 qm	299 €
16	W1578	Erfurt	Thüringen	Waldweg 67	1999	47,00 qm	282 €
17	W1579	Stuttgart	BW	Streicherstr. 21	2001	51,00 qm	408 €
18	W1580	München	Bayer	Ewald-Hopfner-Str. 9	1980	87,00 qm	522 €
19							
20							
21	**NR**	**Stadt**	**BL**	**Straße**	**Baujahr**	**Größe**	**Mietpreis**
22		**Stuttgart**				**>45**	**<600**
23							
24						**DBMIN**	403 €
25							

Abbildung 10.14: Die billigste Wohnung, die allen Kriterien entspricht, kostet 403 €

Den Jüngsten aus einer Gruppe ermitteln

In der folgenden Aufgabe liegt Ihnen eine Geburtstagsliste vor. In dieser Liste aus Abbildung 10.15 sind der Name der Person, der Gruppenzugehörigkeit und ihr Alter erfasst.

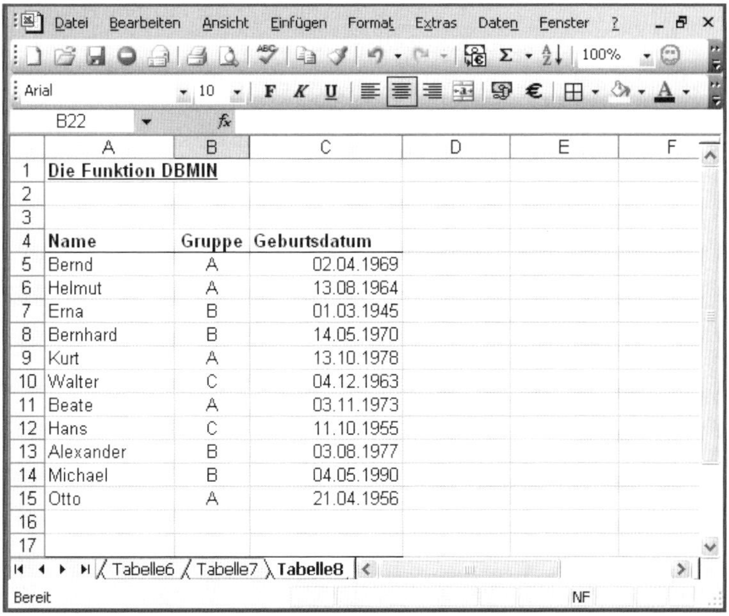

	A	B	C
1	Die Funktion DBMIN		
2			
3			
4	Name	Gruppe	Geburtsdatum
5	Bernd	A	02.04.1969
6	Helmut	A	13.08.1964
7	Erna	B	01.03.1945
8	Bernhard	B	14.05.1970
9	Kurt	A	13.10.1978
10	Walter	C	04.12.1963
11	Beate	A	03.11.1973
12	Hans	C	11.10.1955
13	Alexander	B	03.08.1977
14	Michael	B	04.05.1990
15	Otto	A	21.04.1956
16			
17			

Abbildung 10.15: Die Geburtstagsliste

HINWEIS

Die älteste Person wird über die Datenbankfunktion **DBMIN** ermittelt. Wenn Sie ein Datum in eine Zelle eingeben, dann wird dieses Datum intern in eine Zahl umgesetzt. Dabei entspricht die Zahl 1 dem 01.01.1900. Je weiter ein Datum also in die Zukunft geht, desto größer auch die Zahl, mit der Excel intern das Datum umsetzt. Um also die älteste Person zu ermitteln, muss nach dem Minimum gesucht werden.

Ermitteln Sie nun die älteste Person, die der Gruppe **A** angehört. Dazu verfahren Sie wie folgt:

1. Kopieren Sie die Überschrift aus den Zellen **A4:C4**
2. Fügen Sie diese Überschrift in den Zellenbereich **A18:C18** ein.

3. Geben Sie in Zelle **B19** die Gruppe **A** ein.
4. Erfassen Sie in Zelle **C21** die Formel **=DBMIN(A4:C15;C4;A18:C19)**
5. Bestätigen Sie mit [↵].

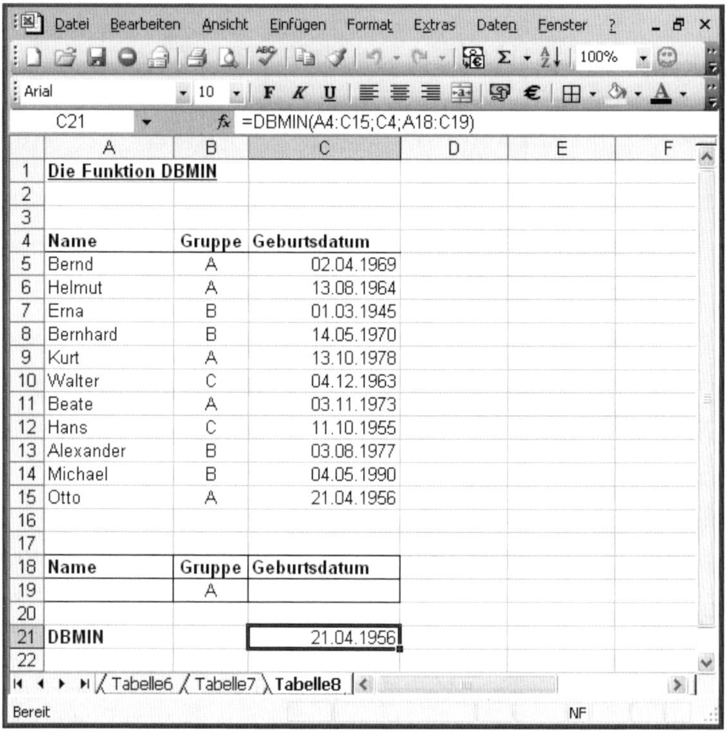

	A	B	C
1	Die Funktion DBMIN		
2			
3			
4	Name	Gruppe	Geburtsdatum
5	Bernd	A	02.04.1969
6	Helmut	A	13.08.1964
7	Erna	B	01.03.1945
8	Bernhard	B	14.05.1970
9	Kurt	A	13.10.1978
10	Walter	C	04.12.1963
11	Beate	A	03.11.1973
12	Hans	C	11.10.1955
13	Alexander	B	03.08.1977
14	Michael	B	04.05.1990
15	Otto	A	21.04.1956
16			
17			
18	Name	Gruppe	Geburtsdatum
19		A	
20			
21	DBMIN		21.04.1956
22			

Abbildung 10.16: Die älteste Person aus Gruppe A wurde um 1956 geboren

Die Datenbankfunktion DBSUMME

Mit Hilfe der Datenbankfunktion **DBSUMME** können Sie die Summe aus einer Spalte, einer Liste oder Datenbank bestimmen, die den angegebenen Suchkriterien entspricht.

Die Syntax dieser Funktion lautet:

=DBSUMME(Datenbank;Feld;Suchkriterien)

Im Argument **Datenbank** geben Sie den Zellenbereich an, in dem die auszuwertenden Daten enthalten sind.

Das Argument **Datenbankfeld** gibt an, welches Feld in der jeweiligen Funktion verwendet werden soll. Dabei kann entweder ein Zellenbezug angegeben werden oder ein Text der Spaltenbeschriftung, den Sie in doppelten Anführungszeichen erfassen.

Das letzte Argument **Suchkriterien** gibt den Zellenbereich an, der die gewünschten Bedingungen enthält. Für das Argument **Suchkriterien** können Sie jeden Bereich verwenden, der mindestens eine Spaltenbeschriftung und eine Zelle, darunter zur Festlegung der Bedingung, enthält.

Verkaufserlöse auswerten

Bei der folgenden Aufgabe wurden alle Verkäufe der letzten Tage in einer Excel-Liste erfasst. Dabei wurden die einzelnen Verkäufe, wie in Abbildung 10.17 gezeigt, in Kategorien eingeteilt.

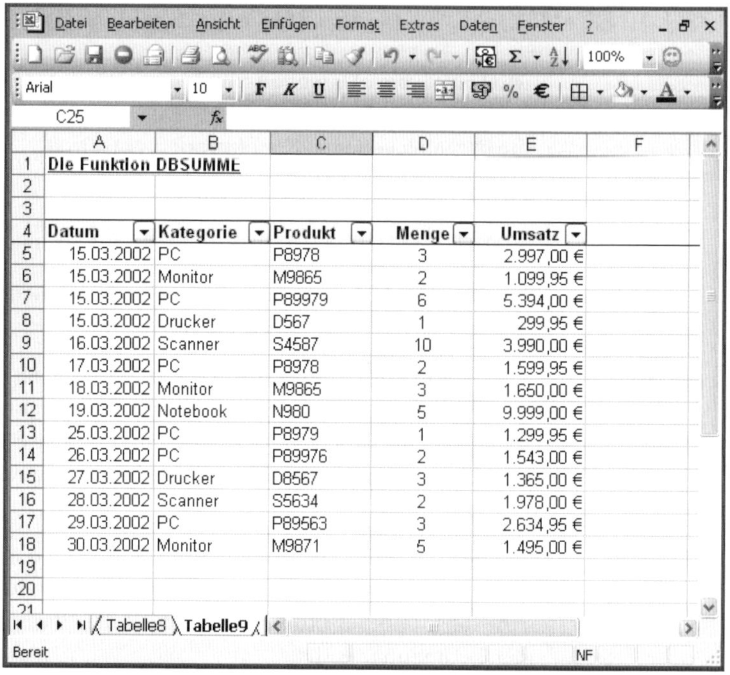

Die Funktion DBSUMME

Datum	Kategorie	Produkt	Menge	Umsatz
15.03.2002	PC	P8978	3	2.997,00 €
15.03.2002	Monitor	M9865	2	1.099,95 €
15.03.2002	PC	P89979	6	5.394,00 €
15.03.2002	Drucker	D567	1	299,95 €
16.03.2002	Scanner	S4587	10	3.990,00 €
17.03.2002	PC	P8978	2	1.599,95 €
18.03.2002	Monitor	M9865	3	1.650,00 €
19.03.2002	Notebook	N980	5	9.999,00 €
25.03.2002	PC	P8979	1	1.299,95 €
26.03.2002	PC	P89976	2	1.543,00 €
27.03.2002	Drucker	D8567	3	1.365,00 €
28.03.2002	Scanner	S5634	2	1.978,00 €
29.03.2002	PC	P89563	3	2.634,95 €
30.03.2002	Monitor	M9871	5	1.495,00 €

Abbildung 10.17: Die Umsätze in verschiedenen Kategorien

Ihre Aufgabe besteht nun darin, die Summe aller Umsätze zu ermitteln, die zwischen dem **15.03.02** und dem **28.03.02** in der Kategorie **PC** gemacht wurden.

Um diese Aufgabe zu lösen, gehen Sie wie folgt vor:

1. Kopieren Sie den Zellenbereich **A4:E4**
2. Fügen Sie diesen Bereich in Zeile **22** ein.
3. Fügen Sie eine neue Spalte direkt neben der Spalte **Datum** ein.
4. Schreiben Sie in Zelle **B22** die Überschrift **Datum**.
5. Geben Sie nun in Zelle **A23** das Kriterium **>=15.03.2002** ein.
6. In Zelle **B23** erfassen Sie das Kriterium **<=28.03.2002**

7. Tragen Sie in Zelle **C23** das Kriterium **PC** ein.
8. Erfassen Sie in Zelle **F25** die Formel **=DBSUMME(A4:E18;E4;A22:F23)**
9. Bestätigen Sie mit [↵].

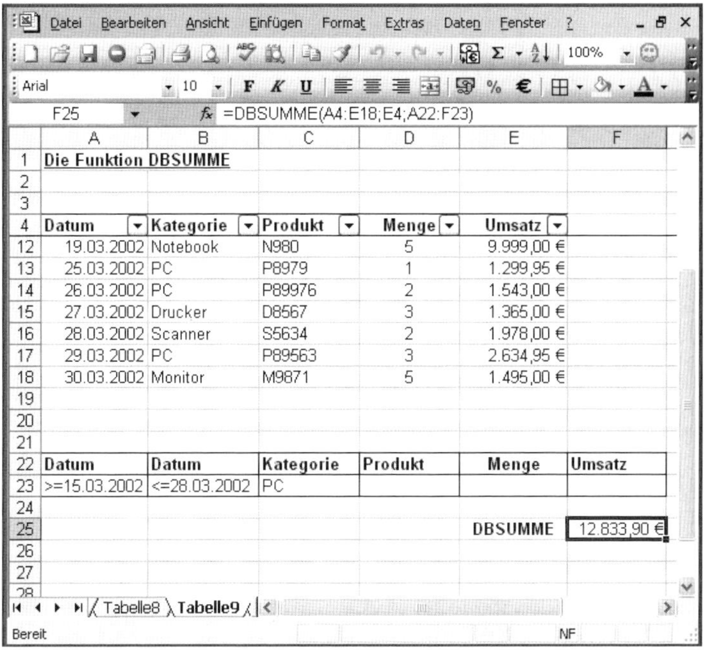

F25 =DBSUMME(A4:E18;E4;A22:F23)

	A	B	C	D	E	F
1	Die Funktion DBSUMME					
2						
3						
4	Datum	Kategorie	Produkt	Menge	Umsatz	
12	19.03.2002	Notebook	N980	5	9.999,00 €	
13	25.03.2002	PC	P8979	1	1.299,95 €	
14	26.03.2002	PC	P89976	2	1.543,00 €	
15	27.03.2002	Drucker	D8567	3	1.365,00 €	
16	28.03.2002	Scanner	S5634	2	1.978,00 €	
17	29.03.2002	PC	P89563	3	2.634,95 €	
18	30.03.2002	Monitor	M9871	5	1.495,00 €	
19						
20						
21						
22	Datum	Datum	Kategorie	Produkt	Menge	Umsatz
23	>=15.03.2002	<=28.03.2002	PC			
24						
25					DBSUMME	12.833,90 €

Abbildung 10.18: Der Umsatz im Datumsbereich in der Kategorie PC wurde errechnet

Eine Wohn-/Hausgeldabrechnung durchführen

In der folgenden Aufgabe soll eine Wohn-/Hausgeldabrechnung durchgeführt werden. Dabei werden die einzelnen Kosten in einer Excel-Liste (Abbildung 10.19) aufgeführt. Die Kosten werden einerseits über einen Umlageschlüssel umgelegt, der auf Basis der bewohnten Quadratmeter im Haus errechnet wird. Andererseits gibt es Kosten, die alle zu gleichen Teilen tragen müssen.

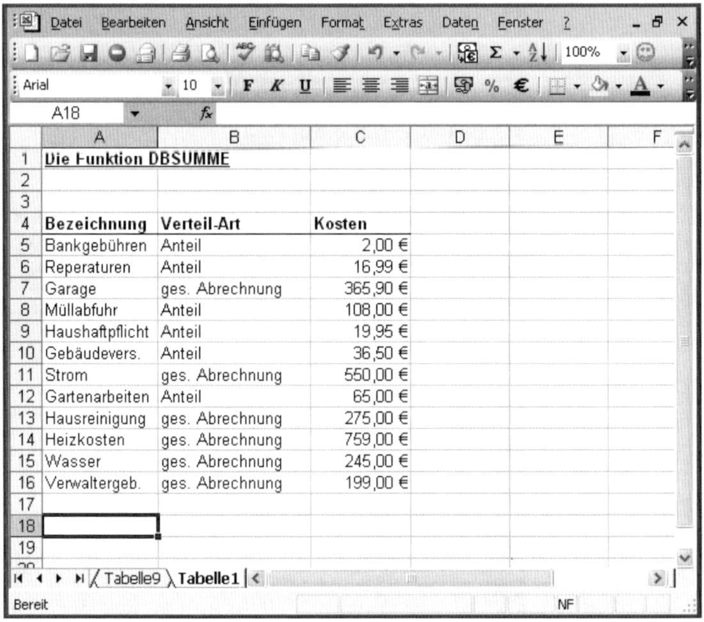

	A	B	C
1	Die Funktion DBSUMME		
2			
3			
4	Bezeichnung	Verteil-Art	Kosten
5	Bankgebühren	Anteil	2,00 €
6	Reperaturen	Anteil	16,99 €
7	Garage	ges. Abrechnung	365,90 €
8	Müllabfuhr	Anteil	108,00 €
9	Haushaftpflicht	Anteil	19,95 €
10	Gebäudevers.	Anteil	36,50 €
11	Strom	ges. Abrechnung	550,00 €
12	Gartenarbeiten	Anteil	65,00 €
13	Hausreinigung	ges. Abrechnung	275,00 €
14	Heizkosten	ges. Abrechnung	759,00 €
15	Wasser	ges. Abrechnung	245,00 €
16	Verwaltergeb.	ges. Abrechnung	199,00 €
17			
18			
19			

Abbildung 10.19: Die Kosten des Hausverwalters

Die Aufgabe besteht jetzt darin, die Kosten über 20 € zu summieren, die in den beiden Kategorien **Anteil** und **ges. Abrechnung** aufgeführt sind.

Um diese Aufgabe über die Datenbankfunktion **DBSUMME** zu lösen, verfahren Sie wie folgt:

1. Kopieren Sie den Zellenbereich **A4:C4**
2. Fügen Sie diesen Bereich in Zeile **19** ein.
3. Geben Sie in Zelle **B20** das Wort **Anteil** ein.
4. In Zelle **C20** geben Sie **>20** ein.
5. In Zelle **C22** erfassen Sie die Formel **=DBSUMME(A4:C16;C4;A19:C20)**
6. Bestätigen Sie mit [Enter].

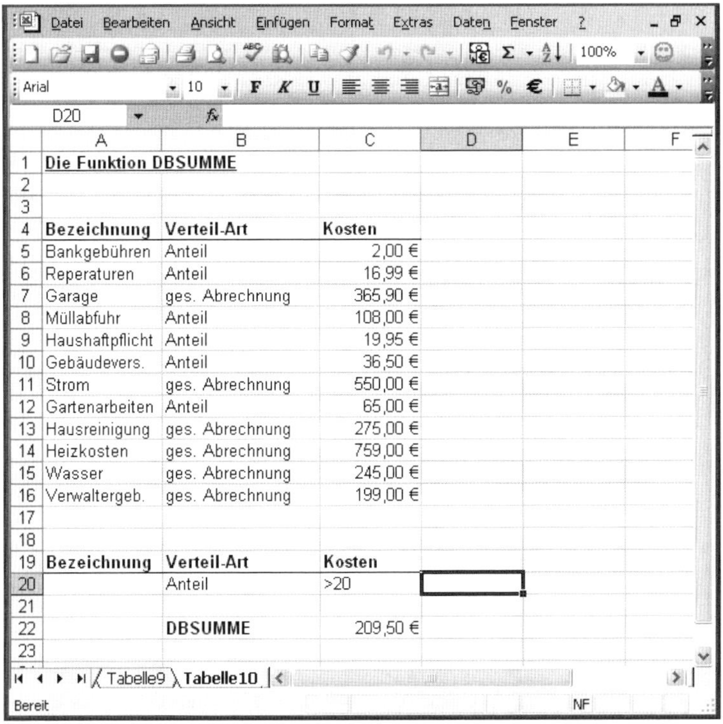

Abbildung 10.20: Die Summe der nach Anteil verteilten Kosten wurde ermittelt

Die Datenbankfunktion DBMITTELWERT

Mit Hilfe der Datenbankfunktion **DBMITTELWERT** können Sie den Mittelwert aus einer Spalte, einer Liste oder Datenbank bestimmen, der den angegebenen Suchkriterien entspricht.

Die Syntax dieser Funktion lautet:

=DBMITTELWERT(Datenbank;Feld;Suchkriterien)

Im Argument **Datenbank** geben Sie den Zellenbereich an, in dem die auszuwertenden Daten enthalten sind.

Das Argument **Datenbankfeld** gibt an, welches Feld in der jeweiligen Funktion verwendet werden soll. Dabei kann entweder ein Zellenbezug angegeben werden oder ein Text der Spaltenbeschriftung, den Sie in doppelten Anführungszeichen erfassen.

Das letzte Argument **Suchkriterien** gibt den Zellenbereich an, der die gewünschten Bedingungen enthält. Für das Argument **Suchkriterien** können Sie jeden Bereich verwenden, der mindestens eine Spaltenbeschriftung und eine Zelle, darunter zur Festlegung der Bedingung, enthält.

Durchschnittliche Einnahmen pro Kategorie ausweisen

In der nächsten Aufgabe werden Sie eine Artikel-Verkaufsliste auswerten. Dabei liegt Ihnen eine Artikelliste, wie in Abbildung 10.21 gezeigt, vor.

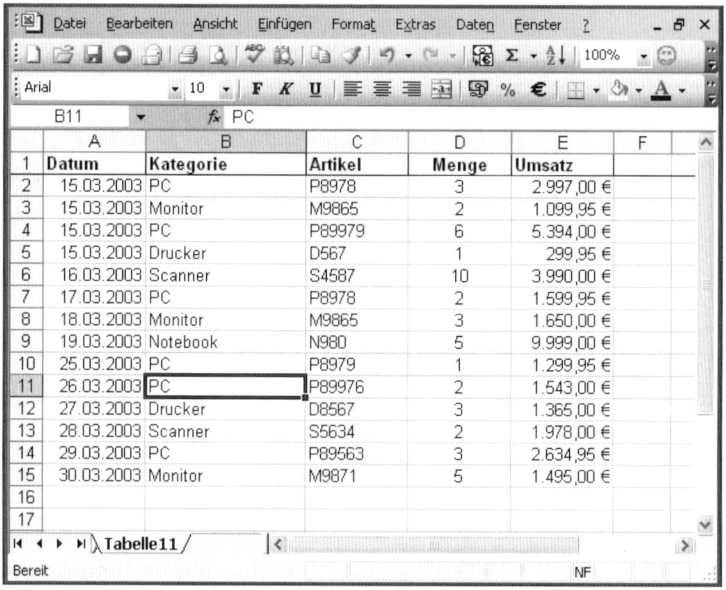

	A	B	C	D	E	F
1	Datum	Kategorie	Artikel	Menge	Umsatz	
2	15.03.2003	PC	P8978	3	2.997,00 €	
3	15.03.2003	Monitor	M9865	2	1.099,95 €	
4	15.03.2003	PC	P89979	6	5.394,00 €	
5	15.03.2003	Drucker	D567	1	299,95 €	
6	16.03.2003	Scanner	S4587	10	3.990,00 €	
7	17.03.2003	PC	P8978	2	1.599,95 €	
8	18.03.2003	Monitor	M9865	3	1.650,00 €	
9	19.03.2003	Notebook	N980	5	9.999,00 €	
10	25.03.2003	PC	P8979	1	1.299,95 €	
11	26.03.2003	PC	P89976	2	1.543,00 €	
12	27.03.2003	Drucker	D8567	3	1.365,00 €	
13	28.03.2003	Scanner	S5634	2	1.978,00 €	
14	29.03.2003	PC	P89563	3	2.634,95 €	
15	30.03.2003	Monitor	M9871	5	1.495,00 €	
16						
17						

Abbildung 10.21: Diese Artikelliste soll ausgewertet werden

Um den durchschnittlichen Umsatz in der Kategorie **PC** zu errechnen, befolgen Sie die nächsten Arbeitsschritte:

1. Kopieren Sie den Zellenbereich **A1:E1**
2. Fügen Sie den kopierten Bereich in Zeile **19** ein.
3. Geben Sie in Zelle **B20** die Kategorie **PC** ein.
4. Erfassen Sie in Zelle **E23** die Formel **=DBMITTELWERT(A1:E15;E1;A19:E20)**
5. Bestätigen Sie mit [Enter].

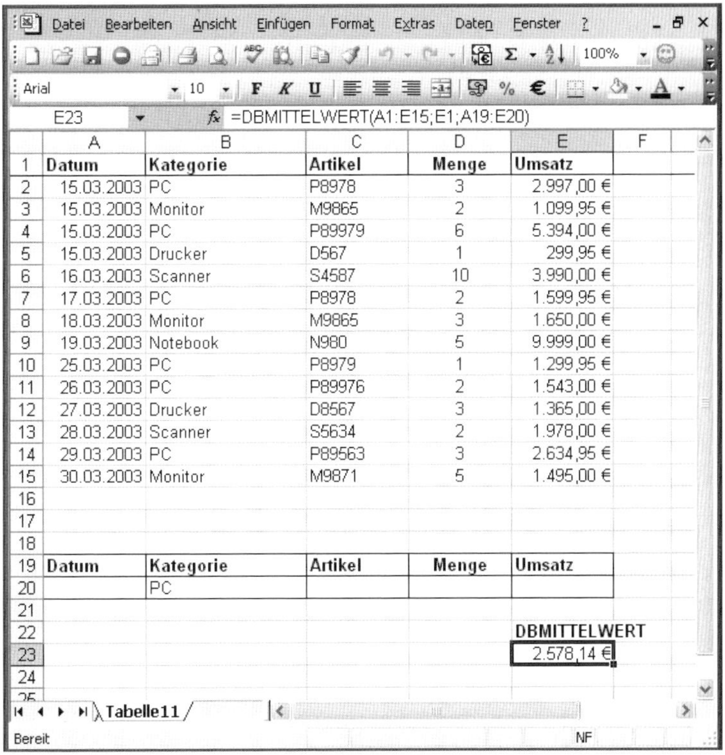

	A	B	C	D	E
1	Datum	Kategorie	Artikel	Menge	Umsatz
2	15.03.2003	PC	P8978	3	2.997,00 €
3	15.03.2003	Monitor	M9865	2	1.099,95 €
4	15.03.2003	PC	P89979	6	5.394,00 €
5	15.03.2003	Drucker	D567	1	299,95 €
6	16.03.2003	Scanner	S4587	10	3.990,00 €
7	17.03.2003	PC	P8978	2	1.599,95 €
8	18.03.2003	Monitor	M9865	3	1.650,00 €
9	19.03.2003	Notebook	N980	5	9.999,00 €
10	25.03.2003	PC	P8979	1	1.299,95 €
11	26.03.2003	PC	P89976	2	1.543,00 €
12	27.03.2003	Drucker	D8567	3	1.365,00 €
13	28.03.2003	Scanner	S5634	2	1.978,00 €
14	29.03.2003	PC	P89563	3	2.634,95 €
15	30.03.2003	Monitor	M9871	5	1.495,00 €
16					
17					
18					
19	Datum	Kategorie	Artikel	Menge	Umsatz
20		PC			
21					
22					DBMITTELWERT
23					2.578,14 €
24					

Abbildung 10.22: Der durchschnittliche Umsatz in der Kategorie PC wurde ermittelt

KAPITEL

Matrixfunktionen

In diesem Kapitel lernen Sie die Funktionen aus der Kategorie Matrix kennen.

11

Matrixfunktionen

Zu den Matrixfunktionen zählen unter anderem Tabellenfunktionen, mit Hilfe denen Sie Daten in Bereichen suchen können.

Alle hier vorgestellten Funktionen sind in der Arbeitsmappe *Kap11.xls* auf der mitgelieferten CD-ROM verfügbar.

Die Tabellenfunktion SVERWEIS

Mit der Tabellenfunktion **SVERWEIS** können Sie einen Wert über einen Suchbegriff aus einem Datenbereich ermitteln und ausgeben. Die genaue Funktionsweise erklärt sich am besten aus der Syntax heraus und einem anschließenden Praxisbeispiel:

Die Syntax dieser Funktion lautet:

=SVERWEIS(Suchkriterium;Matrix;Spaltenindex; Bereich_Verweis)

Das Argument **Suchkriterium** ist der Wert, der in der ersten Matrixspalte gefunden werden soll. Suchkriterium kann ein Wert, ein Bezug oder eine Textzeichenfolge sein. Das Argument **Matrix** ist die Tabelle mit Informationen, in der die Daten gesucht werden. Das Argument **Spaltenindex** ist die Spaltennummer in Matrix, aus der der entsprechende Wert zurückgegeben werden muss. Ein Spaltenindex von 1 gibt den Wert der ersten Spalte in Matrix zurück; ein Spaltenindex von 2 gibt den Wert der zweiten Spalte von Matrix zurück. Da letzte Argument ist **Bereich_Verweis**. Wenn dieses Argument **WAHR** ist, müssen die Werte in der ersten Spalte von Matrix in aufsteigender Reihenfolge angeordnet werden. Wenn **Bereich_Verweis** den Wert **FALSCH** aufweist, muss die Tabelle nicht sortiert vorliegen.

Artikeldaten heraussuchen

In der folgenden Aufgabe soll aus einer Artikeldatenbank ein bestimmter Satz herausgesucht werden. Sehen Sie sich dazu einmal die Tabelle aus Abbildung 11.1 an.

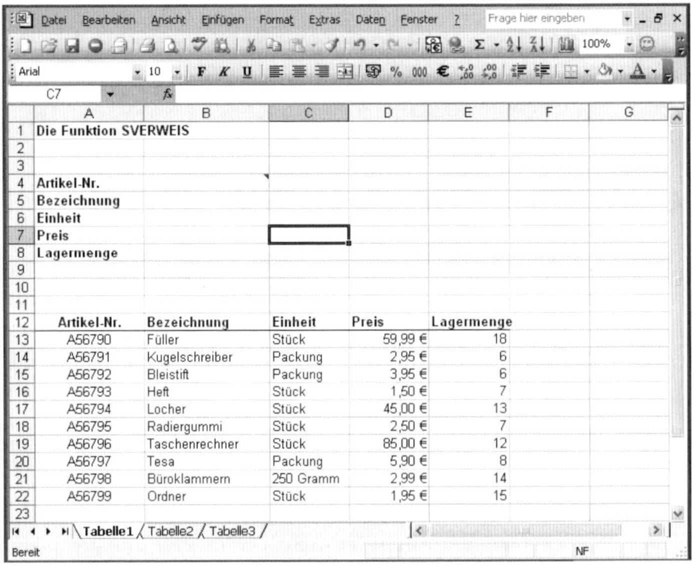

Die Funktion SVERWEIS

Artikel-Nr.	
Bezeichnung	
Einheit	
Preis	
Lagermenge	

Artikel-Nr.	Bezeichnung	Einheit	Preis	Lagermenge
A56790	Füller	Stück	59,99 €	18
A56791	Kugelschreiber	Packung	2,95 €	6
A56792	Bleistift	Packung	3,95 €	6
A56793	Heft	Stück	1,50 €	7
A56794	Locher	Stück	45,00 €	13
A56795	Radiergummi	Stück	2,50 €	7
A56796	Taschenrechner	Stück	85,00 €	12
A56797	Tesa	Packung	5,90 €	8
A56798	Büroklammern	250 Gramm	2,99 €	14
A56799	Ordner	Stück	1,95 €	15

Abbildung 11.1: Die Artikeldatenbank

Ihre Aufgabe besteht nun darin, in Zelle **B4** eine Artikelnummer einzugeben. Alle anderen Informationen zu dieser Artikelnummer sollen danach automatisch in den Zellenbereich **B5:B8** eingefügt werden.

Um diese Aufgabe zu lösen, verfahren Sie wie folgt:

1. Setzen Sie den Mauszeiger in Zelle **B5**.
2. Erfassen Sie die Formel **=SVERWEIS($B$4;$A$13:$E$22;2;FALSCH)**
3. Bestätigen Sie die Eingabe über [Enter].

Mit Hilfe des Suchbegriffes aus Zelle **B4** wird in Spalte **A** nach dem Auftreten dieser Artikelnummer gesucht. Wird die Artikelnummer gefunden, dann werden die Daten der Matrix übertragen. Der Spaltenindex 2 bedeutet, dass der Wert der zweiten Spalte der Matrix **A13:E22**, also der Wert aus Spalte **B** übertragen wird. Wenn Sie die Formel aus Zelle **B4** nach unten kopieren, müssen Sie den Spaltenindex dabei jeweils anpassen. Entnehmen Sie die dazu notwendigen Formeln aus Tabelle 11.1.

Zelle	Formel
B5	=SVERWEIS($B$4;$A$13:$E$22;2;FALSCH)
B6	=SVERWEIS($B$4;$A$13:$E$22;3;FALSCH)
B7	=SVERWEIS($B$4;$A$13:$E$22;4;FALSCH)
B8	=SVERWEIS($B$4;$A$13:$E$22;5;FALSCH)

Tabelle 11.1: Die verwendeten Formeln

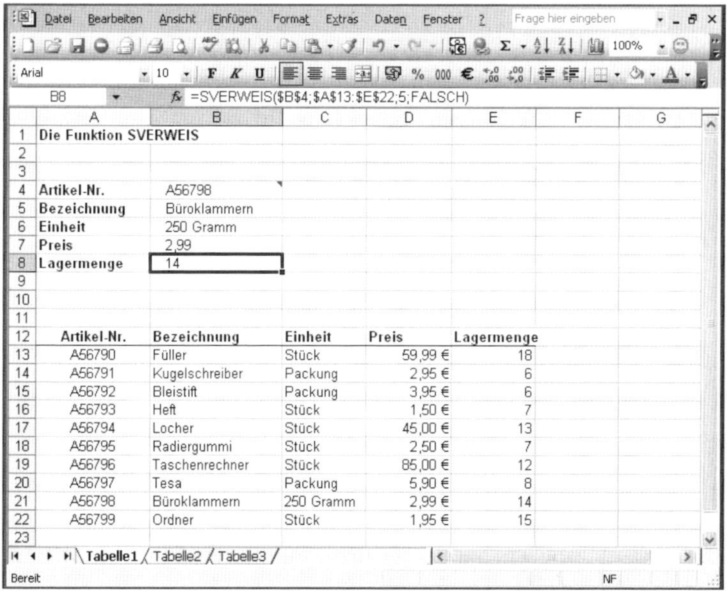

Abbildung 11.2: Mit SVERWEIS nach Daten suchen

Den richtigen Tarif abgreifen

In der folgenden Aufgabe soll aus einer Liste der richtig Tarif ermittelt werden. Dabei soll eine Eingabe zwischen 1 und 6 erfolgen. Excel muss danach aus einer Liste den zutreffenden Tarif auswählen. Sehen Sie sich dazu einmal die folgende Abbildung 11.3 an.

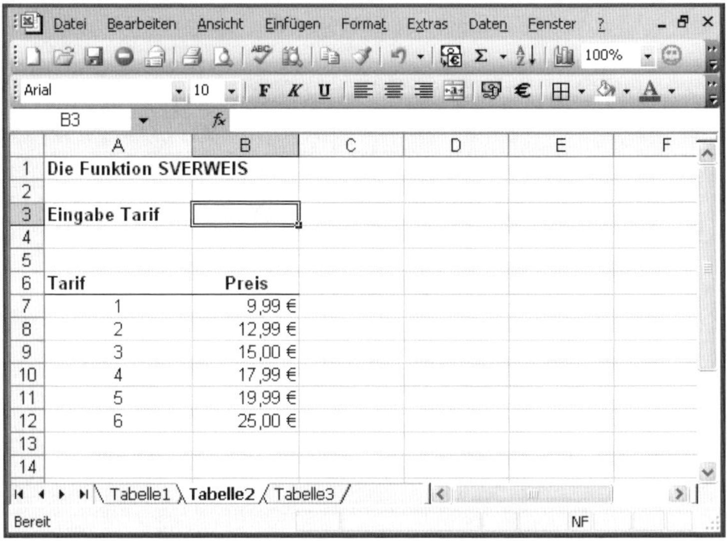

Abbildung 11.3: Die Tariftabelle

Um die Eingabe in Zelle **B3** zu vereinfachen, können Sie dem Anwender ein Dropdownfeld anbieten, aus dem der entsprechende Tarif ausgewählt werden kann. Dieses Dropdownfeld wird immer dann angezeigt, wenn der Anwender den Mauszeiger auf die Zelle **B3** setzt.

Um ein solches Zellendropdown einzurichten, verfahren Sie wie folgt:

1. Setzen Sie den Mauszeiger auf die Zelle **B3**.
2. Wählen Sie aus dem Menü *Daten* den Befehl *Gültigkeit*.

3. Auf der Registerkarte *Einstellungen* wählen Sie aus dem Kombinationsfeld *Zulassen* den Befehl *Liste.*

Abbildung 11.4: Die gültigen Werte eingeben

4. Erfassen Sie im Feld *Quelle* die Werte, die Sie zulassen möchten.
5. Wechseln Sie auf die Registerkarte *Eingabemeldung* und definieren Sie eine Meldung, die automatisch erscheint, wenn die Zelle B3 aktiviert wird.
6. Auf der Registerkarte *Fehlermeldung* können Sie eine eigene Fehlermeldung definieren, die automatisch dann angezeigt wird, wenn eine ungültige Eingabe in Zelle **B3** vorgenommen wird.
7. Bestätigen Sie Ihre Einstellungen mit *OK.*

8. Erfassen Sie in Zelle **C3** die Formel **=SVERWEIS($B$3;$A$6:$B$12;2;FALSCH)**

9. Bestätigen Sie mit [Enter].

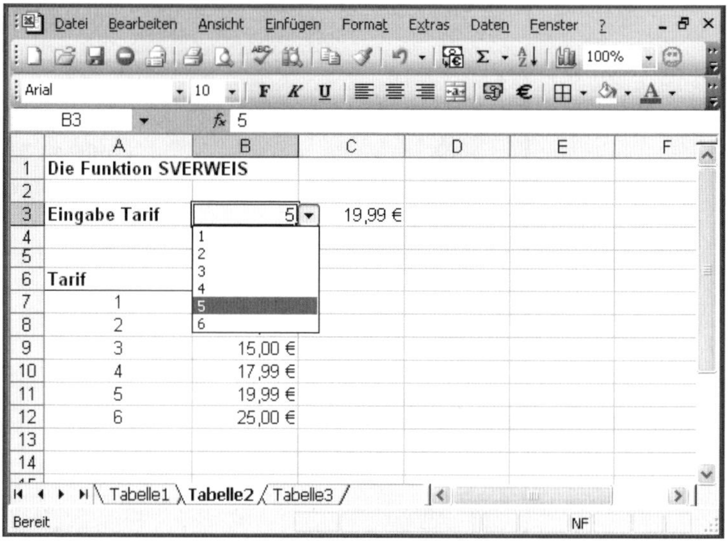

Abbildung 11.5: Schnelle und flexible Auswahl des Tarifs

In der nächsten Aufgabe wird der Tarif aus der **Tabelle2** in einer anderen Tabelle abgefragt. Die Tabellenfunktion **SVERWEIS** muss zu diesem Zweck tabellenübergreifend arbeiten. Fügen Sie zu diesem Zweck eine neue Tabelle ein und gestalten Sie diese nach dem Vorbild der Abbildung 11.6.

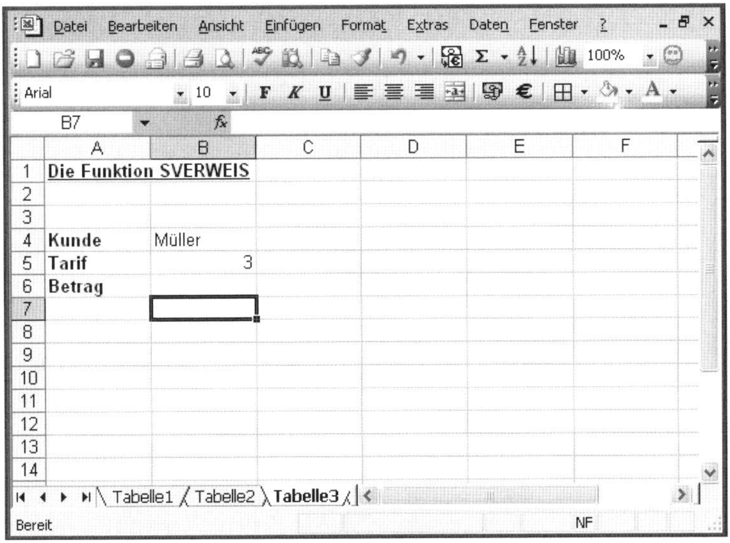

Abbildung 11.6: Zugriff auf ein separates Blatt

In Zelle **B6** soll nun die Tabellenfunktion **SVERWEIS** eingefügt werden. Dabei erfolgt in diesem Fall der Zugriff auf die **Tabelle2**, die die Tarifdaten enthält. Erfassen Sie daher die Formel **=SVERWEIS($B$5;Tabelle2!$A$6:$B$12;2;FALSCH)** in Zelle **B6**.

> HINWEIS
>
> Befindet sich das Datenblatt in einer anderen Arbeitsmappe, dann lautet die Syntax wie folgt:
>
> **=SVERWEIS($B$5;[Mappe.xls]Tabelle1!$A$6:$B$12;2;FALSCH)**

Die Tabellenfunktion WVERWEIS

Die Tabellenfunktion **WVERWEIS** ähnelt der soeben beschriebenen Funktion. Auch hier erklärt sich die Funktion am besten aus der Syntax und einem nachfolgenden Praxisbeispiel.

Die Syntax dieser Funktion lautet:

=WVERWEIS(Suchkriterium;Matrix;Zeilenindex; Bereich_Verweis)

Das Argument **Suchkriterium** ist der Wert, der in der ersten Zeile der Tabelle gefunden werden soll. Suchkriterium kann ein Wert, ein Bezug oder eine Textzeichenfolge sein. Das Argument **Matrix** ist eine Tabelle mit Informationen, in denen Daten nachgeschlagen werden sollen. Beim Argument **Zeilenindex** wird die Nummer der Zeile in der Matrix gemeint, aus der der entsprechende Wert zurückgegeben wird. Ein Zeilenindex von 1 gibt den ersten Zeilenwert in Matrix zurück, ein Zeilenindex von 2 gibt den zweiten Zeilenwert in Matrix zurück usw. Das letzte Argument **Bereich_Verweis** sagt aus, ob **WVERWEIS** eine genaue Entsprechung oder eine ungefähre Entsprechung suchen soll. Wenn dieses Argument **WAHR** ist oder weggelassen wird, wird eine ungefähre Entsprechung zurückgegeben. Wenn das Argument den Wert **FALSCH** annimmt, sucht die Funktion eine genaue Entsprechung. Wenn keine gefunden wird, wird der Fehlerwert **#NV** zurückgegeben.

Kopfzahlen, Umsätze und Kosten darstellen

In der folgenden Aufgabe werden in einer Tabelle die Kopfzahlen von Mitarbeitern, deren Umsatz sowie die Kosten dargestellt. Über die Eingabe der Kostenstelle sollen die dazugehörigen Daten gefunden und angezeigt werden.

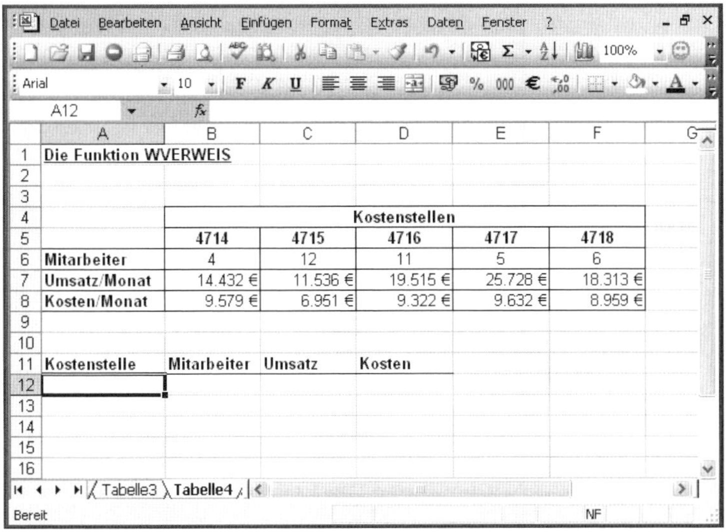

	A	B	C	D	E	F
1	**Die Funktion WVERWEIS**					
2						
3						
4		**Kostenstellen**				
5		**4714**	**4715**	**4716**	**4717**	**4718**
6	**Mitarbeiter**	4	12	11	5	6
7	**Umsatz/Monat**	14.432 €	11.536 €	19.515 €	25.728 €	18.313 €
8	**Kosten/Monat**	9.579 €	6.951 €	9.322 €	9.632 €	8.959 €
9						
10						
11	Kostenstelle	Mitarbeiter	Umsatz	Kosten		
12						

Abbildung 11.7: Die Ausgangssituation

Nach Eingabe der gewünschten Kostenstelle in Zelle **A12** sollen die dazugehörigen Daten aus der darüber liegenden Tabelle gesucht und in die Zellen **B12** bis **D12** übertragen werden. Um diese Aufgabe zu lösen, befolgen Sie die nächsten Arbeitsschritte:

1. Geben Sie in die Zelle **A12** zunächst eine beliebige Kostenstelle aus dem Zellenbereich **B5:F5** ein.
2. Erfassen Sie in Zelle **B12** die Formel **=WVERWEIS($A$12;$B$5:$F$8;2;FALSCH)**
3. In Zelle **C12** geben Sie die Formel **=WVERWEIS($A$12;$B$5:$F$8;3;FALSCH)** ein.
4. Die Zelle **D12** wird mit der Formel **=WVERWEIS($A$12;$B$5:$F$8;4;FALSCH)** ausgestattet.
5. Zunächst werden die Daten noch unformatiert übertragen. Übertragen Sie daher unter Verwendung des Format-Pinsels die entsprechenden Formate.

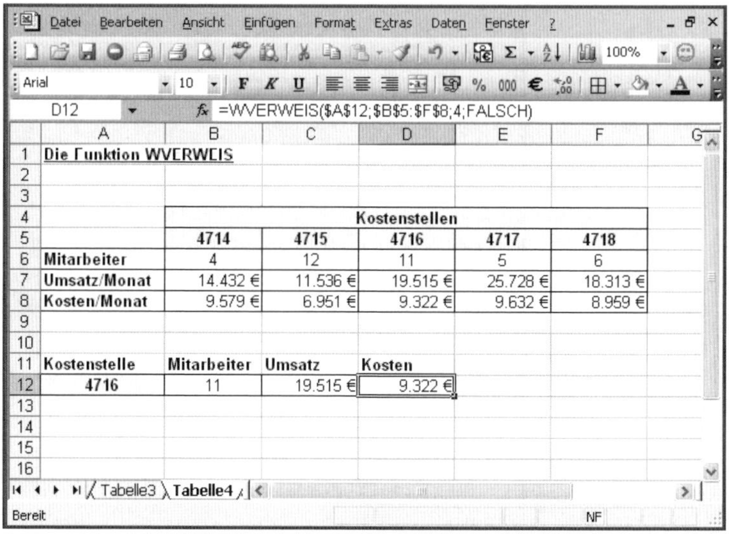

	A	B	C	D	E	F
1	**Die Funktion WVERWEIS**					
2						
3						
4		**Kostenstellen**				
5		**4714**	**4715**	**4716**	**4717**	**4718**
6	**Mitarbeiter**	4	12	11	5	6
7	**Umsatz/Monat**	14.432 €	11.536 €	19.515 €	25.728 €	18.313 €
8	**Kosten/Monat**	9.579 €	6.951 €	9.322 €	9.632 €	8.959 €
9						
10						
11	**Kostenstelle**	**Mitarbeiter**	**Umsatz**	**Kosten**		
12	**4716**	11	19.515 €	9.322 €		
13						
14						
15						
16						

Abbildung 11.8: Dynamisches Suchen von Kennzahlen

Mit Hilfe des Suchbegriffes aus Zelle **A12** wird in Zeile **5** nach dem Auftreten der Kostenstelle gesucht. Wird die Kostenstelle gefunden, dann werden die Daten der Matrix übertragen. Der Zeilenindex 2 bedeutet, dass der Wert aus der zweiten Zeile der Matrix **B5:F8,** also in diesem Fall die Zeile **6** übertragen wird.

Zahlen dynamisch aus Matrix heraussuchen

In der folgenden Aufgabe liegt eine Tabelle wie in Abbildung 11.9 abgebildet vor.

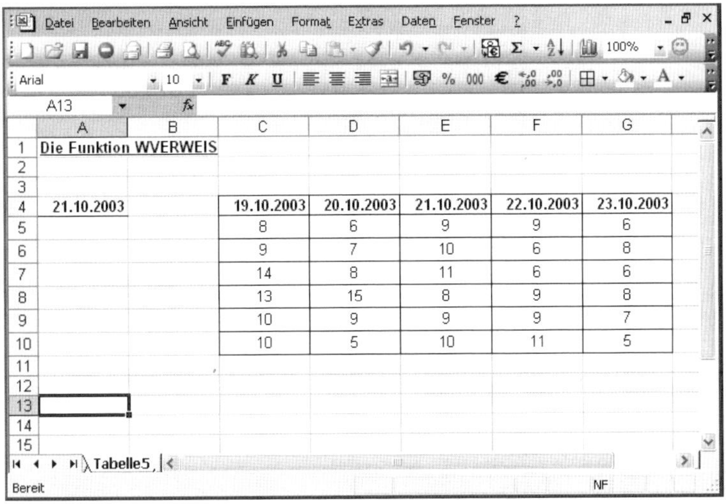

Abbildung 11.9: Die aktuellen Zahlen sollen ermittelt werden

Nach der Eingabe des Datums in Zelle **A4** sollen im Bereich **A5:A10** die zum eingegebenen Datum dazugehörenden Zahlen eingefügt werden. Um diese Aufgabe zu lösen, verfahren Sie wie folgt:

1. Markieren Sie den Zellenbereich **A5:A10**
2. Erfassen Sie die Formel **=WVERWEIS($A$4;$C$4:$G$10;(ZEILE()-3))**
3. Bestätigen Sie die Eingabe, indem Sie die Tastenkombination Strg + ↵ drücken.

Mit Hilfe des Datums aus der Zelle **A4** wird im Zellenbereich **C4:G10** gesucht. Dabei wird das gesuchte Datum in der ersten Zeile in diesem Zellenbereich mit den angebotenen Datumswerten abgeglichen. Wird die richtige Zelle gefunden, dann wird mit Hilfe der Tabellenfunktion **ZEILE** die aktive Zeile ermittelt. Von dieser Zeile muss der Wert **3** subtrahiert werden, da im Beispiel die ersten drei Zeilen nicht verwendet werden.

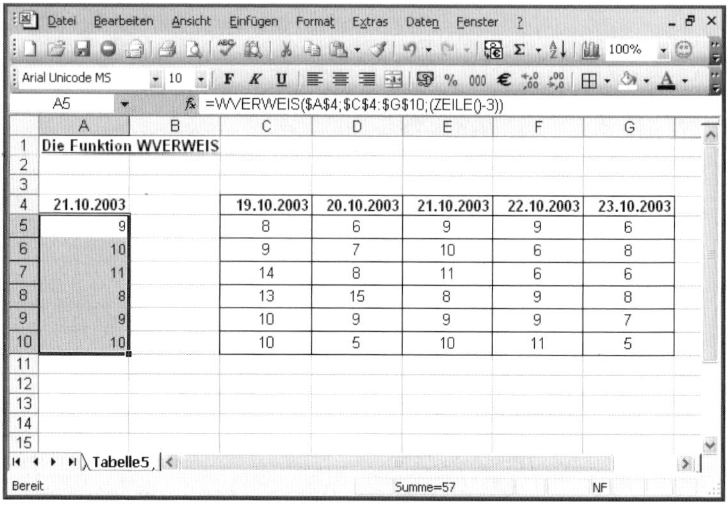

Abbildung 11.10: Daten werden gesucht und gefunden

Die Tabellenfunktion VERWEIS

Mit Hilfe der Tabellenfunktion **VERWEIS** können Sie die Werte eines Vektors oder einer Matrix durchsuchen. Für diese Funktion gibt es zwei Syntaxversionen: die Vektor- und die Matrixversion. Ein Vektor ist eine Matrix, die aus nur einer Zeile oder Spalte besteht. Die Vektorversion von **VERWEIS** sucht in einem Bereich, der aus nur einer Zeile oder Spalte besteht (Vektor), nach einem bestimmten Wert und gibt einen Wert aus derselben Position in einem zweiten Vektor zurück. Die Matrixversion von **VERWEIS** sucht in der ersten Zeile oder Spalte einer Matrix nach dem angegebenen Wert und gibt einen Wert aus derselben Position in der letzten Zeile oder Spalte derselben Matrix zurück.

Die Syntax 1 lautet:

=VERWEIS(Suchkriterium;Suchvektor;Ergebnisvektor)

Geben Sie im Argument **Suchkriterium** einen Wert an, nach dem diese Funktion im ersten Vektor suchen soll. Das Suchkriterium kann dabei eine Zahl, eine Zeichenfolge (ein Text), ein Wahrheitswert oder ein Name bzw. ein Bezug sein, der sich auf einen Wert bezieht.

Im Argument **Suchvektor** wird ein Bereich angegeben, der nur eine Zeile oder Spalte enthält. Zulässige Elemente von Suchvektor sind Zeichenfolgen (Texte), Zahlen oder Wahrheitswerte.

Im Argument **Ergebnisvektor** wird ein Bereich angegeben, der nur eine Zeile oder Spalte enthält. Dieser Vektor muss genauso viele Elemente beinhalten wie der Suchvektor.

Die Syntax 2 lautet:

=VERWEIS(Suchkriterium;Matrix)

Im Argument **Suchkriterium** wird ein Wert angegeben, nach dem die Funktion in der Matrix suchen soll. Als Suchkriterium kann eine Zahl, eine Zeichenfolge (ein Text), ein Wahrheitswert oder ein Name bzw. ein Bezug angegeben werden, der sich auf einen Wert bezieht.

Im Argument **Matrix** wird ein Zellbereich angegeben, der entweder Text, Zahlen oder Wahrheitswerte enthält, die Sie mit Suchkriterium vergleichen möchten.

Kann die Funktion **VERWEIS** keinen Wert finden, der mit dem jeweiligen Suchkriterium übereinstimmt, verwendet sie den größten Wert in der Matrix, der bezogen auf das Suchkriterium kleiner oder gleich ist.

Punkte und Prozente

In der folgenden Aufgabe wurde ein Multiple-Choice-Test durchgeführt und die Ergebnisse in einer Tabelle festgehalten. Von den insgesamt 100 Testpersonen haben 4 Personen nur 10% der Fragen richtig beantwortet. Die weitere Aufteilung der Ergebnisse entnehmen Sie der Abbildung 11.11.

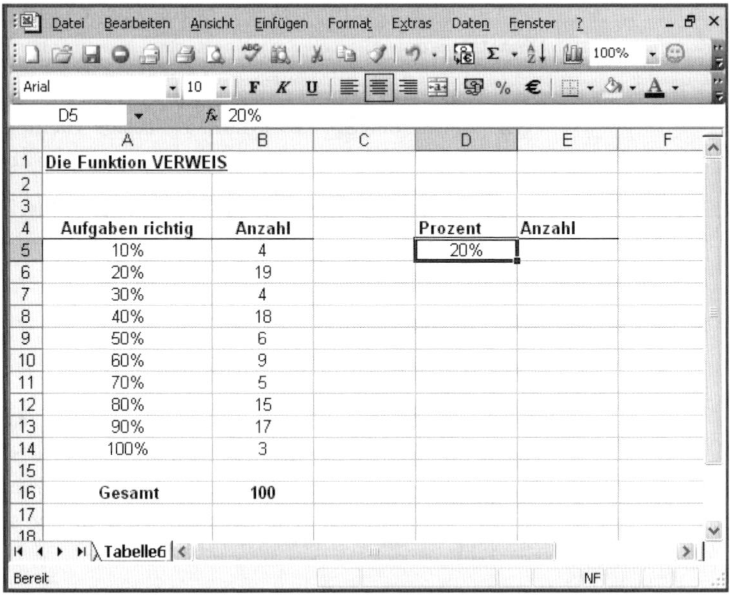

	A	B	C	D	E
1	Die Funktion VERWEIS				
2					
3					
4	Aufgaben richtig	Anzahl		Prozent	Anzahl
5	10%	4		20%	
6	20%	19			
7	30%	4			
8	40%	18			
9	50%	6			
10	60%	9			
11	70%	5			
12	80%	15			
13	90%	17			
14	100%	3			
15					
16	Gesamt	100			

Abbildung 11.11: Die ausgewerteten Daten der Testbefragung

In Zelle **D5** soll nun ein Prozentsatz eingegeben werden. Zu diesem Prozentsatz soll danach die entsprechende Anzahl der Personen ausgegeben werden. Dazu erfassen Sie die Formel **=VERWEIS($D$5;$A$4:$B$14)** in der Zelle **E5**.

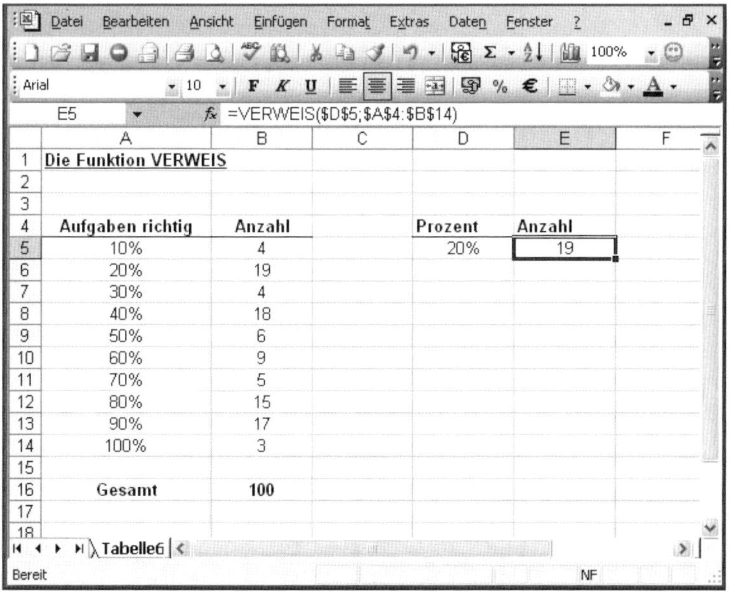

	A	B	C	D	E
1	Die Funktion VERWEIS				
2					
3					
4	Aufgaben richtig	Anzahl		Prozent	Anzahl
5	10%	4		20%	19
6	20%	19			
7	30%	4			
8	40%	18			
9	50%	6			
10	60%	9			
11	70%	5			
12	80%	15			
13	90%	17			
14	100%	3			
15					
16	Gesamt	100			
17					

Abbildung 11.12: 19 Personen haben über 20% richtig beantwortet

Liegt die eingegebene Prozentzahl wertmäßig über den angebotenen Prozentwerten aus Spalte A, dann wird jeweils abgerundet. So wird bei **21%** oder **29%** die Anzahl **19** zurückgegeben.

Autotexte einsetzen

Beim folgenden Beispiel liegt eine Tabelle mit Autotexten vor. Mit Hilfe der Eingabe einer Zahl soll ein dazugehörender Text ausgegeben werden. Sehen Sie sich dazu einmal die Abbildung 11.13 an.

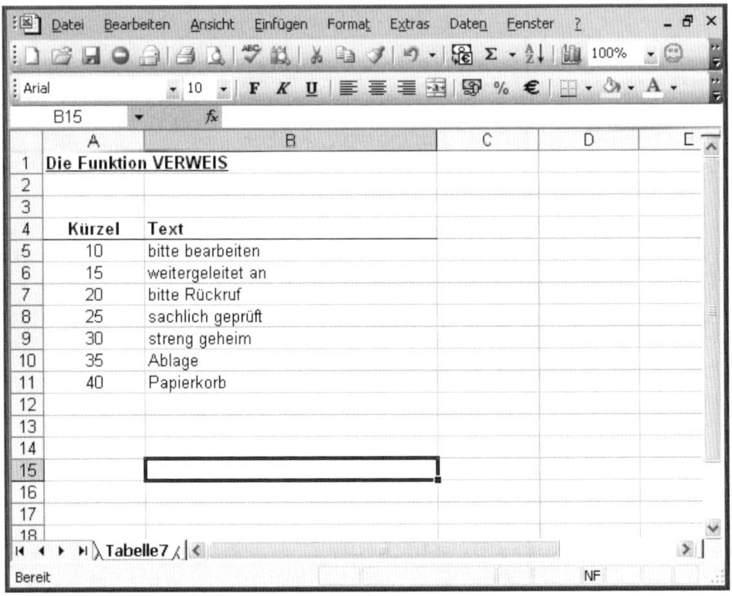

Abbildung 11.13: Die zur Verfügung stehenden Autotexte

Geben Sie jetzt in Zelle **A15** eine Zahl aus dem Zellenbereich **A5:A11** ein. Danach geben Sie die Formel **=VERWEIS($A$15;$A$4:$B$11)** in Zelle **B15** ein.

> **HINWEIS**
>
> Diese mit Zahlen ausgestatteten Autotexte können auch beispielsweise auf einer separaten Tabelle angelegt werden und in anderen Tabellen zum Einsatz kommen. Die so angelegte Tabelle muss dazu nicht unbedingt eingeblendet bleiben. Über das Menü *Format* und den Befehl *Blatt/Ausblenden* kann die Datentabelle versteckt werden.

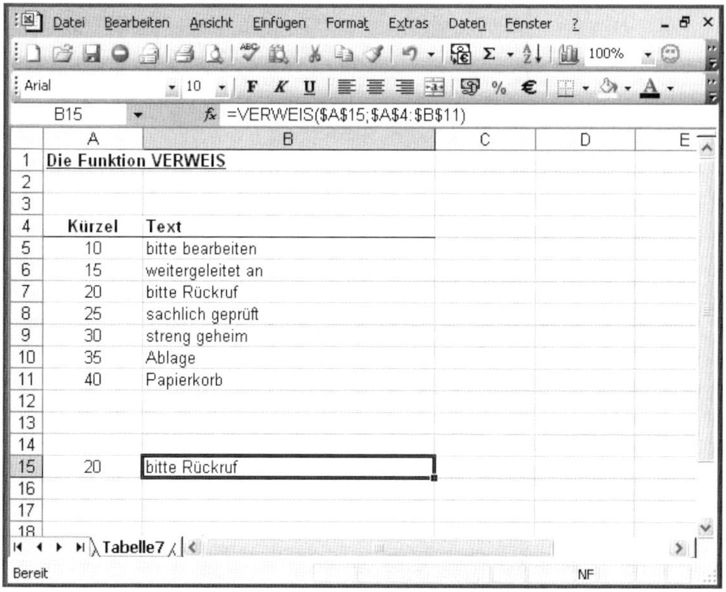

Abbildung 11.14: Mit einer Zahleneingabe einen Text anzeigen lassen

Feiertage ermitteln

In der folgenden Aufgabe liegt eine Liste mit Datumsangaben und den dazugehörigen Feiertage wie in Abbildung 11.15 gezeigt, vor. Mit Hilfe der Tabellenfunktion **VERWEIS** soll jetzt über die Eingabe eines Datums der dazugehörige Namen des Feiertages angezeigt werden.

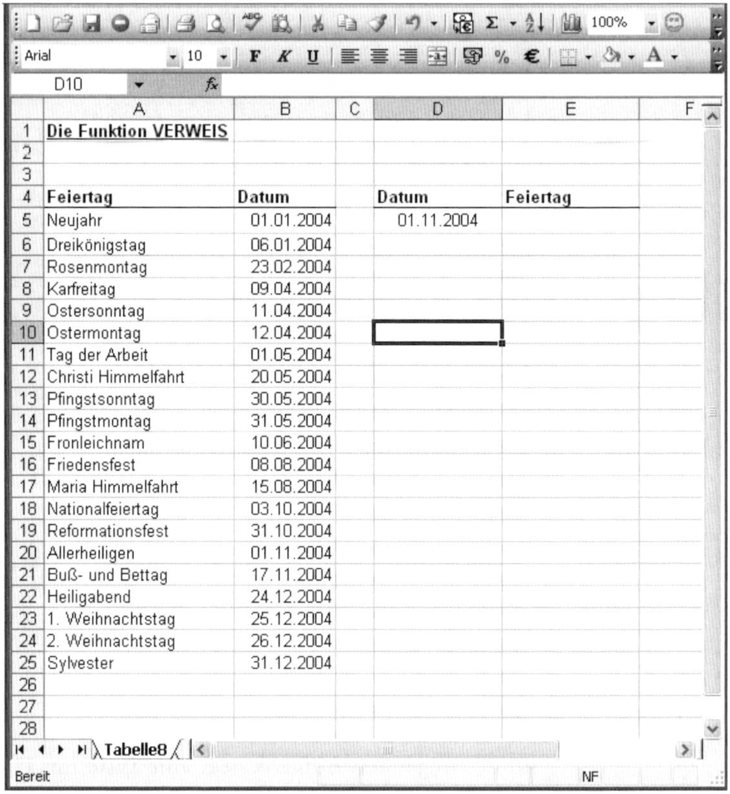

Abbildung 11.15: Die Feiertage in 2004

In Zelle **D5** soll ein Datum eingegeben werden können. Um die Auswahl des Datums zu erleichtern, können Sie ein Zellendropdown anlegen und die Daten des Zellenbereiches **B5:B25** zuordnen. Dabei gehen Sie wie folgt vor:

1. Setzen Sie den Mauszeiger in die Zelle **D5**
2. Wählen Sie aus dem Menü **Daten** den Befehl *Gültigkeit*.
3. Auf der Registerkarte *Einstellungen* wählen Sie aus dem Kombinationsfeld *Zulassen* den Befehl *Liste*.

4. Im Feld *Quelle* geben Sie den Zellenbezug **=$B$5:$B$25** ein.
5. Bestätigen Sie mit *OK*.
6. Geben Sie in die Zelle **E5** die Formel **=VERWEIS($D$5;B5:B25;A5:A25)** ein.
7. Bestätigen Sie mit *OK*.

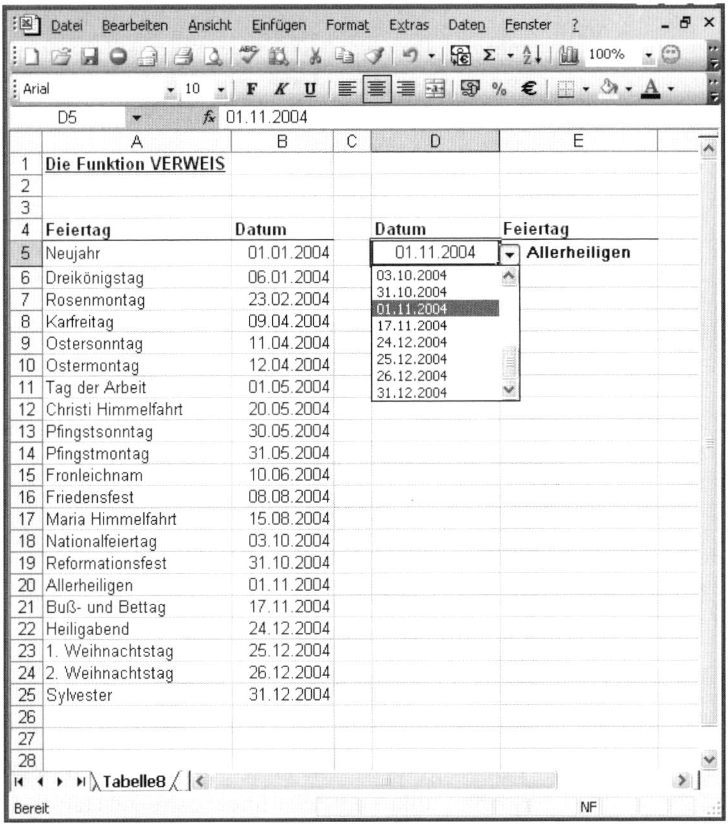

Abbildung 11.16: Die Auswahl eines Datums gibt den dazugehörigen Feiertagnamen aus

Die Tabellenfunktion INDEX

Mit Hilfe der Tabellenfunktion **INDEX** können Sie über einen Index einen bestimmten Wert aus einer Matrix finden. Diese Funktion gibt es in zwei Versionen.

Syntax 1:

=INDEX(Matrix;Zeile;Spalte)

gibt den Bezug auf eine oder mehrere Zellen zurück, die zur als Matrix angegebenen Matrix gehören. Das Argument **Matrix** ist dabei ein Zellenbereich oder eine Matrixkonstante. Besteht das Argument *Matrix* aus nur einer Zeile oder Spalte, ist das entsprechende Argument Zeile bzw. Spalte optional. Erstreckt sich Matrix über mehrere Zeilen und Spalten und ist nur eines der Argumente Zeile oder Spalte angegeben, liefert die Funktion eine Matrix, die der gesamten zugehörigen Zeile oder Spalte von Matrix entspricht.

Syntax 2:

=INDEX(Bezug;Zeile;Spalte;Bereich)

gibt den Bezug auf Zellen zurück, die zu dem mit Bezug angegebenen Bereich gehören. Im Argument **Bezug** wird ein Bezug auf einen oder mehrere Zellenbereiche angegeben. Erstreckt sich jeder in Bezug angegebene Teilbereich über nur eine Zeile oder Spalte, ist das Argument Zeile bzw. Spalte optional.

Im Argument **Zeile** wird die Nummer der Zeile im Bereich angegeben, aus dem der Bezug geliefert werden soll.

Im Argument **Spalte** wird die Nummer der Spalte im Bereich angegeben, aus dem der Bezug geliefert werden soll.

Das Argument **Bereich** bestimmt den Zellenbereich, dessen Schnittpunkt von Zeile und Spalte geliefert werden soll. Der erste markierte oder eingegebene Teilbereich erhält die Nummer 1, der zweite die Nummer 2 usw. Ist Bereich nicht angegeben, verwendet die Funktion den Teilbereich 1.

Uhren-Marken suchen

In der folgenden Liste liegt eine Auflistung mit Herstellern von Armbanduhren vor. Über die Eingabe der Artikelnummer soll der entsprechende Hersteller ermittelt werden.

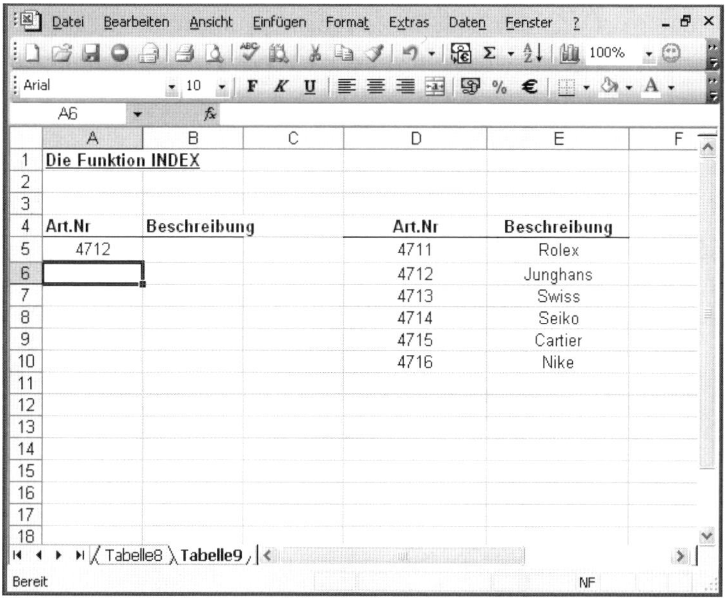

Abbildung 11.17: Welcher Hersteller gehört zu welcher Nr.?

Um die Zuordnung von Artikelnummer zum Hersteller machen zu können, muss mit der eingegebenen Nummer in Zelle **A5** der entsprechende Hersteller im Bereich **E5:E10** ermittelt werden. Dieser Abgleich wird mit Hilfe der Tabellenfunktion **VERGLEICH** vorgenommen, die im Zusammenspiel mit der Tabellenfunktion **INDEX** das gewünschte Ergebnis liefert. Erfassen Sie daher in Zelle **B5** die Formel:

=INDEX(E$5:$E$10;VERGLEICH($A$5;$D$5:$D$10;0))

und bestätigen Sie mit [↵].

Im ersten Argument der Tabellenfunktion **INDEX** geben Sie den Zellenbereich an, in dem nach der Artikelnummer gesucht werden soll. Im zweiten Argument setzen Sie die Tabellenfunktion **VERGLEICH** ein, um die gewünschte Zeile zu ermitteln, die der Artikelnummer im Bereich **D5:D10** entspricht. Das letzte Argument, die **0**, repräsentiert die Spalte, aus der der Wert zurückgegeben werden soll. Da im ersten Argument der Zellenbereich **E5:E10** angegeben wurde und das Ergebnis auch in diesem Bereich gefunden werden soll, wird in diesem Fall die 0 angegeben.

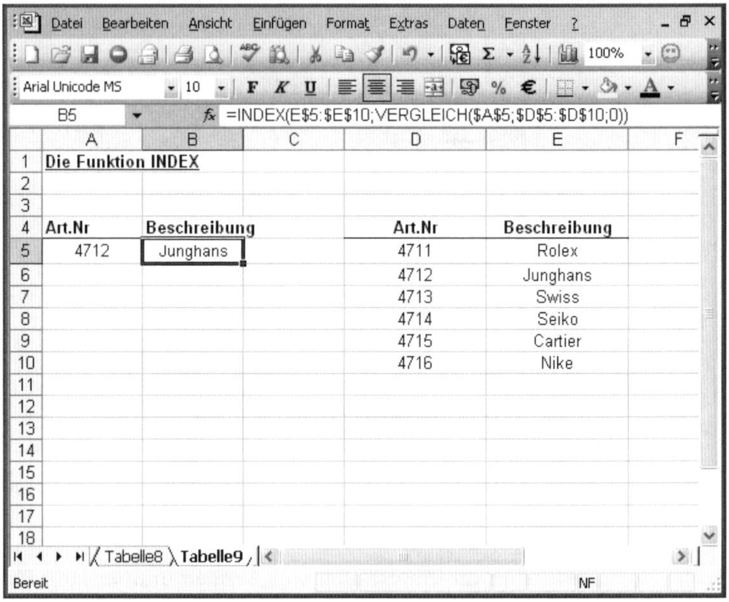

Abbildung 11.18: Der zur Artikel gehörende Hersteller konnte ermittelt werden

Umsatz pro Kunde ermitteln

In der folgenden Aufgabe liegt eine Tabelle mit Kundendaten vor. Als verfügbare Daten sind, wie in Abbildung 11.19 gezeigt, die

Kunden-Nr., der Kundenname sowie der Umsatz mit dem Kunden hinterlegt.

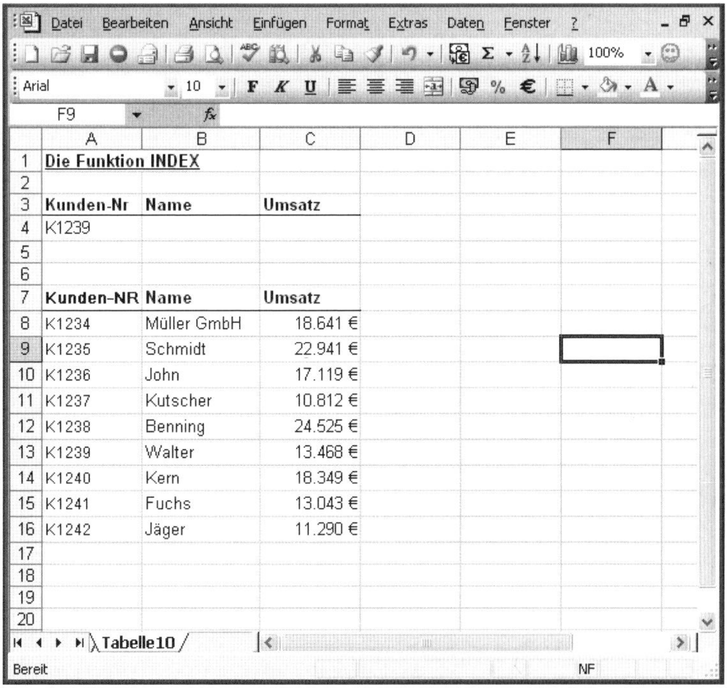

	A	B	C
1	**Die Funktion INDEX**		
2			
3	**Kunden-Nr**	**Name**	**Umsatz**
4	K1239		
5			
6			
7	**Kunden-NR**	**Name**	**Umsatz**
8	K1234	Müller GmbH	18.641 €
9	K1235	Schmidt	22.941 €
10	K1236	John	17.119 €
11	K1237	Kutscher	10.812 €
12	K1238	Benning	24.525 €
13	K1239	Walter	13.468 €
14	K1240	Kern	18.349 €
15	K1241	Fuchs	13.043 €
16	K1242	Jäger	11.290 €

Abbildung 11.19: Diese Kundendaten sind verfügbar

Über die Eingabe einer Kunden-Nr. in Zelle **A4** sollen die dazugehörigen Daten aus dem Zellenbereich **A7:C16** ermittelt und in den Zellen **B4** und **C4** transportiert werden.

Um diese Aufgabe zu lösen, verfahren Sie wie folgt:

1. Erfassen Sie in Zelle **B4** die Formel
   =INDEX($A$8:$C$16;VERGLEICH($A$4;$A$8:$A$16;0);2)

2. In Zelle **C4** schreiben Sie die Formel **=INDEX($A$8:$C$16;VERGLEICH($A$4;$A$8:$A$16;0);3)**
3. Bestätigen Sie die Eingabe beider Formeln mit der Taste [↵].

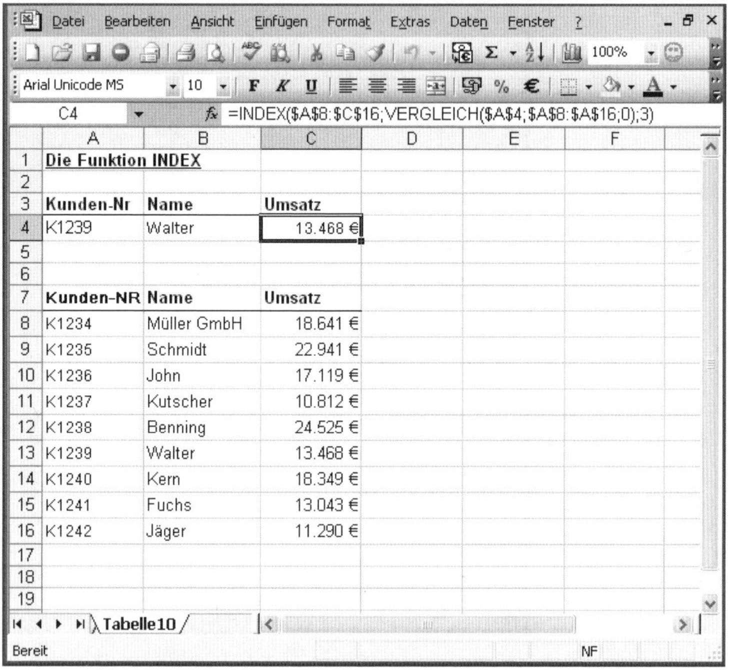

C4 =INDEX($A$8:$C$16;VERGLEICH($A$4;$A$8:$A$16;0);3)

	A	B	C
1	Die Funktion INDEX		
2			
3	Kunden-Nr	Name	Umsatz
4	K1239	Walter	13.468 €
5			
6			
7	Kunden-NR	Name	Umsatz
8	K1234	Müller GmbH	18.641 €
9	K1235	Schmidt	22.941 €
10	K1236	John	17.119 €
11	K1237	Kutscher	10.812 €
12	K1238	Benning	24.525 €
13	K1239	Walter	13.468 €
14	K1240	Kern	18.349 €
15	K1241	Fuchs	13.043 €
16	K1242	Jäger	11.290 €

Abbildung 11.20: Suchen und Transportieren mit INDEX

Im ersten Argument der Tabellenfunktion **INDEX** wurde der Bereich angegeben, in dem alle Daten gespeichert sind. Im zweiten Argument muss die Zeile gefunden werden, in dem die entsprechende Kunden-Nr. gefunden werden kann. Diese Suche wird mit Hilfe der Tabellenfunktion **VERGLEICH** durchgeführt. Dabei wird dieser Funktion der Suchbegriff, also die Kunden-Nr. aus Zelle **A4,** sowie der Zellenbereich, in dem die Kunden-Nr. gefunden werden kann, angegeben. Als Ergebnis wird die ermittelte Zeile zurückgegeben. Was jetzt noch fehlt, ist die Spalte, die zurückgegeben werden soll. Dazu geben Sie im letzten Argument der Tabellenfunktion **INDEX** den Wert **2** an, um die zweite Spalte im Bereich **A8:C16** anzusteuern. Diese zweite Spalte repräsentiert dabei die Spalte **B**. Der Wert **3** würde die Spalte **C** zurückgeben.

Den letzten Wert einer Spalte ermitteln

Möchten Sie den letzten Wert einer Spalte ermitteln, dann gibt es dafür mehrere Möglichkeiten. Sehen Sie sich zunächst die Abbildung 11.21 an.

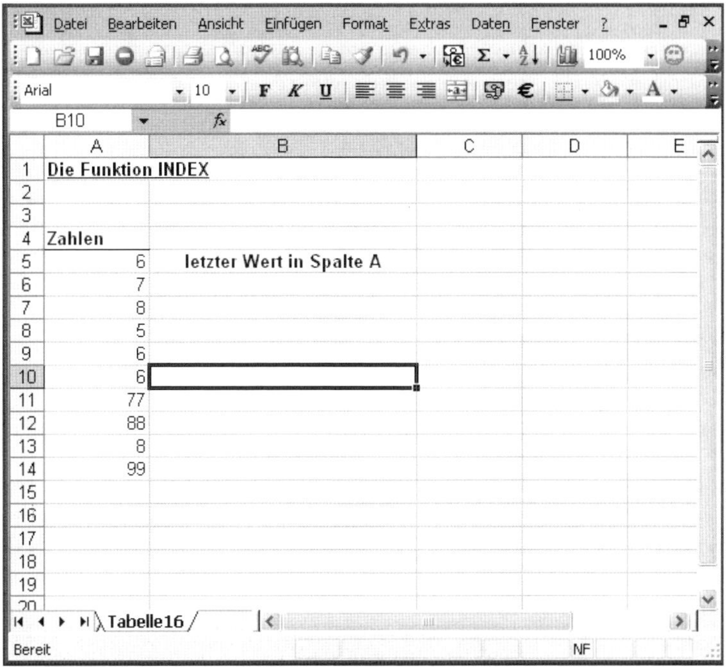

Abbildung 11.21: Die letzte Zelle in Spalte A soll ermittelt werden

Um den letzten Eintrag in Spalte A zu ermitteln, erfassen Sie die Formel

=INDEX(A:A;ANZAHL2(A:A)+ANZAHLLEEREZELLEN (A1:A14))

in Zelle **C5**.

Da in der **Tabelle16** auch leere Zellen (Zeile 2 und Zeile 3) vorhanden sind, müssen Sie diese Zellen mit Hilfe der Tabellenfunktion **ANZAHLLEEREZELLEN** ermitteln und addieren.

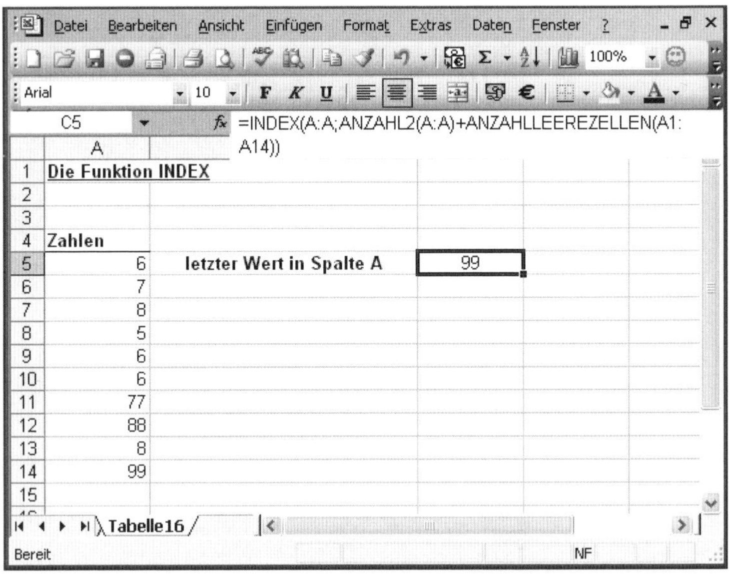

Abbildung 11.22: Der letzte Wert in Spalte A ist 99

Die gleiche Aufgabe kann auch über die etwas längere Formel

=INDEX(A:A;SUMMENPRODUKT(MAX((A1:A65535<>"") *ZEILE(A1:A65535)));1)

gelöst werden.

Die Tabellenfunktion INDIREKT

Mit Hilfe der Tabellenfunktion **INDIREKT** können Sie den Bezug eines Textwertes ermitteln. Bezüge werden sofort ausgewertet, sodass die zu ihnen gehörenden Werte angezeigt werden.

Die Syntax dieser Funktion lautet:

=INDIREKT(Bezug;A1)

Im Argument **Bezug** wird der Bezug auf eine Zelle angegeben, die einen Bezug in der A1-Schreibweise, einen Bezug in der Z1S1-Schreibweise, einen definierten Namen als Bezug oder einen Zellbezug als Zeichenfolge enthält.

Im Argument **A1** wird ein Wahrheitswert angegeben, der angibt, welche Art von Bezug in der Zelle enthalten ist. Ist **A1** gleich **WAHR** oder nicht angegeben, wird Bezug als ein Bezug interpretiert, der in der A1-Schreibweise vorliegt. Ist **A1** gleich **FALSCH**, wird Bezug als ein Bezug interpretiert, der in der Z1S1-Schreibweise vorliegt.

Zahlen aus einer Matrix herauslesen

In der folgenden Aufgabe liegt ein Datenfeld **D4:F14** mit insgesamt **33** Feldern vor. Über die Eingabe der gewünschten Spalte bzw. der Zeile soll die Koordinate im Datenfeld bestimmt und das Ergebnis zurückgegeben werden. Sehen Sie sich zur besseren Verständlichkeit die Abbildung 11.23 an.

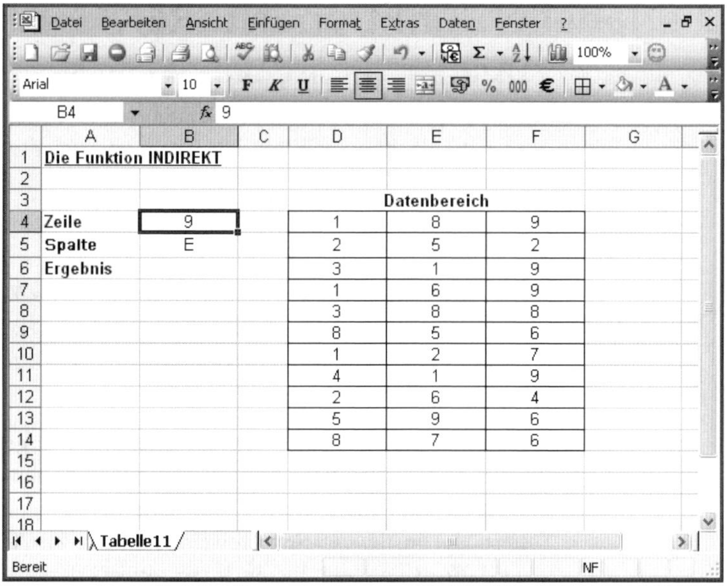

Abbildung 11.23: Die Ausgangssituation

Durch die Eingaben in den Zellen **B4** und **B5** soll der Schnittpunkt aus diesen Eingaben im Datenfeld **D4:F14** ermittelt werden. Die beiden Eingaben können Sie mit Hilfe der Funktion *Gültigkeit* erleichtern. Dabei verfahren Sie wie folgt:

1. Setzen Sie den Zellenzeiger in Zelle **B4**
2. Wählen Sie aus dem Menü *Daten* den Befehl *Gültigkeit.*
3. Auf der Registerkarte *Einstellungen* wählen Sie im Kombinationsfeld *Zulassen* den Befehl *Ganze Zahl* aus.
4. Füllen Sie den Dialog wie in Abbildung 11.24 gezeigt aus.

Abbildung 11.24: Gültige Wertebereich definieren

5. Auf den Registerkarten *Eingabemeldung* und *Fehlermeldung* können Sie eigene Meldungen definieren, die automatisch angezeigt werden, wenn die Zelle aktiviert bzw. wenn eine fehlerhafte Eingabe vorgenommen wurde.
6. Bestätigen Sie Ihre Einstellungen mit *OK*.
7. Positionieren Sie im Anschluss daran den Zellenzeiger in Zelle **B5**.
8. Wählen Sie noch einmal aus dem Menü *Daten* den Befehl *Gültigkeit*.
9. Auf der Registerkarte *Einstellungen* wählen Sie aus dem Kombinationsfeld *Zulassen* den Befehl *Liste*.
10. Füllen Sie das Feld *Quelle* wie in Abbildung 11.25 gezeigt aus.

Abbildung 11.25: Nur gültige Spalten akzeptieren

11. Bestätigen Sie Ihre Einstellungen mit *OK*.

Komplettieren Sie nun die Tabelle, indem Sie in Zelle **B6** die Formel

=INDIREKT(B5&B4)

eingeben und mit [↵] bestätigen.

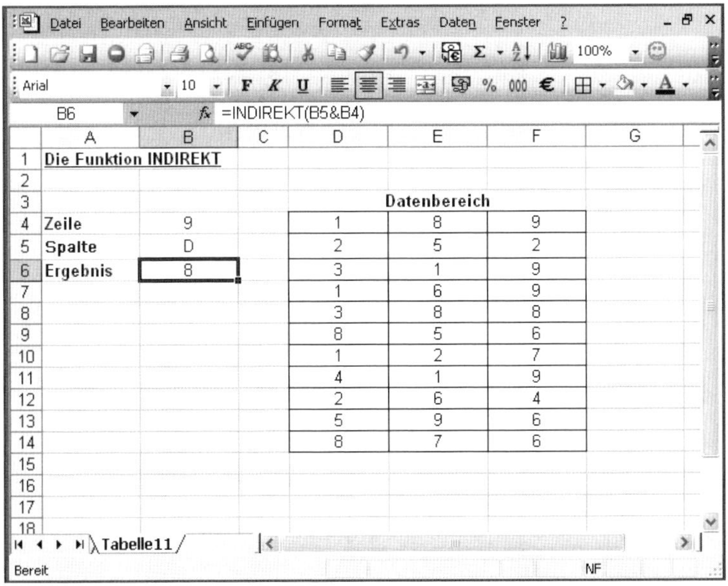

Abbildung 11.26: Dynamisch auf bestimmte Zellen zugreifen

Zugriff auf andere Tabelle

In der nächsten Aufgabe soll der Zugriff auf eine andere Tabelle durchgeführt werden. Dazu liegt der Namen der jeweiligen Tabelle sowie der Zellenbezug vor. Sehen Sie sich zunächst einmal die Liste aus Abbildung 11.27 an.

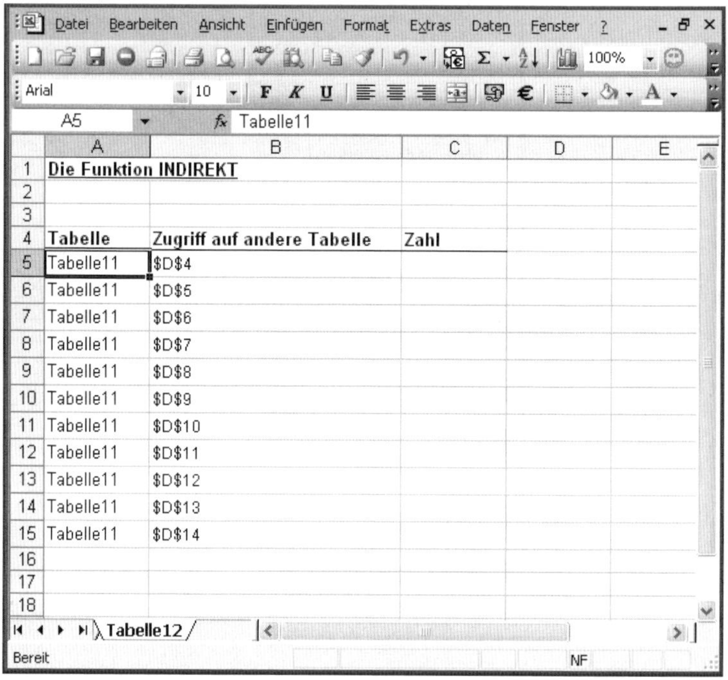

	A	B	C	D	E
1	Die Funktion INDIREKT				
2					
3					
4	Tabelle	Zugriff auf andere Tabelle	Zahl		
5	Tabelle11	$D$4			
6	Tabelle11	$D$5			
7	Tabelle11	$D$6			
8	Tabelle11	$D$7			
9	Tabelle11	$D$8			
10	Tabelle11	$D$9			
11	Tabelle11	$D$10			
12	Tabelle11	$D$11			
13	Tabelle11	$D$12			
14	Tabelle11	$D$13			
15	Tabelle11	$D$14			
16					
17					
18					

Abbildung 11.27: Der Zugriff auf die angegebe(n) Tabelle(n) und Bezüge soll hergestellt werden

Um den Zugriff ausgehend von **Tabelle12** auf die **Tabelle11** herzustellen, können Sie wie folgt vorgehen:

1. Markieren Sie den Zellenbereich **C5:C15**
2. Erfassen Sie die Formel **=INDIREKT(A5&"!"&B5)**
3. Bestätigen Sie die Eingabe, indem Sie die Tastenkombination Strg + ↵ drücken.

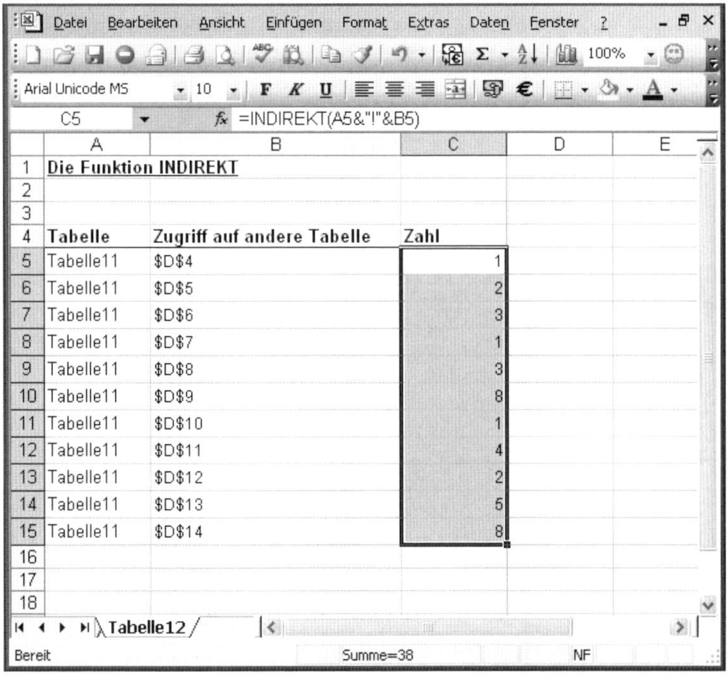

Abbildung 11.28: Der Zugriff wurde erfolgreich abgeschlossen

Der Sprung zum aktuellen Datum

In der folgenden Aufgabe liegt eine Tabelle mit einer Datumsleiste in Spalte **A** vor. Die Aufgabe besteht nun darin, einen Hyperlink zu Beginn der Tabelle einzurichten, über den man dann direkt zur Zelle mit dem aktuellen Tagesdatum springen kann. Sehen Sie sich zunächst die Ausgangssituation in Abbildung 11.29 an.

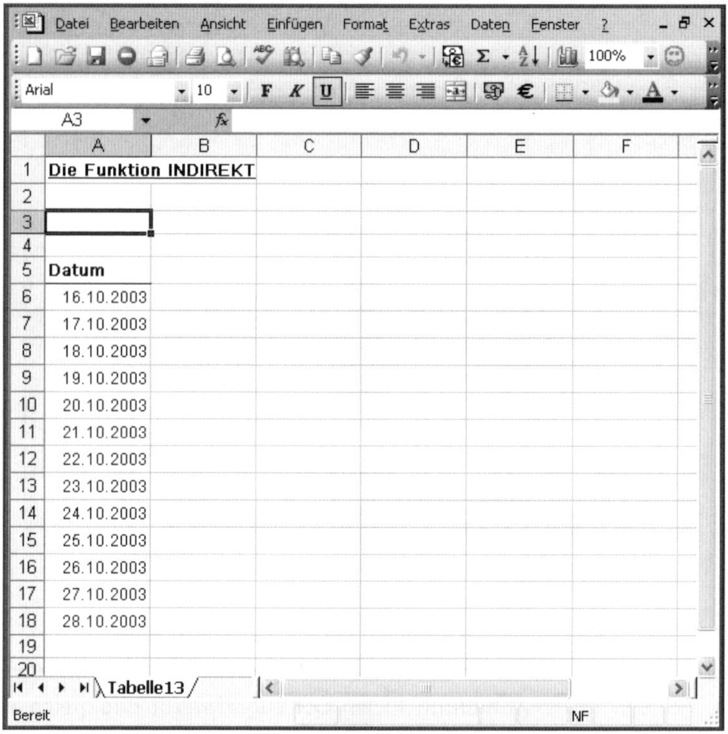

Abbildung 11.29: Der aktuelle Tag soll direkt über einen Hyperlink angesprungen werden

Um jetzt den Hyperlink einzurichten, der die Zelle mit dem aktuellen Tagesdatum ansteuert, verfahren Sie wie folgt:

1. Benennen Sie die Zelle **B3** mit dem Namen **AKTDAT**. Dazu markieren Sie die Zelle, schreiben direkt in das Namensfeld den Namen **AKTDAT** und bestätigen mit [↵].
2. Drücken Sie die Tastenkombination [Strg] + [K], um den Dialog *Hyperlink einfügen* aufzurufen.
3. Im Dialog *Hyperlink einfügen* klicken Sie die Schaltfläche *Aktuelles Dokument*.

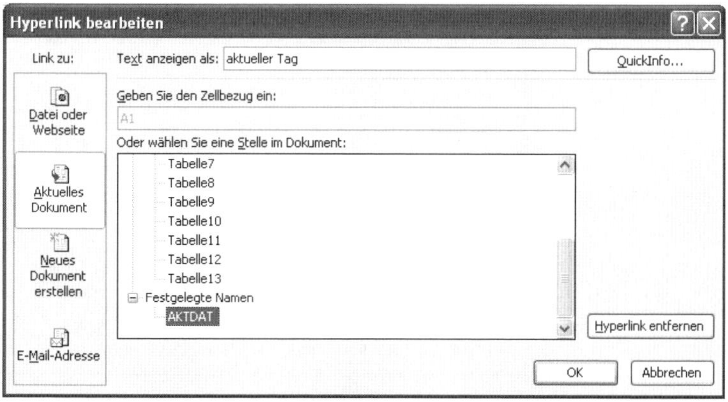

Abbildung 11.30: Einen Hyperlink einfügen

4. Im Feld *Text anzeigen als* geben Sie die Beschriftung des Hyperlinks ein.
5. Aktivieren Sie im Listenfeld den Namen **AKTDAT** und bestätigen Sie mit *OK*.
6. Rufen Sie aus dem Menü *Einfügen* den Befehl *Namen festlegen* auf.
7. Ändern Sie den Bezug des Namens, indem Sie den Dialog, wie in Abbildung 11.31 gezeigt, ausfüllen.
8. Bestätigen Sie Ihre Anpassung mit einem Klick auf die Schaltfläche *OK*.

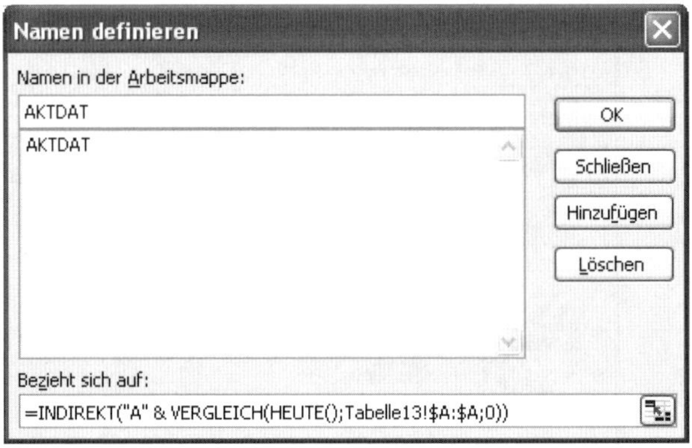

Abbildung 11.31: Eine Formel als Namen hinterlegen

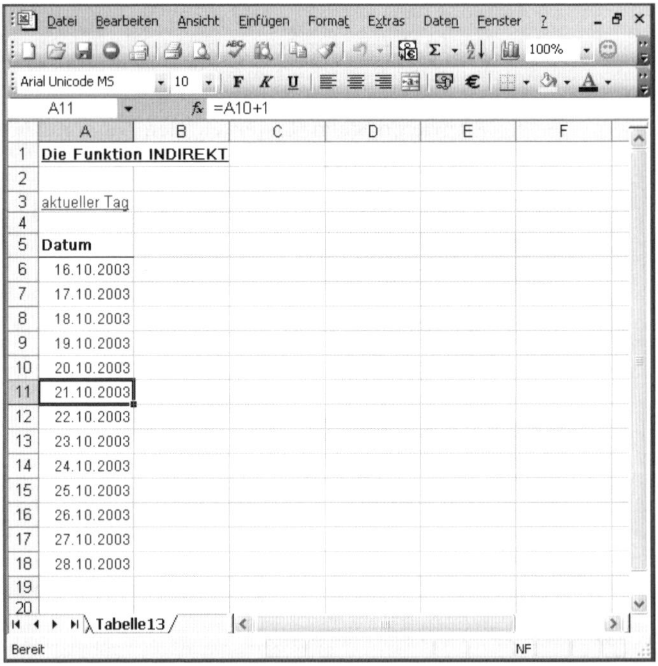

Abbildung 11.32: Der aktuelle Tag wird nach dem Betätigen des Hyperlinks direkt angesprungen

Eine Übersicht erstellen

In der nachfolgenden Aufgabe sind alle Namen der Tabellen einer Arbeitsmappe aufgelistet. Über den Einsatz der Tabellenfunktionen **INDIREKT** und **VERKETTEN** soll dabei auf eine bestimmte Zelle der einzelnen Tabellen zugegriffen werden.

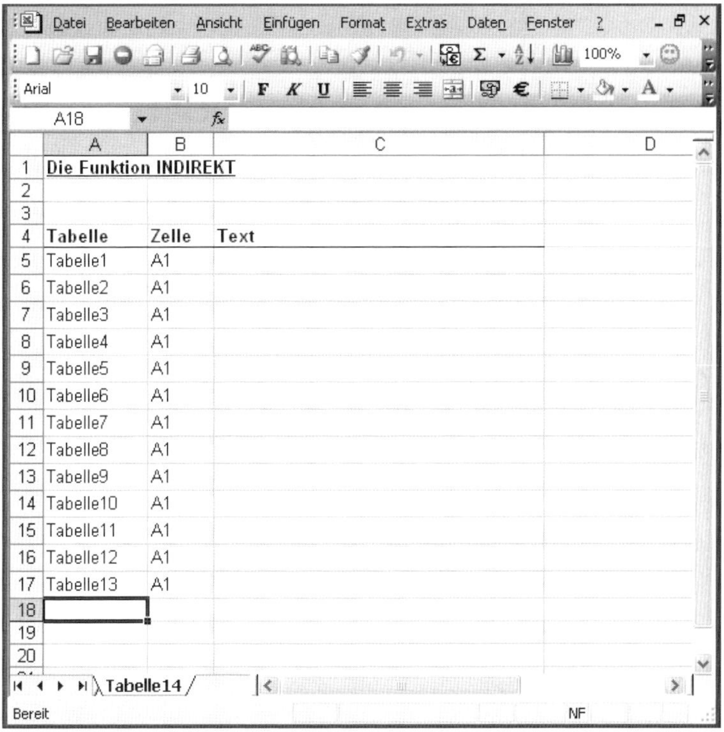

Abbildung 11.33: Der Inhalt der Zelle A1 soll ausgegeben werden

Um den Inhalt der Zelle **A1** jeder Tabelle in Spalte **C** auszugeben, gehen Sie wie folgt vor:

1. Markieren Sie den Zellenbereich **C5:C17**

2. Erfassen Sie die Funktion
   =INDIREKT(VERKETTEN(A5;"!";B5))

3. Schließen Sie die Eingabe ab, indem Sie die Tastenkombination Strg + ↵ drücken.

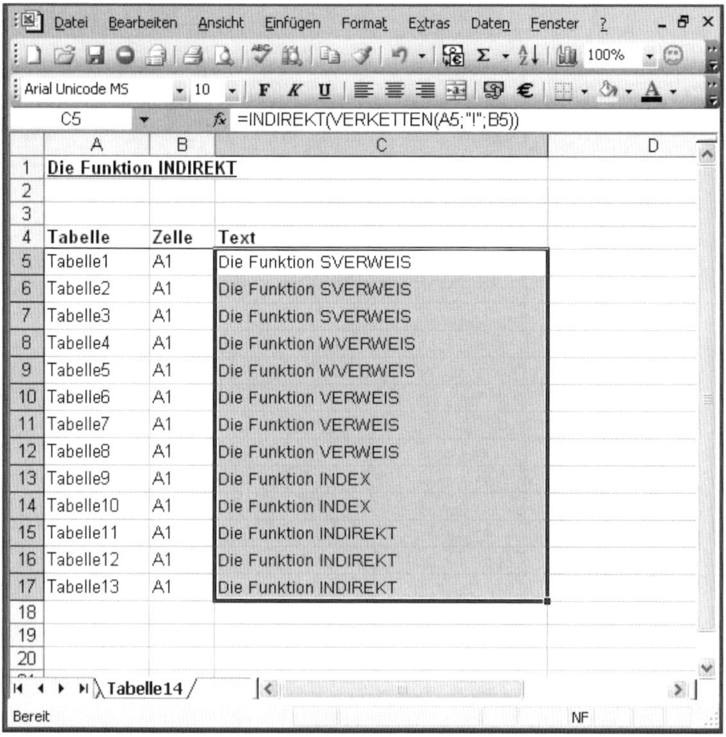

Abbildung 11.34: Die Titel aller Tabellen wurden in einer Tabelle zusammengeführt

Der feste Druckbereich

Wenn Sie einen Druckbereich auf einer Tabelle festlegen, dann wird dieser Druckbereich ständig erweitert, wenn Sie innerhalb dieses Druckbereiches neue Zeilen einfügen. Soll dieser Druckbereich aber immer gleich bleiben, dann müssen Sie zu einem Trick greifen. Dabei gehen Sie wie folgt vor:

1. Markieren Sie zunächst den Bereich **A1:C17**
2. Wählen Sie aus dem Menü *Datei* den Befehl *Druckbereich/ Druckbereich festlegen*.
3. Rufen Sie den Dialog *Namen festlegen* auf, indem Sie die Tastenkombination Strg + F3 drücken.
4. Ändern Sie die Bezugsadresse des Namens im Feld *Bezieht sich auf* wie in Abbildung 11.35 angezeigt.

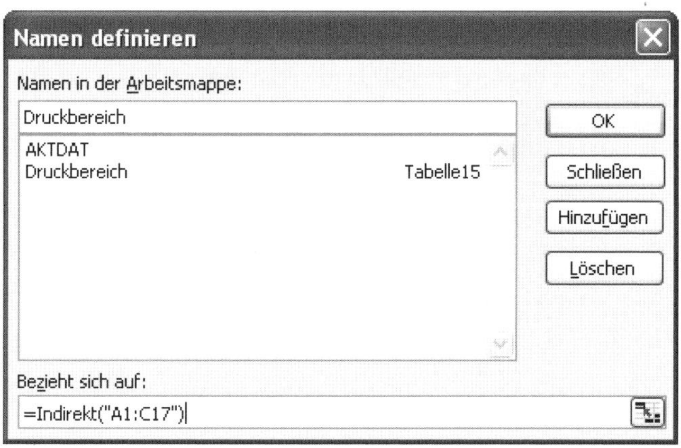

Abbildung 11.35: Den Namen anpassen

5. Bestätigen Sie diese Aktion mit einem Klick auf *OK*.

Wenn Sie jetzt versuchen, neue Zeilen einzufügen, bleibt der Druckbereich konstant.

Die Tabellenfunktion ADRESSE

Mit Hilfe der Tabellenfunktion **ADRESSE** können Sie einen Bezug auf eine Zelle einer Tabelle als Text erhalten.

Die Syntax dieser Funktion lautet:

=ADRESSE(Zeile;Spalte;Abs;A1;Tabellenname)

Im Argument **Zeile** wird die Zeilennummer angegeben, die für den Zellenbezug verwendet werden soll.

Im Argument **Spalte** wird die Spaltennummer angegeben, die für den Zellenbezug verwendet werden soll.

Im Argument **Abs** wird festgelegt, welcher Bezugstyp zurückgegeben werden soll. Dabei können Sie folgende Typen einsetzen:

Abs	Beschreibung
1	Absoluten Zellenbezug
2	Zeile absolut; Spalte relativ
3	Zeile relativ; Spalte absolut
4	Relativer Zellenbezug

Tabelle 11.2: Die möglichen Abs-Typen

Im Argument **A1** wird ein Wahrheitswert angegeben, der festlegt, ob der jeweilige Bezug in der A1- oder der Z1S1-Schreibweise ausgegeben werden soll. Ist A1 mit **WAHR** belegt oder nicht angegeben, liegt der von **ADRESSE** gelieferte Bezug in der A1-Schreibweise vor; ist **A1** mit **FALSCH** belegt, liegt der von der Funktion gelieferte Bezug in der Z1S1-Schreibweise vor.

Im Argument **Tabellenname** kann eine Zeichenfolge angegeben werden, die den Namen eines Arbeitsblattes angibt, das als externer Bezug verwendet werden soll. Fehlt Tabellenname, wird kein solcher Name verwendet.

Größte Zahl in Spalte ermitteln

In der nächsten Aufgabe soll in einer Tabelle der größte Wert sowie die dazugehörige Zellenadresse ermittelt werden. Sehen Sie sich dazu einmal die Abbildung 11.36 an.

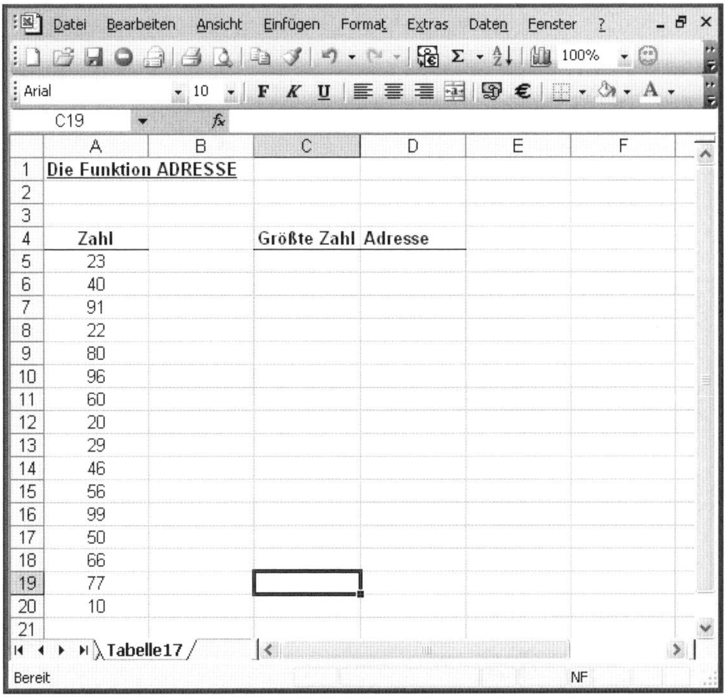

Abbildung 11.36: Die Zelle mit dem größten Wert soll gefunden werden

Um den größten Wert im Zellenbereich **A5:A20** zu finden sowie die dazugehörige Zellenadresse zu ermitteln, befolgen Sie die nächsten Arbeitsschritte:

1. Erfassen Sie in Zelle **C5** die Formel **=MAX($A$5:$A$20)**, um den größten Wert in diesem Zellenbereich zu ermitteln.

2. Geben Sie in Zelle **D5** die Formel **=ADRESSE(VERGLEICH(MAX(A:A);A:A);1;4)** ein, um die dazugehörige Zellenadresse zu erhalten.

3. Schließen Sie beide Formeln über die Taste [↵] ab.

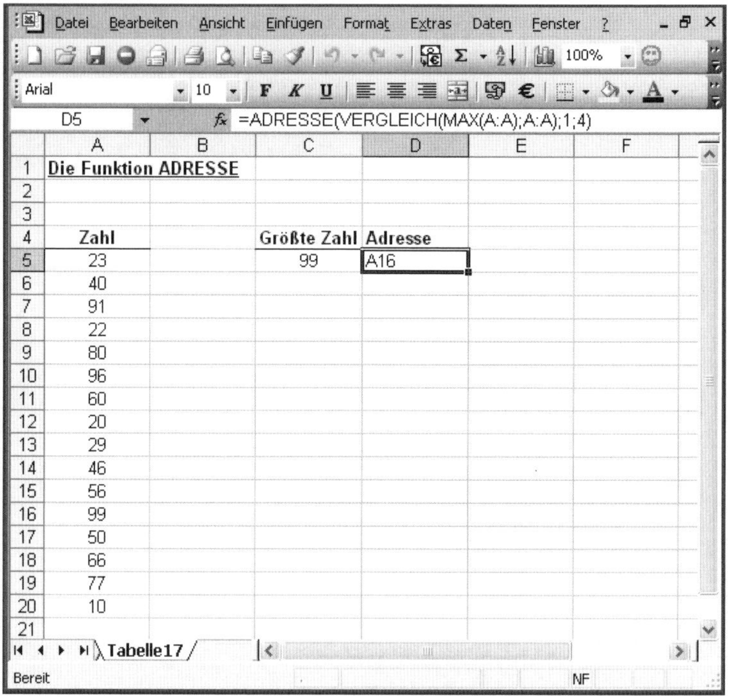

Abbildung 11.37: Die Koordinate der größten Zelle wurde ermittelt

Die Adresse der letzten Zelle in einer Spalte ermitteln

In der folgenden Aufgabe liegt eine Liste mit Daten in Spalte A vor. Die Aufgabe besteht nun darin, die letzte gefüllte Zelle in Spalte A zu ermitteln.

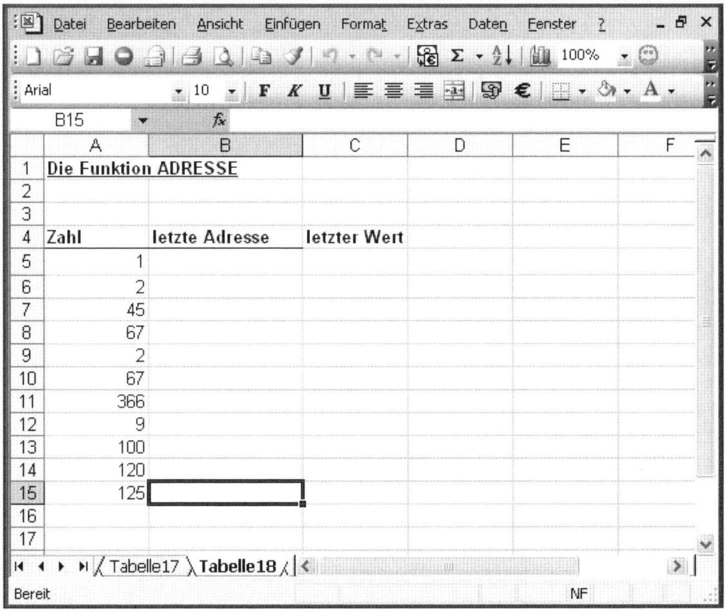

Abbildung 11.38: Wie lautet die Adresse der letzten gefüllten Zelle aus Spalte A?

Um sowohl die Adresse der letzten gefüllten Zelle aus Spalte A sowie auch den dazugehörigen Wert zu ermitteln, verfahren Sie folgendermaßen:

1. Erfassen Sie in Zelle **B5** die Matrixformel **=ADRESSE(MAX((A5:A100<>"")*ZEILE(A5:A100));1)**
2. Schließen Sie die Matrixformel ab, indem Sie die Tastenkombination [Strg] + [⇧] + [↵] drücken.
3. In Zelle **C5** geben Sie die Formel **=INDEX(A:A;ANZAHL2(A:A)+ANZAHLLEEREZELLEN (A1:A15))** ein.
4. Bestätigen Sie diese Formel mit [↵].

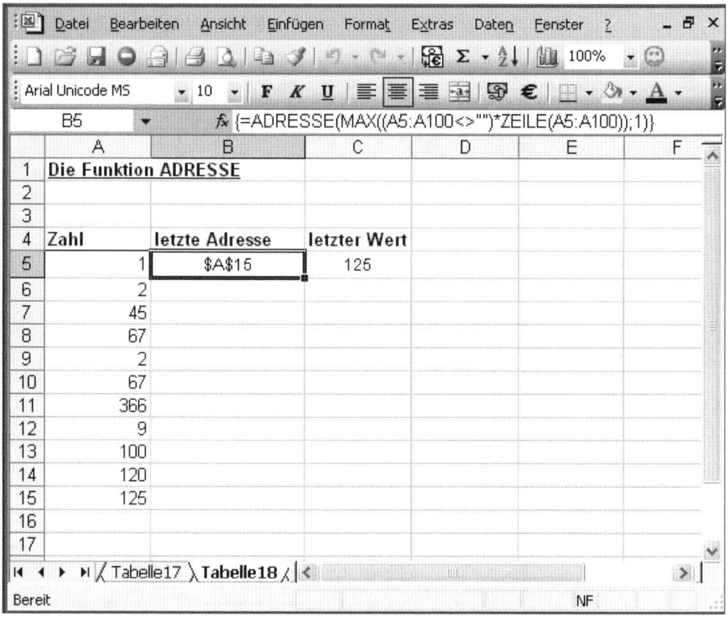

Abbildung 11.39: Die Adresse der letzten gefüllten Zelle aus Spalte A wurde ermittelt

Umsätze kumulieren

In einer Liste liegen tägliche Umsätze wie in Abbildung 11.40 angezeigt vor. Ihre Aufgabe besteht nun darin, eine dynamische Lösung zu erstellen, bei der ausgehend von einem bestimmten Datum alle aufgelaufenen Umsätze kumuliert werden sollen. Schauen Sie sich zum besseren Verständnis die folgende Abbildung an.

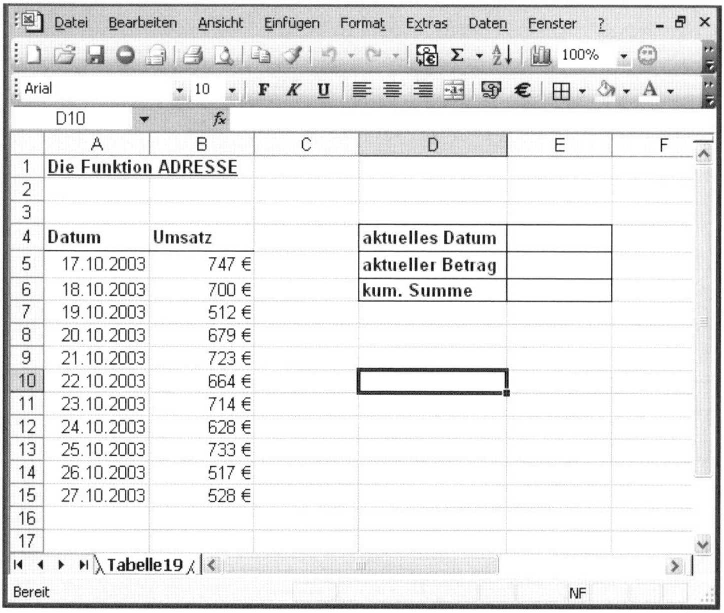

Abbildung 11.40: Die Umsätze sollen kumuliert werden

In den Zellen **E5** und **E6** sollen jeweils die Zellenadressen des aktuellen Datums sowie des aktuellen Umsatzes ermittelt werden. In Zelle **E6** sollen dann die bisher aufgelaufenen Umsätze kumuliert werden. Um diese Aufgabe zu lösen, befolgen Sie die nächsten Arbeitsschritte:

1. Erfassen Sie in Zelle **E5** die Formel **=ADRESSE(VERGLEICH(HEUTE();$A$1:$A$20;1);1)**
2. In Zelle **E6** schreiben Sie die Formel **=ADRESSE(VERGLEICH(HEUTE();$A$1:$A$20;1);2)**
3. Die kumulierte Summe bilden Sie in Zelle **E7** mit Hilfe der Formel **=SUMME(B5:INDIREKT(E5))**
4. Schließen Sie alle Funktionen jeweils mit der Taste [↵] an.

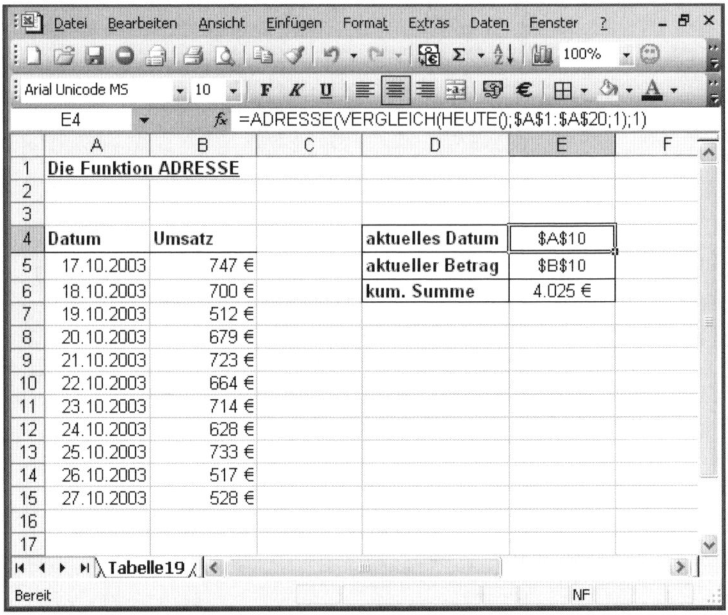

Abbildung 11.41: Die Umsätze wurden kumuliert

Mit Hilfe der Tabellenfunktion **VERGLEICH** wird das aktuelle Tagesdatum, welches über die Funktion **HEUTE** ermittelt werden kann, mit der Datumsleiste aus dem Bereich **A5:A15** verglichen. Wird das aktuelle Tagesdatum in der Spalte **A** gefunden, dann erfolgt über das Argument **1** am Ende der Formel die Ausgabe der Spalte **A**. Bei der Ermittlung des dazugehörenden Umsatzes wird auf dieselbe Formel zurückgegriffen, nur das Spaltenargument wird auf die Spalte **2** (=Spalte **B**) gesetzt. Der Rest ist Formsache. Mit Hilfe der Tabellenfunktion **SUMME** wird der dynamische Bereich beginnend ab Zelle **B5** und endend bei der Adresse, die in Zelle **E5** steht, angegeben. Damit Excel erkennt, dass es hierbei den Zelleninhalt als Zellenbezug verwenden soll, setzen Sie die Tabellenfunktion **INDIREKT** ein.

Sie können das Ergebnis sehr leicht überprüfen, indem Sie den Zellenbereich **B5:B10** markieren und in der Statusleiste die angezeigte Summe betrachten.

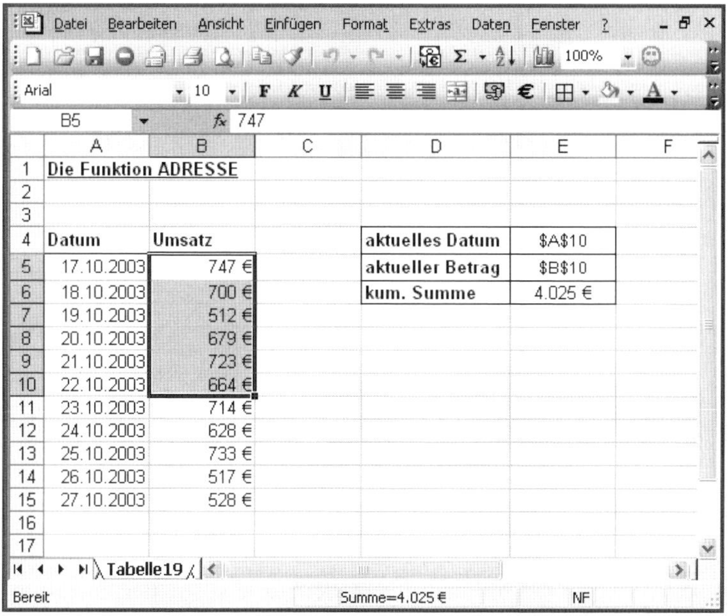

Abbildung 11.42: Plausibilitätsprüfung über die Statusleiste vornehmen

Die Adresse des kleinsten Wertes einer Liste bestimmen

In der nächsten Aufgabenstellung soll aus einer Spalte der kleinste Wert ermittelt werden. Sehen Sie sich dazu einmal die Abbildung 11.43 an.

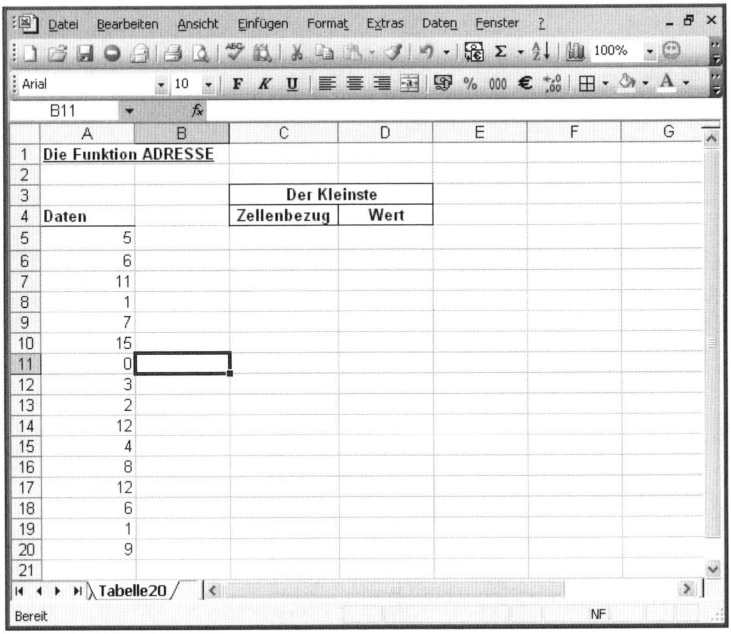

Abbildung 11.43: Die Minimal-Daten ermitteln

Um jetzt den Zellenbezug sowie den kleinsten Wert im Zellenbereich **A5:A20** zu ermitteln, verfahren Sie wie folgt:

1. Erfassen Sie in Zelle **C5** die Formel **=ADRESSE(VERGLEICH(MIN(A1:A20);A1:A20;0);1)**
2. In Zelle **D5** schreiben Sie die Formel **=MIN(A5:A20)**
3. Bestätigen Sie beide Formeln mit [Enter]

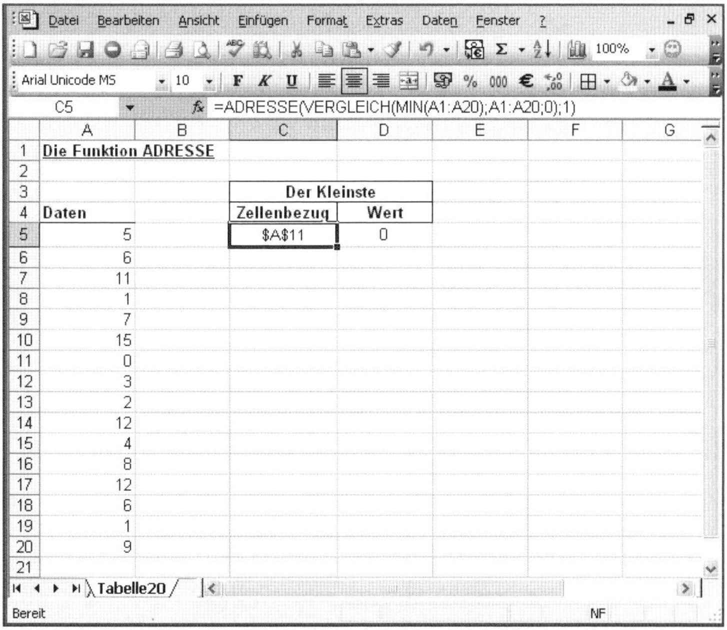

Abbildung 11.44: Der kleinste Wert ist in Zelle A11 zu finden

Die Tabellenfunktion BEREICH.VERSCHIEBEN

Mit Hilfe der Tabellenfunktion **BEREICH.VERSCHIEBEN** können Sie einen Bezug zurückgeben, der gegenüber dem angegebenen Bezug versetzt ist. Der zurückgegebene Bezug kann eine einzelne Zelle oder ein Zellbereich sein. Sie können die Anzahl der zurückzugebenden Zeilen und Spalten festlegen.

Die Syntax dieser Funktion lautet:

=BEREICH.VERSCHIEBEN(Bezug;Zeilen;Spalten;Höhe;Breite)

Im Argument **Bezug** wird der Bezug angegeben, der als Ausgangspunkt des Verschiebevorgangs dienen soll. Bezug muss ein Bezug zu einer Zelle oder einem Bereich aus angrenzenden Zellen sein.

Im Argument **Zeilen** wird die Anzahl der Zeilen angegeben, um die Sie die obere linke Eckzelle des Bereiches nach oben oder nach unten verschieben möchten. Entspricht das Argument **Zeilen** beispielsweise 3, bedeutet dies, dass die obere linke Ecke des neuen Bezugs drei Zeilen unterhalb von Bezug liegt. Das Argument Zeilen kann sowohl einen positiven (unterhalb des Ausgangsbezugs liegen) als auch einen negativen Wert annehmen (oberhalb des Ausgangsbezugs liegen).

Im Argument **Spalten** wird die Anzahl der Spalten angegeben, um die Sie die obere linke Eckzelle des Bereiches nach links oder nach rechts verschieben möchten. Ist das Argument **Spalten** beispielsweise gleich 3, so bedeutet dies, dass die obere linke Ecke des neuen Bezugs drei Spalten rechts von Bezug liegt. Spalten kann sowohl einen positiven (rechts des Ausgangsbezugs liegen) als auch einen negativen Wert annehmen (links des Ausgangsbezugs liegen).

Im Argument **Höhe** kann die Höhe des neuen Bezugs in Zeilen angegeben werden. Für Höhe muss ein positiver Wert angegeben werden.

Im Argument **Breite** wird die Breite des neuen Bezugs in Spalten angegeben. Für Breite muss ebenso ein positiver Wert angegeben werden.

Umsätze dynamisch halten

Im folgenden Beispiel liegt eine Tabelle mit Umsätzen vor. Diese Tabelle wird ständig erweitert, indem neue Zeilen jeweils am Ende der Liste hinzugefügt werden. Standardmäßig wird dadurch die Summenfunktion nicht automatisch erweitert. Sehen Sie sich zunächst die Abbildung 11.45 an.

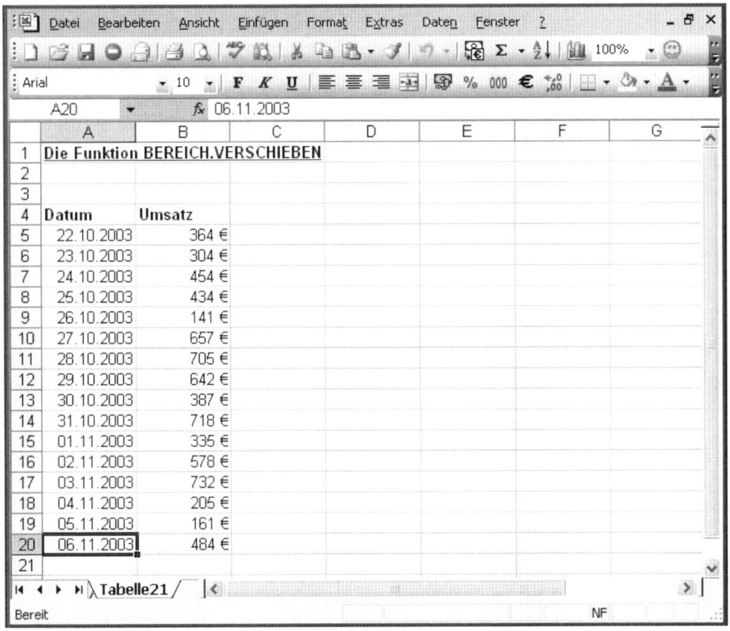

	A	B
1	Die Funktion BEREICH.VERSCHIEBEN	
2		
3		
4	Datum	Umsatz
5	22.10.2003	364 €
6	23.10.2003	304 €
7	24.10.2003	454 €
8	25.10.2003	434 €
9	26.10.2003	141 €
10	27.10.2003	657 €
11	28.10.2003	705 €
12	29.10.2003	642 €
13	30.10.2003	387 €
14	31.10.2003	718 €
15	01.11.2003	335 €
16	02.11.2003	578 €
17	03.11.2003	732 €
18	04.11.2003	205 €
19	05.11.2003	161 €
20	06.11.2003	484 €
21		

Abbildung 11.45: Die Umsatzliste

Wenn Sie nun die Summenfunktion in Zelle **E4** mit der Formel **=SUMME(B5:B20)** erfassen, dann wird diese Formel leider nicht erweitert, wenn Sie am Ende der Liste neue Daten hinzufügen.

Sie können Excel jedoch dazu bringen, einen dynamischen Bereich zu erstellen. Dabei verfahren Sie wie folgt:

1. Markieren Sie zunächst den Zellenbereich **B5:B20**
2. Tippen Sie direkt ins Namensfeld, links oben, den Namen **Umsätze** und bestätigen Sie mit [↵].
3. Wählen Sie aus dem Menü *Einfügen* den Befehl *Namen/Definieren.*
4. Im Dialog *Namen definieren* markieren Sie den Namen *Umsätze* im Listenfeld und ändern den Bezug im Feld *Bezieht sich auf.*

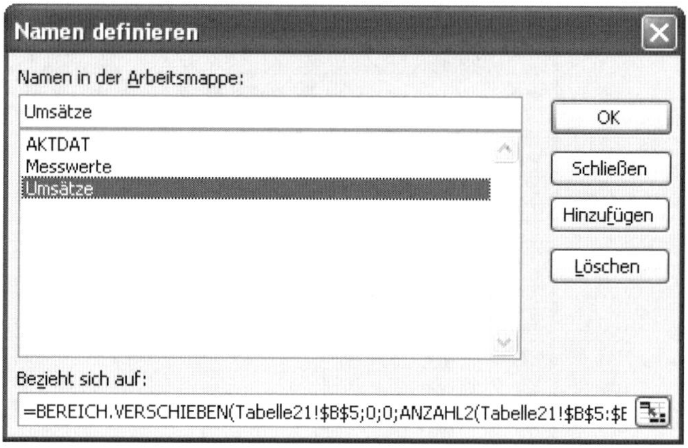

Abbildung 11.46: Den Bereich nach unten verschieben

5. Erfassen Sie in diesem Feld die Formel **=BEREICH.VERSCHIEBEN($B$5;0;0;ANZAHL2($B$5:$B$65536);1)**
6. Bestätigen Sie mit einem Klick auf *OK*.
7. Erfassen Sie in Zelle **E4** die Formel **=SUMME(Umsätze)** und bestätigen Sie mit [↵]

Wenn Sie nun am Ende der Liste neue Daten erfassen, wird die Formel in Zelle **E4** jederzeit angepasst. Die eigentliche Verschiebung des Bereichs beginnt in Zelle **B5**. Mit Hilfe der Tabellenfunktion **ANZAHL2** können Sie die mit Zahlen gefüllten Zellen im Zellenbereich **B5:B65536** ermitteln. Dies stellt dabei die Höhe der Verschiebung dar. Da die Verschiebung in einer Spalte vor sich gehen soll, wird im letzten Argument der Wert 1 angegeben.

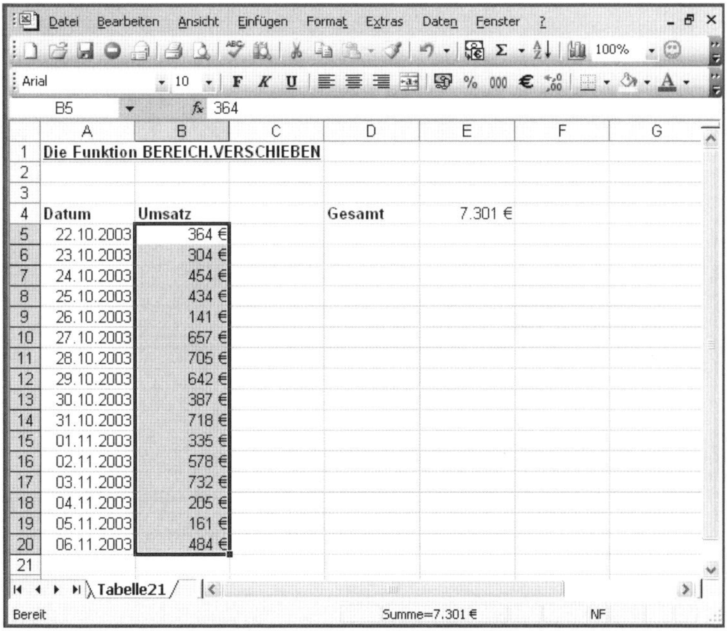

Abbildung 11.47: Die Summe bleibt dynamisch

HINWEIS

Wenn Sie den Zellenbereich **B5:B20** markieren, dann können Sie in der Statusleiste das summierte Ergebnis kontrollieren.

Die dynamische Summe

In der nächsten Aufgabe lernen Sie eine Lösung kennen, bei der Sie eine Summen-Formel nicht erweitern müssen, wenn neue Zeilen am Ende bzw. vor dem Beginn der eigentlichen Liste eingefügt werden. Sehen Sie sich zunächst einmal die Abbildung 11.48 an.

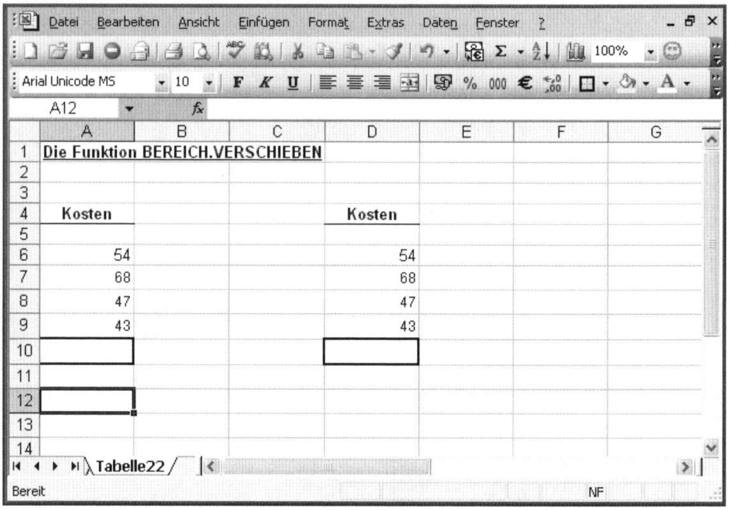

Abbildung 11.48: Zwei identische Spalten

Erfassen Sie nun in Zelle **D10** die Formel **=SUMME(D6:D9)** und bestätigen Sie mit [↵]. Der Nachteil bei dieser Formel ist, dass die Formel nicht automatisch erweitert wird, wenn eine neue Zeile oberhalb der Zeile **6** eingefügt wird. Des Weiteren wird ein Eintrag in Zelle **D5** ebenso wenig in der Summenformel berücksichtigt.

Fügen Sie daher in Zelle **A10** die Formel **=SUMME(A1:BEREICH.VERSCHIEBEN(A10;-1;0))** ein und bestätigen Sie mit [↵].

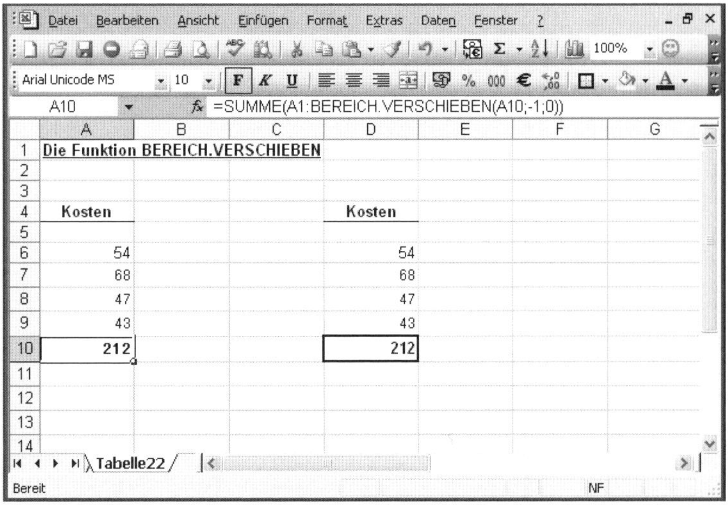

Abbildung 11.49: Die dynamische Summenformel wurde erstellt

Geben Sie als Argumente für die Tabellenfunktion **SUMME** als Startzelle die erste Zelle in Ihrer Tabelle **A1** an. Ausgehend von der Zelle, in die Sie die Formel erfassen, gehen Sie eine Zeile nach oben (-1) und verbleiben in derselben Spalte. So gewährleisten Sie, dass sich die Summenformel bei jeder Erweiterung, die sich im Bereich **A1:A9** abspielt, ständig aktualisiert.

Kosten dynamisch kumulieren

In der folgenden Aufgabe liegt eine Plankosten-Jahres-Liste, wie in Abbildung 11.50 gezeigt, vor. Über die Ermittlung des aktuellen Monats soll die kumulierte Summe der Kosten ermittelt werden.

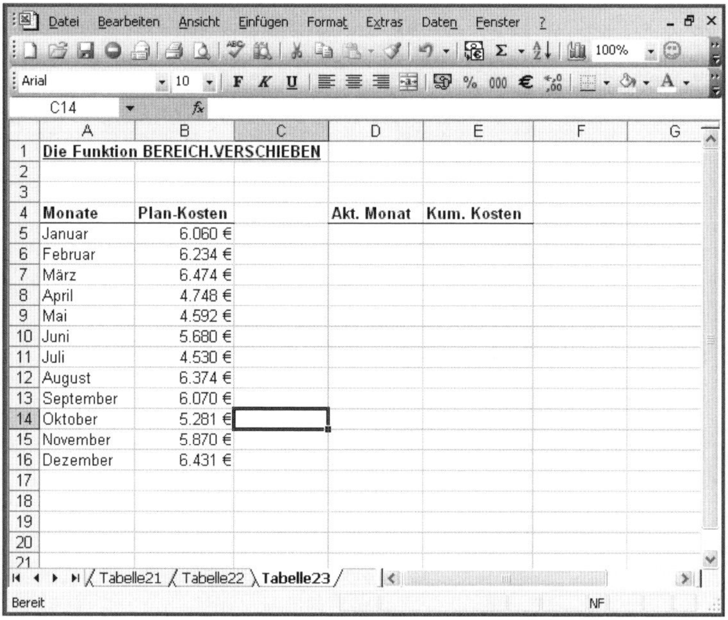

	A	B	C	D	E
1	Die Funktion BEREICH.VERSCHIEBEN				
2					
3					
4	Monate	Plan-Kosten		Akt. Monat	Kum. Kosten
5	Januar	6.060 €			
6	Februar	6.234 €			
7	März	6.474 €			
8	April	4.748 €			
9	Mai	4.592 €			
10	Juni	5.680 €			
11	Juli	4.530 €			
12	August	6.374 €			
13	September	6.070 €			
14	Oktober	5.281 €			
15	November	5.870 €			
16	Dezember	6.431 €			

Abbildung 11.50: Die kumulierten Plan-Kosten sollen summiert werden

Im ersten Schritt ermitteln Sie den aktuellen Monat. Danach geben Sie die kumulierten Kosten beginnend ab dem Januar aus. Dabei verfahren Sie wie folgt:

1. Erfassen Sie in Zelle **D5** die Formel **=MONAT(HEUTE())**, um den aktuellen Monat zu ermitteln.
2. In Zelle **E5** geben Sie die Formel **=SUMME(BEREICH.VERSCHIEBEN($B$5;0;0;$D$5;1))** ein.
3. Bestätigen Sie beide Eingaben mit [↵].

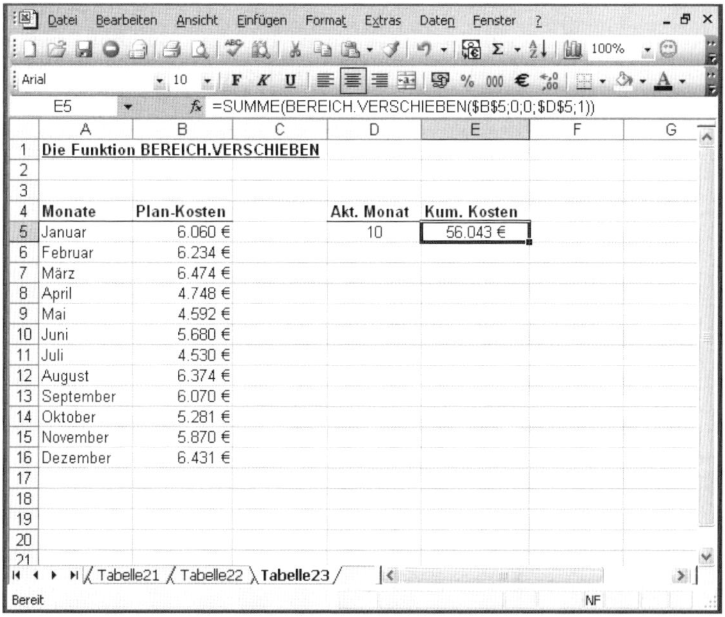

Abbildung 11.51: Die kumulierte Summe von Januar bis Oktober

Die eigentliche Verschiebung beginnt ab Zelle **B5**. Dabei erfolgt keinerlei Verschiebung zeilen- bzw. spaltenbezogen, daher die beiden Nullwerte. In der Höhe wird der Inhalt der Zelle **D5** angegeben. Die Breite entspricht genau einer Spalte.

HINWEIS

> Das Ergebnis können Sie schnell kontrollieren, indem Sie den Zellenbereich **B5:B14** markieren und die Summe in der Statusleiste ablesen.

Maschinenauslastungen taggenau wiederfinden

In der nächsten Aufgabe liegt Ihnen eine Liste mit Maschinenauslastungsdaten vor. Dabei wird in Spalte **A** das jeweilige Datum und in den Spalten **B** bis **G** die täglichen Auslastungsdaten der Maschinen 1-6 ausgegeben. Es kann durchaus passieren, dass mehrere Messungen an einem Tag vorgenommen wurden.

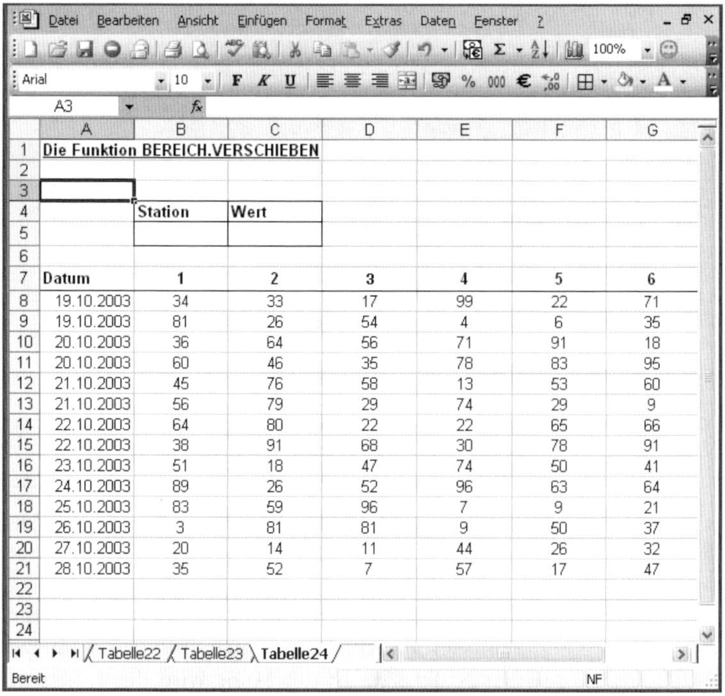

	A	B	C	D	E	F	G
1	Die Funktion BEREICH.VERSCHIEBEN						
2							
3							
4		Station	Wert				
5							
6							
7	Datum	1	2	3	4	5	6
8	19.10.2003	34	33	17	99	22	71
9	19.10.2003	81	26	54	4	6	35
10	20.10.2003	36	64	56	71	91	18
11	20.10.2003	60	46	35	78	83	95
12	21.10.2003	45	76	58	13	53	60
13	21.10.2003	56	79	29	74	29	9
14	22.10.2003	64	80	22	22	65	66
15	22.10.2003	38	91	68	30	78	91
16	23.10.2003	51	18	47	74	50	41
17	24.10.2003	89	26	52	96	63	64
18	25.10.2003	83	59	96	7	9	21
19	26.10.2003	3	81	81	9	50	37
20	27.10.2003	20	14	11	44	26	32
21	28.10.2003	35	52	7	57	17	47
22							
23							
24							

Abbildung 11.52: Die Auslastungsdaten der Maschinen 1-6

Ihre Aufgabe besteht nun darin, die aktuellen Daten einer bestimmten Station in Zelle **C5** auszugeben. Dabei verfahren Sie zunächst wie folgt:

1. Legen Sie in Zelle **B5** eine Zellenauswahlliste an, indem Sie aus dem Menü *Daten* den Befehl *Gültigkeit* auswählen.
2. Auf der Registerkarte *Einstellungen* stellen Sie im Kombinationsfeld *Zulassen* den Eintrag *Liste* ein.

3. Das Feld *Quelle* füllen Sie wie in Abbildung 11.53 angezeigt aus.

Abbildung 11.53: Eine Zellenauswahlliste erstellen

4. Bestätigen Sie Ihre Einstellung mit *OK*.
5. Sie in Zelle **C5** die Formel **=SUMMEWENN($A$8:$A$23;HEUTE();BEREICH .VERSCHIEBEN($A$8:$A$23;0;VERGLEICH ($B$5;$7:$7;)-1))**
6. Schließen Sie die Formel mit ↵ ab.

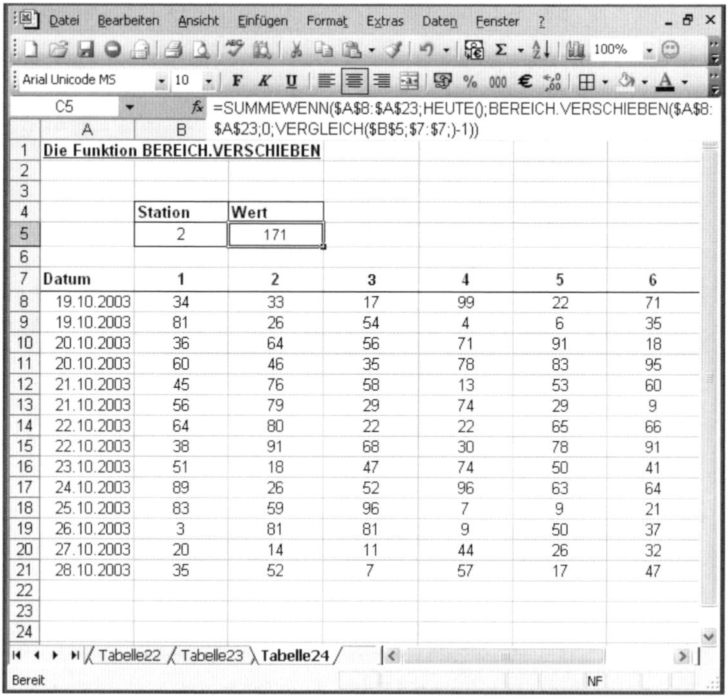

	A	B	C	D	E	F	G
1	Die Funktion BEREICH.VERSCHIEBEN						
2							
3							
4		Station	Wert				
5		2	171				
6							
7	Datum	1	2	3	4	5	6
8	19.10.2003	34	33	17	99	22	71
9	19.10.2003	81	26	54	4	6	35
10	20.10.2003	36	64	56	71	91	18
11	20.10.2003	60	46	35	78	83	95
12	21.10.2003	45	76	58	13	53	60
13	21.10.2003	56	79	29	74	29	9
14	22.10.2003	64	80	22	22	65	66
15	22.10.2003	38	91	68	30	78	91
16	23.10.2003	51	18	47	74	50	41
17	24.10.2003	89	26	52	96	63	64
18	25.10.2003	83	59	96	7	9	21
19	26.10.2003	3	81	81	9	50	37
20	27.10.2003	20	14	11	44	26	32
21	28.10.2003	35	52	7	57	17	47
22							
23							
24							

Abbildung 11.54: Die Messwerte am aktuellen Tag betragen insgesamt 171 Punkte

Mit Hilfe der Tabellenfunktion **SUMMEWENN** können Sie einen Bereich bedingt summieren, d.h., der Zellenbereich **A8:A23** wird mit dem aktuellen Tagesdatum verglichen. Immer wenn eine Übereinstimmung eintritt, wird die Maschine, die in Zelle **B5** angegeben wird, summiert.

Das dynamische Diagramm

Sind Sie es leid, immer wieder Diagramme anzupassen, dann können Sie mit Hilfe der Tabellenfunktion **BEREICH.VERSCHIEBEN** ein dynamisches Diagramm erzeugen. Sehen Sie sich zunächst die Ausgangssituation in Abbildung 11.55 an.

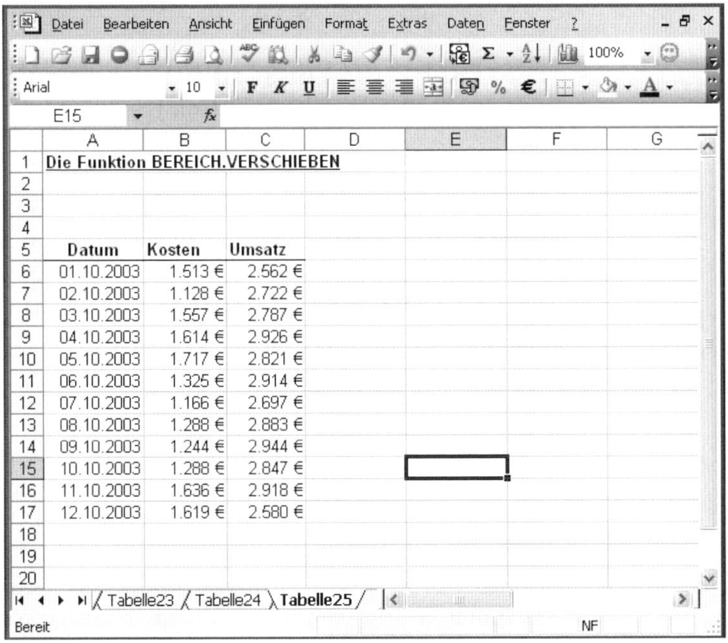

Datum	Kosten	Umsatz
01.10.2003	1.513 €	2.562 €
02.10.2003	1.128 €	2.722 €
03.10.2003	1.557 €	2.787 €
04.10.2003	1.614 €	2.926 €
05.10.2003	1.717 €	2.821 €
06.10.2003	1.325 €	2.914 €
07.10.2003	1.166 €	2.697 €
08.10.2003	1.288 €	2.883 €
09.10.2003	1.244 €	2.944 €
10.10.2003	1.288 €	2.847 €
11.10.2003	1.636 €	2.918 €
12.10.2003	1.619 €	2.580 €

Abbildung 11.55: Diese Daten werden laufend erweitert

In der **Tabelle25** werden täglich Daten jeweils am Ende der Liste erfasst. Wenn also ein Diagramm auf herkömmliche Weise erstellt wird, dann muss dieses Diagramm ständig erweitert werden. Um ein Diagramm auf Basis dieser Daten auf dynamische Weise zu erstellen, befolgen Sie die nächsten Arbeitsschritte:

1. Wählen Sie aus dem Menü *Einfügen* den Befehl *Namen definieren*.
2. Im Feld *Namen der Arbeitsmappe* geben Sie den Namen **SpalteA** ein und erfassen im Feld *Bezieht sich auf* die Formel **=BEREICH.VERSCHIEBEN(Tabelle25!$A$6;0;0; ANZAHL(Tabelle25!$A$6:$A$1000)+1;1)**
3. Klicken Sie auf die Schaltfläche *Hinzufügen*.

4. Danach geben Sie im Feld *Namen der Arbeitsmappe* den Namen **SpalteB** ein und erfassen im Feld *Bezieht sich auf* die Formel **=BEREICH.VERSCHIEBEN(Tabelle25!$B$6;0;0; ANZAHL(Tabelle25!$B$6:$B$1000)+1;1)**
5. Klicken Sie auf die Schaltfläche *Hinzufügen*.
6. Danach geben Sie im Feld *Namen der Arbeitsmappe* den Namen **SpalteC** ein und erfassen im Feld *Bezieht sich auf* die Formel **=BEREICH.VERSCHIEBEN(Tabelle25!$C$6;0;0; ANZAHL(Tabelle25!$C$6:$C$1000)+1;1)**
7. Klicken Sie auf die Schaltfläche *Hinzufügen*.
8. Bestätigen Sie den Vorgang mit *OK*.

Erstellen Sie jetzt zunächst auf herkömmliche Art ein Diagramm, indem Sie den Zellenbereich **A5:C17** markieren und auf das Symbol *Diagramm-Assistent* in der Symbolleiste *Standard* klicken. Entscheiden Sie sich für ein Säulendiagramm und klicken Sie gleich im Anschluss auf die Schaltfläche *Fertig stellen*. Wenden Sie die benannten Bereiche an, indem Sie die nächsten Arbeitsschritte befolgen:

1. Markieren Sie das Diagramm.
2. Wählen Sie aus dem Menü *Diagramm* den Befehl *Datenquelle*.
3. Wechseln Sie auf die Registerkarte *Reihe*.
4. Aktivieren Sie im Listenfeld *Datenreihe* die Reihe *Kosten*.

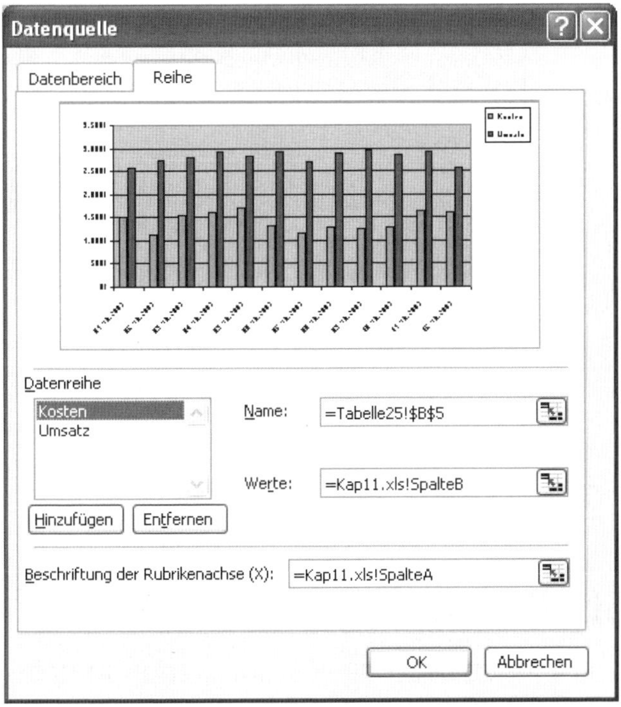

Abbildung 11.56: Die benannten Bereiche integrieren

5. Geben Sie im Feld *Werte* den Bezug auf den vorher vergebenen Namen an (**=Kap11.xls!SpalteB**).
6. Markieren Sie den Eintrag *Umsatz* im Listenfeld *Datenreihe.*
7. Überschreiben Sie den Inhalt des Feldes *Werte* mit folgendem Bezug **=Kap11.xls!SpalteC**
8. Geben Sie im Feld *Beschriftung der Rubrikenachse (X)* den Bezug **=Kap11.xls!SpalteA** an.
9. Bestätigen Sie mit *OK.*

Wenn Sie jetzt in die Zeile 18 neue Werte eintragen, werden diese augenblicklich im Diagramm hinzugefügt.

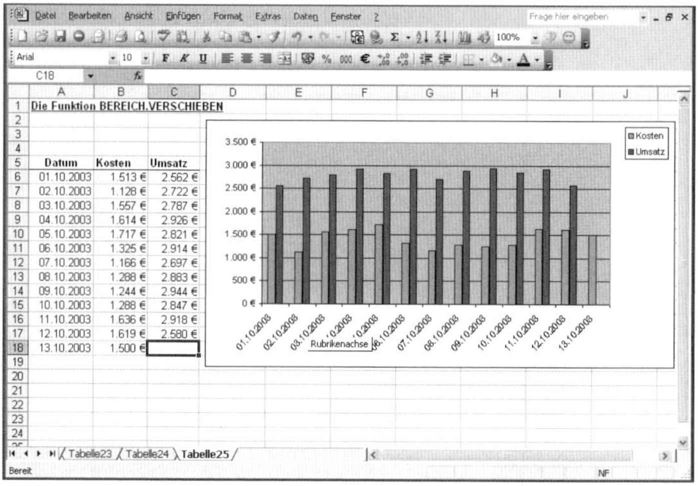

Abbildung 11.57: Das dynamische Diagramm ist fertig

Die Tabellenfunktion HYPERLINK

Mit Hilfe der Tabellenfunktion **HYPERLINK** können Sie eine Verknüpfung oder einen Sprung zu einer anderen Zelle, Tabelle, Dokument oder ins Intranet/Internet durchführen. Beim Klicken auf die Zelle, die die diese Funktion enthält, öffnet Microsoft Excel die in Hyperlink_Adresse gespeicherte Datei oder Webseite.

Die Syntax dieser Datei lautet:

=HYPERLINK(Hyperlink_Adresse,Freundlicher_Name)

Im Argument **Hyperlink_Adresse** wird der Pfad- und Dateiname des Dokuments angegeben, das geöffnet werden soll. Dabei kann sich diese Sprungadresse auf eine Stelle in einem Dokument, z.B. auf eine bestimmte Zelle oder einen benannten Bereich in einem Excel-Arbeitsblatt bzw. einer Excel-Arbeitsmappe oder auf eine Textmarke in einem Microsoft Word-Dokument, beziehen. Der Pfad kann entweder auf eine Datei verweisen, die auf einer Festplatte gespeichert ist, oder aber ein UNC (Universal Naming Convention)-Pfad auf einem Server (in Microsoft Excel für Windows) oder ein URL-Pfad (Uniform Resource Locator (URL) sein.

Im Argument **Freundlicher_Name** wird die Beschriftung in der Zelle des Hyperlinks festgelegt. Dieser Text wird standardmäßig blau und unterstrichen angezeigt. Wenn dieses Argument nicht angegeben wird, zeigt die Zelle die **Hyperlink_Adresse** als Beschriftungstext an.

Der Sprung zum aktuellen Tagesdatum

Mit Hilfe eines Hyperlinks können Sie beispielsweise ganz bestimmte Zellen in einer Tabelle ansteuern. So wird in der folgenden Aufgabe eine Datumsleiste in Spalte A angelegt. Mit einem Klick auf einen Hyperlink soll dann die Zelle mit dem aktuellen Tagesdatum angesprungen werden.

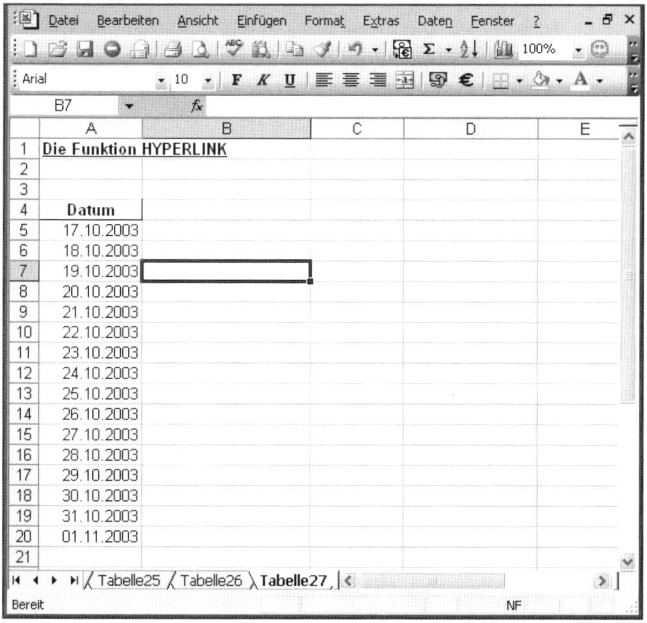

Abbildung 11.58: Über einen Link soll direkt zur aktuellen Zelle verzweigt werden

Erfassen Sie zu diesem Zweck in Zelle **C3** die Formel

=HYPERLINK("[Kap11.xls]Tabelle27!A" &VERGLEICH (HEUTE();A:A;0);"Sprung zum aktuellem Datum")

Über die Tabellenfunktion **HYPERLINK** wird ein Link eingefügt. Die Tabellenfunktion **VERGLEICH** sucht in Spalte **A** nach dem aktuellen Datum, das Sie über die Tabellenfunktion **HEUTE** ermitteln können. Als Sprungziel wird somit die Zelle aktiviert, die das aktuelle Datum enthält. Im letzten Argument kann der Hyperlink-Text beliebig angegeben werden.

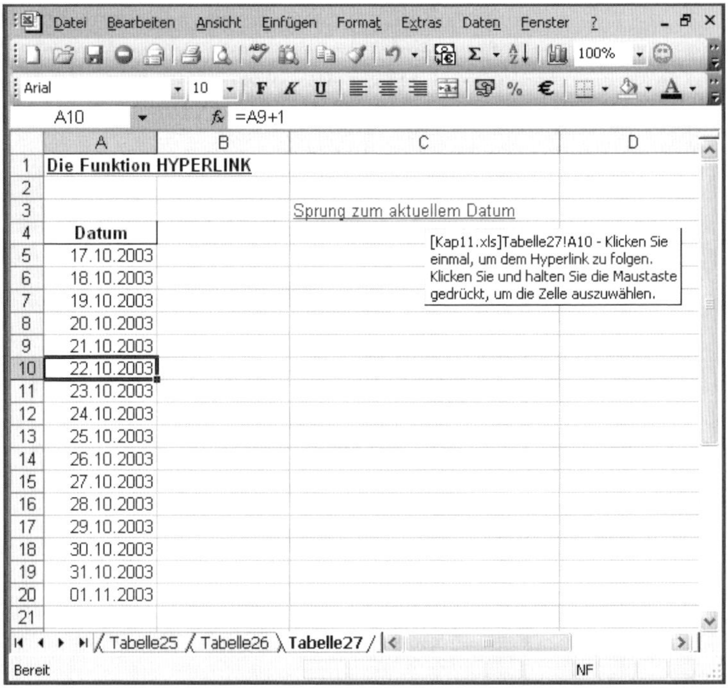

Abbildung 11.59: Der schnelle Sprung zum aktuellen Datum

Wird das gewünschte Vergleichs-Datum aus einer Zelle bezogen, z.B. aus Zelle **C1**, dann lautet die dafür notwendige Formel:

=HYPERLINK("[Kap11.xls]Tabelle27!A" &VERGLEICH (C1;A:A;0);"Sprung zum aktuellem Datum")

Den aktuellen Monat ansteuern

Die nächste Aufgabe ist mit der vorherigen Aufgabe verwandt. Bei dieser Aufgabe soll über einen Hyperlink der aktuelle Monat in Spalte **B** aktiviert werden.

Legen Sie zu diesem Zweck eine neue Tabelle an und geben Sie in Zelle **B1** den Monat **Januar** ein. Ziehen Sie das Ausfüllkästchen dieser Zelle nach unten bis in die Zelle **B12**, um auch die restlichen Monate einzufügen.

In Zelle **A1** erfassen Sie danach folgende Formel:

=HYPERLINK("[Kap11.xls]Tabelle28!B"&MONAT (HEUTE());"Aktueller Monat")

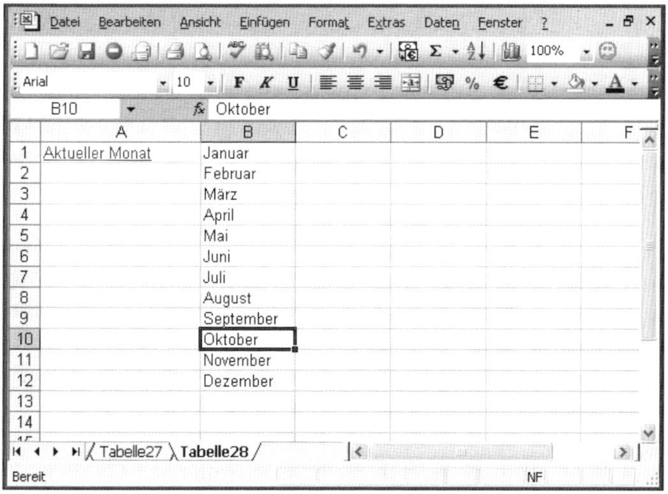

Abbildung 11.60: Der Sprung zum aktuellen Monat wurde ausgeführt

Ins Internet verzweigen

Bei der folgenden Aufgabe soll die Tabellenfunktion **HYPERLINK** eingesetzt werden, um ins Internet zu verzweigen. Die einfachste Variante, diese Aufgabe zu erledigen, ist die URLs einfach direkt in die Zelle einzugeben. Excel wandelt standardmäßig alle Internet-Adressen, E-Mail-Adressen und Netzwerkpfade automatisch in Hyperlinks um. Die Beschriftung der einzelnen Hyperlinks soll aber auf dynamische Weise durchgeführt werden. Sehen Sie sich als Vorbereitung die Abbildung 11.61 an.

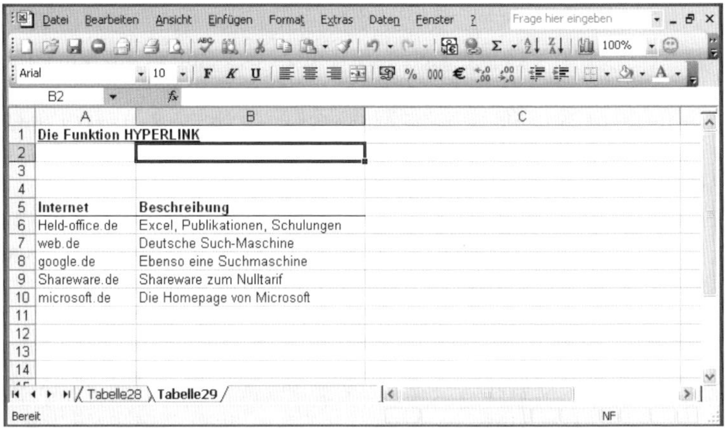

Abbildung 11.61: Die Sprungadresse sowie die Beschriftung der Links werden angegeben

In Spalte **A** finden Sie die URLs der Internetseiten, ohne den Textteil **http://** zu verwenden. In Spalte **B** wird die Kurzbeschreibung der Internetseiten angezeigt. Diese Kurzbeschreibung soll als Beschriftungstext der Hyperlinks eingesetzt werden.

Um diese Aufgabe zu lösen, befolgen Sie die nächsten Arbeitsschritte:

1. Markieren Sie den Zellenbereich **C6:C10**
2. Erfassen Sie die Formel **=HYPERLINK("http://" & A6;B6)**

3. Schließen Sie die Formel über die Tastenkombination Strg + ↵ ab.

Das Kürzel **http://** muss in der Formel noch separat angegeben werden, da Excel sonst keine vollständige Internetadresse identifizieren kann.

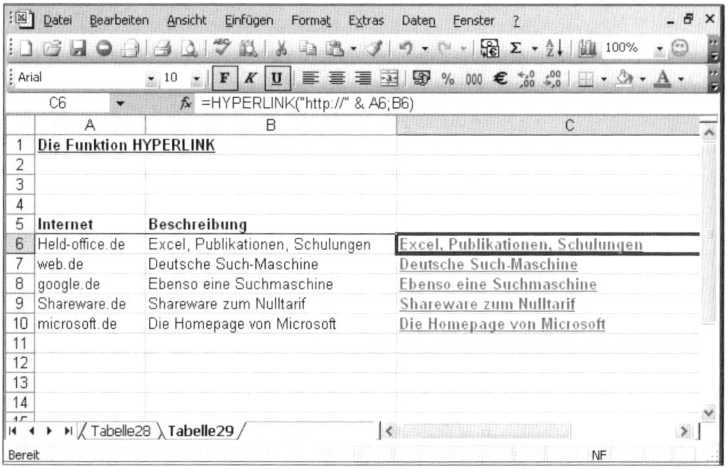

Abbildung 11.62: Die Hyperlinks wurden eingefügt

Mit einem Klick auf den gewünschten Hyperlink werden die Internetseiten direkt geladen. Selbstverständlich müssen Sie dazu auch **ONLINE** sein.

HINWEIS

Hyperlinks werden standardmäßig in blauer Schriftfarbe und mit einer Unterstreichung dargestellt. Wurde ein Hyperlink einmal betätigt, dann wird der Hyperlink in violetter Schriftfarbe angezeigt. Soll die Farbe wieder zurückgesetzt werden, dann schließen Sie die Arbeitsmappe und öffnen Sie die Mappe direkt im Anschluss daran. Dadurch werden alle Hyperlinks wieder zurückgesetzt.

Soll die Standardformatierung von Hyperlinks geändert werden, dann gehen Sie wie folgt vor:

1. Wählen Sie aus dem Menü *Format* den Befehl *Formatvorlage*.
2. Im Dialog *Formatvorlage* wählen Sie aus dem Listenfeld *Name der Formatvorlage* den Befehl *Hyperlink*.

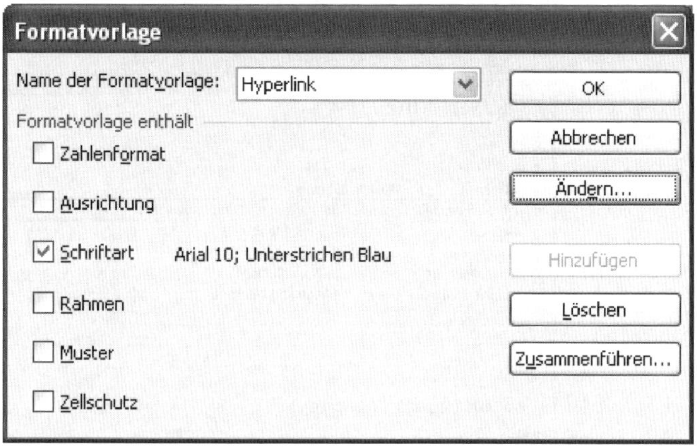

Abbildung 11.63: Die Standardformatierung von Hyperlinks ändern

3. Klicken Sie auf die Schaltfläche *Ändern*.
4. Wechseln Sie im Dialog *Zellen formatieren* auf die Registerkarte *Schrift*.
5. Im Kombinationsfeld *Farbe* wählen Sie beispielsweise eine andere Farbe aus.
6. Bestätigen Sie zweimal mit *Ok*

Alle Hyperlinks, die Sie nun neu einfügen, bekommen die neue Formatierung. Sollen alte Hyperlinks ebenso ins neue Format gebracht werden, dann markieren Sie alle Zellen, die die alten Hyperlinks aufweisen, drücken die Taste [F2] und schließen die Aktion über die Tastenkombination [Strg] + [↵] ab.

Die Tabellenfunktion MTRANS

Mit Hilfe der Tabellenfunktion **MTRANS** können Sie die transponierte Matrix der angegebenen Matrix zurückgeben. Diese Funktion muss als Matrixformel ausgeführt, also über die Tastenkombination [Strg] + [⇧] + [↵] abgeschlossen werden.

Die Syntax dieser Funktion lautet:

=MTRANS(Matrix)

Im Argument **Matrix** wird eine Matrix oder ein Zellbereich in einem Arbeitsblatt festgelegt, der transponiert (=gedreht) werden soll. Die Transponierte einer Matrix wird erstellt, indem die Zeilen der Matrix zu den Spalten der neuen Matrix werden.

Eine Tabelle transponieren

Im nächsten Beispiel liegt eine Tabelle vor, die transponiert (=gedreht) werden soll.

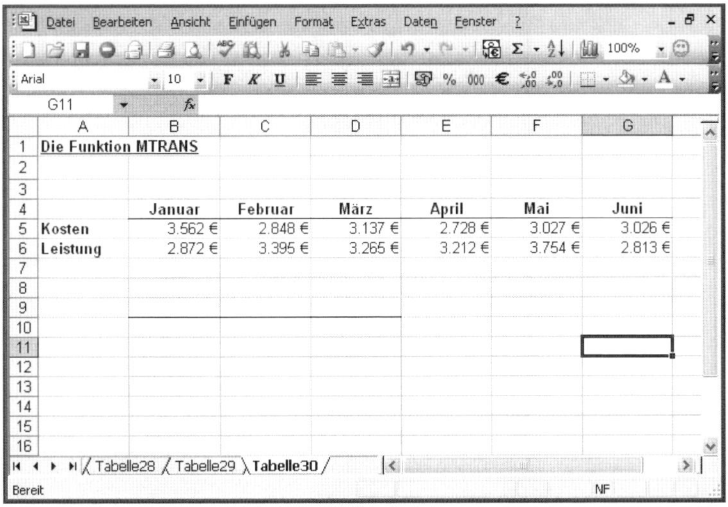

Abbildung 11.64: Die Ausgangstabelle mit Kosten und Leistung soll gedreht werden

Um diese Tabelle zu drehen, verfahren Sie wie folgt:

1. Markieren Sie den Zellenbereich **B10:B15**
2. Erfassen Sie die Matrixformel **=MTRANS(B4:G4)**
3. Schließen Sie diese Formel über die Tastenkombination Strg + ⇧ + ↵ ab.
4. Markieren Sie den Bereich **C9:C15**
5. Erfassen Sie die Matrixformel **=MTRANS(A5:G5)**
6. Schließen Sie diese Formel über die Tastenkombination Strg + ⇧ + ↵ ab.
7. Markieren Sie den Bereich **D9:D15**
8. Erfassen Sie die Matrixformel **=MTRANS(A6:G6)**
9. Schließen Sie diese Formel über die Tastenkombination Strg + ⇧ + ↵ ab.

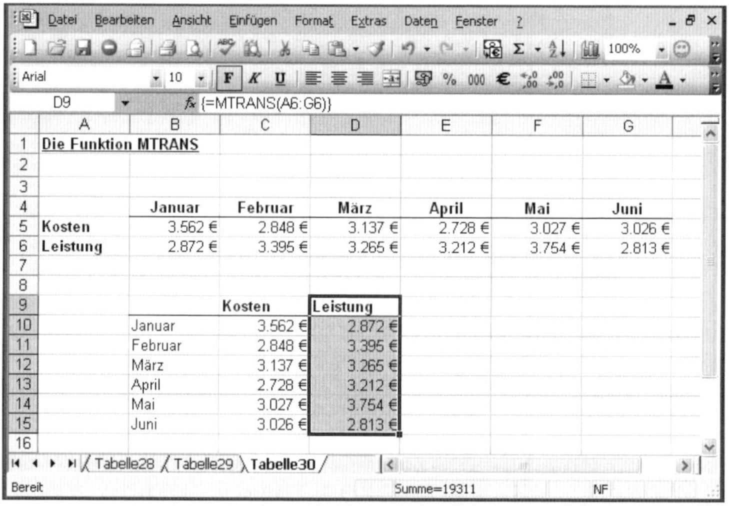
D9 {=MTRANS(A6:G6)}

Die Funktion MTRANS

	Januar	Februar	März	April	Mai	Juni
Kosten	3.562 €	2.848 €	3.137 €	2.728 €	3.027 €	3.026 €
Leistung	2.872 €	3.395 €	3.265 €	3.212 €	3.754 €	2.813 €

	Kosten	Leistung
Januar	3.562 €	2.872 €
Februar	2.848 €	3.395 €
März	3.137 €	3.265 €
April	2.728 €	3.212 €
Mai	3.027 €	3.754 €
Juni	3.026 €	2.813 €

Abbildung 11.65: Die Kosten-Leistung-Tabelle wurde transponiert

Die Tabellenfunktionen SPALTE und SPALTEN

Mit Hilfe der Tabellenfunktion **SPALTE** können Sie die Spaltennummer eines Bezugs zurückgeben.

Die Syntax dieser Version lautet:

=SPALTE(Bezug)

Geben Sie im Argument **Bezug** die Zelle oder den Zellenbereich an, deren bzw. dessen Spaltennummer Sie ermitteln möchten.

Mit Hilfe der Tabellenfunktion **SPALTEN** können Sie die Anzahl der Spalten einer Matrix ermitteln. Ein Matrixbereich ist ein rechteckiger Bereich aus Zellen, die auf einer gemeinsamen Formel basieren; eine Matrixkonstante ist eine Gruppe von Konstanten, die als Argument verwendet wird.

Die Syntax dieser Funktion lautet:

=SPALTEN(Matrix)

Im Argument **Matrix** wird eine Matrix, eine Matrixformel oder ein Bezug auf einen Zellbereich, dessen Spaltenanzahl Sie ermitteln möchten, ausgegeben.

Werte ausdünnen

In der folgenden Aufgabe soll eine Liste mit sehr vielen Werten ein wenig ausgedünnt werden. In Abbildung 11.66 sollen aus den Zeilen 5-7 nur jeder dritte Wert weiterverarbeitet werden.

Um diese Aufgabe zu lösen, verfahren Sie wie folgt:

1. Markieren Sie den Zellenbereich **B11:E13**
2. Erfassen Sie die Formel **=BEREICH.VERSCHIEBEN($B5;0;(SPALTE()-2)*3)**
3. Schließen Sie die Eingabe über die Tastenkombination [Strg] + [↵] ab.

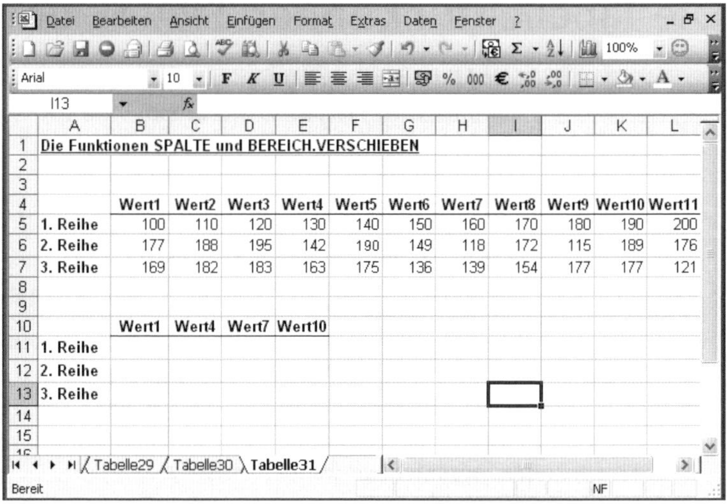

Abbildung 11.66: Diese Liste soll ausgedünnt werden

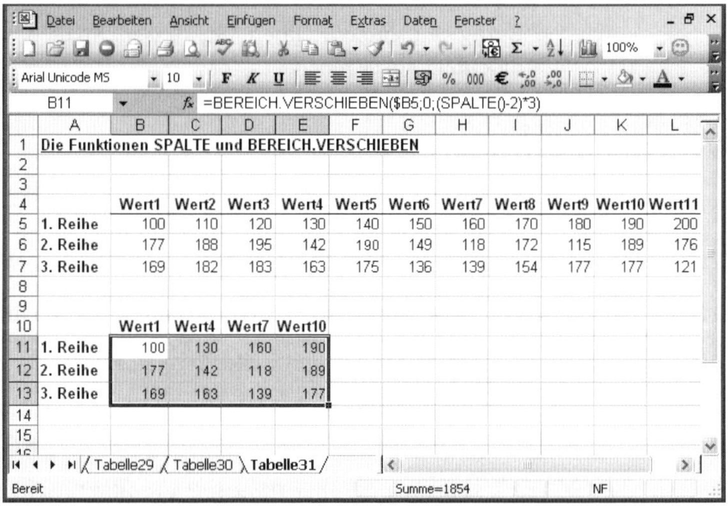

Abbildung 11.67: Nur jeder dritte Wert aus den Reihen 5-7 wurde extrahiert

Der Verschiebeprozess beginnt für die Zeile **11** bei der Zelle **B5**. Über die Tabellenfunktion Spalte wird die momentan aktive Spalte (hier Zelle **B11** = Spalte 2) zurückgegeben. Über eine anschließende Subtraktion bzw. Multiplikation wird die richtige Schrittweite eingestellt. So werden in diesem Beispiel jeweils immer nur die dritten Werte einer Reihe ausgegeben.

Um diese Formel schrittweise zu testen, setzen Sie beispielsweise den Zellenzeiger in die Zelle **D11** und wählen aus dem Menü *Extras* den Befehl *Formelüberwachung/Formelauswertung*.

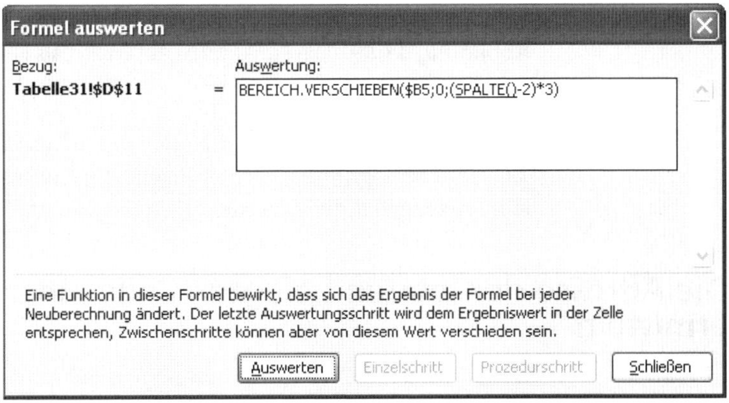

Abbildung 11.68: Die Formel wird jetzt Schritt für Schritt ausgewertet

Klicken Sie auf die Schaltfläche *Auswerten*.

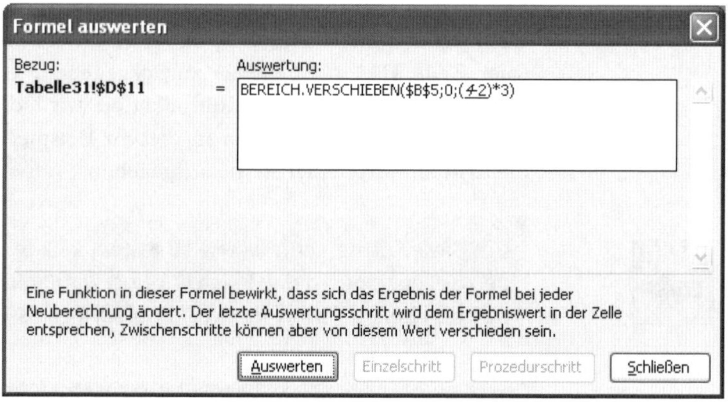

Abbildung 11.69: Die Funktion SPALTE wird als Erstes aufgelöst

Wenn Sie mehrmals hintereinander die Schaltfläche *Auswerten* anklicken, dann wird die Formel Schritt für Schritt aufgelöst und Sie können jederzeit die Zwischenergebnisse sehen.

Die Adresse der letzten belegten Zelle einer Spalte ermitteln

Bei der folgenden Aufgabe kommen gleich mehrere Tabellenfunktionen gemeinsam zum Einsatz. Dabei soll die Zellenadresse der letzten gefüllten Zelle in Spalte **A** ermittelt werden. Sehen Sie sich dazu einmal die Abbildung 11.70 an.

Um diese Aufgabe zu lösen, geben Sie in Zelle **C5** die Formel

=ADRESSE(MAX(WENN($A$5:$A$100<>"";ZEILE($A$5:$A$100)));SPALTE($A$5:$A$100);4)

ein und bestätigen diese Matrixformel, indem Sie die Tastenkombination [Strg] + [⇧] + [↵] drücken.

Nachdem die Matrixformel eingegeben wurde, wird die zuletzt benutzte Zelle im Bereich **A5:A100** gefunden und deren Adresse ausgegeben.

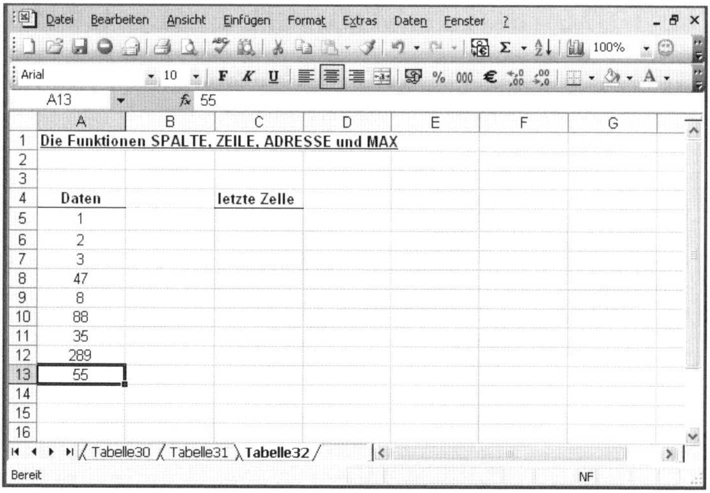

Abbildung 11.70: Die Adresse der letzten Zelle soll ermittelt werden

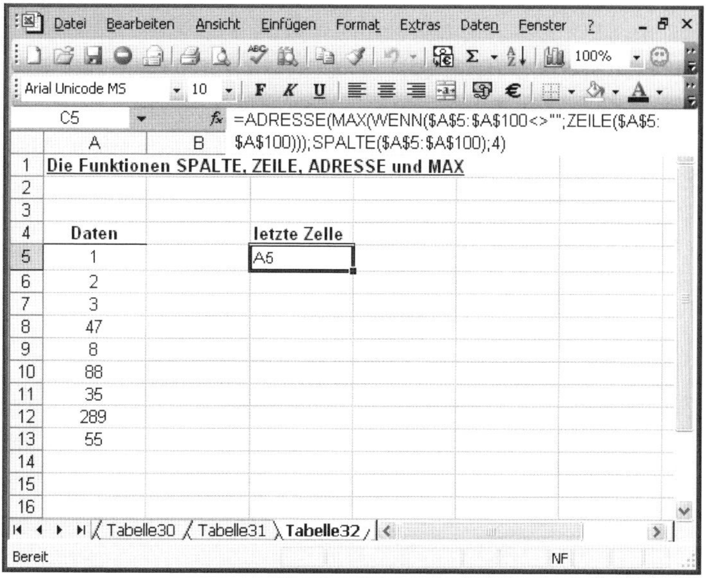

Abbildung 11.71: Die letzte gefüllte Zelle lautet A5

Die Tabellenfunktionen ZEILE und ZEILEN

Mit Hilfe der Tabellenfunktion **ZEILE** können Sie die Zeilennummer eines Bezugs ermitteln.

Die Syntax dieser Funktion lautet:

=ZEILE(Bezug)

Im Argument **Bezug** wird die Zelle oder der Zellbereich angegeben, deren bzw. dessen Zeilennummer Sie ermitteln möchten.

Mit Hilfe der Tabellenfunktion **ZEILEN** können Sie die Anzahl der Zeilen in einem Bezug oder einer Matrix ermitteln.

Die Syntax dieser Funktion lautet:

=ZEILEN(Matrix)

Im Argument **Matrix** wird eine Matrix, eine Matrixformel oder ein Bezug auf einen Zellbereich angegeben, dessen Zeilenanzahl Sie abfragen möchten.

Den letzten Wert einer Zeile finden

In der folgenden Aufgabe liegen in einer Tabelle einige Zeilen mit Daten vor. Diese Zeilen sind jedoch nicht gleichmäßig gefüllt. Sehen Sie sich zur besseren Verständlichkeit die Abbildung 11.72 an.

Ihre Aufgabe besteht nun darin, den jeweils letzten Wert einer Zeile zu ermitteln. Dabei verfahren Sie wie folgt:

1. Markieren Sie den Zellenbereich **E5:E12**
2. Erfassen Sie die Formel **=INDIREKT(ADRESSE(ZEILE();ANZAHL(A5:C5)))**
3. Schließen Sie die Eingabe der Formel ab, indem Sie die Tastenkombination [Strg] + [↵] drücken.

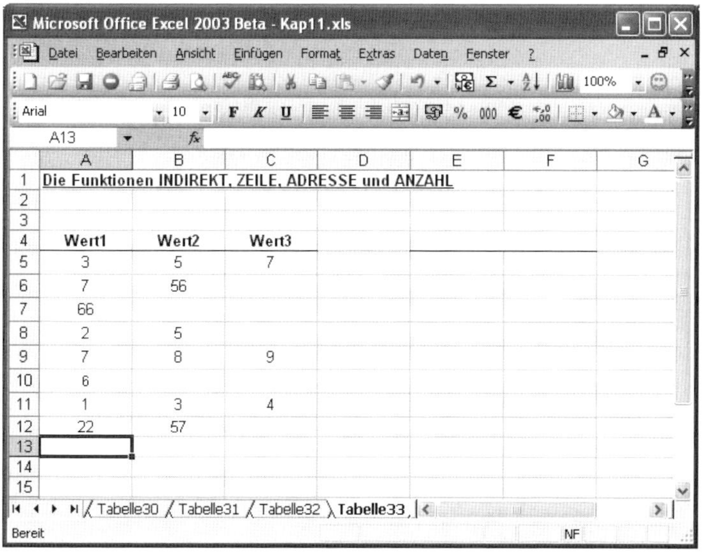

Abbildung 11.72: Die Zeilen sind ungleichmäßig gefüllt

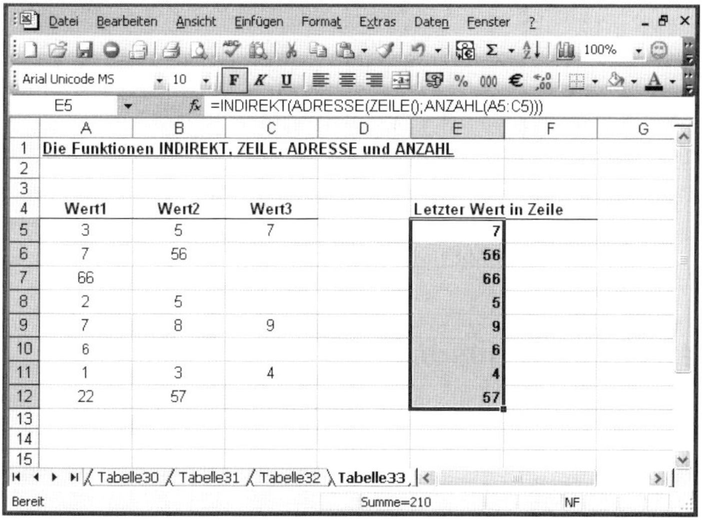

Abbildung 11.73: Die letzten Werte einer Zeile wurde ermittelt

Möchten Sie jetzt noch wissen, wie die Zellenadressen dieser Zellen lauten, dann befolgen Sie die nächsten Arbeitsschritte:

1. Markieren Sie den Zellenbereich **F5:F12**
2. Erfassen Sie die Formel **=ADRESSE(ZEILE();ANZAHL(A5:C5))**
3. Schließen Sie die Eingabe der Formel ab, indem Sie die Tastenkombination Strg + ↵ drücken.

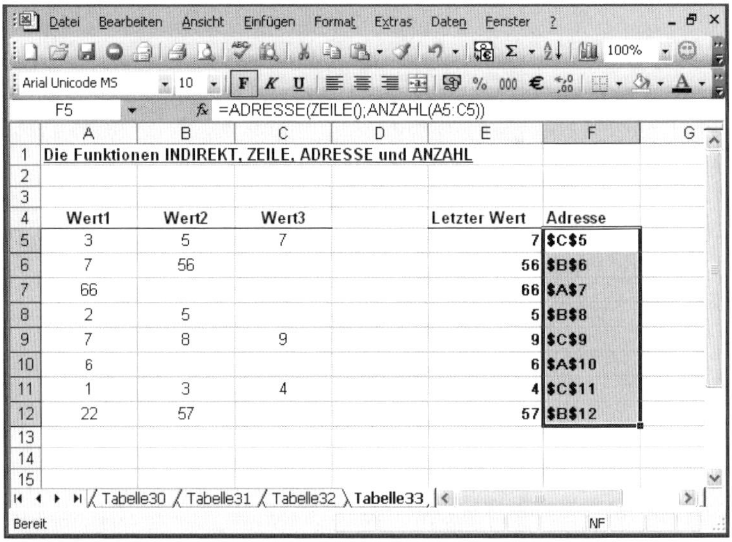

	A	B	C	D	E	F
1	Die Funktionen INDIREKT, ZEILE, ADRESSE und ANZAHL					
2						
3						
4	Wert1	Wert2	Wert3		Letzter Wert	Adresse
5	3	5	7		7	$C$5
6	7	56			56	$B$6
7	66				66	$A$7
8	2	5			5	$B$8
9	7	8	9		9	$C$9
10	6				6	$A$10
11	1	3	4		4	$C$11
12	22	57			57	$B$12

Abbildung 11.74: Die Adressen der letzten Zellen wurde ermittelt

Datenreihen ausdünnen

In der folgenden Aufgabe sind in Spalte A eine ganze Menge an Messdaten eingegeben worden. Diese Messdaten sollen ausgedünnt werden. Sehen Sie sich dazu einmal die Abbildung 11.75 an.

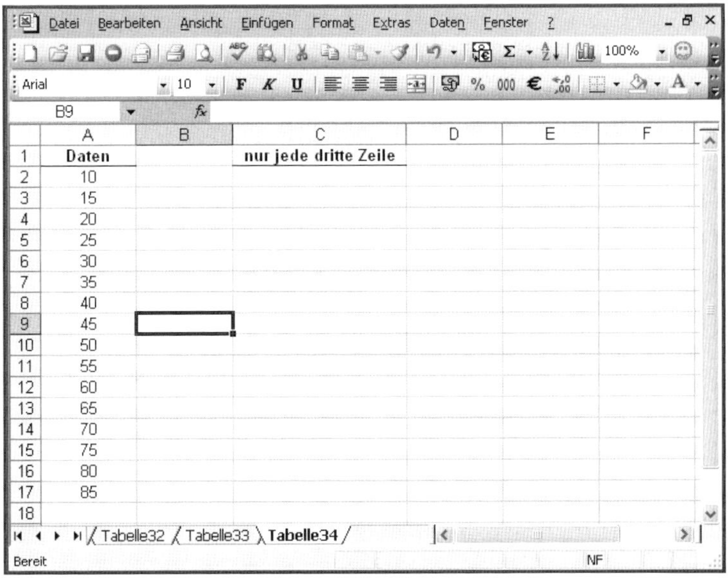

Abbildung 11.75: Die Ausgangsliste

Extrahieren Sie nun aus der Spalte A nur jeden dritten Eintrag. Verfahren Sie dabei wie folgt:

1. Erfassen Sie in Zelle **C2** die Formel **=BEREICH.VERSCHIEBEN($A$2;(ZEILE()-2)*3;0)**
2. Bestätigen Sie die Eingabe mit [↵]
3. Sie das Ausfüllkästchen nach unten bis in die Zelle **C7**

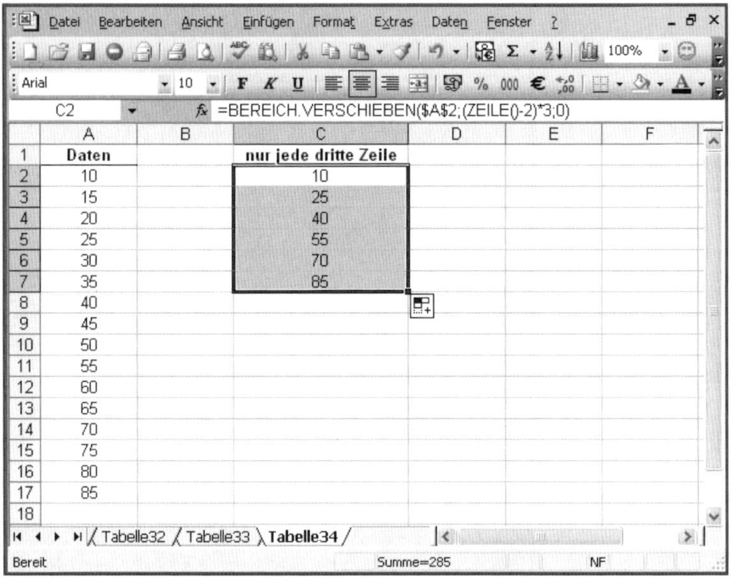

Abbildung 11.76: Jede dritte Zelle wurde aus der Spalte A extrahiert

KAPITEL

12

Funktionen für die Informationsgewinnung

In diesem Kapitel lernen Sie Funktionen für die Informationsgewinnung kennen.

Funktionen für die Informationsgewinnung

Zu den Informationsfunktionen zählen unter anderem Tabellenfunktionen, mit denen Sie Zellenformatierungen und -bezüge, Eingaben und mehr überprüfen können.

Alle hier vorgestellten Funktionen sind in der Arbeitsmappe *Kap12.xls* auf der mitgelieferten CD-ROM verfügbar.

Die Tabellenfunktion INFO

Mit Hilfe der Tabellenfunktion **INFO** können Sie Informationen zur aktuellen Systemumgebung abfragen.

Die Syntax dieser Funktion lautet:

=INFO(Typ)

Im Argument **Typ** wird ein Text angegeben, der bestimmt, welche Art von Informationen Sie erhalten möchten. Entnehmen Sie aus der Tabelle 1 die dabei verfügbaren Texte.

Typ	Rückgabewert
"BenutztSpeich"	Größe des Arbeitsspeichers, der momentan für Daten benötigt wird
"Dateienzahl"	Anzahl aktiver Arbeitsblätter in den geöffneten Arbeitsmappen.
"GesamtSpeich"	Der gesamte verfügbare Arbeitsspeicher in Bytes, einschließlich der bereits belegten Teile des Arbeitsspeichers
"Rechenmodus"	Der aktuelle Berechnungsmodus: "Automatisch" oder "Manuell"
"Rechenmodus"	Der aktuelle Berechnungsmodus: "Automatisch" oder "Manuell"

Typ	Rückgabewert
"System"	Der Name des Betriebssystems: Macintosh = »mac« Windows ="pcdos"
"Sysversion"	Version des aktuellen Betriebssystems als Text
"Ursprung"	Absoluter Bezug als Text in der A1-Schreibweise mit dem Präfix "$A:", Letzteres dient dazu, Kompatibilität zu Lotus 1-2-3, Version 3.x, zu gewährleisten. Gibt den Bezug der sichtbaren, obersten linken Zelle im aktuellen Fensterbereich zurück
"VerfSpeich"	Verfügbarer Arbeitsspeicher in Anzahl von Bytes
"Version"	Die Version von Microsoft Excel als Text
"Verzeichnis"	Der Pfad des aktuellen Verzeichnisses oder Ordners

Tabelle 12.1: Die verfügbaren Info-Typen

In der Abbildung 12.1 sehen Sie die Ergebnisse aller Info-Funktionen

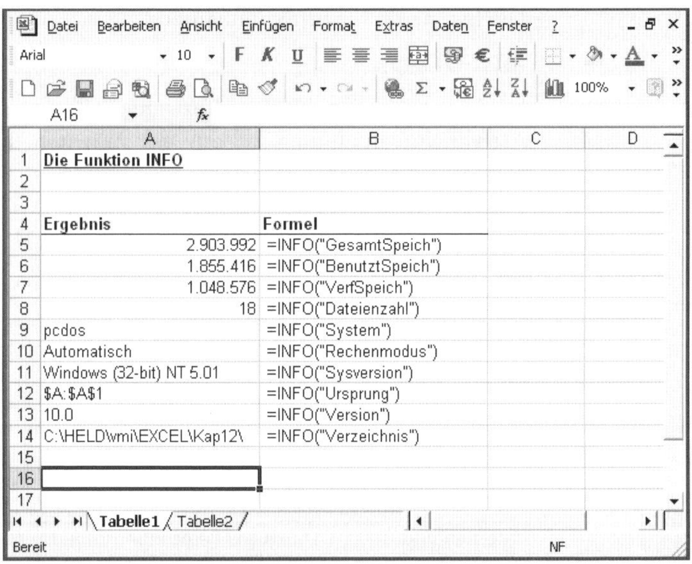

Abbildung 12.1: Die Ergebnisse der Info-Formeln

Die Tabellenfunktion FEHLER.TYP

Mit Hilfe der Tabellenfunktion **FEHLER.TYP** können Sie eine Zahl zurückgeben, die einem der Fehlerwerte in Microsoft Excel entspricht, oder den Fehlerwert #NV, wenn kein Fehler vorhanden ist. Sie können diese Funktion in einer WENN-Funktion verwenden, um einen Fehlerwert zu ermitteln und eine Zeichenfolge, beispielsweise eine Meldung, anstelle des Fehlerwertes zurückzugeben.

Die Syntax dieser Funktion lautet:

=FEHLER.TYP(Fehlerwert)

Im Argument **Fehlerwert** wird der Fehlerwert angegeben, dessen Kennnummer Sie finden möchten. Üblicherweise besteht das Argument Fehlerwert, an dessen Stelle auch die definierten Fehlerwerte angegeben werden können, aus einem Bezug auf eine Zelle mit einer Formel, die Sie prüfen möchten. In Tabelle 12.2 können Sie die Fehlertypen sehen, die Sie in Excel abfangen können.

Fehlerwert	Rückgabe von FEHLER.TYP
#NULL!	1
#DIV/0!	2
#WERT!	3
#BEZUG!	4
#NAME?	5
#ZAHL!	6
#NV	7
Sonstiges	#NV

Tabelle 12.2: Die verfügbaren Fehlertypen

Fehlermeldungen verschwinden lassen

Wenn Sie in Excel versuchen, einen Wert durch die Zahl 0 zu teilen, meldet Excel dabei einen Fehlerwert #DIV/0 zurück. Diese Meldung soll in der nächsten Aufgabe in Excel versteckt werden. Sehen Sie sich zunächst einmal die folgende Abbildung 12.2 an.

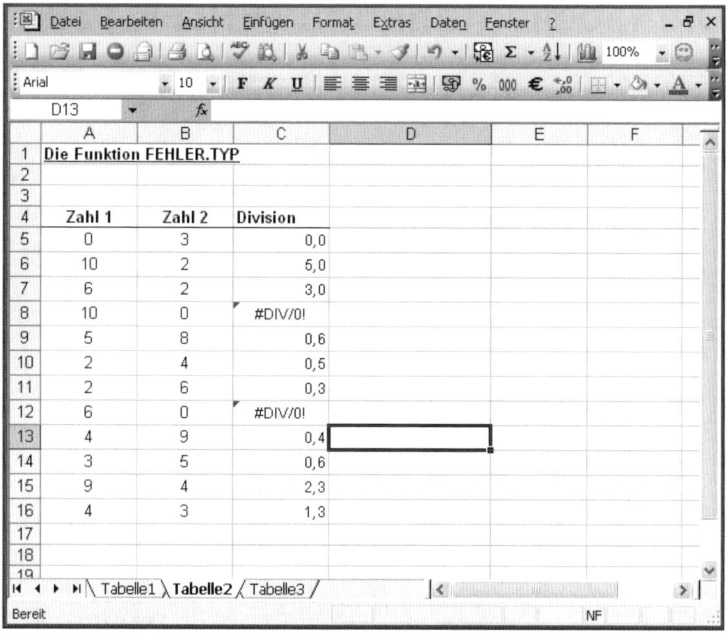

Abbildung 12.2: Einige Meldungen, die stören

Um jetzt die störenden Fehlermeldungen zu entfernen, wenden Sie die bedingte Formatierung von Excel an, indem Sie die nächsten Arbeitsschritte befolgen.

1. Markieren Sie den Zellenbereich **C5:C16**
2. Wählen Sie aus dem Menü *Format* den Befehl *Bedingte Formatierung.*
3. Im Dialog *Bedingte Formatierung* wählen Sie aus dem Kombinationsfeld *Bedingung1* den Befehl *Formel ist* aus.
4. Im rechts daneben stehenden Feld erfassen Sie die Formel **=Fehler.Typ(C5)=2**
5. Klicken Sie auf die Schaltfläche *Format.*

6. Wechseln Sie auf die Registerkarte *Schrift*.
7. Wählen Sie die Schriftfarbe *Weiß* aus dem Kombinationsfeld *Farbe*.
8. Bestätigen Sie zweimal mit *OK*.

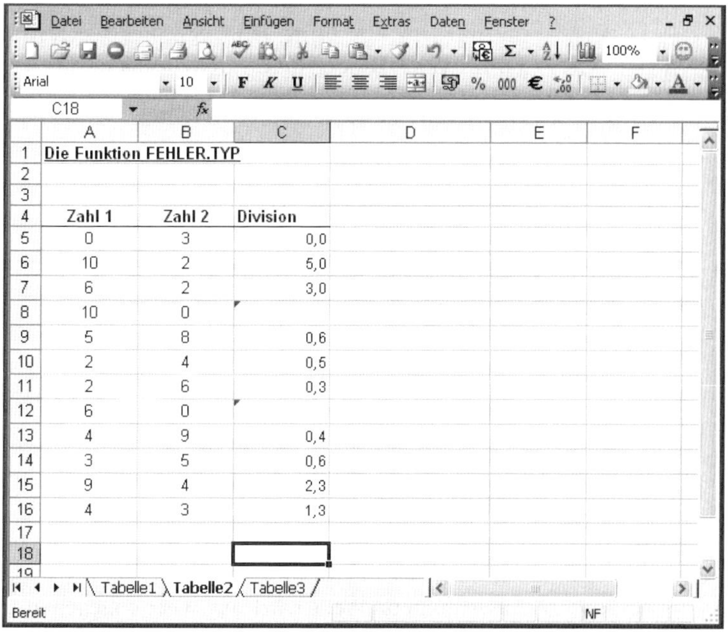

Abbildung 12.3: Alle »Fehler-Zellen« werden ausgebleicht

HINWEIS

Lernen Sie weitere praktische Beispiele für die bedingte Formatierung in Kapitel 13.

Die IST-Funktionen

In Excel stehen Ihnen neun Tabellenfunktionen zur Verfügung, die zum Testen des Typs eines Werts oder eines Bezugs verwendet werden.

Jede dieser Funktionen, die zusammen als IST-Funktionen bezeichnet werden, überprüft den Typ eines Wertes und gibt je nach Ergebnis **WAHR** oder **FALSCH** zurück.

Die Syntax dieser Funktionen lautet

=ISTLEER(Wert)

=ISTFEHL(Wert)

=ISTFEHLER(Wert)

=ISTLOG(Wert)

=ISTNV(Wert)

=ISTKTEXT(Wert)

=ISTZAHL(Wert)

=ISTBEZUG(Wert)

=ISTTEXT(Wert)

Im Argument **Wert** wird der Wert angegeben, der geprüft werden soll. Wert kann eine leere Zelle, ein Fehlerwert, ein logischer Wert, Text, eine Zahl, ein Bezugswert oder ein Name sein, der sich auf eine dieser Möglichkeiten bezieht, die Sie prüfen möchten.

Funktion	Bedingung, unter der WAHR zurückgegeben wird
ISTBEZUG	Wert bezieht sich auf einen Bezug.
ISTFEHL	Wert bezieht sich auf einen Fehlerwert mit Ausnahme von #NV.
ISTFEHLER	Wert bezieht sich auf einen beliebigen Fehlerwert (#NV, #WERT!, #BEZUG!, #DIV/0!, #ZAHL!, #NAME? oder #NULL!).
ISTKTEXT	Wert bezieht sich auf ein Element, das kein Text ist. (Beachten Sie, dass diese Funktion WAHR zurückgibt, wenn sich Wert auf eine leere Zelle bezieht.)
ISTLEER	Wert bezieht sich auf eine leere Zelle.
ISTLOG	Wert bezieht sich auf einen logischen Wert
ISTNV	Wert bezieht sich auf den Fehlerwert #NV (Wert nicht verfügbar).
ISTTEXT	Wert bezieht sich auf Text.
ISTZAHL	Wert bezieht sich auf eine Zahl.

Tabelle 12.3: Die zur Verfügung stehenden Ist-Funktionen

Nulldivisionen nicht anzeigen

In der vorherigen Aufgabe wurden Divisionen durch 0 über die bedingte Formatierung von Excel unsichtbar gemacht. Eine ähnliche Lösung können Sie über den Einsatz der Tabellenfunktion **ISTFEHLER** erreichen. Dabei wird vorher überprüft, ob eine Division durchgeführt werden kann. Wenn nicht, dann wird stattdessen ein Leerzeichen als Ergebnis in die Zelle eingefügt.

Kopieren Sie die **Tabelle2** in eine neue Tabelle und markieren Sie im Anschluss den Zellenbereich **C9:C20**. Erfassen Sie dann die Formel **=WENN(ISTFEHLER(A9/B9);"";A9/B9)**, die Sie mit der Tastenkombination Strg + ↵ abschließen und automatisch in alle Zellen der Markierung einfügen.

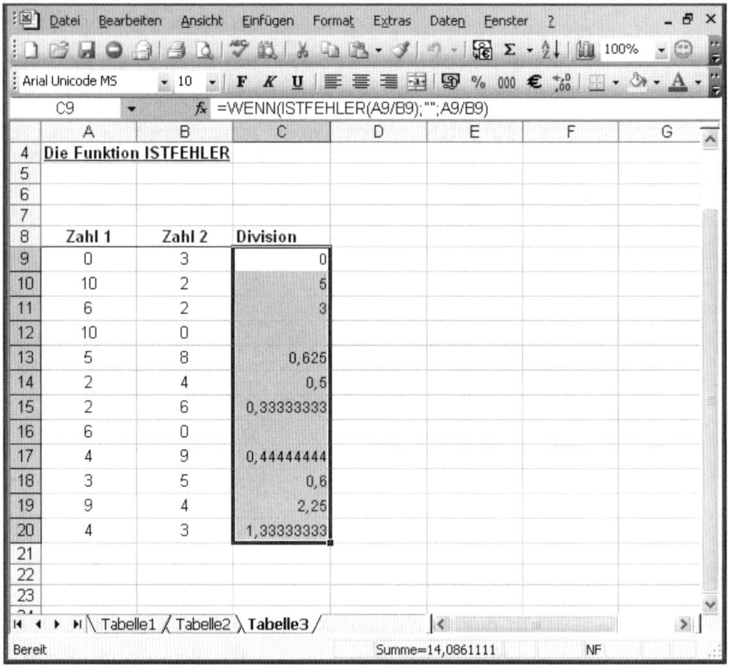

Abbildung 12.4: Fehlerhafte Divisionen werden erst gar nicht zugelassen

Die Fehlermeldung #NV sprechender machen

Im folgenden Beispiel greifen Sie auf ein Praxisbeispiel aus dem letzten Kapitel zurück. Dort wurde mit Hilfe der Tabellenfunktion **SVERWEIS** über eine Artikel-Nr. alle dazugehörigen Daten einer Liste ermittelt. Dabei musste aber die korrekte Artikelnummer eingegeben werden, im anderen Falle wurde die Fehlermeldung #NV zurückgegeben.

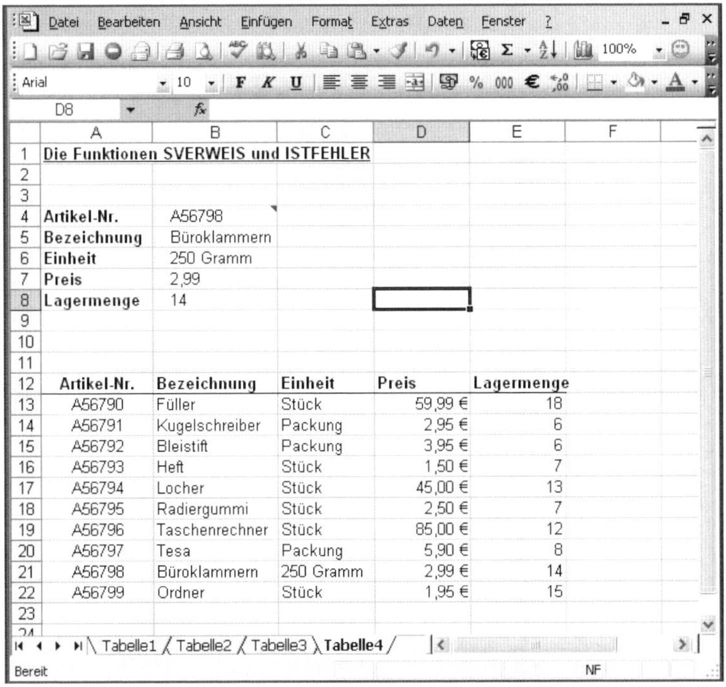

	A	B	C	D	E
1	Die Funktionen SVERWEIS und ISTFEHLER				
2					
3					
4	Artikel-Nr.	A56798			
5	Bezeichnung	Büroklammern			
6	Einheit	250 Gramm			
7	Preis	2,99			
8	Lagermenge	14			
9					
10					
11					
12	Artikel-Nr.	Bezeichnung	Einheit	Preis	Lagermenge
13	A56790	Füller	Stück	59,99 €	18
14	A56791	Kugelschreiber	Packung	2,95 €	6
15	A56792	Bleistift	Packung	3,95 €	6
16	A56793	Heft	Stück	1,50 €	7
17	A56794	Locher	Stück	45,00 €	13
18	A56795	Radiergummi	Stück	2,50 €	7
19	A56796	Taschenrechner	Stück	85,00 €	12
20	A56797	Tesa	Packung	5,90 €	8
21	A56798	Büroklammern	250 Gramm	2,99 €	14
22	A56799	Ordner	Stück	1,95 €	15
23					

Abbildung 12.5: Die Ausgangssituation

Um die etwas kurze Fehlermeldung **#NV** durch eine mehr sagende Meldung auszutauschen, passen Sie die Formeln in den Zellen **B5:B8** an. Erfassen Sie in Zelle **B5** die Formel:

=WENN(ISTFEHLER(SVERWEIS ($B$4;$A$13:$E$22;2;FALSCH));"Keine Suchergebnisse"; SVERWEIS($B$4;$A$13:$E$22;2;FALSCH))

Ziehen Sie das Ausfüllkästchen nach unten und passen Sie jeweils den Spaltenindex an. Geben Sie danach einmal eine Artikel-Nr. ein, die in der darunter liegenden Liste nicht existiert.

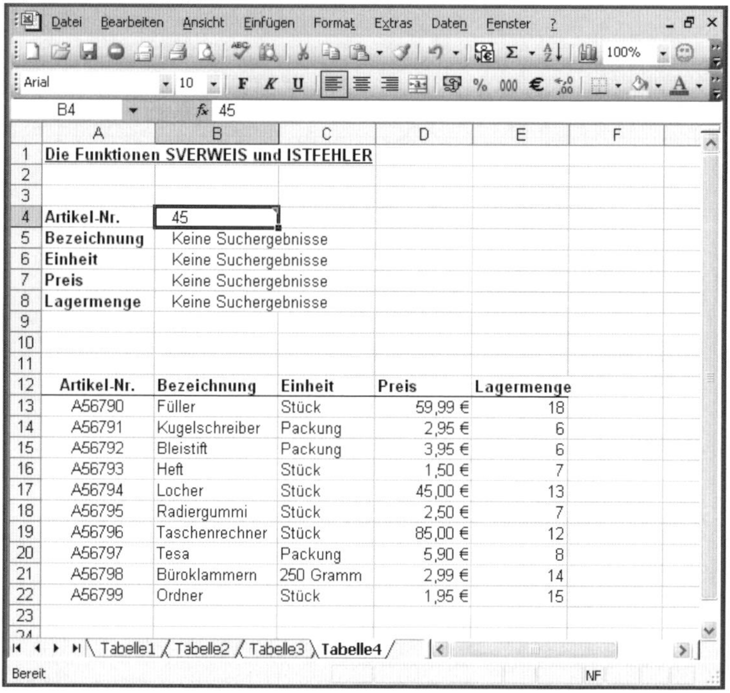

Abbildung 12.6: Diese Meldung sagt mehr aus

Auch die Tabellenfunktion **ISTNV** kann für diesen Zweck eingesetzt werden. Die dafür notwendige Formel lautet:

=WENN(ISTNV(SVERWEIS ($B$4;$A$13:$E$22;2;FALSCH));"Keine Suchergebnisse"; SVERWEIS($B$4;$A$13:$E$22;2;FALSCH))

Namen überprüfen

In Excel haben Sie die Möglichkeit einzelne Zellen und Bereiche mit Namen zu benennen. Dies macht viele Tabellen leichter verständlich. Mit Hilfe der Tabellenfunktion **ISTBEZUG** können Sie dabei prüfen, ob ein bestimmter Namen in einer Tabelle verwendet wird. Sehen Sie sich zunächst einmal die Abbildung 12.7 an.

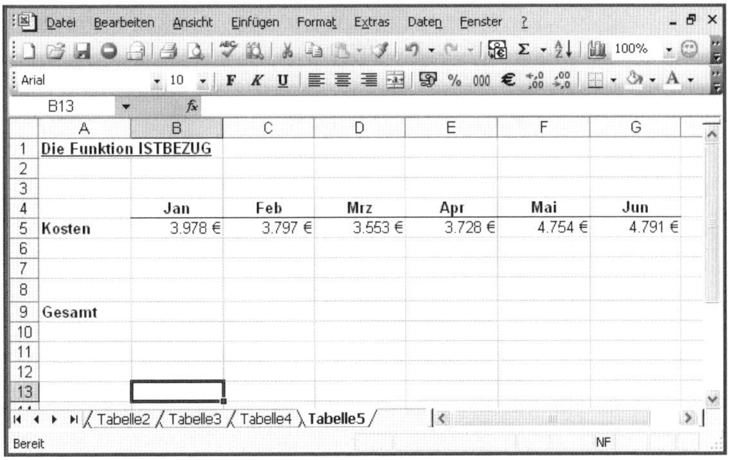

Abbildung 12.7: Eine Halbjahres-Kostentabelle

Markieren Sie jetzt den Zellenbereich **B5:G5** und geben Sie diesem Bereich den Namen **Kosten**. Dazu schreiben Sie diesen Namen direkt in das Namensfeld, links oben und bestätigen mit [↵].

Die Aufgabe besteht jetzt darin, den Bereich **Kosten** zu summieren. Dabei soll jedoch vorher geprüft werden, ob es den Namen **Kosten** überhaupt in der Arbeitsmappe gibt. Erfassen Sie zu diesem Zweck in Zelle **B9** die Formel:

=WENN(ISTBEZUG(Kosten);SUMME(Kosten);0)

und bestätigen Sie Ihre Eingabe mit [↵].

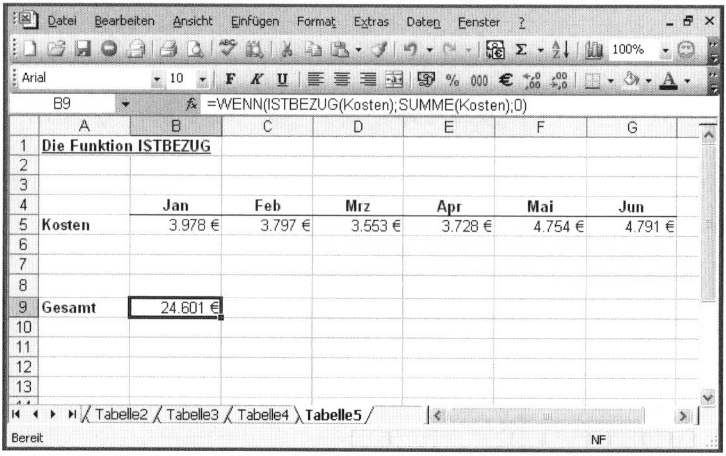

Abbildung 12.8: Vor der Summierung erfolgt eine Namensprüfung

Über die Tabellenfunktion **WENN** führen Sie eine Abfrage durch. Dabei gibt die Funktion **ISTBEZUG** den Wert **FALSCH** zurück, wenn es den Namen **Kosten** in der Arbeitsmappe nicht gibt. In diesem Fall soll das Ergebnis der Summierung mit **0** ausgewiesen werden. Anderenfalls kann der Name einem Zellenbezug zugeordnet werden. Danach wird der Bereich mit Hilfe der Tabellenfunktion **SUMME** summiert.

Texte aufspüren

Nach einem Datenimport in Excel wurden einige Zellen als Text interpretiert. Rein äußerlich sieht man es diesen als Text verkleideten Zahlen jedoch nicht an.

Vergleichen Sie die beiden Summen-Zellen **A20** und **D20** in Abbildung 12.9.

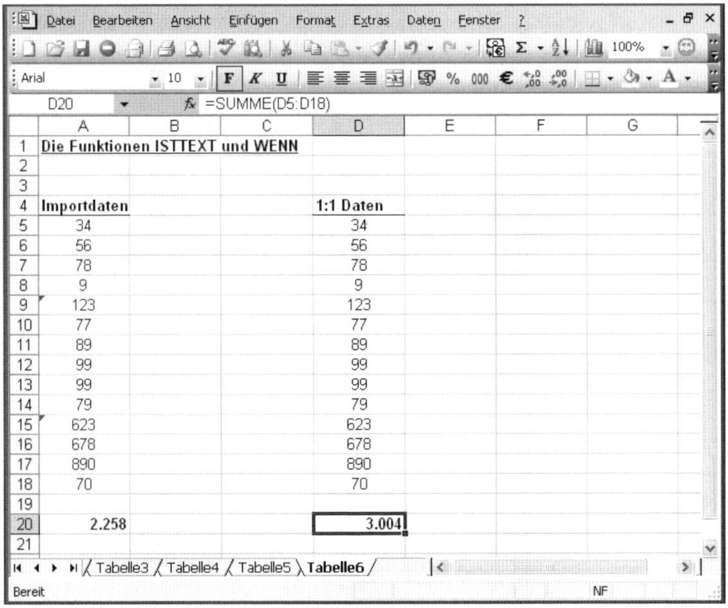

Abbildung 12.9: Die Summe bei den importierten Daten stimmt nicht

In Spalte **A** werden einige Zahlenwerte leider nicht richtig als Zahl erkannt. In den neueren Excel-Versionen werden diese Zellen in bestimmten Fällen mit einem grünen Dreieck in der linken, oberen Ecke der Zelle gekennzeichnet. Ihre Aufgabe besteht jetzt darin, die Werte aus Spalte **A** so umzuwandeln, dass alle Werte auch als Zahlen erkannt werden können. Dabei führen Sie zunächst eine Prüfung mit Hilfe der Tabellenfunktion **ISTTEXT** durch, indem Sie wie folgt vorgehen.

1. Markieren Sie den Zellenbereich **B5:B18**
2. Erfassen Sie die Formel **=WENN(ISTTEXT(A5);"TEXTWERT";A5)**
3. Schließen Sie die Formel über die Tastenkombination Strg + ↵ ab.

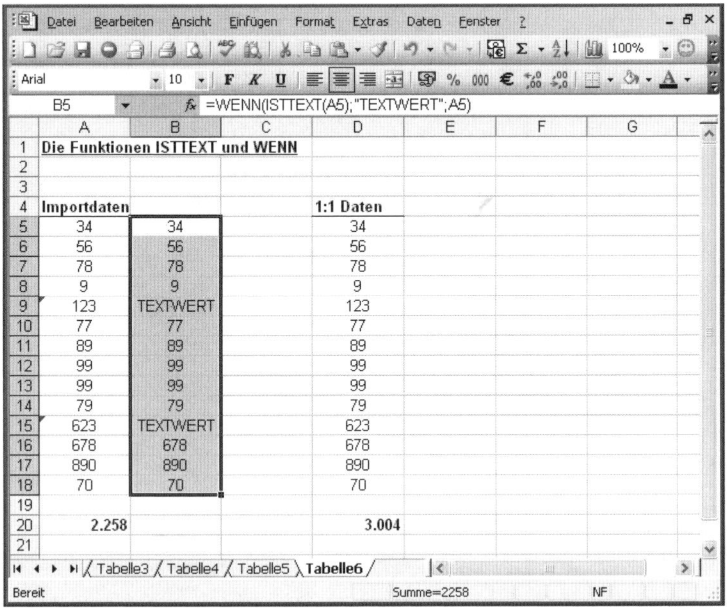

Abbildung 12.10: Die Zellen, die Texte enthalten, können identifiziert werden

Im nächsten Schritt werden die von Excel nicht erkannten Zellen umgewandelt. Dabei können Sie Excel überlisten, indem Sie der Anwendung mitteilen, dass es sich bei den nicht erkannten Zellen tatsächlich um Zahlenwerte handeln soll. Um diese Nachricht Excel zu übermitteln, multiplizieren Sie einfach jede Zelle mit dem Wert 1. Dadurch wird Excel gezwungen noch einmal über die Zahlenerkennung nachzudenken. Möglich wäre auch, die Zellen mit dem Wert 0 zu addieren. In beiden Fällen werden die Werte in den Zellen wertmäßig nicht verändert. Gehen Sie jetzt wie folgt vor:

1. Markieren Sie den Datenbereich **C5:C18**
2. Erfassen Sie die Formel **=WENN(ISTTEXT(A5);A5*1;A5)**
3. Schließen Sie die Formel über die Tastenkombination Strg + ↵ ab.

4. Geben Sie zur Kontrolle in Zelle **C20** die Formel **=SUMME(C5:C18)** ein und bestätigen Sie mit [Enter].

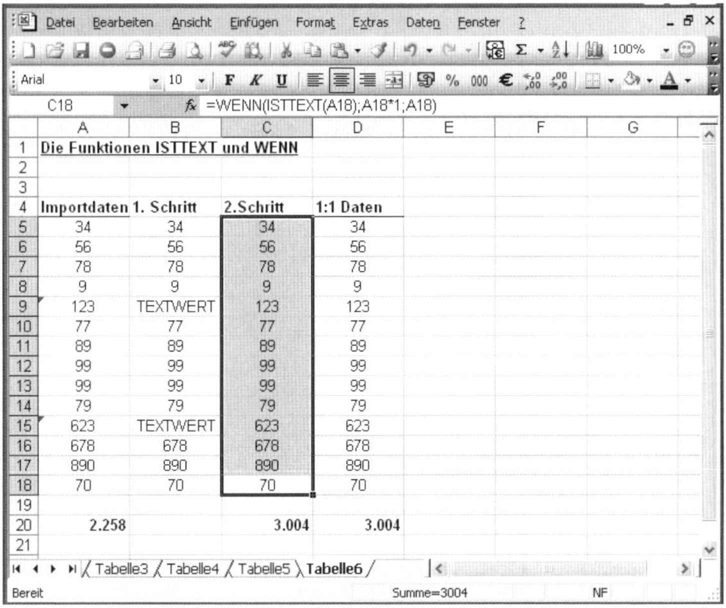

	A	B	C	D
1	**Die Funktionen ISTTEXT und WENN**			
2				
3				
4	**Importdaten**	**1. Schritt**	**2.Schritt**	**1:1 Daten**
5	34	34	34	34
6	56	56	56	56
7	78	78	78	78
8	9	9	9	9
9	123	TEXTWERT	123	123
10	77	77	77	77
11	89	89	89	89
12	99	99	99	99
13	99	99	99	99
14	79	79	79	79
15	623	TEXTWERT	623	623
16	678	678	678	678
17	890	890	890	890
18	70	70	70	70
19				
20	**2.258**		**3.004**	**3.004**
21				

Abbildung 12.11: Die Zahlen werden jetzt alle erkannt

HINWEIS

Wenn Sie lieber mit der Tabellenfunktion **ISTKTEXT** (Ist kein Text) arbeiten möchten, dann würde die Formel wie folgt lauten:

=WENN(ISTKTEXT(A5);A5;A5*1)

Leerzeilen erkennen

In sehr großen Listen kann es schon einmal passieren, dass sich leere Zeilen einschleichen. Mit Hilfe der Tabellenfunktion **ISTLEER** können Sie diese Zeilen aufspüren. Sehen Sie sich einmal die Abbildung 12.12 an.

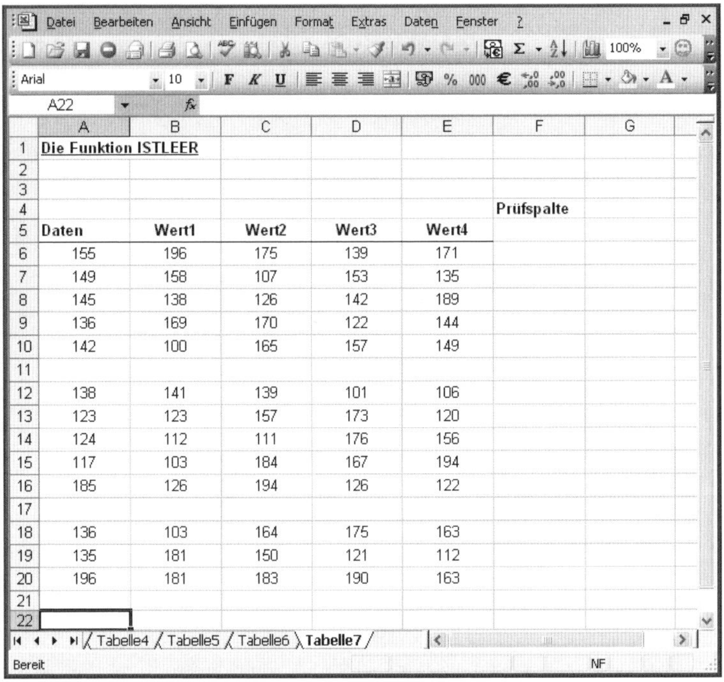

	A	B	C	D	E	F
1	Die Funktion ISTLEER					
2						
3						
4						Prüfspalte
5	Daten	Wert1	Wert2	Wert3	Wert4	
6	155	196	175	139	171	
7	149	158	107	153	135	
8	145	138	126	142	189	
9	136	169	170	122	144	
10	142	100	165	157	149	
11						
12	138	141	139	101	106	
13	123	123	157	173	120	
14	124	112	111	176	156	
15	117	103	184	167	194	
16	185	126	194	126	122	
17						
18	136	103	164	175	163	
19	135	181	150	121	112	
20	196	181	183	190	163	
21						
22						

Abbildung 12.12: Die leeren Zeilen sollen aufgespürt werden

Um die leeren Zeilen mit Hilfe einer Matrixformel zu kennzeichnen, gehen Sie wie folgt vor:

1. Erfassen Sie in Zelle **F5** die Matrixformel **=UND(ISTLEER(A5:E5))**
2. Schließen Sie die Matrixformel über die Tastenkombination [Strg] + [⇧] + [↵].
3. Ziehen Sie das Ausfüllkästchen der Zelle **F5** nach unten bis in Zelle **F20**.

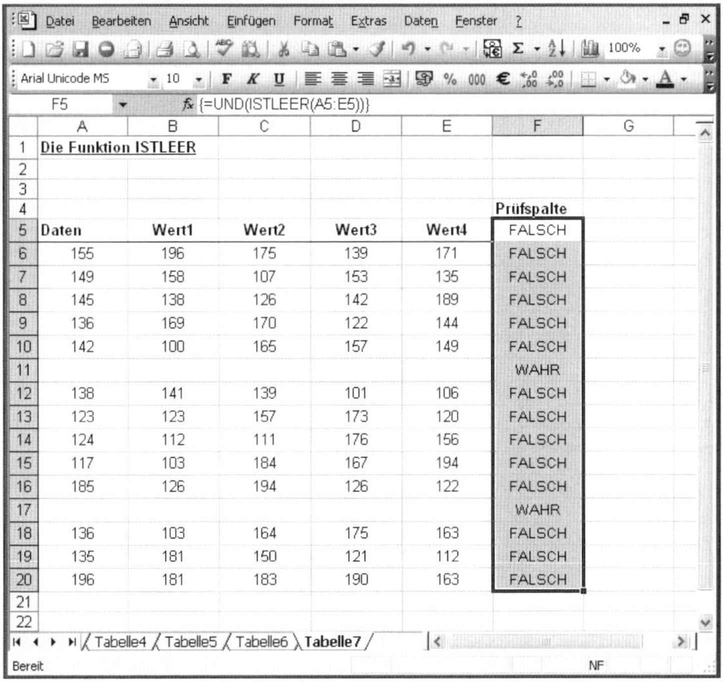

	A	B	C	D	E	F
1	Die Funktion ISTLEER					
2						
3						
4						Prüfspalte
5	Daten	Wert1	Wert2	Wert3	Wert4	FALSCH
6	155	196	175	139	171	FALSCH
7	149	158	107	153	135	FALSCH
8	145	138	126	142	189	FALSCH
9	136	169	170	122	144	FALSCH
10	142	100	165	157	149	FALSCH
11						WAHR
12	138	141	139	101	106	FALSCH
13	123	123	157	173	120	FALSCH
14	124	112	111	176	156	FALSCH
15	117	103	184	167	194	FALSCH
16	185	126	194	126	122	FALSCH
17						WAHR
18	136	103	164	175	163	FALSCH
19	135	181	150	121	112	FALSCH
20	196	181	183	190	163	FALSCH
21						
22						

Abbildung 12.13: Die leeren Zeilen werden mit dem Wert WAHR gekennzeichnet

KNOW-HOW

Alternativ zur gerade vorgestellten Matrixformel können Sie diese Aufgabe auch über eine normale Formel lösen. Markieren Sie dazu den Zellenbereich **G5:G20** und erfassen Sie die Formel

=WENN(ANZAHL2(A5:E5);"Gefüllter Bereich";"leerer Bereich")

Bestätigen Sie die Eingabe der Formel über die Tastenkombination [Strg] + [↵].

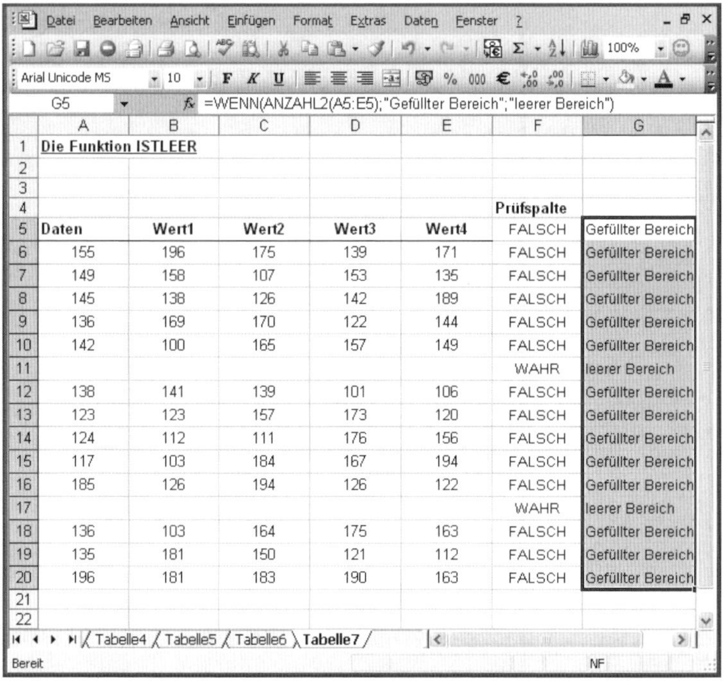

	A	B	C	D	E	F	G
1	**Die Funktion ISTLEER**						
2							
3							
4						**Prüfspalte**	
5	**Daten**	**Wert1**	**Wert2**	**Wert3**	**Wert4**	FALSCH	Gefüllter Bereich
6	155	196	175	139	171	FALSCH	Gefüllter Bereich
7	149	158	107	153	135	FALSCH	Gefüllter Bereich
8	145	138	126	142	189	FALSCH	Gefüllter Bereich
9	136	169	170	122	144	FALSCH	Gefüllter Bereich
10	142	100	165	157	149	FALSCH	Gefüllter Bereich
11						WAHR	leerer Bereich
12	138	141	139	101	106	FALSCH	Gefüllter Bereich
13	123	123	157	173	120	FALSCH	Gefüllter Bereich
14	124	112	111	176	156	FALSCH	Gefüllter Bereich
15	117	103	184	167	194	FALSCH	Gefüllter Bereich
16	185	126	194	126	122	FALSCH	Gefüllter Bereich
17						WAHR	leerer Bereich
18	136	103	164	175	163	FALSCH	Gefüllter Bereich
19	135	181	150	121	112	FALSCH	Gefüllter Bereich
20	196	181	183	190	163	FALSCH	Gefüllter Bereich
21							
22							

Abbildung 12.14: Eine weitere Alternative, leere Zeilen festzustellen

Eingaben automatisch formatieren

In der folgenden Aufgabe soll in einem Zellenbereich auf alle Eingaben reagiert werden. Wird eine Eingabe vorgenommen, dann soll direkt nach der Eingabe die Zelle mit der Hintergrundfarbe **Grau** belegt werden. Wird ein Zellenwert wieder in diesem Bereich gelöscht, dann soll die Zelle die Hintergrundfarbe **Hellgelb** bekommen.

Sehen Sie sich zunächst einmal das fertige Ergebnis aus Abbildung 12.15 an.

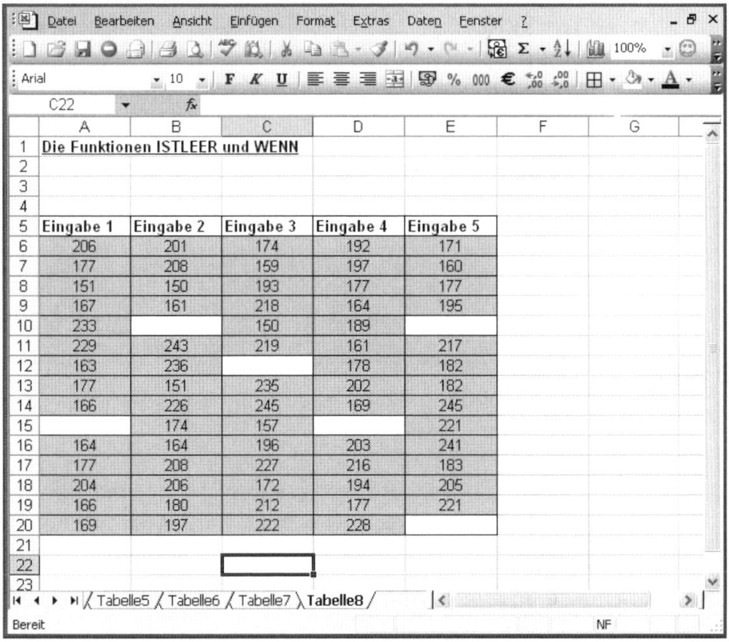

Die Funktionen ISTLEER und WENN

	A	B	C	D	E
5	Eingabe 1	Eingabe 2	Eingabe 3	Eingabe 4	Eingabe 5
6	206	201	174	192	171
7	177	208	159	197	160
8	151	150	193	177	177
9	167	161	218	164	195
10	233		150	189	
11	229	243	219	161	217
12	163	236		178	182
13	177	151	235	202	182
14	166	226	245	169	245
15		174	157		221
16	164	164	196	203	241
17	177	208	227	216	183
18	204	206	172	194	205
19	166	180	212	177	221
20	169	197	222	228	

Abbildung 12.15: Die Zellen werden auf besondere Art und Weise hervorgehoben

Um diese automatische Formatierung in Excel einzustellen, nützen Sie die Funktion der bedingten Formatierung und setzen Sie dieses Feature im Zusammenspiel mit der Tabellenfunktion **ISTLEER** ein. Befolgen Sie jetzt die nächsten Arbeitsschritte:

1. Markieren Sie den Zellenbereich **A6:E20**
2. Wählen Sie aus dem Menü *Format* den Befehl *Bedingte Formatierung*.
3. Füllen Sie den Dialog *Bedingte Formatierung*, wie in Abbildung 12.16 gezeigt, aus.

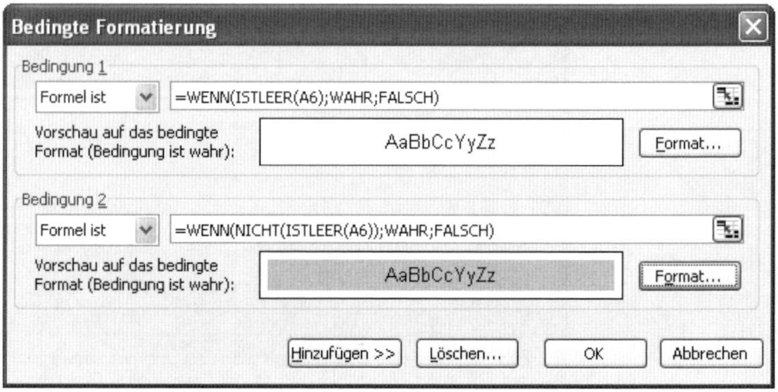

Abbildung 12.16: Die Bedingungen festlegen

4. Weisen Sie das gewünschte Format mit einem Klick auf die Schaltfläche *Format* zu, wählen Sie auf der Registerkarte *Muster* eine gewünschte Farbe und bestätigen Sie zweimal mit *OK*.

Bei der ersten Bedingung aus Abbildung 12.16 wird geprüft, ob die jeweilige Zelle leer ist. Wenn ja, dann wird der Wert **WAHR** zurückgegeben, d.h. die Bedingung wird hiermit erfüllt.

Bei der zweiten Bedingung wird im Gegensatz zur ersten Bedingung auf nicht leere Zellen geprüft. Tritt dieser Fall auf, dann wird der Wert **WAHR** zurückgegeben, was in diesem Fall die andere Formatierung zur Folge hat.

Artikelnummern überprüfen

In der nächsten Aufgabe liegt eine Excel-Liste mit Artikelnummern, wie in Abbildung 12.17 gezeigt, vor.

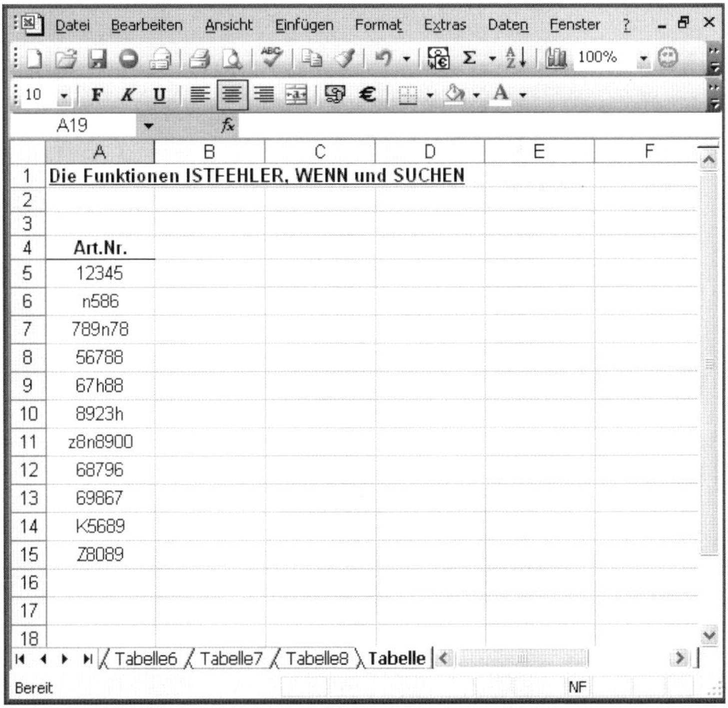

Abbildung 12.17: Die neuen Artikel dieser Liste sollen identifiziert werden

Alle neuen Artikel enthalten an einer beliebigen Stelle der Artikelnummer den Buchstaben **n**. Dies ist das Kriterium für einen neuen Artikel.

Um jetzt in Spalte **B** auszugeben, bei welchem Artikel es sich um einen neuen Artikel handelt, gehen Sie wie folgt vor:

1. Markieren Sie den Zellenbereich **B5:B15**
2. Erfassen Sie die Formel **=WENN(ISTFEHLER(SUCHEN("n";A5));"Artikel alt"; "Artikel neu")**

3. Bestätigen Sie die Eingabe mit der Tastenkombination [Strg] + [↵]

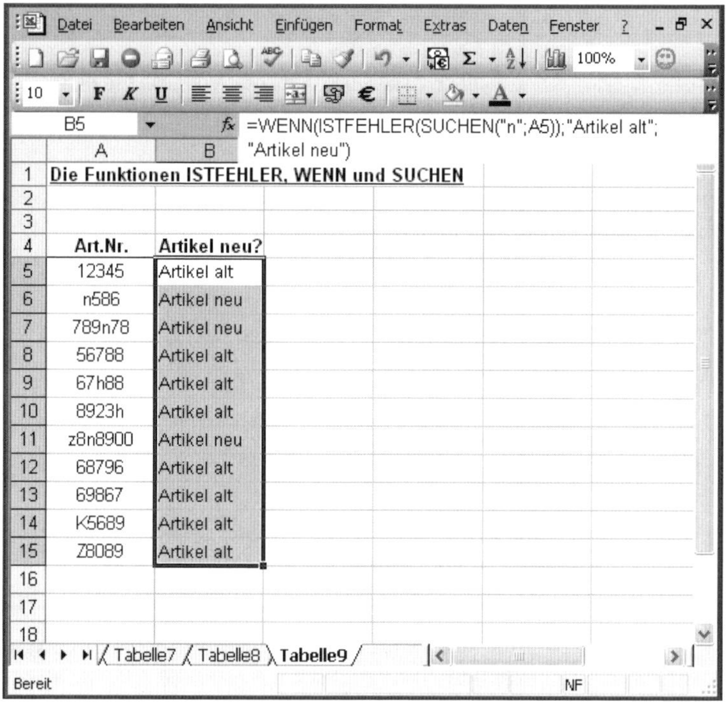

Abbildung 12.18: Die neuen Artikel wurden ermittelt

HINWEIS

Wenn Sie nun den *AutoFilter* aus dem Menü *Daten* aktivieren, dann können Sie in Spalte **B** nach dem Text Artikel neu filtern.

Das letzte Datum und den letzten Umsatz ermitteln

In der Tabelle aus Abbildung 12.19 liegen Umsätze, die an bestimmten Tagen gemacht wurden, vor.

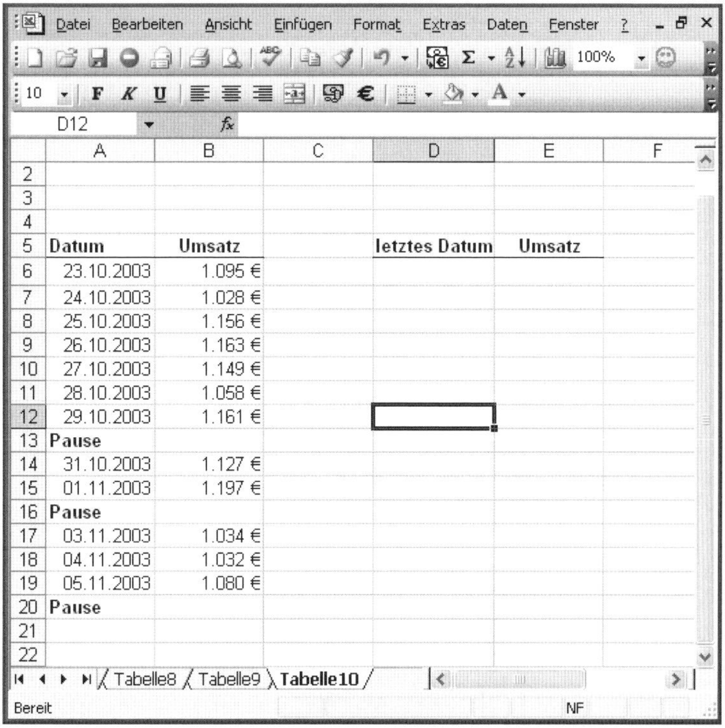

	A	B	C	D	E	F
2						
3						
4						
5	Datum	Umsatz		letztes Datum	Umsatz	
6	23.10.2003	1.095 €				
7	24.10.2003	1.028 €				
8	25.10.2003	1.156 €				
9	26.10.2003	1.163 €				
10	27.10.2003	1.149 €				
11	28.10.2003	1.058 €				
12	29.10.2003	1.161 €				
13	Pause					
14	31.10.2003	1.127 €				
15	01.11.2003	1.197 €				
16	Pause					
17	03.11.2003	1.034 €				
18	04.11.2003	1.032 €				
19	05.11.2003	1.080 €				
20	Pause					
21						
22						

Abbildung 12.19: Die Umsätze sind durch einige Textzellen unterbrochen

Ihre Aufgabe besteht nun darin, das zuletzt erfasste Datum aus Spalte **A** sowie den dazugehörigen Umsatz zu ermitteln. Dabei sollen eventuell vorhandene Textzellen nicht berücksichtigt werden. Um diese Aufgabe zu lösen, befolgen Sie die nächsten Arbeitsschritte:

1. Erfassen Sie in Zelle **D6** die Matrixformel **=INDIREKT("A"&MAX(ISTZAHL(A5:A100) *ZEILE(5:100)))**
2. Schließen Sie diese Matrixformel über die Tastenkombination Strg + ⇧ + ↵ ab.
3. Erfassen Sie in Zelle **E6** die Matrixformel **=INDIREKT("B"&MAX(ISTZAHL(B5:B100) *ZEILE(5:100)))**
4. Schließen Sie diese Matrixformel über die Tastenkombination Strg + ⇧ + ↵ ab.

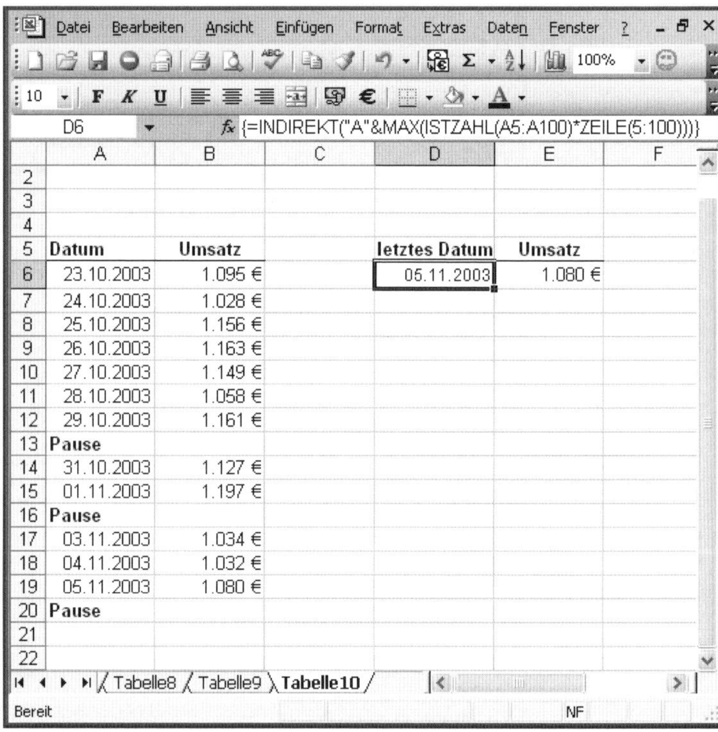

Abbildung 12.20: Das letzte Datum sowie der letzte Umsatz wurden ermittelt

Mit Hilfe der Tabellenfunktion **ISTZAHL** können Sie ermitteln, ob die durch die Matrixformel gefundene letzte Zeile im Bereich **A5:A100** einen gültigen Zahlenwert hat. Auch Datumswerte sind in Excel gültige Zahlenwerte, da Excel Datumswerte intern in Zahlen darstellt, um damit besser rechnen zu können.

Nur bestimmte Einträge zählen

Eine Erweiterung der standardmäßig eingesetzten Tabellenfunktion **ZÄHLENWENN** wird in der nächsten Aufgabe beschrieben. In Abbildung 12.21 sollen nur Einträge gezählt werden, die einerseits einer bestimmten Zuordnungsstelle angehören und andererseits auch einen gültigen Umsatz haben.

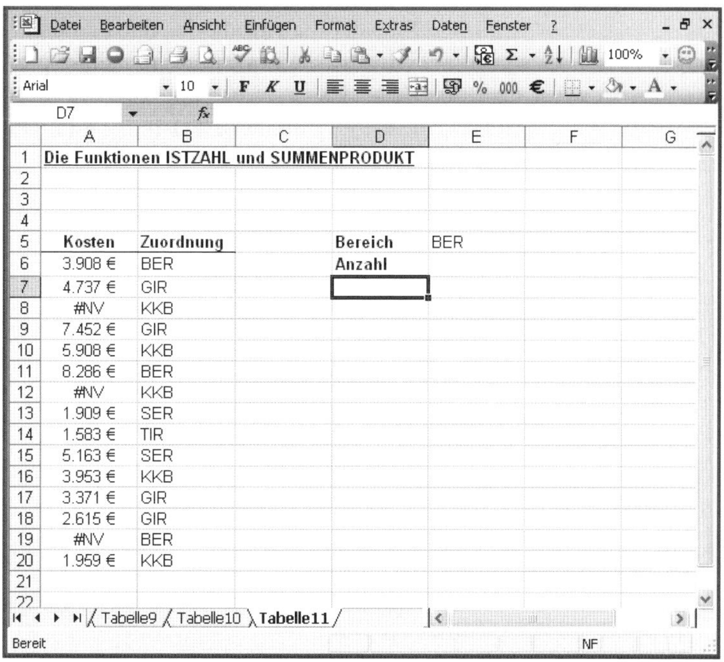

Abbildung 12.21: Die Ausgangsliste soll ausgewertet werden

Die Zuordnungseinheit soll aus Zelle **E5** entnommen werden. Dazu können Sie beispielsweise ein Zellendropdown einrichten, in dem die gültigen Zuordnungseinheiten angeboten werden. Dazu gehen Sie folgendermaßen vor:

1. Setzen Sie den Zellenzeiger auf die Zelle **E5**
2. Wählen Sie aus dem Menü *Daten* den Befehl *Gültigkeit.*
3. Wechseln Sie auf die Registerkarte *Einstellungen.*
4. Stellen Sie im Kombinationsfeld *Zulassen* den Eintrag *Liste* ein.
5. Geben Sie die zulässigen Zuordnungseinheiten im Feld *Quelle* jeweils getrennt durch ein Semikolon ein.
6. Bestätigen Sie mit *OK.*

Ermitteln Sie jetzt die Anzahl der Sätze, die einen gültigen Umsatz sowie der richtigen Zuordnungseinheit angehören. Erfassen Sie dazu in Zelle **E6** die Formel **=SUMMENPRODUKT(ISTZAHL(A6:A20)*(B6:B20=E5))** und bestätigen Sie diese Eingabe mit [↵].

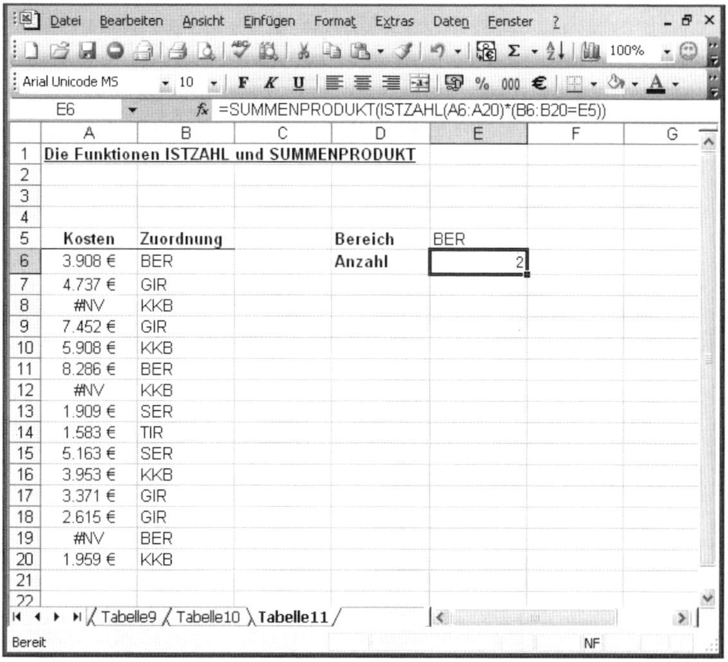

	A	B	C	D	E
5	Kosten	Zuordnung		Bereich	BER
6	3.908 €	BER		Anzahl	2
7	4.737 €	GIR			
8	#NV	KKB			
9	7.452 €	GIR			
10	5.908 €	KKB			
11	8.286 €	BER			
12	#NV	KKB			
13	1.909 €	SER			
14	1.583 €	TIR			
15	5.163 €	SER			
16	3.953 €	KKB			
17	3.371 €	GIR			
18	2.615 €	GIR			
19	#NV	BER			
20	1.959 €	KKB			

Abbildung 12.22: Die Sätze werden richtig gezählt

Die Tabellenfunktion TYP

Mit Hilfe der Tabellenfunktion **TYP** können Sie eine Zahl zurückgeben, die den Datentyp des angegebenen Wertes anzeigt. Diese Funktion können Sie immer dann verwenden, wenn das weitere Verhalten einer Funktion vom Typ des in einer bestimmten Zelle enthaltenen Wertes abhängt.

Die Syntax dieser Funktion lautet:

=TYP(Wert)

Das Argument **Wert** kann ein beliebiger Microsoft Excel-Wert sein, beispielsweise eine Zahl, ein Text, ein Wahrheitswert usw.

Wert	TYP
Zahl	1
Text	2
ein Wahrheitswert	4
ein Fehlerwert	16
Matrix	64

Tabelle 12.4: Die verfügbaren Werte der Funktion TYP

Texte und Zahlen optisch unterscheiden

Wenn Sie in einer Tabelle in einem bestimmten Bereich Zellen, die Zahlen bzw. Text enthalten, unterscheiden möchten, dann können Sie die Tabellenfunktion **TYP** einsetzen. Dabei können Sie alle Zellen, in denen Text eingegeben wird, automatisch mit einer Farbe belegen.

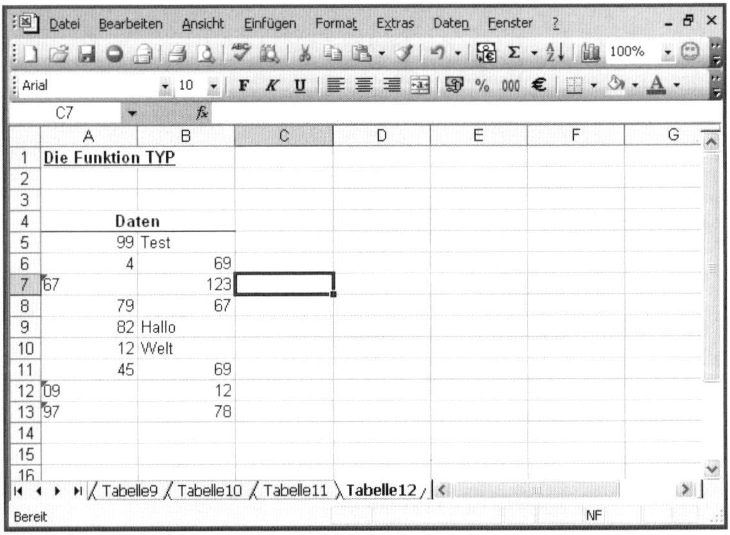

Abbildung 12.23: Textzellen und Zahlenzellen sollen unterschieden werden

Um jetzt alle Zellen im Zellenbereich **A5:B13** automatisch mit der Hintergrundfarbe **Gelb** zu belegen, die Texte enthalten, verfahren Sie wie folgt:

1. Markieren Sie den Zellenbereich **A5:B13**
2. Wählen Sie aus dem Menü *Format* den Befehl *Bedingte Formatierung*.
3. Im Kombinationsfeld *Bedingung 1* stellen Sie den Eintrag *Formel ist* ein.
4. Im rechts daneben liegenden Feld erfassen Sie die Formel **=Typ(A5)=2**
5. Klicken Sie die Schaltfläche *Format*.
6. Wählen Sie auf der Registerkarte *Muster* die gewünschte Farbe aus.
7. Bestätigen Sie zweimal mit *OK*.

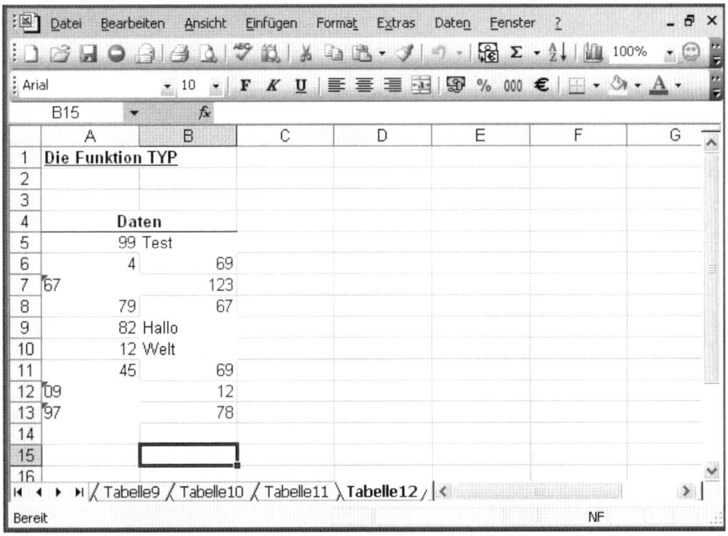

Abbildung 12.24: Auch einige »Zahlen« werden hier nicht richtig erkannt

Die Tabellenfunktion ZELLE

Mit Hilfe der Tabellenfunktion **ZELLE** können Sie Informationen zur Formatierung, der Position oder dem Inhalt der Zelle links oben in einem Bezug zurückgeben.

Die Syntax dieser Funktion lautet:

=ZELLE(Infotyp; Bezug)

Im Argument **Infotyp** wird ein Textwert angegeben, der festlegt, welchen Typ von Zellinformationen Sie wünschen. In der folgenden Tabelle werden die möglichen Werte für Infotyp und die entsprechenden Ergebnisse angezeigt.

Infotyp	Rückgabewert
"Adresse"	Bezug der ersten Zelle in Bezug als Text.
"Breite"	Spaltenbreite der Zelle, auf eine ganze Zahl gerundet. Jede Einheit der Spaltenbreite ist gleich der Breite eines Zeichens im Standardschriftgrad.
"Dateiname"	Dateiname (und vollständiger Pfad) der Datei, die Bezug enthält, als Text. Gibt eine leere Textzeichenfolge ("") zurück, wenn das Tabellenblatt, das Bezug enthält, noch nicht gespeichert wurde.
"Farbe"	1, wenn die Zelle für negative Werte farbig formatiert ist; andernfalls wird 0 (Null) zurückgegeben.
"Format"	Textwert, der dem Zahlenformat der Zelle entspricht. Die Textwerte für die verschiedenen Formate werden in der folgenden Tabelle aufgeführt. Gibt "-" am Ende des Textwertes zurück, wenn die Zelle für negative Werte farbig formatiert ist. Gibt "()" am Ende des Textwertes zurück, wenn die Zelle für positive oder alle Werte mit Klammern formatiert ist.
"Inhalt"	Wert der linken obersten Zelle, die zu Bezug gehört; keine Formel.
"Klammern"	1, wenn die Zelle für positive oder alle Werte mit Klammern formatiert ist; andernfalls wird 0 zurückgegeben.

Infotyp	Rückgabewert
"Präfix"	Textwert, der dem "Beschriftungspräfix" der Zelle entspricht. Gibt ein einfaches Anführungszeichen (') zurück, wenn die Zelle linksbündigen Text enthält, ein doppeltes Anführungszeichen ("), wenn die Zelle rechtsbündigen Text enthält, ein Zirkumflexzeichen (^), wenn die Zelle zentrierten Text enthält, einen umgekehrten Schrägstrich (\), wenn die Zelle ausgefüllten Text enthält und eine leere Textzeichenfolge (""), wenn die Zelle etwas anderes enthält.
"Schutz"	0, wenn die Zelle nicht gesperrt ist; 1, wenn die Zelle gesperrt ist.
"Spalte"	Spaltennummer der Zelle in Bezug.
"Typ"	Textwert, der dem Datentyp in der Zelle entspricht. Gibt "b" zurück, wenn die Zelle leer (blank) ist, "l" für Beschriftung (label), wenn die Zelle eine Textkonstante enthält und "w" für Wert, wenn die Zelle etwas anderes enthält.
"Zeile"	Zeilennummer der Zelle in Bezug.

Tabelle 12.5: Die verfügbaren Infotypen

Im Argument **Bezug** wird die Zelle angegeben, zu der Sie Informationen wünschen. Wenn dieses Argument nicht angegeben wird, werden für die letzte Zelle, die geändert wurde, Informationen zurückgegeben, die in Infotyp angegeben wurden. Die folgende Liste beschreibt die Textwerte, die diese Funktion zurückgibt, wenn Infotyp vom Typ **"Format"** und Bezug eine Zelle ist, die mit einem integrierten Zahlenformat formatiert ist.

Microsoft Excel-Format	Rückgabewert von ZELLE
Standard	"S"
0	"F0"
#,##0	"0,0"
0,00	"F2"
#,##0,00	",2"
$#,##0_);($#,##0)	"C0"
$#,##0_);[Rot]($#,##0)	"C0-"
$#,##0,00_);($#,##0,00)	"C2"
$#,##0,00_);[Rot]($#,##0,00)	"C2-"

Microsoft Excel-Format	Rückgabewert von ZELLE
0%	"P0"
0,00%	"P2"
0,00E+00	"S2"
# ?/? oder # ??/??	"G"
m/t/jj oder m/t/jj h:mm oder mm/tt/jj	"D4"
t-mmm-jj oder tt-mmm-jj	"D1"
t-mmm oder tt-mmm	"D2"
mmm-jj	"D3"
mm/tt	"D5"
h:mm AM/PM	"U1"
h:mm:ss AM/PM	"U2"
h:mm	"U4"
h:mm:ss	"U3"

Tabelle 12.6: Die verschiedenen Formate von Excel

Den Dateinamen der Arbeitsmappe ermitteln

Stellen Sie sich vor, Sie haben von einer Tabelle einen Ausdruck vorliegen. Diese Arbeitsmappe befindet sich irgendwo auf Ihrer Festplatte – nur Sie können sich nicht mehr genau erinnern, wo Sie diese abgelegt haben. Um dieser unnötigen Sucherei in Zukunft vorzubeugen, können Sie den Pfad- sowie den Dateinamen in eine beliebige Zelle Ihrer Tabelle schreiben. Dazu können Sie die Tabellenfunktion **=ZELLE("Dateiname")** verwenden. Wenn Sie diese Tabellenfunktion in eine beliebige Zelle erfassen, dann wird der komplette Speicherpfad der Arbeitsmappe, inklusive der Namen der Arbeitsmappe sowie der aktuellen Tabelle in der Zelle ausgegeben. Achten Sie bei der Verwendung dieser Funktion darauf, dass Sie die Arbeitsmappe zuvor speichern müssen. Erst danach können die gewünschten Informationen von der Funktion **ZELLE** ermittelt werden.

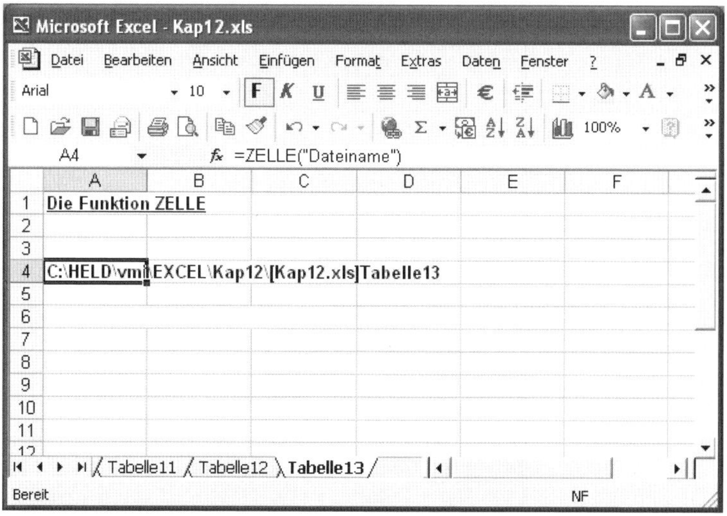

Abbildung 12.25: Über eine Tabellenfunktion stehen Ihnen gleich mehrere Informationen zur Arbeitsmappe zur Verfügung

Wenn Sie die einzelnen Informationen wie den Speicherpfad, den Dateinamen sowie den Namen der Tabelle in einzelnen Zellen wiedergeben möchten, dann greifen Sie auf weitere Tabellenfunktionen zu. Die dazu benötigten Funktionen lauten dabei wie folgt:

Der Speicherpfad in Zelle **A6** über die Formel:

=LINKS(A4;FINDEN("[";A4)-1)

Den Dateinamen in Zelle **A7** mit Hilfe der Formel:

=TEIL(A4;FINDEN("[";A4)+1;FINDEN("]";A4)-FINDEN ("[";A4)-1)

und den Namen der Tabelle in Zelle **A8** über die Formel:

=TEIL(A4;FINDEN("]";A4)+1;LÄNGE(A4)-FINDEN ("]";A4))

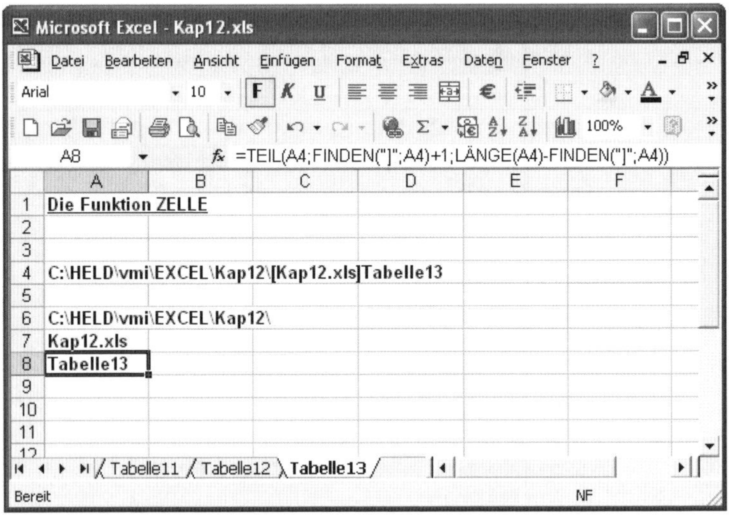

Abbildung 12.26: Alle Informationen zur aktiven Arbeitsmappe liegen vor

Zellen mit Datumswerten identifizieren

In der folgenden Aufgabe sollen alle Zellen einer Tabelle, die mit einem Datumsformat belegt sind, mit der Hintergrundfarbe **Gelb** belegt werden. Zu diesem Zweck setzen Sie die Tabellenfunktion **ZELLE** ein und übergeben als **InfoTyp** den Text **Format**. Alle Datumsformate geben dabei Rückgabewerte von **D1** bis **D5**. Wenn Sie nun mit Hilfe der Tabellenfunktion **LINKS** nur das erste Zeichen des Rückgabewertes abfragen, dann können Sie alle Datumsangaben, egal wie diese auch immer im Einzelnen formatiert sind, identifizieren. Sehen Sie sich zunächst einmal die Abbildung 12.27 an.

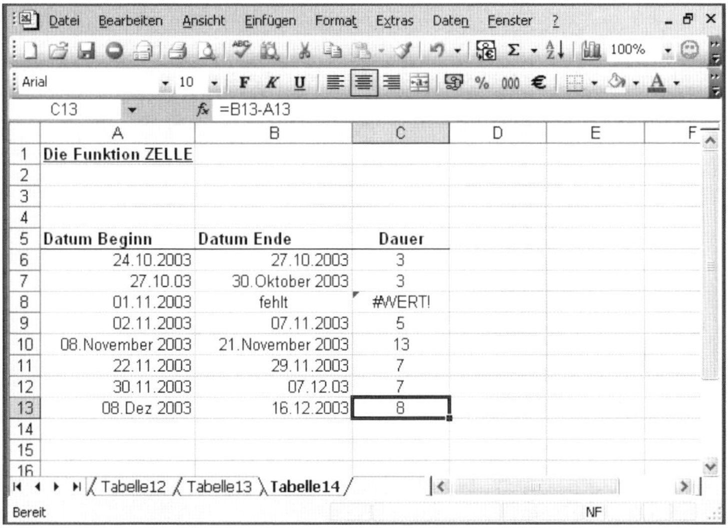

Abbildung 12.27: Alle gültigen Datumswerte sollen farbig hinterlegt werden

Um alle Zellen mit der Hintergrundfarbe Gelb zu belegen, setzen Sie die bedingte Formatierung im Zusammenspiel mit den Tabellenfunktionen **ZELLE** und **LINKS** wie folgt ein.

1. Markieren Sie den Zellenbereich **A6:B13**
2. Wählen Sie aus dem Menü *Format* den Befehl *Bedingte Formatierung*.
3. Im Kombinationsfeld *Bedingung 1* stellen Sie den Eintrag *Formel ist* ein.
4. Erfassen Sie im Feld daneben die Formel **=LINKS(ZELLE("Format";A6);1)="D"**
5. Klicken Sie die Schaltfläche *Format*.
6. Wechseln Sie auf die Registerkarte *Muster*.
7. Klicken Sie in der Farbpalette auf die Farbe Gelb.

8. Bestätigen Sie zweimal mit *OK*.

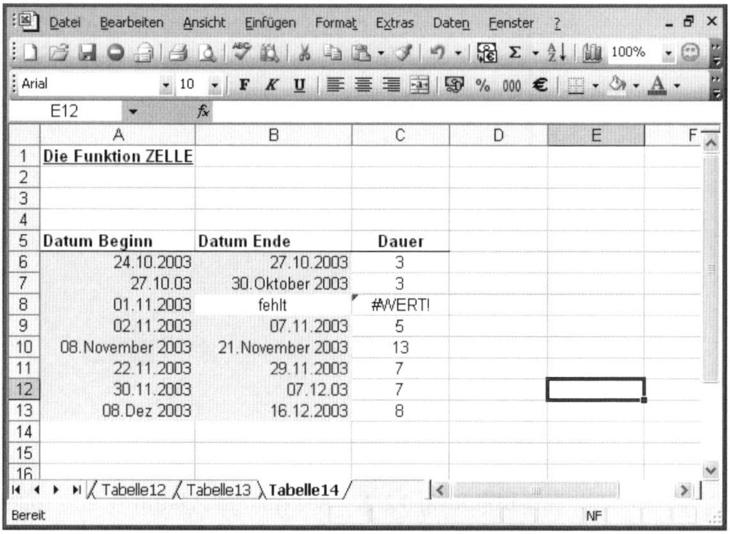

	A	B	C	D	E	F
1	Die Funktion ZELLE					
2						
3						
4						
5	Datum Beginn	Datum Ende	Dauer			
6	24.10.2003	27.10.2003	3			
7	27.10.03	30.Oktober 2003	3			
8	01.11.2003	fehlt	#WERT!			
9	02.11.2003	07.11.2003	5			
10	08.November 2003	21.November 2003	13			
11	22.11.2003	29.11.2003	7			
12	30.11.2003	07.12.03	7			
13	08.Dez 2003	16.12.2003	8			
14						
15						
16						

Abbildung 12.28: Alle Datumszellen wurden formatiert

> Möchten Sie beispielsweise alle Zellen mit Zeitformaten in einer Tabelle farbig hinterlegen, dann lautet die dazu notwendige Formel
>
> **=LINKS(ZELLE("Format";A6);1)="U"**
>
> Setzen Sie diese Formel in Verbindung mit der bedingten Formatierung in Excel ein.

Die Tabellenfunktion N

Die Tabellenfunktion **N** gibt den in eine Zahl umgewandelten Wert zurück.

Die Syntax dieser Funktion lautet:

=N(Wert)

Im Argument **Wert** wird der Wert angegeben, den Sie in eine Zahl umwandeln möchten. N wandelt Werte gemäß der folgenden Tabelle um.

Wert ist oder bezieht sich auf	N gibt zurück
Eine Zahl	Diese Zahl
Ein Datum	Die fortlaufende Zahl dieses Datums
WAHR	1
FALSCH	0
Ein Fehlerwert, beispielsweise #DIV/0!	Ein Fehlerwert
Sonstiges	0

Tabelle 12.7: Die Rückgabewerte von N

Uhrzeiten in Industriezeiten umrechnen

In der nächsten Aufgabe liegt eine Tabelle aus Abbildung 12.29 mit Uhrzeiten vor, die in Industriezeit umgerechnet werden müssen. Eine Industrie-Stunde hat im Gegensatz zu einer normalen Stunde 100 Minuten. Also müssen die Uhrzeiten auf dieser Basis umgerechnet werden. So entspricht beispielsweise die Normalzeit 8:30 der Industriezeit 8:50.

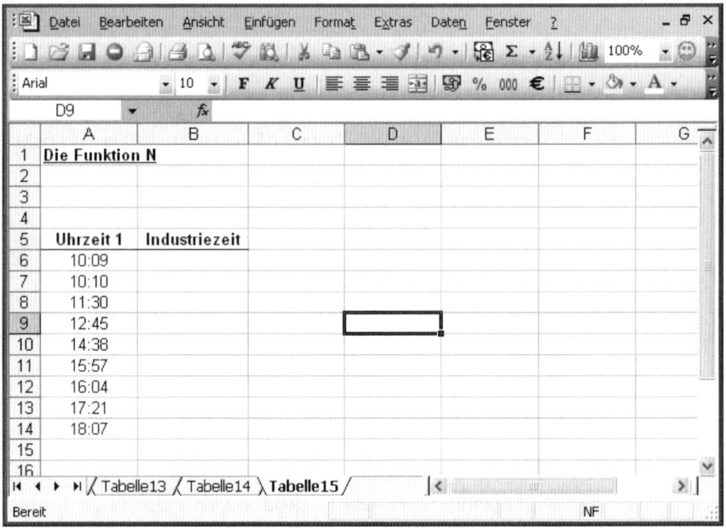

Abbildung 12.29: Diese Zeiten sollen umgerechnet werden

Um die Zeiten aus Spalte A in Industriezeit umzurechnen, gehen Sie wie folgt vor:

1. Markieren Sie den Zellenbereich **B6:B14**
2. Erfassen Sie die Formel **=N(A6)*24**
3. Bestätigen Sie Ihre Eingabe mit der Tastenkombination [Strg] + [↵],
4. Wählen Sie aus dem Menü *Format* den Befehl *Zellen*.
5. Auf der Registerkarte *Zahlen* stellen Sie das Format *Zahl* mit zwei Nachkommastellen ein.
6. Bestätigen Sie mit [↵].

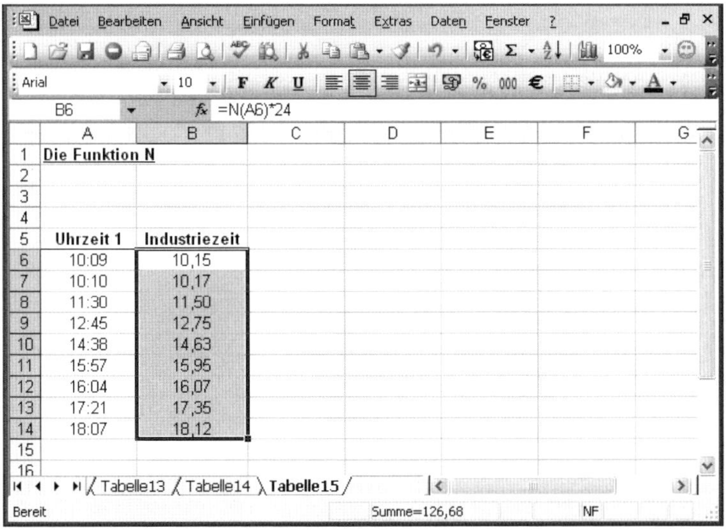

Abbildung 12.30: Alle Uhrzeiten wurden in Industriezeiten umgewandelt

KAPITEL

Die bedingte Formatierung im Zusammenspiel mit Formeln

In diesem Kapitel lernen Sie, wie Sie die bedingte Formatierung in Verbindung mit Formeln noch weiter ausreizen können.

13

Die bedingte Formatierung im Zusammenspiel mit Formeln

Die bedingte Formatierung gibt es in Excel seit der Version Excel 97. Damit lassen sich je nach Zellenwert bzw. Formel unterschiedliche Formate wie Zellenhintergrundfarbe, Rahmungen sowie Schriftfarben und Schriftschnitte den Zellen zuweisen. Dabei funktioniert die bedingte Formatierung ganz automatisch. Einmal eingestellt, befolgt sie strikt das, was Sie vorher festgelegt haben. Die Formatierung wird völlig automatisch vorgenommen und auch wieder entfernt, wenn die Eingabe nicht mehr der eingestellten Definition entspricht.

Alle hier vorgestellten Beispiele sind in der Arbeitsmappe *Kap13.xls* auf der mitgelieferten CD-ROM verfügbar.

Standardmäßig können Sie bei der bedingten Formatierung bis zu drei unterschiedliche Formatierungen einstellen. Die bedingte Formatierung wird über das Menü *Format* und den Befehl *Bedingte Formatierung* eingestellt. Im Dialog *Bedingte Formatierung* stellen Sie dann die gewünschten Definitionen ein, nach denen Excel die automatische Formatierung vornehmen soll.

Bedingte Formate aufspüren

Auf den ersten Blick ist es in Excel gar nicht einmal so einfach, Zellen mit bedingter Formatierung in einer Tabelle zu erkennen. Da die automatische Formatierung immer erst bei einer Zelleneingabe bzw. Zellenänderung aktualisiert wird, ist es sehr schwer, diese Zellen mit bloßem Auge aufzuspüren. Um diese »versteckten« Zellen schnell aufzuspüren, gehen Sie wie folgt vor:

1. Aktivieren Sie die Tabelle, die die bedingten Formate enthält.
2. Drücken Sie die Taste F5.
3. Im Dialog *Gehe zu* klicken Sie auf die Schaltfläche *Inhalte*.

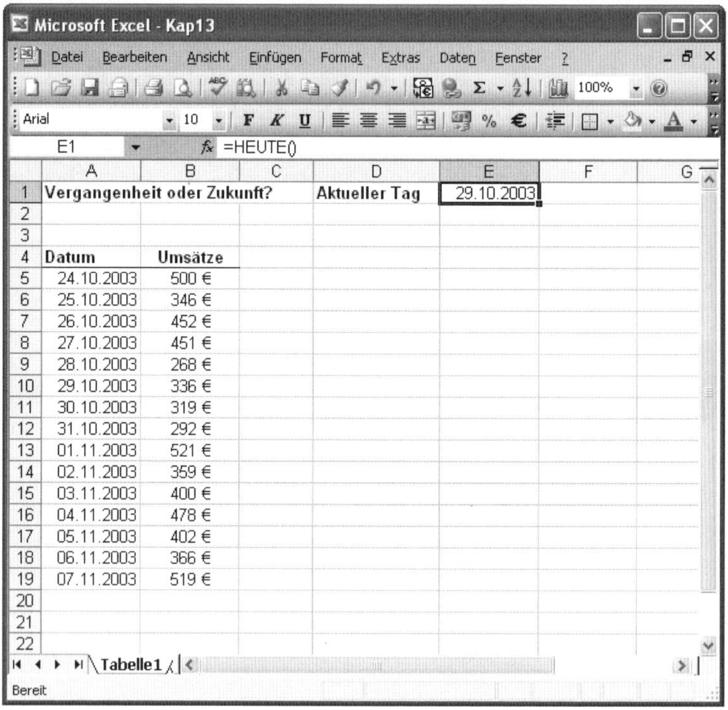

Abbildung 13.1: Die bedingten Formate aufspüren

4. Aktivieren Sie die Option *Bedingte Formate*.
5. Bestätigen Sie mit *OK*.

Nach diesen Arbeitsschritten werden alle Zellen mit bedingter Formatierung markiert. Sie können nun mit der Tabulator-Taste von einer Zelle zur nächsten springen.

Um die bedingten Formate aus allen Zellen einer Tabelle zu entfernen, können Sie zuerst die gerade besprochenen Arbeitsschritte abwickeln und danach aus dem Menü *Bearbeiten* den Befehl *Löschen/Formate* auswählen. Damit wird die Formatierung aus den Zellen inklusive der bedingten Formatierung gelöscht.

Typische Beispiele für den Einsatz der bedingten Formatierung

Es folgen jetzt eine ganze Reihe von praktischen Beispielen, an denen Sie sehen können, welche Möglichkeiten man hat, wenn man die bedingte Formatierung von Excel mit Formeln kombiniert.

Vergangenheit oder Zukunft?

In der nächsten Praxisaufgabe liegt eine Liste mit Datumsangeben und Umsätzen vor. Jeden Tag werden in diese Liste aus Abbildung 13.2 die Umsätze dokumentiert. Bei den Umsätzen aus der Zukunft handelt es sich um geplante Umsätze.

Ihre Aufgabe besteht nun darin, alle Zellen, die Planumsätze enthalten, mit der Schriftfarbe **Blau** zu formatieren. In Zelle **E1** wird mit Hilfe der Tabellenfunktion **=HEUTE()** das jeweils aktuelle Tagesdatum angezeigt. Gleichen Sie dieses aktuelle Datum aus Zelle E1 mit den Datumsangaben aus Spalte A ab und formatieren Sie alle Datumsangaben, die in der Zukunft liegen, mit einer blauen Schriftfarbe. Damit diese Lösung flexibel bleibt, setzen Sie die bedingte Formatierung von Excel wie folgt ein:

1. Markieren Sie den Zellenbereich **A5:A19**
2. Wählen Sie aus dem Menü *Format* den Befehl *Bedingte Formatierung*.
3. Im Dialog *Bedingte Formatierung* stellen Sie im Kombinationsfeld *Bedingung 1* den Eintrag *Formel ist* ein.

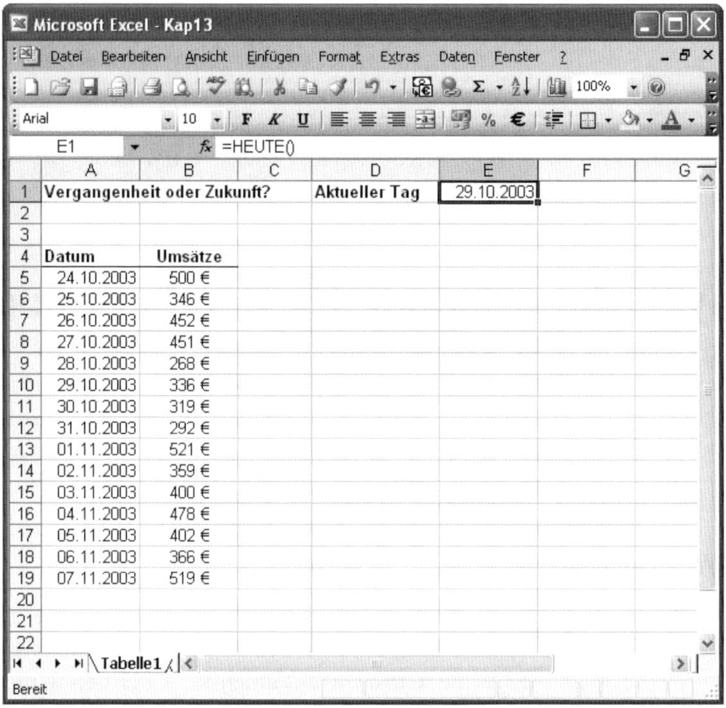

Abbildung 13.2: Die täglichen Anrufe

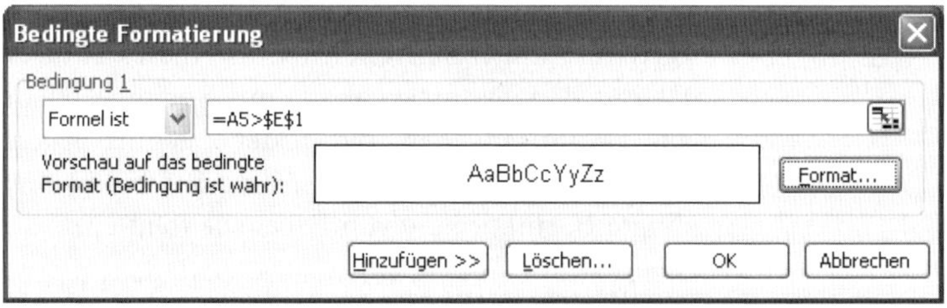

Abbildung 13.3: Eine bedingte Formatierung einstellen

4. Erfassen Sie im Feld daneben die Formel **=A5>$E$1**

5. Klicken Sie die Schaltfläche *Format*.
6. Wechseln Sie auf die Registerkarte *Schrift*.
7. Wählen Sie aus dem Listenfeld *Schriftschnitt* den Eintrag *Fett*.
8. Wählen Sie aus dem Kombinationsfeld *Farbe* eine gewünschte blaue Farbe aus.
9. Bestätigen Sie zweimal mit *OK*.

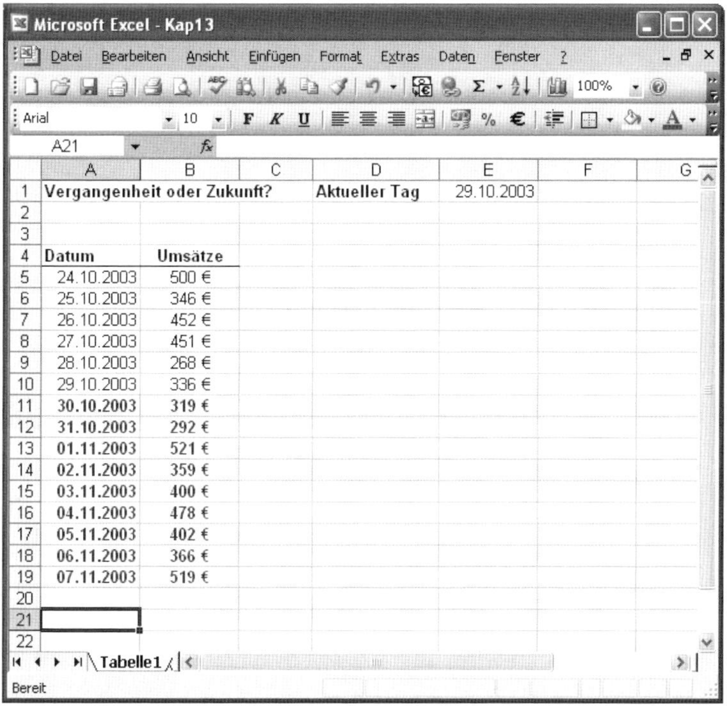

Abbildung 13.4: Alle Datumsangaben, die in der Zukunft liegen, wurden gekennzeichnet

Beim Einstellen einer Formel in die bedingte Formatierung, bei dem zuvor ein größerer Zellenbereich markiert wurde, kann man allgemein sagen, dass man in der Formel immer zuerst die erste

Zelle der Markierung angeben sollte und danach dann von Fall zu Fall entscheiden muss, welche Bezüge absolut und welche relativ bleiben müssen. In diesem Beispiel muss die erste Zelle in der Markierung **A5** relativ bleiben, da Sie vorher den Zellenbereich **A5:A19** markiert haben und jeweils das Datum der aktuelle Zelle mit dem absoluten Datum aus Zelle **E1** verglichen werden muss.

Erweitern Sie diese Aufgabe, indem Sie nicht nur die erste Spalte kennzeichnen, sondern noch die Spalte **B** hinzunehmen. Dabei fügen Sie zusätzlich noch eine Hintergrundfarbe, beispielsweise **Gelb** ein.

Um diese Erweiterung durchzuführen, gehen Sie wie folgt vor:

1. Markieren Sie den Zellenbereich **A5:B19**
2. Wählen Sie aus dem Menü *Format* den Befehl *Bedingte Formatierung.*
3. Ändern Sie den Dialog *Bedingte Formatierung* in *Bedingung ,1* wie in Abbildung 13.5 gezeigt, ab.

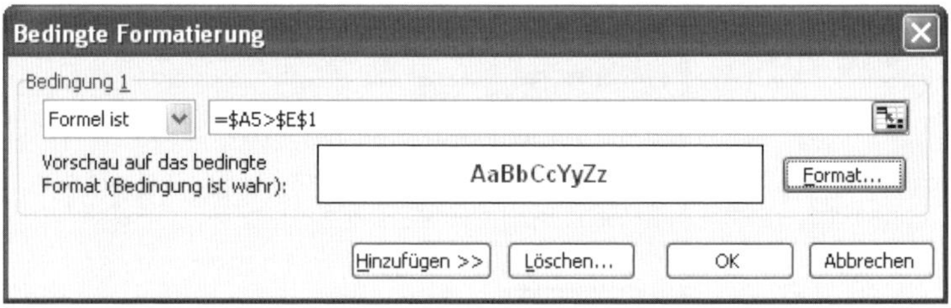

Abbildung 13.5: Der Absolut-Bezug für die Spalte A wurde hinzugefügt

4. Klicken Sie auf die Schaltfläche *Format.*
5. Wechseln Sie auf die Registerkarte *Muster.*
6. Wählen Sie aus dem Kombinationsfeld die Farbe **Gelb** aus.
7. Bestätigen Sie zweimal mit *OK.*

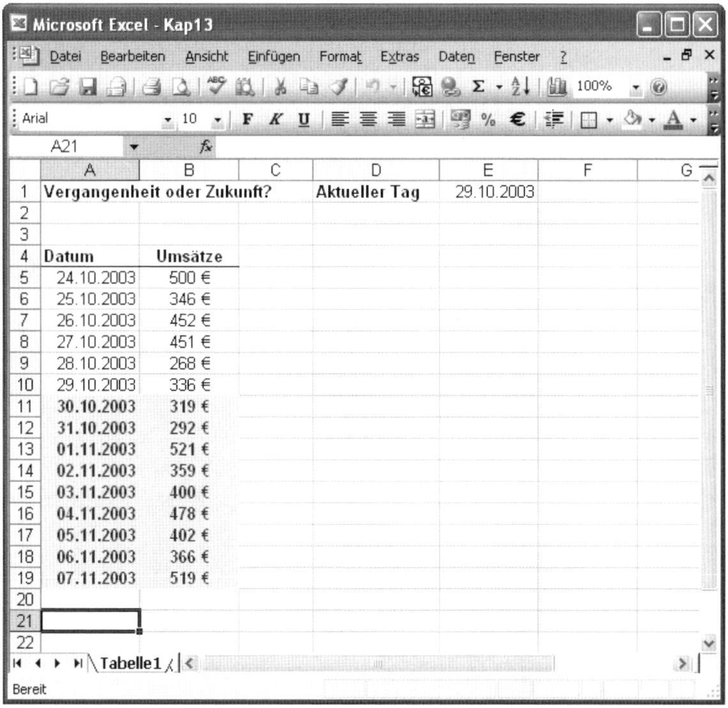

Abbildung 13.6: Alle Zeilen in der Zukunft wurden gekennzeichnet

KNOW-HOW

Soll das aktuelle Datum auch mit in die Formatierung integriert werden, dann verwenden Sie die Formel:

=$A5=>$E$1

Eine dynamische Wareneingangs-Checkliste erstellen

Bei der nächsten Aufgabe wird eine Wareneingangs-Checkliste erstellt. In dieser Liste ist das Datum des Wareneingangs, die Bezeichnung, die Menge und der Einzelpreis sowie der Gesamtpreis verzeichnet. In einer zusätzlichen Spalte **F** soll jetzt die Liste überprüft werden können. Wenn in dieser Spalte der Buchstabe **N** (für

Nein) eingetragen wird, dann wird dadurch die komplette Zeile mit der Hintergrundfarbe **Rot** formatiert. Wird hingegen der Buchstabe **J** (für Ja) eingetragen, dann ist mit dieser Warenlieferung alles in Ordnung.

Sehen Sie sich aber zunächst einmal die Wareneingangs-Checkliste aus Abbildung 13.7 an.

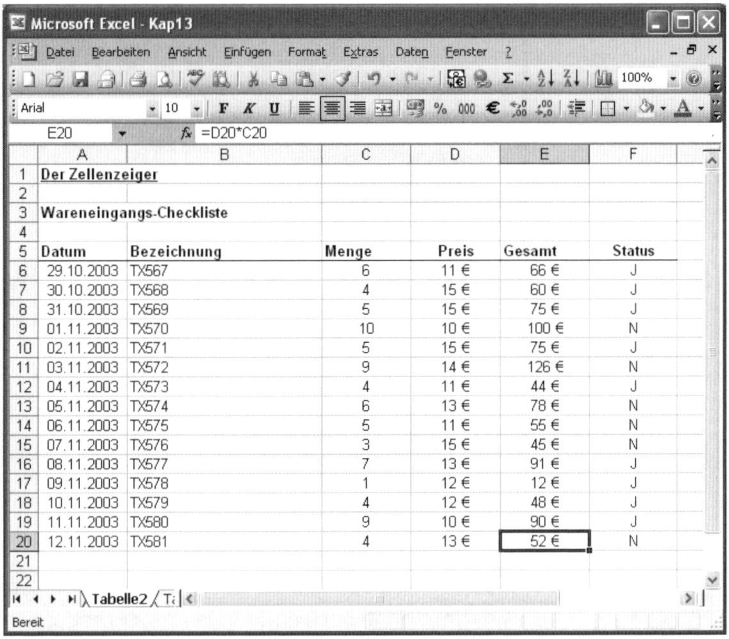

	A	B	C	D	E	F
1	Der Zellenzeiger					
2						
3	Wareneingangs-Checkliste					
4						
5	Datum	Bezeichnung	Menge	Preis	Gesamt	Status
6	29.10.2003	TX567	6	11 €	66 €	J
7	30.10.2003	TX568	4	15 €	60 €	J
8	31.10.2003	TX569	5	15 €	75 €	J
9	01.11.2003	TX570	10	10 €	100 €	N
10	02.11.2003	TX571	5	15 €	75 €	J
11	03.11.2003	TX572	9	14 €	126 €	N
12	04.11.2003	TX573	4	11 €	44 €	J
13	05.11.2003	TX574	6	13 €	78 €	N
14	06.11.2003	TX575	5	11 €	55 €	N
15	07.11.2003	TX576	3	15 €	45 €	N
16	08.11.2003	TX577	7	13 €	91 €	J
17	09.11.2003	TX578	1	12 €	12 €	J
18	10.11.2003	TX579	4	12 €	48 €	J
19	11.11.2003	TX580	9	10 €	90 €	J
20	12.11.2003	TX581	4	13 €	52 €	N
21						
22						

Abbildung 13.7: Die Ausgangssituation

Die Eingabe in Spalte F können Sie insoweit erleichtern, indem Sie die beiden möglichen Eingaben N oder J über eine Gültigkeitsliste vorgeben. Diese Gültigkeitsliste wird dann in Form eines Zellendropdowns automatisch angeboten, wenn die betreffende Zelle aktiviert wird. Um diese Gültigkeitsliste einzustellen, verfahren Sie wie folgt:

1. Markieren Sie den Zellenbereich **F6:F100**
2. Wählen Sie aus dem Menü *Daten* den Befehl *Gültigkeit.*
3. Wechseln Sie auf die Registerkarte *Einstellungen.*
4. Stellen Sie im Kombinationsfeld *Zulassen* den Eintrag *Liste* ein.

Abbildung 13.8: Die zugelassenen Werte eintragen

5. Tragen Sie im Feld *Quelle* die Einträge ein, die Sie in diesen Zellen erlauben möchten.
6. Auf der Registerkarte *Eingabemeldung* können Sie eine eigene Meldung festlegen, die automatisch in Form eines Quick-Info-Fensters angezeigt werden soll, wenn eine Zelle in Spalte **F** aktiviert wird.
7. Auf der Registerkarte *Feldermeldung* können Sie eine eigene Fehlermeldung definieren, die automatisch angezeigt wird, sofern eine nicht zugelassene Eingabe in Spalte **F** vorgenommen wird.
8. Bestätigen Sie Ihre Einstellungen mit *OK.*

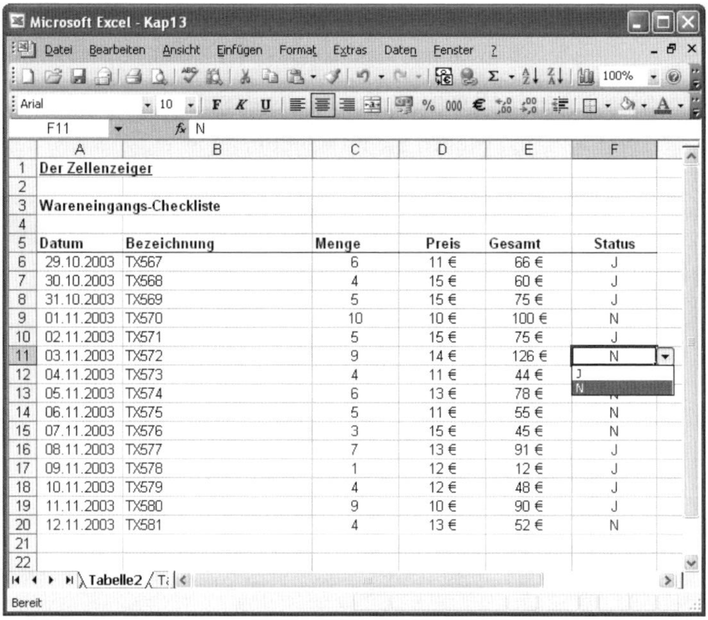

Abbildung 13.9: Über ein Zellendropdown einen zugelassenen Wert auswählen

Kümmern Sie sich jetzt um die bedingte Formatierung. Es soll jeweils die komplette Zeile mit der Hintergrundfarbe **Rot** belegt werden, wenn in einer Zelle aus Spalte **F** der Eintrag **N** vorgenommen wird. Die Eingabe der Buchstaben **N** oder **J** kann entweder direkt in die Zelle getippt oder über das Zellendropdown ausgewählt werden.

Um die bedingte Formatierung jetzt einzustellen, befolgen Sie die nächsten Arbeitsschritte:

1. Markieren Sie die ersten Zeilen 6 bis 100, indem Sie auf die Zeilenbeschriftung am linken Tabellenrand klicken und die Markierung bei gedrückt gehaltener linker Maustaste nach unten bis in die Zeile 100 ziehen.

2. Wählen Sie aus dem Menü *Format* den Befehl *Bedingte Formatierung*.

3. Im Dialog *Bedingte Formatierung* stellen Sie im Kombinationsfeld *Bedingung 1* den Eintrag *Formel ist* ein.
4. Erfassen Sie die Formel **=$F6="N"** im Feld rechts daneben.
5. Klicken Sie die Schaltfläche *Format*.
6. Wechseln Sie auf die Registerkarte *Muster*.
7. Wählen Sie aus dem Kombinationsfeld die Farbe **Rot** aus.
8. Bestätigen Sie zweimal mit *OK*.

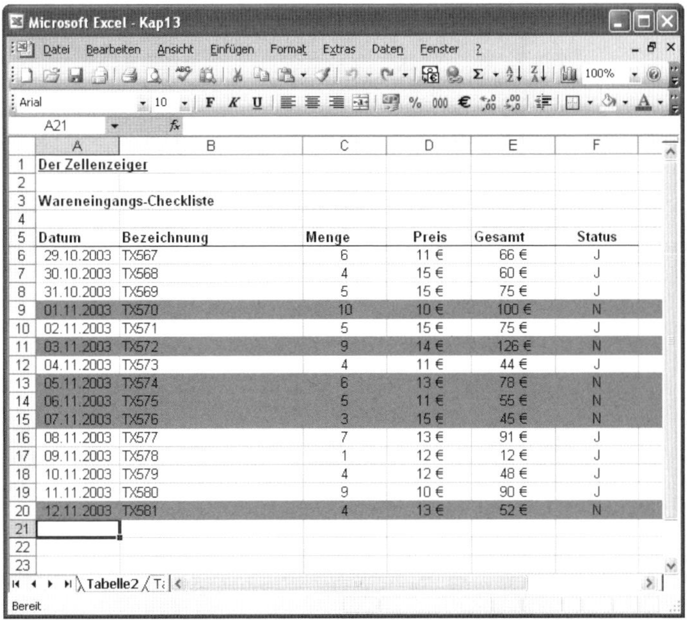

	A	B	C	D	E	F
1	Der Zellenzeiger					
2						
3	Wareneingangs-Checkliste					
4						
5	Datum	Bezeichnung	Menge	Preis	Gesamt	Status
6	29.10.2003	TX567	6	11 €	66 €	J
7	30.10.2003	TX568	4	15 €	60 €	J
8	31.10.2003	TX569	5	15 €	75 €	J
9	01.11.2003	TX570	10	10 €	100 €	N
10	02.11.2003	TX571	5	15 €	75 €	J
11	03.11.2003	TX572	9	14 €	126 €	N
12	04.11.2003	TX573	4	11 €	44 €	J
13	05.11.2003	TX574	6	13 €	78 €	N
14	06.11.2003	TX575	5	11 €	55 €	N
15	07.11.2003	TX576	3	15 €	45 €	N
16	08.11.2003	TX577	7	13 €	91 €	J
17	09.11.2003	TX578	1	12 €	12 €	J
18	10.11.2003	TX579	4	12 €	48 €	J
19	11.11.2003	TX580	9	10 €	90 €	J
20	12.11.2003	TX581	4	13 €	52 €	N
21						
22						
23						

Abbildung 13.10: Alle zu überprüfenden Zeilen werden farbig hinterlegt

Den aktuellen Tag kennzeichnen

In der Excel-Tabelle aus Abbildung 13.11 wird die Anwesenheit von Mitarbeitern festgehalten. Dabei ist eine Datumsleiste vorgegeben. Immer dann, wenn ein Mitarbeiter anwesend ist, wird der Buchstabe **X** in die entsprechende Zelle eingefügt. Ist der Mitarbeiter abwesend (Urlaub, Gleittag, Schulung oder Krankheit), dann unterbleibt ein Eintrag an diesen Tagen.

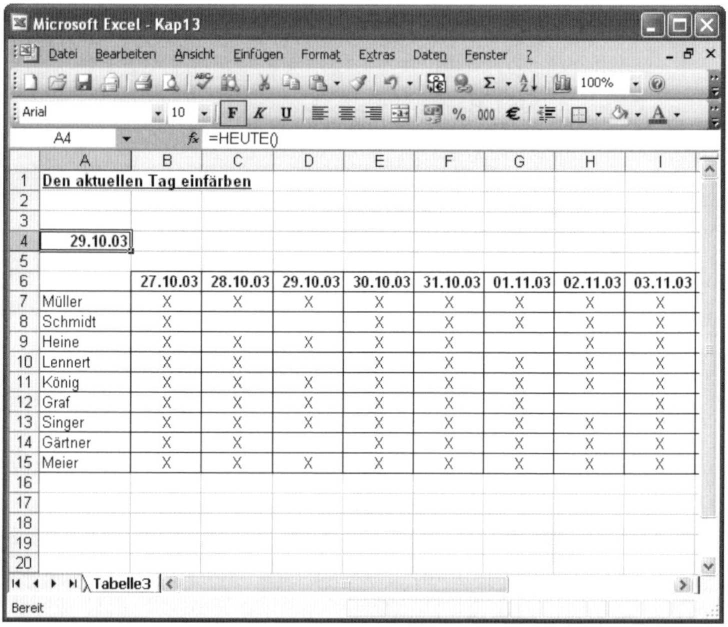

	A	B	C	D	E	F	G	H	I
1	Den aktuellen Tag einfärben								
2									
3									
4	29.10.03								
5									
6		27.10.03	28.10.03	29.10.03	30.10.03	31.10.03	01.11.03	02.11.03	03.11.03
7	Müller	X	X	X	X	X	X	X	X
8	Schmidt	X			X	X	X	X	X
9	Heine	X	X	X	X	X		X	X
10	Lennert	X	X		X	X	X	X	X
11	König	X	X	X	X	X	X	X	X
12	Graf	X	X	X	X	X	X		X
13	Singer	X	X	X	X	X	X	X	X
14	Gärtner	X	X		X	X	X	X	X
15	Meier	X	X	X	X	X	X	X	X
16									
17									
18									
19									
20									

Abbildung 13.11: Die Anwesenheitsliste

Um die Kreuze auch immer am richtigen Tag einzufügen, soll die Spalte, die dem Tagesdatum entspricht, mit einem gelben Farbton eingefärbt werden.

Dabei verfahren Sie wie folgt:

1. Erfassen Sie in Zelle **A4** die Formel **=HEUTE()**. Diese Tabellenfunktion gibt das aktuelle Tagesdatum wider und soll in diesem Beispiel nur der besseren Orientierung dienen.
2. Markieren Sie den Zellenbereich **B6:L20**

3. Wählen Sie aus dem Menü *Format* den Befehl *Bedingte Formatierung.*
4. Im Dialog *Bedingte Formatierung* stellen Sie im Kombinationsfeld *Bedingung 1* den Eintrag *Formel ist* ein.
5. Erfassen Sie die Formel **=B$6=Heute()** im Feld rechts daneben.
6. Klicken Sie die Schaltfläche *Format.*
7. Wechseln Sie auf die Registerkarte *Muster.*
8. Wählen Sie aus dem Kombinationsfeld die Farbe **Gelb** aus.
9. Bestätigen Sie zweimal mit *OK.*

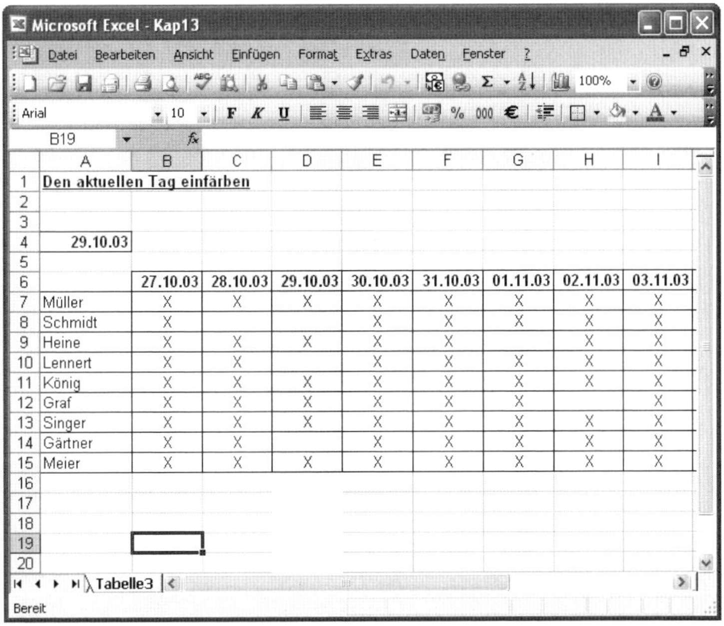

Abbildung 13.12: Der aktuelle Tag wird gefärbt

Die Zeiterfassung

In der folgenden Aufgabe liegt eine Tabelle mit einer Zeiterfassung für Arbeitszeiten vor. Diese Tabelle sieht wie in Abbildung 13.13 gezeigt aus. Da in diesem Beispiel an Samstagen und Sonntagen nicht gearbeitet wird, wird eine farbliche Unterscheidung dieser Tage von den normalen Werktagen gefordert.

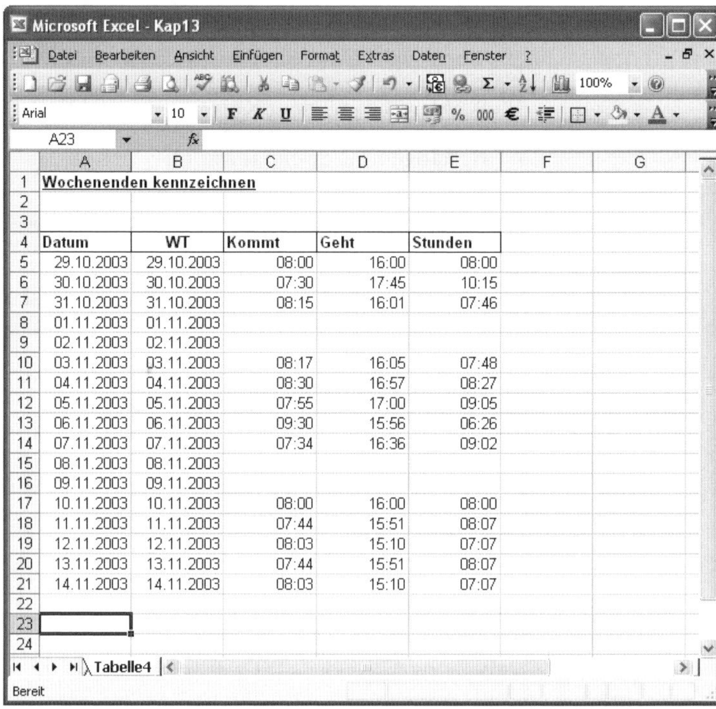

Microsoft Excel - Kap13

	A	B	C	D	E	F	G
1	**Wochenenden kennzeichnen**						
2							
3							
4	Datum	WT	Kommt	Geht	Stunden		
5	29.10.2003	29.10.2003	08:00	16:00	08:00		
6	30.10.2003	30.10.2003	07:30	17:45	10:15		
7	31.10.2003	31.10.2003	08:15	16:01	07:46		
8	01.11.2003	01.11.2003					
9	02.11.2003	02.11.2003					
10	03.11.2003	03.11.2003	08:17	16:05	07:48		
11	04.11.2003	04.11.2003	08:30	16:57	08:27		
12	05.11.2003	05.11.2003	07:55	17:00	09:05		
13	06.11.2003	06.11.2003	09:30	15:56	06:26		
14	07.11.2003	07.11.2003	07:34	16:36	09:02		
15	08.11.2003	08.11.2003					
16	09.11.2003	09.11.2003					
17	10.11.2003	10.11.2003	08:00	16:00	08:00		
18	11.11.2003	11.11.2003	07:44	15:51	08:07		
19	12.11.2003	12.11.2003	08:03	15:10	07:07		
20	13.11.2003	13.11.2003	07:44	15:51	08:07		
21	14.11.2003	14.11.2003	08:03	15:10	07:07		
22							
23							
24							

Abbildung 13.13: Die Zeiterfassung noch unformatiert

In Spalte **B** soll der Wochentag in der Form **Mo**, **Di**, **Mi**, **Do**, **Fr**, **Sa** und **So** geschrieben werden. Dazu gehen Sie wie folgt vor:

1. Markieren Sie den Zellenbereich **B5:B21**

2. Erfassen Sie die Formel **=A5**
3. Schließen Sie die Eingabe über die Tastenkombination [Strg] + [↵] ab.
4. Drücken Sie die Tastenkombination [Strg] + [1], um den Dialog *Zellen formatieren* aufzurufen.
5. Wechseln Sie auf die Registerkarte *Zahlen*.
6. Wählen Sie im Listenfeld *Kategorie* den Eintrag *Benutzerdefiniert*.
7. Geben Sie im Feld *Typ* die drei Buchstaben **TTT** ein.
8. Bestätigen Sie mit *OK*.

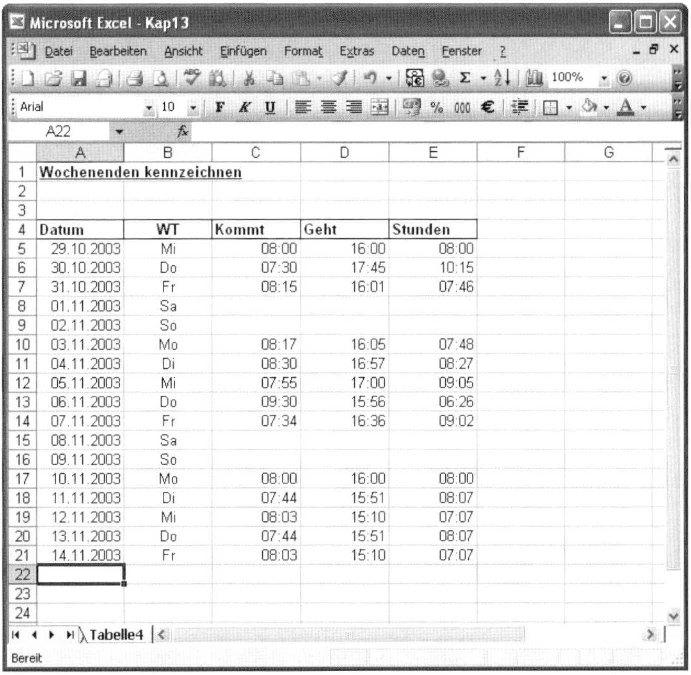

Wochenenden kennzeichnen

Datum	WT	Kommt	Geht	Stunden
29.10.2003	Mi	08:00	16:00	08:00
30.10.2003	Do	07:30	17:45	10:15
31.10.2003	Fr	08:15	16:01	07:46
01.11.2003	Sa			
02.11.2003	So			
03.11.2003	Mo	08:17	16:05	07:48
04.11.2003	Di	08:30	16:57	08:27
05.11.2003	Mi	07:55	17:00	09:05
06.11.2003	Do	09:30	15:56	06:26
07.11.2003	Fr	07:34	16:36	09:02
08.11.2003	Sa			
09.11.2003	So			
10.11.2003	Mo	08:00	16:00	08:00
11.11.2003	Di	07:44	15:51	08:07
12.11.2003	Mi	08:03	15:10	07:07
13.11.2003	Do	07:44	15:51	08:07
14.11.2003	Fr	08:03	15:10	07:07

Abbildung 13.14: Die Tagesnamen werden in verkürzter Form angezeigt

Um den Tagesnamen übrigens ganz ausschreiben zu lassen, stellen Sie das benutzerdefinierte Format **TTTT** ein.

Um jetzt alle Wochenendtage aus der Liste über die bedingte Formatierung zu kennzeichnen, befolgen Sie die nächsten Arbeitsschritte:

1. Markieren Sie die den Zellenbereich **A5:E21**
2. Wählen Sie aus dem Menü *Format* den Befehl *Bedingte Formatierung*.
3. Im Dialog *Bedingte Formatierung* stellen Sie im Kombinationsfeld *Bedingung 1* den Eintrag *Formel ist* ein.
4. Füllen Sie den Dialog wie in Abbildung 13.15 gezeigt aus.

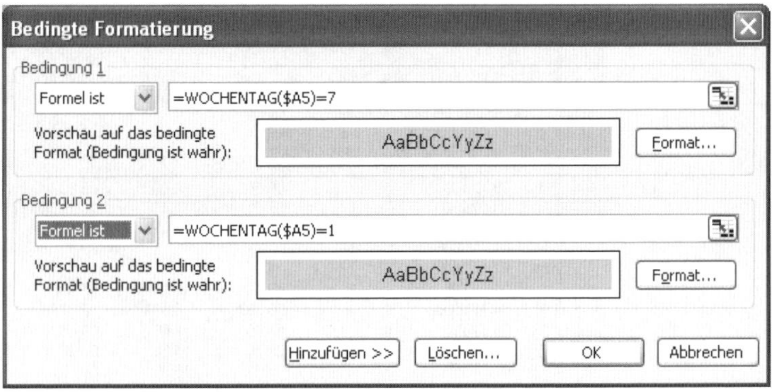

Abbildung 13.15: Die Wochenenden ermitteln

5. Klicken Sie nach jeder Bedingung auf die Schaltfläche *Format*.
6. Wechseln Sie auf die Registerkarte *Muster*.
7. Wählen Sie aus dem Kombinationsfeld die Farbe **Grau** aus.
8. Bestätigen Sie am Ende zweimal mit *OK*.

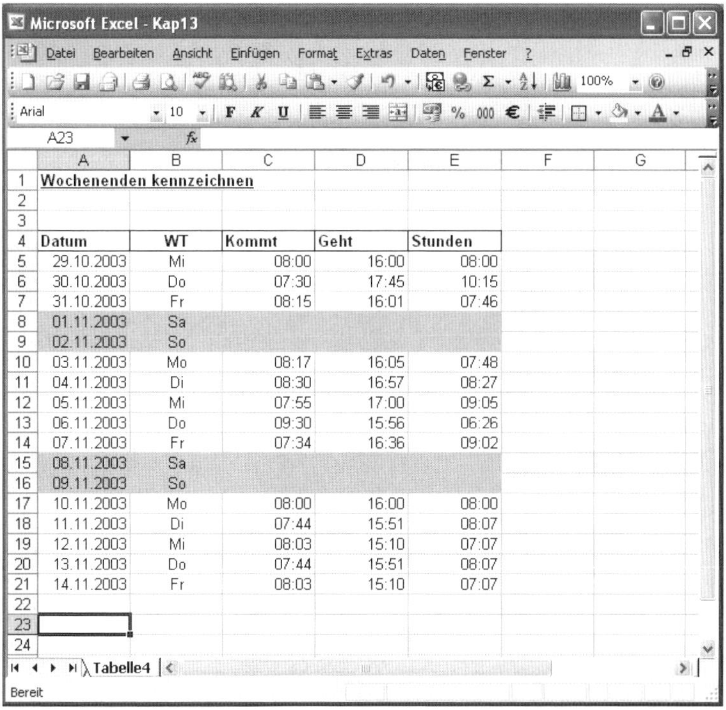

	A	B	C	D	E
1	Wochenenden kennzeichnen				
2					
3					
4	Datum	WT	Kommt	Geht	Stunden
5	29.10.2003	Mi	08:00	16:00	08:00
6	30.10.2003	Do	07:30	17:45	10:15
7	31.10.2003	Fr	08:15	16:01	07:46
8	01.11.2003	Sa			
9	02.11.2003	So			
10	03.11.2003	Mo	08:17	16:05	07:48
11	04.11.2003	Di	08:30	16:57	08:27
12	05.11.2003	Mi	07:55	17:00	09:05
13	06.11.2003	Do	09:30	15:56	06:26
14	07.11.2003	Fr	07:34	16:36	09:02
15	08.11.2003	Sa			
16	09.11.2003	So			
17	10.11.2003	Mo	08:00	16:00	08:00
18	11.11.2003	Di	07:44	15:51	08:07
19	12.11.2003	Mi	08:03	15:10	07:07
20	13.11.2003	Do	07:44	15:51	08:07
21	14.11.2003	Fr	08:03	15:10	07:07
22					
23					
24					

Abbildung 13.16: Die Wochenenden sind jetzt deutlich hervorgehoben

HINWEIS

Bei der Tabellenfunktion **WOCHENTAG** repräsentiert der Rückgabewert 7 den Samstag und der Rückgabewert 1 den Sonntag. Bei dieser Funktion beginnt die Woche also am Sonntag.

Zahlungsziele überwachen

In der nächsten Praxisaufgabe wurde in einer Excel-Liste die Zahlungsmoral von Kunden ausgewertet. Dabei wurde das Datum der Rechnungsstellung, das Datum der Zahlung sowie das vereinbarte Zahlungsziel festgehalten. Sehen Sie sich einmal vorab diese Auswertung aus Abbildung 13.17 an.

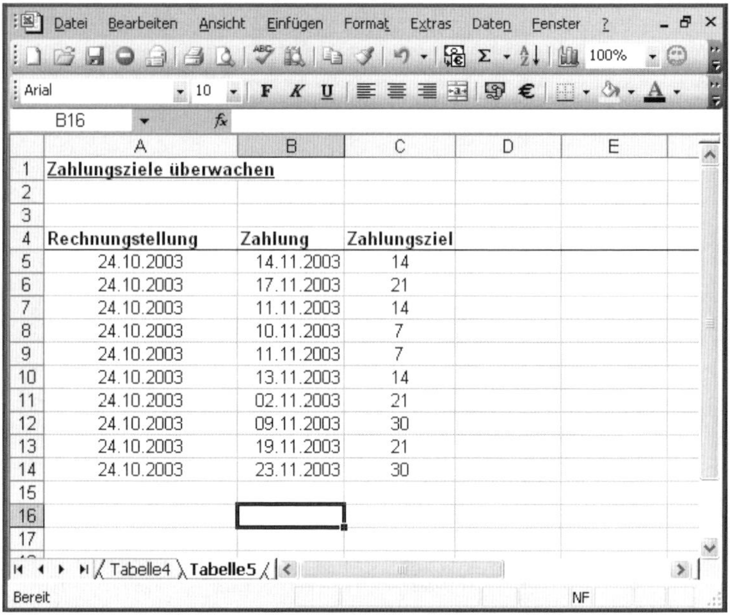

Abbildung 13.17: Wo wurde das Zahlungsziel überschritten?

Um diese Frage zu beantworten, können Sie beispielsweise die bedingte Formatierung von Excel einsetzen. Verfahren Sie dazu wie folgt:

1. Markieren Sie den Zellenbereich **A5:C14**
2. Wählen Sie aus dem Menü *Format* den Befehl *Bedingte Formatierung*.
3. Im Dialog *Bedingte Formatierung* stellen Sie im Kombinationsfeld *Bedingung 1* den Eintrag *Formel ist* ein.
4. Erfassen Sie in das Feld daneben die Formel **=$B5-$A5>$C5**
5. Klicken Sie die Schaltfläche *Format*.
6. Wechseln Sie auf die Registerkarte *Muster*.

7. Wählen Sie aus dem Kombinationsfeld die Farbe **Orange** aus.
8. Bestätigen Sie zweimal mit *OK*.

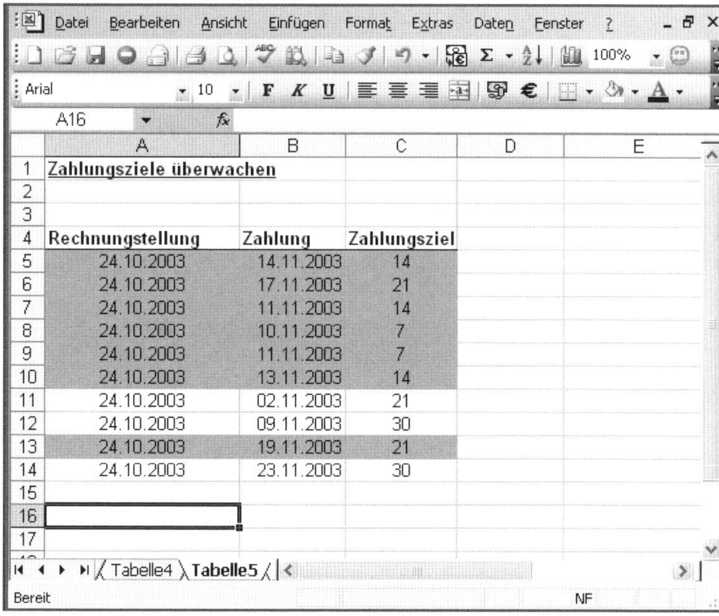

	A	B	C	D	E
1	Zahlungsziele überwachen				
2					
3					
4	Rechnungstellung	Zahlung	Zahlungsziel		
5	24.10.2003	14.11.2003	14		
6	24.10.2003	17.11.2003	21		
7	24.10.2003	11.11.2003	14		
8	24.10.2003	10.11.2003	7		
9	24.10.2003	11.11.2003	7		
10	24.10.2003	13.11.2003	14		
11	24.10.2003	02.11.2003	21		
12	24.10.2003	09.11.2003	30		
13	24.10.2003	19.11.2003	21		
14	24.10.2003	23.11.2003	30		
15					
16					
17					

Abbildung 13.18: Die farbig hinterlegten Zeilen stellen eine Verletzung des Zahlungsziels dar

Kontrollieren Sie das Ergebnis der bedingten Formatierung über eine Hilfsspalte, indem Sie folgendermaßen vorgehen:

1. Markieren Sie den Zellenbereich **D5:D14**
2. Erfassen Sie die Formel **=WENN(B5-A5>C5;"Zahlungsziel überschritten";"OK")**
3. Bestätigen Sie diese Formel über die Tastenkombination [Strg] + [↵].

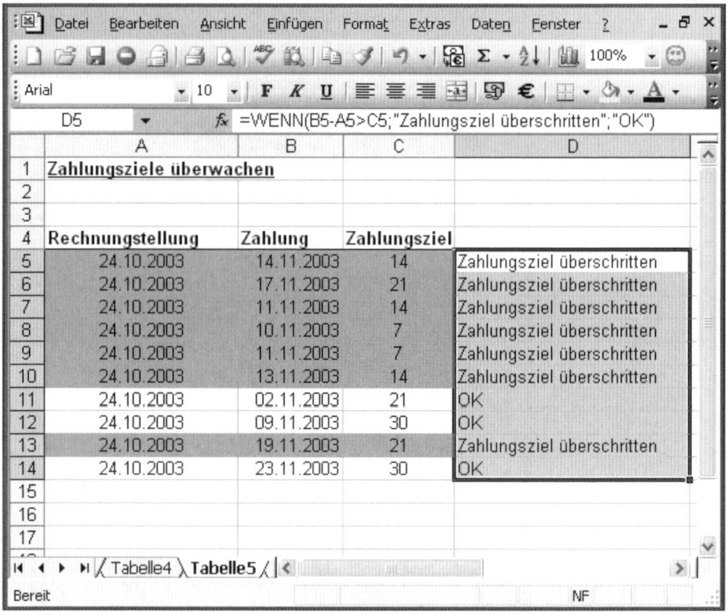

Abbildung 13.19: Beide Methoden kommen zum selben Ergebnis

Soll jetzt die bedingte Formatierung auf die gerade neu eingefügte Spalte übertragen werden, dann markieren Sie dazu den Bereich **C5:C14**, drücken das Symbol *Format übertragen* auf der Symbolleiste *Standard* und markieren im Anschluss daran den Zellenbereich **D5:D14**.

Extremwerte ermitteln

In Kapitel 8 dieses Buches haben Sie mit Hilfe der Tabellenfunktionen **MAX** und **MIN** den größten bzw. den kleinsten Wert aus einem Zellenbereich ermittelt. Dabei haben Sie einen bestimmten Bereich ausgewertet und das Ergebnis in einer Zelle ausgegeben.

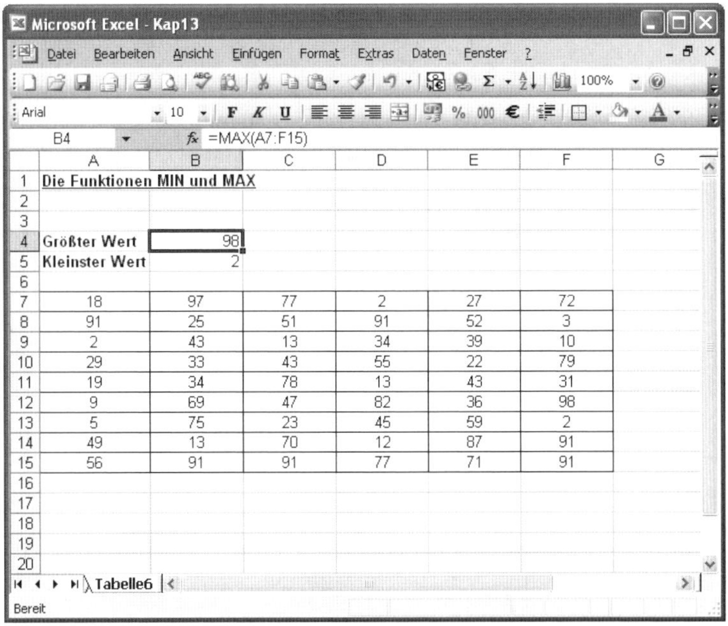

Abbildung 13.20: Die Extremwerte wurden ermittelt

Ihre Aufgabe besteht jetzt darin, die Extremwerte im Bereich **A7:F15** zu finden und farblich zu kennzeichnen. Der größten Wert formatieren Sie mit der Farbe **Blau**, den niedrigsten Wert formatieren Sie mit der Farbe **Rot**.

Zur Lösung dieser Aufgabenstellung stehen Ihnen zwei Möglichkeiten zur Verfügung:

- Über die Zellenwerte **B4** und **B5** im Zellenbereich **A7:F15** suchen
- Die Tabellenfunktionen **MAX** und **MIN** direkt in Verbindung mit der bedingten Formatierung einsetzen.

Bei der ersten Variante werden die Ergebnisse der Tabellenfunktion **MAX** und **MIN** aus den Zellen **B4** und **B5** herangezogen. Dabei verfahren Sie wie folgt:

1. Markieren Sie den Zellenbereich **A7:A15**
2. Wählen Sie aus dem Menü *Format* den Befehl *Bedingte Formatierung.*
3. Im Dialog *Bedingte Formatierung* stellen Sie im Kombinationsfeld *Bedingung 1* den Eintrag *Formel ist* ein.
4. Füllen Sie den Dialog wie in Abbildung 13.21 angezeigt aus.

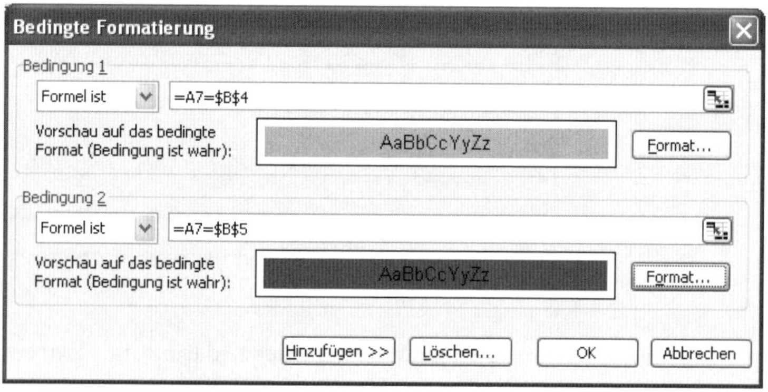

Abbildung 13.21: Zwei Bedingungen einstellen

5. Klicken Sie nach jeder eingestellten Bedingung auf die Schaltfläche *Format.*
6. Wechseln Sie auf die Registerkarte *Muster.*
7. Wählen Sie aus dem Kombinationsfeld die Farbe **Blau** bzw. **Rot** aus.
8. Bestätigen Sie zweimal mit *OK.*

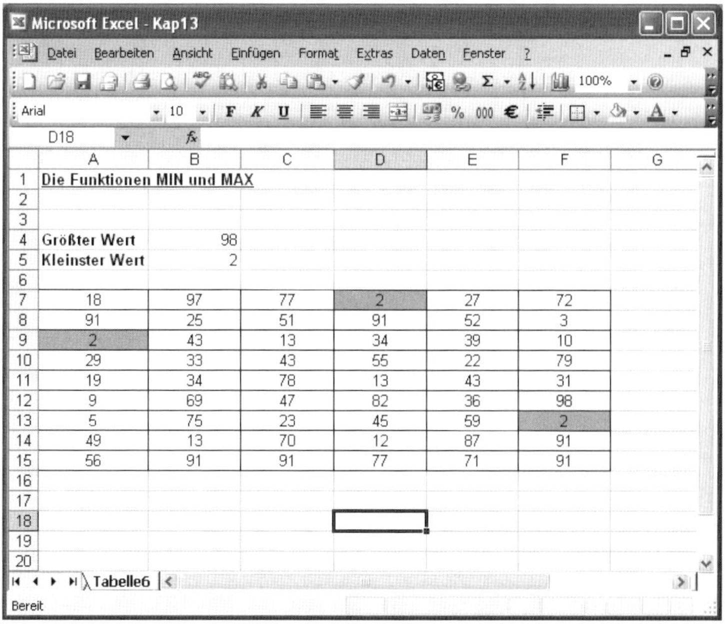

Abbildung 13.22: Tritt ein Extremwert mehrfach auf, wird er auch mehrfach gekennzeichnet

Um die Aufgabe mit Hilfe der zweiten Variante zu lösen, gehen Sie wie folgt vor:

1. Markieren Sie den Zellenbereich **A7:A15**
2. Wählen Sie aus dem Menü *Format* den Befehl *Bedingte Formatierung*.
3. Im Dialog *Bedingte Formatierung* stellen Sie im Kombinationsfeld *Bedingung 1* den Eintrag *Formel ist* ein.
4. Füllen Sie den Dialog wie in Abbildung 13.23 angezeigt aus.

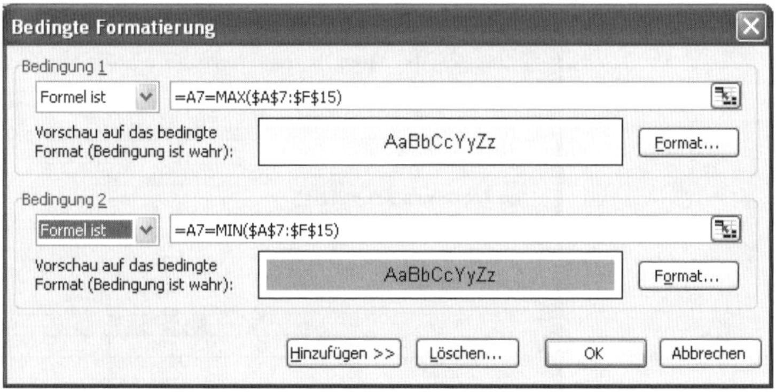

Abbildung 13.23: Über Formeln direkt die Extremwerte kennzeichnen

5. Weisen Sie auf der Registerkarte *Muster* die gewünschte Formatierung zu.
6. Bestätigen Sie zweimal mit *OK*.

Wann kommt die Müllabfuhr?

In der nächsten Aufgabe liegt eine Excel-Liste mit einer Datumsliste, wie in Abbildung 13.24 gezeigt, vor. In dieser Liste möchten Sie jetzt automatisch jeden zweiten Donnerstag hervorheben, indem Sie die komplette Zeile mit der Farbe **Hellgrün** formatieren.

Die jeweilige Kalenderwoche in Spalte **C** können Sie über die Tabellenfunktion **KALENDERWOCHE** ermitteln. Da diese Tabellenfunktion im Add-In Analyse-Funktionen integriert ist, muss dieses Add-In über den Add-Ins-Manager eingebunden werden, damit diese Funktion genützt werden kann.

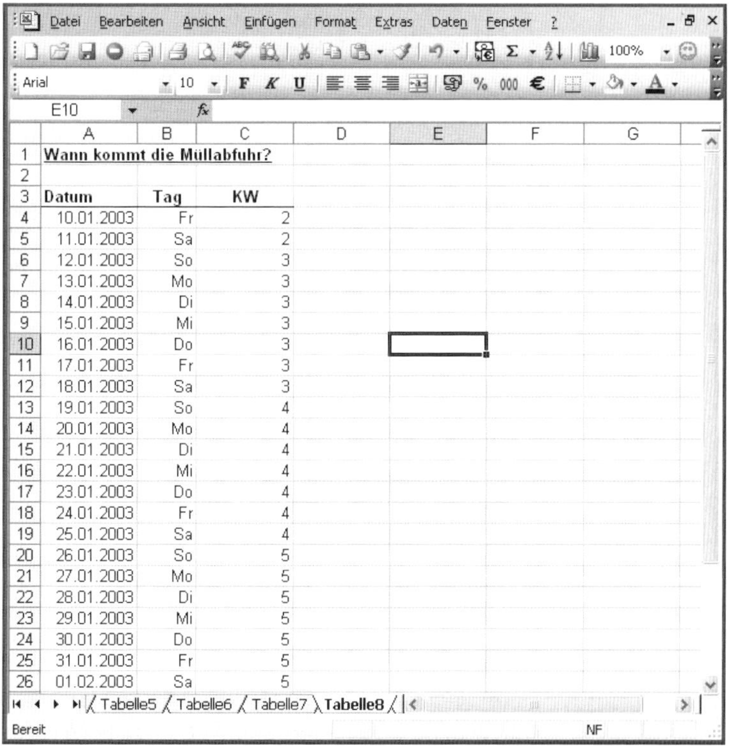

	A	B	C
1	Wann kommt die Müllabfuhr?		
2			
3	Datum	Tag	KW
4	10.01.2003	Fr	2
5	11.01.2003	Sa	2
6	12.01.2003	So	3
7	13.01.2003	Mo	3
8	14.01.2003	Di	3
9	15.01.2003	Mi	3
10	16.01.2003	Do	3
11	17.01.2003	Fr	3
12	18.01.2003	Sa	3
13	19.01.2003	So	4
14	20.01.2003	Mo	4
15	21.01.2003	Di	4
16	22.01.2003	Mi	4
17	23.01.2003	Do	4
18	24.01.2003	Fr	4
19	25.01.2003	Sa	4
20	26.01.2003	So	5
21	27.01.2003	Mo	5
22	28.01.2003	Di	5
23	29.01.2003	Mi	5
24	30.01.2003	Do	5
25	31.01.2003	Fr	5
26	01.02.2003	Sa	5

Abbildung 13.24: Jeder zweite Donnerstag soll hervorgehoben werden

Heben Sie jetzt jeden zweiten Donnerstag hervor, indem Sie wie folgt vorgehen:

1. Markieren Sie die Zeilen **4** bis **29**.
2. Wählen Sie aus dem Menü *Format* den Befehl *Bedingte Formatierung*.
3. Im Dialog *Bedingte Formatierung* stellen Sie im Kombinationsfeld *Bedingung 1* den Eintrag *Formel ist* ein.
4. Füllen Sie den Dialog, wie in Abbildung 13.25 angezeigt, aus.

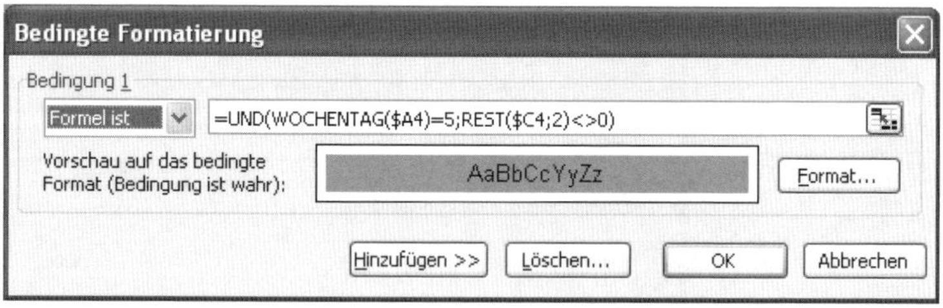

Abbildung 13.25: Eine Kombination der Funktionen UND, WOCHENTAG und REST

5. Klicken Sie auf die Schaltfläche *Format* und wechseln Sie auf die Registerkarte *Muster.*
6. Wählen Sie im Kombinationsfeld *Farbe* die Farbe **Hellgrün** aus und bestätigen Sie Ihre Einstellung, indem Sie mit *OK* bestätigen.
7. Beenden Sie die bedingte Formatierung mit *OK.*

Bei dieser eingestellten Formel müssen zwei Kriterien erfüllt sein. Der Wochentag muss ein Donnerstag sein und die Kalenderwoche muss eine ungerade Kalenderwoche sein. Beim ersten Kriterium meldet die Tabellenfunktion **WOCHENTAG** für jeden Donnerstag den Wert **5**. Das zweite Kriterium wird über die Division der Kalenderwoche aus Spalte **C** durch den Wert **2** ermittelt. Verbleibt aus dieser Division ein Rest, dann handelt es sich um eine ungerade Kalenderwoche.

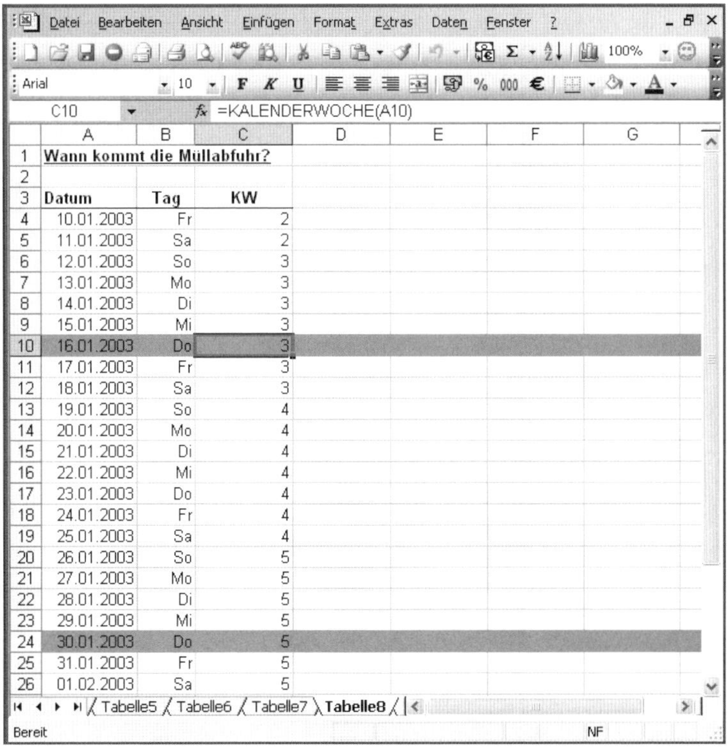

Abbildung 13.26: Übersichtlich wird jeder zweite Donnerstag gekennzeichnet

Ein Suchsystem einrichten

In der folgenden Aufgabe liegt eine Artikelliste vor. Aus dieser Liste soll ein bestimmter Artikel über die bedingte Formatierung gefunden und gekennzeichnet werden. Sehen Sie sich zunächst einmal die Ausgangssituation in Abbildung 13.27 an.

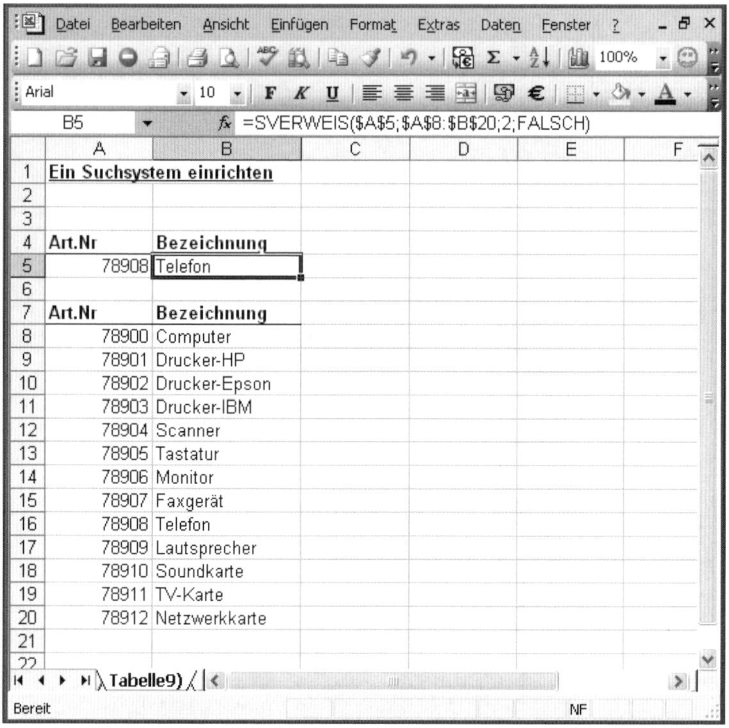

Abbildung 13.27: Der Artikel mit der Nr.78908 soll in der Liste gefunden werden

Um den gewünschten Artikel im Zellenbereich **A8:B20** zu finden, befolgen Sie die nächsten Arbeitsschritte:

1. Markieren Sie den Zellenbereich **A8:B20**
2. Wählen Sie aus dem Menü *Format* den Befehl *Bedingte Formatierung*.
3. Im Dialog *Bedingte Formatierung* stellen Sie im Kombinationsfeld *Bedingung 1* den Eintrag *Formel ist* ein.
4. Geben Sie im Feld rechts daneben die Formel **=$A8=$A$5** ein.

5. Klicken Sie auf die Schaltfläche *Format* und wechseln Sie auf die Registerkarte *Muster.*

6. Wählen Sie im Kombinationsfeld *Farbe* die Farbe **Hellgrau** und bestätigen Sie Ihre Einstellung, indem Sie mit *OK* bestätigen.

7. Beenden Sie die bedingte Formatierung mit *OK.*

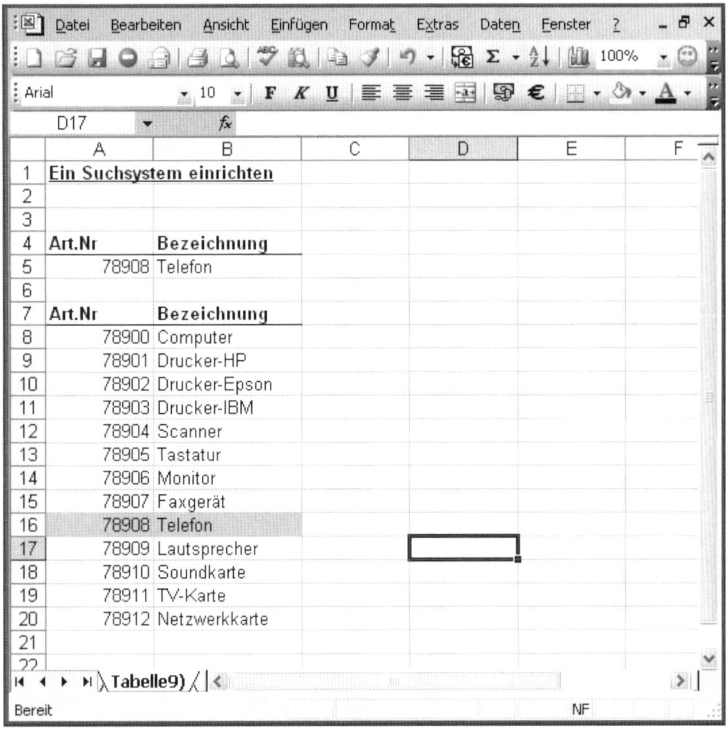

Abbildung 13.28: Der gesuchte Artikel wurde gefunden

Bei der nachfolgenden Erweiterung soll folgender Effekt erreicht werden. In der Artikelliste soll zwar vorrangig nach der Artikelnummer gesucht werden, trotzdem sollen alle Artikel angezeigt werden, bei denen die ersten drei Zeichen aus der Zelle **B5** mit den Bezeichnungen aus den darunter liegenden Zellen übereinstimmen.

Kopieren Sie daher diese Tabelle und geben in die Zelle **A5** die Artikelnummer **78901** ein. Als Ergebnis soll Excel jetzt alle **Drucker** aus der Liste markieren.

Um diese Aufgabe zu lösen, setzen Sie die Tabellenfunktion **LINKS** ein, über die Sie die ersten drei Zeichen der Bezeichnung extrahieren können. Wenden Sie diese Funktion in Verbindung mit der bedingten Formatierung an, indem Sie die nächsten Arbeitsschritte befolgen:

1. Markieren Sie den Zellenbereich **A8:B20.**
2. Wählen Sie aus dem Menü *Format* den Befehl *Bedingte Formatierung.*
3. Im Dialog *Bedingte Formatierung* stellen Sie im Kombinationsfeld *Bedingung 1* den Eintrag *Formel ist* ein.
4. Geben Sie im Feld rechts daneben die Formel **=LINKS($B8;3)=LINKS($B$5;3)** ein.
5. Klicken Sie auf die Schaltfläche *Format* und wechseln Sie auf die Registerkarte *Muster.*
6. Wählen Sie im Kombinationsfeld *Farbe* die Farbe **Hellgrau** und bestätigen Sie Ihre Einstellung, indem Sie mit *OK* bestätigen.
7. Beenden Sie die bedingte Formatierung mit *OK.*

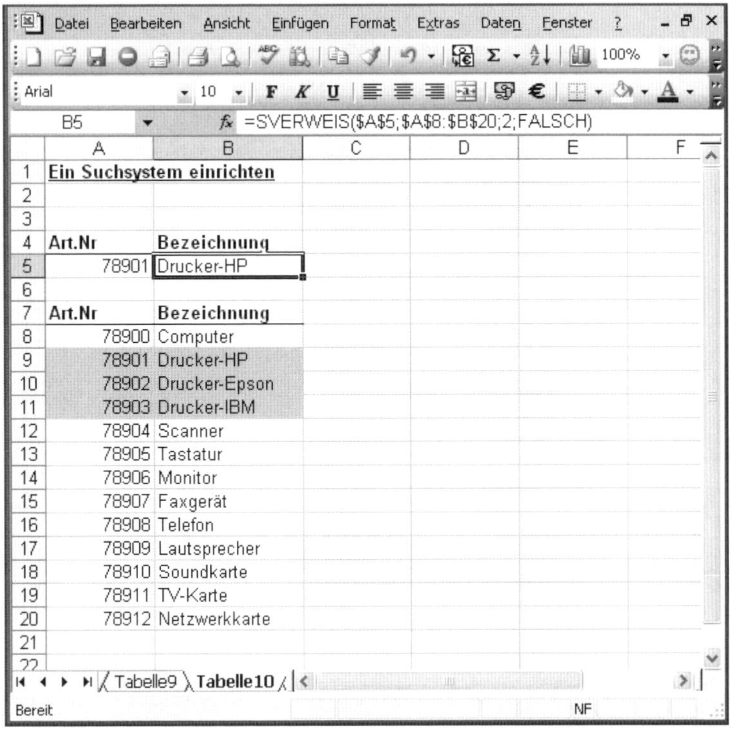

Abbildung 13.29: Alle verwandten Artikel wurden markiert

Verfeinern könnte man diese Aufgabe jetzt noch, indem man den genauen Suchtreffer zusätzlich mit einem **roten** Rahmen sowie einer **hellblauen** Hintergrundfarbe ausstattet und die verwandten Artikel mit der Hintergrundfarbe **Hellgrau** formatiert.

Um diese Erweiterung durchzuführen, gehen Sie folgendermaßen vor:

1. Markieren Sie den Zellenbereich **A8:B20**
2. Wählen Sie aus dem Menü *Format* den Befehl *Bedingte Formatierung*.

3. Im Dialog *Bedingte Formatierung* stellen Sie im Kombinationsfeld *Bedingung 1* den Eintrag *Formel ist* ein.
4. Füllen Sie den Dialog, wie in Abbildung 13.30 angezeigt, aus.

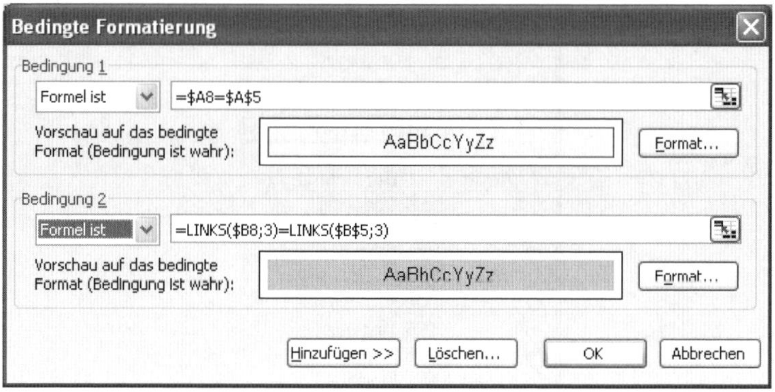

Abbildung 13.30: Zusätzlicher Nutzen durch eine zweite Bedingung gewinnen

5. Klicken Sie nach jeder Bedingung auf die Schaltfläche *Format* und stellen Sie die gewünschten Formatierungen auf den Registerkarten *Muster* und *Rahmen* ein.
6. Bestätigen Sie diese Einstellungen jeweils mit einem Klick auf *OK*.

HINWEIS

Bei der Reihenfolge der Bedingungen ist darauf zu achten, dass zuerst die Bedingungen nach Prioritäten nacheinander eingegeben werden. Die erste Priorität war im letzten Beispiel die Artikelnummer, die zweite Priorität war die Suche über einen Teil der Bezeichnung.

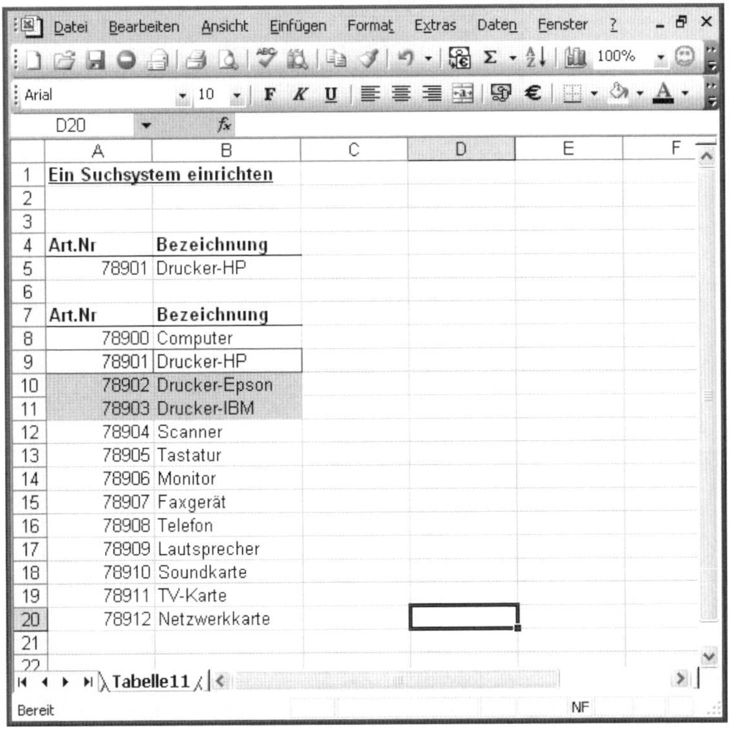

Abbildung 13.31: Der genaue sowie ähnliche Suchtreffer werden gekennzeichnet

Spalten miteinander vergleichen

In der nächsten Aufgabe werden die Kosten von zwei Jahren miteinander verglichen. Dabei sollen zwei Spalten miteinander verglichen werden. Sehen Sie sich dazu einmal die Abbildung 13.32 an.

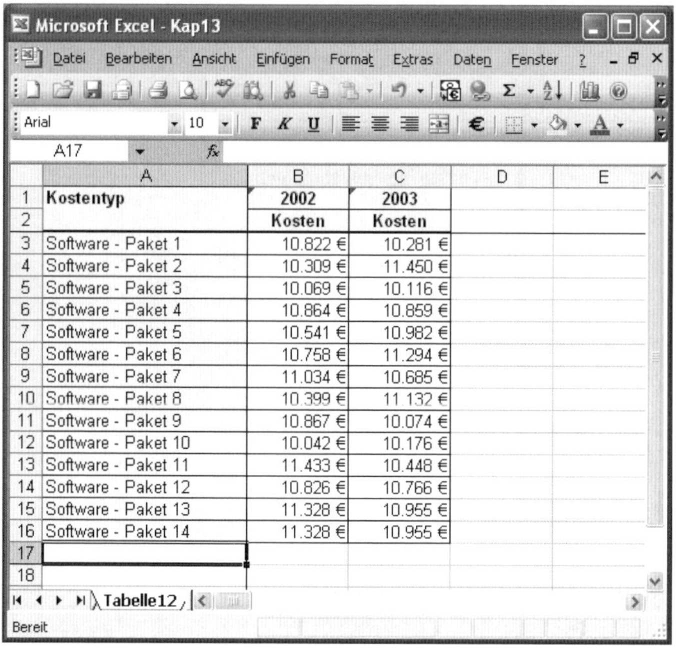

	A	B	C
1	**Kostentyp**	**2002**	**2003**
2		**Kosten**	**Kosten**
3	Software - Paket 1	10.822 €	10.281 €
4	Software - Paket 2	10.309 €	11.450 €
5	Software - Paket 3	10.069 €	10.116 €
6	Software - Paket 4	10.864 €	10.859 €
7	Software - Paket 5	10.541 €	10.982 €
8	Software - Paket 6	10.758 €	11.294 €
9	Software - Paket 7	11.034 €	10.685 €
10	Software - Paket 8	10.399 €	11.132 €
11	Software - Paket 9	10.867 €	10.074 €
12	Software - Paket 10	10.042 €	10.176 €
13	Software - Paket 11	11.433 €	10.448 €
14	Software - Paket 12	10.826 €	10.766 €
15	Software - Paket 13	11.328 €	10.955 €
16	Software - Paket 14	11.328 €	10.955 €

Abbildung 13.32: Die Ausgangssituation

In Spalte C sollen nun alle Zellen mit der Hintergrundfarbe Orange formatiert werden, die eine Abweichung von über 5% von der Spalte B aufweisen. Dabei soll es keine Rolle spielen, in welche Richtung die Abweichung auftritt.

Um diese Aufgabe zu lösen, befolgen Sie die nächsten Arbeitsschritte:

1. Markieren Sie den Zellenbereich **C3:C16**
2. Wählen Sie aus dem Menü *Format* den Befehl *Bedingte Formatierung.*
3. Im Dialog *Bedingte Formatierung* stellen Sie im Kombinationsfeld *Bedingung 1* den Eintrag *Formel ist* ein.
4. Füllen Sie den Dialog, wie in Abbildung 13.33 angezeigt, aus.

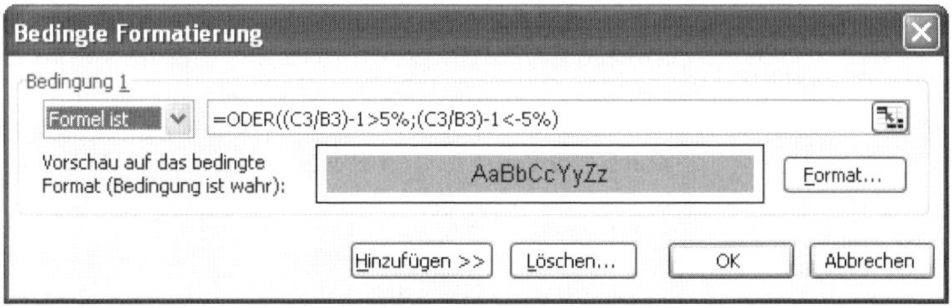

Abbildung 13.33: Die Abweichungen über 5% sollen gekennzeichnet werden

5. Klicken Sie die Schaltfläche *Format*, wechseln Sie auf die Registerkarte *Muster* und stellen Sie die gewünschte Farbe ein.

6. Bestätigen Sie zweimal mit *OK*.

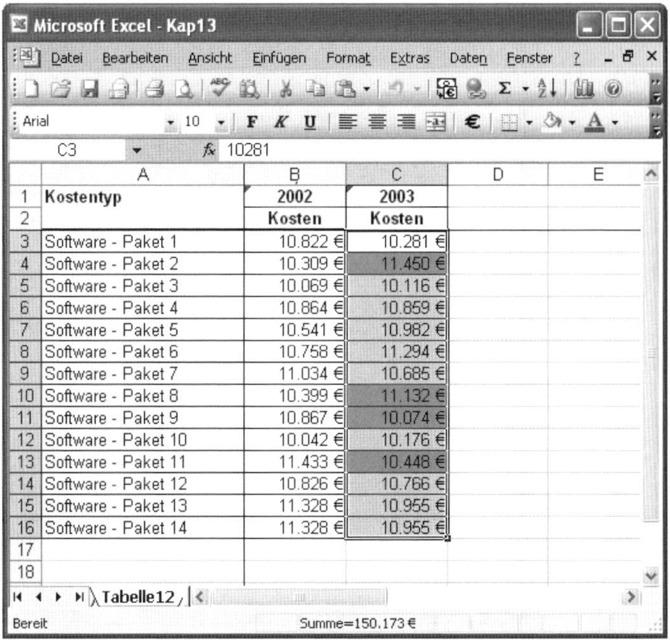

	A	B	C	D	E
1	**Kostentyp**	**2002**	**2003**		
2		**Kosten**	**Kosten**		
3	Software - Paket 1	10.822 €	10.281 €		
4	Software - Paket 2	10.309 €	11.450 €		
5	Software - Paket 3	10.069 €	10.116 €		
6	Software - Paket 4	10.864 €	10.859 €		
7	Software - Paket 5	10.541 €	10.982 €		
8	Software - Paket 6	10.758 €	11.294 €		
9	Software - Paket 7	11.034 €	10.685 €		
10	Software - Paket 8	10.399 €	11.132 €		
11	Software - Paket 9	10.867 €	10.074 €		
12	Software - Paket 10	10.042 €	10.176 €		
13	Software - Paket 11	11.433 €	10.448 €		
14	Software - Paket 12	10.826 €	10.766 €		
15	Software - Paket 13	11.328 €	10.955 €		
16	Software - Paket 14	11.328 €	10.955 €		
17					
18					

Abbildung 13.34: Die Abweichungen werden deutlich hervorgehoben

Führen Sie jetzt eine Plausibilitätsprüfung durch, indem Sie die Ergebnisse der bedingten Formatierung in Spalte D noch einmal kontrollieren. Verfahren Sie dazu wie folgt:

1. Markieren Sie den Zellenbereich **D3:D16**
2. Erfassen Sie die Formel **=C3/B3-1**
3. Bestätigen Sie Ihre Eingabe mit [Strg] + [↵]4.Wählen Sie aus dem Menü *Format* den Befehl *Zellen*.
5. Wechseln Sie auf die Registerkarte *Zahlen*.
6. Stellen Sie im Listenfeld *Kategorie* den Eintrag *Prozent* ein.
7. Bestätigen Sie mit *OK*.

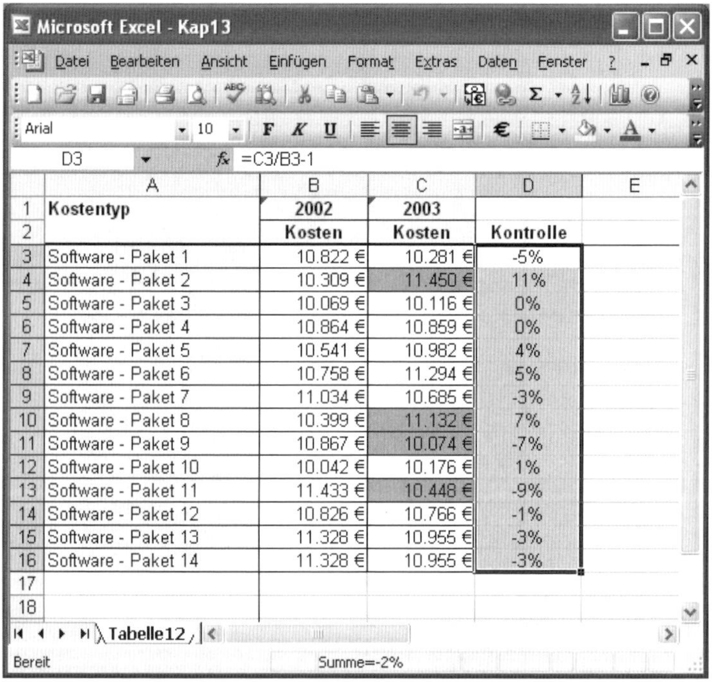

	A	B	C	D	E
1	Kostentyp	2002	2003		
2		Kosten	Kosten	Kontrolle	
3	Software - Paket 1	10.822 €	10.281 €	-5%	
4	Software - Paket 2	10.309 €	11.450 €	11%	
5	Software - Paket 3	10.069 €	10.116 €	0%	
6	Software - Paket 4	10.864 €	10.859 €	0%	
7	Software - Paket 5	10.541 €	10.982 €	4%	
8	Software - Paket 6	10.758 €	11.294 €	5%	
9	Software - Paket 7	11.034 €	10.685 €	-3%	
10	Software - Paket 8	10.399 €	11.132 €	7%	
11	Software - Paket 9	10.867 €	10.074 €	-7%	
12	Software - Paket 10	10.042 €	10.176 €	1%	
13	Software - Paket 11	11.433 €	10.448 €	-9%	
14	Software - Paket 12	10.826 €	10.766 €	-1%	
15	Software - Paket 13	11.328 €	10.955 €	-3%	
16	Software - Paket 14	11.328 €	10.955 €	-3%	
17					
18					

Abbildung 13.35: Die Ergebnisse der bedingten Formatierung wurden bestätigt

Der Projektplaner für Excel

In der folgenden Aufgabe erstellen Sie Schritt für Schritt einen Projektplaner in Excel. Dabei wird jeweils der Beginn sowie das Ende eines Projektschrittes erfasst und die daraus resultierenden Tage berechnet. Fügen Sie zunächst eine neue Tabelle ein und erstellen Sie einen Projektplaner wie in Abbildung 13.36 gezeigt.

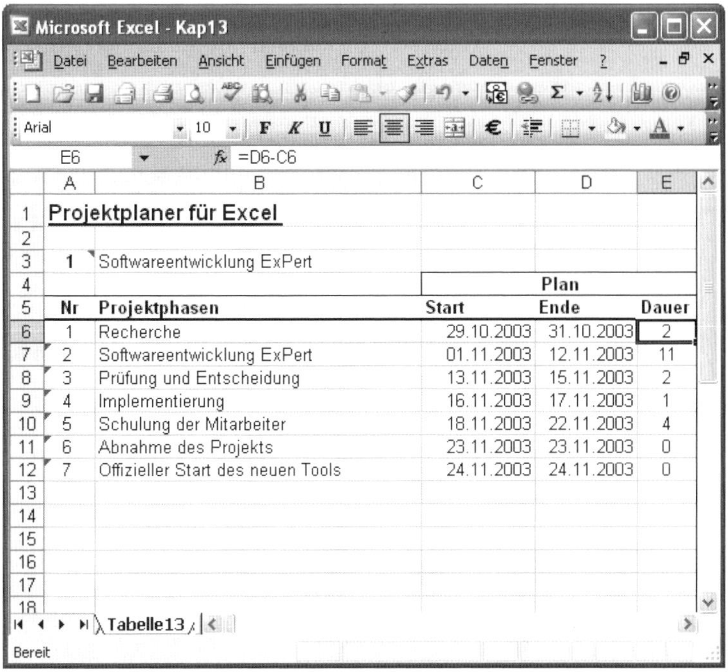

	A	B	C	D	E
1	Projektplaner für Excel				
2					
3	1	Softwareentwicklung ExPert			
4				Plan	
5	Nr	Projektphasen	Start	Ende	Dauer
6	1	Recherche	29.10.2003	31.10.2003	2
7	2	Softwareentwicklung ExPert	01.11.2003	12.11.2003	11
8	3	Prüfung und Entscheidung	13.11.2003	15.11.2003	2
9	4	Implementierung	16.11.2003	17.11.2003	1
10	5	Schulung der Mitarbeiter	18.11.2003	22.11.2003	4
11	6	Abnahme des Projekts	23.11.2003	23.11.2003	0
12	7	Offizieller Start des neuen Tools	24.11.2003	24.11.2003	0

Abbildung 13.36: Die Ausgangssituation des Projekt-Planers

Ab der Spalte **F** sollen die einzelnen Tage nun in einem GANTT-Diagramm dargestellt werden. Dabei werden die einzelnen Tage auf einer Zeitleiste dargestellt. Befolgen Sie jetzt die nächsten Arbeitsschritte, um die Zeitleiste anzulegen:

1. Markieren Sie die Spalten **F:FE**
2. Wählen Sie aus dem Menü *Format* den Befehl *Spalte/Breite.*
3. Geben Sie den Wert **2** ein.
4. Bestätigen Sie mit *OK.*
5. Geben Sie jetzt in die Zelle **F5** die Formel **=C6** ein, um die Tagesnummerierung am Beginn des Projektes starten zu lassen.
6. Markieren Sie danach den Zellenbereich **F5:FE5**
7. Wählen Sie aus dem Menü *Format* den Befehl *Zellen* und wechseln Sie auf die Registerkarte *Zahlen.*
8. Wählen Sie im Listenfeld die Kategorie *Benutzerdefiniert.*
9. Geben Sie im Feld *Typ* die Formatkürzel **TT** ein.
10. Bestätigen Sie mit *OK.*

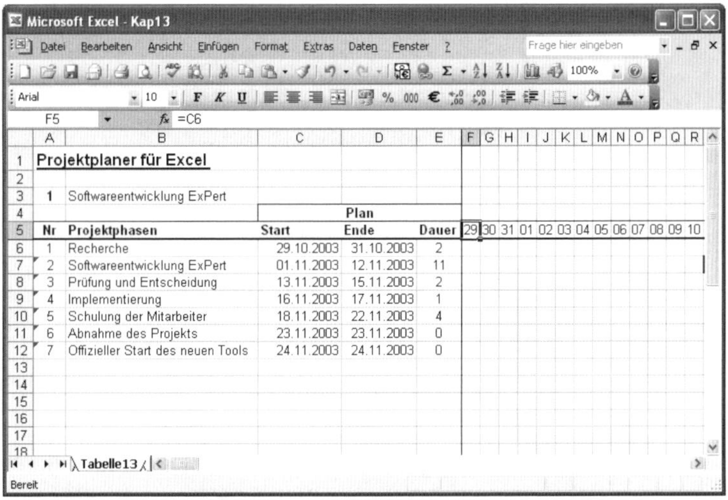

Abbildung 13.37: Die Zeitleiste ist vorbereitet

Im Zellenbereich **F6:FE12** sollen die benötigten Tage für die einzelnen Projektschritte nun gekennzeichnet werden. Dazu soll jeweils das Startdatum sowie das Enddatum eines Projektschrittes ermittelt und die entsprechenden Zellen mit der Hintergrundfarbe **Blau** formatiert werden. Um diese Aufgabe zu lösen, setzen Sie die bedingte Formatierung wie folgt ein:

1. Markieren Sie den Zellenbereich **F6:FE12**
2. Wählen Sie aus dem Menü *Format* den Befehl *Bedingte Formatierung*.
3. Im Dialog *Bedingte Formatierung* stellen Sie im Kombinationsfeld *Bedingung 1* den Eintrag *Formel ist* ein.
4. Füllen Sie den Dialog, wie in Abbildung 13.38 angezeigt, aus.

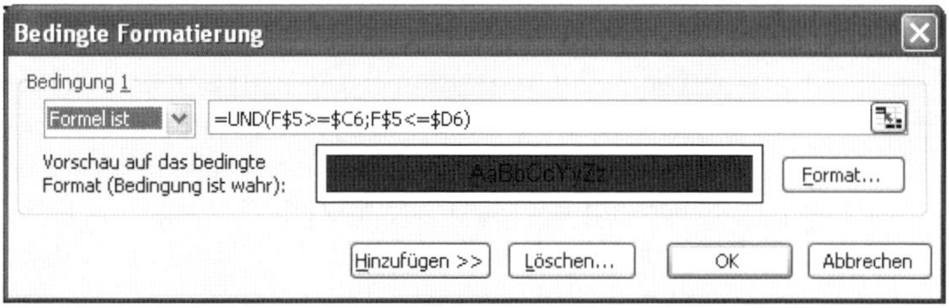

Abbildung 13.38: Die beiden Datumsangaben mit der Zeitleiste vergleichen

5. Klicken Sie auf die Schaltfläche *Format* und wechseln Sie auf die Registerkarte *Muster*.
6. Stellen Sie die gewünschte Farbe ein und bestätigen Sie zweimal mit *OK*.

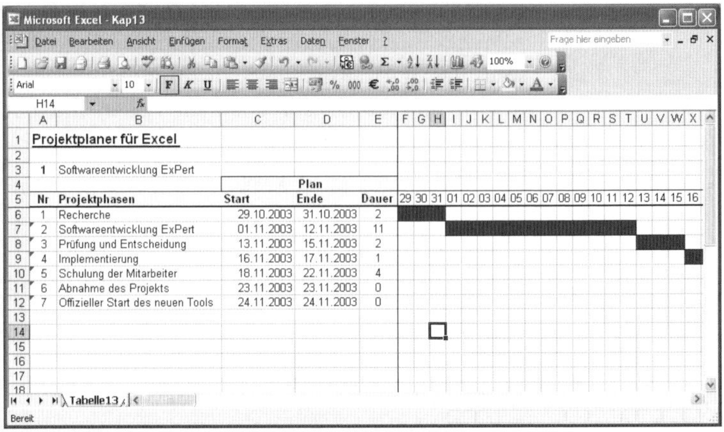

Abbildung 13.39: Das dynamische Balkendiagramm

Die bedingte Formatierung wird immer dann neu eingestellt, wenn entweder das Start- oder Enddatum eines Projektschritts angepasst wird. Dabei erfolgt immer ein Abgleich dieser beiden Datumsangaben mit der Zeitleiste in Zeile 5. Liegt das Datum dort im Bereich zwischen dem Start- und dem Enddatum, dann wird die entsprechende Zelle mit der Hintergrundfarbe **Blau** formatiert.

Summenzeilen hervorheben

Im folgenden Beispiel werden in einer Tabelle die Umsätze einzelner Kostenstellen aufgeführt. Jeweils am Ende wird eine Summe über die Beträge der Kostenstellen eingefügt. Sehen Sie sich dazu einmal die Abbildung 13.40 an.

Die Kostenstellen sollen jetzt ein bisschen besser voneinander abgetrennt werden. Dazu soll jeweils nach der Summenzeile ein Strich eingefügt werden.

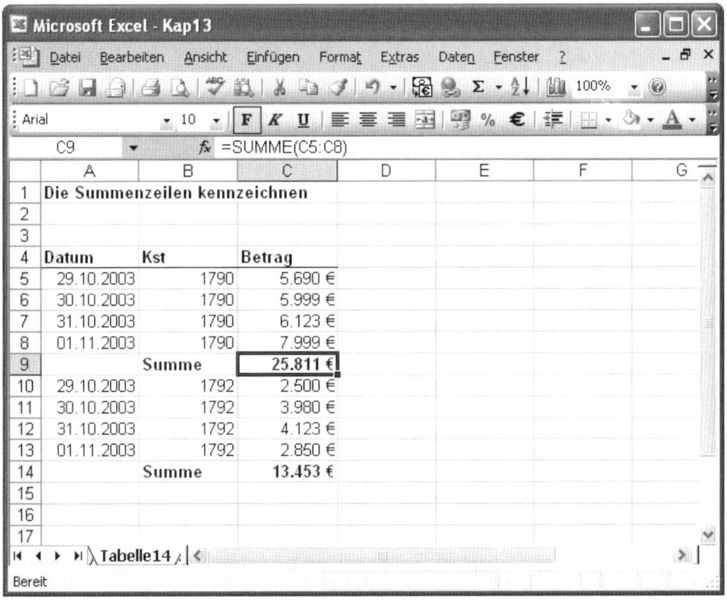

Abbildung 13.40: Die Kostenstellenauflistung

Um diese Aufgabe zu lösen, können Sie mit Hilfe der bedingten Formatierung die Summenzeilen dynamisch aufspüren und über einen Rahmen das gewünschte Resultat erreichen. Dabei verfahren Sie wie folgt:

1. Markieren Sie die Zeilen **5** bis **15**, indem Sie die Zeilenbeschriftung am linken Rand der Tabelle anklicken und nach unten ziehen.

2. Wählen Sie aus dem Menü *Format* den Befehl *Bedingte Formatierung*.

3. Im Dialog *Bedingte Formatierung* stellen Sie im Kombinationsfeld *Bedingung 1* den Eintrag *Formel ist* ein.

4. Füllen Sie den Dialog, wie in Abbildung 13.41 angezeigt, aus.

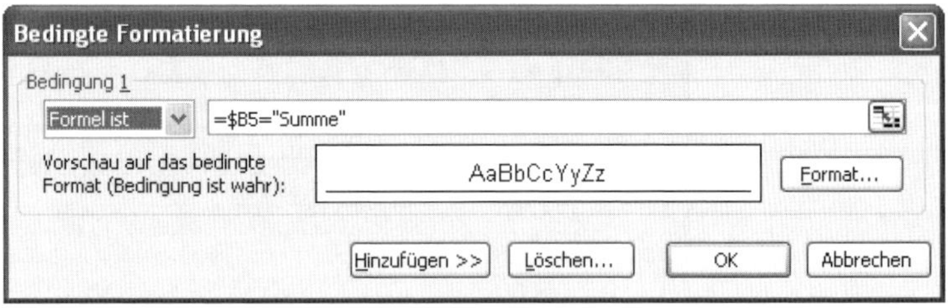

Abbildung 13.41: Die Bedingung einstellen

5. Klicken Sie auf die Schaltfläche *Format*.
6. Wechseln Sie auf die Registerkarte *Rahmen*.
7. Wählen Sie zuerst die gewünschte Farbe des Rahmens im Kombinationsfeld *Farbe* aus.

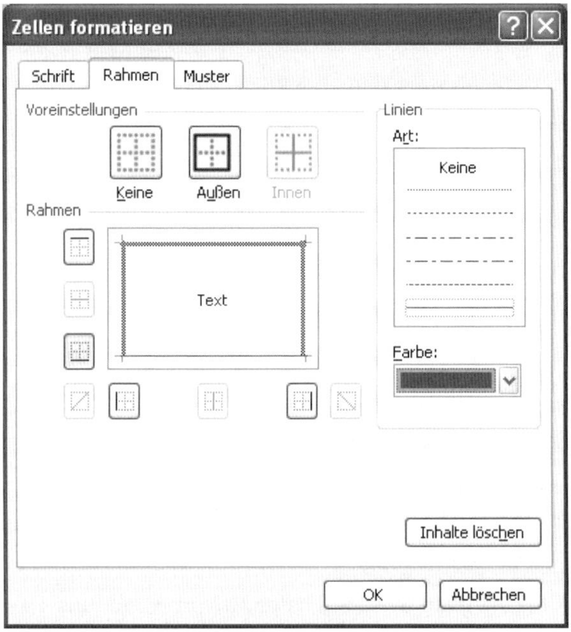

Abbildung 13.42: Den Rahmen einstellen

8. Im Feld *Art* können Sie die Linienart auswählen.
9. Klicken Sie danach im Rahmenfeld auf den unteren Rahmen, um den Rahmen in der gewünschten Farbe und Art festzulegen.
10. Bestätigen Sie die Rahmeneinstellung mit *OK*.
11. Beenden Sie die bedingte Formatierung mit einem Klick auf *OK*.

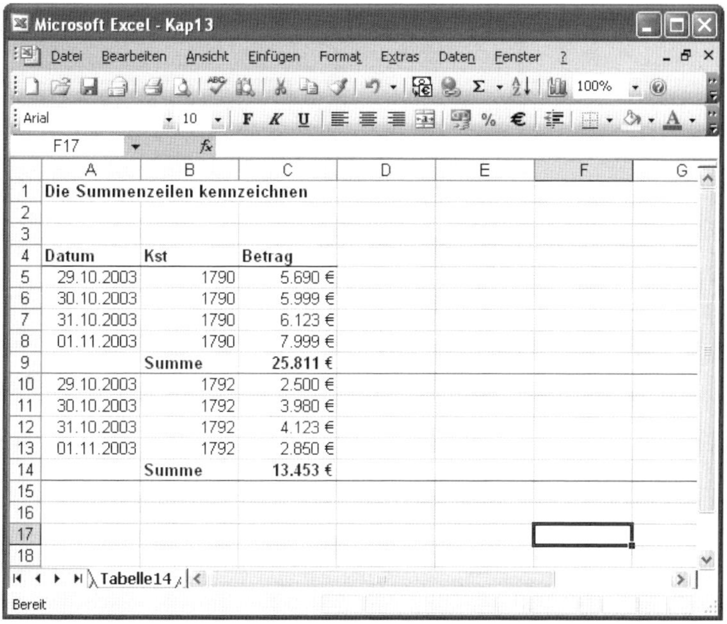

Abbildung 13.43: Die Summenzeilen sind jetzt besser erkennbar

Wo liegen die freien Zellen?

In der nächsten Aufgabe liegt eine Tabelle vor, bei der einige Zellen frei editierbar und andere gesperrt sind. Sehen Sie sich zunächst einmal die Abbildung 13.44 an.

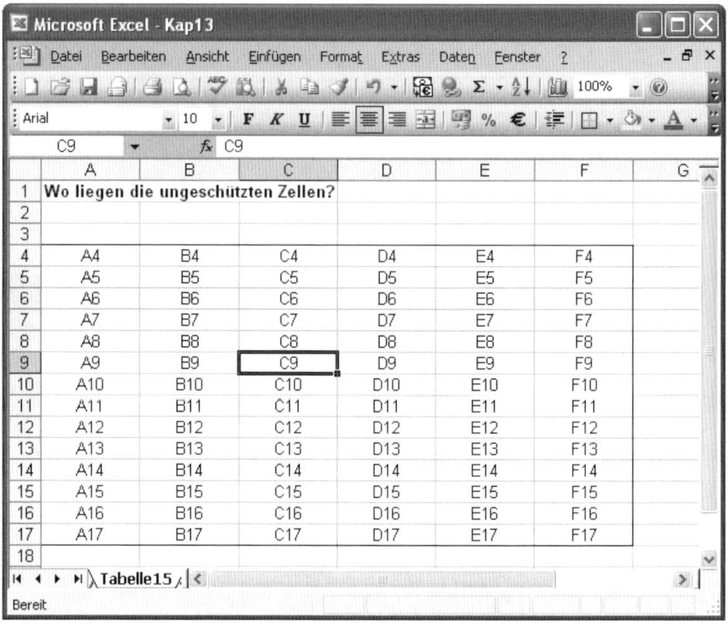

Abbildung 13.44: Einige dieser Zellen sollen zur Bearbeitung zugelassen werden

Zur besseren Orientierung sind die Koordinaten der Zellen mit den jeweiligen Zellkoordinaten gefüllt worden. Wenn Sie aus dem Menü *Extras* den Befehl *Schutz/Blatt schützen* wählen, dann werden standardmäßig alle Zellen der Tabelle geschützt und es ist keine Eingabe bzw. Änderung mehr möglich. Möchten Sie jedoch ganz bestimmte Zellen auch trotz eingestelltem Blattschutz editierbar belassen, dann müssen Sie zunächst den Blattschutz wieder entfernen, indem Sie aus dem Menü *Extras* den Befehl *Schutz/Blattschutz aufheben* auswählen und danach wie folgt vorgehen:

1. Markieren Sie einmal ein paar Zellen im Bereich **A4:F17**, indem Sie die Taste [Strg] gedrückt halten und mit der linken Maustaste einzelne Zellen anklicken.

2. Wählen Sie danach aus dem Menü *Format* den Befehl *Zellen*.

Abbildung 13.45: Den Zellenschutz einzelner Zellen aufheben

3. Wechseln Sie auf die Registerkarte *Schutz*.
4. Deaktivieren Sie das Kontrollkästchen *Gesperrt*.
5. Bestätigen Sie mit *OK*.

Rein optisch sehen Sie nach dieser Einstellung keinen Unterschied bei der Formatierung der Zellen. Ihre Aufgabe besteht jetzt darin, die »freien« Zellen mit der Hintergrundfarbe **Gelb** zu kennzeichnen, damit der Anwender später sofort erkennen kann, in welchen Zellen er Eingaben vornehmen darf.

Um diese Aufgabe zu lösen, verfahren Sie wie folgt:

1. Markieren Sie den Zellenbereich **A4:F17**.
2. Wählen Sie aus dem Menü *Format* den Befehl *Bedingte Formatierung.*
3. Im Dialog *Bedingte Formatierung* stellen Sie im Kombinationsfeld *Bedingung 1* den Eintrag *Formel ist* ein.
4. Füllen Sie den Dialog, wie in Abbildung 13.46 angezeigt, aus. Ist die jeweilige Zelle nicht geschützt, dann meldet die Funktion den Wert **0** zurück.

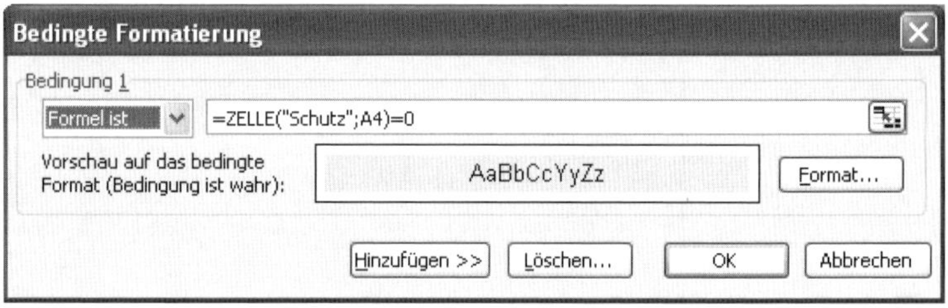

Abbildung 13.46: Die »Schutz-Formel« einstellen

5. Klicken Sie auf die Schaltfläche *Format.*
6. Wechseln Sie auf die Registerkarte *Muster* und stellen Sie die gewünschte Farbe ein.
7. Bestätigen Sie diese Einstellung zweimal mit *OK.*

HINWEIS

Der Schutz wird erst aktiv, wenn Sie aus dem Menü *Extras* den Befehl *Schutz/Blatt schützen* wählen.

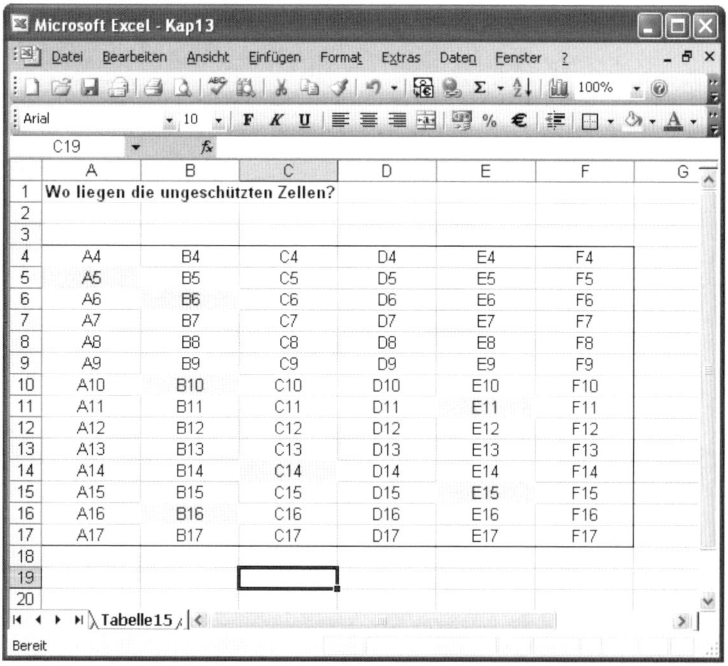

Abbildung 13.47: Die ungeschützten Zellen werden gekennzeichnet

Doppelte Werte in einem Bereich kennzeichnen

In der nächsten Aufgabenstellung liegen in einem Zellenbereich Zahlenwerte vor. Dabei kommen einige Zahlen sogar doppelt vor.

Ihre Aufgabe besteht nun darin, die doppelten Werte zu kennzeichnen. Standardmäßig können Sie diese Aufgabe über die Tabellenfunktion **ZÄHLENWENN** lösen. Integrieren Sie diese Funktion jetzt in die bedingte Formatierung und färben Sie alle doppelten Zellen mit der Hintergrundfarbe **Orange**, indem Sie die nächsten Arbeitsschritte befolgen:

1. Markieren Sie den Zellenbereich **B5:F17**.
2. Wählen Sie aus dem Menü *Format* den Befehl *Bedingte Formatierung*.

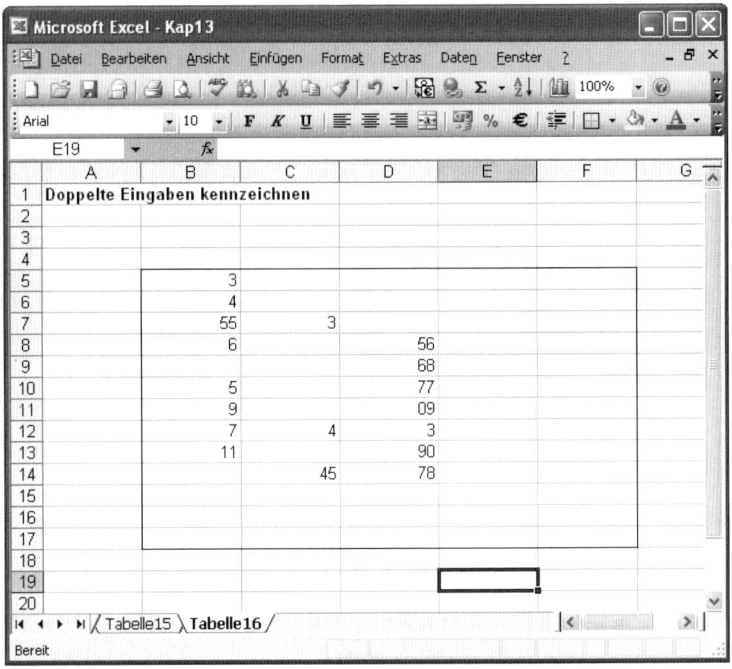

Abbildung 13.48: Einige Zahlen sind doppelt vorhanden

3. Im Dialog *Bedingte Formatierung* stellen Sie im Kombinationsfeld *Bedingung 1* den Eintrag *Formel ist* ein.
4. Füllen Sie den Dialog, wie in Abbildung 13.49 angezeigt, aus. Kommt die jeweilige Zahl doppelt vor, wird ein Wert größer 1 zurückgegeben.
5. Klicken Sie auf die Schaltfläche *Format.*
6. Wechseln Sie auf die Registerkarte *Muster* und stellen Sie die gewünschte Farbe ein.
7. Bestätigen Sie diese Einstellung zweimal mit *OK.*

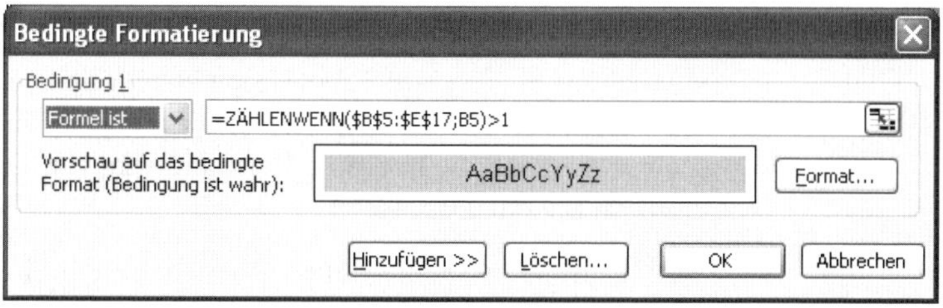

Abbildung 13.49: Alle doppelten Zahlen sollen gekennzeichnet werden

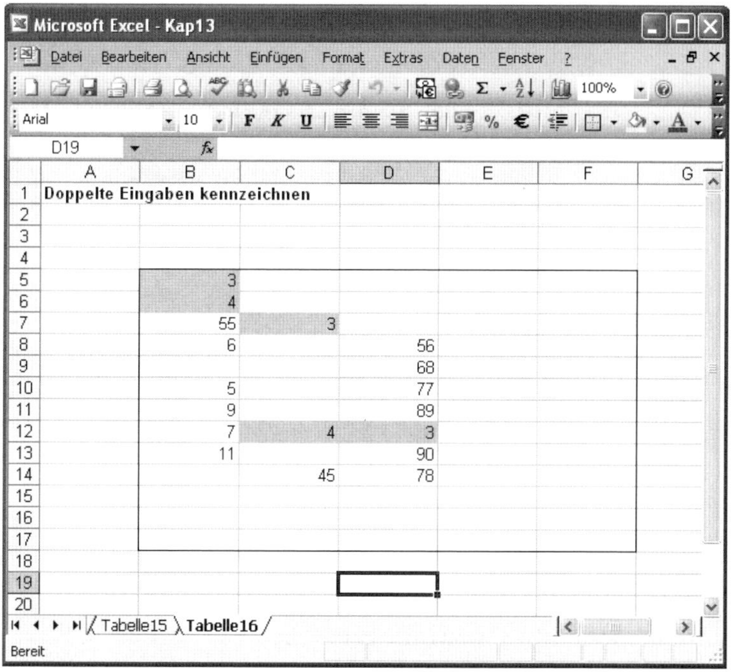

Abbildung 13.50: Alle doppelten Zahlen werden farbig hinterlegt

Bestimmte Zeilen einfärben

Möchten Sie in einer Tabelle jede zweite Zeile einfärben, um somit die Lesbarkeit der Tabelle zu erhöhen, dann können Sie auch für diese Aufgabe die bedingte Formatierung von Excel einsetzen. Verfahren Sie dazu wie folgt:

1. Markieren Sie die Zeilen **1** bis **20**, indem Sie die Zeilenbeschriftung am linken Rand der Tabelle anklicken und nach unten ziehen.
2. Wählen Sie aus dem Menü *Format* den Befehl *Bedingte Formatierung*.
3. Im Dialog *Bedingte Formatierung* stellen Sie im Kombinationsfeld *Bedingung 1* den Eintrag *Formel ist* ein.
4. Füllen Sie den Dialog wie in Abbildung 13.51 angezeigt, aus.

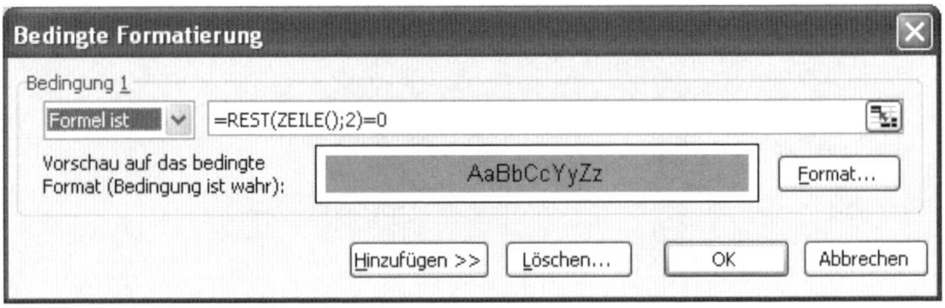

Abbildung 13.51: Jede zweite Zeile ermitteln

5. Klicken Sie auf die Schaltfläche *Format* und wechseln Sie auf die Registerkarte *Muster*.
6. Wechseln Sie auf die Registerkarte *Muster* und stellen die gewünschte Farbe ein.
7. Bestätigen Sie diese Einstellung zweimal mit *OK*.

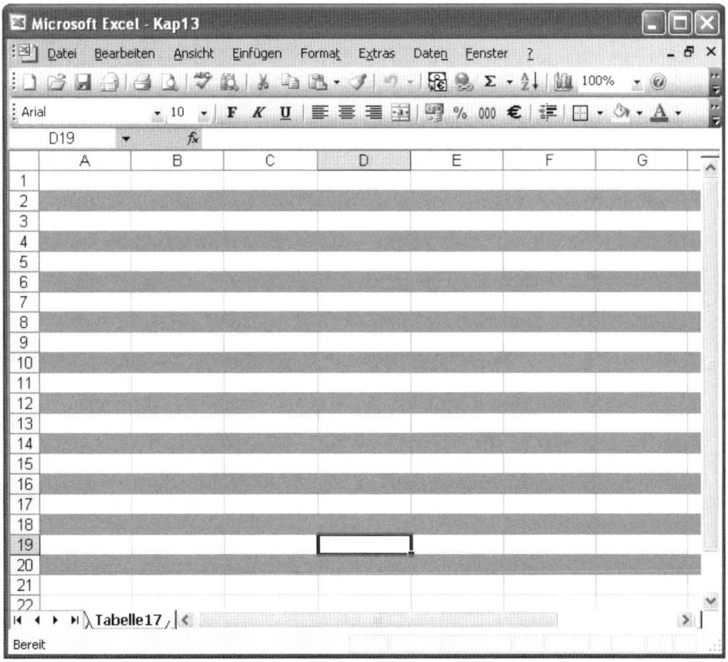

Abbildung 13.52: Jede zweite Zeile ist farblich hinterlegt

HINWEIS

Soll beispielsweise nur jede fünfte Zeile eingefärbt werden, dann lautet die Bedingung für die bedingte Formatierung:

=REST(ZEILE();5)=0

Bestimmte Spalten einfärben

Möchten Sie in einer Tabelle jede zweite Spalte einfärben, um somit die Lesbarkeit der Tabelle zu erhöhen, dann können Sie auch für diese Aufgabe die bedingte Formatierung von Excel einsetzen. Verfahren Sie dazu wie folgt:

1. Markieren Sie die Spalten **A** bis **Q**, indem Sie die Spaltenbeschriftung am oberen Rand der Tabelle anklicken und nach rechts ziehen.
2. Wählen Sie aus dem Menü *Format* den Befehl *Bedingte Formatierung.*
3. Im Dialog *Bedingte Formatierung* stellen Sie im Kombinationsfeld *Bedingung 1* den Eintrag *Formel ist* ein.
4. Füllen Sie den Dialog, wie in Abbildung 13.53 angezeigt, aus.

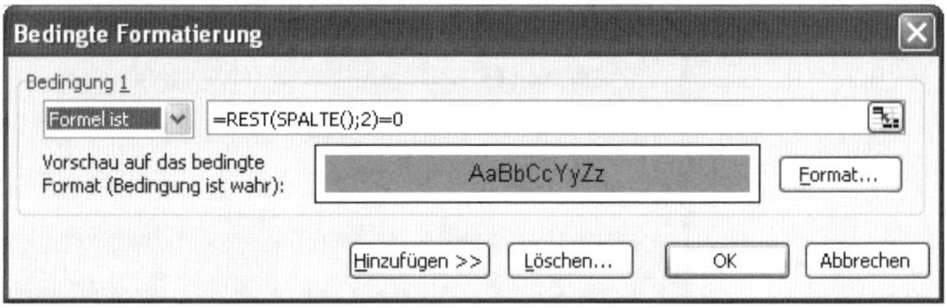

Abbildung 13.53: Spalten einfärben

5. Klicken Sie auf die Schaltfläche *Format.*
6. Wechseln Sie auf die Registerkarte *Muster* und stellen Sie die gewünschte Farbe ein.
7. Bestätigen Sie diese Einstellung zweimal mit *OK.*

HINWEIS

Soll beispielsweise nur jede dritte Spalte eingefärbt werden, dann lautet die Bedingung für die bedingte Formatierung:

=REST(SPALTE();3)=0

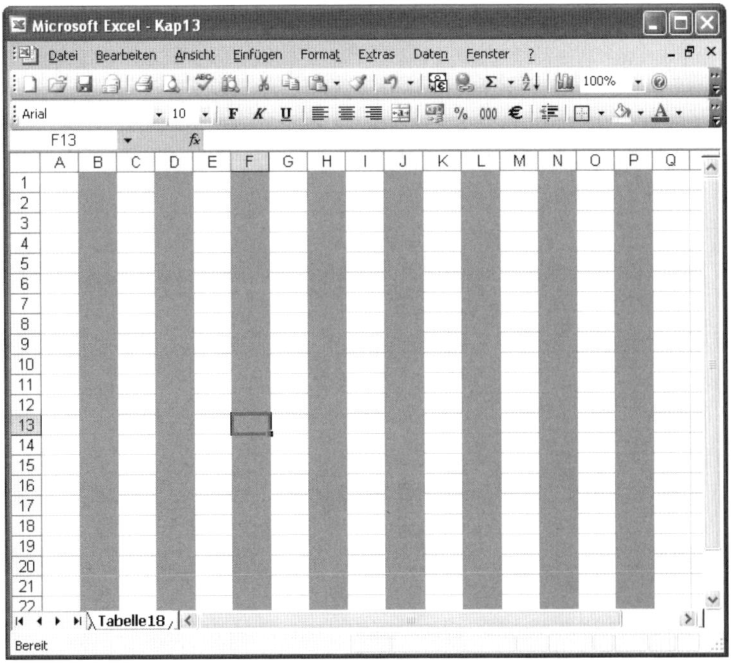

Abbildung 13.54: Jede zweite Spalte wurde farbig hinterlegt

KAPITEL 14

Typische Aufgaben aus der Praxis

Im letzten Kapitel dieses Buches geht es darum, das erlernte Wissen über Formeln und Tabellenfunktionen zu festigen. Dazu werden Aufgaben gestellt. Ihre Aufgabe besteht darin, zu erkennen, welche Tabellenfunktion für die jeweilige Aufgabenstellung verwendet werden kann.

Typische Aufgaben aus der Praxis

In den ersten beiden Kapiteln dieses Buches wurde der Umgang mit Formeln beschrieben und anhand einiger Beispiele erklärt. Die restlichen Kapitel beschäftigten sich mit den zur Verfügung stehenden Tabellenfunktionen sowie der bedingten Formatierung von Excel. Versuchen Sie jetzt, die gestellten Aufgaben zu lösen. Schlagen Sie dazu ruhig einmal in den vorherigen Kapiteln nach, um sich Anregungen und Erklärungen zu holen.

Alle hier vorgestellten Funktionen sind in der Arbeitsmappe *Kap14.xls* auf der mitgelieferten CD-ROM verfügbar.

Die einzelnen Fragestellungen lauten:

- Wie errechne ich den Treibstoffverbrauch eines LKWs?
- Wie kann ich Brutto- und Nettopreise errechnen?
- Wie kann ich die Wirtschaftlichkeit von Produkten berechnen?
- Wie kann ich den Endpreis unter Berücksichtigung von Rabatten und Nachlässen ausrechnen?
- Wie kann ich Sätze nach bestimmten Kriterien aufspüren?
- Wie kann ich Orte und Postleitzahlen trennen?
- Wie kann ich Sonderzeichen eliminieren?
- Wie kann ich Texte und Datums- sowie Zeitangaben miteinander verbinden?
- Wie kann ich den letzten Tag des Monats bestimmen?
- Wie viele Arbeitstage stehen zur Verfügung?
- Wie kann ich das genaue Alter von Personen bestimmen?
- Wie viele Werte liegen in einem bestimmten Wertebereich?

- Wie kann ich den Wochenumsatz/Abteilung ermitteln?
- Wie kann ich auf volle 5 Cents runden?
- Wie kann ich den Lagerwert meiner Artikel bestimmen?
- Wie kann ich die besten Verkäufer/Monat ermitteln?
- Wie kann ich die drei höchsten Werte einer Liste ermitteln?
- Wie kann ich berechnen, wie teuer eine Investition sein darf?
- Wie kann ich dynamisch ermitteln, wie viele Artikel in einzelnen Kategorien sind?
- Wie kann ich aus einer Liste einen bestimmten Wert schnell finden?
- Wie kann ich die Tageskosten sowie Tagesumsätze dynamisch anzeigen lassen?
- Wie kann ich jeden vierten Wert aus einer Liste extrahieren?
- Wie kann ich den Namen der aktiven Mappe ermitteln?

Wie errechne ich den Treibstoffverbrauch eines LKWs?

Sehen Sie sich zur Verdeutlichung dieser Fragestellung die folgende Abbildung 14.1 an.

In Abbildung 14.1 liegen sowohl die Kilometerleistungen als auch die getankten Liter vor. Wie hoch liegt jetzt der durchschnittliche Verbrauch bei 100 km?

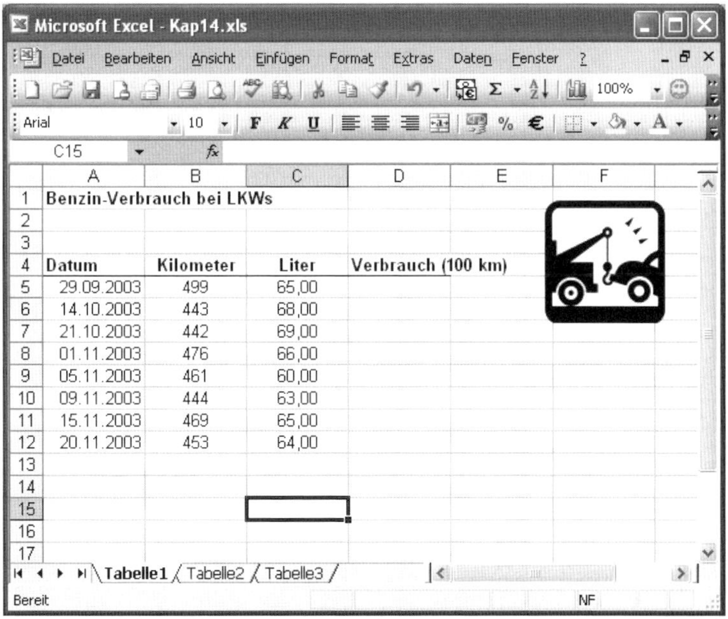

Datum	Kilometer	Liter	Verbrauch (100 km)
29.09.2003	499	65,00	
14.10.2003	443	68,00	
21.10.2003	442	69,00	
01.11.2003	476	66,00	
05.11.2003	461	60,00	
09.11.2003	444	63,00	
15.11.2003	469	65,00	
20.11.2003	453	64,00	

Abbildung 14.1: Wie hoch ist der Verbrauch auf 100 km?

Um diese Aufgabe zu lösen, verfahren Sie wie folgt:

1. Markieren Sie den Zellenbereich **D5:D12**
2. Erfassen Sie die Formel **=C5/B5*100**
3. Schließen Sie die Eingabe mit der Tastenkombination [Strg] + [↵] ab.
4. Errechnen Sie nun den durchschnittlichen Verbrauch aller Betankungen, indem Sie in Zelle **D15** die Formel **=MITTELWERT(D5:D12)** erfassen und mit [↵] bestätigen.

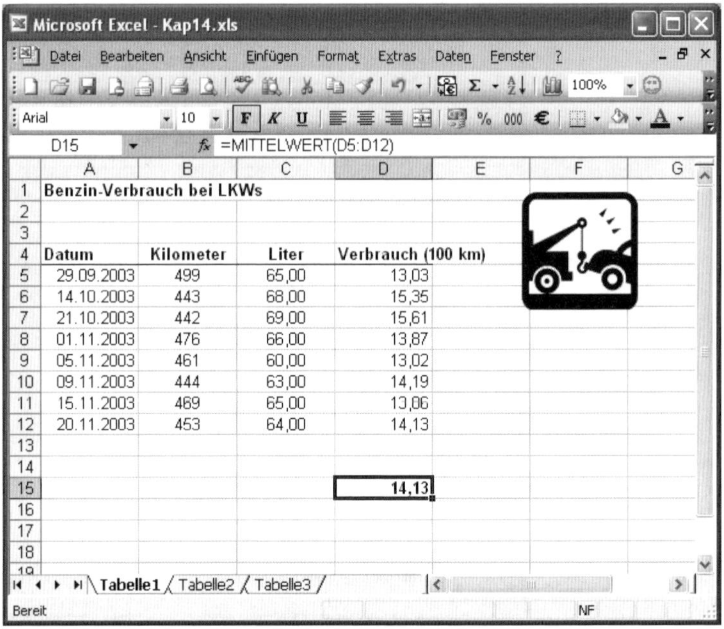

	A	B	C	D
1	**Benzin-Verbrauch bei LKWs**			
4	**Datum**	**Kilometer**	**Liter**	**Verbrauch (100 km)**
5	29.09.2003	499	65,00	13,03
6	14.10.2003	443	68,00	15,35
7	21.10.2003	442	69,00	15,61
8	01.11.2003	476	66,00	13,87
9	05.11.2003	461	60,00	13,02
10	09.11.2003	444	63,00	14,19
11	15.11.2003	469	65,00	13,86
12	20.11.2003	453	64,00	14,13
15				**14,13**

Abbildung 14.2: Durchschnittlich werden 14,13 Liter auf 10 km verbraucht

Erweitern Sie diese Aufgabe noch, indem Sie sowohl den niedrigsten als auch den höchsten Spritverbrauch in der Liste kennzeichnen. Dabei soll beim höchsten Verbrauch die Zeile mit der Hintergrundfarbe *Rot* sowie beim niedrigsten Verbrauch die Zeile mit der Hintergrundfarbe *Grün* belegt werden. Diese Anforderung können Sie mit Hilfe der bedingten Formatierung lösen. Verfahren Sie dabei wie folgt:

1. Markieren Sie den Zellenbereich **A5:D12**.
2. Wählen Sie aus dem Menü *Format* den Befehl *Bedingte Formatierung*.
3. Im Dialog *Bedingte Formatierung* stellen Sie im Dropdown *Bedingung 1* den Eintrag *Formel ist* ein.

4. Erfassen Sie die Formel **=$D5=MAX($D$5:$D$12)** im Feld rechts daneben.
5. Klicken Sie auf die Schaltfläche *Format*.
6. Wechseln Sie auf die Registerkarte *Muster*.
7. Klicken Sie in der Farbpalette die Farbe *Rot* an und bestätigen Sie mit *OK*.
8. Klicken Sie auf die Schaltfläche *Hinzufügen*, um eine weitere Bedingung hinzuzufügen.
9. Stellen Sie im Dropdown *Bedingung 2* den Eintrag *Formel ist* ein.

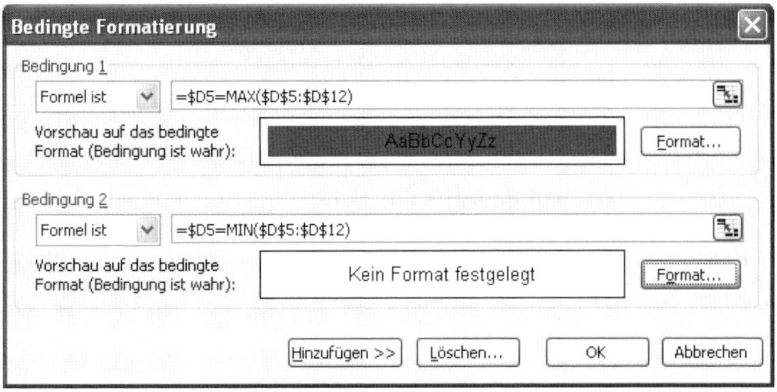

Abbildung 14.3: Die Extremwerte ermitteln

10. Erfassen Sie die Formel **=$D5=MIN($D$5:$D$12)** und weisen Sie das gewünschte Format zu.
11. Bestätigen Sie zweimal mit *OK*.

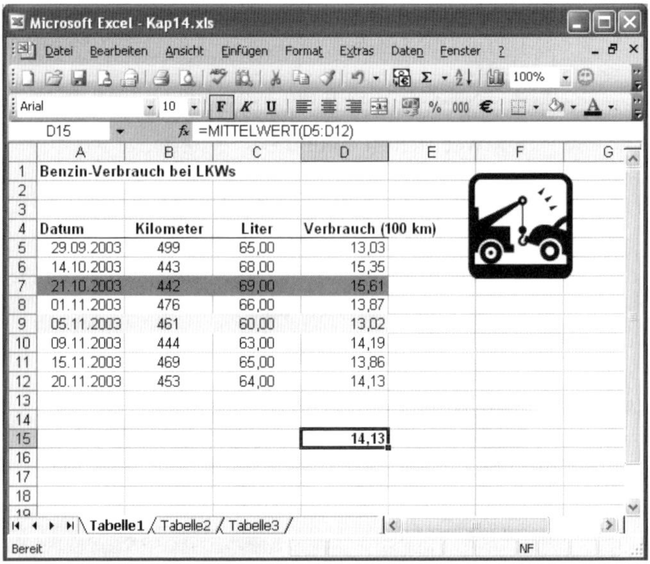

Abbildung 14.4: Die Extremwerte wurden in der Tabelle gekennzeichnet

Wie kann ich Brutto- und Nettopreise errechnen?

In der folgenden Aufgabe liegt eine Tabelle mit Brutto- sowie mit Nettopreisen vor. Ihre Aufgabe besteht nun darin, den Mehrwertsteuersatz von 7% herauszurechnen. Sehen Sie sich zur besseren Verständlichkeit einmal die Abbildung 14.5 an.

In Zelle **C5** soll der Bruttopreis errechnet werden. In Zelle **C7** liegt dieser bereits vor. Wie lautet davon der Nettopreis?

Um diese Aufgabe zu lösen, verfahren Sie folgendermaßen:

1. Erfassen Sie in Zelle **C5** die Formel **=B5+B5*A5**
2. Bestätigen Sie die Eingabe mit [↵].
3. In Zelle **B7** geben Sie die Formel **=C5/(1+A5)** ein.
4. Bestätigen Sie die Eingabe mit [↵].

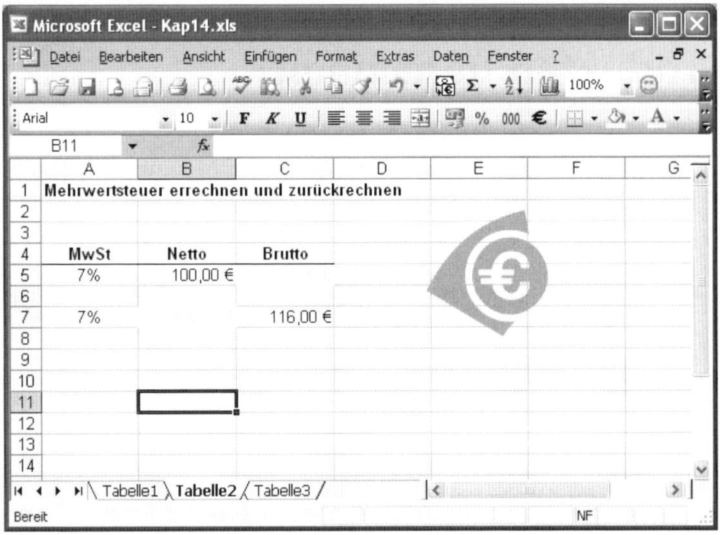

Abbildung 14.5: Wie lauten die Mehrwertsteuerbeträge?

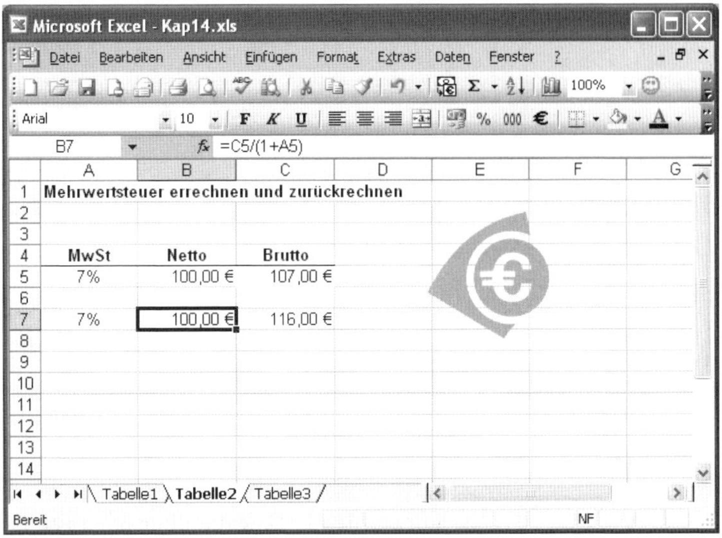

Abbildung 14.6: Die Brutto- und Nettopreise wurden errechnet

Wie kann ich die Wirtschaftlichkeit von Produkten berechnen?

In der Tabelle aus Abbildung 14.7 liegen die Kosten sowie die Verkaufserlöse verschiedener Produkte vor. Bestimmen Sie, welches Produkt das Wirtschaftlichste ist, und kennzeichnen Sie dieses im Anschluss mit Hilfe der bedingten Formatierung.

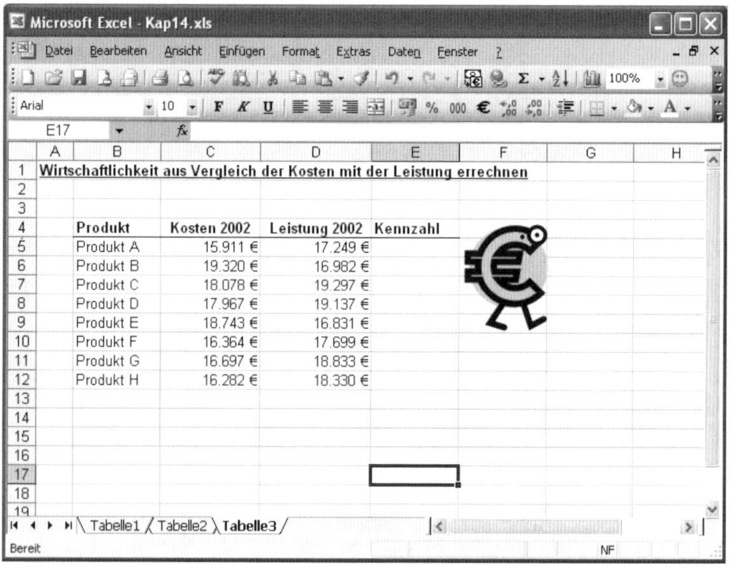

Wirtschaftlichkeit aus Vergleich der Kosten mit der Leistung errechnen

Produkt	Kosten 2002	Leistung 2002	Kennzahl
Produkt A	15.911 €	17.249 €	
Produkt B	19.320 €	16.982 €	
Produkt C	18.078 €	19.297 €	
Produkt D	17.967 €	19.137 €	
Produkt E	18.743 €	16.831 €	
Produkt F	16.364 €	17.699 €	
Produkt G	16.697 €	18.833 €	
Produkt H	16.282 €	18.330 €	

Abbildung 14.7: Welches Produkt ist am rentabelsten?

Um diese Aufgabe zu lösen, befolgen Sie die nächsten Arbeitsschritte:

1. Markieren Sie den Zellenbereich **E5:E12**
2. Erfassen Sie die Formel **=D5/C5**
3. Bestätigen Sie die Eingabe über die Tastenkombination Strg + ↵

4. Markieren Sie danach den Zellenbereich **B5:E12**
5. Wählen Sie aus dem Menü *Format* den Befehl *Bedingte Formatierung*.
6. Im Dialog *Bedingte Formatierung* stellen Sie im Dropdown *Bedingung 1* den Eintrag *Formel ist* ein.
7. Erfassen Sie die Formel **=$E5=MAX($E$5:$E$12)** im Feld rechts daneben.
8. Klicken Sie auf die Schaltfläche *Format*.
9. Wechseln Sie auf die Registerkarte *Muster*.
10. Klicken Sie in der Farbpalette die Farbe *Grün* an und bestätigen Sie mit *OK*.

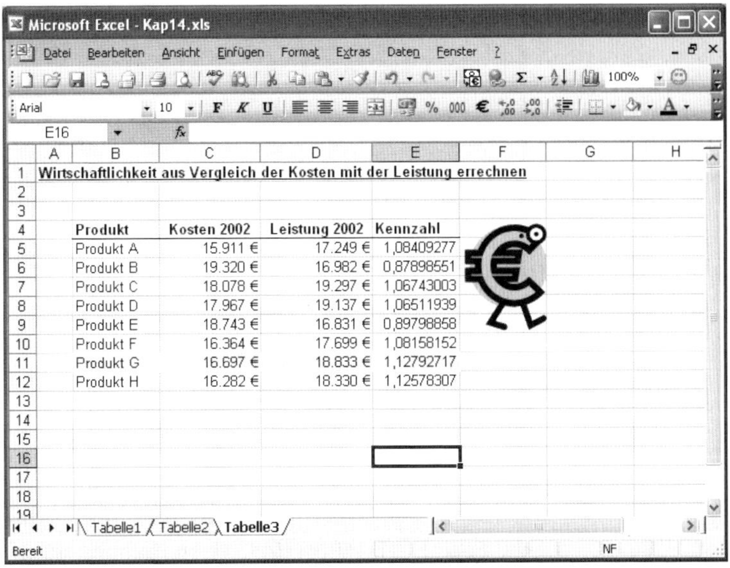

Produkt	Kosten 2002	Leistung 2002	Kennzahl
Produkt A	15.911 €	17.249 €	1,08409277
Produkt B	19.320 €	16.982 €	0,87898551
Produkt C	18.078 €	19.297 €	1,06743003
Produkt D	17.967 €	19.137 €	1,06511939
Produkt E	18.743 €	16.831 €	0,89798858
Produkt F	16.364 €	17.699 €	1,08158152
Produkt G	16.697 €	18.833 €	1,12792717
Produkt H	16.282 €	18.330 €	1,12578307

Abbildung 14.8: Die größte Kennzahl steht für die größte Wirtschaftlichkeit

Wie kann ich den Endpreis unter Berücksichtigung von Rabatten und Nachlässen ausrechnen?

In der folgenden Aufgabe liegt in Abbildung 14.9 eine Preistabelle vor, auf dem der Nettopreis für einen Traktor sowie der Rabattsatz, der Nachlass für bestimmte Mängel sowie der Mehrwertsteuersatz bekannt ist. Die Aufgabe besteht nun darin, den Endpreis für den Traktor zu errechnen.

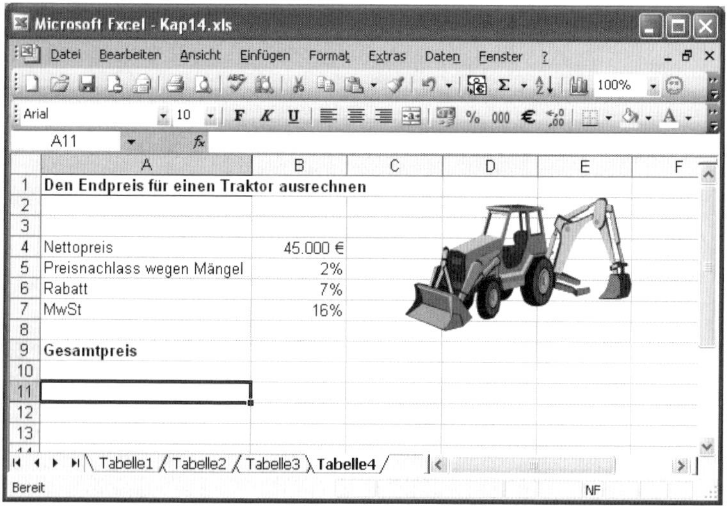

Abbildung 14.9: Was kostet der Traktor insgesamt?

Um diese Aufgabe am schnellsten zu lösen, erfassen Sie in Zelle **B9** die Formel **=B4*0,98*0,93*1,16** und bestätigen mit [Enter]. Die Reihenfolge bei den Parametern spielt dabei keine Rolle.

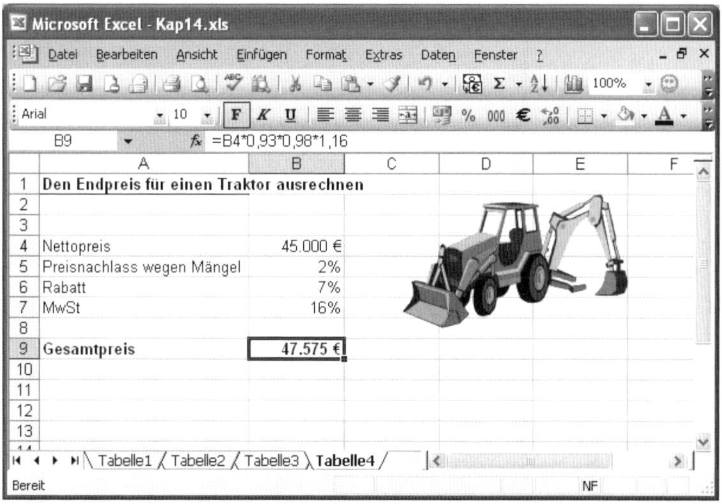

Abbildung 14.10: Der Bruttopreis beträgt 47.575 €

Wie kann ich Sätze nach bestimmten Kriterien aufspüren?

Bei der folgenden Aufgabe, die in Abbildung 14.11 verdeutlicht wird, liegt eine Liste mit Datumsangaben und Umsätzen vor. Ihre Aufgabe besteht darin, alle Umsätze, beginnend von einem vorgegebenen Datum, die über 500 € liegen, zu summieren.

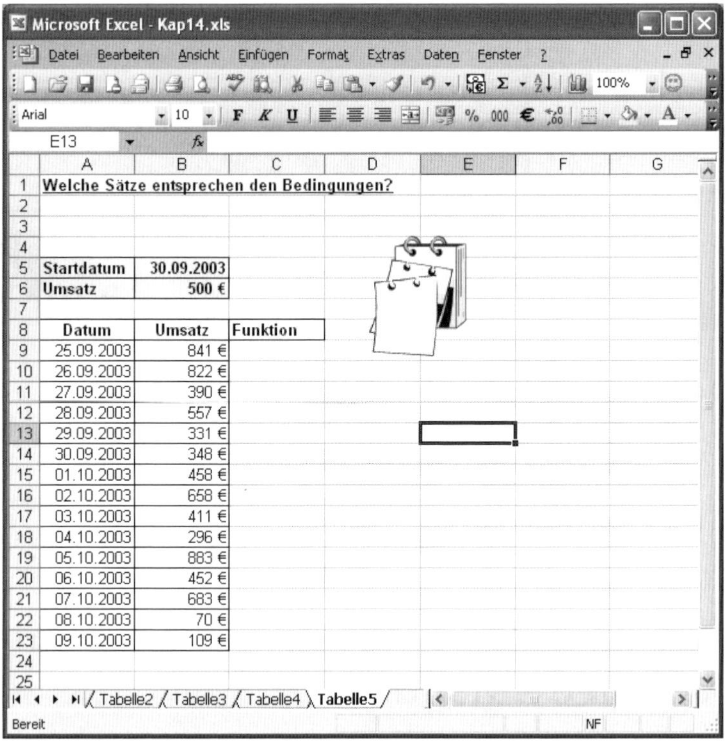

	A	B	C
1	Welche Sätze entsprechen den Bedingungen?		
5	Startdatum	30.09.2003	
6	Umsatz	500 €	
8	Datum	Umsatz	Funktion
9	25.09.2003	841 €	
10	26.09.2003	822 €	
11	27.09.2003	390 €	
12	28.09.2003	557 €	
13	29.09.2003	331 €	
14	30.09.2003	348 €	
15	01.10.2003	458 €	
16	02.10.2003	658 €	
17	03.10.2003	411 €	
18	04.10.2003	296 €	
19	05.10.2003	883 €	
20	06.10.2003	452 €	
21	07.10.2003	683 €	
22	08.10.2003	70 €	
23	09.10.2003	109 €	

Abbildung 14.11: Die Umsätze beginnend ab dem 30.09.03 sollen ab der Wertgrenze 500 € summiert werden

Um diese Aufgabe zu lösen, gibt es mehrere Möglichkeiten. Eine davon besteht darin, in Spalte **C** die Sätze zu kennzeichnen, die den beiden Kriterien entsprechen. Dazu gehen Sie wie folgt vor:

1. Markieren Sie den Zellenbereich **C9:C23**
2. Erfassen Sie die Formel **=UND(A9>$B$5;B9>$B$6)**
3. Bestätigen Sie die Eingabe mit der Tastenkombination [Strg] + [↵]

4. Setzen Sie den Mauszeiger in Zelle **C25**
5. Erfassen Sie die Formel **=SUMMEWENN(C9:C23;WAHR;B9:B23)**
6. Bestätigen Sie die Eingabe mit ↵

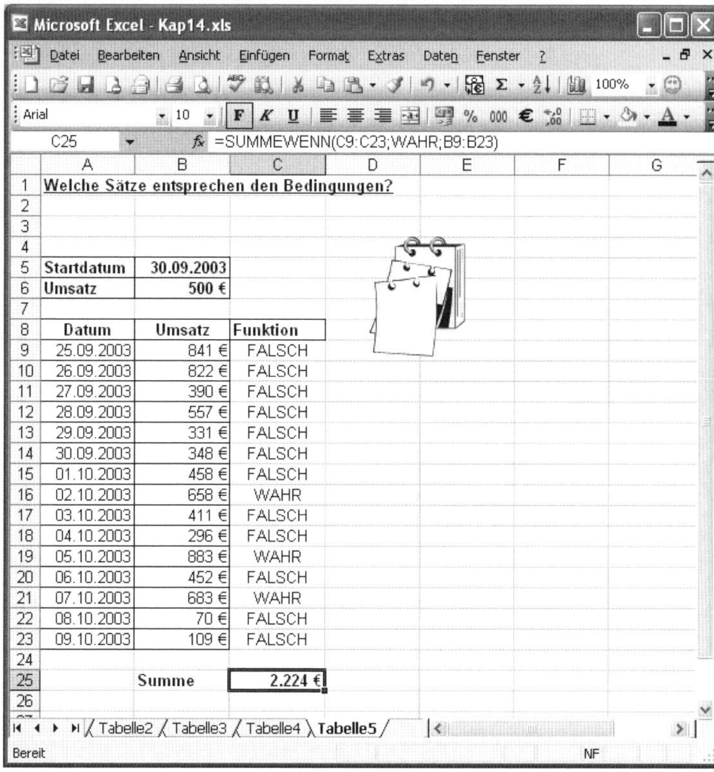

	A	B	C
1	Welche Sätze entsprechen den Bedingungen?		
5	Startdatum	30.09.2003	
6	Umsatz	500 €	
8	Datum	Umsatz	Funktion
9	25.09.2003	841 €	FALSCH
10	26.09.2003	822 €	FALSCH
11	27.09.2003	390 €	FALSCH
12	28.09.2003	557 €	FALSCH
13	29.09.2003	331 €	FALSCH
14	30.09.2003	348 €	FALSCH
15	01.10.2003	458 €	FALSCH
16	02.10.2003	658 €	WAHR
17	03.10.2003	411 €	FALSCH
18	04.10.2003	296 €	FALSCH
19	05.10.2003	883 €	WAHR
20	06.10.2003	452 €	FALSCH
21	07.10.2003	683 €	WAHR
22	08.10.2003	70 €	FALSCH
23	09.10.2003	109 €	FALSCH
25		Summe	2.224 €

Abbildung 14.12: Die bedingte Summierung durchführen

Wenn Sie mit dem Datenfilter von Excel arbeiten möchten, dann können Sie die Spalte **C** nach den Einträgen **WAHR** filtern lassen. Dazu gehen Sie wie folgt vor:

1. Setzen Sie den Mauszeiger in Zelle **C8**
2. Wählen Sie aus dem Menü *Daten* den Befehl *Filter / Autofilter*.
3. Wählen Sie aus dem Dropdownelement der Zelle **C8** den Eintrag **WAHR**, um die Liste zu filtern.

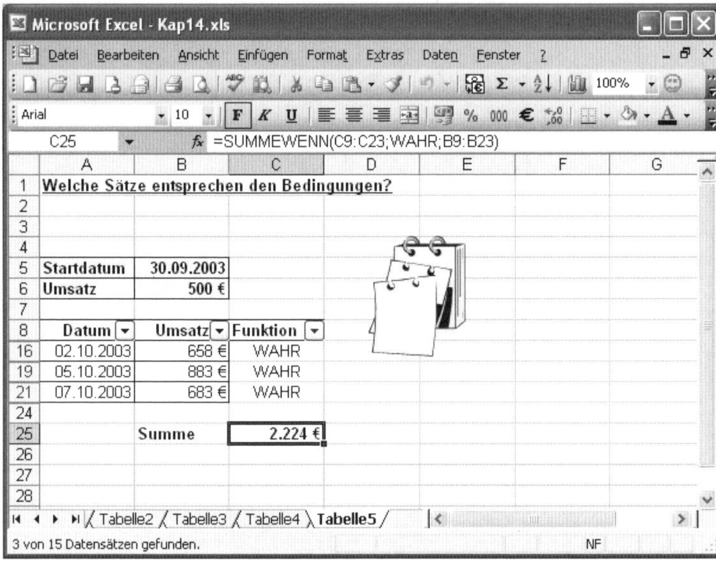

Abbildung 14.13: Die zutreffenden Sätze wurden gefiltert

HINWEIS

Wenn Sie eine gefilterte Liste über die Tabellenfunktion **SUMME** summieren möchten, dann werden auch die ausgeblendeten Zeilen mit summiert. Möchten Sie nur die eingeblendeten Zeilen summieren, dann setzen Sie die Tabellenfunktion **TEILERGEBNIS** ein. Am schnellsten geht das, indem Sie den Mauszeiger in die Zielzelle setzen und danach in der Symbolleiste *Standard* auf das Symbol *AutoSumme* klicken. Excel erkennt automatisch, dass hier eine gefilterte Liste vorliegt, und wählt selbstständig die Tabellenfunktion **TEILERGEBNIS**.

Wie kann ich Orte und Postleitzahlen trennen?

In der folgenden Aufgabe wurden in einer Tabelle die Postleitzahlen sowie die dazugehörigen Orte in einer Spalte erfasst. Diese Informationen sollen aber in zwei separaten Spalten dargestellt werden. n:separieren"

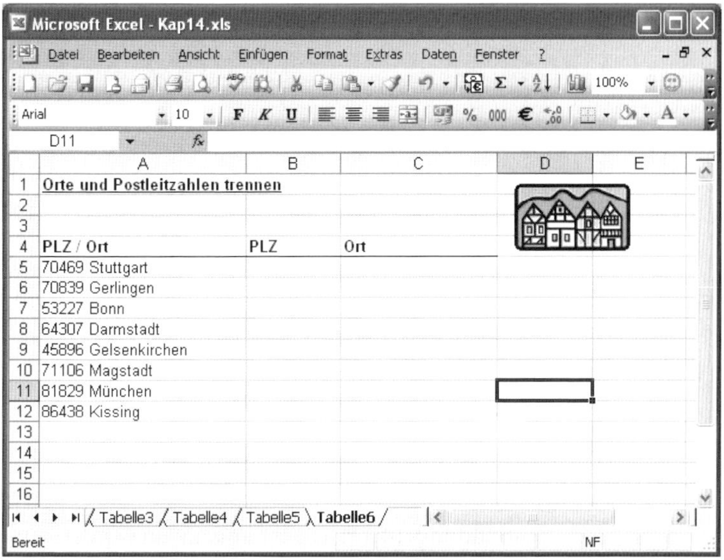

Abbildung 14.14: Die PLZ soll vom Stadtnamen getrennt werden

Um diese Aufgabe zu lösen, befolgen Sie die nächsten Arbeitsschritte:

1. Markieren Sie den Zellenbereich **B5:B12**"
2. Erfassen Sie die Formel **=LINKS(A5;SUCHEN(" ";A5)-1)**
3. Sie die Eingabe über die Tastenkombination [Strg] + [↵] ab.

4. Markieren Sie den Zellenbereich **C5:C12**
5. Erfassen Sie die Formel **=RECHTS(A5;LÄNGE(A5)-(SUCHEN(" ";A5)))**
6. Schließen Sie die Eingabe über die Tastenkombination Strg + ↵ ab.

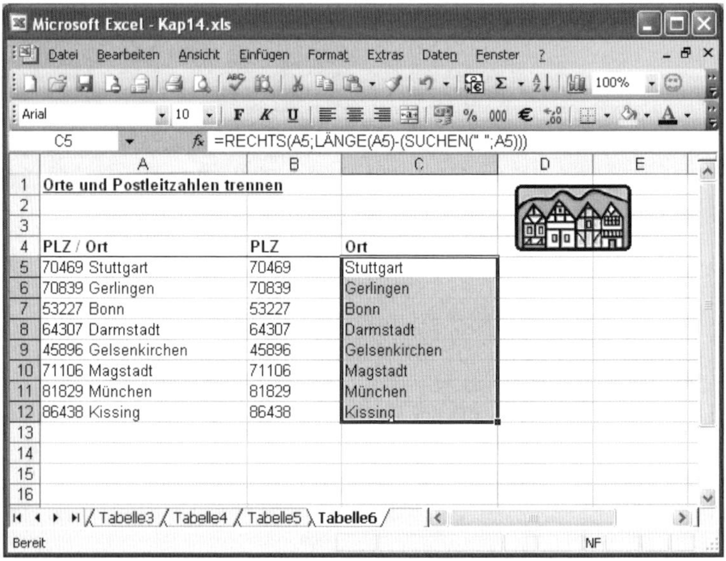

Abbildung 14.15: Die Informationen wurden erfolgreich getrennt

Wie kann ich Sonderzeichen eliminieren?

In der nächsten Aufgabe liegt eine Excel-Tabelle mit Telefonnummern vor. Diese Liste, die in Abbildung 14.16 gezeigt wird, enthält eine ganze Reihe uneinheitlicher Nummern. So wurden beispielsweise diverse Trennzeichen zwischen Vor- und Durchwahl sowie Leerzeichen eingefügt.

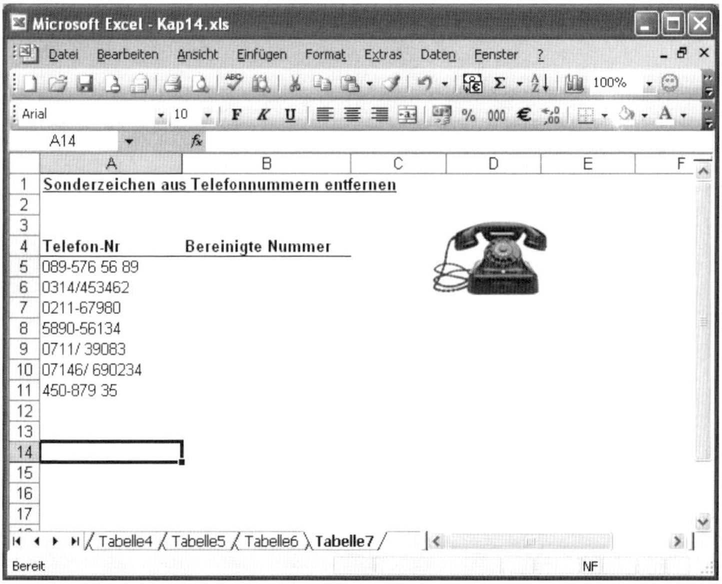

Abbildung 14.16: Die Telefonnummern sollen einheitlich gestaltet werden

Um jetzt alle unerwünschten Zeichen aus der Telefonliste zu eliminieren, gehen Sie folgendermaßen vor:

1. Markieren Sie den Zellenbereich **B5:B11**
2. Sie die Formel **=WECHSELN(WECHSELN(WECHSELN(A5;"-";""); " ";"");"/";"")**
3. Schließen Sie die Eingabe über die Tastenkombination Strg + ↵ ab.

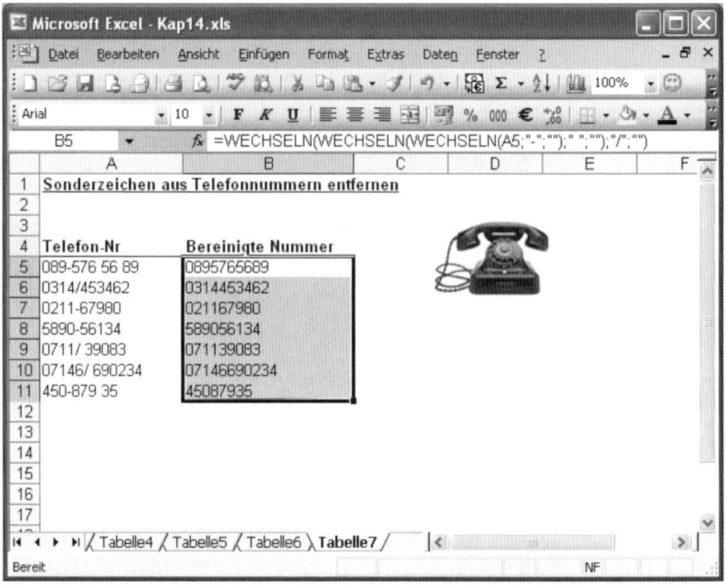

Abbildung 14.17: Die Sonderzeichen wurden aus den Telefonnummern herausgenommen

Wie kann ich Texte und Datums- sowie Zeitangaben miteinander verbinden?

Bei der folgenden Aufgabe sollen einzelne Textpassagen mit Datums- und Zeitangaben miteinander verbunden und in einer einzigen Zelle ausgegeben werden. Dazu müssen Sie Excel ein wenig austricksen. Sehen Sie sich zunächst aber einmal die Abbildung 14.18 an.

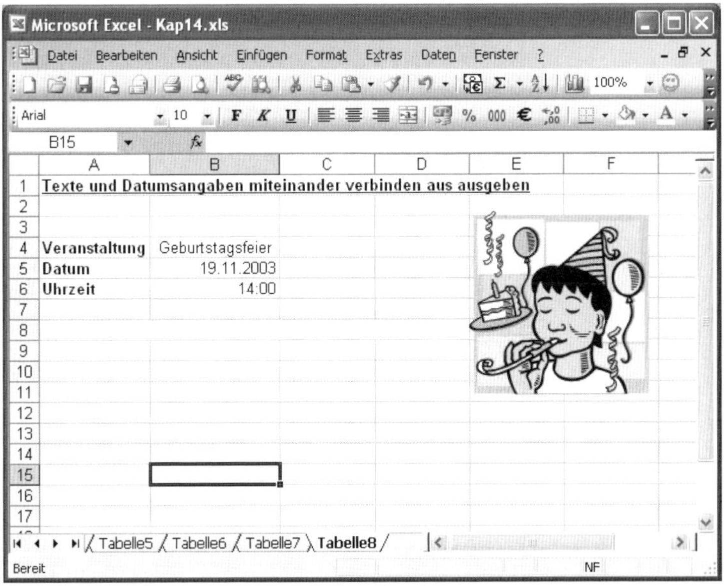

Abbildung 14.18: Die Daten der Feier sollen in Zelle A8 zusammengefasst werden

Um diese Aufgabe zu lösen, müssen Sie die Informationen aus den Zellen **B4** bis **B6** entnehmen und in der Zelle **A8** zusammenführen. Dazu gehen Sie wie folgt vor:

1. Setzen Sie den Zellenzeiger auf die Zelle **A8**
2. Erfassen Sie die Formel **="Die " & B4 & " beginnt am " & TEXT (B5;"TT.MM.JJJJ") & " um " & TEXT (B6;"hh:mm") & " Uhr"**
3. Bestätigen Sie diese Eingabe mit [↵]

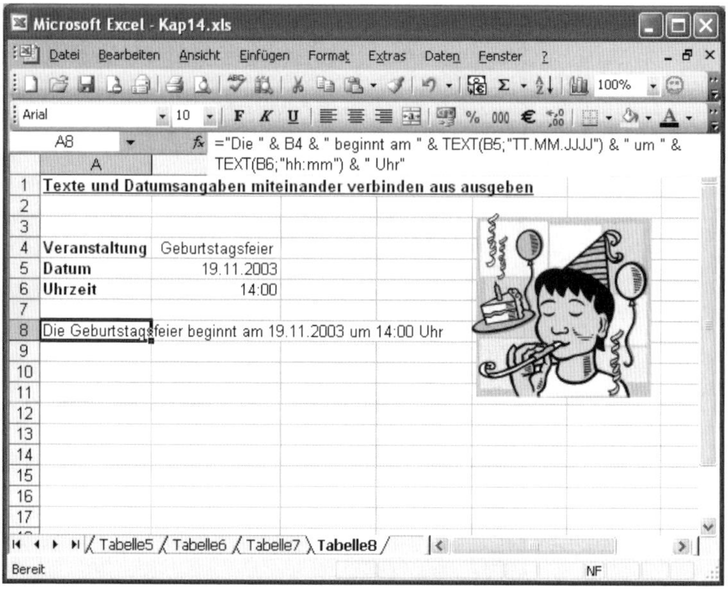

Abbildung 14.19: Die Informationen wurden erfolgreich miteinander verknüpft

Mit Hilfe der Tabellenfunktion **TEXT** weisen Sie den einzelnen Informationen das gewünschte Format zu, das leider bei der Verknüpfung verloren gegangen ist. Mehr zu den hier verwendeten Formatkürzeln können Sie in Kapitel 6 nachlesen.

Wie kann ich den letzten Tag des Monats bestimmen?

In der nächsten Aufgabe ist in Abbildung 14.20 eine Tabelle mit Datumsangaben vorgegeben. Ihre Aufgabe besteht nun darin, jeweils den letzten Tag des Monats unter Berücksichtigung des Monatsversatzes zu bestimmen.

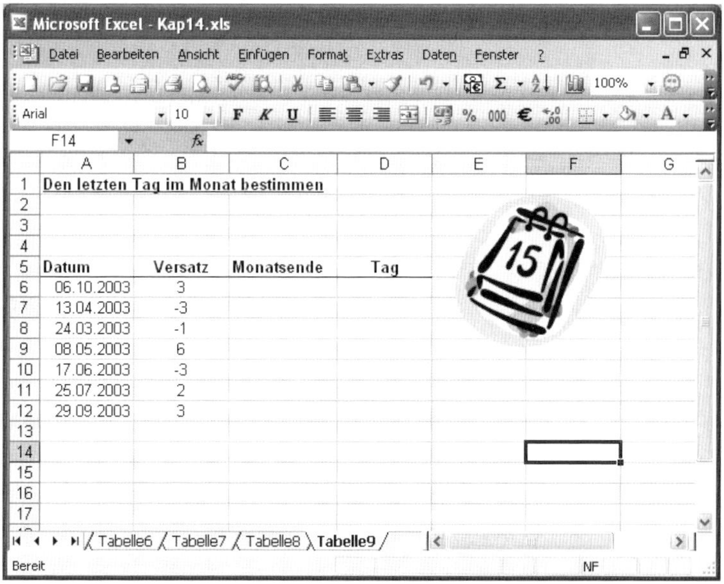

Abbildung 14.20: Den Monatsletzten bestimmen

Um diese Aufgabe zu lösen, muss zuerst noch ein zusätzliches Add-In in Excel eingebunden werden, sofern noch nicht geschehen. Dazu wählen Sie aus dem Menü *Extras* den Befehl *Add-Ins*. Im Dialog *Add-Ins* aktivieren Sie das Add-In *Analyse-Funktionen* und bestätigen mit *OK*. Danach verfahren Sie wie folgt:

1. Markieren Sie den Zellenbereich **C6:C12**
2. Erfassen Sie die Formel **=MONATSENDE(A6;B6)**
3. Schließen Sie die Eingabe über die Tastenkombination Strg + ↵ ab.
4. Markieren Sie anschließend den Zellenbereich **D6:D12**
5. Erfassen Sie die Formel **=C6**

6. Schließen Sie die Eingabe über die Tastenkombination [Strg] + [↵] ab.
7. Wählen Sie aus dem Menü *Format* den Befehl *Zellen*.
8. Wechseln Sie im Dialog *Zellen formatieren* auf die Registerkarte *Zahlen*.
9. Stellen Sie im Listenfeld *Kategorie* den Eintrag *Benutzerdefiniert* ein.
10. Geben Sie im Feld *Typ* das Formatkürzel **TTTT** ein.
11. Bestätigen Sie mit *OK*.

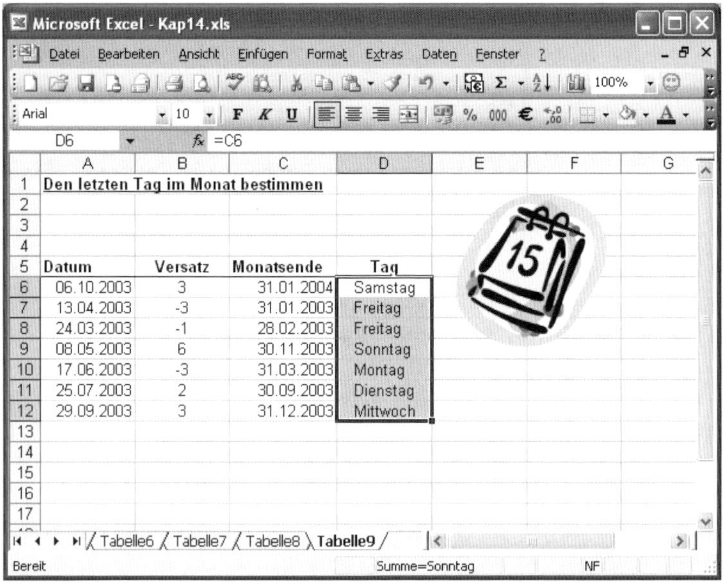

Abbildung 14.21: Der Tagesnamen des Monatsletzten wurde ermittelt

Wie viele Arbeitstage stehen zur Verfügung?

Bei der folgenden Aufgabe liegen für ein Projekt bereits das Start- sowie das Enddatum vor. Da letztendlich an Wochenenden und an Feiertagen nicht gearbeitet wird, zählen hierzu nur die wirklichen Arbeitstage. Excel stellt Ihnen für derartige Berechnungen eine eigene Tabellenfunktion zur Verfügung, die im Analyse-Add-In untergebracht ist. Die Tabellenfunktion heißt **NETTOARBEITSTAGE**. Sehen Sie sich zunächst einmal die Ausgangssituation aus Abbildung 14.22 an.

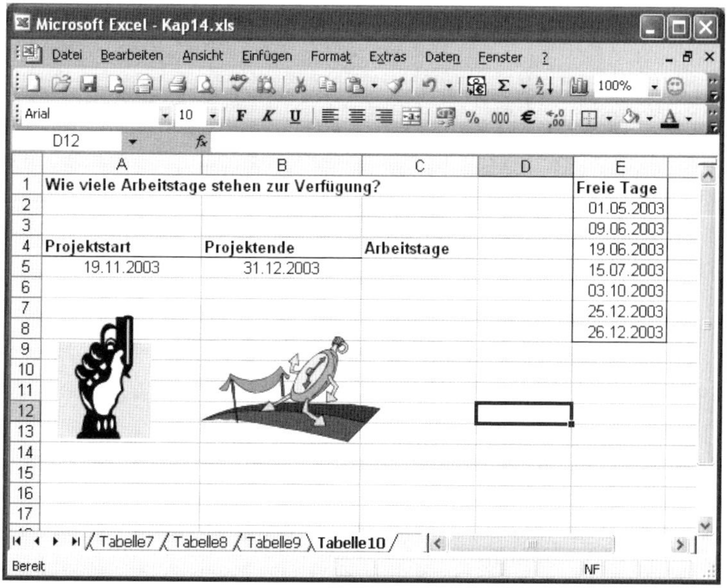

Abbildung 14.22: Der Start- sowie Endtermin des Projekts steht »fest«

Um diese Aufgabe zu lösen, wurden zur Vorbereitung in Zellenbereich **E2:E8** einige Feiertage erfasst, an denen nicht gearbeitet werden kann. Dieser Bereich kann selbstverständlich erweitert werden, beispielsweise können Sie dort auch Tage eingeben, die aufgrund bestimmter Aktionen wie Betriebsfeiern und sonstigen Veranstaltungen ebenso nicht mit gezählt werden dürfen.

Ermitteln Sie jetzt die Ihnen zur Verfügung stehenden Arbeitstage, indem Sie folgendermaßen vorgehen:

1. Setzen Sie den Zellenzeiger in die Zelle **C5**
2. Erfassen Sie die Formel **=NETTOARBEITSTAGE(A5;B5;E2:E8)**
3. Bestätigen Sie die Eingabe mit [↵]

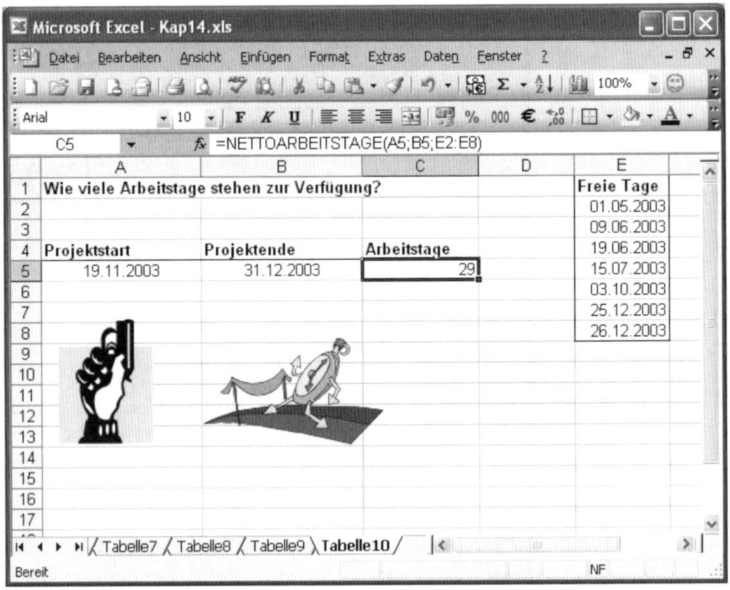

Abbildung 14.23: Es stehen Ihnen nur 29 Tage zur Verfügung

> Verwandt mit dieser Funktion ist auch die Tabellenfunktion **ARBEITSTAG**. Bei dieser Tabellenfunktion müssen das Startdatum sowie die Anzahl der Tage vorgegeben werden, an denen gearbeitet werden soll. Excel errechnet dann den Endtermin unter Berücksichtigung der Sonn- und Feiertage.

Wie kann ich das genaue Alter von Personen bestimmen?

In der folgenden Aufgabe liegt in Abbildung 14.24 eine Geburtstagsliste vor. Ihre Aufgabe besteht jetzt darin, das exakte Alter der Personen zu bestimmen. Dazu wird das Alter in Jahren, Monaten und Tagen verlangt.

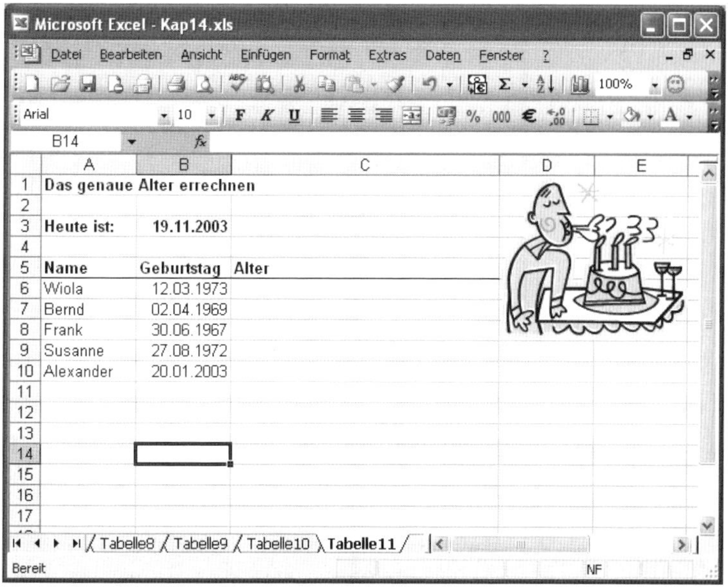

Abbildung 14.24: Bestimmen Sie das exakte Alter der Personen

Um diese Aufgabe zu lösen, verfahren Sie wie folgt:

1. Markieren Sie den Zellenbereich **C6:C10**
2. Erfassen Sie die Formel **=DATEDIF(B6;$B$3;"Y") & " Jahre und " & DATEDIF (B6;$B$3;"YM") & " Monate und " & DATEDIF (B6;$B$3;"MD") & " Tage"**
3. Schließen Sie die Eingabe über die Tastenkombination [Strg] + [↵] ab.

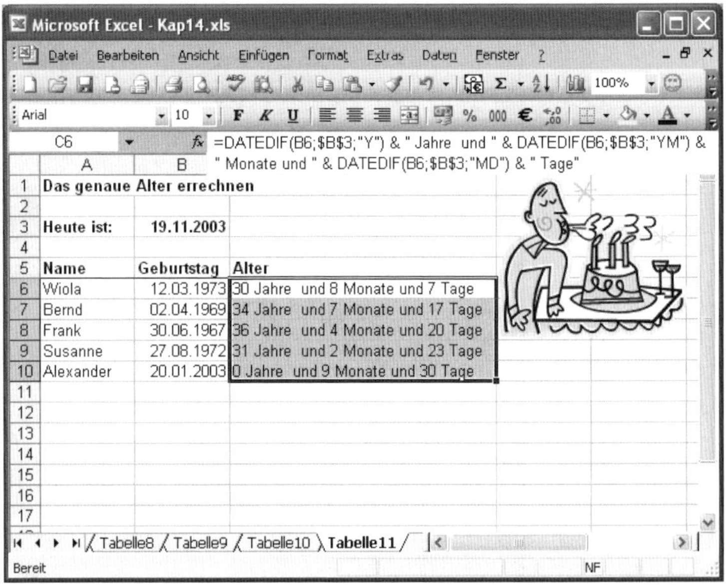

Abbildung 14.25: Das genaue Alter wurde bestimmt

> HINWEIS
>
> Wenn Sie die Berechnung aktualisieren möchten, brauchen Sie nur in Zelle **B3** das aktuelle Tagesdatum einzutragen. Soll diese Zelle dynamisch bleiben, dann erfassen Sie dort die Formel **=HEUTE()**

Wie viele Werte liegen in einem bestimmten Wertebereich?

In der folgenden Aufgabe aus Abbildung 14.26 liegt eine Tabelle mit einigen Werten vor. Ihre Aufgabe besteht nun darin, die Werte zu zählen, die zwischen 50 und 100 liegen.

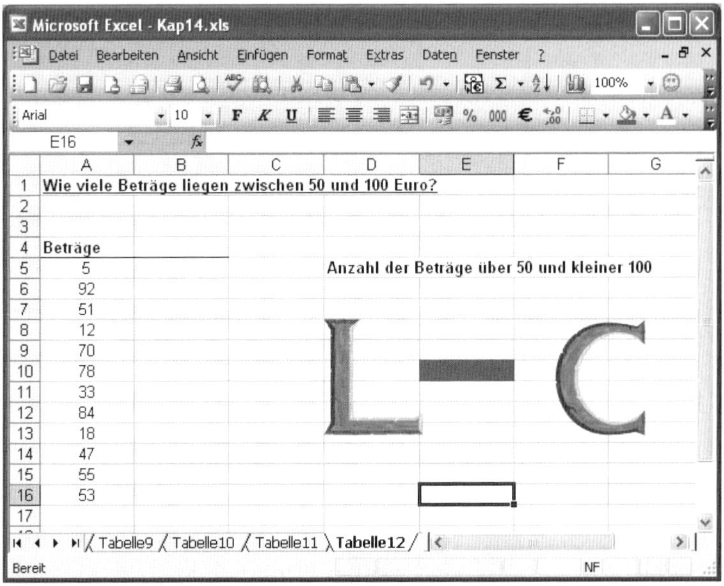

Abbildung 14.26: Wie viele Werte liegen im Bereich 50 bis 100?

Diese Aufgabe kann beispielsweise über eine Matrixformel gelöst werden, die unter anderem auch in Kapitel 7 dieses Buches beschrieben wird. Dazu verfahren Sie wie folgt:

1. Setzen Sie den Zellenzeiger in Zelle **D6**
2. Erfassen Sie die Matrixformel
   =SUMME((A5:A16>=50)*(A5:A16<100))

3. Schließen Sie die Matrixformel über die Tastenkombination [Strg] + [⇧] + [↵] ab.

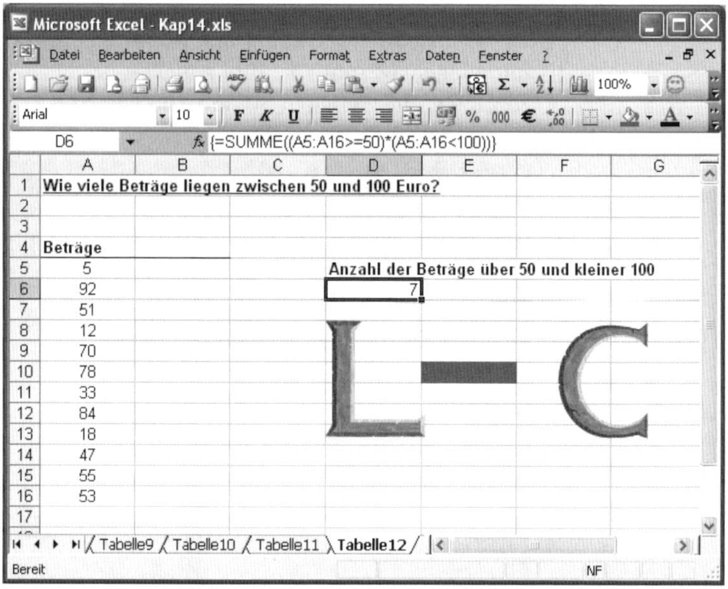

Abbildung 14.27: Es wurden genau 7 Werte ermittelt

HINWEIS

Die geschweiften Klammern in Zelle **D6** werden durch die Tastenkombination [Strg] + [⇧] + [↵] automatisch erzeugt und dürfen nicht manuell eingegeben werden.

Sollen die Werte, die in diesem Bereich liegen, nicht gezählt, sondern summiert werden, dann gehen Sie folgendermaßen vor:

1. Setzen Sie den Zellenzeiger in Zelle **D16**
2. Erfassen Sie die Matrixformel **=SUMME(WENN(A5:A16 >= 50;WENN (A5:A16 < 100;A5:A16)))**
3. Schließen Sie die Matrixformel über die Tastenkombination Strg + ⇧ + ↵ ab.

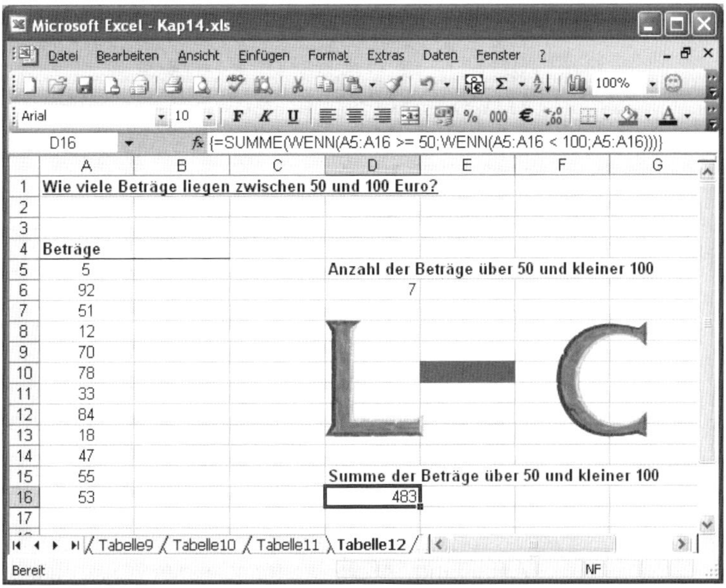

Abbildung 14.28: Die Summe der Werte entspricht 483

Wie kann ich den Wochenumsatz pro Abteilung ermitteln?

In der nächsten Aufgabe liegen die Wochenumsätze einzelner Mitarbeiter vor. Diese Mitarbeiter gehören bestimmten Abteilungen an. Ihre Aufgabe besteht darin, die Wochenumsätze pro Abteilung zu ermitteln. Dabei soll die Abteilungsstärke keine Rolle spielen. Sehen Sie sich zunächst einmal die Ausgangssituation aus Abbildung 14.29 an.

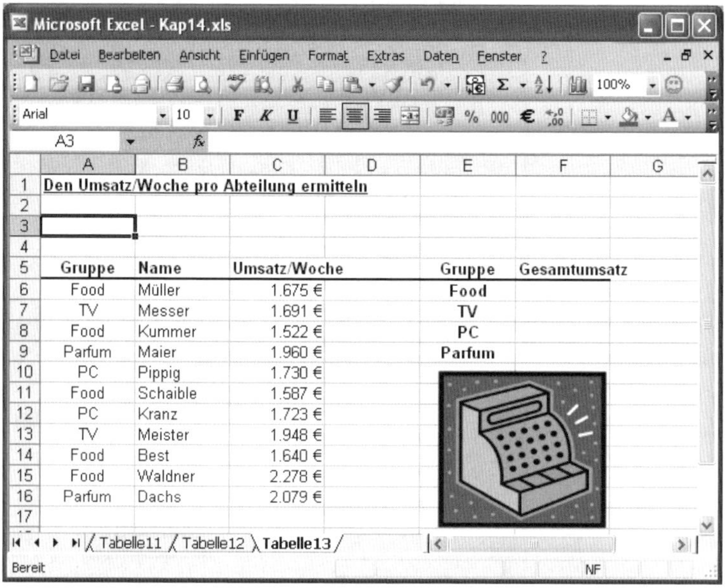

	Gruppe	Name	Umsatz/Woche		Gruppe	Gesamtumsatz
6	Food	Müller	1.675 €		Food	
7	TV	Messer	1.691 €		TV	
8	Food	Kummer	1.522 €		PC	
9	Parfum	Maier	1.960 €		Parfum	
10	PC	Pippig	1.730 €			
11	Food	Schaible	1.587 €			
12	PC	Kranz	1.723 €			
13	TV	Meister	1.948 €			
14	Food	Best	1.640 €			
15	Food	Waldner	2.278 €			
16	Parfum	Dachs	2.079 €			

Abbildung 14.29: Ermitteln Sie den Wochenumsatz/Abteilung

Um diese Aufgabe zu lösen, befolgen Sie die nächsten Arbeitsschritte:

1. Markieren Sie den Zellenbereich **F6:F9**

2. Erfassen Sie die Formel
   =SUMMEWENN($A$6:$A$16;E6;$C$6:$C$16)

3. Bestätigen Sie die Eingabe durch die Tastenkombination Strg + ↵

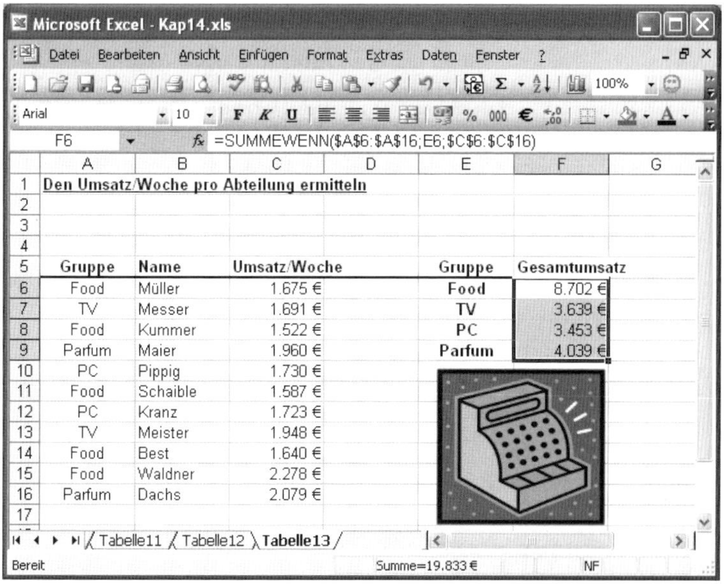

	A	B	C	D	E	F
5	Gruppe	Name	Umsatz/Woche		Gruppe	Gesamtumsatz
6	Food	Müller	1.675 €		Food	8.702 €
7	TV	Messer	1.691 €		TV	3.639 €
8	Food	Kummer	1.522 €		PC	3.453 €
9	Parfum	Maier	1.960 €		Parfum	4.039 €
10	PC	Pippig	1.730 €			
11	Food	Schaible	1.587 €			
12	PC	Kranz	1.723 €			
13	TV	Meister	1.948 €			
14	Food	Best	1.640 €			
15	Food	Waldner	2.278 €			
16	Parfum	Dachs	2.079 €			

Abbildung 14.30: Die Abteilung Food macht den größten Wochenumsatz

Die Aussage in Abbildung 14.30 täuscht ein wenig, da viel mehr Mitarbeiter in der Abteilung Food arbeiten als beispielsweise in der Abteilung Parfum. Daher müssen die Ergebnisse noch heruntergebrochen werden. Ermitteln Sie daher den durchschnittlichen Wochenverdienst pro Kopf und Abteilung und heben Sie die »beste« Abteilung farblich hervor. Verfahren Sie dazu wie folgt:

1. Markieren Sie den Zellenbereich **G6:G9**

2. Erfassen Sie die Formel
   =F6/ZÄHLENWENN($A$6:$A$16;E6)

3. Schließen Sie die Eingabe über die Tastenkombination [Strg] + [↵] ab.
4. Markieren Sie jetzt den Zellenbereich **E6:G9**
5. Wählen Sie aus dem Menü *Format* den Befehl *Bedingte Formatierung.*
6. Im Dialog *Bedingte Formatierung* stellen Sie im Dropdown *Bedingung 1* den Eintrag *Formel ist* ein.
7. Erfassen Sie die Formel **=$G6=MAX($G$6:$G$9)** im Feld rechts daneben.
8. Klicken Sie auf die Schaltfläche *Format.*
9. Wechseln Sie auf die Registerkarte *Muster.*
10. Klicken Sie in der Farbpalette die Farbe *Hellblau* an und bestätigen Sie mit *OK.*

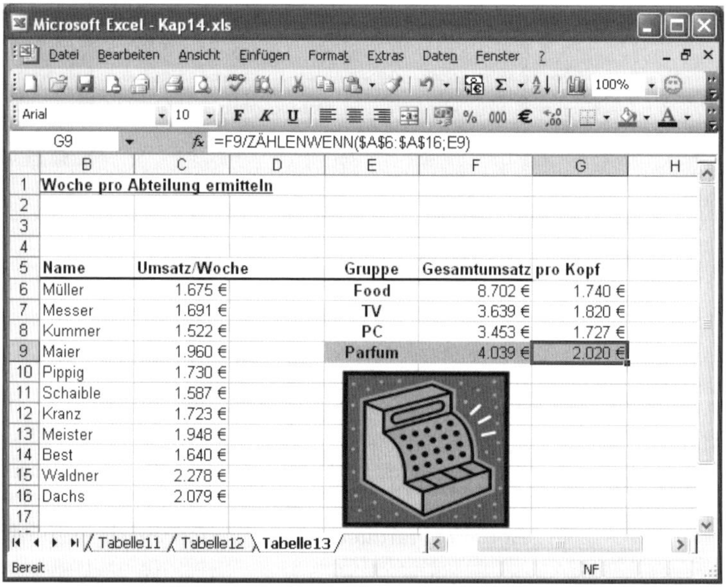

Abbildung 14.31: Nach dem Pro-Kopf-Umsatz liegt die Abteilung Parfum vorn

Wie kann ich auf volle 5 Cents runden?

In der nächsten Aufgabe sollen die Euro-Beträge der Excel-Liste aus Abbildung 14.32 auf volle 5 Cents gerundet werden. Für das Runden von Zahlen stehen Ihnen in Excel einige Tabellenfunktionen zur Verfügung. Die für diese Aufgabe geeignete Tabellenfunktion heißt **VRUNDEN** und ist im Analyse-Add-In verfügbar.

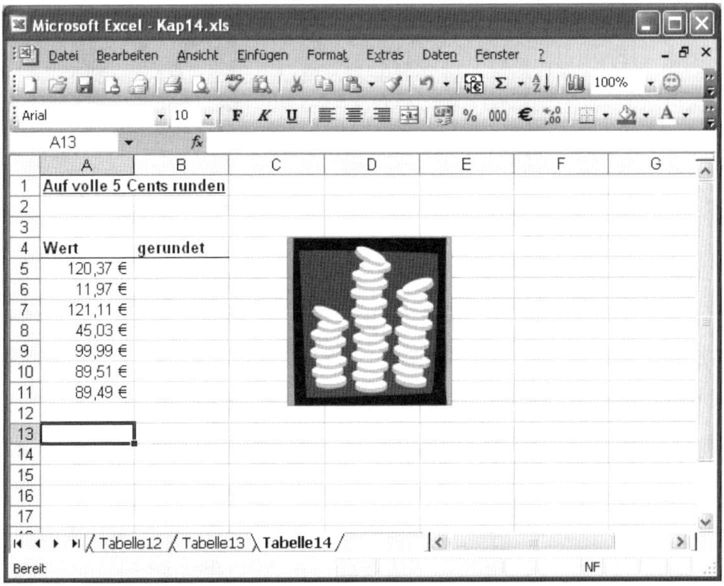

Abbildung 14.32: Runden Sie auf volle 5 Cents

Um diese Aufgabe zu lösen, gehen Sie wie folgt vor:

1. Markieren Sie den Zellenbereich **B5:B11**
2. Erfassen Sie die Formel **=VRUNDEN(A5;0,05)**
3. Schließen Sie die Eingabe über die Tastenkombination [Strg] + [↵] ab.

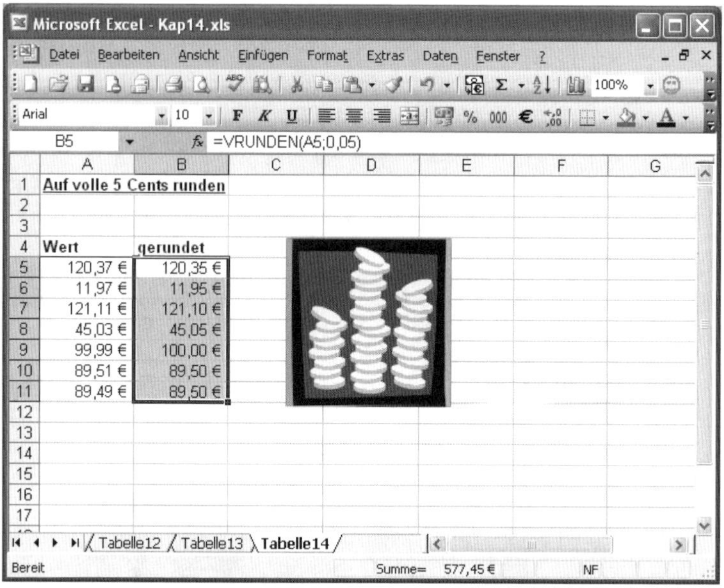

Abbildung 14.33: Es gibt jetzt keine »krummen« Beträge mehr

Wie kann ich den Lagerwert meiner Artikel bestimmen?

In der nachfolgenden Aufgabe liegt eine Liste wie in Abbildung 14.34 gezeigt vor. In dieser Liste sind Artikel sowie deren Lagermenge und der dazugehörige Einzelpreis dokumentiert. Ihre Aufgabe besteht nun darin, den Gesamtwert der gelagerten Artikel zu errechnen.

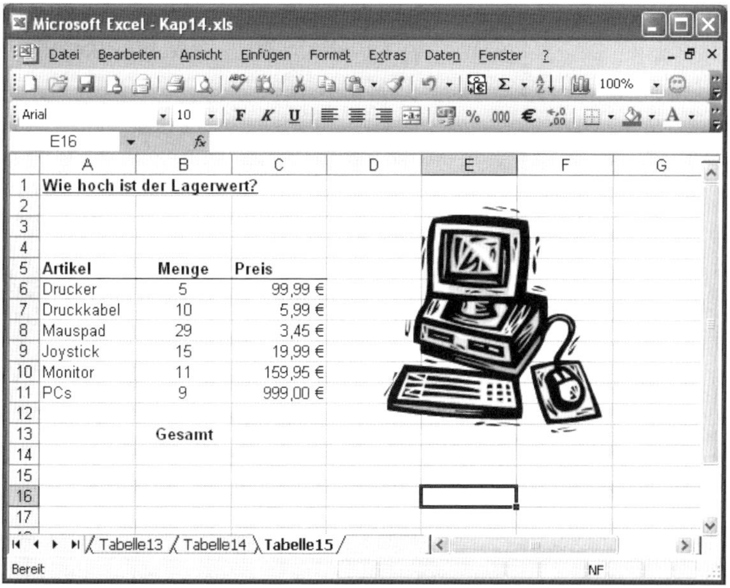

Abbildung 14.34: Bestimmen Sie den Gesamtwert der gelagerten Artikel

Selbstverständlich könnten Sie diese Aufgabe über eine Hilfsspalte lösen, in der Sie die jeweiligen Mengen und Preise miteinander multiplizieren. Am Ende würden Sie dann diese Hilfsspalte summieren, um den Gesamtlagerwert Ihrer Artikel zu bestimmen. Es geht aber auch viel kürzer, und zwar wie folgt:

1. Setzen Sie den Zellenzeiger in Zelle **C13**
2. Erfassen Sie die Formel **=SUMMENPRODUKT(B6:B11;C6:C11)**
3. Bestätigen Sie die Eingabe mit [↵]

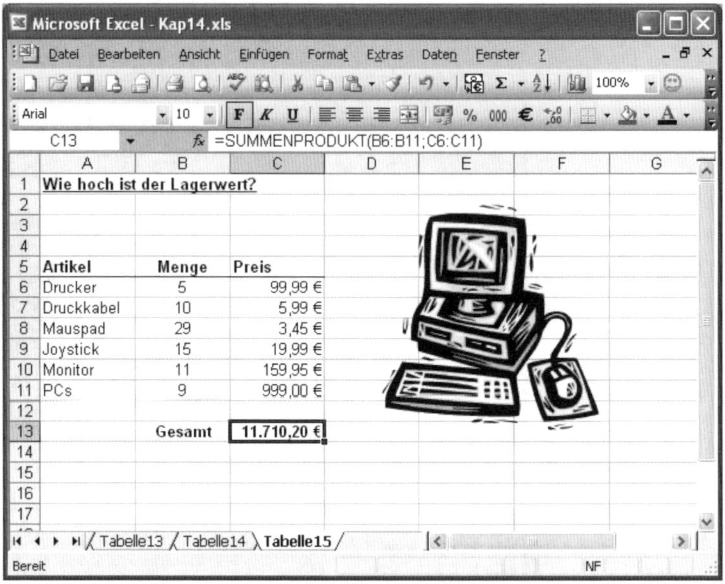

Abbildung 14.35: Der Lagerwert aller Artikel beträgt 11.710,20 €

Wie kann ich die besten Verkäufer/Monat ermitteln?

In der folgenden Aufgabe liegt in Abbildung 14.36 eine Liste mit Vertriebspersonal und deren monatlichen Umsätzen vor. Ihre Aufgabe besteht jetzt darin, den jeweils besten Umsatz pro Monat zu ermitteln und in der Liste farblich zu kennzeichnen.

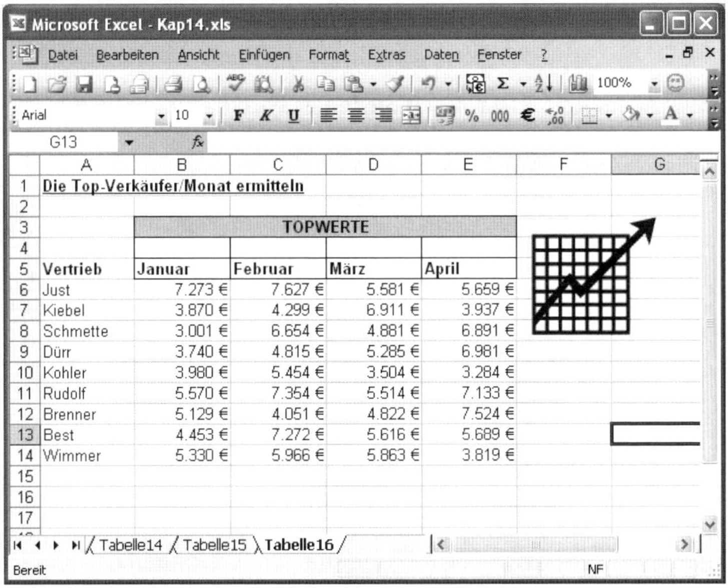

	A	B	C	D	E
1	Die Top-Verkäufer/Monat ermitteln				
2					
3		TOPWERTE			
4					
5	Vertrieb	Januar	Februar	März	April
6	Just	7.273 €	7.627 €	5.581 €	5.659 €
7	Kiebel	3.870 €	4.299 €	6.911 €	3.937 €
8	Schmette	3.001 €	6.654 €	4.881 €	6.891 €
9	Dürr	3.740 €	4.815 €	5.285 €	6.981 €
10	Kohler	3.980 €	5.454 €	3.504 €	3.284 €
11	Rudolf	5.570 €	7.354 €	5.514 €	7.133 €
12	Brenner	5.129 €	4.051 €	4.822 €	7.524 €
13	Best	4.453 €	7.272 €	5.616 €	5.689 €
14	Wimmer	5.330 €	5.966 €	5.863 €	3.819 €

Abbildung 14.36: Wer ist der beste Verkäufer?

Um diese Aufgabe zu lösen, befolgen Sie die nächsten Arbeitsschritte:

1. Markieren Sie den Zellenbereich **B4:E4**
2. Erfassen Sie die Formel **=MAX(B6:B14)**
3. Schließen Sie die Eingabe über die Tastenkombination Strg + ↵ ab.
4. Markieren Sie danach den Zellenbereich **B6:E14**
5. Wählen Sie aus dem Menü *Format* den Befehl *Bedingte Formatierung*.
6. Im Dialog *Bedingte Formatierung* stellen Sie im Dropdown *Bedingung 1* den Eintrag *Formel ist* ein.
7. Erfassen Sie die Formel **=B6=B$4** im Feld rechts daneben.

8. Klicken Sie auf die Schaltfläche *Format.*

9. Wechseln Sie auf die Registerkarte *Muster.*

10. Klicken Sie in der Farbpalette die Farbe *Hellgrün* an und bestätigen Sie mit *OK.*

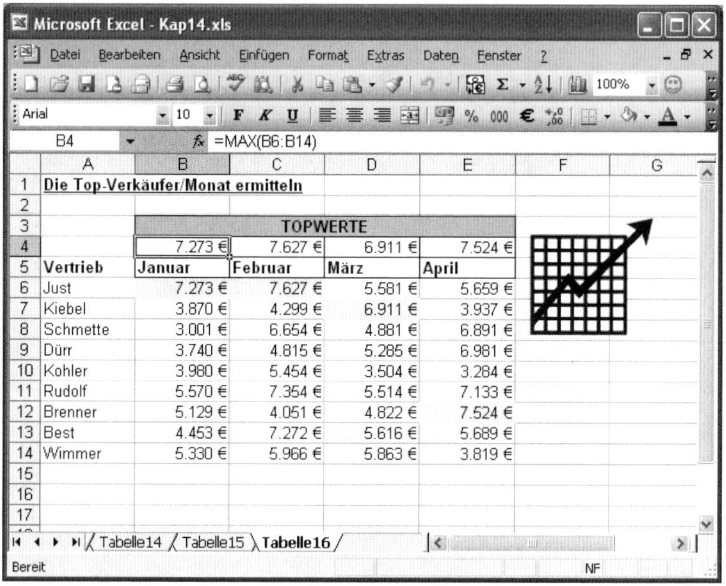

	A	B	C	D	E
1	**Die Top-Verkäufer/Monat ermitteln**				
2					
3		TOPWERTE			
4		7.273 €	7.627 €	6.911 €	7.524 €
5	**Vertrieb**	**Januar**	**Februar**	**März**	**April**
6	Just	7.273 €	7.627 €	5.581 €	5.659 €
7	Kiebel	3.870 €	4.299 €	6.911 €	3.937 €
8	Schmette	3.001 €	6.654 €	4.881 €	6.891 €
9	Dürr	3.740 €	4.815 €	5.285 €	6.981 €
10	Kohler	3.980 €	5.454 €	3.504 €	3.284 €
11	Rudolf	5.570 €	7.354 €	5.514 €	7.133 €
12	Brenner	5.129 €	4.051 €	4.822 €	7.524 €
13	Best	4.453 €	7.272 €	5.616 €	5.689 €
14	Wimmer	5.330 €	5.966 €	5.863 €	3.819 €

Abbildung 14.37: Herr Just hatte zwei starke Monate

Wie kann ich die drei höchsten Werte einer Liste ermitteln?

Bei einer Radarverkehrskontrolle in einer Zone-30-Straße wurden in einer Excel-Tabelle alle Tempoüberschreitungen wie in Abbildung 14.38 festgehalten. Ihre Aufgabe besteht darin, die drei höchsten Geschwindigkeitsüberschreitungen festzustellen und in der Liste zu kennzeichnen.

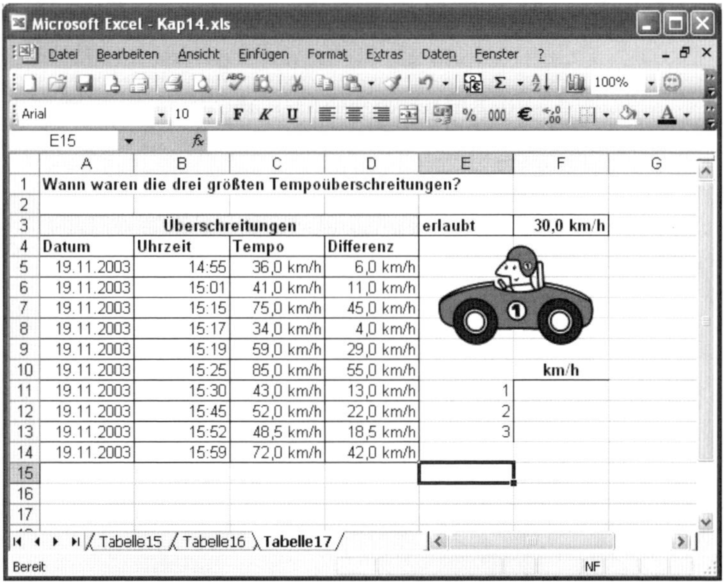

Microsoft Excel - Kap14.xls

	A	B	C	D	E	F
1	Wann waren die drei größten Tempoüberschreitungen?					
2						
3	Überschreitungen				erlaubt	30,0 km/h
4	Datum	Uhrzeit	Tempo	Differenz		
5	19.11.2003	14:55	36,0 km/h	6,0 km/h		
6	19.11.2003	15:01	41,0 km/h	11,0 km/h		
7	19.11.2003	15:15	75,0 km/h	45,0 km/h		
8	19.11.2003	15:17	34,0 km/h	4,0 km/h		
9	19.11.2003	15:19	59,0 km/h	29,0 km/h		
10	19.11.2003	15:25	85,0 km/h	55,0 km/h		km/h
11	19.11.2003	15:30	43,0 km/h	13,0 km/h	1	
12	19.11.2003	15:45	52,0 km/h	22,0 km/h	2	
13	19.11.2003	15:52	48,5 km/h	18,5 km/h	3	
14	19.11.2003	15:59	72,0 km/h	42,0 km/h		

Abbildung 14.38: Wer sind die drei größten Temposünder?

Um diese Aufgabe zu lösen, verfahren Sie wie folgt:

1. Markieren Sie den Zellenbereich **F11:F13**
2. Erfassen Sie die Formel **=KGRÖSSTE($C$5:$C$14;E11)**
3. Schließen Sie die Eingabe über die Tastenkombination [Strg] + [↵] ab.
4. Markieren Sie danach den Zellenbereich **A5:D14**
5. Wählen Sie aus dem Menü *Format* den Befehl *Bedingte Formatierung.*
6. Im Dialog *Bedingte Formatierung* stellen Sie im Dropdown *Bedingung 1* den Eintrag *Formel ist* ein.
7. Erfassen Sie die Formel **=$C5=$F$11** im Feld rechts daneben.

8. Klicken Sie auf die Schaltfläche *Format*.
9. Wechseln Sie auf die Registerkarte *Muster*.
10. Klicken Sie in der Farbpalette die Farbe *Rot* an und bestätigen Sie mit *OK*.

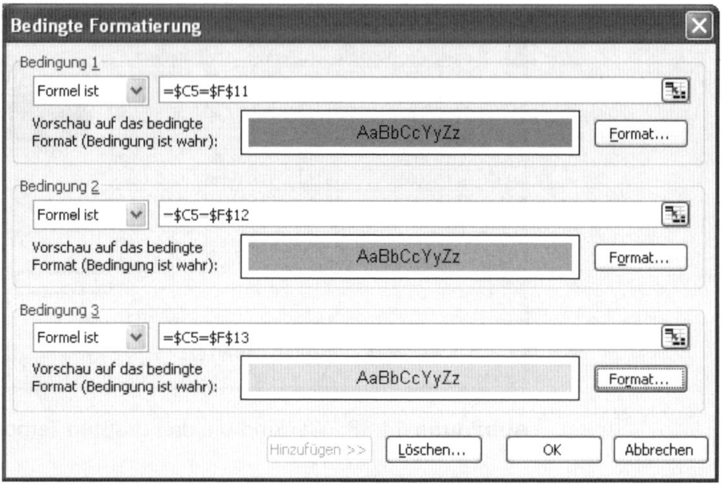

Abbildung 14.39: Die höchsten Geschwindigkeiten kennzeichnen

11. Fügen Sie die restlichen zwei Bedingungen noch ein und orientieren Sie sich dabei an Abbildung 14.39.
12. Bestätigen Sie die Formatierung mit *OK*.

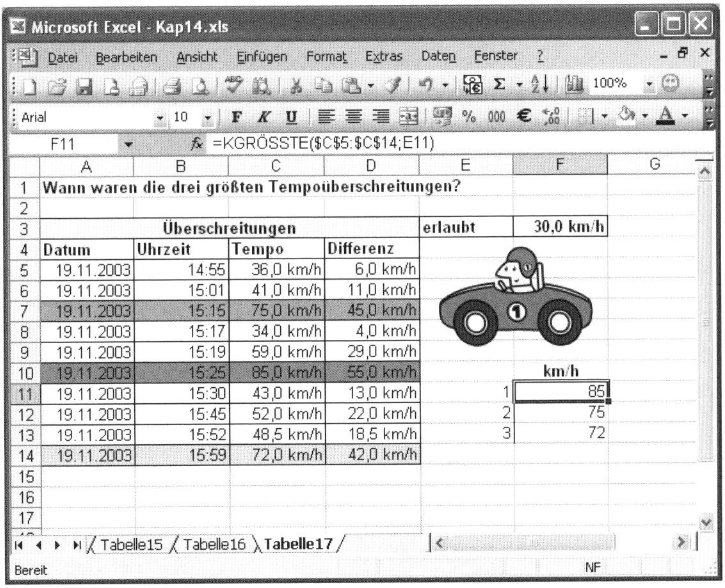

	A	B	C	D	E	F
1	Wann waren die drei größten Tempoüberschreitungen?					
2						
3	Überschreitungen				erlaubt	30,0 km/h
4	Datum	Uhrzeit	Tempo	Differenz		
5	19.11.2003	14:55	36,0 km/h	6,0 km/h		
6	19.11.2003	15:01	41,0 km/h	11,0 km/h		
7	19.11.2003	15:15	75,0 km/h	45,0 km/h		
8	19.11.2003	15:17	34,0 km/h	4,0 km/h		
9	19.11.2003	15:19	59,0 km/h	29,0 km/h		
10	19.11.2003	15:25	85,0 km/h	55,0 km/h		km/h
11	19.11.2003	15:30	43,0 km/h	13,0 km/h	1	85
12	19.11.2003	15:45	52,0 km/h	22,0 km/h	2	75
13	19.11.2003	15:52	48,5 km/h	18,5 km/h	3	72
14	19.11.2003	15:59	72,0 km/h	42,0 km/h		

Abbildung 14.40: Die drei höchsten Geschwindigkeiten wurden farblich gekennzeichnet

Wie kann ich berechnen, wie teuer eine Investition sein darf?

Bei der Beurteilung, wie teuer eine Investition sein darf, damit sie sich trägt, geht man von Prämissen aus. Zum einen müssen Sie einschätzen, wie viel Ertrag Ihnen diese Investition jährlich einbringen wird. Des Weiteren muss die Laufzeit der Investition geschätzt werden. Eine dritte Variable ist der Zinssatz, den Sie auf der Bank bekommen würden, wenn Sie das Geld, anstatt der Investition, lieber auf der Bank anlegen würden. Alle diese Informationen können Sie in einer Excel-Tabellenfunktion namens Barwert (**BW**) angeben. Sie finden Beispiele zu dieser und ähnlicher Funktionen in Kapitel 9 dieses Buches. Sehen Sie sich zunächst die Ausgangssituation aus Abbildung 14.41 an.

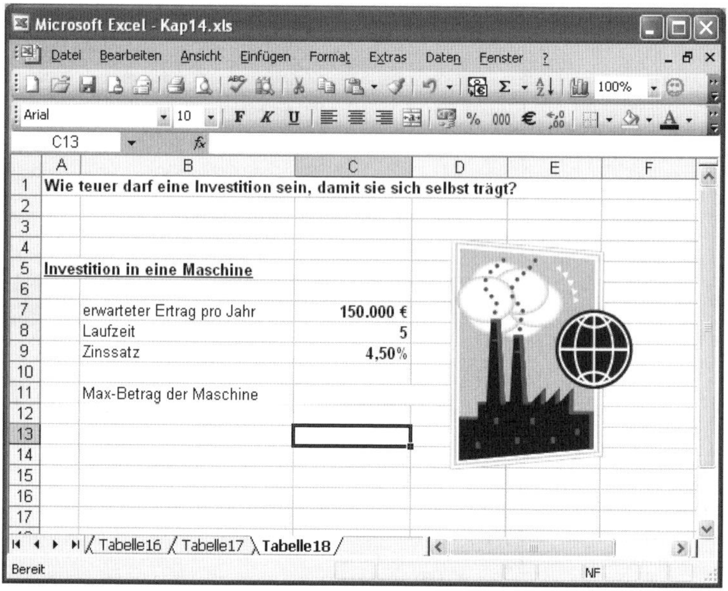

Abbildung 14.41: Wie teuer darf die Maschine maximal sein?

Um diese Frage zu beantworten, gehen Sie wie folgt vor:

1. Setzen Sie den Zellenzeiger in Zelle **C11**
2. Erfassen Sie die Formel **=BW(C9;C8;C7)**
3. Bestätigen Sie diese Eingabe mit [↵]

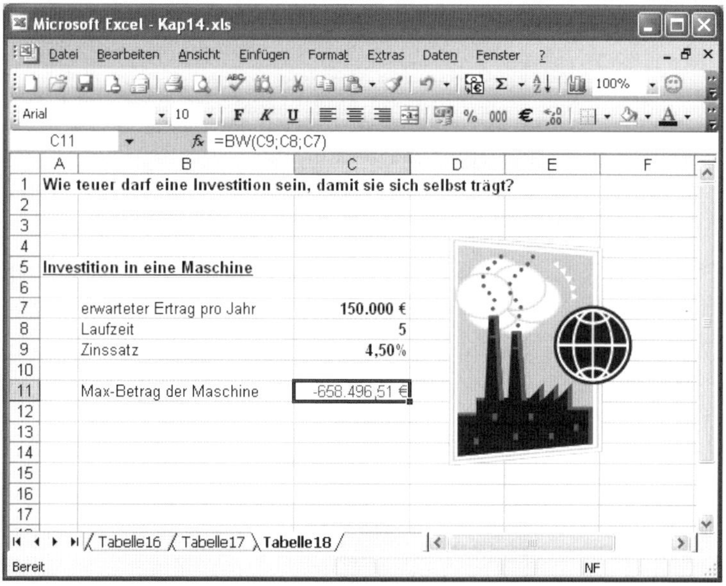

Abbildung 14.42: Die Maschine darf max. 658.496 € kosten

Wie kann ich dynamisch ermitteln, wie viele Artikel in einzelnen Kategorien sind?

Für diese Fragestellung gibt es einige Lösungsansätze. Angefangen über die Anwendung einer Pivot-Tabelle, über die Funktion Teilergebnisse bis hin zu den Tabellenfunktionen **ZÄHLENWENN** und **DBANZAHL** können Sie jede Lösungsvariante einsetzen. In diesem Beispiel wenden Sie die Tabellenfunktion **DBANZAHL** an. Sehen Sie sich vorab aber die Ausgangssituation aus Abbildung 14.43 an.

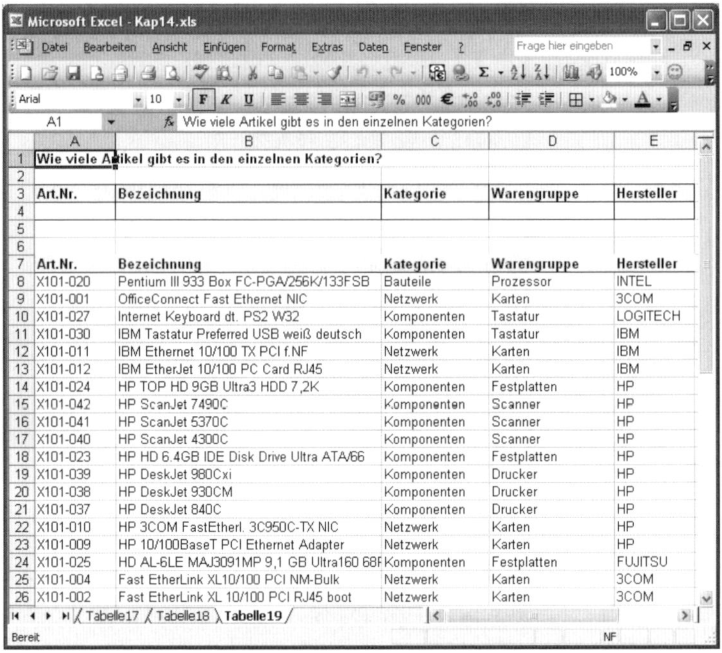

Microsoft Excel - Kap14.xls

A1: Wie viele Artikel gibt es in den einzelnen Kategorien?

	A	B	C	D	E
1	**Wie viele Artikel gibt es in den einzelnen Kategorien?**				
2					
3	**Art.Nr.**	**Bezeichnung**	**Kategorie**	**Warengruppe**	**Hersteller**
4					
5					
6					
7	**Art.Nr.**	**Bezeichnung**	**Kategorie**	**Warengruppe**	**Hersteller**
8	X101-020	Pentium III 933 Box FC-PGA/256K/133FSB	Bauteile	Prozessor	INTEL
9	X101-001	OfficeConnect Fast Ethernet NIC	Netzwerk	Karten	3COM
10	X101-027	Internet Keyboard dt. PS2 W32	Komponenten	Tastatur	LOGITECH
11	X101-030	IBM Tastatur Preferred USB weiß deutsch	Komponenten	Tastatur	IBM
12	X101-011	IBM Ethernet 10/100 TX PCI f.NF	Netzwerk	Karten	IBM
13	X101-012	IBM EtherJet 10/100 PC Card RJ45	Netzwerk	Karten	IBM
14	X101-024	HP TOP HD 9GB Ultra3 HDD 7,2K	Komponenten	Festplatten	HP
15	X101-042	HP ScanJet 7490C	Komponenten	Scanner	HP
16	X101-041	HP ScanJet 5370C	Komponenten	Scanner	HP
17	X101-040	HP ScanJet 4300C	Komponenten	Scanner	HP
18	X101-023	HP HD 6.4GB IDE Disk Drive Ultra ATA/66	Komponenten	Festplatten	HP
19	X101-039	HP DeskJet 980Cxi	Komponenten	Drucker	HP
20	X101-038	HP DeskJet 930CM	Komponenten	Drucker	HP
21	X101-037	HP DeskJet 840C	Komponenten	Drucker	HP
22	X101-010	HP 3COM FastEtherl. 3C950C-TX NIC	Netzwerk	Karten	HP
23	X101-009	HP 10/100BaseT PCI Ethernet Adapter	Netzwerk	Karten	HP
24	X101-025	HD AL-6LE MAJ3091MP 9,1 GB Ultra160 68F	Komponenten	Festplatten	FUJITSU
25	X101-004	Fast EtherLink XL10/100 PCI NM-Bulk	Netzwerk	Karten	3COM
26	X101-002	Fast EtherLink XL 10/100 PCI RJ45 boot	Netzwerk	Karten	3COM

Tabelle17 / Tabelle18 / Tabelle19

Abbildung 14.43: Die Ausgangsliste

Um beispielsweise alle Artikel der Kategorie Komponenten zu zählen, verfahren Sie wie folgt:

1. Geben Sie zunächst in die Zelle **C4** die Kategorie **Komponenten** ein.
2. Erfassen Sie in Zelle **C5** die Formel **=DBANZAHL2($A$7:$E$52;C7;$A$3:$E$4)**
3. Bestätigen Sie Ihre Eingabe mit [Enter]

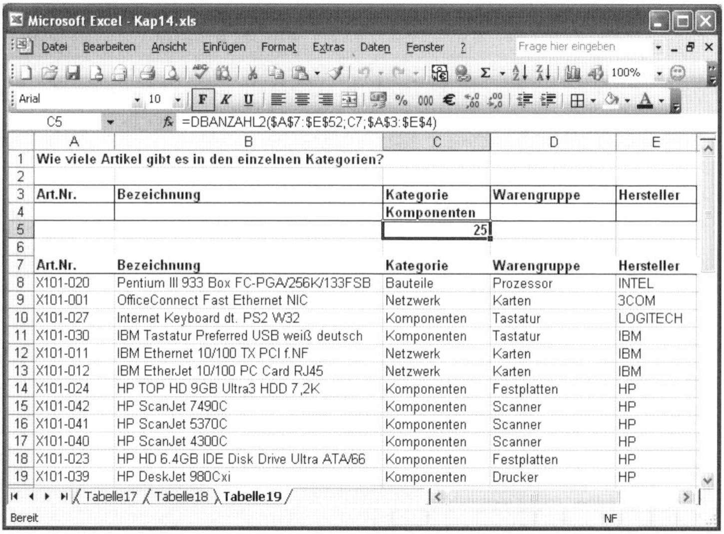

Abbildung 14.44: Die Funktion ANZAHL2 zählt Texte

HINWEIS

In Kapitel 10 finden Sie weitere Beispiele für die Datenbankfunktionen von Excel.

Wie kann ich aus einer Liste einen bestimmten Wert schnell finden?

In der nachfolgenden Aufgabe liegt Ihnen in Abbildung 14.45 eine Liste mit Flügen vor. Über die Eingabe der Flugnummer soll der entsprechende Flug herausgesucht und angezeigt werden.

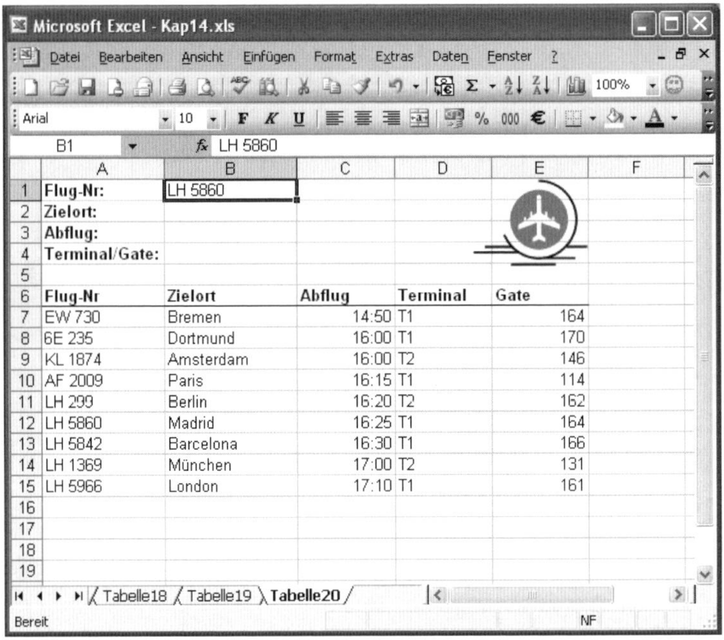

	A	B	C	D	E
1	**Flug-Nr:**	LH 5860			
2	**Zielort:**				
3	**Abflug:**				
4	**Terminal/Gate:**				
5					
6	**Flug-Nr**	**Zielort**	**Abflug**	**Terminal**	**Gate**
7	EW 730	Bremen	14:50	T1	164
8	6E 235	Dortmund	16:00	T1	170
9	KL 1874	Amsterdam	16:00	T2	146
10	AF 2009	Paris	16:15	T1	114
11	LH 299	Berlin	16:20	T2	162
12	LH 5860	Madrid	16:25	T1	164
13	LH 5842	Barcelona	16:30	T1	166
14	LH 1369	München	17:00	T2	131
15	LH 5966	London	17:10	T1	161

Abbildung 14.45: Wie lautet der dazugehörige Flug?

In Zelle **B1** wird die Flug-Nr des gesuchten Fluges eingegeben. In den Zellen **B2:B4** sollen danach die dazugehörigen Flugdaten eingefügt werden. Um diese Aufgabe zu lösen, befolgen Sie die nächsten Arbeitsschritte:

1. Erfassen Sie in Zelle **B2** die Formel **=SVERWEIS($B$1;$A$6:$E$15;2;FALSCH)**
2. In Zelle **B3** schreiben Sie die Formel **=SVERWEIS($B$1;$A$6:$E$15;3;FALSCH)**
3. Die Zelle **B4** erhält die Formel **=SVERWEIS($B$1;$A$6:$E$15;4;FALSCH) & " / " & SVERWEIS($B$1;$A$6:$E$15;5;FALSCH)**
4. Bestätigen Sie alle drei Formeln jeweils mit [Enter]

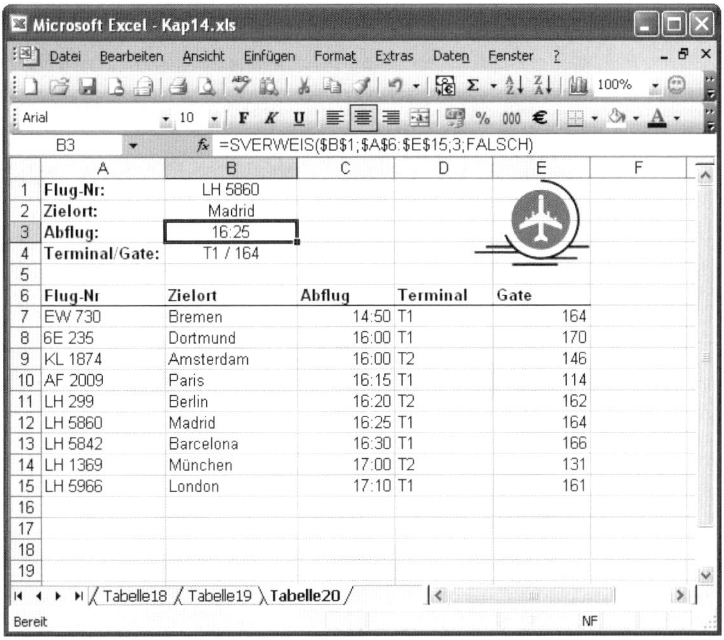

	A	B	C	D	E
1	Flug-Nr:	LH 5860			
2	Zielort:	Madrid			
3	Abflug:	16:25			
4	Terminal/Gate:	T1 / 164			
5					
6	Flug-Nr	Zielort	Abflug	Terminal	Gate
7	EW 730	Bremen	14:50	T1	164
8	6E 235	Dortmund	16:00	T1	170
9	KL 1874	Amsterdam	16:00	T2	146
10	AF 2009	Paris	16:15	T1	114
11	LH 299	Berlin	16:20	T2	162
12	LH 5860	Madrid	16:25	T1	164
13	LH 5842	Barcelona	16:30	T1	166
14	LH 1369	München	17:00	T2	131
15	LH 5966	London	17:10	T1	161

Abbildung 14.46: Alle dazugehörigen Fluginformationen anhand der Flug-Nr. herausfinden

Möchten Sie jetzt noch die dazugehörige Zeile im Datenbereich **A7:E15** farblich hervorheben, dann wenden Sie die bedingte Formatierung von Excel an, indem Sie wie folgt vorgehen:

1. Markieren Sie den Zellenbereich **A7:E15**
2. Wählen Sie aus dem Menü *Format* den Befehl *Bedingte Formatierung*.
3. Im Dialog *Bedingte Formatierung* stellen Sie im Dropdown *Bedingung 1* den Eintrag *Formel ist* ein.
4. Erfassen Sie die Formel **=$A7=$B$1** im Feld rechts daneben.
5. Klicken Sie auf die Schaltfläche *Format*.

6. Wechseln Sie auf die Registerkarte *Muster*.
7. Klicken Sie in der Farbpalette die Farbe *Hellgrün* an und bestätigen Sie mit *OK*.

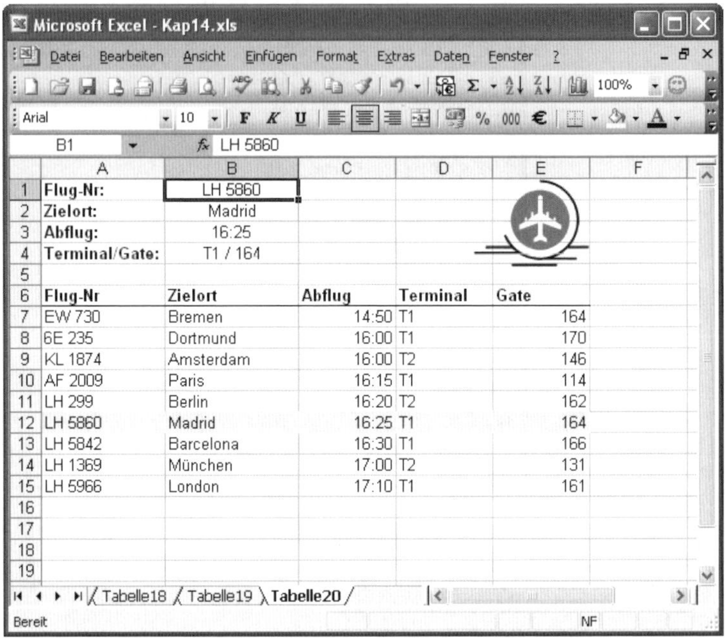

Abbildung 14.47: Die dazugehörigen Flugdaten werden in der Liste gekennzeichnet

Wie kann ich die Tageskosten sowie Tagesumsätze dynamisch anzeigen lassen?

In der nächsten Aufgabe liegt in der Tabelle aus Abbildung 14.48 eine Darstellung von Umsätzen und Kosten auf einer Datumsleiste vor. Durch die Eingabe des gewünschten Datums sollen in der Liste der dazugehörige Umsatz sowie die Kosten angezeigt werden.

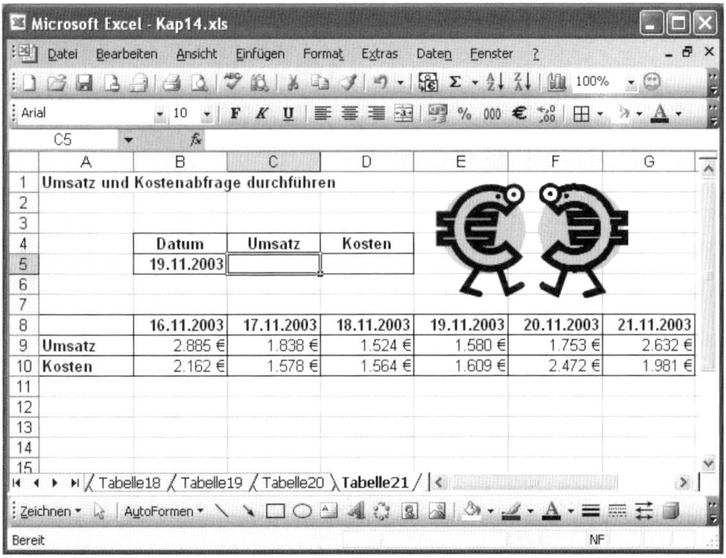

Abbildung 14.48: Wie hoch war der Umsatz bzw. die Kosten am 19.11.2003?

Um diese Fragestellung zu beantworten, befolgen Sie die nächsten Arbeitsschritte:

1. Erfassen Sie in Zelle **C5** die Formel **=WVERWEIS($B$5;$B$8:$G$10;2;FALSCH)**
2. In Zelle **D5** geben Sie die Formel **=WVERWEIS($B$5;$B$8:$G$10;3;FALSCH)** ein.
3. Bestätigen Sie beide Eingaben jeweils mit [Enter]

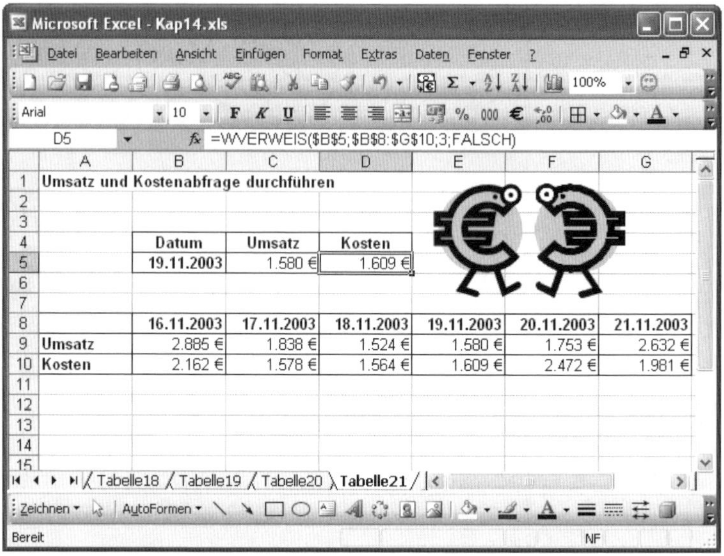

Abbildung 14.49: Die zum Datum dazugehörenden Daten werden dynamisch »gezogen«

Auch bei diesem Beispiel eignet sich die bedingte Formatierung von Excel erstklassig dazu, um die Ergebnisse in der Liste hervorzuheben. Befolgen Sie dazu die nächsten Arbeitsschritte:

1. Markieren Sie den Zellenbereich **B8:G10**
2. Wählen Sie aus dem Menü *Format* den Befehl *Bedingte Formatierung.*
3. Im Dialog *Bedingte Formatierung* stellen Sie im Dropdown *Bedingung 1* den Eintrag *Formel ist* ein.
4. Erfassen Sie die Formel **=B$8=$B$5** im Feld rechts daneben.
5. Klicken Sie auf die Schaltfläche *Format.*
6. Wechseln Sie auf die Registerkarte *Muster.*

7. Klicken Sie in der Farbpalette die Farbe *Orange* an und bestätigen Sie mit *OK*.

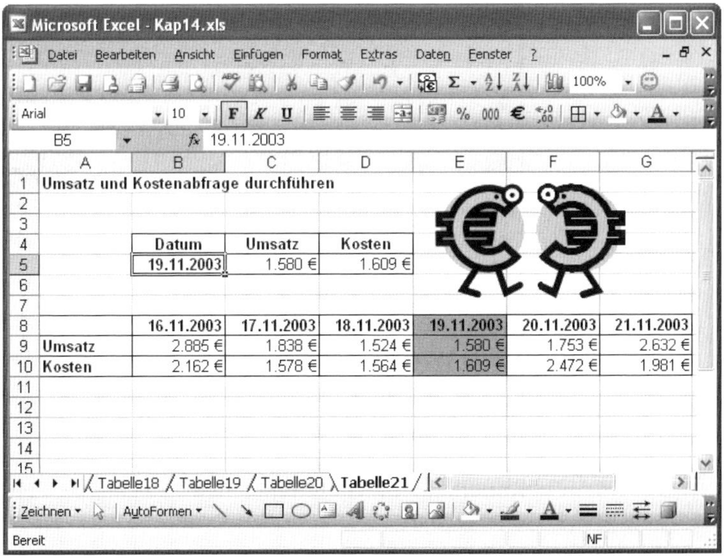

Abbildung 14.50: Die Spalte mit dem Datum wird hervorgehoben

Wie kann ich jeden vierten Wert aus einer Liste extrahieren?

In der folgenden Aufgabe liegt eine Tabelle aus Abbildung 14.51 mit Messdaten vor. Ihre Aufgabe besteht darin, die Messdaten, die im Zwei-Minuten-Takt aufgezeichnet werden, zu komprimieren. Dabei soll nur jeder vierte Wert aus der Liste in eine andere Liste übernommen werden.

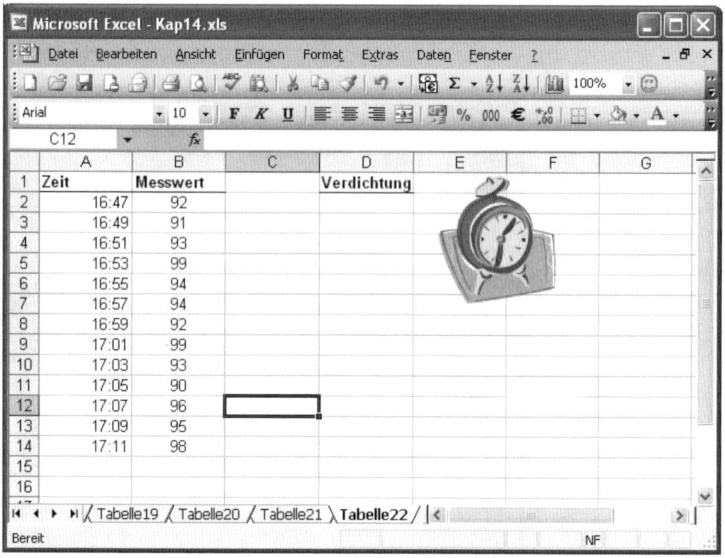

Abbildung 14.51: Übernehmen Sie nur jeden vierten Wert aus Spalte A

Um diese Aufgabe zu lösen, verfahren Sie wie folgt:

1. Markieren Sie den Zellenbereich **D2:D5**
2. Erfassen Sie die Formel **=BEREICH.VERSCHIEBEN($B$2;(ZEILE()-2)*4;0)**
3. Bestätigen Sie die Eingabe über die Tastenkombination [Strg] + [↵].

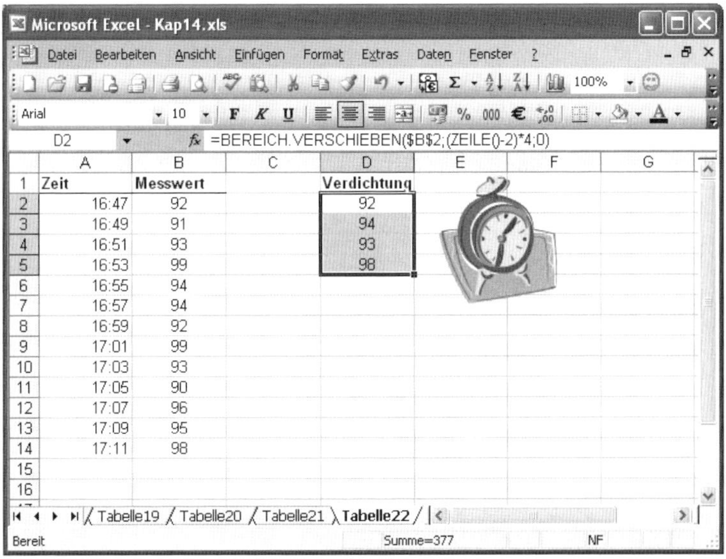

Abbildung 14.52: Die Daten wurden verdichtet

Wie kann ich den Namen der aktiven Mappe ermitteln?

Mit Hilfe der Tabellenfunktion **ZELLE** haben Sie die Möglichkeit, den Namen der aktiven Arbeitsmappe zu ermitteln. Erfassen Sie dazu in einer beliebigen Zelle die Formel:

=ZELLE("Dateiname")

Um das aktuell eingestellte Verzeichnis zu ermitteln, können Sie übrigens auch die Tabellenfunktion **INFO** einsetzen. Schreiben Sie einmal in eine beliebige Zelle die Formel:

=INFO("Verzeichnis")

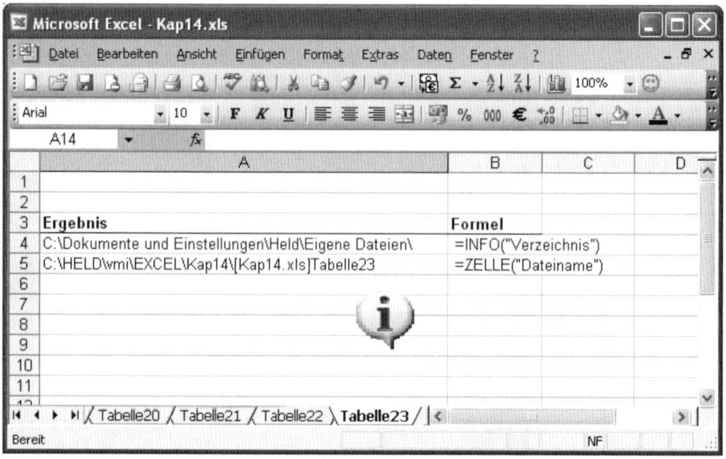

Abbildung 14.53: Die »Info-Funktionen« von Excel

ANHANG

Anhang

Im Anhang finden Sie eine Liste mit einer Gegenüberstellung der deutschen Excel-Tabellenfunktionen und ihrer englischen Bezeichnungen.

Anhang

Da viele Firmen auch international agieren, finden Sie im Anhang eine Liste mit einer Gegenüberstellung Deutsch-Englisch aller Tabellenfunktionen, die Excel zu bieten hat. Dabei werden die Funktionen nach den Kategorien in diesem Anhang präsentiert, wie sie auch in Excel selbst vergeben sind. Dabei sind auch Tabellenfunktionen des Add-Ins Analyse-Funktionen bereits berücksichtigt.

Englische Bezeichnungen

Funktionen der Kategorie LOGIK

In Tabelle A.1 werden die Tabellenfunktionen aus der Kategorie **Logik** aufgeführt. Beispiele zu diesen Funktionen finden Sie in Kapitel 4.

Deutsch	Englisch
FALSCH	FALSE
NICHT	NOT
ODER	OR
UND	AND
WAHR	TRUE
WENN	IF

Tabelle A.1: Die Funktionen aus der Kategorie Logik

Funktionen der Kategorie TEXT

In Tabelle A.2 werden die Tabellenfunktionen aus der Kategorie **Text** aufgeführt. Beispiele hierzu finden Sie in Kapitel 5.

Deutsch	Englisch
CODE	CODE
ERSETZEN	REPLACE

Deutsch	Englisch
FEST	FIXED
FINDEN	FIND
GLÄTTEN	TRIM
GROSS	UPPER
GROSS2	PROPER
IDENTISCH	EXACT
KLEIN	LOWER
LÄNGE	LEN
LINKS	LEFT
RECHTS	RIGHT
SÄUBERN	CLEAN
SUCHEN	SEARCH
T	T
TEIL	MID
TEXT	TEXT
VERKETTEN	CONCATENATE
WECHSELN	SUBSTITUTE
WERT	VALUE
WIEDERHOLEN	REPT
ZEICHEN	CHAR

Tabelle A.2: Die Funktionen aus der Kategorie Text

Funktionen der Kategorie Datum & Zeit

In Tabelle A.3 werden die Funktionen aus der Kategorie **Datum & Zeit** aufgeführt. Beispiele zu diesen Funktionen können Sie in Kapitel 6 nachsehen.

Deutsch	Englisch
ARBEITSTAG	WORKDAY
BRTEILJAHRE	YEARFRAC
DATUM	DATE
DATWERT	DATEVALUE

Deutsch	Englisch
EDATUM	EDATE
HEUTE	TODAY
JAHR	YEAR
JETZT	NOW
KALENDERWOCHE	WEEKNUM
MINUTE	MINUTE
MONAT	MONTH
MONATSENDE	EOMONTH
NETTOARBEITSTAGE	NETWORKDAYS
SEKUNDE	SECOND
STUNDE	HOUR
TAG	DAY
TAGE360	DAYS360
WOCHENTAG	WEEKDAY
ZEIT	TIME
ZEITWERT	TIMEVALUE

Tabelle A.3: Die Funktionen der Kategorie Datum & Zeit

Funktionen der Kategorie Math. & Trigonom.

In Tabelle A.4 werden die Funktionen aus der Kategorie **Math. & Trigonom.** aufgeführt. Beispiele zu diesen Funktionen können Sie in Kapitel 7 nachsehen.

Deutsch	Englisch
ABRUNDEN	ROUNDDOWN
ABS	ABS
ARCCOS	ACCOS
ARCCOSHYP	ACCOSH
ARCSIN	ASIN
ARCSINHYP	ASINH
ARCTAN	ATAN
ARCTAN2	ATAN2

Deutsch	Englisch
ARCTANHYP	ATANH
AUFRUNDEN	ROUNDUP
BOGENMASS	RADIANS
COS	COS
COSHYP	COSH
EXP	EXP
FAKULTÄT	FACT
GANZZAHL	INT
GERADE	EVEN
GGT	GCD
GRAD	DEGREES
KGV	LCM
KOMBINATIONEN	COMBIN
KÜRZEN	TRUNC
LN	LN
LOG	LOG
LOG10	LOG10
MDET	MDETERM
MINV	MINVERSE
MMULT	MMULT
OBERGRENZE	CEILING
PI	PI
POLYNOMINAL	MULTINOMIAL
POTENZ	POWER
POTENZREIHE	SERIESSUM
PRODUKT	PRODUCT
QUADRATESUMME	SUMSQ
QUOTIENT	QUOTIENT
REST	MOD
RÖMISCH	ROMAN
RUNDEN	ROUND
SIN	SIN
SINHYP	SINH
SUMME	SUM

Deutsch	Englisch
SUMMENPRODUKT	SUMPRODUCT
SUMMEWENN	SUMIF
SUMMEX2MY2	SUMX2MY2
SUMMEX2PV2	SUMX2PV2
SUMMEXMV2	SUMXMV2
TAN	TAN
TANHYP	TANH
TEILERGEBNIS	SUBTOTAL
UNGERADE	ODD
UNTERGRENZE	FLOOR
VORZEICHEN	SIGN
VRUNDEN	MROUND
WURZEL	SQRT
WURZELPI	SQRTPI
ZUFALLSBEREICH	RANDBETWEEN
ZUFALLSZAHL	RAND

Tabelle A.4: Die Funktionen aus der Kategorie Math. & Trigonom.

Funktionen der Kategorie Statistik

In Tabelle A.5 werden die Funktionen aus der Kategorie **Statistik** aufgeführt. Beispiele zu diesen Funktionen können Sie in Kapitel 8 nachsehen.

Deutsch	Englisch
ACHSENABSCHNITT	INTERCEPT
ANZAHL	COUNT
ANZAHL2	COUNTA
ANZAHLLEEREZELLEN	COUNBLANK
BESTIMMTHEITSMASS	RSQ
BETAINV	BETAINV
BETAVERT	BETADIST
BINOMWERT	BINOMDIST

Deutsch	Englisch
CHIINV	CHIINV
CHITEST	CHITEST
CHIVERT	CHIDIST
EXPONVERT	EXPONDIST
FINV	FINV
FISHER	FISHER
FISHERINV	FISHERINV
FTEST	FTEST
FVERT	FDIST
GAMMAINV	GAMMAINV
GAMMALN	GAMMALN
GAMMAVERT	GAMMADIST
GEOMITTEL	GEOMEAN
GESTUTZTMITTEL	TRIMMEAN
GTEST	ZTEST
HARMITTEL	HARMEAN
HÄUFIGKEIT	FREQUENCY
HYPGEOMVERT	HYPGEOMDIST
KGRÖSSTE	LARGE
KKLEINSTE	SMALL
KONFIDENZ	CONFIDENCE
KORREL	CORREL
KOVAR	COVAR
KRITBINOM	CRITBINOM
KURT	KURT
LOGINV	LOGINV
LOGNORMVERT	LOGNORMDIST
MAX	MAX
MAXA	MAXA
MEDIAN	MEDIAN
MIN	MIN
MINA	MINA
MITTELABW	AVEDEV

Deutsch	Englisch
MITTELWERT	AVERAGE
MITTELWERTA	AVERAGEA
MODALWERT	MODE
NEBINOMVERT	NEGBINOMDIST
NORMINV	NORMINV
NORMVERT	NORMDIST
PEARSON	PEARSON
POISSON	POISSON
QUANTIL	PERCENTILE
QUANTILRANG	PERCENTRANK
QUARTILE	QUARTILE
RANG	RANK
RGP	LINEST
RKP	LOGEST
SCHÄTZER	FORECAST
SCHIEFE	SKEW
STABW	STDEV
STABWA	STDEVA
STABWN	STDEVP
STABWNA	STDVPA
STANDARDISIERUNG	STANDARDIZE
STANDNORMINV	NORMSINV
STANDNOMRVERT	NORMSDIST
STEIGUNG	SLOPE
STFEHLERYX	STEYX
SUMQUADABW	DEVSQ
TINV	TINV
TREND	TREND
TTEST	TTEST
TVERT	TDIST
VARIANZ	VAR
VARIANZA	VARA
VARIANZEN	VARP

Deutsch	Englisch
VARIANZENA	VARPA
VARIATION	GROWTH
VARIATIONEN	PERMUT
WAHRSCHBEREICH	PROB
WEIBULL	WEIBULL
ZÄHLENWENN	COUNTIF

Tabelle A.5: Die Funktionen aus der Kategorie Statistik

Funktionen der Kategorie Finanzmathematik

In Tabelle A.6 werden die Funktionen aus der Kategorie **Finanzmathematik** aufgeführt. Beispiele zu diesen Funktionen können Sie in Kapitel 9 nachsehen.

Deutsch	Englisch
AMORDEGRK	AMORDEGRC
AMORLINEARK	AMORLINC
BW	PV
DIA	SYD
DURATION	DURATION
EFFEKTIV	EFFECT
GDA	DDB
GDA2	DB
IKV	IRR
ISPMT	IPMT
KAPZ	PPMT
LIA	SLN
NBW	NPV
NOMINAL	NOMINAL
VDB	VDB
ZINS	RATR
ZINSTERMNZ	COUPNCD
ZINSTERMTAGE	COUPDAYS

Deutsch	Englisch
ZINSTERMTAGNZ	COUPDAYNC
ZINSTERMTAGVA	COUPDAYSBS
ZINSTERMVZ	COUPPCD
ZINSTERMZAHL	COUPNUM
ZINSZ	IPMT
ZW	FV
ZZR	NPER

Tabelle A.6: Die Funktionen aus der Kategorie Finanzmathematik

Funktionen der Kategorie Datenbank

In Tabelle A.7 werden die Funktionen aus der Kategorie **Datenbank** aufgeführt. Beispiele zu diesen Funktionen können Sie in Kapitel 10 nachsehen.

Deutsch	Englisch
DBANZAHL	DCOUNT
DBANZAHL2	DCOUNTA
DBAUSZUG	DGET
DBMAX	DMAX
DBMIN	DMIN
DBMITTELWERT	DAVERAGE
DBPRODUKT	DPRODUCT
DBSTDABW	DSTDEV
DBSTDABWN	DSTDEVP
DBSUMME	DSUM
DBVARIANZ	DVAR
DBVARIANZEN	DVARP

Tabelle A.7: Die Funktionen der Kategorie Datenbank

Funktionen der Kategorie Matrix

In Tabelle A.8 werden die Funktionen aus der Kategorie **Matrix** aufgeführt. Beispiele zu diesen Funktionen können Sie in Kapitel 11 nachsehen.

Deutsch	Englisch
ADRESSE	ADDRESS
BEREICH.VERSCHIEBEN	OFFSET
BEREICHE	AREAS
HYPERLINK	HYPERLINK
INDEX	INDEX
INDIREKT	INDIRECT
MTRANS	TRANSPOSE
SPALTE	COLUMN
SPALTEN	COLUMNS
SVERWEIS	VLOOKUP
VERWEIS	LOOPUP
WAHL	CHOOSE
WVERWEIS	HLOOKUP
ZEILE	ROW
ZEILEN	ROWS

Tabelle A.8: Die Funktionen der Kategorie Matrix

Funktionen der Kategorie INFO

In Tabelle A.9 werden die Funktionen aus der Kategorie **INFO** aufgeführt. Beispiele zu diesen Funktionen können Sie in Kapitel 12 nachsehen.

Deutsch	Englisch
FEHLER.TYP	ERROR.TYPE
INFO	INFO
ISTBEZUG	ISREF
ISTFEHL	ISERR

Deutsch	Englisch
ISTFEHLER	ISERROR
ISTGERADE	ISEVEN
ISTKTEXT	ISNONTEXT
ISTLEER	ISBLANK
ISTLOG	ISLOGICAL
ISTNV	ISNA
ISTTEXT	ISTEXT
ISTUNGERADE	ISODD
ISTZAHL	ISNUMBER
N	N
NV	NA
TYP	TYPE
ZELLE	CELL

Tabelle A.9: Die Funktionen der Kategorie INFO

Index